图书馆,让社会更智慧更包容

第九届上海国际图书馆论坛论文集

上海图书馆　编

上海科学技术文献出版社
Shanghai Scientific and Technological Literature Press

图书在版编目（CIP）数据

图书馆，让社会更智慧更包容：第九届上海国际图书馆论坛论文集 / 上海图书馆编．—上海：上海科学技术文献出版社，2018

ISBN 978-7-5439-7748-8

Ⅰ．① 图…　Ⅱ．①上…　Ⅲ．①图书馆工作—国际学术会议—文集　Ⅳ．① G25-53

中国版本图书馆 CIP 数据核字 (2018) 第 211389 号

责任编辑：徐　静
封面设计：徐　利

图书馆，让社会更智慧更包容：第九届上海国际图书馆论坛论文集
TUSHUGUAN, RANG SHEHUI GENG ZHIHUI GENG BAORONG
上海图书馆　编
出版发行：上海科学技术文献出版社
地　　址：上海市长乐路 746 号
邮政编码：200040
经　　销：全国新华书店
印　　刷：昆山市亭林印刷有限责任公司
开　　本：787×1092　1/16
印　　张：29.75
字　　数：1 007 000
版　　次：2018 年 10 月第 1 版　2018 年 10 月第 1 次印刷
书　　号：ISBN 978-7-5439-7748-8
定　　价：180.00 元
http://www.sstlp.com

目　　录

智慧时代与智慧图书馆建设

“互联网+”时代图书馆转型与创新

图书馆资源建设和知识组织

“图书馆+”与全民阅读推广

Content

Library Collection Development and Knowledge Organization

"Library+" and Universal Reading Promotion

Cross-border Cooperation of Libraries

Design Ideas in the Library

Digital Humanities and Library Services

智慧时代与智慧图书馆建设

Smart Age and Smart Libraries

图书馆人机协同的智能参考咨询模式探索——以上海图书馆微信平台智能问答系统为例

冯　霄
（上海图书馆）

摘要　移动互联网的高速发展促使公共图书馆在移动端提供参考咨询服务。微信平台作为国内用户数量众多、黏度极高的社交软件为图书馆移动参考咨询服务带来了巨大的流量。然而在图书馆馆藏资源日益增长、服务模式和内容不断更新的情况下，读者对业务咨询、馆藏资源查询等的需求也迅速增多，传统的人工参考咨询的模式已经无法满足实际工作的需求。因此，有必要将日益成熟的人工智能技术引入参考咨询服务，这也是传统图书馆向智慧图书馆转型的一大探索。本文以上海图书馆在微信参考咨询平台上搭载的机器人智能问答系统为例，从平台构建、知识库梳理、词库优化等角度探讨了人机协同的智能参考咨询运行模式，介绍使用效果，并提出优化策略。

关键词　数字参考咨询；人机协同；人工智能；智能问答系统

Exploring of Library's Human-computer Collaborative Smart Reference Mode — Taking Shanghai Library Wechat Platform Intelligent QA System as an Example

Feng Xiao
(Shanghai Library)

Abstract　With the advent of the mobile internet, public libraries offer Reference Service on mobile terminal. As a social platform with large number of domestic users and high user viscosity, WeChat brought huge Internet flow to the Reference service on mobile terminal. Correspondingly, because of the increasing amount of library collection and constantly renewing of library service mode and content, the traditional manual reference service mode can no longer meet the needs of practical work. Therefore, it's necessary to introduce the increasingly sophisticated artificial intelligence technology to the reference service, it's also a great exploration of transmission from traditional library to smart library. With the case study of the Shanghai library Intelligent Question Answering (QA) system built on the WeChat platform, the article will introduce the effect of the system, explore the construction of the Platform, the arrangement of the knowledge base, the optimization of the word library and other aspects of the mode of operation. Finally, this paper will put forward relevant optimization strategies.

Keywords　Digital reference service; Man-machine cooperation; Artificial Intelligence; Intelligent QA system

1　微信平台问答咨询

传统的电子邮件咨询或网上提交问题的咨询方式所遵循的“一问一答”流程，随着互联网的高速发展，已经无法满足多用户实时获取多信息的需求。信息技术的大范围普及让图书馆参考咨询的服务模式发生了转变，通过互联网获取信息已经逐渐取代了传统的阵地咨询习惯，尤其是移动设备的发展更加速了参考咨询向短平快的方向发展。相比于深度咨询，读者对图书馆各项服务的释义，服务时间的调整等简单咨询的需求量更大，对即时响应的要求更高。因此，移动平台的咨询成为图书馆参考咨询一个重要延伸。

近年来，微信平台在图书馆参考咨询中得到广泛应用，各省级市级图书馆都在微信公众号上开设了咨询服务。与其他虚拟参考咨询服务平台相比，微信公众平台凭借着其强大的交互性和社交网络性的优势，为图书馆带来了巨大的咨询量，逐渐成为图书馆不可忽视的实时虚拟参考咨询服务的重要工具。基于微信公众平台的图书馆实时虚拟参考咨询服务可以高效便捷地为读者答疑解惑，具有信息交流及时、无服务时间限制、沟通使用方便、便于记录管理等优势。如果能进一步发挥好微信平台的自助化优势，不断提升其虚拟参考咨询服务的自助化水平，让用户通过自助的方式完成参考咨询服务，将解放图书馆的人力资源，提高效率。而伴随着人工智能的应用和发展，这一想法的实现成为可能。人工智能和咨询问答结合的智能回复成了虚拟参考咨询的新趋势。

2 国内微信平台咨询平台概况

2.1 上海图书馆自制咨询后台的问题

上海图书馆微信人工问答平台自 2015 年 2 月运营以来，后台的参考咨询量经过“去重”等处理，有效问答数量达到了 154731 条(数据截至 2017 年 7 月)，微信渠道的平均有效回复量达到 5335 条/月，其中 60%以上为一般读者咨询和帮助检索馆藏、图书续借、一卡通等服务咨询，以一般业务咨询为主，这部分读者问答采用自制的 FAQ 知识库，知识库涵盖了本馆参考咨询服务过程中最常见的问题，明确每个问题用户可能输入的关键词，设置关键词回复，一定程度做到了自动应答。

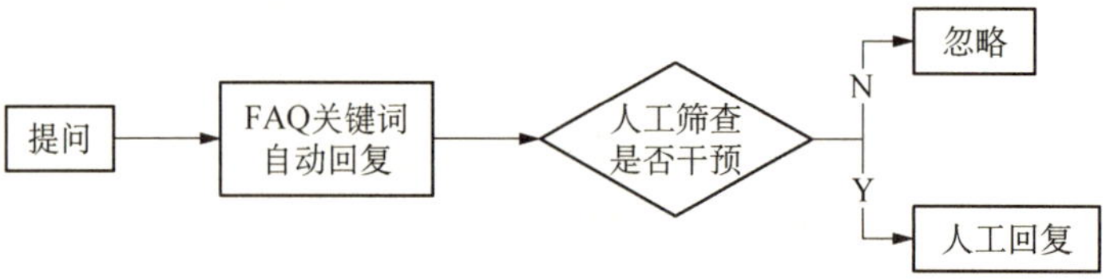

图 1 原微信平台问答流程

然而随着咨询量逐渐增大，该平台已经不足以满足馆员咨询问答的需求。截至 2017 年底，上图微信公众号关注人数达到近 24 万，巨大的流量带来了巨大的咨询量，每日近 200 条咨询量需要馆员轮班回复。图书馆咨询员的人数有限、时间有限，在非工作时间或节假日，实时咨询服务往往无法正常开展，很难满足读者的咨询需求。第二，许多无法在知识库找到匹配的基础业务问题，需要馆员进行简单的重复性问答，浪费了大量的人力。第三，该平台的静态常见问题集(FAQ)组成的知识库内容较少，简单的关键词匹配在应对多种问法时的回复准确度较差。第四，静态知识库缺少学习能力，只能人工逐条添加。因此，引入有一定智能学习能力的机器人回复系统成为一项迫切需求。

2.2 省级图书馆微信平台虚拟参考咨询现状

目前，实时参考咨询服务仅在部分公共和高校图书馆推广使用，包括浙江图书馆参考咨询机器人、上海闵行区图书馆微信机器人、清华大学图书馆基于 AIML 人工智能标记语言的咨询机器人、上海交通大学图

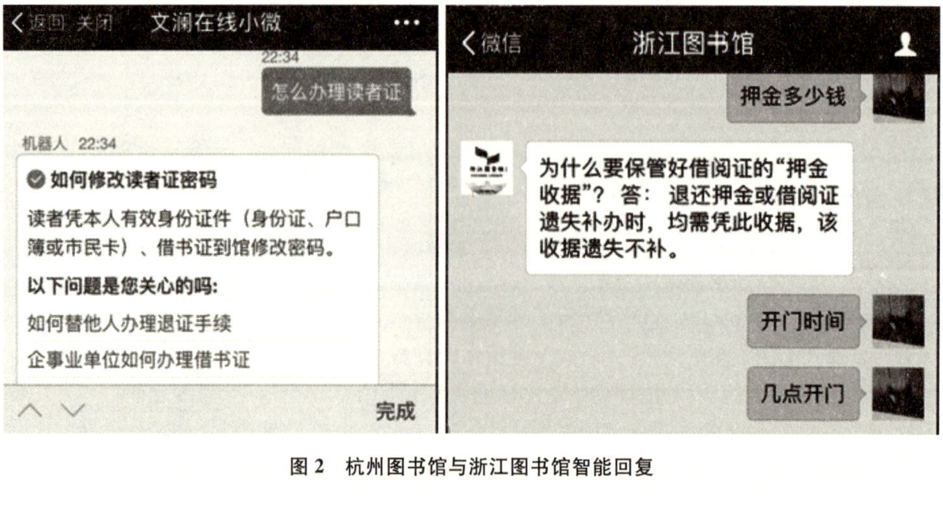

图 2 杭州图书馆与浙江图书馆智能回复

书馆基于 MSN 的智能聊天机器人、重庆文理学院图书馆基于 AIMLBot 实时虚拟参考咨询服务机器人和辽宁大学图书馆开展了基于 TQ 的实时在线咨询等①。其中以深圳图书馆和清华大学图书馆为代表的自动回复主要通过列出帮助或使用须知来限定读者回答指定的事实型问题，真正意义上能称为智能机器人回复的不多。杭州图书馆在微服务大厅开设了机器人咨询的入口(文澜在线小微)，但在图书馆基本业务的问答匹配度方面还不能令人满意，图书馆常用关键词的识别率较低，知识库内容较为匮乏，无法匹配时也没有给读者进一步引导的选项。

3 上海图书馆智能问答平台流程和逻辑

3.1 “图小二”智能问答平台简介

鉴于以上调研，上海图书馆需要打造一个能统一现有多个参考咨询端口，有较强自动回复能力的问答系统。这一系统将把上海图书馆原有的微信回复平台、网上联合知识导航站(一对一表单式问答)以及新的智

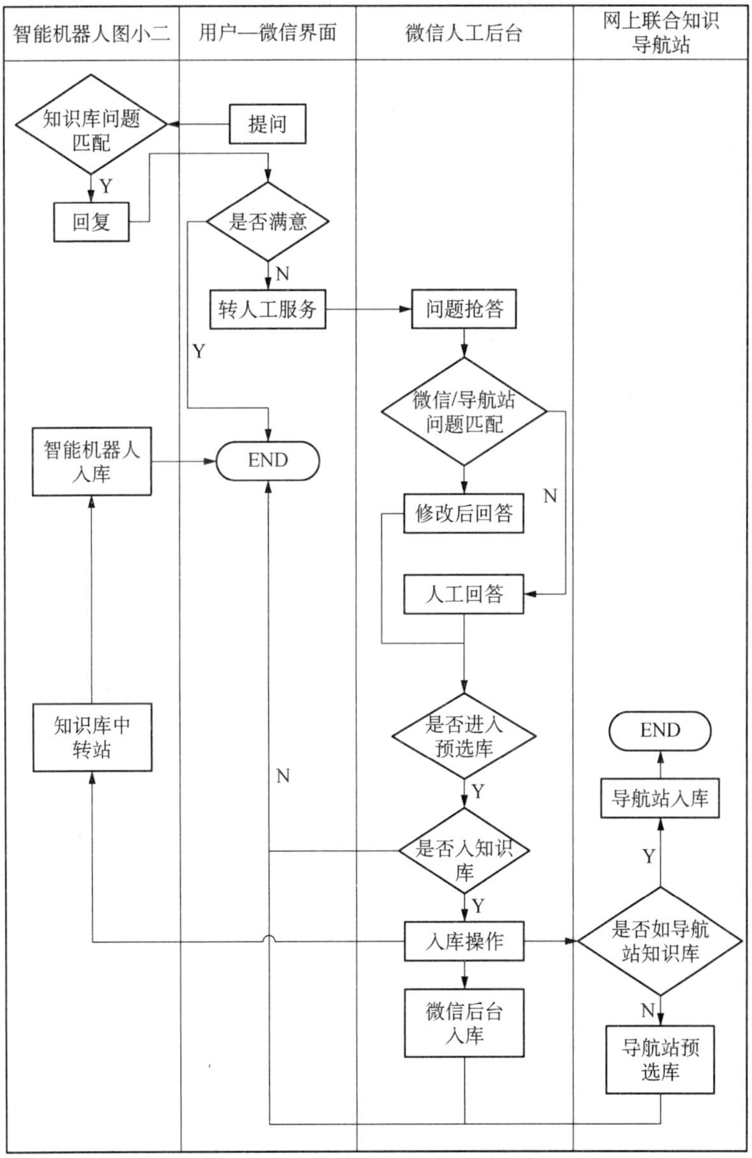

图 3 联合参考咨询服务平台逻辑流程图

① 郭山.智能机器人技术在公共图书馆实时参考咨询服务中的应用[J].图书馆学研究，2017(10)：58—61.

能问答平台整合为一体，为读者提供多入口多层次参考咨询服务，做到常规图书馆标准业务问答和深度参考咨询并举。上海图书馆智能问答平台“图小二”则成为该系统的重要前端平台，它将在微信公众号界面自动回复读者输入的问题，完成第一轮的标准业务问答过滤，处理大部分重复问题，并将沉淀下来的未知问题交给智能回复系统或原微信后台进行人工处理。人工处理后的问题经筛选后返回到智能机器人后台，通过打通各知识库平台，建立起问答循环和沉淀的流程。

在微信界面的问答流程方面，读者首先在公众号上的提问将被引导进入 H5 页面的智能回复系统，智能问答平台“图小二”的回复流程采用的目前商业平台最常见的问答漏斗式引导的形式，通过关键词匹配的方式并且列出所有其他相关问题的选项来引导读者自主点击，逐步缩小读者问题的范围，最终找到最符合读者问题的答案。

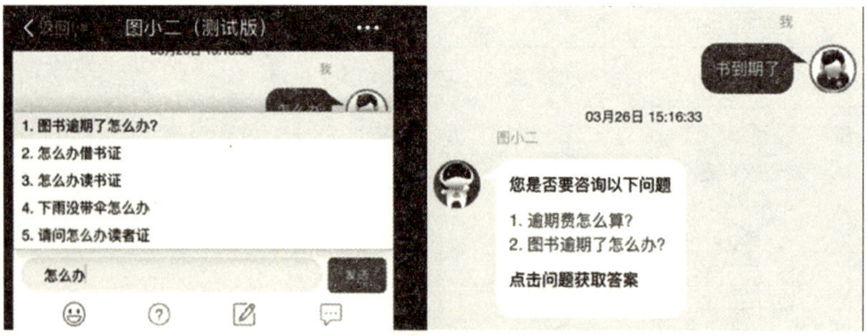

图 4　上海图书馆“图小二”问答介绍

如果读者没有继续提问或者继续点击其他相似问题，则视为对问答结果满意，流程结束；对于无法回答的问题，如果用户点击不满意，直接跳转人工回复界面，或者三次无法找到答案也同样跳转人工，形成问答闭环。

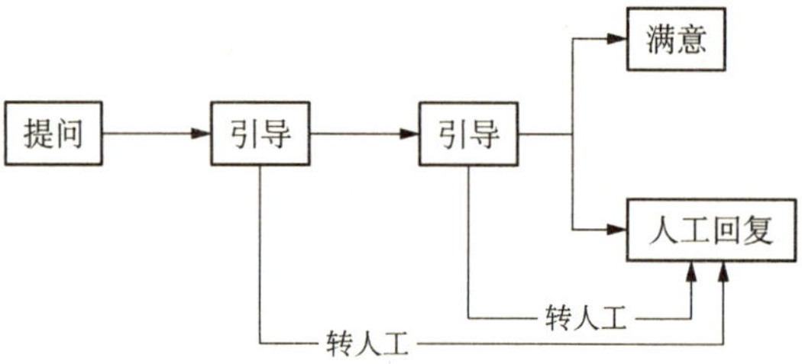

图 5　“图小二”问答流程

3.2　*知识库梳理和扩展*

3.2.1　添加新知识

数字参考咨询的知识库属于“案例库”，其知识获取来源分为两种：一种是问题直接取自用户的提问，是实时参考咨询的副产品；另一种是图书馆员根据经验归纳总结后提出问题和相应答案，前者的代表即早期实时文本回复系统，后者的典型代表即上海图书馆原微信回复平台所使用的 FAQ 知识库。

上海图书馆智能问答系统知识库的基础来自原平台数十万条问答提炼出的标准问答。将这些知识条目根据上海图书馆的主要业务，设置成 10 个一级类目，包括：交通路线、开馆时间、办证须知、读者须知、外借服务、还书服务、引导服务、微信微博、常见问题以及应急回应。每个一级类目下又设置若干二级类目，从而建立咨询知识库的分类浏览体系。

新知识的添加来源于两部分：①在收到回复后，用户没有进行下一步的提问或者点击其他问题，则视为“未知问题”，将由审核人员审核/修改后添加到知识库。②转人工之后进入微信人工后台的问答中提炼出的标准回复反向输送到智能机器人平台以充实其知识库。这些问题经资深馆员的筛选处理再分流到知识库的不同分类。

3.2.2　相似问法扩展

知识库的构建建立在用户无数条自然语言的基础上，但自然语言的复杂性增加了智能回复平台对问题理解的难度，一道标准回复对应的是多条不同问法。问答的准确率则取决于智能机器人能否在知识库的问题中找到相匹配的那条，因此如何扩展好相似问法是扩展知识库的重要一步。以下面这条为例：

Q：二维码读者证能借书吗？

A：您好，二维码读者证目前可以在上海图书馆本馆 24 小时自助借还亭、普通外借自助外借机和各阅览室入口处门禁口试用，参考外借不能使用。

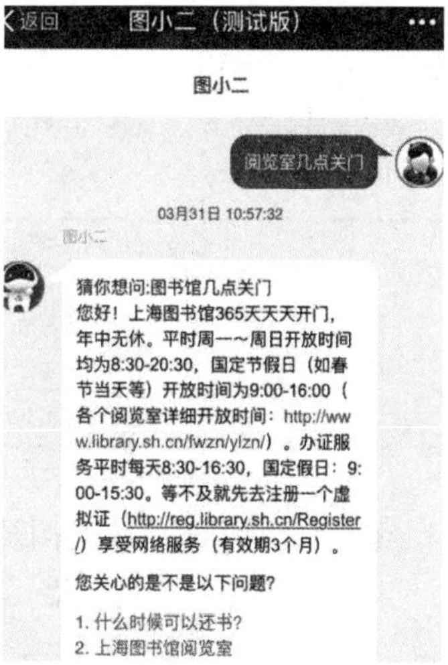

图 6　“图小二”问答情况

添加这个问题的相似问法，可以从两个角度看：一是关键词角度，该问题的关键词是“二维码读者证”和“借书”，根据这两个词可以衍生相似问法，如：二维码读者证可以在哪使用？二维码读者证能参考外借吗？等等。关键词越多，其组合和扩展也越多。但对于一些简单的问答，比如图书馆的地址、图书馆的开放时间，只包含一到两个关键词，需要答案角度来扩展，如，“办证几点下班？”。从答案角度扩展相似问法其实也是以用户思维来考虑问题。

3.3　知识库优化

3.3.1　关键词库的设置和优化

智能回复系统的核心——自然语言处理是人工智能的一个重要分支，而对中文语言的处理首先需要分词，通过分词得到关键词，再将关键词根据算法和词权重和知识库进行匹配，调取到匹配度最高的一个或较高的多个答案。关键词或者称主题词、专业词，在不同行业有不同的背景和含义，比如参考外借、参外是属于图书馆行业的专业词汇，它决定了输入语句跟知识库里的回复在语义上是否相关。关键词是机器人语义分析引擎在分词与句法解析的时候首要判断原则，词库的优化首先需要对类似关键词进行设置和优化。

目前任何一款分词工具都有相对固定的分词标准，包括颗粒度等，不同行业则需要不同分词标准。如：“二维码读者证”是上海图书馆推出的一项服务功能，如果颗粒度过低易被识别成“二维码”和“读者证”两个关键词，一旦咨询者问法模糊可能导致和办证问题或其他二维码问题产生混淆。相反，颗粒度过高则可能影响关键词和知识库的匹配。因此，仅仅用某种分词工具来收集和建立专业词表并不能适用于图书馆这一包含大量专业词汇的行业，上海图书馆目前采用分词工具配合人工设置来将知识库问题分解出不同关键词，建立词库并以此为基础扩展和优化。

表 1　办证类主题词词表举例

办证类专业名词	读者证	办证	补证
	参考外借	普通外借	阅览证
	押金	一卡通	有效期

关键词的扩展除了根据业务内容的名词增删调整之外，也有大量描述图书馆业务的动宾结构词汇需要人工优化和扩展。以“查书”为例，它包含两个关键字，需分别扩展：

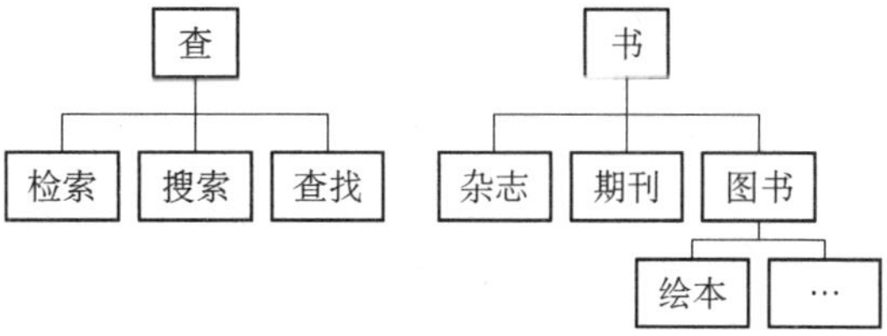

图 7　关键词扩展举例

3.3.2 同义词扩展

机器人语义分析引擎在理解问题的时候第二个判断的原则是同义词：例如，图书馆知识库里捐赠、捐献或者无线网、WiFi、无线等是相同意思，对于这些词，我们将它定义成同义词。在整理同义词时，一是可以通过智能回复平台服务过程中产生高频词来帮助整理。高频词可以通过客户知识库以及客服记录来统计，知识库中的高频词相对专业，客服记录中的词语相对口语化。通过高频词来添加同义词，能提高机器人回复的命中率。比如，在面对“图书赔偿”这一问题时，通过总结读者相关提问我们发现，除了图书的丢失、遗失之外，图书损坏也是赔偿的一大原因，在这种情况下，将丢失、遗失、找不到、掉了和损坏、破损等归为同义词能有效提高“图书赔偿”问题的命中率。另一方面也可通过在线的同义词词库帮助整理。

表 2 同义词表举例

同义词扩展	参考外借	参外	参考外借功能	普外功能
	普通外借	普外	普通外借功能	参外功能
	过期	超时	过时	滞纳
	电子书阅读器	Kindle	ipad	qq 阅读器

4 智能回复系统应用实例及效果

上海图书馆智能回复平台自 2018 年 1 月 1 日上线之后，当月微信平台的咨询量从 2017 年 12 月的 13077 条下降到 4394 条，统计 2018 年 1 月智能回复后台数据得到：2018 年 1 月问答次数 3692 条，未处理问题共 626 条，排除了重复、无含义、调侃之后的有效问题 506 条，其中查书类问题 226 条，剩余 400 条业务问题都属于机器人无法匹配。

访问问题明细统计

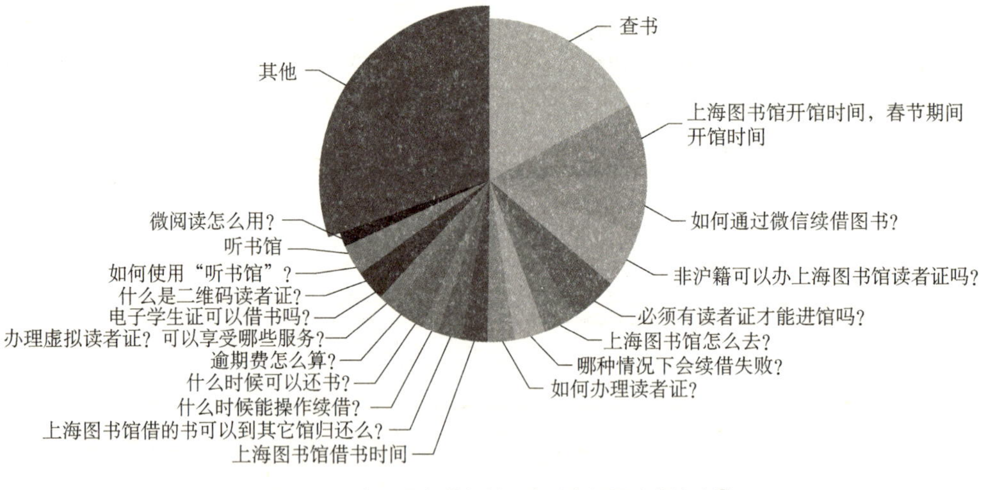

图 8 2018 年 1 月智能问答平台后台问题分类统计①

通过逐条查看机器人无法回复的问题的聊天记录，总结出智能回复平台的问题：①对于读者使用较多的查书选项由于取消了原来在聊天栏直接输入书名查询的功能，做好对读者的使用习惯的引导，导致大量查书问题涌入，让“图小二”摸不着头脑；②相似问法不足(个别新设的问题只添加了一条相似问法)；③读者的提问方式没有被预想到；④新增业务没有及时更新。针对这些情况采取了如下措施：

1) 调整相似问法。退押金是读者询问较多的一项，但读者证这三个字的问题至少指向了三个不同的业务：退卡、办证处工作时间、诚信免押金，因此需要分别在这三个业务问答的相似问法中微调退押金这个关

① 数据来源于上海图书馆智能问答平台后台统计，下同。

键词的问法,比如分别添加退押金、退押金时间、免押金,三条相似问法。

2) 及时更新调整后的业务问答。比如菜单功能调整,汉王电子书外借服务已经过期;第二,各个分馆的开放信息等。

3) 调整手动推荐问题。读者进入机器人聊天页面会看到下面设置的常被问起的三个问题,通常由系统根据被问次数自动推荐,但在特殊时间段也需要根据情况手动设置。比如春节期间将“上海图书馆春节开放时间”放在第一位,获得了极高的满意度。

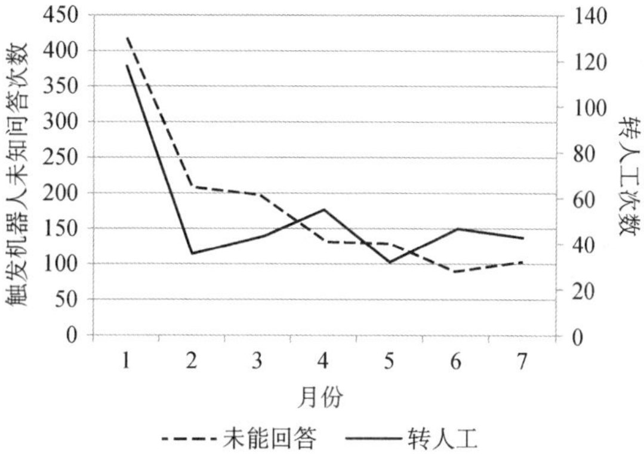

图 9　2018 年 1—7 月转人工次数及未知问题数量趋势

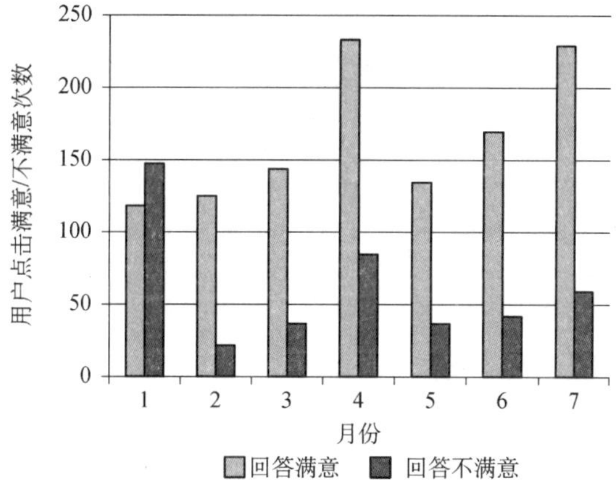

图 10　2018 年 1—7 月问答满意度统计

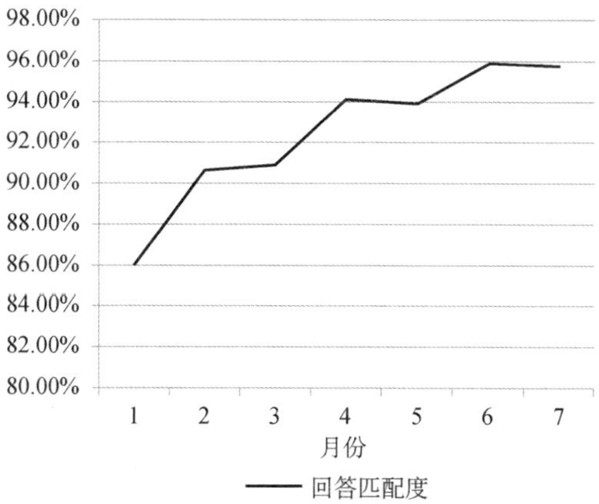

图 11　2018 年 1—7 月智能回复问答匹配度

(回答匹配度=机器人直接回复+引导回复+理解回复之和除以总回复数)

4）根据新问题添加新关键词。2 月份针对过年活动年夜饭，添加“年夜饭”关键词。

5）细化新增问题，将相似但略有区别的问题（答案侧重点不同）放到一起暂时保留。

经过 6 个月的调整之后，智能回复平台的知识库问答条数从 1 月份的 409 条增加到 7 月份的 509 条，后台新增设了 100 条问答，延伸出了近 1500 条相似问法，部分词库得到优化。在经过人机协同之后，机器人回复平台的智能化有所提高，用户的转人工次数有明显减少，机器能不能匹配的情况也大幅下降，问答满意度有所提高。在机器学习和人工干预的协同合作下，机器人回复的“智能”程度有所提高。

5 展望

人工智能接入虚拟参考咨询服务，将给读者带来一站式、使用方便的信息服务并能极大地促进图书馆读者服务水平提高。对于参考咨询员来说，他们可以从每天简单重复的咨询工作中解放出来，将更多的精力投入到参考咨询服务中更深层次的知识挖掘服务中。对于读者来说，他们可以全天 24 小时不受时间、空间限制获得图书馆的相关资讯，更高效快捷地获取所需知识和服务。利用这个平台能开展咨询经验交流的同时，还能为各类型馆员（本馆新员工、新学科馆员、研究所交换馆员）的参考咨询技能培训提供丰富、规范的案例，对咨询团队能力建设发挥良好的作用。最后，智能回复平台的探索和相应知识库的建设也为服务机器人等图书馆下一步智能服务打好了基础。

参考文献

[1] 闵腾超. 微信机器人在图书馆实时虚拟咨询服务中的应用研究——以上海闵行区图书馆为例[J]. 新世纪图书馆，2015(08)：54—57.

[2] 扈志民. 移动参考咨询服务模式研究[J]. 图书馆学研究，2011(17)：95—99.

[3] 郭山. 智能机器人技术在公共图书馆实时参考咨询服务中的应用[J]. 图书馆学研究，2017(10)：58—61.

[4] 姚飞，纪磊，张成昱，陈武. 实时虚拟参考咨询服务新尝试——清华大学图书馆智能聊天机器人[J]. 现代图书情报技术，2011(04)：77—81.

[5] 刘超，马东宇. 智能问答的聊天机器人系统的设计与实现[J]. 信息技术，2017(05)：176—177，180.

[6] 郭金龙，许鑫，姚占雷. 语义查询扩展在虚拟参考咨询知识库中的应用——以上海图书馆为例[J]. 图书馆杂志，2013，32(04)：75—81.

智慧图书馆，让城市更“悦读”
——以上海市静安区图书馆智慧化建设为例

杨佳赟
（上海市静安区图书馆）

摘要 本文从“硬智慧”和“软智慧”两个维度对智慧图书馆进行了解读，并结合静安区图书馆的实践，探讨了如何在智慧时代实现图书馆智慧的管理和服务，以积极推动文化阅读向市民传播。从而促进城市更多的“阅读”，帮助社会更加智能化和包容性。

关键词 硬智慧；软智慧；智慧图书馆；24 小时自助图书馆；流动图书车；社会包容度；智慧图书馆员

Smart Library to Make the City More “Read”
—Taking the Construction of Wisdom in Jing’an District Library in Shanghai as an Example

Yang Jiayun
(Shanghai Jing’an district library)

Abstract This paper interprets the smart library from the two dimensions of “hard wisdom” and “soft wisdom”, and probes into how to realize the management and service of library wisdom in the wisdom age, combined with the practice of Jing’an district library. In order to actively promote the spread of cultural reading to the public, thus promoting more “reading” in the city, and helping the society to be more intelligent and inclusive.

Keywords Hard wisdom; Soft wisdom; Smart library; 24 hours self-help library; Mobile library cart; Social tolerance; Smart librarian

1 引言

随着智慧地球、智慧时代、智慧城市等概念的提出和发展，智慧已成为未来城市发展的重要趋势，智慧图书馆逐渐成为图书馆服务创新、转型和可持续发展的新模式和新理念。图书馆是知识转移和信息共享的中心，图书馆是知识创造和传承的文化中心，图书馆被认为是“人类进步的摇篮”。图书馆建设在城市建设中具有重要的作用和地位。

1.1 研究背景

图书馆的建设经历了从传统图书馆到现代图书馆的几个阶段。图书馆的发展模式也由传统图书馆向数字图书馆转变，再向复合图书馆发展。为了满足社会和读者对图书馆的需求，这种变化给图书馆带来了极大的困难。特别是受“智能地球”等新观念和新技术的影响，读者获取信息的方式发生了很大的变化。图书馆不再是读者获取信息的唯一途径。一段时间以来，图书馆变得越来越不重要，图书馆长期处于困境之中。

1.2 研究目的

本研究的目的是为图书馆寻找一种新的、更加智能化的信息服务模式，使其在当前的网络环境下更具竞争力，重塑图书馆的知识中心、资源中心、学术中心和文化中心的地位，体现图书馆真正的核心价值。目前，一些重点的“城市图书馆”建设已趋于成熟，但不同类型的城市区县图书馆在科研力量、财力、人力资源等方面存在着差异。上海静安区图书馆的智能图书馆建设是对“复合图书馆”和“智能图书馆”理念和技术的一次很好的尝试。在构建图书馆信息服务平台的同时，上海静安区图书馆积累了大量的建设信息服务平台、复合图书馆和智能图书馆的转型实践经验,对同类型的图书馆的建设起到了积极的作用。

2 智慧图书馆定义与研究现状

2.1 智慧图书馆定义

虽然国内外对智慧图书馆的理论研究和实践都进行了初步的探索和尝试,但其概念仍存在争议,没有科学明确的认识。一般认为,智慧图书馆是将智能技术应用于图书馆建设而形成的一种现代建筑。它是智能建筑与数字图书馆高度自动化管理的有机结合与创新。

作者认为,"智慧图书馆"的"智慧"主要体现在两个方面:①"硬智慧",即更多地关注技术、资源、设备、空间等物理因素。②"软智慧"即更多地体现在馆员、管理、服务等其他内部因素。

2.2 研究现状

大多数人认为,只要一个图书馆拥有并充分利用信息技术,它就是一个"智慧图书馆"。无论是物联网还是云计算,这些信息技术只是提供图书馆服务和信息服务的工具。我们称之为"硬智慧",所有"硬智慧"最终都是由"软智慧"来管理和操纵的,"硬智慧"和"软智慧"并不是相互独立的,有的功能是相互依存、相互重叠的。相互促进统一,共同促进"智慧图书馆"整体水平的提升。

3 静安区图书馆"智慧化"建设

近年来,上海静安区图书馆一直坚持"一视同仁、耐心细致、及时便捷、想方设法"的十六字方针,图书馆建设正朝着智慧的方向发展。于是,我们从实际出发,努力引进"硬智慧",通过推广"软智慧",使其适用于图书馆为读者服务的工作,使之真正"硬"化。将"智慧"真正融入服务生产力,让读者真正喜欢阅读,让"悦读"真正渗透生活。

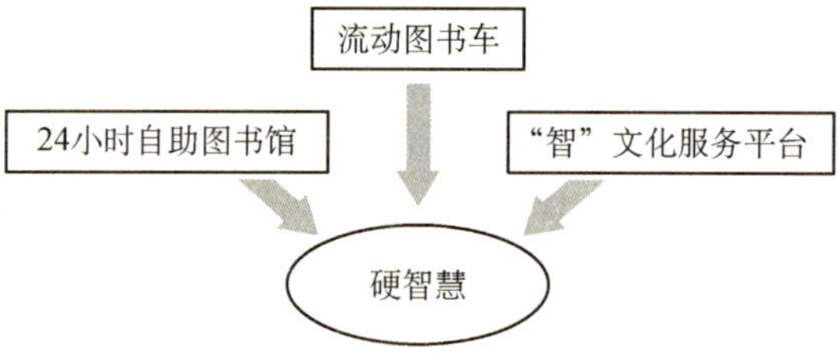

图1 "硬智慧"建设

3.1 静安区图书馆"硬智慧"建设

3.1.1 24小时自助图书馆

1) 需求分析

为了满足读者"最后一公里"的阅读需求,静安区推出了4家24小时自助图书馆,分别位于市北高新园区、大悦城北侧、大宁国际商业广场西广场(大润发东侧)和上海协星光广场南里西门室内(星巴克对面)。为商圈、园区内的"书虫"提供全天候的便捷阅读服务,为城市创建一个"永不打烊的图书馆"。

2) 服务内容

24小时自助图书馆系统是集传统图书馆、数字图书馆和智能图书馆于一体的新型图书馆服务系统。借助现代网络技术和智能控制系统,该系统通过系统终端设备直接为广大市民就近提供自助办证、自助借还图书、自助续借、自助查询等图书馆基本服务。2017年,静安区两个新的24小时自助图书馆可容纳402本书,并与上海图书馆连接。读者可持上海中心图书馆一卡通读者证借阅图书,每张读者证可借阅10本中文书刊28天,且可续借一次;阅读者可通过自助图书馆使用第二代居民身份证办理上海中心图书馆的一卡通读者证,实现自助借阅和归还。为确保书籍的安全和健康,同时配备紫外线杀菌灯消毒。今年的两款新设备还提供了移动阅读功能,允许读者在电子书借阅屏幕上直接点击电子书,通过手机下载Apabi Reader的应用程序客户端,并通过App扫描电子书的QR代码,这样读者就可以随时随地阅读。

3) 特点和优势

24小时自助图书馆是静安区图书馆服务的有效延伸,二者互为补充,从而更好地为读者服务。它体现了完全意义上的延伸服务——“地点延伸、时间延伸、服务窗口延伸、资源延伸、网络延伸等等”。地点延伸：最多只要 10 平方米的面积(自助图书馆服务机占地仅 7 平方米，若设在室外需要建雨棚)就可以摆放一台自助图书馆服务机，使图书馆遍布城市街区。时间延伸：自助式的操作，不受时间限制，为无法到馆利用资源的读者提供贴心的 24 小时服务。服务窗口延伸，自助图书馆服务机构具备图书馆的各种功能，它是静安区图书馆服务的缩影，代表着整个地区的形象，是一个个具体的服务窗口。资源延伸，通过每台自助图书馆服务机构的服务，中心馆的资源可以到达城市的每个街区，方便读者就近就便利用图书馆资源。

3.1.2　流动图书车——“读者 1 号”与“蓝色书巴”

1) 需求分析

智慧时代，在人们主动获取信息服务之外，另一个很重要的概念就是“推送”。在传统文化阅读上，我们也可以“推送”，依托流动图书车，不断地向周围不同的流动人群推送文化阅读，这就是流动图书车新的服务方向。

在静安区繁华的街头、商业中心、旅游景点周围，随处可见大量的休息群众。或者聊天，或者玩手机，或者只是扫视来往的人群，但是鲜有人在阅读。对于大多数人来说，外出购物游玩时不太可能随时带着图书以备在休息时间阅读，但这并不等于他们没有阅读需求。静安又是沪上白领最密集的地方，在这个被贴上了“快节奏”标签的城区，20 多万白领青年焚膏继晷、辛勤劳作，“去图书馆”渐渐成为一种奢侈。在这里既有休闲地段人群的阅读需求也有白领青年的需求。于是，静安区图书馆的“读者 1 号”流动图书车，每周定时驶上静安南京西路沿线商圈，为悦达广场、吴江路休闲街、静安寺广场周边白领、居民带去便捷的书香服务，成为林立高楼间的一泓清泉。人们在休闲时间内，可以利用流动图书车翻阅喜欢的杂志、报纸，品读精品散文，进而提高文学修养。

2) 服务内容

这辆流动图书车由一辆中型客车改装而成，配置了专用书架、3G 通信设施、拥有完备的车载借还系统和服务终端等专业设备，车载图书达千余册。借助无线网络技术，车上配备了办证、借阅、还书及预约等多种服务功能，并与上海市中心图书馆的“一卡通”系统相连，可以实现上海公共图书馆间的图书通借通还等服务。流动图书车穿梭在静安区的社区、公共场所、商务楼宇之间，方便读者借阅。

2017 年 5 月，为了满足北静安市民更为多元的文化需求，静安区图书馆就在“读者 1 号”的基础上新增了一辆流动图书车“蓝色书巴”，为广大工作、生活在新静安的市民和各类群体提供优质完善的公共文化服务体验。主要流动地点是市北工业园区、协信星光广场、环上大影视二期、慧芝湖街道的平型关路和大宁灵石公园这五个地点。从地点分布上看，它兼顾了各类型的人群。流动图书车装载图书的种类与比例经过长时间的探索，最终确定以最新出版的社会科学类图书为主。

3) 特点和优势

① 以阅为主外借为辅

新型服务模式面向的服务人群主要进行的是短时间碎片化阅读，大多数人并无外借需求。只需要提供一两张简易折叠桌和几个简易座位，就可满足流动人群的阅读需求。如果读者通过闲暇的短暂阅读对图书产生兴趣，也可提供办理借阅证对图书进行外借。既增加了流动图书车上图书的翻阅次数，也可以让市民感受到“流动”的书香所带来的喜悦。

② 选好服务地点，扩大宣传受众面

服务地段的选择要考虑到人流因素：过于密集不行，没有什么人流量也不行。如今图书馆通过网站、微博、微信等多种方式宣传图书馆，鼓励大家走进图书馆，地处人流密集区域的流动图书车可以起到图书馆宣传和全民阅读推广作用。通过小小的流动图书车可以使更多的人了解图书馆，走进图书馆，对于图书馆的宣传作用不容小觑。

③ 面向流动人群，补充读者构成

一般区县图书馆和其下级的街道社区图书馆面向读者群体基本为本区县常住人口，读者相对固定。新型服务模式的流动图书车面向的读者则多为流动性非常住人口。服务读者间相互补充，立体的服务整个社会群体。

3.1.3　“智”文化服务平台——静安文化

在区文化局的统一部署下，静安区图书馆积极参与了“智”文化服务平台的建设。为了能契合市民需求提供便捷的服务，让他们有知情、参与和表达的权利，充分享受数字文化平台的快乐。"智"文化服务平台提供三方面的定制化服务。第一，通过百姓点菜、文化活动意见征询、个人兴趣设置等方式，由市民主动定制个性化服务菜单，平台活动信息根据市民定制需求以电话、短信、App 公告等方式主动推送给用户；第二，通过文化活动预约抢票等功能，集成微博、微信、手机短信平台，主动搜集用户基础信息和兴趣爱好，通过大数据分析，将文化活动信息推送给感兴趣的人群，做到文化信息的精准投放；第三，通过引进上海电信高精度定位技术，实现场馆人流数据采集，并跟踪市民文化场馆线下活动轨迹，实现场馆内文化活动信息的主动推送，并逐步拓展至场馆展品内容推送、票务信息推送等。

静安区图书馆通过"智"文化服务平台实现从市民被动找文化服务资源到文化服务资源主动"找"市民的新跨越。

3.2　静安区图书馆"软智慧"建设

笔者理解的"软智慧"至少应包含三层含义：首先，是图书馆的人性化管理；其次，是图书馆的多元化服务；第三，是智慧图书馆员。

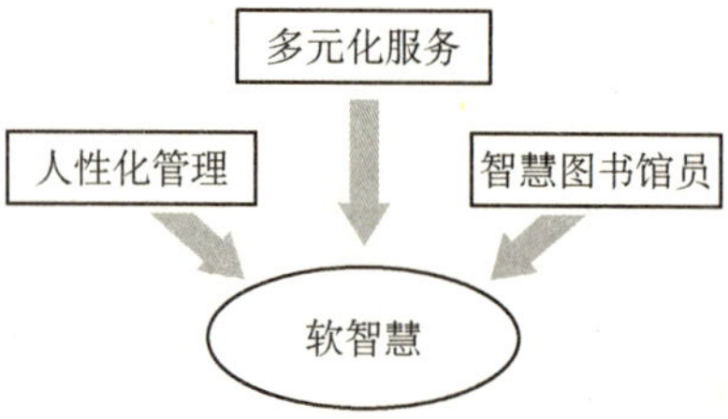

图 2　"软智慧"建设

3.2.1　人性化管理

社会包容度是现在公共图书馆管理中尚没有受到重视的实际问题。图书馆员对任何市民走进图书馆持欢迎的立场，市民进入图书馆不再有制度性的门槛。现实情况是虽然图书馆欢迎每个人，不管你是长是幼，是贫是富，不管是本地市民或是外来人口或乞丐。但是有的读者可能对此感到不舒服，他认为图书馆是一个高雅的阅读场所，因此当他们在图书馆享受阅读的乐趣时，往往不能容忍其他社会成员有碍自己享受阅读的行为特征。一旦出现被认为有碍阅读的言行、举止、穿着、打扮、身体异味等等。过激的读者也许会直接干涉，由此导致读者间的纠纷，更多的读者则是向图书馆管理者提意见，希望管理者出面干涉。作为管理者应该不是试图去改变或规范少数读者的言行举止，而是希望其他读者通过公共图书馆的平等服务学会共存，学会包容，学会如何他人融洽相处。这样公共图书馆的发展才会促进社会包容与社会和谐。

3.2.2　多元化服务

在静安区图书馆，图书只是开始。我们创新服务理念，创新服务内容，创新服务方式，提升服务水平，推出了具有良好社会反响的各类品牌读书活动。静安读书周作为上海书展暨"书香中国"上海周官方合作项目，通过举办"书香环游""沪檐法墅"等形式多样、旨趣多元的阅读推广活动，推动市民对阅读的认知和兴趣；"悦读静安"文化讲坛打造高端活动品牌，主打"作家作品""阅享生活""美术史话""听音聆乐"等多个板块，涉猎文学、文化、艺术、时尚、时事等多元化的主题，遍邀知名专家学者、文艺名人为广大读者带来精致的文化享受；在文艺长廊中徜徉后，读者们还可享受"市民讲坛"的贴心服务，"中外海关""光影之约""保健沙龙"和"名家科普讲坛"系列讲座以及"百科知识"健民大篷车活动，不仅为读者带去贴近民生的丰富知识，更以志愿者团队主讲的形式为具备各类特长与兴趣的市民搭建更广阔的平台。图书馆还把 21 家"都市书坊"直接造进了商务楼宇中，为白领们提供图书更新、新书预约、图书代购、图书管理指导、白领荐书等融入式的贴心服务。"白领闪聚""午后阳光读书会""中医药理和音乐养生"等缤纷多彩的文化雅集为年轻人打造了一个个以书会友、提升修养的平台，为他们构建充电、放松的心灵驿站。北静安闻喜路馆则长期关注弱势群体，定期组织残障人士进行交流活动，如聋人摄影交流等，保障了残障人士的基本文化权利。

3.2.3　智慧图书馆员

任何"智慧图书馆"都需要智慧的图书馆员。智慧图书馆时期，馆员们应该乐于参与公共生活，关心读者需要甚至社会需要；具备雄厚扎实的专业知识，具有过硬的综合分析、应用、开发能力，能熟练驾驭各种信息；

能迅速有效地把读者需求与场馆资源联系起来，及时为读者提供所需信息；及时掌握电子信息资源的收集、处理、组织、管理和传递等方面的知识，熟悉计算机和网络等新一代信息技术，同时要求具有独立科研的能力。这些都要求智慧图书馆员始终热爱阅读，保持学习、思考，增长新知识，创造新方法，寻找新思路。

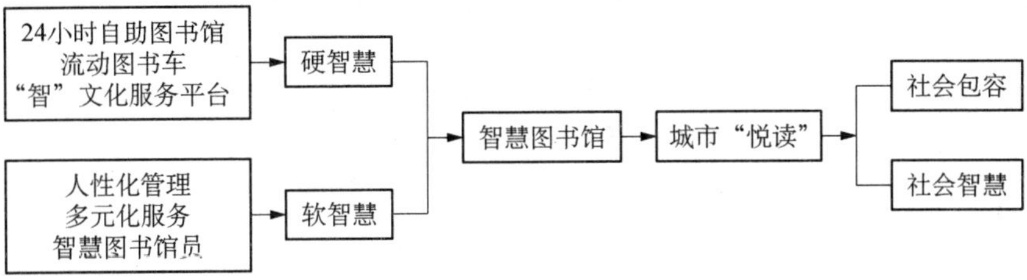

图 3　智慧图书馆建设

4　结语

智慧时代的飞速发展给公共图书馆带来了全新的挑战，图书馆要本着“读者第一，服务至上”的理念，积极推进智慧化建设，探索多元阅读推广模式，让“悦读”真正浸润城市的每个角落。图书馆要充分发挥“智慧”的特点，提升城市的文化内涵和文化品位。

参考文献

[1] 严栋. 基于物联网的智慧图书馆[J]. 图书馆学刊，2010，(07)：8—10.
[2] 孔晓波. 物联网概念和演进路径[J]. 电信工程技术与标准化，2009，(12)：12—14.
[3] 陈秀君. 城市街区 24 小时自足图书馆实践研究[J]. 图书馆学刊，2012，(12)：97—99.
[4] 李显志，邵波. 国内智慧图书馆理论研究现状分析与对策[J]. 图书馆杂志，2013，(8)：12—17.
[5] 乌恩. 智慧图书馆及其服务模式的构建[J]. 情报资料工作，2012，(5)：102—104.
[6] 王世伟. 未来图书馆的新模式——智慧图书馆[J]. 图书馆建设，2011，(12)：1—5.
[7] 王世伟. 论智慧图书馆的三大特点[J]. 中国图书馆学报，2012，(6)：22—28.
[8] 吴晞. 自助图书馆的事儿[J]. 图书馆论坛，2011，(12)：133—139.
[9] 伊安. 约翰逊，陈旭炎，智慧城市、智慧图书馆与智慧图书馆员[J]. 图书馆杂志，2013，(1)：4—7.
[10] 李安萍. 智慧图书馆给力智慧城市建设的思考[J]. 图书馆研究，2014，(5)17—19.

基于深度学习的智慧图书馆浅析

朱海涛　屈宏明　王小琼

（北京第二外国语学院图书馆）

摘要　当人工智能飞速发展，特别是深度学习技术深刻地改变着人类生活的今天，是该考虑将深度学习技术纳入到智慧图书馆应用的核心技术中来。文章首先阐述人工智能、机器学习、深度学习三者的关系以及在智慧图书馆建设中应用深度学习技术和 TensorFlow 平台的可行性，然后以图书馆的学术搜索、参考咨询、智能机器人等为例，论述如何应用深度学习方法实现其智慧功能。最后提出深度学习应用于智慧图书馆发展将会面临开放环境、数据依赖性、数字安全、人才匮乏等方面的挑战。

关键词　人工智能；机器学习；深度学习；智慧图书馆；TensorFlow；Semantic Scholar

Analysis Based on Smart Libraries under Deep Learning

Zhu Haitao　Qu Hongming　Wang Xiaoqiong

(The Library of Beijing International Studies University)

Abstract　When artificial intelligence, especially deep learning, is changing human life nowadays, the skill of deep learning is ought to be taken into consideration of the core technology used in smart libraries. This article, firstly, elaborate on the relationships among artificial intelligence, machine learning and deep learning, as well as the feasibility of the application of deep learning and TensorFlow platform in the establishment of smart libraries. Then, taking the instances of scholar search, reference work and intelligent robot, this article discusses how to use the approach of deep learning to achieve its intelligence functions. Last but not least, the article proposes several challenges of the application of deep learning in smart libraries development from the perspectives of open environment, data dependency, numeric security and talent shortage.

Keywords　Artificial intelligence; Machine learning; Deep learning; Smart library; TensorFlow; Semantic scholar

1　引言

智慧图书馆概念的提出最早可追溯到 2003 年由芬兰奥卢大学图书馆提供的一项被称为“Smart Library”的新服务，国内最早提出了智慧图书馆概念的是华侨大学厦门校区图书馆严栋于 2010 年发表在《图书馆学刊》上的文章“基于物联网的智慧图书馆”，之后智慧图书馆逐渐成为国内图书馆界研究的热点。姚国章等认为智慧图书馆应包括全面感知、广泛互联、深度融合、开放泛在等方面的特征，而基于深度学习的人工智能技术将是未来几年智慧图书馆发展的方向。

2　人工智能、机器学习与深度学习

2.1　人工智能

人工智能的概念最早产生自 1956 年达特茅斯会议上。人工智能是研究如何使机器模拟人类的思维过程、学习、思考、推理和规划等行为，并利用它们解决实际问题的一门综合性学科。人工智能随着 GPU 的广泛应用，使得并行计算成本降低，无限拓展的存储能力和骤然爆发的数据洪流，让图像数据、文本数据、交易数据、映射数据全面海量爆发，使得人工智能技术发展进入一个新的高潮。张坤、王文韬等在“机器学习在图书情报领域的应用研究”一文中是这样定义人工智能：“人工智能是对计算机系统如何能够履行那些只有依靠人类智慧才能完成的任务的理论研究”。

人工智能的发展被学者们定义了三个阶段：弱人工智能、强人工智能、超人工智能。人类目前还只是处于第一个阶段即弱人工智能阶段，只专注于完成某个特定的任务，如语音识别、图像识别，像近年来出现的IBM的Watson和谷歌的AlphaGo等，还不能达到模拟人脑思维的程度；第二阶段的强人工智能可以比肩人类，能够进行思考、计划、解决问题、抽象思维、理解复杂理念、快速学习和从经验中学习等；牛津哲学家、知名人工智能思想家Nick Bostrom把第三阶段的超人工智能定义为“在几乎所有领域都比最聪明的人类大脑都聪明很多，包括科学创新、通识和社交技能”，其所著的《超级智能》一书引起众多学者的笔战，专家们激辩人类能不能实现超级智能。

2.2 机器学习

机器学习是目前人工智能技术的核心，是利用算法来分析和解析数据，从中学习并做出推断或预测，进而由机器来模拟或实现人类的行为以完成任务。与传统的软件程序不同，机器学习是用大量的数据来“训练”，通过各种算法从数据中学习如何完成任务。传统的算法包括决策树学习、推导逻辑规划、聚类、强化学习和贝叶斯网络等等。20世纪80年代，符号方法还是机器学习的主流，到了20世纪90年代，基本上就是统计学方法一统天下了。从符号方法到统计学方法，反映了机器学习从纯理论模型研究到实际问题解决的发展。

2.3 深度学习

深度学习是最近几年发展起来的众多机器学习算法中的一种，有关人工智能、机器学习、深度学习的关系可见图1所示。深度学习目前以人工神经网络模拟认知过程的联结学派作为代表学派，以杨乐坤等人在卷积神经网络(CNN)和循环神经网络(RNN)算法上的突破以及AlphaGo战胜人类最强围棋大师的案例使之一跃成为目前各类机器学习方法中适应性最强、效果最为显著的算法流派，成为机器学习的算法圣杯，被认为最有可能成为终极算法。深度学习的另一个经典案例是吴恩达教授(Andrew Ng)建立的谷歌大脑(Google Brain)，这是依托于谷歌强大的计算能力和丰富的数据建立起来的一个深度学习的研究项目，从上千万段的YouTube视频中调用图片，进行训练，使计算机可以识别视频中的猫，尽管没有人告诉过机器“猫”是什么。吴恩达教授的实验突破之处在于：让神经网络变得无比巨大，不断增加层数和神经元数量，让系统运行大量数据，训练它，让深度学习真正有了“深度”。

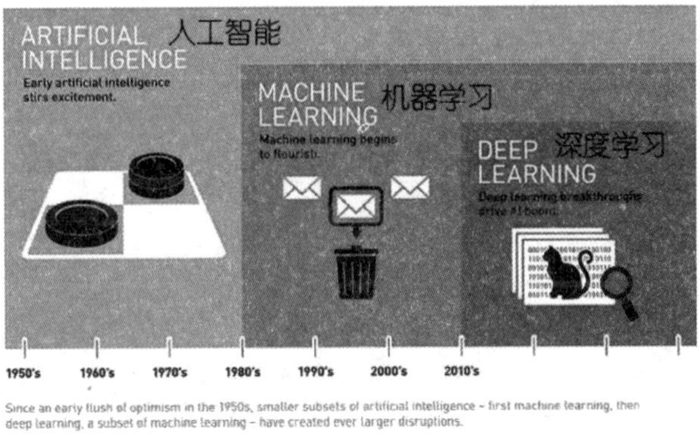

图1 人工智能、机器学习、深度学习的关系

到了今天，有了深度学习，机器学习才有了许多实际的应用，它拓展了人工智能的整体范围。例如，经过深度学习技术训练的机器在识别图像时比人类更好，像识别猫、识别血液中的癌细胞特征，识别MRI扫描图片中的肿瘤，像谷歌AlphaGo学习围棋、自己与自己不断下围棋并从中学习等，未来无人车技术、智能机器人技术都将广泛地使用深度学习方法。

3 基于深度学习的智慧图书馆可行性分析

3.1 技术可行性分析

目前基于深度学习的人工智能应用已经取得了很大进展，要将深度学习更快、更便捷地应用于新的问题中，深度学习平台是必不可少的工具，TensorFlow是当前最知名的支持各种神经网络算法的深度学习平台，受到了工业界和学术界的广泛关注，优步(Uber)、Snapchat、Twitter、京东、小米等国内外科技公司纷纷加入了使用 TensorFlow 的行列,TensorFlow 正在建立一个标准,使得学术界可以更方便地交流学术研究成果,工业界可以更快地将机器学习应用于生产之中。

正是因为 TensorFlow 是一个极其优秀的神经网络框架,能够极大程度地降低深度学习的应用门槛,使得深度学习在智慧图书馆的应用成为可能。例如,TensorFlow 对自然语言的处理可应用于图书馆网上参考咨询机器人的开发,提供自动问答系统、图书文字识别、自动翻译等“智慧”服务;在图像、语音和声音识别方面可应用于图书馆智能机器人的应用研究,提供对读者身份认证识别、图书自助扫描、图书自动上架等“智慧”服务;在计算机视觉追踪方面可以帮助图书馆建立自动视频检索与标引,无须人工干预;图书馆还可以应用语音技术开展信息无障碍服务,除提供语音朗读、语音输入等功能外,智能语音机器人服务为读者提供参考咨询服务、馆藏资源搜索、学科导航、用户定制等“智慧”服务内容。

来自上海图书馆的郭利敏、刘炜等研究人员在“机器学习在图书馆应用初探：以 TensorFlow 为例”一文中深入探讨了利用 TensorFlow 工具平台在智慧图书馆中的应用,并以上海图书馆全国报刊索引数据库为实验对象,通过 TensorFlow 对以往海量的分类文摘进行学习之后,建立深度学习模型,设定参数和阈值、系统调优,实现对新入库文献的自动分类。实验通过对 170 万余条题录数据进行训练和测试,得出基本可代替人工分类流程的结论,为全国报刊索引分类流程的半自动化提供有力工具。

建设智慧图书馆的关键在于人工智能技术的应用,目前真正应用人工智能技术进行智慧图书馆建设的案例并不多见,这是受到人工智能技术刚刚得到突破、机器学习和深度学习框架平台初见成效、人工智能领域的人才极度缺乏尤其是在智慧图书馆领域内的应用才刚起步,机器学习对于数据、计算资源和算法的开发都有较高的要求,这些限制了人工智能技术的应用去赋予图书馆以“智慧”的发展,但是基于深度学习的人工智能技术如雨后春笋般涌现出来,未来国家更是加大人员、技术、资金等人工智能领域各方面的投入力度,会从宏观层面上为智慧图书馆的建设发展营造一个良好的环境,基于深度学习的人工智能技术将会引领智慧图书馆的发展得到进一步提高。

3.2 实现案例分析

目前基于深度学习的人工智能技术在自然语言处理、计算机视觉、无人驾驶、模式识别、语音识别、机器学习、机器翻译、人机交互、智能网络搜索、认知科学、神经科学等各个领域和学科都取得了重要成就,在基于深度学习的智慧图书馆建设中也取得了很多成功的案例。

2015 年 11 月美国艾伦人工智能研究所推出基于深度学习的 Semantic Scholar 学术搜索引擎。不同于传统的搜索引擎,Semantic Scholar 利用数据挖掘和自然语言处理器来比较数以千计的文章,从文本中挑选出最重要的关键词和短语,而不依赖于作者和出版商给定的关键词,判断出哪些研究与研究者需求更相符。Semantic Scholar 的人工智能技术是基于深度学习而实现的系统对论文内容的理解,具备总结每篇文章的研究方法、引用和相关数据的复杂能力,帮助用户筛选有用信息,为研究应用提供依据,提高学术信息搜索和过滤的效率。未来的智能学术搜索引擎将是智慧图书馆的一个重要组成部分。

重庆大学图书馆沈敏等提出的基于用户个性化的用户偏好检索系统是另一个基于深度学习的智能学术搜索引擎案例。用户的每一次检索过程,偏好检索引擎都将获取用户的检索行为,提取文献特征,构建用户偏好模型的训练样本,通过监督机器学习建立用户的个性化偏好模型,自主转换为具有用户偏好的个性化检索结果排序,使用户可以快速选择满意的文献。

除此之外,基于深度学习的智能机器人的开发为智慧图书馆的发展带来了积极的影响。例如,清华大学图书馆设计的智能聊天机器人“小图”,通过组织建立知识库来构建专家系统,其具有学习、推理、判断、记忆以及上下文获取等功能;南京大学杜厦图书馆发布的公共服务机器人,通过云端的人工智能引擎,形成行业知识库、学习语料库,依托云计算、大数据架构,开展智慧云服务;浙江理工大学图书馆将百度云人脸识别等技术应用到图书馆管理中,读者可以通过“刷脸”进入图书馆,可以“刷脸”进行图书的借阅,成为全国首家将人脸识别系统引入图书馆管理系统的高校。

3.3 智慧图书馆发展面临的挑战与机遇

在过去的两三年里,人工智能和深度学习在很多领域出现了爆炸式的增长,为智慧图书馆的发展带来了新的机遇,运用人工智能自适应、自学习、自校正、自协调、自组织、自诊断及自修复的深度学习能力,将人工智能以及大数据的理念、技术成果积极应用于图书馆服务,将会形成图书馆服务的最强大脑,是智慧图书馆建设的有效途径。

人工智能和深度学习若要进一步发展，有赖于开放科学、开放数据、开放获取的大环境，在智慧图书馆这个领域还处于初始阶段，还需要加大自然语言检索的研究及实现途径，提升针对内容的智能分析能力，探索提升信息服务效能的研究与实践。

虽然机器学习和深度学习模型具有前所未有的预测精度，以 AlphaGo 战胜人类顶尖围棋高手作为其典型的实验模型，但在受监督的机器学习中，实验结果取决于输入的数据质量如何，如果标记数据的某些特征在这个假设中失真，那么模型的预测精度就会受到很大的影响。因此神经网络中如果输入的数据是不准确的、不完整的，那么实验结果也会错得离谱，还会造成损失。同时考虑数字安全，现在的神经网络可以很容易被不轨之徒操纵，勒索软件和其他数字威胁，比如对全球社会造成恐慌的“WannaCry”病毒软件，会利用机器学习和深度学习技术，将威胁到检测模型，从检测模型的防御反应中学习，并利用发现的漏洞来破坏检测模型。

在未来的发展中，数据对其最终的结果有着决定性的影响，安全性上会存在着很多漏洞，这些影响深度学习和人工智能技术发展的种种不利因素，同样也会成为阻碍人工智能在智慧图书馆发展的瓶颈，有待于人们的进一步的突破与挑战。

人才匮乏是限制深度学习和人工智能技术在智慧图书馆领域深入发展的另一个重要因素。据领英近日发布的《全球人工智能领域人才报告》显示，截至 2017 年一季度，基于领英平台的全球人工智能领域技术人才数量超过 190 万，其中美国相关人才总数超过 85 万，高居榜首，而中国的相关人才总数才只有 5 万人，这也势必会对人工智能技术在智慧图书馆领域深入推进产生极大阻力。

4 结语

显然，人工智能和深度学习的未来充满活力和前景，也充满机遇和挑战，今天图书馆界要做的，不是跟在这一热潮的后面，而是利用自己的专业优势，参与并在人工智能和深度学习的发展中有所作为，让感知服务、深度服务、学习服务、计算服务等智慧型创新服务成为图书馆发展的新的增长点。

参考文献

[1] 严栋. 基于物联网的智慧图书馆[J]. 图书馆学刊，2010(7)：8—10.

[2] 姚国章，余星，项惠惠. 智慧图书馆的总体设计与应用系统建设研究[J]. 南京邮电大学学报(自然科学版)，2016(4)：18—28.

[3] 达特茅斯会议[EB/OL]. [2018 - 01 - 13]. https://baike. baidu. com/item/%E8%BE%BE%E7%89%B9%E8%8C%85%E6%96%AF%E4%BC%9A%E8%AE%AE/22287232? fr=aladdin.

[4] 张坤，王文韬，谢阳群. 机器学习在图书情报领域的应用研究[J]. 图书馆学研究，2018(1)：47—52.

[5] 终于有人把“人工智能”讲明白是怎么回事了！[EB/OL]. [2018 - 01 - 13]. http://www. 360doc. com/content/15/0212/21/18791455_448220606. shtml.

[6] 吴恩达：Google 人工大脑背后的那个人[EB/OL]. [2018 - 01 - 13]. http://www. pingwest. com/andrewng-deep-learning/.

[7] 郭利敏，刘炜，吴佩娟，张磊机. 机器学习在图书馆应用初探：以 TensorFlow 为例[J]. 大学图书馆学报，2017(6)：31—40.

[8] 谢智敏，郭倩玲. 基于深度学习的学术搜索引擎——Semantic Scholar [J]. 情报杂志，2017(8)：175—182.

[9] 沈敏，杨新涯，王楷. 基于机器学习的高校图书馆用户偏好检索系统研究[J]. 图书情报工作，2015(6)：143—148.

[10] 姚飞，纪磊，张成昱，陈武. 实时虚拟参考咨询服务新尝试——清华大学图书馆智能聊天机器人[J]. 现代图书情报技术，2011(4)：77—81.

[11] 沈奎林. 聊聊图书馆智能机器人[EB/OL]. [2018 - 01 - 13]. http://mp. weixin. qq. com/s? _ biz = MzA5NzUxNDIzNw = = &mid = 2449978420&idx = 1&sn = 3d6db0931129274a6768192a5e6f7c6f&chksm = 876cb3a6b01b3ab0242083d231379be85413b4669af3d128982857a73f11475874cd19c5d9fa&mpshare = 1&scene = 23&srcid=0521pQ9B4G3Le7myAzUAs82T#rd.

[12] 俞晴里. 浅论人脸识别技术与图书馆管理的应用[J]. 信息通信，2017(11)：288—289.

[13] 2018—2023 年中国数字图书馆行业市场发展现状调查与投资发展趋势研究报告(目录)[EB/OL]. [2018 - 01 - 13]. http://wenku. todgo. com/chuzhongjiaoyu/12420847913ae4. html.

[14] 中国人工智能人才缺口超 500 万供求比例仅为 1∶10 [EB/OL]. [2018 - 01 - 13]. http://tech. qq. com/a/20170714/011522. htm.

基于 JSON 网络令牌的智慧图书馆分布式无状态身份认证服务模式研究

朱雯晶
(上海图书馆)

摘要 智慧图书馆的服务建设是基于大量新技术，特别是计算机与互联网领域的各类最新成果，主动感知用户需求并结合大数据，最终为用户提供最合适的个性化服务的过程。在这个过程中，需要打破传统图书馆的后台系统和服务之间的壁垒，实现系统之间的互联互信；而传统的会话式身份认证已经无法满足这一实际需要，取而代之的是令牌式的无状态身份认证机制。本文通过引入 RFC7519 标准的 JSON 网络令牌协议，研究了其在图书馆系统之间的实现方式。相比通过会话机制，降低服务器压力和后端架构复杂度，为图书馆的智慧服务的建设提供了一种可行方案。

关键词 JSON 网络令牌；无状态身份认证；令牌认证

Research on Distributed Stateless Authentication Service Model of Smart Library Based on JSON Web Token

Zhu Wenjing
(Shanghai Library)

Abstract The service developing of smart library is based on a large number of new technologies, especially the latest achievements in the field of computers and the Internet. It actively senses the needs of users and combines big data to provide users with the most appropriate personalized service. In this process, it is necessary to break the barriers between the back-end systems and services of traditional libraries and achieve mutual trust connection between the systems. Traditional conversational identity authentication can no longer meet this practical need. Instead, it is a token-based stateless identity authentication mechanism. In this paper, we introduce the RFC7519 standard JSON Web Token protocol to study how it is implemented between library systems. Compared with the conversation mechanism, the server pressure and back-end architecture complexity are reduced, which provides a feasible solution for the construction of the smart library services.

Keywords JSON Web Token; Stateless identity authentication; Token based authentication

1 概念

智慧图书馆服务需要打破传统图书馆的后台系统和服务之间的壁垒，实现系统之间的互联互信，从而通过各类数据分析并为用户提供个性化服务。在这个过程中，不同系统之间很重要的一个工作就是对用户的身份进行认证。

JSON 网络令牌(JSON Web Token)是国际互联网工程任务组(IETF)发布的编号为 RFC7519 的一种互联网通讯令牌协议。该标准设计了一种用于在互联网的两个对象之间传递数据和信息的方案，该方案基于 JSON 格式，因此被命名为 JSON Web Token，简称 JWT。它是基于令牌(Token)的验证方法，因其简单、安全、紧凑、跨平台多语言等诸多优点，逐步成为取代传统服务器会话(Session)验证的一种理想方案。包含 JWT 令牌认证的方式，有目前主流的 OAuth 2.0 授权认证框架标准等。这些框架主要用于 API 交由第三方认证方进行认证工作的场景，包含了数个核心和扩展的国际互联网工程任务组标准。该标准框架过于复杂和全面，在大多数的图书馆与读者群之间的服务场景下，不太适合使用。这需要用专业的团队去开发、设计和维护一整套的系统架构，成本太高。虽然 JWT 也可以被应用于 OAuth2.0 的标准框架内，但 JWT 的轻量化、简单易懂的规范，更适合直接应用于上述场景。

2 研究现状

国内外图书馆对服务身份认证已经经历了多年的研究，形成了丰富的实例和成果。在认证方式方面，郭利敏等将微信二维码用于图书馆的读者身份认证，为智慧图书馆环境下的读者登录提供了新的渠道。顾嘉伟等在公共文化数字资源云服务中提出了一种中心化的身份认证模式，通过全局和自治身份映射关系统一不同图书馆的自治身份，实现不同图书馆用户交叉认证的难题。黄虓提出基于 OpenID 的数字图书馆身份认证技术，实现了一种去中心化的单点登录身份验证框架。侯瑞芳等从读者个人信息保护出发，研究了读者面临的内外部威胁，并从个人、行业、技术、法律等多个方面提出了相对应的保护策略。李凯则通过 JSON Web Token 实现了无状态的账户系统设计，解决了会话机制下存在的共享和域限制的问题，分担了服务器的内存压力，并通过实验证明了该方式的有效性。

同样，国外学者也在相关领域进行了诸多研究。Prajakta Solapurkar 利用 OAuth2.0 框架和 JSON Web Token 搭建了一套安全的健康服务体系，并将之应用到物联网云服务的场景中去。通过实验比较，在大量用户场景下利用 JWT 标准的方案比传统方案在存储容量上具有超过 50%的降低，在总时间开销上减少了 60%以上，在 125 每分钟的高负载下响应时间同样减少了 60%左右。Samantha Searle 等介绍了澳大利亚大学的图书馆馆员在数据服务研究开发方面的当前进展，应用微服务概念在数据政策、基础设施、技能发展和咨询服务等方面提出未来的发展和研究路线。D'onal McCarthy 等运用 JSON Web Token 协议实现了一个用户为中心的隐私感知访问控制云数据平台框架 OpenI。Muhamad Haekal 等利用 JSON Web Token 构建了基于令牌认证的 Web Services 服务。

3 令牌认证模式与传统认证模式对比

3.1 传统图书馆服务身份认证模式

单点登录模式是网站开发中最常见的一种形式。用户通过一次登录或者注册，获取了访问权限。通过单点登录认证以后，可以直接访问其他支持单点登录的服务和应用，从而避免反复登录的麻烦。单点登录的核心是用户信息的管理，通过共享会话的方式使得不同的系统都能够读取到该顶级域名下的用户 Cookie 信息，从而实现免登录。

单点登录模式的缺点在于维护成本较高，当系统业务发生变更时，对 Cookie 的内容变更，会影响所有单点登录的服务器，必须要在所有的服务器系统上都进行校验，确保安全。还有安全性的问题：只登录一次，即可访问所有的应用系统，将会可能导致不同系统中的敏感数据被泄露，特别是对于用户上网环境不可控的场景，如公共网吧，公用电脑等。

3.2 智慧图书馆服务身份认证模式

智慧图书馆服务场景下的用户身份认证，一般都是基于客户端令牌方式。在客户端令牌认证方案中，通过认证的用户获得服务器授权令牌，用户后续通过服务器颁发的令牌进行服务调用。服务器验证令牌以后，返回正常的业务调用结果。

此外，在这种模式下，同样存在令牌注销和撤销的问题：因为令牌泄露或者丢失，用户向服务器发送令牌注销请求并申请获取新的令牌。此时服务器需要告知所有其他的服务器不再信任该身份令牌，如服务器不能及时解决令牌失效的通知机制，那么在这个过程中可能会导致安全隐患。

为了解决上述问题，在身份认证令牌的基础上，通过增加 API 网关可以非常好地解决这些问题。API 网关在服务身份认证模式中的作用是作为一个统一入口，所有的业务请求必须经过 API 网关进行认证，确认令牌有效性以后再放行并执行相关业务调用。使用 API 网关后将使得原本直接暴露在外部的所有服务接口均被保护起来，同时也使得利用个别服务接口中的漏洞绕过令牌认证的难度显著提高，从而加强了服务的安全性。

因此，通过采用客户端令牌加 API 网关的模式，将会更好地为图书馆的智慧服务架构体系提供安全保障。

3.3 身份认证令牌模式的优势

以采用 JWT 标准的身份认证令牌为例，其主要的优势体现在如下的几个方面：

(1) 前后端分离：在应用系统和软件开发中,前端和后台的交互是不可避免的。前端展示内容依赖于后台数据返回,后台数据返回格式影响了前端的功能展现。两者如不加以控制,将会造成业务系统的紧耦合。而通过服务的令牌身份认证,业务系统的前端和后端将会更好地分离和独立。后端系统可以基于实际业务构造健全的服务功能,而不必过多考虑前端的展示和实现。前端系统也可以通过服务器授权令牌从不同的服务 API 拿到需要的内容并加以展示,无须再通过网站自身的后台去整合转换集成数据。从开发和维护的角度出发,原有业务中多个前端都需要对接多个后台,现在只需要对接一次后台,即可为所有的前端提供统一服务。在复杂度显著降低的同时,也将增加系统的健壮性,并减低出现故障的概率。

(2) 跨平台、跨语言支持：通过令牌认证的方式,前后端业务将不再需要采用同一种语言开发。因为 JSON 的通用性,所以 JWT 是可以进行跨语言支持的,像 JAVA、JavaScript、NodeJS、PHP、Python 等很多语言都可以使用;而且根据 JWT 的规范,不同平台语言生成的令牌可以互相认证,极大地方便了各平台的程序开发。

(3) 便于传输：JWT 令牌的结构简单,占用的字节很小,而且通过将结构化的数据和消息进行封装和进一步处理,最终用 BASE64 的编码方式生成认证字符串,可以尽可能地减少令牌的大小和体积。而且,其字符串的样式也更加适合通过 HTTP Rest API 进行传递和认证。如果令牌采用了复杂结构,并没有进行压缩和编码处理,那么其在发送到服务器端请求时将会造成更多的不便,包括无法使用 HTTP GET 方式提交请求,只能通过 HTTP POST 等方式提交等。

(4) 灵活扩展：JWT 令牌的结构是基于 JSON, JSON 是目前使用最广泛、最轻量级的数据交换格式。相比传统的 XML 格式,JSON 格式的扩展更加灵活,无须配置 XMLSchema 即可进行修改。正是因为 JWT 令牌是基于 JSON 结构,也使得其能够支持各种扩充的用户自定义字段。在更好地满足各类业务需要的同时,不同的系统可以方便地进行自定义和扩展,从而适应不同的业务系统的需要,在实现身份认证的同时满足业务需求。同时,也因为令牌认证不需要在服务器端保存用户的会话信息,服务的各应用系统可以很方便地进行扩展、扩充和新增,满足了业务升级和扩展的需要。新业务上线也不需要考虑用户会话信息的传递和共享,为开发者提供了最大的灵活性。

4 基于 JWT 的令牌技术实现

4.1 令牌结构

一个简单的令牌结构实例如下：

eyJhbGciOiJIUzI1NiIsInR5cCI6IkpXVCJ9. eyJzdWIiOiIxMjM0NTY3ODkwIiwibmFtZSI6IkpvaG4gRG9lIiwiYWRtaW4iOnRydWV9. TJVA95OrM7E2cBab30RMHrHDcEfxjoYZgeFONFh7HgQ

通过英文符号“. ”的分割,将令牌分为了前中后三部分。第一部分称为令牌头,第二部分称为令牌声明,第三部分称为令牌签名。

4.1.1 JWT 令牌头(header)部分

以上述令牌实例为例,其令牌头部分的内容为：

eyJhbGciOiJIUzI1NiIsInR5cCI6IkpXVCJ9

通过程序将其进行 BASE64 的解码,可以获得如下原文：

```
{ "alg": "HS256", "typ": "JWT"}
```

令牌头部分是规定令牌所采用的加密算法和令牌的标准。“alg”参数说明该令牌采用的是 HS256 的加密方式。“typ”参数说明该令牌是一块标准的 JWT 令牌。

常用的令牌加密算法还包括：RS256、ES256 等。

4.1.2 JWT 令牌声明(Claim)部分

以上述令牌实例为例,其令牌声明部分的内容为：

eyJzdWIiOiIxMjM0NTY3ODkwIiwibmFtZSI6IkpvaG4gRG9lIiwiYWRtaW4iOnRydWV9

通过程序将其进行 BASE64 的解码,可以获得如下原文：

```
{
"sub": "1234567890",
"name": "John Doe",
```

"admin": true
}

令牌声明部分传递了所有 JWT 令牌的标准控制参数和用户自定义的参数。一些常用的控制参数如下：

iss：Issuer，发行者。表明了这块令牌的生成机构或服务器。

sub：Subject，主题。表明了这块令牌的名称。

aud：Audience，观众。表明了这块令牌签发的用户名称或代号。

exp：Expiration Time。失效时间。表明了该块令牌的失效时间。

nbf：Not Before，生效时间。表明了该块令牌最早的生效时间。

iat：Issued at，发布时间。表明了这块令牌的颁发时间。

jti：JWT ID，JWT 令牌的唯一标识，通常用作 NONCE 参数，NONCE 是 Number used once 或 Number once 的缩写，在密码学中 NONCE 是一个只被使用一次的任意或非重复的随机数值，防止令牌被反复使用，避免重放攻击等。

4.1.3 JWT 令牌签名(Signature)部分

以上述令牌实例为例，其令牌签名部分的内容为：

TJVA95OrM7E2cBab30RMHrHDcEfxjoYZgeFONFh7HgQ

签名部分的规则为：

HMACSHA256(base64UrlEncode(header)+"."+base64UrlEncode(payload), secret)

其中，HMACSHA256 为加密格式，通过令牌头中的 HS256 参数确定。header 为头部分的 JSON 字符串。payload 为声明部分的 JSON 字符串。secret 为密钥，通过一个唯一的保密密钥对令牌进行签名，从而达到令牌授权唯一性的目的。

此处的 secret 密钥为对称密钥，JWT 同样提供了 RS256 等加密方式，通过非对称加密的方式来进一步提高安全性。这种方式更适合多签发服务器的情形。

4.1.4 令牌生成

JWT 因其诸多特性，受到广泛支持。目前已经有近 23 种不同语言的第三方类库支持。此处均以 Java 语言的 Auth0 类库为例，一个典型的令牌生成代码片段如下：

```
public String getToken(String secret, String Issuer, times time, int offsetExpires, int offsetNotBefore,
            String apikey, String userid) {
        try {
            Algorithm algorithm = Algorithm.HMAC256(secret);
            String token = JWT.create()
                    //.withAudience(audience)
                    .withIssuedAt(new
Date()).withExpiresAt(getDateByTimeOffset(time, offsetExpires))
.withIssuer(Issuer).withNotBefore(getDateByTimeOffset(time, offsetNotBefore))
.withJWTId(UniqueIDGenerator.getShortUUID()).withSubject(userid).withClaim("appid", apikey)
                    //.withKeyId(keyId)
                    .sign(algorithm);
          return token;
        } catch (UnsupportedEncodingException exception) {
          return "Utf-8 encoding not supported";
        } catch (JWTCreationException exception) {
          return "Invalid Signing configuration / Couldn't convert Claims.";
        }
}
```

通过传递相关参数，即可生成令牌。其他唯一标识发生函数，时间偏移函数等因篇幅限制，此处略过不再表述。

4.2 令牌验证

令牌验证在 Auth0 的类库中也有相关方法,通过定义 JWTVerifier,并配置需要验证的参数值,后续即可反复使用同一个验证类对所有传入的令牌进行认证,避免了反复创建认证类的开销。示例代码如下:

```
public boolean verifyToken(String token, String secret, String issuer, int delayallow) {
        try {
            Algorithm algorithm = Algorithm. HMAC256(secret);
            JWTVerifier verifier =
    JWT. require(algorithm). withIssuer(issuer). acceptLeeway(delayallow)
                    . build(); // 可重复使用的验证类
            DecodedJWT jwt = verifier. verify(token);
            return true;
        } catch (UnsupportedEncodingException exception) {
          return false;
        } catch (JWTVerificationException exception) {
          return false;
        }
    }
```

4.3 令牌解析

当需要读取令牌中参数时,可以通过简单三步骤获取函数值。首先将令牌解析成 JWT 对象,其次传入参数名获取值,最后将值对象转换为特定格式输出即可。

示例代码如下:

```
public void decodeToken(String token) {
        try {
            DecodedJWT jwt = JWT. decode(token);
            Claim clm=jwt. getClaim("appid");
            String sessionToken=clm. asString();
        } catch (JWTDecodeException exception) {
            // 无效的令牌
        }
    }
```

5 安全与防护

整个体系的安全和防护主要从三部分入手:

前端:前端服务中,用户将会在其本地进行存储身份令牌,令牌的存放位置将决定服务的安全性。同时,还不应该在 JWT 的 payload 部分存放敏感信息,因为该部分是客户端可解密的部分。

中端:除了服务网关之外,应当将所有的后端业务和其他功能和组件隐藏在网关内。为了防范重放攻击,可以使用 NONCE 进行保障安全。同时,中端负责对外的所有业务 API 的请求和认证,因此必须要使用 HTTPS 协议保障数据在互联网上的传输安全性。无论在令牌认证中采用的是何种加密方式,都需要保护好自己的密钥。一旦泄露,必须立刻进行重置和公告。

后端:业务处于业务网关的内部网络中,可以通过防火墙配置,仅接受来自业务网关的请求访问,避免直接将业务暴露在公网等环境下,可以避免安全性的问题。

6 未来展望

智慧服务是图书馆服务的未来发展方向,其同样也是各行各业的系统和业务的发展方向。通过智慧服务,让原有的小众需求有了被满足的可能。通过更好地、灵活地服务用户,将会使得图书馆的服务水平和成效具有进一步提升的能力。

对于图书馆智慧服务的未来发展，可能将会从以下几个方面出发：业务网关的作用将会更加突出。同时，为了确保业务的安全可靠，越来越多的安全措施和技术将会得以应用，特别是基于非对称加密技术的安全认证方式将会成为首选。图书馆用户未来将会同银行客户一样，拥有自己的数字证书，并通过自己的数字证书更安全地访问各类服务。通过后端的支持，提供差异化服务的智慧服务将会迎来发展的契机。从大众服务向小众服务甚至是一对一服务发展，既满足了用户的差异化需求，又提升了图书馆的服务成效。

参考文献

[1] IETF. RFC7519 Json Web Token [S/OL]. [2017-06-28]. https://tools.ietf.org/pdf/rfc7519.pdf.

[2] Oauth2.0 [S/OL]. [2017-06-28]. https://oauth.net/2/.

[3] 郭利敏，刘悦如，相明琼. 微信二维码用于图书馆读者身份认证的实践[J]. 现代图书情报技术，2015，(Z1)：144—147.

[4] 顾嘉伟，王胜清，赵丹群，陈文广. 公共文化数字资源云服务的一种中心化身份认证模式[J]. 现代图书情报技术，2015，(02)：64—71.

[5] 黄溦. 基于OpenID的数字图书馆身份认证技术[J]. 科技情报开发与经济，2011，(20)：47—49.

[6] 侯瑞芳，李玲，徐敬宏. 微服务背景下的读者个人信息保护研究[J]. 情报理论与实践，2015，(01)：71—75.

[7] 李凯. 基于JSON Web Token的无状态账户系统的设计[J]. 现代计算机(专业版)，2016，(16)：59—62.

[8] Solapurkar P. Building secure healthcare services using OAuth 2.0 and JSON web token in IOT cloud scenario [C]// International Conference on Contemporary Computing and Informatics. IEEE, 2017.

[9] Searle S, Wolski M, Simons N, et al. Librarians as partners in research data service development at Griffith University [J]. Program Electronic Library & Information Systems, 2015, 49(4): 440-460.

[10] Mccarthy D, Malone P, Hange J, et al. Personal Cloudlets: Implementing a User-centric Datastore with Privacy Aware Access Control for Cloud-Based Data Platforms [C]// Ieee/acm, International Workshop on Technical and Legal Aspects of Data Privacy and Security. IEEE, 2015: 38-43.

[11] Haekal M. Token-based authentication using JSON Web Token on SIKASIR RESTful Web Service [C]// Informatics and Computing (ICIC), International Conference on. IEEE, 2016: 175-179.

[12] Nonce [EB/OL]. [2017-06-28]. https://baike.baidu.com/item/Nonce/2525414.

[13] 对称密钥[EB/OL]. [2017-06-28]. https://baike.baidu.com/item/%E5%AF%B9%E7%A7%B0%E5%AF%86%E9%92%A5.

[14] 非对称加密[EB/OL]. [2017-06-28]. https://baike.baidu.com/item/%E9%9D%9E%E5%AF%B9%E7%A7%B0%E5%8A%A0%E5%AF%86/9874417.

[15] Auth0 [EB/OL]. [2017-06-28]. https://github.com/auth0/java-jwt.

[16] 重放攻击[EB/OL]. [2017-06-28]. https://baike.baidu.com/item/%E9%87%8D%E6%94%BE%E6%94%BB%E5%87%BB.

美国儿童图书馆服务学会《2017—2020 战略规划》解读与思考

舒 睿

（上海图书馆）

摘要 行业组织是美国图书馆事业发展中的重要角色，美国儿童图书馆服务学会（ALSC）在制订和规范行业法规上，为美国儿童图书馆事业做出了重要贡献。文章介绍和分析了 ALSC《2017—2020 战略规划》的结构和主要内容，阐述了规划中关于图书馆活动策划、馆员培养、空间设计的战略目标，以期为我国图书馆儿童服务的发展提供参考和借鉴。

关键词 美国儿童图书馆服务学会；儿童图书馆；战略规划

Interpretation and Thought of ALSC Strategic Plan for 2017 - 2020

Shu Rui

(Shanghai Library)

Abstract Professional organization is an important role in the development of American library, the Association for Library Service to Children has made an important contribution to the development of American children's Library in making laws and regulations. The paper introduces and analyzes the structure and main contents of ALSC "2017—2020 STRATEGIC PLAN", elaborates the strategic objectives of activity planning, librarian training and space design in library, which can offer some references for the development of children's library service in China.

Key words Association for Library Service to Children (ALSC); Children's library; Strategic plan

1 引言

美国儿童图书馆服务学会（Association for Library Service to Children，简称 ALSC）是美国图书馆协会的一个部门，它是世界上最大的致力于支持和加强对儿童提供示范性图书馆服务的组织。ALSC 成员有4000 多名，他们是儿童和青少年图书馆员、儿童文学专家、出版人、学校教师以及致力于通过图书馆为儿童创造美好未来的各界人士。作为儿童图书馆服务领域的创新者，其愿景包括推动组织发展、提升馆员专业性、鼓励通过图书馆转型社区。

2017 年 2 月，ALSC 通过了《2017—2020 战略规划》（2017—2020 STRATEGIC PLAN），规划明确了未来三年具有战略重要性的领域，并以此制订愿景声明和战略目标。本文通过解读 ALSC《2017—2020 战略规划》，提出图书馆在活动、人才和空间三方面的建设思考，以期为我国图书馆儿童服务提供实践策略。

2 《2017—2020 战略规划》概况梳理

2.1 愿景声明

ALSC 成员通过社区，为儿童打造健康、成功和未来。

2.2 核心价值观

合作、卓越、包容、革新、诚信尊重、领导、响应。

2.3 发展方向

① ALSC 转型，使组织成员有明确的途径为工作做出贡献。

② 儿童图书馆转型，使专业工作更为灵活且满足儿童需求的发展。

③ 通过图书馆转型社区，ALSC 和图书馆携手共同关注儿童发展问题。

2.4 实施范围

① 多样化与包容性，ALSC 将变得更加多样化和包容性，致力于在儿童图书馆服务的各个方面推广这些价值观。

② 支持，ALSC 将支持图书馆为儿童提供服务的价值，并提供为实现愿景所需的资源。

③ 学习与发展，ALSC 将积极发展新一代组织领导者。

2.5 战略目标

1) 多样性与包容性

① 2019 年 9 月前，增加 ALSC 会员资格的多样性，以减少 ALSC 基线调查的参与障碍。(ALSC 转型)

② 2020 年 9 月前，依据纵向研究和(或)焦点小组的统计，增加现有成员(经验不足者)服务 ALSC 活动的机会。(ALSC 转型)

③ 2018 年 9 月前，通过开发可访问的在线文化素养系列培训课程，提升为青少年服务的图书馆员的文化素质。(儿童图书馆转型)

2) 支持

① 2018 年 9 月前，建立可访问的内容评估工具和研究更新，包括可定制的成员内容。(ALSC 转型)

② 2018 年 9 月前，制订优先研究课程，包括暑期和课余学习时间，并在 2020 年 9 月前探寻开展和(或)支持该研究的途径。(儿童图书馆转型)

③ 到 2018 年 9 月前，通过沟通、网络研讨会和建立合作的宣传形式，扩大图书馆员作为信息素养专家的重要作用。(通过图书馆转型社区)

④ 到 2019 年 9 月前，为图书馆界和公众提供更有针对性的信息，了解 ALSC 及成员的专业信息，以此展现儿童图书馆的发展目标和存在价值。(通过图书馆转型社区)

3) 学习与发展

① 到 2020 年 9 月前，确立明确的培训机会和指导途径，使得 ALSC 成员发展成为所在图书馆、行业和(或)协会的领导者。(ALSC 转型)

② 到 2018 年 9 月前，在媒体指导和儿童发展方面至少提供两个教育机会，可自行设计或与美国图书馆学会其他部门合作完成。(儿童图书馆转型)

③ 到 2018 年 9 月前，组织和促进 ALSC 活动，把重点向儿童提供图书馆服务定位为核心竞争力。(儿童图书馆转型)

④ 到 2019 年 9 月前，制订一个基于研究的最佳实践工具包用于课余时间学习，并向成员进行宣传和使用指导。(通过图书馆转型社区)

3 《2017—2020 战略规划》内容解析

《2017—2020 战略规划》由愿景声明、核心价值观、发展方向和战略目标四个部分构成，围绕着机构和角色转型的新三年规划，尝试通过自由、公开和平等地获得图书馆服务，培养儿童对于阅读的热爱，实现 ALSC 通过图书馆为儿童创造更美好的未来的理念宗旨。

当深入研究规划时，可以发现在 ALSC 转型、儿童图书馆转型和通过图书馆转型社区的三个领域中，每个领域的角色转型都涉及以下问题：如何在满足基本工作职责外为图书馆开展活动贡献力量？如何通过图书馆日常工作来满足儿童及其家庭不断变化的阅读需求？如何扩大图书馆作为社区合作伙伴的作用，并共同改善儿童及其家庭的阅读效果？与之相对应的，规划聚焦了活动策划、馆员培养和空间设计三个发展目标，以适应未来儿童图书馆服务理念和服务方式的发展演变。

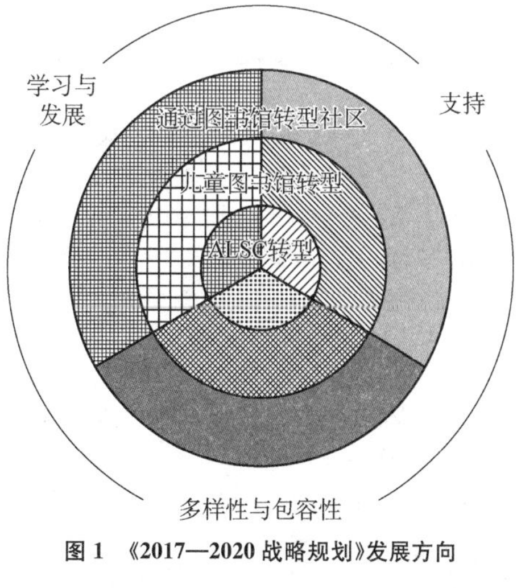

图 1 《2017—2020 战略规划》发展方向

3.1 强调多元化和包容性在活动策划中的重要性

信息技术的发展为图书馆少儿服务提供了便捷的服务手段,同时也对少儿服务形式与内容提出了更高的要求。规划中所指的多元化和包容性,具体包括支持 ALSC 成员为文化提升而服务社区的能力需求,发挥图书馆提供儿童服务在民主上的重要作用,确保组织健康发展,以此维护 ALSC 的优势和发展领域。

玩,特别是开展建设性的游戏活动,对于未来儿童阅读活动的策划尤为重要。玩耍是童年的主要工作,正如图书馆帮助成年人的劳动力发展一样,这是我们帮助孩子工作的方式。ALSC 于 2012 年发布白皮书《公共图书馆活动策划的重要性》,书中指出"在玩耍活动中,孩子们可以了解他们的世界,获得批判性思维所需的技能,发现如何解决问题的方法,并发展自信。通过活动形式的服务,能促进大脑的健康发育,同时培养起探索技能、语言能力、社交技能、身体素质和创造力。"

图书馆可以采用多元化的方式进行儿童阅读活动的策划,与儿童共享阅读的乐趣,并从阅读中获得阅读的兴趣和能力。如参与到家庭阅读、校园阅读中,让各年龄段的家庭成员在图书馆一起阅读、共同发现和创作。芝加哥公共图书馆夏季阅读计划已经成为儿童阅读活动的标志,作为一个非常传统的阅读挑战项目,学龄儿童会在夏天写下他们阅读内容,以此获得图书和玩具等奖品,并在图书馆参加相关的主题活动。此外,图书馆也可以尝试和其他机构联合开展一些阅读活动,如马萨诸塞州图书馆委员会及图书馆系统与美国国家曲棍球联盟波士顿棕熊队的合作,鼓励阅读和学习。伊诺克 · 普莱特图书馆与巴尔的摩金莺队在夏季棒球季围绕体育和阅读,让孩子们和家人共同阅读,分享快乐。

3.2 思考图书馆员作为信息素养专家的角色定位

ALSC 前执行秘书 M. J. Anderson 认为,在改善儿童服务的过程中,图书馆员技能是需要首先考虑的,它比图书馆空间、活动或者资源等都更加需要着力改善,馆员素养是图书馆开展阅读服务的一个关键因素。儿童能与图书馆的图书、阅读等联系在一起,正是依靠儿童图书馆馆员的专业知识、综合能力和良好的个性特质来实现的。

关于儿童图书馆馆员素养的讨论包括:如何定义作为信息素养专家的角色?可以通过培养哪些技能更有效地做到这一点?什么类型的专业发展机会有助于在这方面实现更大的能力?ALSC 于 1989 年对公共图书馆中服务于 0 至 14 岁的儿童图书馆馆员的核心能力进行了详细规定,又分别于 1999 年、2009 年和 2015 年对该规定进行了三次修改。ALSC 认为面向儿童提供服务的图书馆馆员应具备以下七个方面的素养:对用户群体的了解、用户和参考咨询服务、项目活动技能、对材料的理解、拥护与外联的合作技能、行政管理技能、职业精神和职业发展。

无论是过去还是现在,儿童图书馆馆员都需要达到几个基本要求:一、尊重儿童的意愿,透过图书馆来思考儿童的未来和他们的世界观和经验将会如何发展;二、接受儿童服务专业培训,能够与各种类型的儿童进行有效沟通和交流,并拥有解决问题的各种资源和方法;三、具备应对变革的专业挑战,例如,为家庭提供媒体导师和发挥早期学习专家的作用,同时需要更多的研究和积极地宣传。

3.3 倡导各类图书馆为儿童提供服务的可能性

美国雪城大学 David Lankes 教授在《期待更多:为当今多元的世界提供更好的图书馆》一书中指出,"图书馆是社区价值观内容的采集代理"。这是一个合理且具有前瞻性的定义,传统上,这些内容可以是书籍和音像制品;在当今,亦可包含数字内容和 Wi-Fi 热点。展望未来,采集的内容可能意味着所有这一切及人类在未来几十年中所创造出来的内容集合。在美国,小型免费图书室是一个趋势,这些概念是创建一个小空间或展示柜,装满书籍,放在公众地方,人们可以拿走或留下一本书。这些不是图书馆,但这个概念非常令人鼓舞,是希望创造一些专题,分享内容,并将它们聚集在一起的空间。以社区为单位的各类型图书馆,为公民提供非正式学习及获取教育的场所,图书馆正在以更加深入的方式与公众进行联系。

图书馆将更多地关注它为用户提供了什么,同时对用户产生了怎样的影响。随着社会的发展和更多的数字化内容的产生,图书馆建筑和空间将以不同的方式使用,图书馆是促进公民参与的催化剂,将有利于各个年龄段的人们的学习和成长。

传统的高大密集的图书馆馆藏排架布局,可能因缺乏童趣和生气,对儿童的吸引力不大,不利于阅读服务的开展。鉴于儿童作为图书馆用户的这种身份将贯穿在其整个生活中,应倡导各种类型、大小、规模的图书馆为儿童提供服务,打造良好的儿童阅读环境,使其得到良好的阅读引导与培养。

4 结语

美国儿童图书馆服务学会《2017—2020 战略规划》,明确了图书馆提供儿童服务的发展方向,通过组织多样化的阅读活动、专业馆员的阅读引导及打造阅读环境的方式,提高儿童阅读能力,把作为读者的热情传递给孩子,并让孩子保持对阅读的热情。在未来,图书馆面向儿童的服务实践中,可通过制订相应的儿童阅读计划,提供丰富的阅读资源,辅以馆员书目推荐,积极支持图书馆与社会团体的联合,打造阅读服务平台和空间,实现 21 世纪图书馆儿童服务的可持续发展。

参考文献

[1] About ALSC [EB/OL]. [2017-7-9]. http://www.ala.org/alsc/aboutalsc.
[2] 2017-2020 STRATEGIC PLAN [EB/OL]. [2017-7-9]. http://www.ala.org/alsc/sites/ala.org.alsc/files/content/aboutalsc/170411-alsc-strategic-directions-handout%20FINAL.pdf.
[3] Sue McCleaf Nespeca. The Importance of Play, Particularly Constructive Play, in Public Library Programming [R]. Chicago: Association for Library Service to Children, 2012: 3.
[4] CHIAGO PUBLIC LIBRARY SUMMER LEARNING CHALLENGE [EB/OL]. [2017-8-23]. https://www.chipublib.org/browse_program/summer-learning-challenge/.
[5] ANDREW MEDLAR. Envisioning a Twenty-First Century Children's Library [J]. Children & Libraries: The Journal of the Association for Library Service to Children. 2016,14(1): 29-33.
[6] M. J. Anderson. Trendsin Library Service for Children: Past, Present, and Where do We Go from Here? [J]North Carolina Libraries, 1977(34): 49-54.
[7] 李世娟等. 图书馆绘本阅读推广[M]. 北京: 朝华出版社,2017: 85.
[8] Association for Library Service to Children. Competencies for Librarians Serving Children in Public Libraries [EB/OL]. [2017-9-6]. http://www.ala.org/alsc/edcareeers/alsccorecomps.
[9] R. David Lankes. Expect More: Demanding Better Libraries for Today's Complex World [M]. Lexington, KY: Riland.org, 2012: 11.

智慧时代下高校智慧图书馆建设与服务探析
——以华中师范大学图书馆为例

刘　倩　付方方

(华中师范大学图书馆)

摘要　随着信息技术的深度发展和运用,人类已从大数据时代逐步进入智慧时代,随着智慧城市和智慧校园研究的深入,智慧图书馆的建设也已成为研究热点。本文介绍了智慧图书馆的概念,提出智慧图书馆是馆员智慧与机器智慧融合,了解自身环境,满足外界需求,实现自适应学习并渐增智慧的未来图书馆。本文从智慧图书馆建设的政策规划,建设实现的物联网、人工智能、云计算和大数据分析技术,平台选择功能模块三个方面提出智慧图书馆建设的策略。

关键词　智慧图书馆;智慧服务;自适应学习;物联网;人工智能

Analysis on the Construction and Service of University Smart Library under the Age of Wisdom
— Taking the Library of Huazhong Normal University as an Example

Liu qian　Fu fangfang

(Library, Central China Normal University)

Abstract　With the development and application of information technology, mankind has gradually entered the age of wisdom from the age of big data. With the deep research of smart city and intelligent campus, the construction of smart library has also become a hot spot of research. This paper introduces the concept of smart library, and puts forward that smart library is a future library with the integration of anthroposophy and machine wisdom, understanding of its own environment, meeting the external needs, and realizing adaptive learning and gradually increasing wisdom. From the policy planning of the construction of the intelligent library, the construction of the intelligent library is proposed in three aspects: the Internet of things, artificial intelligence, cloud computing and large data analysis technology, and the platform selection function module.

Keywords　Smart library; Smart Service; Adapt Learning; Internet of Things; AI

1　引言

全球已从数字时代进入智慧时代。2007 年 10 月欧盟委员会发表了《欧盟智慧城市报告》,2008 年 11 月 IBM 公司提出了“智慧地球”的概念。党的十九大提出要建设“智慧社会”,通过推动互联网大数据人工智能和实体经济等的深度融合,为社会发展提供新的增长点。中国全面战略部署智慧时代的时期已经到来,教育部在“教育信息化十三五规划”中提出,到 2020 年末高等院校要基本实现智慧校园的建设目标。在物联网、人工智能、大数据等技术的支持下,智慧图书馆是继数字图书馆之后发展的更高阶段。

2　智慧图书馆定义

目前关于智慧图书馆的定义还没有一个统一的表述,研究者从不同的角度进行了阐述。上海交通大学图书馆陈进馆长认为智慧图书馆是智慧协同体也是有机体,在基于物联网和云计算为核心的智能技术的支撑下,能有效地将资源、服务、技术、馆员和用户集成,为用户提供感知化的按需服务。谢蓉、刘炜认为社交化本地化移动化是智慧图书馆的重要功能特点。王颖纯等认为智慧图书馆应具备高效化、个性化、多元化的服务特点。

智慧图书馆发展的基本要素应该包括智能技术和智慧服务。智慧图书馆有多样化的对象、无处不在的连接、信息的输入和流动以及良好的自适应性。对于智慧图书馆的定义,是见仁见智,千馆千面没有固定的定义。本文认为智慧图书馆也是弹性图书馆,智慧意味“学习能力”,是馆员智慧与机器智慧融合,既了解自身环境,又满足外界需求,实现自适应学习、渐增长智慧的未来图书馆。

3 智慧图书馆建设指导

3.1 政策及规划

在智慧图书馆建设中,最重要的是战略制订。高校图书馆的建设需要围绕高校发展目标,制订清晰明确的图书馆政策战略目标,不仅仅关注升级图书馆的建筑、设备和馆藏,更关注如何提供智慧服务支持学校一流学科建设。华中师范大学以立德树人为根本,培养出国家未来的师资力量,构建与我校建设教师教育特色鲜明的高水平大学目标一致的高水平学科体系。为武汉建设“大学之城”和“打造世界一流知识创新之城”培养高层次的教育人才。高校图书馆拥有强大的馆藏及增值服务能力,具备适应教学、科研和知识转化的能力,改善研究人员获取资源的方法,培养与时俱进的学习型组织,实现图书馆在支持一流学科建设中的价值。智慧图书馆建设规划应注重可持续性,对购买的信息平台或数据库进行使用评估,对使用数据(定量)和观察报告(定性)实现监测。根据学校的特色及图书馆的具体情况,做出智慧图书馆的具体规划。

3.2 智慧图书馆实现的关键网络信息技术

物联网(IOT)是用户需求和技术创新,不同的物联网设备相互作用并建立相互之间的关系实现共同的目标。它利用来自大量实时数据流的信息提供远程监控、管理和控制设备并创造可操作的能力,物联网总体架构提供透明无缝的媒介以及提供能处理非常复杂任务的传感器。因此物联网在智慧时代推动各行业的重大变革,已成为应用最广泛的技术之一。

人工智能(Artificial Intelligence),人工智能可以扩展人类在处理复杂性时的认知,而人类仍然可以提供更多整体的、直觉的处理组织中不确定性和模棱两可的方法决策,AI 与人类之间的结合是以人工智能的速度,收集和分析人类的信息并利用人类卓越的直觉判断力和洞察力。将人工智能运用到智慧图书馆中,当机器智能加入馆员的智慧时,人类更智能。AI 如何帮助和扩大人类智慧,而不是取代人类,人类决策将 AI 视为增强工具的意义(扩展人的能力)而不是自动化(替换它们)可为智慧图书馆提供虚拟现实和增强现实,深度学习等。

云计算是一种旨在增加技术的方法。信息技术的能力(IT)通过集中数据如何存储和处理的网络,将数据存储和处理转移到云上,实现资源虚拟化从而全局共享。云计算可实现降低成本,提高处理 IT 操作复杂性的能力并支持创新。云计算用于实现业务敏捷性和可持续性,业务敏捷性是指感知环境变化的组织对变化做出有效的反应。

大数据应用的增长势头构成了智慧时代发展的重要机遇。大量的数据是从用户使用相关服务的来源产生的。图书馆大数据不仅包括图书借阅数据,还包括用户在馆内的行为数据,如是否预约研修室,数据库利用数据等。通过分析这些数据为采购图书资源、馆藏空间分布、读者服务提供科学决策支持,从而提升资源配置效率与服务针对性。

智慧图书馆的层次结构有四层:系统层、接口层、应用层和界面层。

系统层:利用网络技术,系统感知识别图书和读者信息,从而获取用户行为数据等。

接口层:接口层其功能为处理物联网与终端设备,处理数据的格式化以及将数据传输到网络电缆。

应用层:系统在应用层处理信息,通过云计算平台进行信息处理。例如,利用 GIS(地理信息系统)用于分析用户资料和数据。实现图书馆的各种信息服务模块的个性化添加功能。

界面层:界面层位于智慧图书馆四层结构中的最顶层,其功能为处理物联网与终端设备和读者的移动界面,实现图书馆的各种信息服务功能,如智能导航,信息推送等个性化服务。

3.3 智慧图书馆的服务平台选择及功能模块

智慧图书馆服务平台的选择:能整合纸质、电子等各类资源,协同开放具有标准化接口,支持各类终端,具备统计分析功能支持知识关联管理。实现一站式发现获取。未来的智慧图书馆应该是开放式的、创新的,具有可扩展性,支持系统集成,支持移动应用等。智慧图书馆的服务功能模块可根据用户需要进行个性化添加或删除。

3.3.1 智慧图书馆资源服务

基于大数据分析,科学地对馆藏资源体系做结构性调整,统筹馆藏资源与学科建设匹配。利用现代化手段管理馆藏。实时提供推荐书单将图书馆的线上线下业务结合,如读者荐书,购书快速到馆。由于文科院系老师对纸质图书的需求更大,提供快速购书通道,应用当当、京东等电子书城快速下单到书。加强利用馆际互借服务,智能图书荐购。随着信息技术的进步,各种知识资源不断涌现,传统的资源转化为数字形式,图书馆的首要目标是对已公开发表的知识资源进行管理,有效组织知识资源形成知识资源网络,提供学科热点预测,智能知识服务。图书馆参与制订新的机构研究数据管理政策和服务,如提供研究数据管理咨询和培训服务,这将成为智慧图书馆的未来重要任务。

3.3.2 智慧图书馆的物质空间及虚拟空间服务

开放获取政策推动了数据的开放和共享,高校除了教学与研究之外,与社会和经济的合作的增强,在推动科学数据开放、合作和共享的同时,吸引了大量企业形成大学技术园,培养科技创新人才。图书馆成为创业者和科研人员交流的根据地,因此图书馆如何创造和改善学习空间越来越重要,成为大型公共学习区,培养协同工作环境,通过用户行为导出热点路径,最热门空间区域,为读者提供座位预约、研修室预约等服务。目的是实现连通性、协同工作和协作的空间,实现智能空间改造。华中师范大学图书馆应用了图书馆空间自助管理系统,用户可在学校一站式信息服务门户中进行自习座位预约申请。图书馆实现自助打印和研修间自助管理。南湖校区的新图书馆建设了智能预约书柜,实现图书预约、新书展示,用户可通过网络预约和服务台预约,预先放置柜中,方便读者 24 小时取阅图书。

学术社交网络成为新的交流工具,提供一种创新和有效的连接用户的方法,使它们能够产生基于人际关系,基于共同的理由实现连接。社交网络向用户传递信息并即时产生互动。人们交流、分享知识的方式必然影响图书馆的建设。社交网络已在许多图书馆服务中扮演着重要角色。图书馆努力建设研究性协同学习平台,因此新一代的图书馆系统需要提供社交网络的功能,以支持用户的社交学习活动。传统图书馆收集的用户行为数据多集中于借阅次数,而智慧图书馆利用物联网采集读者行为习惯,从而更深入地挖掘读者的阅读行为,如跟踪读者的阅读行为轨迹,读者之间的相似度及书目之间关联性的资料交互分析,收集读者行为,掌握读者信息需求和信息行为偏好以及趋势推荐其感兴趣的书籍。图书馆物联网能够跟移动互联网社交属性相结合,在基础性服务上面提供更多基于位置、社交的服务。今后可以探索物联网与日益流行的社交网络结合,将用户在社交网络中的亲密度引入推荐系统,融合用户社交网络的推荐算法,例如利用新浪微博、人人网这类交叠社会关系中等产生的大量网络数据和用户行为数据来挖掘读者的兴趣、偏好,通过多维数据挖掘,提高个性化推荐的质量。

3.3.3 智慧图书馆支持科研服务

为用户提供学术科研评估及决策参考,对学术科研信息进行数据挖掘。主要方法有:①通过用户获取图书信息及数据库的搜索查找、浏览、追踪,获取用户的即时偏好和研究方向。②通过读者使用的手机以及其他移动终端设备,获取信息利用的过程数据,分析用户的信息利用行为和能力。③分析和利用用户讨论组等交流的数据。④通过用户的一段时期的信息利用行为,采取动态的、情境的感知,预见用户未来的行为。

华中师范大学图书馆在机构知识库中为用户提供个性化的资源服务,根据用户的科研成果推荐相应的学科期刊。图书馆服务于学校的科研工作与管理部门的决策。例如为人事部门提供教师科研产出绩效评估报告,用于人才引进评估;为外事处提供国际合作效益评估和潜在国际合作分析;为科研部门提供科研产出分析和科研成果认定及奖励标准等。

3.3.4 智慧图书馆支持教学服务

学生是大学的未来,大学教研的质量取决于学生的作为。信息素养是一种对信息社会的适应能力,因此图书馆要做的是为学生提升合作和创造力提供良好的环境,增强用户的信息素养职业素养及技术能力,以便他们能适应未来职场的变化。通过学生的能动型学习,提供写作中心、职业生涯辅导等学习支持服务,发展他们的个人知识和学习技能。

华中师范大学图书馆已与校信息管理学院进行图书情报专业硕士生专业实习联合培养,将信息素养教育嵌入到计算机学院、信息管理学院等院系的课堂,支持学院的教学服务。

3.3.5 智慧图书馆的跨界合作

智慧图书馆需加强社会协同及跨行业合作，将图书馆这座信息孤岛与校园各职能部门生成的数据进行大数据结合，增强智慧校园的建设。将各种用户行为数据如图书借阅数据、入馆数据、课程选修数据、实验室使用数据等结合，形成用户学习路径可视化图谱，并根据数据进行书籍、课程、学者等个性化推荐。在服务平台的支撑下，充分有效整合资源、技术、空间、设备等并改善图书馆的数字孤岛现象，实现感知化的按需服务。

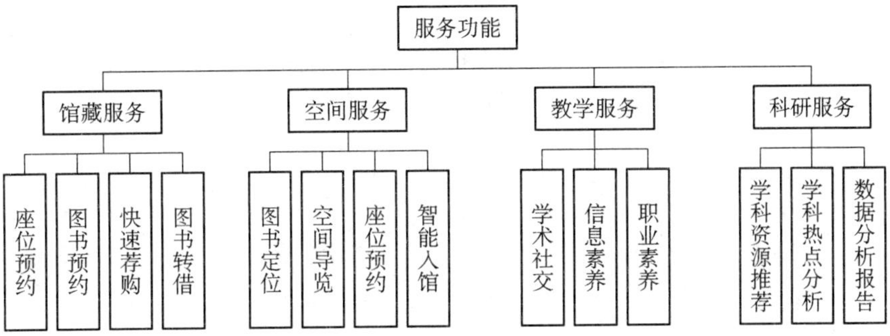

图 1 智慧图书馆服务功能框架

智慧图书馆概念不仅是为了创造新的整体系统，而是通过适当的技术提高现有的系统。"智慧"不取决于是否采用最新或最昂贵的信息技术，而是取决于如何通过利用可用的资源，改善用户的体验以及如何为用户创造更好的学习空间。因此需要全面认识用户的需求，将原始数据转化为有意义和有用的信息，用于制订科学合理的规划和有效的解决方案，通过选择合适的信息平台，使用户获得和分享信息，共同创造和解释信息以实现智慧服务。

4 结论与展望

智慧图书馆是图书馆未来发展的必然趋势，智慧图书馆一方面需通过开放的数据和信息流，为用户提供可持续发展的智慧服务。图书馆在基于与用户发展互动过程和经验中进行改革和再学习，通过自适应学习，解决图书馆建设发展中的挑战。另一方面图书馆必须确保个人隐私和信息安全，以鼓励用户参与图书馆的信息服务。将智能技术与馆员的智慧相结合，将智慧图书馆的建设融入智慧校园智慧社会中。

参考文献

[1] 习近平. 决胜全面建成小康社会夺取新时代中国特色社会主义伟大胜利[N]. 新华每日电讯，2017-10-28(3).

[2] 刘炜. 智慧图书馆标准规范体系框架初探[J]. 图书馆建设 2018(4)：91—95.

[3] 谢蓉、刘炜. Solomo 与智慧图书馆[J]. 大学图书馆学报 2012(3)：5—10.

[4] 王颖纯、贺新乾、刘燕权. 图书馆智慧服务推进路径研究[J]. 图书馆工作与研究 2018(1)：12—17.

[5] Hee-Kyung Moon, Ju-Ri Kim, Sung-Kook Han. A reference model of smart library [J]. Advanced Science and Technology Letters 2014, 63: 80-84.

[6] Andrew M. Cox. Research data management and libraries: Current activities and future priorities [J]. Journal of Librarianship and Information Science 2014, 46(4): 299-31.

[7] Gupta RK, Gautam JN and Khare VP Awareness and use of social media applications among library staff of power sector organizations [J]. Annals of Library and Information Studies 2014, 61(4): 320-331.

[8] Amandar Harrison, Rene Burress, Sarah Velasquez, Lynnette Schreiner. Social Media Use in Academic libraries: A phenomenological Study [J]. The journal of academic librarianship, 2017, (43): 248-256.

[9] Younghee Noh. Imagining Library 4.0: Creating a Model for Future Libraries [J]. The journal of academic librarianship, 2015, (41): 786-797.

21 世纪作为创意产业平台的图书馆

Ivan Ciglan
（斯洛伐克国立科学图书馆）

摘要 由于科技的进步，新型媒体和通信技术的发展以及数字服务的转变，在过去 25 年里文化教育领域取得了前所未有的进步。技术的发展已在人类活动的各个领域有所显现，而不仅仅是文化领域。如果图书馆想保持它作为知识传承者和保护者的地位，就必须把重点放在支持学习和创造的现代增值服务上。为了支持教育、知识经济和艺术的发展，投资支持创意产业则明智而合理。现代图书馆要在公共部门发展和提供新的图书馆服务方面发挥自己的作用。例如，公开录音室将既为一般公众又为学者提供服务。斯洛伐克国立科学图书馆希望通过提供独特的图书馆服务成为支持中欧创意产业的地区领导者，建立工作室，以公共形式提供服务，为无法使用商业替代品的个人和团体提供音乐后期制作的公共服务。本文通过世界各地图书馆的优秀实践实例论述了斯洛伐克国立科学图书馆在具体条件下研究的可行性、可能性、价值和实用性。

关键词 图书馆服务；创意产业；录音工作室；评估；3D 打印；创新

Library as a Platform of Creative Industry in 21st Century

Ivan Ciglan
(State Scientific Library in Banská Bystrica)

Abstract Due to technological advances, development of a new type of media, communication technologies, transition to digital services, unprecedented progress has also been made in the field of culture and education over the last 25 years. Development of technology has manifested itself in various areas of human activity, not to mention the cultural sphere. If libraries want to remain and defend their positions as the bearers and protectors of knowledge, it is necessary to focus on modern value-added services that naturally support learning and creativity. In order to support the development of education, knowledge economy and the art, it is advisable and expedient to invest in the support of the creative industry. Modern libraries have to fulfill their role in development and establishment of new library services within the public sector. An example is a publicly available recording studio that would provide its services to a wide range of people from both the general and the scholar public. State Scientific Library in Banská Bystrica wants to be a regional leader in supporting the creative industry by offering a unique library service in the Central European region. Creating a studio and making it available in the form of a public service of financially demanding mastering, music production and post-production services in the form of a public library service for individuals and groups for which the use of commercial alternatives is not economically viable. The paper deals with the feasibility of a study under the specific conditions of State Scientific Library in Banská Bystrica, possibilities, benefits and applications of using examples of good practice from world libraries.

Keywords Library services; Creative industry; Recording studio; Evaluation; 3D printing; Innovations

What is creative industry

Creative industry represents parts of economy that create economic value based on individual creative and artistic abilities. It is, therefore, an industry based on evaluation of intellectual property (level of creativity and talent) including fields of architecture, advertisement, design, development of videogames, film, television music etc. In conclusion, creative industry represents fields where talent and creative spirit is included (therefore are a result of intellectual activity) and that possess a real economic value in certain time.

Cultural and creative economy develops in environment full of challenges that will not become any simpler or rarer in towns and villages which undergo structural changes. Cultural and creative economy is typical for influencing economic and town development and for creating new trends in art and industry.

Technology and changed behavioural patterns of inhabitants intensively change the nature of provided and used services of libraries. Number of readers of printed documents falls and number of electronic services and remote access information users increases. Simultaneously, there is a growth in public popularity of educational and cultural events which are accessible even without registration in library. Services using community access, innovation and technology. Support of innovative services as tools for development of creative industry seems to be a good way to return libraries their utility which seemed to be vanishing in field of traditional services, e. g. borrowing and presence study services.

Libraries as catalyst in creative industry development

Due to technological progress, new media and communication technologies development, art realisation and shift towards digital services, there has been a rapid progress in culture and education in recent 25 years. Technological development has affected various fields of human activity including culture. In terms of supporting education, knowledge economy, creative industry and art, it is advisable to invest financial resources from European funds in field of culture, art and creative industry.

This goal is grounded in the strategic document Strategy of development of Slovak Librarianship for 2015 - 2020 wording "To support the building and development of libraries as multifunctional and multicultural centers, as information platforms, as information centers and a part of the creative industry infrastructure..." as well as "To support the construction of new modern functional buildings of libraries, systematically reconstruct buildings and spaces of libraries with the emphasis for tearing down barriers and modernization of interior and technological equipment with regards to improving the quality and options for providing library information services..." Unfortunately, the stated document does not specify the types of services that should be provided. Therefore it is the duty of each individual library to monitor popular trends and to focus on specific potential services that should serve as a platform for the development of the creative industry.

Basis for further development is to strengthen cultural infrastructure, create conditions suitable for opening new working opportunities in cultural and creative industry based on service development and to transform actual state of infrastructure to a infrastructure of a new type. Existing and emerging partnerships help to create conditions for establishment of a creative centre with a recording studio, 3D print, co-working spaces and other innovative activities. State Scientific Library in Banská Bystrica (SSL) is localized in accessible central zone of the town which makes it a significant part of cultural infrastructure even behind borders of the region.

A specific characteristic of Slovak libraries (SSL included) is that very few of present library buildings were projected for purposes of a library or other activities supporting cultural and creative industry. Nowadays, objects without particular interference are partly used as depository facility of SSL — Museum of Literature and Music, study rooms for researchers, editor studio, library archive, library deposit and sanitary facility. This is also the main reason for greater reconstruction with new idea and equipment supporting the existent and new cooperation with other cultural institutions, small and medium entrepreneurs and third sector in field of cultural and creative industry, as well as with graduates of art schools who may become motivated by job opportunities.

Cooperation with other subjects in creative industry, establishment and accommodation of suggested existing objects and in the extension will help to create multi-use media, audiovisual, artistic and representative complex (a unit, incubator) with an atelier and presentation room without endangering basic functions of cultural institution in Banská Bystrica region. It will also help to raise employment rate and create job opportunities for young artists and entrepreneurs in cultural and creative industry. It may even assist in creating partnerships and networks of activities. This will lead to realization of activities and could mutually enrich partners with creative ideas inside the region. It will be used to provide project continuity and its sustainability by permanent activity, improvement of spaces and use of the equipment.

Services and cultural activities as vernissages, concerts, meetings, workshops, organization presentations, web and mobile application design support, video projections, videomapping and printed production will focus on users, visitors and inhabitants of the town and region. Young musicians will be provided with adequate creative basis for their work, low-cost start-up projects will be given space to eliminate risks, establish their firm position and set up in bussinsess supporting cultural and creative industry. They may help young creators as a starting point.

Apart from expected outcomes mentioned above, the objects mentioned will gain a more complex cultural and educational purpose in the town and region. In cooperation with schools, the objects will support marketing campaigns in cultural and creative industry, allow young people to gain experience and help the virtualization and visual production, which will support the increase of popularity of cultural events and festivals and, thus, the employment rate. Alumni contacts will be created which will support the development of the tract and help young and contemporary creators develop their abilities.

Recording studio as one of library services supporting creative industry — why

Nowadays, there is no public recording studio in the Slovakia that would provide its services to wide spectrum of people from laic and professional public. There are commercial recording studios and non-public studios for internal needs of organizations or academic institutions, e. g. studio of Academy of Arts in Banská Bystrica, studio of Matej Hrebenda Slovak Library for the Blind in Levoca etc. However, these examples are only used for private audio-recording production used for internal needs or production for specific type of users.

The actual state of music creativity and support of musical education in Slovakia is characterized by:

- absence of public non-commercial recording studio in Slovakia
- absence of similar type of service in public sector
- low level of creativity support in public service sector
- absence of united methodical management of work procedures.

These difficult conditions of musical creativity assume establishment of Public Recording Studio of SSL (PRS SSL). The reasoned need of creativity support of wide public is the starting point for making financially challenging services of mastering, musical production and postproduction more available and open via form of public library service.

The aim of the studio is to provide a new type of library service to public by creating a complex technical and technological basis for creativity development in field of support and development of public music education. The mission of the studio will be to support, develop and promote music and musical education among wider public. The expected result is a properly situated and built recording studio equipped with technical and technological components, software and basic set of musical instruments. The studio will be placed in library with appropriate infrastructure.

This way we wish to reach following specific aims:

- to support promotion of creativity in field of music
- to directly support and increase employment rate via acquisition of specialists responsible for work of recording studio

-to indirectly support employment rate by opening the platform for creative industry support to public with expected result of increase of opportunities on market in freelance and self employment field
-to create a platform supporting the existing frame of musical education in Slovakia
- to allow economically disadvantaged part of public access to the service
-support of start-up programmes for establishing musical bodies, artistic ensembles and individuals
- to offer this new service to public and gain new library members
-to create economically profitable professional basis for creation and editing of audio recordings for institutions from state and public sector as well as for needs of NGOs.

It is clear that the realization itself requires a planned projected approach and it is necessary to execute many preparation activities in the pre-project phase. This includes budget plan of the project, cost calculation with allocated external consultants and specialists, preparation works for project of realization of constructional adjustments, technical solution project, choice of the suitable area etc. In case of internal evaluation it is necessary to count on choosing and managing competent employees in tasks connected with pre-project and project phase.

Why should there be a recording studio in the State Scientific Library in Banská Bystrica

The library maintains some enduring traditions connected with offering services focused on music and musical culture. It serves the public and individuals with musical interest, also study educational and creative activities for groups. By creating the Musical Atrium the quality of specific services increased. The space of the atrium consists of interconnected rooms that allow the visitors to switch between activities and use the rooms according to their needs, like the study room with musicological literature, chamber hall, auditoriums with a self-serving audio system, a separate box for peaceful work with music and a sound archive with a club room. The club hosts smaller concerts and presentations. The advantage is that the atrium is connected with the library's inner court that lends itself into organizing cultural events during the summer. There are several musical instruments at the user's disposal like a piano, percussions, rhythmical instruments, home cinema, computers, turntables and headphones. Consultations are also offered as well as studying musicological literature, borrowings of musical material with the option of playing it on the piano, listening to music through a self-serving audio system, playing records on turntables, watching movies about music, working with music in a separated compartment, workshop with percussions and rhythmic instruments, musical events for the public and organized groups, other educational and creative musical activities, magazines, audiovisual archives containing different genres of music, a digitalized database of albums and the RILM database (Retrospective Abstracts of Music Literature)

The State Scientific Library currently has the largest musical archive in the region at its disposal, where it stores more than 10,000 records. Besides the most modern vinyl tapes it also has some of the classical ones that are still very popular among the users. The Musical Atrium serves to different groups of users. Among them there are teachers of music, students of music, enthusiasts and fans. When it comes to the types of genres, the archive is more than diverse.

A very good source of information is also the Literary and Musical Museum as a part of the library. Its fund of collections is miscellaneous to say the least. It encompasses almost 60 000 exemplars of objects and documents including those that focus on music. Lots of different exhibits can be found here including three-dimensional objects like classical and folk musical instruments, tools for crafting them, personal things of writers, composers and other personalities, furniture and others. There are also archived collection objects like musical and literary works, notes of authors, personal documents and correspondence. Other ones include typography (a rare fund of old prints from 15th - 19th century, historical library of the enlightenment's priest Samuel Kollár from Čerenčany, books and musical notes of contemporary authors) smaller prints (programs, bulletins, event posters of theatrical and musical performances and other) turntables, vinyl tapes, compact discs, films, slides, artistic collections, pictures, graphics, plastics, scenography (scene and costume concepts, properties, puppets in relation to the professional, amateur, musical and puppet theater and other theatrical forms) photographs (musical personalities, bands, groups, buildings, events etc.) as well as micrographs, computer media and a Video Library.

SWOT Analysis

SWOT analysis is the basic tool used to determine the current state from different perspectives like strong and weak sides, opportunities and threats. At the same time, it suggests various alternatives of future development, opportunities of for their use or solutions. The use of the SWOT analysis in terms of pre-project preparation in the intention phase, should identify the bulk of positive and negative factors, that impact the project's implementation as well as the assessment of internal conditions of the library to finalize the project and to analyze the outer options and restrictions of the market. When it comes to the preparation of a project in terms of the SWOT analysis, we assessed and identified the factors that influence the process of its evaluation:

Strong sides

Suitable organizing and supporting basis in terms of the institution (Musical Atrium, Literary and Music Museum, internal project and finance management)

Optimal geographic location near the transport hub and pedestrian zone granting access to artistic and educational institutions

Location in the vicinity of artistic academic institutions (Conservatory, Academy of Arts…)

Weak sides

Absence of deeper knowledge and specifics of building a workplace that is the specified in the project.

Limited experience of the staff of the State Scientific Library in Banská Bystrica when it comes to the implementation of medium and large projects

Opportunities

A new and unique service in Slovakia

Platform for creating new jobs in the public's interest

Improving the image of the State Scientific Library in Banská Bystrica

High potential to capture the attention of new, young library users with the impact on increasing the number of users of the State Scientific Library in Banská Bystrica

Options to develop cooperation with the academic environment in terms of arts and sciences as well as starting musicians and art school graduates

Threats

Complications during construction (monument protected object)

Delays in the public procurement

Allocation of financial resources for the project (financial cooperation)

Disinterest of the founder towards the service for the public

From the stated factors it is clear that the most critical point is obtaining professional staff able to secure the preparation of the project and its documentation that will be a suitable basis for requesting a grant. The attitude of the founder also has to be taken into consideration. In case of not implementing the activities focused on the supporting the creative industry with regard to the development of the portfolio of library and information services provided, the development of new and innovative types of library services will deteriorate in general. The result will be another decline of interest in public services in terms of the library sector. One of the possible alternatives of implementation is the case of potential partnership of various European libraries from 3 countries of the V4 and therefore gaining support from the Visegrad fund. Using the potential of other middle-European countries could definitely give this project a real chance of happening.

3D Printing and the Creative Industry

3D printing is becoming an established service in most public libraries. This service is a typical example of a tool that can be used in support of the knowledge economy, creative industry and education. It was written a lot about this topic from a technical viewpoint. But more than the technical aspect of 3D printing, there should be more emphasis on its use for supporting creativity, individual production, innovation and education for the public.

Why should there be a 3D printer in a library? The answers come immediately:

- A relatively low price of the technology nowadays
- High added value
- Support of educational processes (creation of learning tools, prototypes, models etc.)
- Presentation and access to new technologies for the public

The target group of this service is not just the academic and scientific community but also the more commercial sector and individual users from the public who can start their own creative projects and businesses by using a 3D printer of a library. Examples of professions that benefit from using 3D printing technologies are wide and range from technological enthusiasts along with artistic craftsmen up to industrial designers.

3D Printing as a service for the public

Within the study of implementation, we identified some areas that need to be paid attention to during the inclusion of the service into the library's portfolio:

The will to support and favor libraries by the founders through prioritized department projects

- In terms of marketing research, make a survey about the interest of the state service
- Apart from the 3D printer, securing also the accessories (3D scanner and software)
- Discuss with the important industry employers the terms of tech support
- Secure a qualified employee for maintaining service and consulting
- To establish pricing scheme
- Process and apply the terms of service use into the Library Rules
- Identify the target customer group based on the results of the survey
- Strongly promote the new service through marketing

From the stated it is clear that even if the service seems to be dull or homogenous based mainly on acquiring the resources for purchasing the equipment and acquisition, for ensuring its success it is required to ensure further processes and measures. Only by proper implementation in logical order ensures the correct establishment of the service in the library.

In terms of tech support of this service, we see the potential in cooperation with the commercial sector, specifically with major and minor industrial establishments in the region. The idea is the PPP (private-public-partnership) project, that the library can use to ensure technological basis for educating potential employees and prepare them more efficiently for the position at a specific employer.

Conclusion

It is clear that libraries, mainly in the area of central-Europe require a paradigm shift. Often they prefer a conservative approach and still favor the printed sources and long established services. At the same time, one of the main goals of libraries should be granting access to newest technologies and support the development of the creative industry in the country. This approach is often times misunderstood by the founder, that is why it is necessary to lobby among the competent representatives for appropriate securing of these goals. It is common that the budget can never cover development activities that complex, so it is up to the libraries to initiate project activity and ensure suitable financial and personal resources from grants. It remains only to hope that the individual successes of libraries and examples of good work will start a trend of realization of new tasks of libraries that should be fulfilled in the 21st century. If they wish to survive as the bearers of knowledge.

References

[1] Strategy of development of Slovak Librarianship for 2015 - 2020. [EB/OL]. [2018 - 01 - 25]. http://www.rokovania.sk/File.aspx/ViewDocumentHtml/Mater-Dokum-169279?prefixFile=m_.

“互联网+”时代图书馆转型与创新

The Transformation and Innovation of Libraries in the Age of “Internet+”

新时代我国公共图书馆转型与发展

吴　迪　郭巧玲　赵　昭
（河北省图书馆）

摘要　我国公共图书馆的发展进入了新时代，党的十九大之后首部文化立法归于公共图书馆法，彰显了公共图书馆事业在中国特色社会主义文化中的重要地位，体现了公共图书馆在新时代满足人民日益增长的美好生活需要的重要作用。文章分析了我国公共图书馆发展的现状及面临的问题，并针对这些问题研究探讨了新时代我国公共图书馆转型与发展的具体路径。

关键词　新时代；公共图书馆；转型

The Transformation and Development of the Public Library in Our Country in the New Era

Wu Di　Guo Qiaoling　Zhao Zhao
(Hebei Library)

Abstract　The development of the public library in our country has entered a new era. After the 19th National Congress of the Communist Party of China, the first cultural legislation has been a part of public library law, which reveals the important position of the public library in socialist culture with Chinese characteristics and embodies the influential role of the public library to meet the people's growing needs for a better life in the new era. This paper analyzes the current situation and existing problems in the public library in our country. Aiming at these problems, this paper also researches and discusses the specific path of transformation and development of the public library in our country in the new era.

Keywords　New era; Public library; Transformation

1　前言

《联合国教科文组织公共图书馆宣言》中指出公共图书馆是传播教育、文化和信息的一支有生力量，是促使人们寻找和平和精神幸福的基本资源。公共图书馆是人类文明的集中体现，其不仅积淀一个民族和国家的文明成果，还蕴含着国家、民族走向未来的可持续发展的文化基因，对提高全民的文化素质和生产能力发挥着重要的作用。当前，我国公共图书馆的发展进入了新时代，党的十九大之后首部文化立法归于公共图书馆法，彰显了公共图书馆事业在中国特色社会主义文化中的重要地位，体现了公共图书馆在新时代满足人民日益增长的美好生活需要的重要作用。

2　新时代公共图书馆的发展现状及发展方向

2.1　*发展现状*

十九大报告中指出，进入新时代，要完善公共文化服务体系，深入实施文化惠民工程，丰富群众性文化活动，公共图书馆则在满足人民群众不断增长的精神文化需求，提升群众文化获得感，促进公共文化服务体系建设，推进全面建成小康社会进程方面起着不可忽视的作用。根据《中华人民共和国文化部2016年文化发展统计公报》显示，2016年年末全国共有公共图书馆3153个，比上年末增加14个；从业人员57208人，比上年末增加786人；实际使用房屋建筑面积1424.26万平方米，比上年末增长9.4%；图书总藏量90163万册，比上年末增长7.5%；电子图书88798万册，比上年末增长6.9%；2016年全年全国公共图书馆发放借书证5593万个；总流通人次66037万，比上年末增长12.1%；书刊文献外借册次54725万，比上年末增长7.5%；

外借人次 24892 万,比上年末增长 7.8%;全年共为读者举办各种活动 140033 次,比上年末增长 22.3%;参加人次 7138 万,比上年末增长 20.8%。总体上来说,我国公共图书馆机构数量和从业人数稳步增加,人均资源增幅较大,服务能力和信息化水平有显著提升。

2.2 发展方向

文化部印发《"十三五"时期全国公共图书馆事业发展规划》,从完善公共图书馆设施服务网络;加强文献信息资源保障能力建设;提高服务效能,推进公共图书馆服务均等化建设;加强新技术应用,提升数字化服务能力;充分利用馆藏资源,传承和弘扬中华优秀传统文化;加强政策理论研究,完善相关法律法规和行业标准;创新管理体制机制,促进社会化发展;加强国际交流与合作,进一步提升国际影响力等 8 个方面明确了图书馆今后的重点任务。

今后我国公共图书馆的发展方向是要进一步完善设施网络,增强文献资源保障能力,提高公共图书馆服务标准化、均等化水平,普及信息网络等新技术应用,加强人才队伍建设、政策法律保障,动员社会力量广泛参与,提升公众对公共图书馆服务的满意度。

3 新时代公共图书馆面临的问题

为人民过上美好生活提供丰富精神食粮,要弘扬中华优秀传统文化,继承革命文化,发展社会主义先进文化,培育和践行社会主义核心价值观,加强思想道德建设和群众性精神文明创建。李克强总理在 2017 年 4 月 19 日国务院常务会议上指出,"以色列国家虽然很小,但科技创新却始终走在世界前列,因为他们平均几千人就有一个公共图书馆,以色列人均年阅读量达 60 本,遥遥领先于世界各国。相比之下,我们虽然已是世界第二大经济体,但在公共图书馆建设方面仍然任重道远,图书馆是我国文化事业发展的一个一块短板,无论城乡,都还不能满足广大读者的阅读需求。"新时代公共图书馆面临的主要问题主要集中在以下几个方面:

3.1 阅读环境方面

阅读环境对读者的阅读体验发挥着重要的影响作用,营造良好的阅读环境能够增强读者阅读的兴趣,进而更好的发挥公共图书馆在推广全民阅读中的影响力。目前,部分公共图书馆在环境优化方面还没有做到完全遵照以人为本的原则,为读者提供便利方面做得还不够充足,尤其是在无障碍阅读环境建设方面,随着社会的进步,残疾人参与读书活动的积极性也在不断提高,为了满足残疾人特殊的及不断增长的读书需求,需要在各个公共图书馆中大力普及无障碍阅读区的建设。

3.2 服务意识方面

服务,是图书馆工作的重中之重,根据有关分析结果显示:图书馆建筑占 5%,信息资料占 20%,图书馆员占 75%。由此可见,人在图书馆事业中是最重要的因素。一方面,新时代图书馆发展需要高素质专业性人才,而目前公共图书馆专业的专项人员十分匮乏,人才缺口较大,严重影响今后公共图书馆的发展。另一方面,由于我国公共图书馆事业较发达国家相比起步晚,图书馆主动服务意识不强,主动向社会大众推广服务的公共图书馆还比较少,在服务的多样性上做得还远远不够。

3.3 数字化结合方面

目前各个公共图书馆已经建立起大量数字图书馆,但是由于缺乏统一的规划与协调,数字图书馆标准不一,各单位之间的利益又难以取得平衡。同时,各数字图书馆的用户检索界面、检索语言、管理系统等数字化标准格式不统一,各馆的数据库互不兼容,各系统之间难以相互联通、应用,大量的人力、财力、物力资源浪费在重复建设上,造成资源严重浪费。

3.4 创新发展方面

随着"互联网+"时代的到来,公共图书馆作为全民阅读、终身阅读的倡导者和组织者,在利用微信公众号、微信群、微博公众号等自媒体平台开展新媒体阅读营销,与读者群体进行互动交流和自行或合作开发自己的 App 软件客户端,借助 App 为读者提供个性化服务,分类筛选读者感兴趣的阅读内容方面还有所欠缺。

4 新时代公共图书馆可持续发展的对策思考

新时代公共图书馆发展抓住时代机遇,迎接挑战,以积极的姿态,走可持续发展之路,开创新时代公共图书馆发展的新局面。

4.1 适应新时代的要求，转变思想观念

以前，图书馆重视阅读，将借阅列为主要业务，而将讲座、培训、文化活动等列为次要或延伸性业务。今后，传统图书馆应该向现代图书馆转型，切实履行知识中心、学习中心、文化中心三方面的使命，作为收集、保存和免费传播知识的公益机构正是现在和未来社会制度的必需，也是社会赋予公共图书馆的历史使命，不仅能够提供网络的知识学习共享空间，而且能够提供现实的知识学习公共空间，是书香文化中心，还应该是城市、社区的多样文化中心，甚至休闲文化中心，开设信息共享空间，以交互为主线适应不断变化的学习方式，为读者提供更令人喜爱、虚实结合且可以双向交互的学习环境。

4.2 适应新时代的要求，升级服务观念

新时代公共图书馆要紧紧围绕构建书香型社会的新要求，积极应对"互联网+"时代的挑战，创新服务理念，构筑开放和多元化的服务模式，打造优质服务品牌，结合实际进一步拓展服务领域，提高服务水平，积极研究和探索"互联网+"环境中图书馆服务的新特点和新方式，构建新的服务平台，开设新的服务项目，在搞好常规服务、阵地服务的同时，开展特色、专题、流动服务。以手机、平板电脑等移动终端为载体的平台整成为目前"互联网+"时代人们阅读和获取信息的主要方式，公共图书馆应充分运用信息技术和网络技术开展服务，真正承担起网络环境下的现代图书馆知识收集、整理、创新、导航的职能，以读者的需求为出发点，尽职尽责为读者服务。

4.3 适应新时代的要求，树立创新观念

创新让图书馆与时俱进，创意让图书馆鲜活灵动，近年来公共图书馆界积极开展的各类创新创意项目焕发了图书馆事业新的生命力。首先，公共图书馆在未来应该借助多层次的媒介来扩大自身影响力，利用新媒体技术，有效整合各种传媒平台，能够保证阅读平台的多维度和多层次，实现公共图书馆的社会意义。其次，实现公共图书馆信息资源的共建共享是适应信息时代的要求，推动公共图书馆事业跃上新的发展阶段的重要举措，代表未来图书馆的发展方向，应加速公共图书馆计算机互联网建设，推动文献资源的共建共享。最后，图书馆从提供图书，到提供信息，再到提供工具是质的进步。公共图书馆要努力为读者配备应有的工具，并提供新工具的体验服务，如今不少公共图书馆已经开设了创客空间、联合办公区等，为读者公平获取工具、增强技术体验创造了条件。

4.4 适应新时代的要求，更新人才观念

新时代图书馆工作对图书馆员的信息素质提出了新的更高的要求。图书馆员综合素质水平直接影响图书馆的办馆水平与办馆效益，是新时代图书馆应对挑战、可持续发展的强大动力和关键因素。这就需要未来的图书馆员，能够以合作者的姿态，参与到读者解决问题的过程中，并且注重让信息在开放与交互中不断增值。公共图书馆应当重视加强馆员继续教育培训力度，就如何提升图书馆员的信息咨询能力和服务质量进行深入学习，努力做到"人尽其才，才尽其用"。

5 结语

新时代公共图书馆正处在跨越发展的黄金时期，在社会文化建设发展中扮演的角色越来越重要，责任越来越重大。新时代公共图书馆应全力担当起传播文化知识、弘扬科学精神、倡导全民阅读、提高民族科学文化素养的伟大使命，锐意进取、乘势而上。

参考文献

[1] 柯平. 公共图书馆评估推动图书馆转型[J]. 数字图书馆论坛，2017(5)，2—7.
[2] 曾庆彬. 美国图书馆转型运动经验及启示[J]. 图书情报导刊，2017，2(8)，9—12.
[3] 吴觉妮，十三五期间图书馆战略转型和发展研究[J]. 现代情报，2016，36(6)，128—132.
[4] 陈传夫，陈一. 图书馆转型及其风险前瞻[J]. 中国图书馆学报，2017，43(230)，32—50.
[5] 李国新. 新时代公共图书馆事业发展的新航标[J]. 图书馆杂志，2017，36(11)，4—5.
[6] 程焕文. 新时代图书馆应该做什么[N]. 新华书目报，2017-11-10(4).
[7] 赵舒文. 迎接全民阅读新时代[N]. 中国文化报，2018-01-11(10).
[8] 吴建中. 再议图书馆发展的十个热门话题[J]. 中国图书馆学报，2017，43(33)，4—17.

“互联网+”时代公共图书馆的转型与创新服务

谢 娟 宋秀芬 江 曼

(湖北省图书馆)

摘要 公共图书馆法总则第三条明确指出,公共图书馆应该坚持社会主义先进文化前进方向,发展社会主义先进文化。图书馆已经不再是单单的图书馆概念,它是一个资源的集散中心,是信息的传播中心,是人们的交流中心,是阅读的推广中心,是一个复合的、多元的概念。鉴于此,本文主要探讨新时代下图书馆转型主导的创新服务,推动我国图书馆事业的继续向前发展。

关键词 公共图书馆;转型;创新服务;阅读推广;互联网+

Transformation and Innovation of Public Libraries in the Internet+

Xie Juan Song Xiufen Jiang Man

(Hubei Provincial Library)

Abstract Article 3 of the General Provisions of the Law on Public Libraries clearly states that public libraries should adhere to the direction of advanced socialist culture and develop advanced socialist culture. The library is no longer a mere library concept; it is a hub of resources, a hub of information, a hub of people's communication, a hub of reading, a complex, pluralist concept. In view of this, this article mainly discusses the new era book house transformation leading to innovative services, to promote the continued development of our library.

Keywords Public libraries; Transformation; Innovation services; Reading promotion; Internet+

公共图书馆从私人的藏书楼发展至今,公共图书馆的功能经历了以藏为主到以用为主的转变。现在已经迎来了一个新的互联网+的时代,纸质资源、多媒体资源齐驱并驾,在这个资源迅速发展的洪流中不管是图书馆、文化馆、书店都在以各种新的方式吸引人们加入到阅读中,在这个文化产业相继革新的竞争中,公共图书馆面临的是一次新的转型浪潮,需要转型,需要创新服务。

1 公共图书馆转型创新是技术发展的需求

1.1 “互联网+”概念

“互联网+”是以互联网为主的新一代信息技术(包括移动互联网、云计算、物联网、大数据等)在经济、社会生活各部门的扩散、应用与深度融合的过程,本质是传统产业的在线化、数据化。

“互联网+”思维和理念已应用于众多领域,如互联网+金融、互联网+教育、互联网+交通、互联网+零售、互联网+医疗、互联网+三农、互联网+媒体……互联网+传统行业的深度融合对各行各业带来深刻变革,“互联网+”的过程即为传统产业转型升级过程。

“互联网+”推动移动互联网、云计算、大数据、物联网等先进技术与相关传统产业的融合,重塑全球经济、政治、社会、文化、军事、外交格局。面对互联网与各行各业深度融合的大趋势,图书馆领域正积极利用“互联网+”这一强大的创新驱动引擎,加大与互联网的融合力度,真正实现图书馆资源、服务、管理等诸多方面范式转型。公共图书馆当然也不例外。

1.2 互联网+公共图书馆

1.2.1 “互联网+公共图书馆”必要性

从公共图书馆数字化、自动化及信息化发展史来看,新服务理念、信息技术或服务模式推动着公共图书馆管理与服务升级。“互联网+”时代的到来,对公共图书馆的固有服务理念和服务模式带来了挑战。公共图书馆作为公共文化服务体系核心组成部分,它的发展始终伴随着技术的进步而不断革新,公共图书馆利用互联网思维、互联网技术、平台模式转变服务内容与方式、改进传统模式、整合当前资源、拓展服务内涵、重构服务内容,以实现图书馆的信息服务与其他行业进行深度链接、吸引更多潜在用户群体、继续成为社会知识信息中心这一目标。

1.2.2 "互联网+公共图书馆"融合好处

"互联网+公共图书馆"不仅体现在管理与服务技术上"+",更是知识服务理念、思维、模式与创新上的"+","以用户为中心"推动图书馆管理与服务创新则是其中最为重要的内容。"互联网+公共图书馆"转变服务理念创新、服务空间创新、服务模式创新。

面对"互联网+"时代的到来,公共图书馆需顺应时代变革,树立互联网思维,"互联网+公共图书馆"深度融合好处有:

① "互联网+公共图书馆"建立更加广泛化、个性化、智能化、集约化的服务模式。

② 提升公共图书馆的行业管理、资源共建共享、服务协作能力,打造公共图书馆服务的新型业态。

③ 创建适应移动互联网和用户行为习惯的新型服务模式。

1.2.3 "互联网+公共图书馆"创新实践

"互联网+公共图书馆"的融合力度真正实现公共图书馆资源、服务、管理等诸多方面的范式转型,"互联网+公共图书馆"的创新实践包括:

① "互联网+服务" 公共图书馆利用新技术、新媒体、新空间、新资源为用户打造更加精准、个性、智慧公共文化服务,如:掌上图书馆、新媒体服务、新空间建设等服务。

② "互联网+预测" 公共图书馆对信息系统内海量数据的分析与挖掘,精确锁定目标读者,预测读者深度需求,同时支持采购策略。如:湖北省图书馆根据"数据服务"(到馆的读者数据、图书借还数据、图书流通数据等)制定采购策略、激活馆藏资源、推荐新书、预约活动、分析阅读偏好等。

③ "互联网+治理" 公共图书馆利用云计算、大数据、物联网等互联网技术,通过对海量数据分析与挖掘,制定出服务决策来规范读者行为,进而提升公共图书馆管理能力,如:"互联网+信用监管"。

1.3 智慧公共图书馆

目前"互联网+公共图书馆"产业深度融合形态表现为互联网阅读推广、移动图书馆、云图书馆以及智慧公共图书馆初始阶段,而智慧公共图书馆高级阶段为融合公共图书馆。

1.3.1 智慧公共图书馆初始阶段

以物联网、大数据、云计算、移动互联网、智慧城市、人工智能、虚拟现实等新技术已经并将继续对智慧公共图书馆的创新发展不断注入新的引擎和活力。智慧公共图书馆是互联的图书馆、高效的图书馆、便利的图书馆,体现了公共图书馆的理念创新、技术创新、服务创新和机制创新。目前我国诸多公共图书馆正在进行的数字图书馆建设、手机图书馆与社交媒体的应用实践均处于智慧公共图书馆的初始阶段。例如:湖北省图书馆已推行"掌上图书馆"服务。已入驻支付宝的城市服务,读者通过支付宝 App 进入"湖北省图书馆"应用项目,具体步骤如下:城市服务—综合—湖北省图书馆(在线一键检索,借阅书籍平台),即可享受新书推荐、鄂图资讯、公告须知、图书检索、信息咨询、图书续借等相关信息服务;"掌上鄂图"App 提供资讯、公开课、续借、学术资源、参考咨询、馆藏查询、共享平台、服务数据、在线阅览等服务;微信公众号"湖北省图书馆"提供书目检索、图书续借、参考咨询等服务。

目前国内智慧公共图书馆发展呈现的现状为:

① 公共图书馆数字化建设局部变革的层面。数字阅读平台、24 小时自助图书馆、手机图书馆、微博微信和微信公众号(两微一端)等。

② 公共图书馆变革较多的是部分融合、局部互动、单域可视、单机智能,物理空间与虚拟空间较多尚停留在复合叠加的状态。

③ 公共图书馆在数字化、网络化以及泛在化方面着力较多,在智能化和可视化方面着力较少;在文献方面着力较多,在建筑和家具设施的智能化方面着力较少,如椅子、墙壁、地板、天花板、灯光、音响、多点触控平面、各种形体的显示器的智能化与可视化设计等。

1.3.2 智慧公共图书馆高级形态

智慧公共图书馆高级形态为融合公共图书馆。融合公共图书馆将图书馆的物理空间与虚拟空间实现整体性的结构融合,使公共图书馆的服务流程系统和各个环节实现智能互联和人机互动,使公共图书馆的整体布局体系实现在公共图书馆数字化基础上的网络化、智能化、互动化、可视化和泛在化。

融合公共图书馆是一个将智慧的真实世界和虚拟的数字世界融为一体的一个地方，融合公共图书馆将使图书馆和图书馆所提供的知识学习的质量达到全新的水平，融合互动是融合公共图书馆的灵魂。融合公共图书馆具有融合化、互动化、可视化、泛在化、智能化五大特征。根据对德国康斯坦丁大学的融合图书馆分析，融合公共图书馆主要表现为：

① 融合公共图书馆是通体革命，是人机互动对全服务链的全时空域的渗透，全面重塑了数字时代图书馆的服务流。

② 融合公共图书馆是将物理图书馆与虚拟图书馆的深度融合，实现互联互通和人机互动的无缝链接。

国内公共图书馆需借鉴融合图书馆发展的创新理念和实践，并结合国内公共图书馆的实际与时俱进。在数字图书馆建设的基础上奋力向智慧公共图书馆的高级形态——融合公共图书馆跃升。

2　公共图书馆转型创新的是社会发展的要求

当前“全民阅读”纳入政府工作报告，宣传之下，更多的人群成为公共图书馆用户，他们获取信息的方式也从单一的借还纸质媒介扩大成可利用图书馆多种线上、线下资源，并且不受时间或者空间的限制。这种情况下，用户范围就不仅是实际到馆用户，更多的是利用互联网获取图书馆共享资源的单位和个人，互联网用户的出现使得图书馆用户群体成指数倍上升。

2.1　公共图书馆转型创新是用户群体的要求

随着互联网＋的发展，读者到公共图书馆目的发生了变化，从单纯的借还图书转变成综合性的需求。

调查结果显示，读者对公共图书馆的使用目的主要分为四种类型：自习、休闲、借阅资料和参加活动。具体从图1可以知道，利用图书馆自习空间占32.3%、休闲娱乐占28.8%、借阅归还文献资料占26.3%、参加活动9.2%，其他(如使有疑问寻求馆员帮助、使用数据库等)占3.4%。由此可知，提供空间这一功能是读者来公共图书馆最为主要的需求，其次是休息、阅读功能或获取资源等。除以上四项外，还有如使有疑问寻求馆员帮助、使用数据库等。可见公共图书馆不在单单是借还图书、看书、看报的地方，还可以上网、参加讲座、阅读推广活动，甚至只是在馆里休息、发呆等。

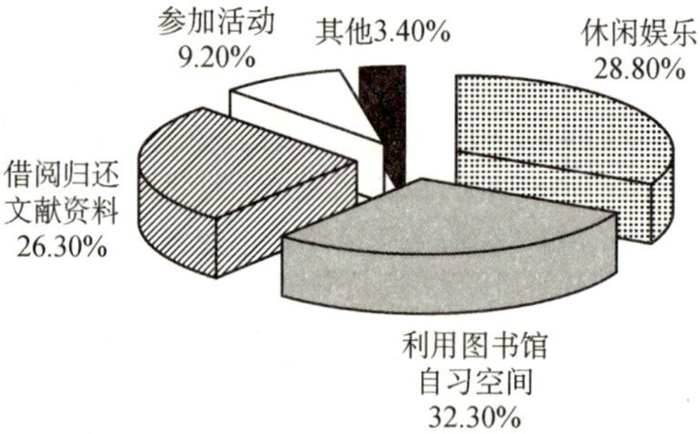

图1　读者目的调查图

公众使用行为的多样性反映出信息化环境下现在公共图书馆是可以满足公众生活、学习、休闲、娱乐多方位需求的重要公共场所。公共图书馆作为“第三空间”，具备社会交流媒介的基础属性，透视这一现象背后的实质，公共图书馆已经让社会开始关注其作为公共交流平台的功能，正在引领社会不同个体、群体和组织利用这一空间进行交流交往的需求[13]。

2.2　公共图书馆转型创新是信息获取方式变化的要求

“互联网＋”趋势下，图书馆用户获取信息的方式也发生了变化，传统用户借阅纸质图书报刊大多通过中图分类法，而通过互联网，用户可以更便捷、精确地找到所需要的信息。公共图书馆的检索巡航系统，可以将书目对应的书架信息以地图方式呈现给用户，更直观便捷。在这期间，检索工具也在发生转变，从互联网普及初期的计算机到现在“互联网＋”时代，提供多种设备和平台，用户可以方便地使用智能设备，配合应用更加简单高效的获取资源，通过微信等可以第一时间了解图书馆的最新活动动态，获取最新的资源。

不仅仅是渠道和设备的变化，用户在获取信息时空上也出现了转变。更多的用户在图书馆闭馆期间或者在家里、单位获取图书馆公共资源,所以公共图书馆急需转变服务理念,不能只将目光锁定在图书馆这个区域或者是图书馆的开放时间,而应该在闭馆时间和其他空间都提供能为用户所需的信息资源。可以通过图书馆官网、图书馆官方应用,如湖北省图书馆的"掌上鄂图"以及微信公众号、小程序、支付宝等应用平台进行宣传。

公共图书馆的用户数量大、需求层次不一、结构较为复杂,要根据用户的结构特点,合理改变和创新图书馆所提供的信息源,提供更符合用户需求的资源。

3. 公共图书馆转型创新是图书馆发展的必经之路

"互联网+"时代下,人们在获取、保存、利用信息的渠道上存在一定的突破,这就使传统的公共图书馆实用性逐渐降低。但是,不意味着公共图书馆的价值丧失,应该淘汰。反而是告诫人们应对公共图书馆的服务加以创新,并且对其进行转型,以明确其发展方向,促进其发展进程。

3.1 与同类行业的竞争要求

在"互联网+"时代,书店、文化馆、科技馆都纷纷转型服务方式和应用新技术,推出了"全国最美书店""全国首家O2O智慧书城""中部地区首家24小时书店"等受大众的追捧。例如合肥三孝口共享书店,共享书店只需缴纳99元押金就可免费把书从书店带回家阅读,并且推出"阅读奖学金"制度,用户每次借阅后,只要按期归还,就会有一笔"阅读奖学金"直接奖励到用户的智慧书房账户上,在给用户带来自我提升的同时,还能带来经济上的收益。书店还通过对数据的分析,从用户借阅图书周期、类型、偏好不断了解消费者需求,对用户有针对性地进行活动推送,并相应将多元销售、快消食品、餐饮等商户进行调整,给用户提供最好的产品。

书店的职能发生了转变,让书店服务人员将从过去的销售身份,真正变身为用户的专属阅读顾问,从简单的买卖书籍到图书的推荐、推送到推进,鼓励人们热爱阅读、传播阅读,并给予人们更为专业的阅读指导,在推进全民阅读上某些举措已经赶超公共图书馆了。面对这样的竞争,公共图书馆如果不创新服务方式,势必会被社会所摒弃。

因此,公共图书馆需要创新服务方式来推动阅读,公共图书馆在全民阅读服务中承担着重要责任,但目前我国公共图书馆在全民阅读推广中还存在诸多问题,其功能还没有充分发挥出来。公共图书馆要在吸引读者、培育读者、提升读者方面制定切实可行的措施,在推动全民阅读活动中做实做细,提高效果。

3.2 与社会服务的竞争要求

随着互联网的迅速发展,图书馆传统的服务模式已经不能完全满足读者需求,图书馆应以此为契机,发展创新,寻求突破。

在国内,随着"大众创业、万众创新"经济发展新引擎的提出,创客空间在公共图书馆历经2013年的起步期,逐渐进入2015年、2016年的飞速发展期。然而以创客为主题的咖啡吧、书吧、孵化器等服务行业也在开展创客空间,像2013年初雷军和李儒雄共同投资成立的武汉光谷"创业咖啡",它包含创业者和投资者的交流平台、创新孵化器、创业培训、天使投资,创建全链条创新创业服务平台。在投融资方面,通过在线众筹与线下风投双渠道,为创业者对接意向资金。在创业服务方面,将提供主题沙龙、路演对接、培训指导、活动承接等。这样的企业对创客的服务做得细致全面。

目前有各种新型的服务模式,但这些服务模式其他服务行业也在做,公共图书馆应结合本馆实际情况充分发挥图书馆的优势,探索出于企业侧重点不同的服务点,有自己特色的新型服务模式。

3.3 图书馆发展的内在要求

美国图书馆与情报资源理事会(CLIR)2014年理事会发布的"变化中的图书馆与情报服务事业"报告中预测,到2030年大部分图书馆建筑都将成为知识共享空间[14]。互联网技术为公共图书馆的发展提供了更为广阔的平台,可以促进图书馆作为学习空间、交流空间、知识空间等多元空间的融合,而不仅限于是单一的空间。目前许多国外图书馆为了适应这种新的发展局势,已经将图书馆的功能做了改变,例如2015年向大众开放的日本岐阜媒体中心,这座位于岐阜市的综合文化设施,主要包含了图书馆、学习中心、多媒体放映厅等功能。法国很多图书馆也都建设成多媒体图书馆,如拉·苏尔斯是位于勒布斯卡的媒体图书馆和生态中心,还有位于Les Pins区域的中心的Vitrolles多媒体图书馆等,都成了媒体中心,功能更丰富多样。

我国图书馆也在朝这个方向发展,像嘉庆区的"最美图书馆"、有"滨海之眼"之称的滨海图书馆,除了藏书外，其最大的特点是建筑之美，打破人们对图书馆的传统印象，以吸引更多的读者。

在"互联网＋"时代下，图书馆要顺应时代发展的要求，把新的技术应用到图书馆的服务中来转变理念，开拓创新思路，以读者服务为核心，在服务理念、内容、手段、服务人员素质等方面进行创新，以提高服务水平，满足读者的需求，发挥图书馆的职能，增强信息资源的利用率。因此，图书馆不管从形式上、内容上、服务上都要探索和创新，这是读者所需也是图书馆的发展必经之路。

参考文献

[1] 宁家骏."互联网＋"行动计划的实施背景、内涵及主要内容[J].电子政务，2015(6)：32—38.
[2] 李彤.公共图书馆互联网＋服务平台构建初探[J].图书馆工作与研究，2016(1)：54—56.
[3] 贾西兰，李书宁，吴英梅."互联网＋图书馆"思维下的下一代图书馆服务平台[J].图书与情报，2016，160(1)：44—48.
[4] 陈燕方，周晓英."互联网＋"时代公共图书馆 3.0 的服务创新[J].情报理论与实践，2017，40(2)：26—30.
[5] 刘芳."互联网＋公共图书馆"：服务创新与转型发展[J].图书馆杂志，2016，35(8)：42—48.
[6] 王世伟.略论智慧图书馆的五大关系[J].图书馆杂志，2017，36(4)：4—10.
[7] 王世伟.论智慧图书馆的三大特点[J].中国图书馆学报，2012(6)：22—28.
[8] 王世伟.论智慧图书馆的三大特点[J].中国图书馆学报，2012(6)：22—28.
[9] 湖北省图入驻支付宝城市服务[EB/OL].[2018-03-21].http://www.chnlib.com/wenhuadongtai/2017-03/165246.html.
[10] 韩翠峰."互联网＋"环境下的图书馆服务转型与发展[J].图书与情报，2015，159(5)：29—32.
[11] BELL S J, SHANK J. The blended librarian: A blueprint for redefining the teaching and learning role of academic librarians [J]. College & Research Libraries News, 2004, 65(7): 372-375.
[12] 王世伟.融合图书馆初探[J].图书与情报，2016，160(1)：54—61.
[13] 陈忆金，曹树金.城市公共图书馆读者信息行为及其影响因素研究[J].图书馆论坛，2016(3)：56—64.
[14] 王筱雯，王天泥.公共文化服务视域下的公共图书馆空间再造实践与思考——以辽宁省图书馆新馆为例[J].图书馆，2017(4)：40—43，64.

城市更新中公共文化空间再造的图书馆建设——以杨浦区图书馆新馆（原旧上海图书馆）建设为例

潘立敏

（上海市杨浦区图书馆）

摘要 文章以原旧上海图书馆的修缮扩建为例，通过对城市历史遗存保护、修复和局部改造，保持历史遗存的活力，使其与现代城市环境相协调与融合，实现公共图书馆在城市更新中的文化空间再造。

关键词 城市更新；文化空间；图书馆

Construction of Library with Public Cultural Space Rebuilding in Urban Renewal — Taking the Construction of New Building of Yangpu Library (Old Shanghai Library originally) as an Example

Pan Limin

(Shanghai Yangpu District Library)

Abstract The paper takes the renovation and expansion of Old Shanghai Library as an example. By protecting the historical remains of the city, renovating and partial restructuring the old building, which is for maintaining the vitality of historical remains. The old building could be coordinated and integrated with the environment of the modern city, so that it can implement the public cultural space rebuilding of the public library in urban renewal.

Keywords Urban renewal; Cultural space; Library

城市更新是一种将城市中已经不适应现代化城市社会生活的地区作必要的、有计划的改建活动。城市更新的方式可分为重建或再开发、综合整治以及功能改变三种。本案例即为综合整治和再开发相结合的方式，不改变建筑主体结构和使用功能，对建筑物的全部予以改造更新，使其能够继续使用，从而优化地区的人文环境。

1 案例背景

20 世纪 20 年代末的上海已有 350 多万人口，是全国第一大都市，也是世界著名大城市之一，当时的特别市政府根据上海在全国乃至世界的地位，遵循孙中山先生的《实业计划》的指引，决定编制势在必行的"大上海"发展计划，将上海建成为"东方大港"。1929 年 7 月 5 日，划定现杨浦区境内江湾五角场一带约 7000 亩土地开辟为新的上海市中心。本案的修缮部分原为旧上海图书馆，是"大上海计划"第二期工程项目之一，与周边的上海特别市政府大楼、上海市立博物馆、江湾体育场、国立音乐专科学校、广播电台等建筑形成了一个较完整的公共文化空间。

1.1 建筑概要

1932 年 8 月开始筹建市立图书馆(后定名上海市图书馆)。1935 年 3 月，正式延聘蔡元培、王云五等 16 人组成上海市图书馆临时董事会，蔡、王分别为正副董事长。洪逵、杜定友任筹备处正副主任。同年 10 月新馆竣工。1936 年 9 月试行开放。该馆直属市政府，洪逵任馆长。开放未满一年，即逢抗日战争爆发被迫关闭停办。建筑由当时的中国建筑家学会会长董大酉主持设计，为中国新古典风格，飞檐大顶、琉璃绿瓦、梁柱斗拱、浓墨重彩,富有中国古代宫殿建筑的华贵气息,立面风格截然不同于当时外滩新建的建筑群,外观延续民族传统形式,以现代钢筋混凝土重新塑造了一个中国古典建筑形象。

1.2 功能设计

董大酉在1929年被正式任命为"大上海计划"主任设计师时刚从美国学成归来,旧上海市图书馆为其重要代表作之一。建设以"今日图书馆之设立,其目的绝不能如昔日简单,非仅以保守为能事已也",而是需要"善察环境需要,促进社会教育之普及"的思想,设计理念先进。建筑大部分为二层。"一楼中轴线上有门厅、大厅、报刊阅览厅、书库,左右两边是儿童阅览室、善本书库、演讲厅、办公室、财务库房、研究室""二楼中轴线上设有展览室、借书室和目录室,左右两翼是阅览室,其中中间连接部分为过道和研究室,二楼中部的外厅原为展览厅,内厅为检索厅",其采用顶部采光天窗,消除室内大空间压抑沉闷感,有效提升了室内的光照度。"开挖一部分建地下室,为装置锅炉之用"。

1.3 历史沿革

从1910年起,市政府就一直酝酿计划建立一所市立公共图书馆。旧上海市图书馆的成立,从其建设规模来说,在当时可算是上海市公共图书馆史上的一件大事,但从它所起的作用来说,由于馆址偏远,虽名为位于"市中心区",实则远离包括租界在内的居民比较集中的地区,特别是开放未满一年,"八一三事变"在上海爆发,市政府被迫撤离,"大上海计划"被搁浅,上海市图书馆另觅新址。在随后的80多年历程中该建筑虽得以幸存,却几易其主,作为市立图书馆的功能也已不复存在。2004年该建筑被列为区文物保护单位,同时被划入上海市历史文化风貌区江湾片区。2012年杨浦区委、区政府决定,将旧上海市图书馆建设为杨浦区图书馆新馆。2014年项目的修缮扩建工程启动建设。

2 项目建设原则

项目秉持"向史而生,临湾而立——最大限度地保护和利用,最优方式地更新与再生"的设计理念,修复留存建筑,恢复最初的设计蓝图,扩建当年原设计手稿中的未建部分,完整展现其"中国复兴式"建筑的历史特征与建筑风貌。本次改造是在对原有建筑实行保护修缮的基础上进行扩建,修缮面积3960平方米,扩建面积10269平方米。

2.1 体现爱国的民族主义精神

"大上海计划"承载着20世纪初叶华界的希望,虽筚路蓝缕屡遭废弃,仍忠实地记录下这一百多年来上海城市的发展。这是我们了解历史的重要物证,可窥见当时中国社会和人民对自强自主的渴望;其所具有的先进性和达到的现代化程度,被认为是当时"中国城市最有价值的一部分",是20世纪初特定历史时期文化、艺术、建筑以及城市发展的实物证明。

2.2 体现百年市政文明的发展轨迹

"大上海计划"围绕道路交通(包括港口、铁路)、土地开发和大型公共建筑的设计与建造三项工作进行,除市政府及各局外,国民党市党部、中山纪念堂、市参议会、图书馆、博物馆、美术馆、国货陈列馆等均将在此建造。这是上海历史上第一次全面的、大规模的、综合性的城市发展总体规划,在上海城市建设史上具有开创性意义。

2.3 体现建筑的文物价值

该建筑于2014年与现存的市政大厦、市博物馆、市体育场等"大上海计划"遗迹归并入市级文物保护单位"大上海计划"公共建筑群。项目依据《中国文物古迹保护准则》,修缮需遵循文物保护的合理利用原则、最小干预原则、可识别原则和真实性原则,不应当为了当前利用的需要而损害文物古迹的价值,附加的手段只用在最必要部分,修复应当以现存的有价值的实物为主要依据,不允许为了追求完整、华丽而改变文物原状等。

2.4 体现建筑本身的艺术价值

建筑是用结构来表达科学的艺术性,还原和再现近代建筑界一代宗师董大酉的设计思想,修缮老建筑,还原建筑内部彩画、花饰、重檐歇山顶、杏黄色琉璃瓦顶和部分功能,扩建原设计稿中未建部分,使新老建筑间既有关联又有区分。

2.5 体现当代公共图书馆的发展方向

公共图书馆是集学习、讨论、创意、实施为一体的多功能多维度的综合性空间,项目应主动实践以收藏

"书"为中心到以支持"学习"为中心的图书馆变革,从空间上的共享、用户需求的最大满足、现代新技术的广泛应用和服务方式的多元等各个方面寻找路径和方法。

3 修缮保护的重点和对策

项目属上海市历史文化风貌保护区江湾片区范围。本次空间再造突出新馆以城市更新中文化空间再造的主题理念,遵循文化部和上海市《文物保护工程管理办法》等法规和规范,尊重历史,最大程度恢复旧上海图书馆原貌。

3.1 保存修缮

针对显示历史沧桑且不妨碍使用的部位,保护的方式应选择保存"变旧";对局部构件的损坏,可进行修缮,修缮时确保式样、材料、工艺的一致。

孔雀门再度开屏 二楼大厅的铁铸孔雀门是当时老建筑内的原物,为纯手工打造,用铆钉链接,做工相当细致。工程人员对其进行了相应修复,完成基底防护之后,除锈刷漆,使孔雀门于80年后重现华美。

红缸砖地坪岁月留痕 一楼门厅红缸地砖貌不惊人,其实已有80年的高龄。当时在这片红缸砖地坪下铺设的是暖气管道,工程人员为了最大化利用空间,将新馆内的空调、消防管道依旧铺设在地下。所以修复工作者们在施工进场前将每一块红缸砖做好标识、编号、拍照记录,然后再逐一拆除、进行打磨,最后进行清洗修复,待地下管道铺设完毕后,将红缸砖重新铺贴,整个工序极为复杂。

3.2 恢复重建

针对因外力作用造成损坏严重,或材料、结构使用寿命已到,可按保护内容部分或全部复建,须遵循"原真性"原则,确保地址、尺度、式样、材料、工艺等的一致,尽可能利用原构件、原装饰。如建筑上的门窗、阳台的围栏、墙面的花饰都是展示外立面形象的重要元素,修缮中尽可能保留或恢复了原样。

壁龛、门楼重见天日 旧上海图书馆是仿造北京城鼓楼而建的,一楼大厅两侧设有两处壁龛,门楼有观景台。左右壁龛内的两尊塑像,分别是旧上海市图书馆临时董事会蔡元培先生和旧上海图书馆的设计主持董大西先生。门楼则是本栋楼最出彩的地方,在屋檐之下的金碧红绿彩绘,使得上方黄色琉璃屋顶与下方朱红门窗之间有了转换与过渡,让建筑形象更显辉煌绚丽。而门楼外围,与之呼应的石栏杆、装饰斗拱、彩绘、琉璃瓦等皆是保护修缮的重点。无论是垫拱板上的"退晕三宝珠"火焰、如意宝瓶彩绘,还是护栏上的云纹图案,我们都能从中感受到传统吉祥的寓意和古典意境之美。

天花彩画失而复得 在修缮过程中,工程人员发现室内所有的彩画均被人为以涂料重新粉刷过,图案已不可辨。幸运的是在一次现场勘查中,在壁龛内发现了保存度极高的彩画,色彩图案仍清晰辨认。这次意外发现真正揭晓了建筑顶部的华彩,成为本次彩画修复最重要的依据。依据当时的照片,馆内的彩画修复融合了旋子、苏式以及和玺三种中国最重要的古典彩画,十分罕见。且它们的色彩多为"冷色",如青蓝碧绿,略加金点。而柱、门客则是丹赤为主色,以冷暖色差与白色的墙面相映衬,极富中国宫殿建筑的特征。

3.3 改造更新

针对非保护部分,改建后的变化与保护内容协调,功能更新利于长久保护,仅保留"外壳""内胆"换新。对不涉及保护内容的暗敷设的老化、落后的设施设备,需更新为符合当代标准。

找回失落的另一半 当年由于经费原因,图书馆仅完成一半就投入使用。为了此次修缮,找到了建筑师董大西的原设计手稿,并据此完成手稿中没能落地的另一半建筑。新老建筑在外表上保持协调与统一,以墙面的不同来进行区分,这也充分体现了保护建筑的可识别性。

优化内核 即完整保留老建筑的外观,使其成为新建筑的一个功能区。本次改造对原建筑的书库部分保留了外貌,将内部更新改造为适合当代图书馆功能的展览展示空间,重塑价值。

4 实现现代功能的途径和方法

项目以成为承接历史和面向未来的文化新地标为目标,根据《图书馆建筑设计规范》等行业标准,体现当代公共图书馆发展理念与趋势,从"人""资源""空间"三要素出发,突出人在图书馆的位置,整合全媒体的资源,发掘图书馆作为场所的价值,从而成为重要的城市文化空间。

4.1 业务流程再造

该建筑始建于图书馆"以藏为主"的20世纪30年代,根据当时西方流行的图书馆建筑风格,设计了密集型钢铁书架居中、周围设置有各类型阅览室的结构。这种样式当时在西方十分流行。其业务是围绕“书”展开的，虽然讲座、展示、参考等服务丰富了图书馆活动的内容，但总体上这些都没有根本改变图书馆以书为主体的性质，图书馆的功能布局和工作流程依然是跟着书走的，无论是部门设置还是文献服务都是以书为本位的。这些年来，全球图书馆界都在探索从以书为主体向以知识为主体的图书馆转型，业务流程设计将更加注重人的需求、可接近性、开放性、生态环境和资源融合，致力于促进知识流通、创新交流环境、注重多元素养和激发社群活力。

4.2 功能设置重构

项目为上海市杨浦区图书馆(地级一级馆)，是上海公共文化服务体系中的重要组成部分，承担区一级政府公共文化服务的社会职责，服务对象偏重于普通市民。本次空间改造遵循当代公共图书馆的发展方向，建造以支持“学习”为中心的多功能多维度的综合性空间，全馆设文献借阅、数字服务、展览展示、主题活动四大功能区，在每一区域内再按具体的业务需求设置若干室。

数字服务区旨在引入最新的相关科技设备，使读者能及时体验新科技、新技术。主题活动区引入创客服务，实践创意体验，着重为读者、创业者的学习研究和创意创造提供新技术工具支撑、专业文献和科技信息查阅及交流展示平台，包括创意工坊、创意课堂、创意体验、创意展览等，在宽松开放的环境气氛下使其成为一个学习、探索以及促进创新的场所。主题活动区含交流互动(小组学习和小组讨论)、会议功能(召开各类会议、学术讨论、演讲报告等)和创客空间等功能。

4.3 服务模式升级

当代图书馆不只是纯粹的物理空间，也不只是纯粹的虚拟空间，而是实体和虚拟融合的复合型空间。项目以数字化、网络化、智能化的信息技术为基础，建设智慧图书馆，实践更高质量的服务、更具吸引力的学习休闲环境和更高品质的管理，推动图书馆的创新驱动和转型发展。

立体互联的图书馆 利用当代最新技术，建立信息立体互联安全的运维保障系统，在图书馆内外进行全天候实时信息监控，防火、防水、防盗、防突发安全事故发生。对图书馆在不同空间的建筑进行统一的安全监控。对进入图书馆的人员携带物品进行安全识别。对借阅和复制等文献等进行检验。对图书馆内外区域进行身份感应，设置不同的感应门禁，授予不同人员以不同的权限。对进入保存本书库、机房等重地的人员进行出入的信息识别，通过立体的信息感知进行严密而有效的安全防范。

共享协同的图书馆 借鉴社会管理中的网格管理的方法进行图书馆各区域空间的服务与管理，将图书馆服务空间划分为若干个服务管理网格，将共享协同管理在特定的网格空间中实现，及时就近为读者提供全方位和一体化的服务，使读者的问题和需求在某一服务点位上得到一揽子解决和满足，为读者节约时间，使读者服务更加方便快捷、管理更加主动到位。

泛在一体的图书馆 将互联网、广电网和电信网的三网深度融合互联，构建随时随地网络接入和服务接入的信息环境，让读者通过手机和多媒体信息载体实现时时可读、处处可读、人人可读的学习休闲环境，即大多数文献都能够合理使用或在数字化环境中利用，大多数读者能够熟练运用信息技术进行自主学习、探索研究并解决阅读中的问题，能够提供跨时空的服务路径，让读者可以得到个性化、可选择、互动型的服务。通过手机图书馆、24 小时图书馆、网借图书馆、街区自助借书柜等，提供泛在的创新服务，使“图书馆总在我身边”成为现实。

5 建立“上海近代市政文献馆”

历史建筑对于现代人不应仅仅是一种关于“从前”的概念，它同时也是一个开放的平台，承载着过去文明的同时也吸收新的文明示意。基于优秀历史遗存的文化价值再现的思考，以近代城市规划和发展为主线建立主题馆“上海近代市政文献馆”，重点挖掘“大上海计划”在上海城市规划史上的文化价值，通过现代技术揭示城市发展的轨迹。

5.1 专题文献资源建设

以“大上海计划”与百年市政重要的人物、事件、文献、图集、影像为主线，串起杨浦的百年市政历程，组织好能反映杨浦百年脉络、体现杨浦对上海近现代化进程影响的各类文献入藏，组织好能体现杨浦作为上海国际大都市珍贵文化记忆的影像入藏。

通过各类各种形态文献(图书、影像、音像、电子书、数据库、网络资源、口述历史)的有机组织与揭示，体现近代杨浦作为中国近现代市政的重要发端地,对上海近代现代化进程发生的巨大而深远的影响。

凸现百年市政与“大上海计划”与杨浦的渊源,勾勒20世纪30年代在内忧外患的困境下华界试图以新城的发展与租界竞争,从而拉动上海的城市结构与空间重组,形成以华界为主导城市格局的雄心与具体设想,体现国人在列强压制下曾有的梦想与付诸实施的努力。

体现“大上海计划”在上海城市规划史上的里程碑意义,作为第一次全面的、大规模的、综合性的城市发展总体规划,“大上海计划”实现了本土性与现代性的统一。梳理近代上海城市的规划变迁与空间演变,引发人们对当今上海以至中国城市现象与城市问题的关注。

彰显“大上海计划”的具体设施已形成的初步风貌,如中心道路主要框架形成,基础设施次第完工,市府新屋、市图书馆、市博物馆、市立医院、市体育场、航空协会会所等为中心的行政中心初露端倪,上海国立音乐专科学校、国立上海商学院、复旦大学等初步形成高等教育聚集的区域等。

借鉴“一切历史都是当代史”的视角,唤起当今人们对先人在困境下自强努力的回望,对城市建设路径、城市发展方向、城市未来走向的更深的关注与思索,让主题馆成为引发今天的人们回望与思索与名片,成为有影响与深度的主题展示场所。

5.2 专题服务

传承近代市政文明,实现图书馆在城市更新中的功能转型以及在未来城市规划建设中的图书馆角色,开展文献检索和查询、信息交流和专题研究,实践和探索公共图书馆与城市发展的命题。

构建多终端、立体化的数字服务空间,使信息检索、全媒体阅读等新科技融入主题服务中;提供多载体近代市政及相关文献的借阅和参考咨询服务;提供“大上海计划”的规划建设以及国内外研究杨浦百年市政的相关文献的借阅和检索;顺应信息时代新媒体、新技术的发展趋势,通过电子模型、多媒体技术、虚拟技术等,展示杨浦市政的过去、现在和未来。对杨浦各个发展阶段的城市地标进行实体或数字建模,通过多媒体技术、3D虚拟现实,实现对杨浦近代市政文明的文化重现和现代城市文明的再现,揭示当代“知识杨浦”“智慧城区”之于“大上海计划”的传承和发展;以支持“学习”为中心,开展读者及专家的学习、交流和研究。开展专题文化活动和学术交流活动,对上海百年市政的历史、城市建设路径、城市发展方向、城市未来走向等开展线上线下的专题服务。

公共文化空间既是图书馆、博物馆这些具有物理形态的公共文化生活场所,又是弥漫于城市中的一种文化环境,从而构成了城市的文化氛围与气质。对历史建筑的修缮和利用重塑了建筑的社会价值和文化价值,使历经沧桑的历史遗产优雅而有尊严地走向未来,对城区的成长及影响意义深远。

参考文献

[1] 罗炳良. 孙中山建国方略[M]. 北京: 华夏出版社,2002: 143.
[2] 魏枢. “大上海计划启示录”: 近代上海中心区域的规划变迁与空间演变[M]. 南京: 东南大学出版社,2011: 1.
[3] 魏枢. “大上海计划启示录”: 近代上海市中心区域的规划变迁与空间演变[M]. 南京: 东南大学出版社,2011: 95—120.
[4] 上海市图书馆成立纪念册,内部资料.
[5] 上海之图书馆[N]. 申报,1939-01-02(14).
[6] 魏枢. “大上海计划启示录”: 近代上海市中心区域的规划变迁与空间演变[M]. 南京: 东南大学出版社,2011: 305.
[7] 陈秉钊,范军勇. 尊重历史挖掘历史——上海五角场地区历史文化资源整合规划[J]. 城市规划学刊. 2005(3): 26.
[8] 魏枢. “大上海计划启示录”: 近代上海市中心区域的规划变迁与空间演变[M]. 南京: 东南大学出版社,2011: 95.
[9] 上海市杨浦区人民政府关于公布“旧上海市图书馆”等11处建筑为区级文物保护单位的通告[EB]. 上海市杨浦区人民政府杨府[2004]18号,2004-02-25.
[10] 2012年9月18日杨浦区委专题会议. 中共杨浦区委抄告单. 杨委办抄字(专)1号 2012-10-09.
[11] 杨浦区发展和改革委员会关于同济中学图书馆暨杨浦区图书馆(旧上海市图书馆)修缮扩建一期工程项目建议书的批复. 上海市杨浦区发展和改革委员会(2013)年15号,2013-02-05.
[12] 郑祖安. 百年上海城[M]. 上海: 学林出版社,1999: 279.
[13] 俞世恩. 1929年“大上海计划”的特点及其失败原因初探[J]. 历史教学问题,2014(3): 116
[14] 上海市人民政府关于核定并公布上海市文物保护单位的通知[EB]. 上海市人民政府文件沪府发[2014]29号,2014-04-15.

[15] 王景慧.从文物保护单位历史建筑——文物古迹保护方法的深化[J].城市规划.2011(增刊1):45—47,78.
[16] 魏枢."大上海计划启示录":近代上海市中心区域的规划变迁与空间演变[M].南京:东南大学出版社,2011:95.
[17] 吴建中,转型与超越:无所不在的图书馆[M].上海:上海大学出版社,2012:序言6.
[18] 魏枢."大上海计划启示录":近代上海市中心区域的规划变迁与空间演变[M].南京:东南大学出版社,2011:111.
[19] 吴建中.走向第三代图书馆[J].图书馆杂志,2016(6):4—8.
[20] 汉内洛尔·福格特,何蕾.极客、游戏和工具:德国科隆公共图书馆的创新服务和空间转换[J].图书馆论坛,2016(10):108—110.
[21] 王世伟,论智慧图书馆的三人特点.中国图书馆学报.2012(11):22—27.
[22] 屠淑敏,试论公共图书馆服务体系中主题图书馆建设.图书馆工作与研究[J].2016(3):77—81.

开放数据竞赛与研究型图书馆数据服务创新

张喆昱
（上海图书馆）

摘要 新时代背景下，如何通过创新数据服务形式促进公共图书馆转型升级仍在持续不断地探索中。数据的开放共享以及通过举办开放数据竞赛活动已成为这一进程中的重要手段。开放数据竞赛能够充分推广数据并通过与其他数据关联来发掘图书馆资源与服务的潜在应用价值，为公众创新提供良好平台，更有利于提升组织机构服务水平。论文从开放数据主题、开放数据成熟度、竞赛成果应用等维度分析了国内外图书馆及其他领域的开放数据竞赛，结合上海图书馆开放数据应用开发竞赛的案例，就开放数据竞赛活动的组织与开展、后期应用孵化等方面为研究型图书馆新时代服务转型升级提出若干建议。

关键词 开放数据竞赛；关联开放数据；研究型图书馆；数据服务创新

Open Data Contests and Data Service Innovation for Research Libraries

Zhang Zheyu
(Shanghai Library)

Abstract In the new-normal epoch, it becomes an explorative theme to reshape public libraries via data service innovations. Sharing of data resources and setting up open data contests are considered as the most effective approaches to achieve the goal. The benefits are numerous, including but not limited to, fully promoting data to public and discovering the potential value of library resources, setting up a platform for public innovation, and improving library services as well. In this paper, we focus on improving the data service in research libraries, analyze open data contests from the perspectives of data theme, open data maturity, and achievements promotion. Combined with the best practice of application development contests about open data held by Shanghai Library, we also put forward some suggestions for research libraries to organize open data contests and improve their data services.

Keywords Open data contest; Linked open data (LOD); Research library; Data service Innovation

1 引言

数据开放正成为大数据时代新的发展模式。数据的开放共享，能吸引背景、目的、行业、技术手段各异的数据开发者，从不同的侧面共同深度挖掘数据，丰富数据持有人的服务模式，而开放数据竞赛等活动则是该进程中的一种有效途径。自 2009 年起，国内外多个政府部门及文化机构已陆续举办了各种形式的开放数据创新应用竞赛。

作为人类文化积淀中心的图书馆拥有丰富的数据资源，具有推行开放数据服务的良好基础；与政府和企业的开放数据不同，图书馆传统上所形成的信息处理的各种规范、方法、技术和规范化的数据成果，使其数据竞赛具有更为优越的开放性、可利用性。对于图书馆馆藏资源数据来说，通过竞赛等一系列推广活动，不断加强其开放性、流动性和共享程度，可进一步提升数据的科学、社会、经济等价值属性。

大数据时代的图书馆资源与服务创新是关系到图书馆未来发展的重要课题，同时，也是一个充满挑战的课题。图书馆开放数据竞赛将成为完成这一课题进程演化中的催化剂。鉴于目前图书馆开放数据竞赛尚未形成普适的模式，缺乏有效指导竞赛活动的指导原则，未能促成良好的数据资源利用生态链；政府和企业的公共数据竞赛提供了可以借鉴的经验，我们有必要在图书馆数据与服务创新的目标下，以开放数据竞赛为抓手，系统分析国内外各类开放数据竞赛的本质特征与成果，形成指导研究型图书馆发展的若干建议。

本文结合上海图书馆（以下简称上图）开放数据应用开发竞赛的实际案例，综合国内外各类数据开放竞赛的经验，分析开放数据竞赛对图书馆数据与服务所带来价值，力图为研究型图书馆界的数据与服务创新、推动图书馆在新形势下的转型，提出一种以开放数据竞赛为抓手的建设性方案。

2 开放数据竞赛分类

开放数据竞赛系指数据资源持有人按照一定的权限向社会公开数据资源，邀请数据资源开发者就特定主题或自由选题设计、实现创新性数据应用和/或发掘数据中潜在规律的一项有组织的活动。

迄今为止，国内外已举办过多种开放数据竞赛，可归纳为表1所示的几种类型，其中的开放数据等级按照 Tim Berners Lee 提出的开放数据五星评价体系划分。无法核实的数据表示为"—"。

表1 国内外开放数据竞赛一览表

主办	竞赛名称	举办时间	面向对象	数据主题	数据规模	开放等级	后期效果
政府	美国 BigApps	2009年起	公众	公共数据	1 600个数据集	—	优秀①
	英国开放数据挑战赛系列	2013年起	公众	公共数据	—	—	优秀②
	北京政务数据资源网应用创意大赛	2014年	公众	公共数据	300多个数据集	★★★	—
	上海开放数据创新应用大赛	2015年起	公众	公共数据	25个数据集	★★★	良好③
	重庆开放数据创新应用大赛	2017年	公众	公共数据	12个数据集	★★★	—
图书馆、文化机构	美国立法数据挑战、国会数据挑战	2013年，2017年	公众	立法数据	—	★★★	优秀
	德国达芬奇编码竞赛	2014年起	公众	历史人文	30个数据集	★★★★	良好
	荷兰应用开发竞赛	2011年	公众	历史人文	39个数据集	★★★	一般
	科研教育开放信息创新应用大赛	2014年	中国科学院研究生	科学数据	1 600多个数据集	★	良好④
	首届全国高校数据驱动创新研究大赛	2017年	全国高校学生	科学数据	137个数据集	★★	一般
	上海图书馆开放数据应用开发竞赛	2016年起	公众	历史人文	5万种家谱元数据、24万种名人手稿与档案元数据及3个数据集	★★★★★	一般⑤

注① 多个 BigApps 的获奖项目成功孵化。例如：2010年的获奖项目 MyCityWay，先后获得了 FirstMarkCapital，IAVentures，BavarianMotorWorks 的投资；2011年最佳移动应用程序奖的 EmbarkNY 获得了2012年 BMW 的投资，并于2013年被苹果公司收购；2014获奖项目 Heat Seek 在推广组织的协助下，在纽约的各个建筑物中安装了传感器，为解决纽约的供热危机起到了重要的作用。

② 2013—2015三年间成功孵化了21家游戏的创业企业。

③ 2015两个团队获得了人民币千万级的风险投资，三个项目落地。

④ 获奖作品将授权在中国科学院和中国科学院大学范围内免费应用。

⑤ 2016获奖作品的部分创意和技术已被上海图书馆家谱知识库数据服务平台二期研发采纳。

3 国内外开放数据竞赛分析

根据表1的分类，本节总结国内外开放数据竞赛的特点，特别关注由图书馆或文化机构组织的相关竞赛，以期为今后研究型图书馆的开放数据竞赛和数据与服务创新提供思路。

国外一些政府组织的数据开放大赛，在成果的后期孵化中有着极为优异的表现，值得我们关注和借鉴。

例如,基于美国开放数据网站 data.gov 的"民主应用"开发竞赛 2009 年投资仅为 5 万美元,30 天内收获了 47 个应用,价值 230 万美元。相比之下,达到同样的效果,传统方法则需要两年。同为 2009 年启动,几乎每年都举办 BigApps 纽约市民创新竞赛也取得了非凡的创新应用孵化效果。由英国开放数据研究中心(ODI)和英国国家科学技术和艺术基金会(NESTA)所发起的开放数据挑战赛系列提出了具有创新性的社会问题解决方案。

3.1 国外图书馆及公共文化机构发起的开放数据竞赛

美国国会图书馆应 2013 年通过 Challenge.gov 平台连续推出"以 Akoma Ntoso 模式标记美国立法数据"及"XML 立法数据映射"竞赛,所获取的信息可确保美国联邦立法信息可以得到更广泛地访问,并便于与其他地方制定的法案文件一起进行分析。2017 年 10 月,国会图书馆再次通过 Challenge.gov 平台发起了以国会数据为主题的挑战赛。吸引了更多技术精英和数字人文专家参与到国会信息共享活动中。

自 2014 年 4 月起,德国数字图书馆每年都会联合柏林数字服务中心、德国开放知识基金会和德国维基媒体共同举办"达芬奇编码"竞赛活动。以元数据、图像、音频、视频、3D 模型等形式向大众提供开放数据,旨在揭示文化机构数据存在的潜在价值,并促进开发者、游戏玩家、设计师与各文化机构之间的交流。多个获奖项目在竞赛结束之后都跟专业机构开展了合作[22]。"达芬奇编码"竞赛中开放数据类型的多样性值得关注。

2011 年,荷兰遗产创新者网络(INE)协助开放了分别来自阿姆斯特丹国立博物馆、国家档案馆、荷兰声音和视觉研究所等文化机构的 8 个数据集,涉及博物馆展品、历史照片、电影数据等等,举办了荷兰应用开发竞赛(Apps4NL)。3 项获奖作品包括建筑物浏览展示、地理标记、跨博物馆的展品查询、历史影片拍摄地标记等内容。

国内的开放数据竞赛大多为政府主导,主题主要集中在智能交通及城市治理等方面。目前,开放数据竞赛已逐渐成为国内各地推动开放政府数据与应用的典型方式。比较有影响力的竞赛包括 2014 年的北京政务数据资源网应用创意大赛和自 2015 起围绕城市系列主题的上海开放数据创新应用(SODA)大赛。其中,SODA 不仅选题贴近民生,在赛事推广和竞赛成果落地等方面也颇有创意。例如,2017 年 6 月,SODA 开启了全球预热活动,在伦敦科技周中对来自英国中小企业、创业企业、孵化器、政府机构以及高校的代表开展了 2017 年大赛的宣讲,多家科技企业希望能够借此机会和上海的政府和企业开展紧密的合作,并落地创新的产品和服务。

类似的赛事还包括 2017 年底推出的重庆开放数据创新应用大赛(CODA),以多元数据融合的模式设计开发面向智慧交通和未来商业数据应用解决方案。

相对于政府开放数据大赛的如火如荼,我国图书馆界开放数据竞赛等数据实践活动的进展较为缓慢。

2013 年,中国科学院大学和中国科学院国家科学图书馆联合举办了为期 3 个月的科研教育开放信息创新应用大赛。大赛开放了国家科学图书馆联合目录数据库、中国科学引文数据库、中国科学院机构知识库网络元数据库等 8 个数据库,涉及全球科技、经济、文化、社会等方面的 1600 多个开放数据,并提供了一系列开放知识处理工具,旨在通过数据嵌入、混搭、集成、整合、分析、计算、可视化,创造出新颖实用的应用、方法及工具。

为了鼓励基于数据进行创新研究,促进研究数据的保存和共享,2017 年 12 月至 2018 年 3 月北京大学图书馆、北京大学信息管理系、南海大数据应用研究院共同举办的首届全国高校数据驱动创新研究大赛。大赛提供了"北京大学开放研究数据平台"中涉及社会科学、医药、计算机、商业等 137 个数据集、26 个数据空间,并征集优秀研究论文。

4 上海图书馆开放数据应用开发竞赛

为探索大数据时代图书馆的发展模式,上图自 2016 年起以"一起来,更精彩"为口号,连续两年举办了以家谱、名人手稿与档案为主题的开放数据应用开发竞赛,旨在面向全国征集以上图开放数据为基础的优秀移动应用产品原型或服务创意,更加充分地释放平台中开放数据的价值,最大程度挖掘其背后的应用潜力。

竞赛开放的数据内容为上图馆藏 5 万余种家谱文献信息和内容信息、24 万余种手稿及档案的元数据以及一系列关联开放数据集,采用了国际通用的五星评价体系中的最高标准,并提供 SPARQL Endpoint、Restful API 和 HTTP URI 等 3 种标准化、规范化的关联数据消费技术开放应用程序接口,便于获得资源的

RDF 数据。

竞赛报名截止后,上图还通过线下专业培训,线上网络直播和问答互动、微信群等措施,交流开发心得,解决各种问题。

3 个月开发时间结束后,主办方对所有参赛作品进行书面评审及答辩评审。由文化部专家、国家公共文化服务体系建设专家委员会专家、上图理事会成员代表、图情专家、信息化行业专家、计算机领域专家、谱牒或名人手稿与档案专家、媒体代表、用户代表等组成的专家评审组评选出一等奖 1 名、二等奖 2 名以及入围奖 5 名。2017 年增设微信投票平台,由大众在十天内为自己喜爱的作品投票,选出最佳人气奖 1 名、人气奖 7 名。

经过两年,竞赛共收获 20 份优秀获奖作品,并凝聚和培育了一批数据创客团队,共同挖掘上图历史人文数据的潜在价值。

4.1 开放数据特点

从资源特色、读者需求、资源数据质量等因素出发,首选家谱数据开放。2016 年开放的家谱数据代表了上图最具馆藏特色的资源,以中国家谱原件数量最多著称,在国内外都具有较大的影响。家谱文献是以特殊形式记载本族世系和事迹的历史图籍,含有姓氏源流、家族迁徙、世系图录、人物事迹、风俗人情等,内容丰富;2017 年开放数据竞赛中的名人手稿及档案开放数据时间跨度为 19 世纪初至 20 世纪末近 200 年,是研究近现代历史、人文、经济、社会等问题的重要资源,并进一步延续了家谱开放数据的历史文化主题。在元数据方案之上,设计了基于 BIBFRAME 的家谱、手稿及档案本体,并采用关联数据技术进行发布。

4.2 竞赛的组织与开展

两年竞赛共有 131 个团队共计 336 人前来参加,涉及中国 14 个省市,并有 1 名来自尼日利亚的留学生参加竞赛。2017 年与 2016 年同比,报名团队增长了 18%,报名人数增长了 38%。尽管如此,参赛队还是体现了地域比较集中的特征。分析发现,其主要原因是宣传问题,受众范围主要分布于长三角地区的高校和各地图情类专业以及部分上海企业。针对这一问题,今后通过与国内外多个数据机构合作,宣传,扩大辐射面。

两年竞赛,参赛者年龄分布较广,下至 16 岁上至 55 岁。一个可喜的现象是,2017 年 20 岁以下群体人数有较大幅度增长,从 2016 年的 8%增长到 2017 年的 18%,主要来源于在校生参赛比例的增加。参赛者的背景极具多元性,在校生不仅有本科、硕士、博士,分布于 7 个专业,还有 6 名中学生也参加了竞赛;非在校生的职业背景包括资深软件工程师、运营总监、设计师、媒体工作者、质量工程师、职业经理人、大学教师、公务员、自由职业者等各类型,达到了主办方广泛促进各界对人文资源发掘和利用的目的。

4.3 宣传与推广

调查发现,举办方的官网、高校图书馆网站和微信朋友圈分享、导师推荐是最为有效的竞赛信息获取方式。

各队的参赛原因主要集中在以下几个方面: 对上图家谱及名人手稿感兴趣,希望能够传承优秀文化;对文化类数据的挖掘较为关心;体验从未涉及过的开放数据技术;希望将自己的已有的某项技术用于其他类型的数据;为图书馆提供更有针对性的服务和解决方案;积累经验,提高团队合作能力,拓宽视野,结交朋友。上述因素可供今后开放数据大赛参考。

4.4 作品形式和数据利用情况

竞赛面向全社会征集以上图开放数据为基础的优秀移动应用产品原型或服务创意,最终提交作品中,微站和 Android App 较为普遍,分别占总数的 46%及 35%。

参赛者对上图开放数据作了充分利用,或对其进行了有效组织,并根据作品特点有针对性地整合了大量外部数据资源。例如,家谱信息、地理信息、人物简介、作品简介、手稿类型、手稿数量等数据利用度较高。参赛者还对上图历史人文开放数据中的各项潜在信息进行了深度挖掘,开发了如家族迁徙、人物推荐、名人足迹、好友关系等新颖的功能。

除竞赛开放数据外,作品中所关联的外部数据资源也十分多样。大部分作品都与百度地图、百度百科、豆瓣读书、知乎等平台数据相关联;个别参赛团队将作品与正史、地方志等各类典籍和权威网站相结合;部分企业参赛者将自己机构之前收集的字画、家庭人文数据、新闻数据等融合到作品当中,使之内容更加丰富;此外,参赛团队还将上图知识本体与 DBpedia、Wiktionary 和 GeoNames 等知名数据源相关联。

4.5 开放数据大赛的影响力

竞赛不仅开拓了参赛者的思路和视野、锻炼了团队合作能力,对于占总参赛者将近半数的在校生而言,更是为他们之后踏上社会创新创业提供了良好的平台。

获奖作品的部分优秀创意和技术已被上海图书馆家谱知识库数据服务平台二期研发所采纳，用以提高上图的数据服务质量。每年竞赛结束后，主办方都会举办竞赛展览。所有展出作品皆提供二维码共参观者扫描使用，吸引了大批读者前来参观，他们对上图的开放数据和这次竞赛的作品成果均表示了极大的兴趣，并就开放数据接口形式、开放数据内容、作品具体内容等与工作人员进行了充分的讨论。进一步让社会共享了开放数据应用开发竞赛优秀作品的创意和价值。每年展览期间，都举办了为期一天的作品分享会。各参赛团队一一上台分享他们的创意与开发经验。互动环节的现场提问更是吸引了众多对开放数据和感兴趣的读者。每年竞赛期间，知识库数据服务平台的访问量、家谱阅览室的读者到访量都得到了大幅增加。

在参赛者报名后举办专业培训，在竞赛结束后举办展览，在展览期间举办分享会，整体形成了以开放数据竞赛、开放数据技术培训、竞赛展览、竞赛分享会"四位一体"的开放数据服务及推广模式。

5 结论与建议

本文调研了国内外多个机构的开放数据竞赛情况，结合上图开放数据应用开发竞赛的实际案例得出了以下结论：

1) 开放数据(Open Data, OD)、关联数据(Linked Data, LD)、关联开放数据(Linked Open Data, LOD)是三个不同而又有一定联系的概念。OD 旨在让数据，特别是政府的公共数据为大众所自由享用，而 LD 则强调通过发布结构化数据来提供语义查询，促成不同应用通过数据关联而整合。LOD 关联了开放许可下发布的数据，兼顾了 OD 和 LD 的两项目的。当然，正如 Tim Berners-Lee 所指出的，它并不妨碍免费使用。

2) 国内外开放数据大赛，由政府和文化科研机构组织的大多集中在开放 OD，而出自图书馆领域的则更强调语义互操作能力。各个竞赛可以借鉴开放数据五星评价体系来区分能力成熟度。

3) 上海图书馆的开放数据应用开发竞赛具备五星级能力，同时也弥补了国内相似竞赛中历史人文类数据的不足。

4) 基于 OD 的开放数据竞赛由于其类型丰富、适用面广而更容易产生产业孵化效果。

在本文工作的基础上，我们为国内研究型图书馆的数据服务创新提出以下建议：

1) 图书馆具有丰富的历史人文类数据，应积极发掘。这对弘扬传统文化具有重要意义，使公众更有文化认同感。

2) 在数字应用的促进下，文化数据蕴藏着巨大的潜力。数据和技术是数字人文的两大支柱。研究型图书馆建立元数据和数字化全文为图书馆提供基于关联开放数据 LOD 的数字人文服务奠定了数据基础。图书馆开放数据竞赛为技术和文化提供了一个相互交流的平台。开放数据竞赛及一系列开放数据服务推广活动能让广大的数据开发者充分挖掘图书馆的资源，揭示图书馆资源的隐藏价值。

3) 研究型图书馆不仅仅可以开放自己的馆藏数据，还应与其他数据提供方合作，形成更为广泛的开放数据平台，丰富数据内容、种类和数量，催生高附加值的数据应用和服务。

4) 开放数据竞赛活动是一种能迅速改进图书馆数据服务和数据发掘能力的快速、低成本方案。能让第三方的服务与图书馆资源迅速密切耦合，并在后期不断改进和提升图书馆的服务水平和质量。

5) 开放数据竞赛活动可缩短图书馆等公共文化机构与开发者之间的距离，也使得图书馆有机会从更多领域的专业人士处获得有价值的反馈和创意。竞赛结束后，需继续保持与参赛者及读者的充分交流。此外，图书馆等机构还可以对优秀作品进行公益孵化，用于完善作品的实用性，为第三方开发者服务，形成数字人文的可持续发展生态。

6) 开放数据竞赛活动还为在校生或自由职业者提供创新创业的良好机会。研究型图书馆有义务且有能力为"大众创业万众创新"提供舞台。这种创新实验室或许是新形势下研究型图书馆的未来发展的功能之一。

参考文献

[1] 郑磊，吕文增. 公共数据开放的产出与效果研究——以上海开放数据创新应用大赛为例[J]. 电子政务，2017(9)：2—10.

[2] 肖敏，李贵品. 大数据环境下图书馆开放数据服务研究[J]. 四川图书馆学报，2017(1)：23—26.

[3] 马晓亭,尚庆生. 大数据时代图书馆开放数据服务平台与开放数据服务模式研究[J]. 图书馆理论与实践,2015(5): 72—75.
[4] 5 Star Open Data [EB/OL]. [2018 - 03 - 16]. http://5stardata. info/en.
[5] About BigApps NYC 2017 [EB/OL]. [2018 - 03 - 16]. http://www. bigapps. nyc/about.
[6] NYC Open Data Dashboard [EB/OL]. [2018 - 03 - 16]. https://opendata. cityofnewyork. us/dashboard/.
[7] Open Data Challenge Series [EB/OL]. [2018 - 03 - 16]. https://www. nesta. org. uk/open-data-challenge-series.
[8] 2014 北京政务数据资源网应用创意大赛在京颁奖[EB/OL]. [2018 - 03 - 18]. http://info. chinabyte. com/0/13144500. shtml.
[9] 上海开放数据创新应用大赛[EB/OL]. [2018 - 03 - 18]. http://shanghai. sodachallenges. com.
[10] 重庆开放数据创新应用大赛[EB/OL]. [2018 - 03 - 18]. http://www. cidiswc. com/coda2017/.
[11] Library of Congress Announces Legislative Data Challenge Winners [EB/OL]. [2018 - 2 - 26]. https://www. loc. gov/item/prn-14-026/legislative-data-challenge-winners/2014-02-25/.
[12] Library of Congress Launches Congressional Data Challenge [EB/OL]. [2018 - 02 - 26]https://www. loc. gov/item/prn-17-132/library-of-congress-launches-congressional-data-challenge/2017-10-19/.
[13] CODING DA VINCI [EB/OL]. [2018 - 02 - 26]. https://codingdavinci. de.
[14] MARDEN J, LIMADEO C, WHYSEL N, et al. Linked open data for cultural heritage: evolution of an information technology [C]// ACM International Conference on Design of Communication. ACM, 2013.
[15] 佚名. 科研教育开放信息创新应用大赛精彩落幕[J]. 图书情报工作,2014(4): 34—34.
[16] 首届全国高校数据驱动创新研究大赛[EB/OL]. [2018 - 03 - 20]. http://opendata. pku. edu. cn/competition-2018. xhtml.
[17] 周志峰. 创新创业视域下促进政府开放数据开发利用的对策分析[J]. 情报杂志,2017,36(6): 141—147.
[18] 高丰. 共治共创视角下的开放数据发展: 趋势、挑战和反思[J]. 大数据,2016,2(2): 38—45.
[19] 杨书源. 上海: 开放数据进行时[J]. 中国社会组织,2016(14): 44—45.
[20] 李平. 开放政府数据从开放转向开发: 问题和建议[J]. 电子政务,2018(1): 85—91.
[21] LEE M, ALMIRALL E, WAREHAM J. Open data and civic apps: first-generation failures, second-generation improvements [M]. ACM, 2015.
[22] Coding da Vinci 2015-The Culture Hackathon needs support [EB/OL]. [2018 - 03 - 20]. https://www. deutsche-digitale-bibliothek. de/content/ueber-uns/aktuelles/coding-da-vinci-2015-der-kultur-hackathon-benoetigt-unterstuetzung.
[23] 全球预热启动,SODA 登陆伦敦科技周[EB/OL]. [2018 - 03 - 20]. http://www. sohu. com/a/149294453_796766.
[24] 王鹤鸣. 从家谱看炎黄子孙的寻根情结[J]. 图书馆杂志,2007,26(2): 85—88.
[25] 夏翠娟,刘炜,张磊,等. 基于书目框架(BIBFRAME)的家谱本体设计[J]. 图书馆论坛,2014(11): 5—19.

实体构架下总分馆数字共享平台的搭建与应用
——以浦东图书馆总分馆数字平台建设为例

李　洁　苏卫红
（上海浦东图书馆）

摘要　本文通过举例浦东图书馆根据总分馆体系建设现状，利用数字阅读设备，在挖掘和使用前台读者数字阅读资源的基础上，构架图书馆总分馆体系数字化管理后台，整合分馆资源，展现分馆服务特色，打造联系紧密的总分馆体系。阐明公共文化体系总分馆建设，可以利用已有体系构架，借力大数据揭示平台，发展有效、合理的信息化、数据化、平台化的总分馆管理模式。

关键词　浦东图书馆；总分馆体系；数字共享平台；管理模式

Construction and Application of Digital Sharing Platform under Entity Central-branch System — Take the Construction of Digital Platform of Shanghai Pudong Library's Central-branch System as an Example

Li jie　Su weihong
(Shanghai Pudong Library)

Abstract　Shanghai Pudong Library constructed a digital management backend of the central and branch libraries system using digital reading devices and on the basis of excavating and using the digital reading resources of the front-end readers, which helps to integrate the resources and display the features of the branch libraries as well as strengthens ties of the system. Based on the practice of Shanghai Pudong Library, this paper proposes that the construction of central-branch library system of public cultural system can take advantage of the existing architecture and big data disclosure platform to develop an effective and reasonable informational, digital, platform-based management mode.

Keywords　Pudong Library; Central-branch system; Digital sharing platform; Management mode

1　浦东新区公共图书馆总分馆体系构架的运营和存在问题

1.1　浦东图书馆的总分馆体系架构

2016年文化部、新闻出版广电总局、体育总局、国家发展和改革委、财政部联合下发《关于推进印发〈关于推进县级文化馆图书馆总分馆制建设的指导意见〉的通知》（文公共发[2016]38号）文件。浦东图书馆的延伸服务建设正式转入到总分馆体系建设上，在已有的多样化延伸服务点的基础上，经过条块划整合、层级划分，形成“三级＋多元”的公共图书馆总分馆系统，将浦东新区的图书馆构架打造成“区中心馆——街镇、大居分馆、行业分馆——居民区分馆”的模式。将图书馆办到了部队的营区，学校的校园，街道社区，外来务工人员的公寓，民工子弟学校，企业的商务楼，市民的家门口，郊区的村头和国家、市、区的重大工程项目的工地等。物理框架构建基本完成(图1)。

1.2　总分馆体系建设遭遇“瓶颈”

在体系服务建设上，浦东新区35个街（镇）都设有基层公共图书馆，构成浦东总分馆体系街镇分馆布局。街镇分馆的主要工作还是基础业务服务，如：纸质图书借阅，报刊阅读、读者活动等。随着移动阅读、电子化

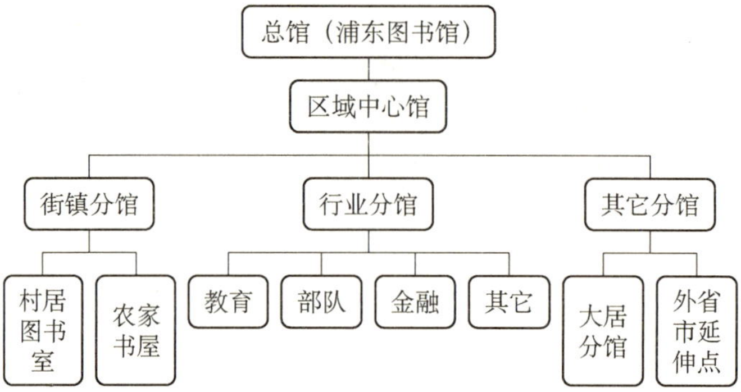

图1 浦东图书馆总分馆体系图

阅读进入日常生活,这些在纸媒时代最具读者吸附力的业务,从原来适应大多数读者需求的常规业务(或称基础服务),逐渐变为因读者需求减少而服务量缩减的"保留服务",甚至成了读者需求完全消失的"取消服务"。[1]同时,图书馆提供的纸质文献资源不能完全满足广大读者的需求,纸质图书的借阅正在逐年递减;与此相对,电子信息化阅读、专业数据库的链接使用这些以往的附加业务,近年来迅速成为到馆读者的迫切需求,正在逐步成为公共图书馆的常规业务。然而,基层公共图书馆的电子化设施落后、老化,电子资源购置、配置不足,无线网络建设薄弱等短板正在成为总分馆服务体系建设的"瓶颈",阻碍总分馆体系建设的进程。

在体系管理统筹上,浦东图书馆各分馆(服务点)按自身条件选择借阅模式,手工借阅和系统借阅同时存在。借阅系统针对不同的服务层级和群体独立使用。每个服务平台单个使用都能充分发挥系统作用,但是多个系统的借阅数据不能同步显示,不能形成规模化和模块化的信息共享和业务统一管理;多个系统的资源统筹、规划存在重叠;文献资源存在重复推送的现象。各分馆、服务点的管理还是停留在点对点的传统服务层面,单一的体制化管理也成为总分馆管理体系建设的"瓶颈"。

2 实体架构浦东图书馆总分馆数字共享平台设想与应用

传统的图书馆运作和管理已经不能满足浦东当前形式的总分馆体系建设,在信息化、电子化和大数据整合的当下,要适应社会发展及读者需求,提高总分馆体系整体的服务能力,扩大服务覆盖面,提供更多样化、个性化的服务,就必须将读者服务与管理员管理整合在一起,打造一个统一的平台,既要有线下实体图书馆体系,也要有在线阅读及系统管理,还要同时兼顾每个馆自身特点及能力,构建立体化的图书馆总分馆体系。

2.1 网络总分馆总体构架

浦东图书馆总分馆数字共享平台以浦东各二级基层公共图书馆分馆的网络条件为基础,依托浦东总分

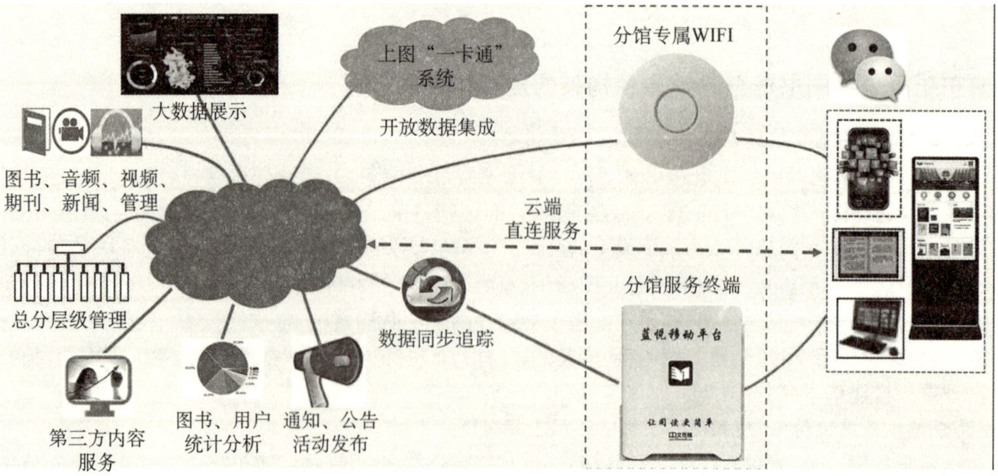

图2 网络总分馆总体构架

馆各实体馆的基础设施,定制开发图书馆分级管理平台(图 2)、阅读智能服务终端、移动端 App,实现数字总分馆与两级实体馆的融合应用。整合现有馆藏借阅数据,利用管理平台对各分馆服务终端统一管理、发布公告,阅读大数据分析。

2.2 网络构建与实际应用

浦东图书馆总分馆数字共享平台在已有"三级+多元"的构架下采用分级管理,即:以浦东图书馆为中心馆,平台部署在总馆,内置大数据统计与分析服务,整合现有馆藏借阅数据,平台对各数字分馆服务终端统一管理、发布公告,阅读大数据分析(图 3)。各分馆配置基于智能硬件的阅读服务终端,以读者用户为中心,提供在线、离线数字内容服务,包括图书、音频、视频资源。分馆管理员可以结合阅读服务终端,通过互联网从浦东馆分级管理平台同步内容资源,并上报用户使用数据,实现信息的"上传下达"。同时,通过"自主"部分的管理系统实现本地资源内容建设、管理,最终实现各分馆地特色专题资源入库、发布;各分馆本地信息公告发布;各分馆图书排行展现等多样的读者阅读推广模式。

图 3　总馆大数据显示

3　未来展望

在"十九大"必须坚持以人民为中心的发展思想,坚持创新、协调、绿色、开放、共享的理念指导下,浦东图书馆总分馆数字共享平台已布点 16 家,包括街镇分馆、行业分馆、域外分馆等多种类型,浦东图书馆总分馆数字共享平台也将继续推进和拓展。

3.1 完善管理平台技术开发

浦东图书馆总分馆数字共享平台依照主流 MVC 设计模式,打造管理平台。在完成前端 HTML5 在线阅读、手机 Android、IOS 平台移动客户端的开发基础上。将进一步深化浦东图书馆总分馆数字共享平台内容的发布和数字版权保护(DRM)技术,实现云端到分馆的数字内容复制,或者与其他 SSH、rsync 主机同步。实现总馆主导下的文献资源统一编目、信息内容按需推送、阅读推广全体参与。推动各分馆与浦东图书馆之间的资源整合和互联互通。

3.2 强化读者活动共建共享

在浦东总分馆实体建设中,以分馆借阅入手做好基础服务工作,以阅读推广活动为纽带,协调整合全区资源,搭建"一街镇一品牌"。在浦东图书馆总分馆数字共享平台的建设上,我们将更进一步强化纽带作用,利用技术平台向整个浦东区域发布活动预告和活动信息,让更多的读者身处最近的图书馆(室)就能得知本区所有图书馆阅读活动信息,参与到有兴趣的阅读活动中去(图 4)。

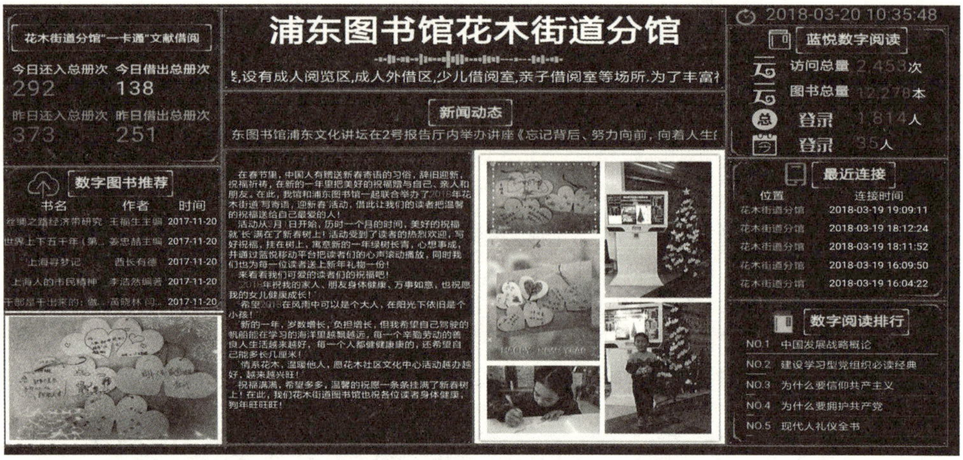

图 4　花木分馆大数据显示屏新闻动态和风采展示

3.3　推动地方文献收集共享

地方特色文献的收集和保存单凭区级公共图书馆一己之力很难做到全面、完整，需要更多的单位、个人加入进来，提供不同的素材，完善区域内的经济、文化、人文、风俗、历史和传承等的记录。

浦东图书馆总分馆数字共享平台，单独开辟“地方特色”模块(图 5)，各分馆可以通过该模块将收集到的民俗活动、区域特色以文字、图片、影像等形式储存在平台上并根据需求对其他分馆开放或者保存。

图 5　浦东图书馆数字总分馆页面模块

总分馆体系的建设是为发展好公共图书馆事业，构建布局合理、发展均衡、覆盖面广、全面开放的公共图书馆服务网络，是保障和维护好市民基本文化权益的重要途径[2]。浦东图书馆总分馆数字共享平台的目标是“以线上带动线下，以阅读推广带动文化传承”，使得总馆能同步所有分馆数据，掌握分馆工作情况，了解整个区域内读者阅读情况和阅读推广活动情况；各分馆既能共享总馆及其他分馆的所有资源、阅读推广活动信息，也能成为资源建设、文化收集、地方文献保存的提供者，增强总分馆系统内的互动性，提升分馆的主动性，最终盘活实体总分馆的工作。

参考文献

[1] 郁红梅. 图书馆延伸服务概念新解[J]. 新世纪图书馆，2014(4)：38—40.

[2] 文化部公共文化司. 文化部　新闻出版广电总局　体育总局　发展改革委　财政部关于印发《关于推进县级文化馆图书馆总分馆制建设的指导意见》的通知[Z]. 2016－12－29. 文公共发〔2016〕38 号.

论互联网时代公共文化服务体系的创新建设

居德华

（华东理工大学）

摘要　本文建议通过为文化遗产和知识传播构建数字孪生体，创新建设“互联网＋”时代的公共文化服务体系，这是一个通用方法论，它基于知识图谱和应用称为“文联网”和“知联网”的未来互联网技术，实现面向目标的资源组织，提供主动和高价值的文化和知识云服务。通过实际构建超过50个实验原型系统，说明这一方法的可行性和普适性，论文还叙述了这一方法的设计要点和主要优点，全面论证了这一建议解决方案的重要推广价值，最后，简要讨论说明公共图书馆在这一新服务体系建设中的关键作用，让图书馆成为推动社会发展的智力引擎。

关键词　数字孪生技术；“互联网＋”；知识图谱；文联网/知联网；文化云/知识云；智慧图书馆

On Constructing an Innovative Public Cultural Service System in the Internet＋Era

Ju Dehua

(East China University of Science and Technology)

Abstract　Building digital twins for cultural heritage and knowledge dissemination has been proposed in this paper as a novel approach to constructing public cultural service system in the Internet＋era. This is a universal methodology which applies knowledge-graph based future Internet technology, called Internet of Contents and Knowledge (IoCs & IoK), to implement a goal-oriented resource organization and provide active and high-value cultural and knowledge cloud services. More than 50 experimental prototype systems have been developed to demonstrate its feasibility and general availability. The key design issues and main advantages are separately stated to give a complete exposition on its vital application value. Finally, a brief discussion is shown to illustrate the key role of public libraries in constructing such an innovative public service system, enabling the public library to be an intellectual engine for promoting advancement of the society.

Keyword　Digital twin; Internet ＋; Knowledge graph; Internet of contents/Internet of knowledge; Cultural cloud/Knowledge cloud; Smart library

1　数字孪生技术应用的拓广

数字孪生(Digital Twin)已连续两年被Gartner列为2017和2018的十大战略科技发展趋势，也被业界视为工业4.0时代的核心关键技术之一，但目前对数字孪生的应用研究主要集中在工业领域，但数字孪生的理念同样可适用于人类知识工作，这正是本文作者想探索的方向。

按笔者理解，数字孪生的价值就在于能为原先非智能的物理世界，有目的地引入数据—信息—知识—智慧(DIKW)内容层面，从而可方便融入信息技术，为数字转型时代构建出更多智能产品和智慧工厂。基于这一视角，我们再回头来看文化与知识领域的许多产品和服务本身，原先就自然地隐含着丰富的DIKW内容层面，关键是如何能通过有效地组织，将它们显式地展示出来，从而创造出更多有价值的智慧文化和知识产品来，并通过互联网实现大规模快速的传播。因此从某种意义上讲，在文化和知识领域应用数字孪生技术要比工业领域更加简单和方便。为说明这一理念和论断的可行性及应用价值，我们在本文提出了一个构建文化和知识领域数字孪生的普适方法论，并通过构建数十个不同类型的原型，说明这一方法具备极宽的适用面和重要应用价值。

2　实现面向目标的主动文化和知识服务

人类文明与科技进步为我们带来了从未有过的历史发展机遇，今天人们已开始畅想工业 4.0 革命的来临，甚至思考迎接知识经济后的智慧经济，这是一个瞬息万变的快步伐时代。更重要的是，今天人类已迈入新媒体时代，知识和文化将能以网络的速度传播，其影响和价值也将以网络的规模按 Metcalfe 定律倶增，人类正面临一个具有新突破可能的重要历史转折期，谁更能自觉地认识这一点，和利用好这一机遇，将能更跃前一步。为知识和文化资产构造数字孪生正是我们要建议的一个有效方法。

为使这一方法及其产品更具生命力，可真正成为推动发展的驱动引擎，我们将持更积极的态度，即不再将文化遗产和知识资源看成是一个被动等待挖掘的资源，而是通过专业工作者有组织和有目标的行动，提供更主动的文化和知识服务，将价值内容直接送到需要者手中。

这是一个“面向目标”的方法论，即根据要服务的建设和发展目标，定位数字孪生对象，通过资源需求分析，识别要求资源，设计出有效的组织框架和展现手段，将资源按服务目标整合成一个有机的整体，借助互联网实现更主动的文化和知识服务。

3　基于 RPV 创新理论

这一构建文化和知识数字孪生体的方法，充分体现 RPV 创新理论的思路，即按目标需求组织要求资源 R，通过设计合适构建流程 P，着眼于实现要求的服务价值 V。

由于面向目标，价值定位更加准确，再加上又是专业服务支持，对资源价值更熟悉，在资源组织上能做到更加有效和优化；由于可支持对所有可获资源的高度整合，有利促进价值的最大化。对文化遗产也不只是简单地拷贝和复现，而是去粗取精、去伪存真，古为今用的创新开发，这也更加符合文化传承工程的要求。

图 1 给出了这一基于 RPV 创新理论的文化数字孪生构造方法说明。

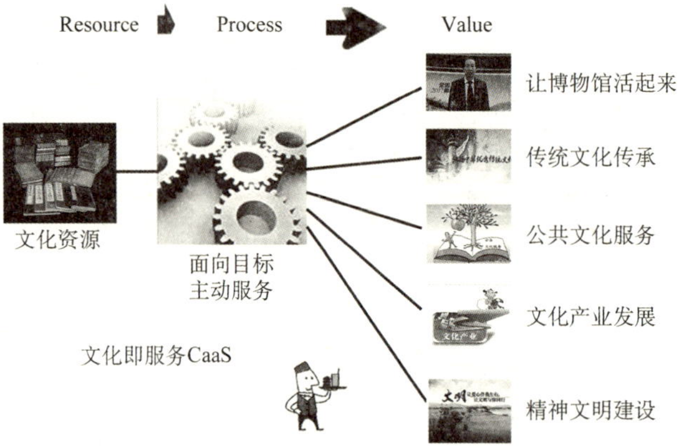

图 1　基于 RPV 创新理论的主动服务

4　基于知识图谱的资源组织方法

无论对一个重要的建设发展目标，或者一个极具价值的文化遗存，常包含丰富的知识内涵和组成方面，因此作为构建对应的数字孪生体必须有一个有效的支持手段，能完整地刻画所有这些内容和组成方面，这本质上是一个语义知识表示问题，对此源自谷歌的知识图谱无疑是一个有效工具，除了可用于智能搜索，国外一些著名博物馆也已将它用作建设智慧博物馆的基础工具。由于知识图谱可用作人工智能技术的一个基石，近年来更成为广为跟踪的一项热点技术。

目前知识图谱的应用研究较多集中在对大量非结构化数据的分析挖掘，用于新知识的自动发现，这可理解为是一种“由底向上”的推理方法，发现事物间相互存在的关联方面，但完全依赖自动缺乏鉴别，也常会带来许多无用的垃圾信息。我们在刻画数字孪生的方法中，则采用逆向策略，即充分利用领域专家已建的隐性知识，通过“自顶向下”方式，将目标数字孪生的知识内涵用知识图谱显性化展现出来，这也可理解为对现存知识的及时总结,由于依靠专业化知识服务,它高度简练和有效,能反映对目标事物的当前认识本质,也不存在垃圾信息的干扰。

可以看出,在我们建议的方法论中,知识图谱是用作为基础的语义知识表示手段,既是资源的组织框架,也是数字孪生的架构表示方法,相当于数字孪生的知识建模,是构建智慧文化和知识产品的重要基础。

知识图谱方法的优越性,在于其概念的高度抽象性,极容易被接受和理解,对开发者而言,一个复杂事物,可通过分层知识图谱,做出十分明了的简化分解,不仅支持横向的动态扩展,也便于做出纵向的深入细化。借助引入必要的领域本体(Ontology)或专业术语,可灵活应用到各类应用领域,这将可从我们后面给出的应用原型看到。对使用者而言,知识图谱相当一个简单的图标菜单,借助简单的浏览导航,可迅速发现自己的兴趣点,获取自己要求的知识或文化资源。

5 面向未来互联网技术

工业领域的数字孪生实现,一项重要基础性支持技术,就是已为大家熟知的物联网技术(Internet of Things, IoTs),但对文化和知识领域的许多"虚概念",物联网是帮不上大忙的,物联网技术是针对具体物理对象设计发展的。

对文化和知识领域的数字孪生体,其实现要点是如何建立相关资源的组织连接,形成完备的整体,而这里要利用的关键点是互联网的高连接性(Connectivity)能力,对此,4.0 时代已提出了一项有关的热点技术,即"万物联网"(Internet of Everything, IoE)。现在广为熟知的物联网(IoTs)技术,仅是这一未来互联网技术的四大支柱之一(图 2)。

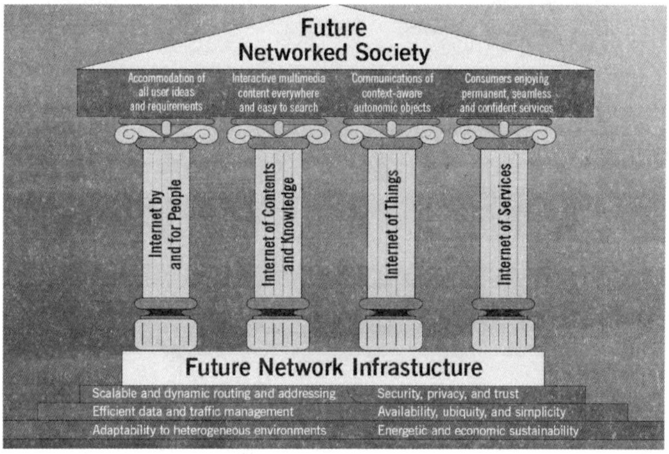

图 2 未来互联网技术

我们建议的实施方法论,就是基于除物联网之外的其他三大支柱。为叙述讨论方便,我们参照物联网的翻译,将建议的内容互联网 IoCs 和知识互联网 IoK 简译为"文联网"和"知联网",即如何将未来互联网技术扩展应用到文化和知识领域。而"人联网"(Internet By and For People, IoP)和"务联网"(Internet of Services, IoSs)的思路,则被体现在服务平台"以人为中心"的群创和共享,以及服务链的组织与实施上。

借助文联网的连接力,不仅能直接看到文化数字孪生的各个组成方面和相关内容,还包括连接各项内容的相关资料和注释说明,提高学习教育价值,这无疑是文联网应用更有价值之处。

6 文化领域的数字孪生原型开发

为不使这一建议方法论,仅停留在技术和理论探讨上,我们已通过开发原型系统来说明其实践可行性和应用价值。迄今我们已在文化领域开发完成了 26 个数字孪生原型。

其中 4 项与博物馆有关,分别是:2016 考古热点"惊天大发现"海昏侯遗址发掘、和我们上海最新开发的文化景观思南公馆露天博物馆、上海之根广富林文化遗址公园,和全国十大考古新发现千年古港上海青龙镇遗址,它们均属博物馆和文物遗址类型,说明方法具有较高普适性。

为能让文物遗产活起来，国家提出了“互联网＋中华文明”行动计划，而我们建议的为博物馆建数字孪生的方法，有可能成为让全国 4692 个博物馆在互联网上展现自身资源特色从而更“活”起来的参照性方法论。许多馆藏丰富的博物馆，由于受展示空间限制，只能提供部分展示，再依托定期轮换的办法；在新媒体空间，则有可能实现全品和 24 小时的全天展示，在具体实施上，更支持分步走的方法，从部分镜像渐进到全镜像。

作为支持中华优秀传统文化传承工程的实施，方法也可用来为地域文化构造数字孪生，已完成的三个原型分别是：“海派文化”“浙江文化研究工程”和“江苏大运河文化带建设”，对三个文联网原型均提出了各具自己特色的内容组织框架，例如浙江文化工程，就是习总书记在浙工作期间亲自推动的，原型完全依照浙江提出的以浙学为核心、展现“今、古、人、文”四个表述方面，再加应用浙江文化地图，通过知识图谱完整地覆盖了浙江文化研究工程的一期研究成果。

海派文化代表了上海文化精髓，也是上海精神的具体体现，对海派文化的研究和阐述，已成为上海文化强市建设中不可回避的重要内容，这方面上海已经有多年的探索研究，但如何能将它系统展示出来和弘扬光大，需提出一个公认的体系框架，这是上海专业文化工作者应协同完成的研究目标。

为推动这一价值方向的努力，我们根据对海派文化研究成果的调查，大胆地尝试构建了一个海派文化数字孪生原型，它包含了海派文化的 15 个组成方面(图 3)，还根据新出版的“海派文化地图”丛书首批四卷本，及时动态反映这一新重要资源内容。

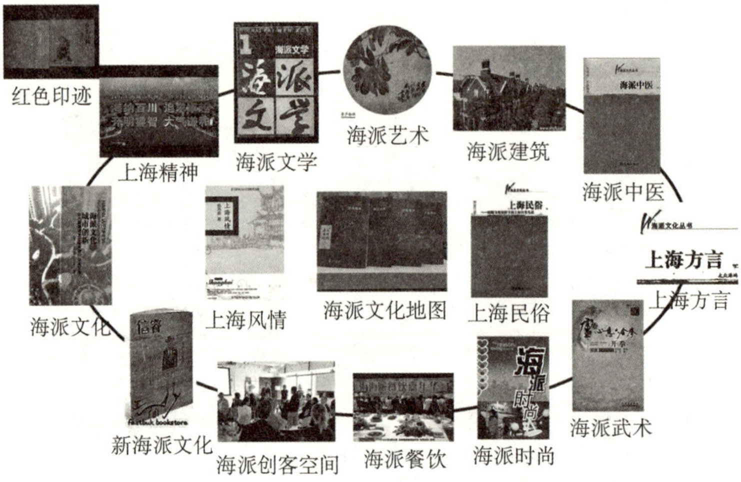

图 3　海派文化数字孪生原型

地域文化原是个抽象的大概念，常有不同认识和许多讨论，难以给出明确边界，经常给人不好捉摸和“虚”的感觉，通过用文联网为海派文化和浙江文化建立数字孪生体，我们反而发现这一虚拟世界的映射体，变得更加丰满和“可视化”，让读者更感亲近和实在，让人知道这些文化实际包含了什么内容，产生更多感知和认识，并可提供关联资源引申向更深的学习，从而促进传播，这大约就是虚实结合的好处，我们将之称为数字孪生提供的“可视化”和“结构化”手段，它将同样可应用到文化领域的众多其他虚概念上，同时带来更多包容性。

地域文化原型的构建实践，也激发我们提出一个更为雄心的目标和“梦想”，即如何为中华文明也构建个数字孪生，因为中华文明虽也是一个虚拟概念，但历史积累已让它客观上存在非常丰满的文化资产体系，今天也正是需要让它完整地可视化起来的时候，以充分显现其价值和影响力，这也将是“互联网＋中华文明”行动计划一个更具意义的重要成果。

“中国记忆，记忆中国”可形象地说明了这一工程目标的价值，今天正是可借鉴信息技术实现中华文明成果阶段性总结的重要历史时刻，而中华文明数字孪生就是实现这一目标的可用手段，为中华文明构建一个集成的文化资源内容库和知识库，而知识图谱就是这一库的基础元数据，就像它们已用于表述博物馆一样，可用于表述中华文明，帮助实现“智慧中华文明”。这无疑也是一件具千秋万代意义的基础性工程。

为说明这一具重要历史价值和意义目标的可行性，我们也已用中华文明“源远流长、博大精深”作为说明性资源组织框架,完成了一个中华文明文联网示意原型。同时也完成了一个中国非物质文化遗产资源图谱的数字孪生原型,实现了对非物质文化遗产的统一归类和资源高度集成,它可将现有国家级非物质文化遗产名录的几乎所有内容都集成包罗在内,也为未来发掘提供了可扩展的接入点。我们也利用文联网的高连接能力,同时标出与非遗对应的国家级生产性保护示范基地和代表性传承人,使非遗的传承与保护更落到实处。

由于基于面向目标,数字孪生也能用于重大建设规划、发展战略定位,在这方面我们也已完成了三个示例原型,其中最注目的是为上海建设卓越全球城市的2017—2035总体规划,它相当于规划的网络图解版,可用来提升上海的城市品牌和影响力,便于公众对城市发展前景的了解,促进更广的支持和共创参与,并支持规划的协同实施。建设数字孪生城市也已被列作为国内外新的热门研讨课题。

与此类近的一个应用,是为新型城镇化建设的示范特色小镇构建数字孪生,对此我们已构建了7个原型,覆盖长三角地区的一些重要样板工程,把它们的特色和价值,在新媒体上充分展示出来,作为我们成立长三角产业特色小镇发展联盟的一项共创贡献。

7 让专业文化工作者成为"互联网+文化"的真正创作主体

通过以上原型实践可以看出,数字孪生方法具有极宽的广谱适用性,几乎可应用到各类重要文化建设领域,因此可以认为它是实施"互联网+中华文明"行动计划中一个值得高度推荐的通用技术(GPT),它也是4.0时代发展网络文化产业的重要工具。

"互联网+中华文明"虽从技术上属信息工程范畴,但真正价值体现在其核心文化内容上,应突出"内容为王"的思路,因此这一工程的真正创作角色和主体,应是专业文化工作者,而IT工作者只是一个支撑助手,因此它应不同于传统信息系统应用,开发方法必须能保证让专业文化工作者有成为主创的可能。

而我们建议的文化数字孪生法论,有个最大优点,正是支持这种可能性,让不熟悉信息和软件技术的文化专家也有可能从事文化项目的"互联网+"创作。这一建议方法的关键点是面向建设目标,而对刻画具体文化对象,如何做好文化传承和发展文化工程以及如何选择相关的文化内容资源,都是专业文化工作者最熟悉和专长的部分,这也是文联网价值交付的保证基础。

在数字孪生项目的需求工程部分,文化工作者采用类似敏捷软件开发中编写"用户故事"的方法,根据要求的文化服务目标,编写所谓的"文化故事"。因此从事文化数字孪生项目开发,更像一名从事故事编写的作者,这种工作方式也正是文化工作者较熟悉的。只需按确定的文化服务目标,规划最值得讲的故事内容,按照阐述故事规模,安排好章回组织,列出每一情节的叙述要点,识别出闪光点,以提高故事吸引力,同时确定故事的最佳表达形式,寻找可利用的旁证说明材料和内容资源,这时文化工作者的任务又更像一位剧本编导,而IT工作者则类似舞台美工,负责支持内容要求的数字化呈现,设计最佳和最生动的内容展现形式。

知识图谱在这里类似于编写故事所用的语言和编导图形工具,它们对文化工作者是较容易理解的,只需分层给出要点说明即可,借助知识图谱编辑工具支持,文化工作者只需要熟悉任务相关的文化领域,完全无须掌握任何编程技巧。对他们来说,更重要的是文化创意,要起的作用就像武侠小说作者金庸和《史记》作者司马迁已经做的,至于大部分相关的软件开发工作,由于基于知识图谱和文联网的资源连接,均可由系统平台自动加以完成。

对任何重大的文化工程和建设计划,必须依赖各方面的广泛参与,而我们建议方法的另一最大优点,正在于它是一个支持群体工作的理想方法,每位参与者可借助知识图谱导航,迅速找到自己的定位贡献点,他既可了解与全局的关系,也可利用自己的专长和资源优势,通过讲好自己的"小故事",为"大故事"的生动做出贡献;当大家均基于同一方法,集成进大系统只是简单的互联网连接,没有复杂的软件接口问题。这样,一个高价值的"大服务",就可靠众多"小服务"协同组合完成,可方便地支持异地分布开发。从数字孪生概念,也非常容易理解,一个"大"数字孪生,就是由各个"小"孪生体构成的,可方便分工生成。

8 专业知识服务的数字孪生原型构造

中国是个人口大国,要真正转化为一个人才强国,必须为人才发展建设一条"广通道",因为对中国这样的大国,每个专业的人才需求都将是数以百万计,而现状是大家只能挤高校这座独木桥,这远远无法满足产业发展的需要;面对今天飞速发展的技术,许多在岗人员也有知识更新的重大需求,而中国目前还缺乏一个强健的继续教育体制，也不能再仅靠"回炉"来挤学校资源，我们必须拿出新的解决思路和方案，才能有利使中国真正成为一个学习型国家。

数字孪生方法也可适用于科技知识领域，如从培养紧缺专业人才角度，我们可从专业人才教育和学习需要，构建对应的数字孪生专业，这相当开设一个网上学校的虚拟专业，因为对每个专业领域人才有恒定的知识要求，我们可根据领域知识体系(BoK)，用知识图谱和知联网，通过连接要求的知识资源，建立数字孪生，当展现在云平台上，就能提供所谓的知识云服务，为专业人才培养提供一个开放的广通道，让互联网从早先的信息高速公路，进一步提升为知识高速公路，这类知识云服务，被专家视为"未来的未来"，基于这一思路，我们已尝试建立了众多的领域知识数字孪生原型，包括覆盖 IT 领域的热点新技术，如云计算、物联网、大数据分析等，下表列出的是一些与软件开发相关的知识数字孪生原型。

表 1　已建的软件开发技术知识数字孪生原型

领域知识体系	制定组织	连接书本资源
软件工程知识体系 SWEBOK v3	IEEE，ACM	3825
项目管理知识体系 PMBOK	PMI 等	655
软件质量知识体系 SQuBOK	JUSE	427
软件测试知识体系 ISO/IEC 29119	ISTQB	927
敏捷开发知识体系 ADBOK	CASDA	506
软件过程改进知识体系 SPIBOK	IISP	722
服务科学管理工程涉及 SSMED	IBM	405
服务计算知识体系	IEEE	610

近来大规模开放在线课程"幕课"(MOOC)的提出和流行，成为教育领域的新热点，推动了知识的全球化运动，实现更加开放和平等的教育资源存取，而我们建议的知联网方案，由于其连接资源性质的广义性，也包罗 MOOC 课件在内，因此其本质上是一个意义更广的大规模开放在线知识或教育资源，或简称为 MOOK (幕知)和 MOOL(幕学)，它比 MOOC 更面向"学习者为中心"，能提供更面向个性化需求的按需知识获取。面对今天的"知识革命"，为克服数字和知识鸿沟，需要为广大公众提供"在墙上开洞"更开放和方便存取知识资源的环境和机会，实现自组织学习和"微创教育"(Minimally Invasive Education, MIE)，我们建议的方案就是朝向这一目标的一类实现。

数字孪生知识也可用于支持重大战略建设目标的知识服务，这方面也已完成几个原型，例如参照中国至 2050 年海洋科技发展路线图和浙江省建立海洋经济强省目标的发展规划，建立的海洋经济知识数字孪生，方案得到浙江省主要领导批示，为舟山新建海洋数字图书馆采纳，提交了一份 120 页发展海洋经济知识体系初步框架，包括：海洋管理、海洋工程和目标产业以及海洋科学三大部分，连接的图书资源 8439 册，其中印刷书籍 5145 册，电子出版物 3294 册。

再如为配合两项国家重大战略发展目标："互联网＋"行动计划和"中国制造 2025"提供要求的知识密集服务，实现完全针对规划要求的知识服务数字孪生原型，分别连接图书资源 10217 和 6964 册。可见这一方法有极高的灵活性和适应性，能完全根据市场热点需求，敏捷和及时地提供针对性的主动知识服务，由于许多重大项目要求多学科的交叉支持，我们也发现许多知识子域和资源有高度的可复用性，可实现模块化的重用。

根据国外的经验，产业的发展和创新离不开知识密集服务业(KIS/KIBS)的支持，这类高附加值的知识密集型服务，简称知识服务业，是现代服务经济中的主要组成和增长最快的部分，也被认为是知识经济的一个重要支柱。知识密集服务业定义为"通过直接应用知识解决客户问题而创造价值"，或看成是"其他组织的外部知识源"。数字孪生也为发展 KIS/KIBS 提供了新服务手段。

9　公共图书馆作为"互联网＋"时代的智慧服务平台

2015 年国家提出加快构建现代公共文化服务体系的目标，作为推动新发展的精神动力和文化支撑，对如何可创新公共文化服务的内容与形式,建成可覆盖城乡、便捷高效、保基本、促公平的现代公共文化服务体系,我们建议的"互联网+文化/知识服务"的方法无疑是一个最佳的答案与选择。

公共图书馆历来是公共文化/知识服务的主要承载者,再加上拥有极其丰富的馆藏资源,又处于作者和读者用户的中心地位,即使在"互联网+"的新时代,仍将是公共文化服务难以取代的主体平台,但要在新时期能有新作为,必须转变传统思路,创新服务内容与思路。

首先图书馆也要数字转型,利用自己的资源优势,构建出图书馆的一个"数字孪生"。资源的数字化仅是征程的第一步,要将服务提升到"智慧"层面,还需要有思路突破,做好"最后一公里"的服务,即如我们前面一直强调的,提供更加"主动"和"智慧"的服务,不能再满足于仍停留在资源散乱的状态,仅靠提供索引、查询和借阅的老服务方式,让读者自己"发现"需要的资源。而需要利用人类已积累的知识和认识,提供更专业的服务,还文化和知识的"原形",通过预构文化遗产和领域知识的数字孪生体,以提供有机整体的资源,通过知识图谱导引,让读者方便地发现需要资源,并把握更全局的了解。

为实现这样一类更高层次的文化和知识服务,单靠图书馆自身的力量是远远不够的,必须依托全社会各方面的合作共创,充分利用和发挥"互联网+"的威力,即正如我们前面已提到的,用"人联网"的思路,通过领域专家的参与共创(by),提供满足以人为中心的共享服务需求(for);而从实施角度,也是通过以"文联网"和"知联网"构建各类面向目标的数字孪生体,再借助"务联网"的理念,通过群创,将各方面的"小服务"汇合成智慧社会需要的"大服务"。公共图书馆在这里只是新服务的倡导者和组织者,是智慧服务的中心集成平台和资源的提供者,而且这些资源也不必全是自己的,包括连接他方的资源。

这是一个完全网络化的解决理念,它也完全符合客观事物的网络特性,因为文化和知识本身就是一个复杂的网络,包含许多相关联的方面和组成;同样协同共创和共享,也需要依托网络。通过领域专家的共创,我们不仅可更好地总结已有的知识和文化积累,提供更智慧的专业服务,从而提高服务的效率和价值;而且由于知识图谱的灵活扩展性,允许不断融入新知识和新内容,实现服务的动态更新,迈向更高层次。我们将这一智慧平台,看成是文化和知识的一个生态系统,这也是公共图书馆建设鼓吹的一个发展方向。

面对今天的高质量发展要求,我们正处在一个重要历史时刻,需要围绕发展目标对文化遗产资源和知识成果做一个阶段性的总结,来个清理盘点和整合,以充分发挥他们的应用价值。基于知识图谱的数字孪生构建方法论可有助实现这一目标,也有利将领域专家脑中的隐性知识汇合到有更大服务空间的平台上,同时体现更宽的包容性。这也是一项有长远意义的基础性工程,因为基于知识图谱的方法可积累重要的元数据,目前知识图谱的研究和应用主要偏重于大数据挖掘和新知识挖掘,这固然很重要,但我较倾向于两条腿走路的策略,也要重视利用知识图谱及时总结和利用已有知识,知识体系的框架是动态发展和演化的,有了基础框架的存在,也有利新知识的及时插入和发现跨领域的知识交叉点,让数字孪生有实时动态的发展,这才是更有价值的。

参考文献

[1] Kasey Panetta. Gartner's Top 10 Strategic Technology Trends for 2018,2017 [EB/OL] [2017-10-03]. https://www.gartner.com/smarterwithgartner/gartner-top-10-strategic-technology-trends-for-2018/.

[2] Christensen, C. The Innovator's Dilemma [M]. Boston: Harvard Business School Press, 1997.

[3] European Commission Information Society and Media, Future Internet Assembly Meeting Report [R]. Madrid, Spain, 2008.

基于图书馆转型背景的文创开发探究

郑海燕
（上海图书馆）

摘要 随着公共图书馆转型发展的日益深化以及政策对文化文物单位大力发展文创的积极推动，近年来国内外诸多文博机构开始以文创开发作为促转型的有效手段之一。本文从图书馆的组织使命、品牌价值及服务空间等多角度阐述了文创开发对图书馆转型发展的积极作用并据此提出了其主要实施方向。

关键字 图书馆转型；公共图书馆；文创开发；文创产品

Exploration on Cultural and Creative Development in the Context of Library Transformation

Zheng Haiyan
(Shanghai Library)

Abstract With the deepening of transformation and development of public libraries and the policies to encourage the culture and cultural relics units to vigorously develop cultural and creative products, a number of such institutions and museums at home and abroad have in recent years resorted to the cultural and creative development as one of the effective means to promote transformation. This article expounds the positive role that the cultural and creative development plays in the transformation and development of Shanghai Library from the perspectives of Library's organizational mission, brand value and service space and thereby proposes the main implementation directions.

Keywords Library transformation; Public library; Cultural and creative development; Cultural and creative products

1 引言

文化创意产品又称"文创产品"，它集文化和创意两大要素于一体，一方面从审美的角度出发，赋予日常的功能性器物以更多美学上、文化上的内涵；另一方面又在创新、发展等理念的作用下，对经典的文化资源做出契合时代特点的再创造和再阐发。近年来，国际上不少知名的图书馆、博物馆都推出了各自的文创产品，这些文创产品大多与当地的民族和地区文化紧密相连，蕴含着创意者的才情、灵感或智慧，满足着人们精神上有形的与无形的需求。这种以人的知识、智慧和灵感为依托的产业形态，被视作文化发展中最具前景的朝阳产业之一。

2016 年 5 月，国务院办公厅转发《关于推动文化文物单位文化创意产品开发的若干意见》，明确指出：依托文化文物单位馆藏文化资源，开发各类文化创意产品，是推动中华文化创造性转化和创新性发展、使中国梦和社会主义核心价值观更加深入人心的重要途径，是推动中华文化走向世界、提升国家文化软实力的重要渠道，是丰富人民群众精神文化生活、满足多样化消费需求的重要手段，是增强文化文物单位服务能力、提升服务水平、丰富服务内容的必然要求。

公共图书馆作为文化资源的重要聚集地之一，拥有丰富的文献资源和强大的信息服务能力，不仅可以为文化创意产业的大力发展提供强有力的信息支撑，同时在文创产品、文创产业的发展壮大中可以发挥其直接的作用。通过设计人员的创意和智慧，对图书馆的馆藏资源进行重构或者融合其他文化要素，形成新的、具有高附加值的文创产品，其意义不仅在于创新图书馆提供文化服务的方式和内容，对于图书馆自身的转型发展也良有裨益。

2 图书馆转型背景下大力发展文创的重要性

2.1 沟通雅俗，促进图书馆使命再出发

作为"搜集、整理、收藏图书资料以供人阅览、参考的文化机构"，五千年来，图书馆的发展经历了漫长而曲折的历程。从古代的藏书楼到近现代意义上的图书馆，再到当代的数字图书馆，其功能定位的变化总体上是一个逐步开放的过程。

1902年，徐树兰主持创办古越藏书楼，以此为分界点，传统的"重藏轻用"的封闭型藏书楼日渐式微，致力于社会教育和文化服务的公共图书馆逐步壮大并蔚成大观。然而，尽管"面向公众开放"已成为图书馆界的主流意识形态，但近代以来的图书馆建设仍具有较多的精英化、学术化色彩，其"公共性"的体现更多地集中于知识阶层，而在与公众接触和与社会融合上，则均因载体和手段的匮乏而呈现出"心有余而力不足"的窘迫。进入21世纪后，文化信息的数字化供给逐步普及，文化服务的均等化、普惠化日渐成为全社会的共识和努力方向。如何顺应这一潮流，找到并应用适当的载体，促进自身功能定位和服务内容进一步走出"象牙塔"，真正做到兼顾乃至沟通学术研究之"雅"和文化普及之"俗"，已成为目前图书馆转型的当务之急。

文创产品建基于"雅"而不以"俗"讳，既凝聚了文化精神、演绎着人文故事，又以其强劲的实用功能而深入社会生活，是可以真正沟通"雅俗"的纽带和载体。以图书馆的馆藏为基础开发文创产品，不仅可以增强读者和图书馆的交流，获得良好的阅读体验，更可以帮助读者深入了解文献本身的文化内涵，从而进一步发挥出图书馆传播和营造社会文化内涵的历史使命。因此，公共图书馆应凭借自身拥有的丰富馆藏资源和专业研究能力，大力发展文创产业，使之成为图书馆的业务延伸，在进一步彰显文化产品本身魅力的同时，拉近读者和馆藏知识之间的距离，实现教育推广的作用，从而更好发挥传播和营造优秀文化的职责使命。

2.2 融合古今，实现图书馆价值再发现

文化创意产业通过创造和拥有自主知识产权，实现了文创产品的高附加值和高收益性，是一个高产出、高回报的产业。目前，我国大部分公共图书馆都面临着维护与发展资金不足、运营压力较大等问题，亟须探索和开拓新的生存、发展之路。发展文创产业带来的合理经济收入，无疑可以在资金上对图书馆事业的发展起到帮助作用。同时，对图书馆的馆藏资源进行深度挖掘和再利用，通过设计开发精美、实用的文创产品，帮助大众以"日用而不知"的方式更加亲近优秀文化、体会文化精神，可以使馆藏资源"活起来"，融入社会生活，从而实现图书馆社会价值和经济价值的再发现。

以南京图书馆为例，在2016年"4·23"世界读书日之际，该馆以珍贵的馆藏作为文创产品开发的创意来源，推出"惠风书堂"服务项目，着力打造"南京图书馆文化品牌"，获得了广大读者的肯定和赞扬，在取得一定经济效益的同时，大大提升了南图文化品牌的影响力。

基于同样的理念，国家图书馆的"古籍"活化之路也已探索了十余年，从最早的馆藏古籍复制、出版开始，到2014年后依托甲骨、金石拓片、敦煌遗书、善本古籍、舆图、民族文字古籍、名家手稿等馆藏珍品，发掘文化内涵，演绎人文故事，文创产品扮演了文化"信使"的角色，在促进优秀传统文化进入民众生活的同时，该馆的馆务资金也实现了开源增收。

2.3 链接内外，推动图书馆空间再拓展

近年来，公共图书馆的运营理念，正逐步从典籍收藏、专业服务向知识共享、推动创新转变。早在2012年，时任上海图书馆馆长吴建中就提出，在现代信息化社会，图书馆应该是城市的第三空间，是除了家庭和工作单位之外，公众可以自由交流的地方。借助这个"第三空间"，图书馆可以实现从"书本位"到"人本位"的转变。"书本位强调的是静态信息，而人本位则更加强调动态知识的交流，图书馆正在经历这样一个转型过程。"

在维护知识产权的前提下，更多地向社会开放资源，图书馆将从公共文化资源的守护者、看门人逐渐转型到新文化共建的引导者、推动者。依靠文创产品实体本身及其承载的文化理念的传播，更使得图书馆可以在原有"第三空间"的基础上实现再次拓展，从一个单向输出知识的文化实体机构，转而成为文化互动、共建的无限延展的空间。借助不同平台以及跨界合作的文创开发，可以拓展图书馆原有的知识传播辐射面，使其不再局限于馆舍实体的有限空间，而通过走出去和(吸)引进来，打通内外、勾连上下、贯穿左右，成为一个更大更深更广的文化互动平台。

2015 年，在苹果公司评选出的 30 个中国精品免费 App 中，故宫占了 3 个。其中，《韩熙载夜宴图》App 以“融汇学术、艺术、科技，贯通视觉、听觉、触觉，动态重现华美夜宴”获得 IPAD 类最佳。“现在人们的信息接收方式越来越多样化，碎片化时间也过得越来越多样化。文化怎样才能占领人们更多的时间，怎样才能对人们产生潜移默化的影响？这才是文化产业需要不断思考的地方。”以《韩熙载夜宴图》App 为代表的数字交互类文创产品打破了时空的边界，更将文化机构的知识服务从现实空间延展到了虚拟世界。

3　图书馆开发文创产品应坚持的方向

3.1　基于用户体验，深度融合馆藏资源与文化创意

随着体验经济的到来，人们对物质产品的需求，在期待更好的物理功能的同时，对情感和精神的满足有着更多的希冀。围绕这种希冀，进一步丰富和充实创意产品的文化内涵，就成为提高市场认可度和接受度的重要途径。因为消费者对文创产品的感官体验最为直观，在体验中可以经由多感参与加深对文化趣味乃至文化精神的领会，以此形成主观认知情感，产生对美的兴奋感，进而刺激购买欲望。

基于这样的认知，图书馆从文创的角度挖掘和利用馆藏，不应该首重其文物价值、学术价值，而是要看它与时代需求、社会心理、时尚审美的贴合度。图书馆的文创产品开发，关键是要实现文献内在的元素及其精义的创造性、时代性转化。为此，馆藏资源是图书馆文创研发的根本，而创意设计是核心竞争力所在。所谓“深度融合”，就是要对图书馆特色馆藏或经典图书的文化渊源进行深度挖掘，将其所蕴含的意境、精神与现代审美趣味有机结合，通过一段历史、一个故事，赋予传统文化资源以新的意韵，真正“激活”和传承典籍中的文化基因。

南京博物院文创部主任邱永生认为：“文创不是单纯的艺术创意，而是综合了美学、经济学、市场营销学和销售心理学的创造性劳动。”该院配合 2017 年 6 月开幕的“帝国盛世”展览，设计开发了文创产品 5 大类、200 余种，所有创意均来自展品及其背后的故事，取得了良好的社会和经济效益。

上海图书馆依托丰富的馆藏资源，早在十年前就开始探索和小规模研发相关文创产品。同国图相似，上图早先的文创产品也主要以馆藏古籍复制和学术出版物为主，形式单一、体积厚重，既不方便携带也不贴近读者日常的生活，所以反响平平。近几年，随着图书馆服务观念的转变、读者受众的年轻化以及馆员自身文创素养的不断提高，上图又尝试性地设计制作了一系列轻巧实用、无缝融合普通读者生活的文创小物，如馆

图 1　上图依托馆藏资源开发的文创宣传品

藏晚清时期《小校场年画》系列靠枕以及同款丝巾、眼镜盒等。又如，近代报纸期刊中的封面及插图具有极高的史料研究价值和艺术价值，上图近代报刊资源服务品牌《全国报刊索引》早在 2015 年就对老报纸及近代期刊中的资源进行研究挖掘，配合专题数据库的服务与推广，也陆续推出了诸多文创宣传品，这些文创宣传品选取珍贵史料，立意新颖，设计精美，在传播文化品牌形象的同时，赋予了生活用品本身深刻的人文内涵。

3.2 基于创新机制，打造专业文创团队

图书馆开发文创产品不是对文化资源的简单复制，而是依靠灵感，运用想象力和创造力，对文化资源进行再创作，以实现其价值的提升和审美情趣的更新。在这种转化过程中，创造、创新能力是至关重要的核心要素。创新一靠人才，二靠制度。长久以来，博物馆、图书馆等公益事业单位没有经营权，文创产品的开发经营一直处于"名不正、言不顺"的状态。2016 年 5 月，国务院颁发的《关于推动文化文物单位文化创意产品开发的若干意见》中明确鼓励单位创新体制机制，借助市场力量，大力发展文创产品。国家图书馆三位副馆长分别领衔馆藏典籍内容梳理、数字化建设、文化衍生品开发三项工作，摸清家底，系统梳理典藏资源，全面支持文创产品开发，并重新梳理部门功能定位，招兵买马，吸引更多优秀人才加盟，建立了一支涵盖文创产品开发各个环节，全面适应市场化的人才队伍。广东省立中山图书馆也成立了以馆长为首的文创工作小组，配备专职人员进行文创开发、经营工作。

创新型人才是图书馆的核心竞争力，而缺乏专业设计团队和经营人才是公共图书馆开展文创工作的短板之一。图书馆文创开发除了借力跨界融合，还要注重培养自身的文创人才。要结合馆员的学科背景和专业素养，选拔培养专业队伍，建设图书馆、企业和高校等社会机构合作的培养平台，培养既熟悉馆藏资源又精通文化创意的"创客"型馆员，打造一支兼具文献研究素养和经营管理、设计开发能力的人才团队，并通过多种形式引进优秀专业人才，进一步畅通国有和民营、事业单位和企业之间人才流动渠道。这其中一个关键问题，是要根据《意见》精神做好相关顶层设计，进一步明确文化文物单位文创产品营销收入的分配机制，以更好调动人员创新能动性。

3.3 基于产权保护，坚持文创的可持续开发与管理

在自身设计开发力量不足、经营推广经验缺乏的情况下，图书馆开发文创产品，可以通过建立健全品牌授权机制，将自身的资源优势与企业、社会组织的市场优势、运营优势对接，实现与创意设计、旅游等相关产业的跨界融合，达到扩大文创产品生产销售的目的。授权的模式可以包括图像授权、著作授权、品牌授权等，既可以委托或合作的方式授权其他机构、企业开发文创产品，也可尝试通过以研发产品著作权或自身品牌等无形资产入股，设立文化企业，委托经营文创产品开发。

在上述工作开展过程中，图书馆作为授权方，要注重提升知识产权创造、运用、保护和管理能力。图书馆文创产品的创意来源于馆藏文献和文化活动等资源，研发出来的文创产品凝聚着设计人员的心血，要及时申请专利，取得法律保护。产权保护既是对文创产品开发设计与创意的尊重，也是对珍贵文献资源的延伸保护；既是维护文创产品开发经济利益的需要，更是确保图书馆文献产权和文化形象不受损害的可靠保障。

4 结语

在文化共建共享的大背景下，通过文创开发这一重要手段，沟通雅俗、融合古今、链接内外，不仅能够使静态的馆藏文化资源以多样化的形态滋养社会文化生活，也可以对图书馆的转型发展助一臂之力，对于在全社会进一步营造文化自信也具有十分重要的意义。针对当前公共图书馆文创开发所面临的资金投入、机制构建、政策扶持等诸多难点，除了图书馆自身需要加强探索之外，更有待相关主管部门转变观念、与时俱进。

参考文献

[1] 王毅，柯平. 美国公共图书馆文化创意产品开发实践研究[J]. 图书馆工作与研究，2017(2). 69—77.
[2] 陆晓君. 图书馆领域文创产品创新发展探究[J]. 实务，2018(2)：56—58.
[3] 田利. 关于图书馆开展文创工作的理性思考[J]. 图书馆工作与研究，2017(2). 9—13.
[4] 李霜. 浅谈图书馆文创产品开发项目的构想[J]. 图书管理，2017(8)：168—169.

[5] 莫晓霞. 图书馆文化创意产品开发探讨[J]. 图书馆建设，2016(10)：98—100.
[6] 杨玉惠. 图书馆跨域整合加值服务——以台湾图书馆为例[J]. 新世界图书馆，2016(11)：22—23.
[7] 金硕. 文化创意产品与图书馆拓展服务[J]. 青年时代 2017(10)：266—267.
[8] 张志颖. 文化产品的高附加值[M]. 长沙：湖南大学出版社，2016.
[9] 吴建中. 转型与超越：无所不在的图书馆[M]. 上海：上海大学出版社，2012.

文化遗产与文化技术：在图书馆和博物馆中启蒙的本质

Martin R. Kalfatovic
（美国史密森图书馆）

摘要 科技在其创造和传播过程中，驱动了我们共同的人类文化。在不同的时间和文化中以不同的形式和形态存在图书馆、档案馆、画廊和博物馆（GLAMs），已被证明是在时间和空间上传播文化的最佳载体，但这些载体往往也十分脆弱。史密森学会提供了 GLAM 世界的一个缩影。史密森学会和史密森学会图书馆通过大规模数字化、学术交流、社交媒体，吸引不同受众、公立或私营合作伙伴，以数字学术、馆藏保存、实习、研修和教育等方式参与，以访问馆藏的例子，将说明图书馆和更广泛的 GLAM 社区在这些领域可以大有作为。在过去的 20 年里，新技术扩大了我们这些记忆保存机构的服务范围，促成了图书馆的跨界合作。与此同时，这些技术对整个世界的相关性构成挑战。与此同时，围绕 GLAM 馆藏的选择与使用的长期实践也正在经历这些机构内部和外部参与者的质疑。技术为 GLAM 机构提供了越来越多的将彼此紧密结合在一起的手段，将分散的馆藏联合起来，让更多的新受众参与其中，从而增强 GLAM 机构对这些馆藏的了解和知识。数字人文（或更广泛的数字学术领域）和新设想的图书馆服务为今天的图书馆员和其他文化遗产专业人员创造了新的机会。未来图书馆员，既需要对技术有深入和广泛地理解，也需要在特定学科领域拥有坚实的基础。对历史使命的调整，新受众的期望以及技术创新貌似毫不留情的扫荡，不应该被视为现存的威胁，而应该被视为这些人类自然延伸的演化以及在未来得以生存的机会。

关键词 数字图书馆；博物馆；图书馆；档案馆；史密森学会；文化遗产

Cultural Heritage and the Technology of Culture: Finding the Nature of Illumination in Libraries and Museums

Martin R. Kalfatovic
(Smithsonian Libraries)

Abstract In both its creation and transmission, technology has driven our shared human culture. Libraries, archives, galleries, and museums (GLAMs), in varying forms and modalities across time and culture, have proven to be the best, though too often fragile, vessels for the transmission of culture through both time and space. The Smithsonian Institution provides a microcosm of the GLAM world. Examples of the Smithsonian and Smithsonian Libraries' programs in access to collections through mass digitization, scholarly communications, Social Media, engaging diverse audiences, public/private partnerships, digital scholarship, preservation of collections, and internships, fellowships, & education will illustrate these areas in libraries and the wider GLAM communities. Over the past twenty years, new technologies have expanded the reach of our "memory institutions" and enabled the cross-border cooperation of libraries. At the same time, these technologies pose challenges to their relevance from the world at large. At the same time, long held practices around curation, selection, and use of GLAM collections are being questioned from both inside and outside these institutions. Increasingly, technology is providing the means to bring GLAMs closer together, to unite dispersed collections, and to engage a new and wider audience that can enhance the institutional knowledge of these collections. Digital humanities (or the broader area of digital scholarship) and newly envisioned library services have created new opportunities for librarians and other cultural heritage professionals of today. The future will need see librarians with deep and broad conversance in technology as well as a firm grounding in discipline specific subject areas. The reconciliation of historic missions, new audience expectations and a seemingly relentless deluge of technological innovation need to be looked on not as existential threats, but as opportunities to evolve these natural extensions of humanity for survival in ages to come.

Keywords Digital libraries; Museums; Libraries; Archives; Smithsonian Institution; Cultural heritage

1 Overview

In both its creation and transmission, technology has driven our shared human culture. Galleries, libraries, archives, and museum (GLAMs), in varying forms and modalities, across time and culture, have proven to be the best, though too often fragile, vessels for the transmission of culture through both time and space. Over the past thirty years, new technologies, specifically the suite of technologies, based on and around the Internet, have expanded the reach of our "memory institutions" while at the same time posing challenges to their relevance from both the world at large and from within our own professional ranks. The value of long held practices around collecting, curation, services, and preservation of these material (though increasingly virtual) collections are called into question in our world that is, paradoxically, both more fragmented and more tightly interconnected.

The digital world that all institutions live in today, from the smallest public library or local history museum to the Library of Congress, the Smithsonian Institution, or the other great national, academic, and public libraries of the world, places them in a position of trust for all inquisitive minds across the globe. In the library context, little did Thomas Jefferson imagine when creating his personal library that it would later became the core of the Library of Congress; that his model of knowledge would one day encompass not just nascent United States, but, connected by technologies undreamt, it would allow a child in Egypt or a scholar in Japan to be changed by these collections and create a model for global libraries. As Librarian of Congress Carla Hayden noted in her inaugural speech,

> Today, through the power of technology, thousands around the country are able to watch this ceremony live. This is the opportunity to build on the contributions of the Librarians who have come before, to realize a vision of a national library that reaches outside the limits of Washington (2016)①

Today's environment presents opportunities and challenges. National and global collaborations are increasingly necessary and institutions large and small must join when relevant and lead those same collaborations when called upon. The challenges are great. The successful institution must explore and test the boundaries of curation, librarianship, and scholarship.

More and more, technology is providing the means to bring GLAMs, both through their public programs and their traditional research components, closer together, to unite dispersed yet related collections, and to engage a new and wider audience that can enhance the diffusion of institutional and broader cultural knowledge. Cultural heritage professionals, and their peers in the sciences, of today and the future will need not only a firm grounding in their areas of expertise, but also be broadly conversant in the capabilities and pitfalls of technology.

---

① Hayden, Carla (2016). Remarks by Carla Hayden, 14th Librarian of Congress, Swearing-In Ceremony September 14, 2016. https://www.loc.gov/portals/static/about/about-the-librarian/statements-and-multimedia/documents/2016sep14_hayden-inaugural.pdf

As the cyberpace novelist William Gibson has noted, "Time moves in one direction, memory in another. We are that strange species that constructs artifacts intended to counter the natural flow of forgetting" (Gibson 2012,45). Having constructed these artifacts, these memory institutions, it remains our mission to provide the vision and resources to maintain their relevance for the future.

In fulfilling this mission, we must reconcile our valuable legacy, new audience expectations, and a relentless deluge of technological innovation. This reconciliation must be looked on not as an existential threat, but as a call to evolve these institutions, these artifacts as Gibson terms them, these natural extensions of humanity in ways that will guarantee their survival in ages to come.

2 Increasing and Diffusing

Plato had a mistrust of writing. In his *Phaedrus*, Plato has Socrates say:

> For this invention will produce forgetfulness in the minds of those who learn to use it, because they will not practice their memory. Their trust in writing, produced by external characters which are no part of themselves, will discourage the use of their own memory within them. You have invented an elixir not of memory, but of reminding; and you offer your pupils the appearance of wisdom, not true wisdom, for they will read many things without instruction and will therefore seem to know many things, when they are for the most part ignorant and hard to get along with, since they are not wise, but only appear wise (Plato 1925 275a-275b).

What might Plato's Socrates make of today's Internet which is the ultimate replacement for memory, or our memory institutions that make congruent claims for wisdom and knowledge? Indeed, many of our great cultural institutions are based on creating elixirs of wisdom and engines of knowledge. The Smithsonian Institution was founded on the principle of the "increase and diffusion of knowledge" (Smithsonian Institution 2016). Likewise, the Fitzwilliam Museum of Cambridge University was founded on the principle of "the Increase of Learning and other great Objects of that Noble Foundation" (Fitzwilliam Museum 2016). More recently, in the twentieth century, the J. Paul Getty Trust mobilizes human, technological, and financial resources towards goals that build on existing initiatives and create new opportunities to advance the Getty's founding precept of "diffusion of artistic and general knowledge" (Cuno 2014).

The role of GLAMs has expanded beyond being repositories for their local communities to cultural trusts for inquisitive minds across the globe. As custodians of a living trust that nourishes the collective human spirit and an engine of change in the increase of knowledge, libraries can both embrace their long legacy and heritage and transform their collections and services for the benefit of current communities and future generations.

3 Evolving Collections, Services and Roles as the 21st Century Ages

In 1917, John Cotton Dana, one of the most original thinkers on museums and libraries wrote:

> A great city department store of the first class is perhaps more like a good museum of art than any of the museums we have as yet established. It is centrally located; it is easily reached; it is open to all at all the hours when patrons wish to visit it; it receives all courteously and gives information freely; it displays its most attractive and interesting objects and shows countless others on request; its collections are classified according to the knowledge and needs of its patrons; it is well lighted; it has convenient and inexpensive rest rooms; it supplies guides free of charge; it advertises itself widely and continuously; and it changes its exhibits to meet daily changes in subjects of interest, changes of taste in art, and the progress of invention and discovery. A department store is not a good museum; but so far are museums

from being the active and influential agencies they might be that they may be compared with department stores and not altogether to their advantage (Dana 1917,23 – 24).

This statement, made early in the 20th century, could easily, with a simple alt-replace on the technologies, have appeared in yesterday's (online) version of the journal *Museum*. The idea of the museum, library, or research institute, perhaps because of their centrality in the scholarly endeavor, retains an air of fragility despite the marble, brick, or concrete structures built in the heart of cities around the world.

From the library world, long before the web, Dixon Wecter warned:

> The citadel of the printed word is under heavy siege by newer media of communications: cinema, microfilm, mini-print, telephoto, wire recordings, FM, television, and, in the offing, facsimile newspapers hot off the radio (Wecter 1950,3).

This statement, made at the mid-point of the 20th century, could easily, with a simple alt-replace on the technologies, have appeared in yesterday's (online) version of the *Chronicle of Higher Education*. The idea of the library, perhaps because of its centrality in the scholarly endeavor, retains an air of fragility despite the marble, brick, or concrete structures built in the heart of campuses and city centers around the world.

Nearly sixty years after Wecter wrote, the Council on Library and Information Resources compiled, *No Brief Candle*: *Reconceiving Research Libraries for the 21st Century*. The participants suggest (CLIR 2008, 8 – 9) that the 21st century research library will be more an "abstraction than a traditional presence" and that a re-envisioned library would turn "the organization inside out" moving formerly core activities to the periphery and new activities such as investment in the scholarly community's metadata, multimedia, and scholarly communication to the center.

Paul Courant, in the same report, rightly notes, "The library will succeed (because it will have plenty of valuable work to do) if it continues to be the locus of expertise and innovation regarding scholarly information, how to find it, and how to use it" (Courant 2008,27).

More recently, Bethany Nowviskie, Director of the Digital Library Federation at the Council on Library and Information Resources and Research Associate Professor of Digital Humanities, University of Virginia, at Harvard Library's Hazen Memorial Symposium (2016), noted in the context of digitization collections, we must be aware:

> are more likely to be taken by their users as memorializing, conservative, limited, and suggestive of a linear view of history than as problem-solving, branching, generative, non-teleological. This is a design problem. We're building our digital libraries to be received by audiences as lenses for retrospect, rather than as stages to be leapt upon by performers, by co-creators (Nowviskie 2016).

4 Challenges and Opportunities

The following are among the big issues that challenging GLAMs in both their broader public and research capacities as the mid-point of the 21st century rapidly approaches. Some of these are logical extensions the work done in GLAMs since the creation of the first collections from the late 18th century that would be recognized as the modern museum or library. Others are areas that GLAMs must take on to remain core to the scholarly endeavor as well as close to the hearts of the larger public. Researchers, scholars, post-and pre-graduates, and the often ill-defined "public" represent distinct communities, but all benefit from the GLAMs' ability to service in the following areas.

4.1 Access to Collections

Access to Collections is the core service of GLAMs. The methods used by libraries, archives, museums will differ, but opening the vaults or stacks is key. For the research library and archives, it is imperative that the breadth and depth of its collections are available to customers in a timely and computable manner. Constrained by limited exhibition space, museums and galleries must share the bulk of their collection icebergs to wider audiences. Working within the boundaries of copyright or other intellectual property constraints, GLAMs are compelled to provide the same or great level of digital access to collections as they provide to physical content. Creation of appropriate metadata, building on the important legacy of traditional cataloging in both libraries/archives and museum, is vital, but using the contemporary tools of access such as linked data, is vital for GLAMs to provide the greatest access to their collections.

4.2 Preservation

Preservation of GLAM content now encompasses much more than tending to the physical artifacts that comprise their historical collections. Magnetic and optical media poses a great challenge and potential loss to the record of human creativity. An even more potential holocaust is at hand with the digital manifestations of culture. Initiatives such as the Academic Preservation Trust are key to extending the role of the library in the realm of digital preservation; the museum community lacks similar initiatives, a challenge that must be addressed in focused and broadly collaborative ways.

4.3 Scholarly Communications

Scholarly Communications remain the core of the Academy, both the degree granting and non-degree granting. GLAMs must play the central role in cycle of knowledge creation from the start, where scholars first begin their research, through the publication process (working with scholars to place research in the most appropriate publications for the broadest and most impactful outlets), to tracking both the traditional metrics of scholarly output as well as those metrics which provide indicators of the broader societal impact and influence. For museums, scholarly output needs revised metrics. Metrics that weigh the value of the curation of collections as well as the broader societal impact generated by the intellectual investment in the creation of exhibitions.

4.4 Digital Scholarship

Digital Scholarship, or Digital Humanities writ with broader strokes, is a growing area for direct collaboration of librarians and scholars. Important centers, such as the University of Virginia's Scholars' Lab, the Maryland Institute for Technology in the Humanities (MITH), and the Roy Rosenzweig Center for History and New Media (George Mason University) are three high profile, university-based centers that are modeling the future of scholarship. As Elizabeth Eisenstein noted in regards to print, "As an agent of change, printing altered methods of data collection, storage and retrieval systems, and communications networks used by learned communities throughout Europe" (Eisenstein 1983, xiv). Today, the centers for Digital Scholarship will allow both the seasoned faculty member and the incoming undergraduate to interact with GLAM content in new and transformative ways, becoming our contemporary agents of scholarly change.

4.5 Internships, Fellowships and Education

Internships, Fellowships, and Education, these are a key component of the cycle of scholarly communication, the use of interns to expose collections, fellows (pre-and post-doctoral) to explicate the same collections, and educators to translate this material into educational materials for younger audiences.

4.6 Social Media, Outreach, and Engaging Diverse Audiences

Social Media, Outreach, and Engaging Diverse Audiences, the now ubiquitous social media platforms (e.g. Facebook, Twitter, Tumblr, Pinterest, etc.), combined with more traditional press focused outreach, are key to expanding the audience for GLAM collections. It is also vital to not work with known and comfortable audiences, but to use outreach tools to increase the diversity (social, racial, economic, gender, etc.) demographics of the GLAM audience.

4.7 Product Development and Licensing

Product Development and Licensing. The GLAM experience does not stop at the physical or virtual visit. GLAM content should be made as openly and freely as possible. However, an audiences' desire to interact with the content in more tangible ways should not be neglected. Product licensing, in the form of items sold online or in the shops of the GLAMs, will generate not only revenue, but goodwill in the form of tangible products (ranging from note cards to tea towels and beyond) that will serve to remind the purchaser of their GLAM experience. Products developed from GLAM content must fit inside a Tiffany box. An object from Tiffany's will always be high quality, but the packaging adds an extra layer of value for the purchaser. GLAM products, with the addition of the institution logo and expert commentary in the form of label or "hang tag", is the equivalent of the Tiffany Blue Box. Pantone Color Institute executive director Leatrice Eiseman said, "It evokes positive thoughts and reactions, and this, combined with the status that Tiffany has assigned to it, makes for perfect packaging" (Klara 2014).

An example of how GLAMs are rising to these challenges is the library at the University of Virginia. The 2015 report, *The University Library: Entering its Third Century*, clearly states this mission:

> Our vision for the future includes expert staff members who can develop and foster collaborative research and teaching partnerships across Grounds. The Library's unique role in stewarding scholarship is growing from collecting materials to promoting access to materials, so that scholars can find and use the best resources in the form most conducive to their work. We will tackle the challenges surrounding the collection, use, and preservation of digital scholarship while ensuring access to analog materials. A flexible and sustainable approach to leveraging technology, facilities, and staffing resources will ensure that students and faculty have an engaging and satisfying experience when they visit the Library, whether in person or online (University of Virginia Library 2015, 1).

5 Increasing and Diffusing: The Smithsonian Experiment

Since 1846, the Smithsonian has remained committed to the mission outlined in James Smithson's establishment of the Institution noted above: "the increase and diffusion of knowledge" (Smithsonian Institution 2016). The creation of the Smithsonian Libraries was part of the Act of Establishment of the Institution in 1846:

> SEC 5. *And be it further enacted*, That, so soon as the board of regents shall have selected the said site, they shall cause to be erected a suitable building ... for the reception and arrangement, upon a liberal scale, of objects of natural history ... also a chemical laboratory ..., a library, a gallery of art, and the necessary lecture rooms (U. S. Congress 1846).

The Smithsonian, and Smithsonian Libraries, have embraced the seven challenges and opportunities outlined above. Following are selected responses by the Institution and Smithsonian Libraries to them.

5. 1 Access to Collections

Smithsonian Libraries began digitization of collections in 1996 under the direction of then Associate Director Thomas Garnett. As part of the Smithsonian Libraries participation in the Biodiversity Heritage Library (BHL), mass digitization began in collaboration with the Internet Archive in 2007. In addition to nearly 26,000 items (9. 9 million pages) digitized for the BHL, Smithsonian Libraries have digitized over 8,000 items (2 million pages) of additional cultural heritage materials that include trade literature, art (many available via the Getty Research Portal①), history, and culture materials. Smithsonian Libraries dedicates 3

① Getty Research Portal. http://portal. getty. edu/

FTE to direct digitization using a variety of state of the art equipment.

5.2 Scholarly Communications

Smithsonian Research Online (SRO)① was established in 2007 to track the scholarly output of the Institution. SRO currently contains over 84,000 bibliographic citations and access to over 21,000 full-text publications. In 2013, as part of the Smithsonian's compliance with the White House memorandum, "Increasing Access to the Results of Federally Funded Scientific Research"②, SRO became a key component of the Smithsonian's compliance with the mandate. SRO also provides Smithsonian administrators with evidence-based metrics for the evaluation of staff and research. Currently in internal beta, Smithsonian Profiles③ will provide an expert locator services for staff and the public in search of Smithsonian research expertise. Smithsonian Profiles will also allow for tracking of additional metrics of social impact through the tracking of blog posts and other types of communication.

5.3 Internships, Fellowships, and Education

In fiscal 2017(1 October 2016—30 September 2017), the Smithsonian Office of Fellowships and Internships (OFI)④ hosted 1,748 interns, 42% of whom received some form of financial assistance. These interns came from 61 countries and all 50 states of the United States. Smithsonian Fellowships are an opportunity for independent research or study related to Smithsonian facilities, collections or experts, in FY 2017, 771 fellowships were awarded, 70% of which received financial assistance. Fellows came from 46 countries and 43 U.S. states. Smithsonian Research Associates maintain a scholarly affiliation with the Smithsonian and are appointed for fixed, but renewable terms. The 1,288 appointments in FY 2017 included associates from 245 different organizations or institutions. In total, the Smithsonian also supported 3,185 academic appointments (pre-and post-doctoral researchers) supported by over USD $12.5 million in stipends (Office of Fellowships and Internships 2018).

Providing access to educational resources is a primary goal of the Smithsonian, as noted on the website:

> All facets of the Smithsonian ... are committed to reaching communities near and far. We connect with diverse audiences, including under-resourced communities and underserved individuals, to enrich programs, curriculum and exhibitions. We invite dialogue and exchange to inspire communities of learners to think critically about complex global challenges (Smithsonian Institution 2018).

Recognizing the importance of education in the library context, Nancy E. Gwinn, Director of Libraries, established the Smithsonian Libraries Education Department in 2015.

5.4 Product Development and Licensing

The Smithsonian, as a Trust Instrument of the United States people, receives generous support from a Federal budget appropriation. In fiscal 2017, the Smithsonian received a Federal appropriate of USD $1,043,347,000 ($731,444,000 for staff and programs, and $311,903,000 for facilities and capital expenses) (U.S. House of Representatives 2018). Supplementing this Federal funding are grants, foundation support, private philanthropy, and revenue generated through business opportunities. Smithsonian Enterprises is the Smithsonian administrative unit with the mission to generate revenue and provide service to the Smithsonian museum shops, restaurants, *Smithsonian Magazine*, *Air & Space Magazine*, the Smithsonian Channel, and other revenue enhancing services.

---

① Smithsonian Research Online. http://research.si.edu/

② Increasing Access to the Results of Federally Funded Scientific Research. https://obamawhitehouse.archives.gov/sites/default/files/microsites/ostp/ostp_public_access_memo_2013.pdf.

③ Smithsonian Profiles. http://profiles.si.edu

④ Office of Fellowships and Internships (OFI). Http://ofi.si.edu/

Smithsonian Libraries works closely with Smithsonian Enterprises to create an enhanced experience through products such as rugs, weather vanes, calendars, and other products that generate revenue while at the same time allowing free digital access to many Smithsonian Libraries collections.

6 The Dynamo in the Exhibition

At the Paris Exposition of 1900, Smithsonian Secretary Samuel P. Langley led historian Henry Adams through the halls of the exposition. Langley introduced Adams to the Dynamo, the electrical generator that would define our current era in its reliance on electrical power:

> To him [Langley], the dynamo itself was but an ingenious channel for conveying somewhere the heat latent in a few tons of poor coal hidden in a dirty engine-house carefully kept out of sight … but to Adams the dynamo became a symbol of infinity (Adams 1918 [1907], 380).

Today, the lowly, dynamo, is one of the unseen movers that powers our innovation and the force behind our current information-based environment. For Adams, the Dynamo would replace the Cathedral, the electricity generated would create a light that shown on, and that lit up, not one that would illuminate, or show the inner light.

In the glow of our devices, of the computers in our pockets we still call quaintly "phones" (Naughton 2016) we see the light of Henry's Dynamo. But what will our cultural institutions use with this glow? Will it be just another "shiny thing" or will it be used to create true illumination and generate knowledge and foster wisdom? The philosopher Martin Heidegger noted:

> The closer we come to the danger, the more brightly do the ways into the saving power begin to shine and the more questioning we become.... Likewise, the essence of technology is by no means anything technological. Thus we shall never experience our relationship to the essence of technology so long as we merely represent and pursue the technological, put up with it, or evade it. Everywhere we remain unfree and chained to technology, whether we passionately affirm or deny it. But we are delivered over to it in the worst possible way when we regard it as something neutral; for this Conception of it, to which today we particularly like to pay homage, makes us utterly blind to the essence of technology (Heidegger 1954,287 - 88).

Cultural heritage institutions now have the power of technologies with vast reach at their disposal. The power of mass media first evidenced by printing in the 19th century and culminating in radio and television broadcasting throughout the 20th, is now available to a teenager with a keen eye and an Instagram account; there are fewer "mute, inglorious Miltons" (Gray 1751) with the advent of YouTube celebrities with millions of follower.

The cultural history professional of today must feel the angst of historian and cultural critic Walter Benjamin's Angel of History:

> His face is turned toward the past. Where we perceive a chain of events, he sees one single catastrophe which keeps piling wreckage and hurls it in front of his feet. The angel would like to stay, awaken the dead, and make whole what has been smashed. But a storm is blowing in from Paradise; it has got caught in his wings with such a violence that the angel can no longer close them. The storm irresistibly propels him into the future to which his back is turned, while the pile of debris before him grows skyward. This storm is what we call progress (Benjamin 1968).

7 In Closing

It is the duty of our cultural heritage institutions to unlock their collections, to share the knowledge of their scholars, to unlock our cultures which are shared across time, peoples, and geographies. As Heidegger notes above quote, our technology is neither neutral nor merely technological. Indeed, we have truly arrived in technologist Vannevar Bush's "age of cheap complex devices of great reliability" (Bush 1945) and it is our mission to make them conduits to all. We must embrace the storm of progress; we must not suffer wreckage like Benjamin's Angel, but rather revel in the fresh air the storm brings in its wake.

To return to the Smithsonian, the first Secretary, Joseph Henry, was, in the first decade of the Smithsonian's existence, keenly aware that great institutions must reach outside of themselves:

The worth and importance of the Institution is not to be estimated by what it accumulates within the walls of its building, but by what it sends forth to the world (Henry 1853,20).

Speaking at a time of truly existential crisis for civilization, at a time when not just the light of knowledge but of the world itself was endangered, William Faulkner, in his Nobel acceptance speech (1949), noted that humanity would not "merely endure ... [but] prevail." Galleries, libraries, archives, and museums are a touchstone of civilization. Though the challenges facing the bedrock of our cultural heritage institutions today are great, the strengths these institutions embody will ensure that they too, endure and prevail.

Notes

[1] Adams, Henry. 1918 [1907]. *The Education of Henry Adams*. Boston: Houghton Mifflin company. Accessed June 12,2016. https://archive.org/details/educationofhenr00adam.

[2] Benjamin, Walter. 1968. "Theses on the Philosophy of History." In *Illuminations*, edited by Hannah Arendt; translated by Harry Zohn. New York: Schocken Books. Kindle Edition.

[3] Bush, Vannevar. 1945. "As We May Think." *The Atlantic Monthly* 176 (July 1945): 101－108. Accessed June 12, 2016. http://www.theatlantic.com/magazine/archive/1945/07/as-we-may-think/303881/.

[4] CLIR. 2008. "A Continuing Discussion on Research Libraries in the 21st Century." In *No Brief Candle: Reconceiving Research Libraries for the 21st Century*, 1 － 12. Washington: Council on Library and Information Resources. Accessed June 12,2016. http://www.clir.org/pubs/reports/pub142.

[5] Courant, Paul N. 2008. "The Future of the Library in the Research University." In *No Brief Candle: Reconceiving Research Libraries for the 21st Century*, 21 － 27. Washington: Council on Library and Information Resources. Accessed June 12,2016. http://www.clir.org/pubs/reports/pub142.

[6] Cuno, James. 2014. "Forward." J. Paul Getty Trust Report 2014: Digital Humanities at the Getty. Accessed June 12,2016. http://www.getty.edu/about/governance/trustreport/trust_report_14.pdf.

[7] Dana, John Cotton Dana. 1917. *The Gloom of the Museum*. Woodstock, VT: The Elm Tree Press. Accessed June 12,2016. https://archive.org/details/newmuseum01danagoog.

[8] Eisenstein, Elizabeth. 1983. *Printing Revolution in Early Modern Europe*. Cambridge: Cambridge University Press.

[9] Faulkner, William. 1949 [2004]. "Nobel Prize Acceptance Speech". In Essays, Speeches and Public Letters. Edited by James B. Meriwether. New York: Modern Library. Kindle Edition.

[10] Fitzwilliam Museum. 2016. "About the Fitzwilliam Museum." Accessed June 12,2016. http://www.fitzmuseum.cam.ac.uk/aboutus.

[11] Gibson, William. 2012. "Distrust That Particular Flavor." In *Distrust That Particular Flavor*. New York: Berkley Books. Kindle Edition.

[12] Gray, Thomas. 1751. "Elegy Written in a Country Churchyard".

[13] Heidegger, Martin. 1954. "The Question Concerning Technology," In *Martin Heidegger: Basic Writings*, edited by David Farell Krell, 287－317. New York: Harper & Row. Accessed June 12,2016. http://www2.hawaii.edu/~freeman/courses/phil394/The%20Question%20Concerning%20Technology.pdf.

[14] Henry, Joseph. 1853. "Report of the Secretary to the Board of Regents of the Smithsonian Institution," 9 - 31. *Seventh Annual Report of the Board of Regents of the Smithsonian Institution*. Washington: Smithsonian Institution. Accessed June 12,2016. http://biodiversitylibrary. org/page/8802589.

[15] Klara, Robert. "How Tiffany's Iconic Box Became the World's Most Popular Package This robin's egg blue is trademarked". *Adweek* (September 22, 2014). Accessed 22 June 2016. http://www. adweek. com/news/advertising-branding/how-tiffany-s-iconic-box-became-world-s-most-popular-package-160228.

[16] Naughton, John. "Phones, photography and the Snapchat factor" by John Naughton [quoting Ben Evans]. *The Guardian*. 21 August 2016. https://www. theguardian. com/commentisfree/2016/aug/21/phones-photography-snapchat-factor-apple-iphone-camera.

[17] Nowviskie, Bethany. 2016. Speculative Collections. Nowviskie. org. http://nowviskie. org/2016/speculative-collections/. Accessed 29 March 2018.

[18] Office of Fellowships and Internships. 2018. *FY 2017 Annual Report*. Washington, DC: Smithsonian Institution.

[19] Plato. 1925. Phaedrus. Translated by Henry N. Fowler. Project Perseus. Accessed June 12,2016. http://www. perseus. tufts. edu/hopper/text? doc=urn: cts: greekLit: tlg0059. tlg012. perseus-engl.

[20] Smithsonian Institution. 2016. "James Smithson Biographical Information". Accessed June 12, 2016. http://newsdesk. si. edu/factsheets/james-smithson-biographical-information.

[21] Smithsonian Institution. 2018. Smithsonian Website. https://www. si. edu/education. Accessed 29 March 2018.

[22] U. S. Congress. 1846. An Act to Establish the Smithsonian Institution, 1846. https://siarchives. si. edu/history/featured-topics/stories/act-establish-smithsonian-institution-1846. Accessed 29 March 2018.

[23] U. S. House of Representatives. 2018. Text of the House Amendment to the Senate Amendment to H. R. 1635. Washington.

[24] University of Virginia Library. 2015. *The University Library: Entering its Third Century*. Charlottesville: University of Virginia Library. Accessed June 12,2016. https://www. library. virginia. edu/assets/UL_Entering_its_3rd_Century. v1. pdf.

[25] Wecter, Dixon. 1950. "General Reading in a University Library" in *The Place of the Library in A University*, 3 - 13. Cambridge: The Harvard University Library.

互联网时代图书馆的转型与创新

Zhong Geng
（美国玛丽伍德大学）

摘要 互联网时代，技术的变化已经冲击到我们所有人，无论是图书馆服务提供商还是用户。特别对于过去十数年来，成功提供高质量图书馆服务的我们而言，为了继续取得成功，需要克服新的挑战。与图书馆以往的用户在实体背后寻找服务不同，现在的读者要求信息具备移动性、多样性、敏捷性、灵活性与随时随地的可用性。为了与用户保持同步，作为图书馆员需要应对两个前沿问题：一、在内部，改善我们的知识基础；二、在外部，改善图书馆的物理基础设施。多年来，我们克服了巨大的障碍以吸收技术赋予我们的新事物，比如拥抱、推广和推进云计算。事实上，我们已经在这场战斗中赢得了很高的评价。一方面，虽然我们可以为自身知识和技能的提升而感到自豪，但另一方面，我们也感到受限于物理条件，尤其是图书馆建设。不用说，解决图书馆物理环境的问题是一个完全不同的领域，需要负责任的行政部门提供财务承诺。我们在玛丽伍德大学的经历，具体解释了为什么行政部门在两年前提供资金动工新建一座名为“学习共享空间”的新图书馆。凭借先进的架构和技术，加上自动存储和检索系统(ASRS)，自去年夏季开放以来，新的“学习共享空间”已被证明是可帮助推动不断变化的信息需求的强大工具。

The Transformation and Innovation of Libraries in the Age of Internet

Zhong Geng
(Marywood University)

In the age of the Internet, the changes in technology have walloped all of us, being either library service providers or customers. Particularly, for those of us who have successfully delivered quality library services for the past decades, we have new challenges to overcome in order to continue our successful path. Unlike the days when library users sought services behind the brick and mortar, nowadays, they demand that the access to their information needs to be mobile, multiple, nimble, flexible, and always available. To keep abreast with our customers, we as librarians have two forefronts to combat with: 1. Internal to improve our knowledge base, and 2. external to improve library physical infrastructure. Over the years, we have dealt with overwhelming obstacles to absorb what technology has bestowed upon us, such as embracing, promoting, and advancing cloud computing and, in fact, we have earned a good mark in this battle. While, on the one hand, we may pride ourselves in progressing our knowledge and skills, we also feel hampered by the lack of physical readiness, library building to be exact, on the other hand. Needless to say, tackling the library physical environment is a totally different adventure which requires financial commitment from a responsible administration. What we did at Marywood University explained exactly why the administration opened its coffer to break ground two years ago to build a new library called the learning commons. With state of art architecture and technology, coupled with an automatic storage and retrieval system (ASRS), the new learning commons, since its opening last summer, has proven a powerful tool to help advance the ever-changing information needs from our customers. The following depicts in detail the processes we waded through before the celebratory ribbons were cut and cheers were exchanged.

1. Planning Stage

Propelled by the changes in technology, librarians from the Marywood Univeriety felt the urgency to renovate the old library. Though having been considered an architectural model thirty years ago, the building was the target for constant customer complaints: darkness, outdated studying areas, obsolete hardware, cumbersome communication devices, and almost non-existent space for social interaction. Despite that the initial effort to replace some torn carpet and clumsy furniture helped turn down the negative rhetoric to some extent, a devastated flood along with some other inherited physical obstacles had drained the librarian's patience to preserve the building. After having generated a series of discussions led by the library administration, a bold proposal to build a new library was initiated, reasoned, and put forward to the university administration. The proposal was later presented at the hearings from the university board of trustees and was approved after some lengthy and heated arguments among the trustees. The approval obviously had excited many hearts and souls in the Marywood community before a budget hearing was arranged and the sum of financial resources was secured. After having obtained a secured budget, the library launched a massive effort to proliferate the benefits of a new library to the people of all walks of life within as well as outside Marywood communities—aiming to promote a new learning breeding ground called learning commons. On top of completing a new building, an automatic storage and retrieval system (ASRS) was also embedded in the design, which aimed to improve borrowing efficiency for print material and save space. Despite some open criticism and legitimate concerns, the prototype of the automatic storage and retrieval system did demonstrate some positive effects, particularly the lending efficiency for print material. To strengthen the knowledge and skills to operate the ASRS, several on-site visits were also arranged in order to enable the library staff to witness the institutions where ASRS was part of the library operations. Wisdoms were also drawn from outside the library community in order to identify the scope of needs the community would like the new library facility to fulfill. Some of the recommendations shared by the communities outside the library were very constructive and practical and were therefore greatly appreciated in the design stage. The intensive planning stage gathered all the necessary information about the building design, internal and external infrastructure, lighting and furnishing, and functional departmental layouts, etc. When the planning work received a thumbs-up from the university administration, the design stage kicked in.

2. The Designing Stage

Since the majority of people, other than the architects, were not very familiar with the architectural design, the efforts exerted during this stage were intense, nerve racking, time consuming, and extensive. The building's architectural design, for instance, consumed some five rounds of information and expertise sharing in order to forecast the increasing and ever-changing expectations for the learning commons from our customers. The people gathered for architectural design all aimed to achieve one goal, "To build a learning commons that can respond to pedagogical, social, and technological changes, and it has to be inspirational and practical." Though the participating architects played a key role in leading, guiding, encouraging, as well as exploring fresh design ideas, it was up to the stakeholders like librarians and staff to help develop and pinpoint the specifics key to the blueprints. For the potential service functionalities built into each service department, for instance, specific meetings were arranged in order to harvest essential concepts concerning hardware such as furniture and working environment such as space and offices' layout, etc. To assure accuracy, such meetings were repeated till the satisfaction was reached. Areas designated for social activities drew much scrutiny, as it concerned not only space, but layout for attraction, furnishing, location, and potential interference with other areas as well. Since delivering a good social space was of a trendy and new concept, the people taking on this task exhausted all resources they could get their hands on, such as surveys, site visits, internet searches, and brainstorming involving potential customers. The automatic storage and retrieval system (ASRS) demanded the most significant time and effort in order to explore all potential issues and generate the best solutions. Since, per unit wise, it was the most expensive item and a key component of the whole architecture, any miscalculation, missteps, and carelessness could result in significant unwanted consequence. To help understand the mechanical functions featured in ASRS, the engineers from the ASRS manufacture were on hand to lead demonstrations and discussions for various groups, including librarians, staff, university administration, and patrons, needless to say. Despite that the ASRS promotes a good concept—saving space and improving efficiency, it was not an easy adoption for some who wondered about its feasibility, particularly for a small campus like Marywood where only a collection of a quarter million items are held. Even to this day, the wisdom to install the ASRS system is still being questioned and the system's economic prospect is yet to be further proved. The architects exhibited very calculated efforts in order to keep everyone on the same page and made sure what everyone would see when the building was completed. The design stage served as not just a foundation for the building's architectural designs, but a learning ground for everyone as well.

3. The Construction Stage

Built upon the deliberate and collective work from planning and designing stages, the new learning commons broke ground in August of 2015, with all shareholders on site to cheer on. While the construction was underway, starting the ASRS as the center piece, all of us working in the old library building concentrated on mapping out a detailed plan to pack office materials, remove items of values for later use, and preparation to transfer the library collections in particular. Required by the ASRS system, each item eligible to be stored in the ASRS has to be assigned a 6-digital number in order to be identified by the system. The assignment to give a multiple-digit number to each item proved to be painstaking as it had to be performed manually, which consumed enormous time, tedious work, patience, and a mind to details. Alongside the number assignment, another significant piece of the project was carried out to clean up the collections stored in the ILS system to assure a smoother transition to the ASRS system. The intensive work brought effective results to many areas of the system, such as policies, collection codes, patron types, and item types, etc. Tens of thousands of unnecessary items were flushed out of the ILS, which greatly improved the system's efficiency before it was even hooked up to the ASRS system. Since the ASRS system was the first to be completed, the engineers were able to provide some hands-on training for the library staff to experience, for instance, how the robot would react to certain commands like delivering a book, returning a bin to the storage, and halting resulting from an emergency, etc. Frankly speaking, such training opportunities left some frightening experience to some, but they certainly helped instill skills, knowledge, and confidence in others. The 74,000 square foot building took almost a year to complete, and the efforts to get everything and everyone ready to move into the new learning commons spanned longer than that, as planning and designing stages had to spearhead way before the construction. As the result of a good planning, the migration to the new learning commons, including both the library personnel and library materials, took place while the final touches to the building were still being made. In July of 2016, Marywood University witnessed the opening of a brand new learning commons.

4. The Era of a Modern Library

The newly built learning commons, compared with the previous library, stands tall, attractive, and is ready to deliver its mission—a hub for pedagogical, social, and technological changes. The architectural design of the building embraces our customers with a warm welcome flare, with an extended Kane Overlook in front of the building to symbolize the spirit of exploitation in the academic world. The gigantic glass windows throughout the building are penetrated by the lights, particularly at night, to show the glimpse of academic pursuit all day and night long. The doors are equipped with handicapped access to convenient for those who are less fortunate. The inside designs are easily navigable, with well-planned circulation flows and good, comfortable spaces for individual and group studies, as well as social purposes. Unlike the old library, the front-desk is consisted of not only a reference desk, circulation area, but a knowledge bar where computer technicians are on duty to help those who are in need for technology applications, inquiries, or even hardware repairs. Since the facility is designed to take care of technology changes or advances, an IT department is also set up alongside the library departments to provide a comprehensive service package to our customers. Furthermore, the new learning commons offers these advantages: 1. Deliberate space design coupled with comfortable furnishing to facilitate academic endeavors. Throughout the building, ample spaces are available to choose for our customers; individual carrels, small and large groups' designated spaces, group studying rooms, project rooms, social interaction places, computer and training labs, lecture/demonstration rooms, etc. To help strengthen the purposes of various room designs, the architects coordinated the efforts to bring in the experts from different furniture manufactures to gather, dissect, and accommodate the potential furnishing needs from the customers. The comfort, color, ease of use, and economical aspect concerning the furniture deployment were all taken into account in order to achieve the best result. 2. The automatic storage and retrieval system resonates well with our customers, as it significantly improves the efficiency of the lending process. Compared with traditional self-service requiring customers to look for the interested items themselves, which sometimes could be time consuming, confusing, and error-prone, the ASRS can locate and deliver what customers' need in a matter of few minutes. Plus, the ASRS allows customers to check out their needs at any time, even when during midnight or library service is at pause, and pick up the material at their convenience. To enhance the visual effect of ASRS in performance, the architects installed the floor designs where customers can enjoy a bird view overlooking at the two robot cranes picking up and storing material in bins. The existence of the ASRS really adds a technological dimension to a modern library. 3. A well-equipped cafeteria to replenish energy for our customers, and a point of convenience, too. Going against the grain that food and drink were considered incompatible with library services, the new learning commons has tasted a tremendous success since the debut of an in-house café. Due to its welcoming and comforting environment, coupled with an almost 24/7 service, our customers, students in particular, really desire a place of their preference and feel settled till they have to depart for a different activity like attending a class. Since the new café provides a full menu of food and drinks, customers are able to fulfill their appetites at the time of their choosing, and consume what they like while still in learning, working, or socializing mood. During exams, for instance, the cafes accompanies our customers while they burn the night oil, enabling them to replenish the energy for a better grade. While the café attracts our customers, as a result, it also rakes in the desired financial profits distributed to the university. 4. More advanced technological environment. No longer will our customers find a weak spot for wireless connection, which occurred often in the old library. Neither do our customers have to worry about how to share a team project online or coordinate a group project together. For instance, most group study rooms are equipped with a big TV screen, a whiteboard, multiple Internet ports, VGI connectors, and V.. cables to allow a simultaneous projection with data drawn from multiple computers. Besides providing strong wireless coverage for the entire building, the learning commons provides our customers with computers of various technical capacities throughout each floor, and computer accessories in every study-room. Hundreds of internet ports, power and phone outlets are built in each floor, and even storage cabinets have power plugs to enable those who choose to charge their phones or laptops while their personal belongs are stowed away. Furthermore, there are multiple fully equipped computer training rooms, lecture rooms, and a large meeting room which can be divided into several smaller rooms to allow simultaneous events. 5. Placing multiple departments essential to our customers under one roof. Unlike the old library which accommodated our customers mostly with collection-based services, the new learning commons is designed to furnish our customers' needs from multiple service points. Other than an IT branch, a tutoring department can help advance those who feel lagging behind in their academic efforts, such as math and writing. The Career Service can lend its helpful expertise to those who look for opportunities in internships, part-time or full-time jobs, or exploring career paths. To coordinate with Career Service, a Retention Center is available to assist those who may have difficulty in finding their academic focuses or developments. All in all, the new learning commons is designed, built, and equipped to provide information services of today and tomorrow.

5. Architectural Designs Put to Reality Test

Since the grand opening two years ago, the newly built learning commons at Marywood University has been put to test in every way that has our customers in mind. 1. Welcoming and accessible. As a marketing tool to attract our customers, the outside building appears to be dynamic and grand, yet homey and practical looking. Customers can approach the learning commons through access doors from all sides, all with handicapped devices. Once in the library, customers, even if new comers, can quickly find their way to satisfy their needs. 2. A functional building. As an academic institution, the learning commons serves as a breeding ground for academic development and advancement, scholarly exchanges, social awareness, and even relaxation. The well-lit and beautifully furnished environment has witnessed rapidly growing customers, particularly students, use the facility day and night. If it was common to see very few customers in the old library, it is a very familiar scene to see crowds of people in the learning commons all the time. Beside academic activities, a significant number of social events have been held at the learning commons, such as fund raising, health advocacy groups, social Justice, as well as many cultural awareness efforts. The learning commons is popular to a great number of people outside the Marywood university as they take advantage of many features available to them, such as a newspaper lounge, reading room, and computing and printing devices. Despite some concerns that the automatic storage and retrieval system may have kept some customers from checking out more library material, the majority of our customers have expressed satisfaction about what they are able to obtain, access and achieve at the learning commons. So far, the overall designs of the learning commons have exhibited deep satisfaction from our customers: it attracts more users, provides more service points, supports 24/7 operations, delivers information resources virtually boundless and limitless, and literally welcomes our customers from all works of life.

6. Some Food for Thought

Despite applauses and cheers that sound so familiar nowadays, at this nascent stage of a newly designed learning commons, successes achieved have to sustain the test of time and more users' consumptions. While we have seldom heard any negative comments, some of our customers, including those from the library, are less enthusiastic about "not-so-collection" based services as they feel they have lost the traditional touch of a library—the typical feeling behind the mortar and brick. The application of an automatic storage and retrieval system, for instance, has given rise to some resentment which blames that the system has eliminated the browsing features embedded deeply in some people's mind. Frankly speaking, for a small library where only a quarter million items are collected, accompanied by crawling collection development, resolving to use the ASRS system for circulating print material is dubious at best to some people. The sense that the ASRS could keep the building cost low may prove to be legitimate in a place where land is scarce, expensive, or desired for some other urgent purposes, such as Shanghai where land is gold. However, since Marywood does not face space issue nor does it see any potential circulation growth in print material, the cost of building an ASRS system, alone with its on-going costs, may deserve some scrutinized feasibility study and discussions among all shareholders.

To keep abreast with the trends in information technology development and evolving changes brought forth by the technologies, libraries are still demonstrating a significant role on how to satisfy the needs of our customers. To help maintain and advance our goal, we need to continue updating and infusing our knowledge base while, at the same, push for innovations necessary for the building. Library buildings today must be equipped with the versatility which allows the customers to access information resources efficiently, including both print and electronic resources. Furthermore, library buildings must be welcoming and attractive places to visit; they must promote interaction between people—staff and readers-and care for all tastes: those who want to work alone or in groups, at desks or in comfortable chairs, in silence or surrounded by a noise. The newly built learning commons at Marywood has been designed to accommodate the above needs and, indeed, has delivered.

Glimpse of the Learning Commons

New Learning Commons at Marywood University

An around-the-clock cafeteria

Automatic storage and retrieval system

Control room for automatic storage and retrieval system

Newspaper lounge for Marywood and community customers

Front entrance — lobby — emulating an exploring boat for academic pursuit

Social and other events held in the lobby

Multipurpose dining area

Casual group study area

Social corner

market place to displace latest library material

Seating for faking a break and viewing outside

Study carrels with outlet for power and Internet

从泥板文书到互联网时代：图书馆的功能转变

Ajegbomogun Ekeh
（尼日利亚联邦农业大学）

摘要　本文考察了从泥板文献时代到互联网时代的图书馆资源开发工作，互联网时代目前正在改变着图书馆的运作，并将用户视为提供服务的最优先对象。自古代以来，写作的出现产生了新的交流方式，写作也被认为是人类历史上最重要的交流工具之一。图书馆作为学习的门户，持续掌握鼓励独立决策、个人文化培养和个性养成的知识基地、值得对此进行借鉴。

信息技术的发展重新定义了人们交流、互动以及参与用户群体知识创造、使用和再利用的方式。互联网上的这些活动鼓励了大量的用户，同时也给图书馆增加了压力，要求图书馆提供现代化的服务。因此，图书馆已经理解了用户的需求是必不可少的，也是需要优先考虑的。

有趣的是，图书馆需要转型。这些转型的要素包括对图书馆的工作活动进行自动化管理，对来自全球的各个学科领域的数据库进行管理。其他还包括社交网络，如 Facebook、Twitter、博客、WhatsApp、多媒体共享、即时视频会议以及机构知识库。从本质上说，互联网时代已使得图书馆的运营从传统系统转变为更强大的数字服务。

在建立和使用电子资源过程中遇到的挑战包括图书馆政策的不一致性，人员技能的低水平以及处于低潮的基础设施建设等。总之，新的信息技术的融合实际上已经成为将图书馆转变为人类发展更重要和关键的智力中心的工具。

关键词　互联网时代；图书馆转型；电子资源；图书馆服务

From Clay Tablets to Internet Age: Libraries Functions Transformed

Ajegbomogun　Ekeh
(Federal University of Agriculture)

Abstract　This paper examines library resources development from the period of clay tablets to the internet age that is presently changing the library operations and recognises users as the highest priority in service delivery. The emergence of writing triggered a new way of communication since the ancient societies. It was counted to be one of the most important communication tools in the history of mankind. Worth considering is the library, a gateway to learning, a base for persistent mastering of knowledge that encourages independent decision-making, cultural development of individual and character build-up.

The growth in information technology has redefined the way people communicate, interact and participate in the creation, use and re-use of knowledge content amongst users. These activities on the internet have encouraged a large number of users and, have also put pressure on libraries to modernise the way they deliver their services. Consequently, libraries now know their patrons' need as essential and of priority.

Interestingly, there is a need for library transformation and the elements of such transformation include automation to manage work activities in the library, electronic databases likened to the world's largest e-resources reservoir in various disciplines. Others include social media network such as Facebook, Twitter, Blogs, Whatsapp, multimedia sharing, instant messaging, video conferencing and institutional repository for digital copies of the intellectual output of an institution. Essentially, the Internet age have brought a dramatic change of library operation from the traditional systems to more robustly digital services.

Challenges being encountered in the process of establishing and use of e-library resources include inconsistencies in the library policy, low level of skills acquisition of the personnel, and infrastructure development which is at low ebb etc. In conclusion, the amalgamation of new information technology has actually become the vehicle that transforms the library into a more vital and critical intellectual centre of human development.

Keywords Internet age; Library transformation; Electronic resources; Library services

1. Introduction

The emergence of writing triggered a new way of communication since the ancient societies. It was reckoned to be one of the most important communication technologies in the history of mankind. The transition from pre-history to the ancient days can be traced back to the fourth millennium BC when writing was invented by the Sumerians. The archaeological evidence of information storage was saved on the clay tablets with the first texts written in cuneiform. Clay eventually made way for papyrus and paper. The invention of printing machine of Gutenberg (1439), a German-born citizen made duplication and dissemination of information a reality. This early discovery of what they produced weren't sufficient for the use of common people. Hence, the library came to fill the gap of meeting the information needs of the society.

The library is also regarded as a gateway to learning, a base for persistent mastering of knowledge that encourages independent decision-making, cultural development of individual and character build-up with friendly group socialisation. Traditionally, the library provides access to information knowledge, which concerns with the collection, processing, storage and dissemination of recorded information for the purpose of reading, studying, consulting and borrowing. Iwhiwhu and Okorodudu (2012) cited Aboyade (1984) stated that the library provides access to information and works of creativeness through a number of resources and services. The advent of internet, which is the fastest growing area of information technology, has assumed a role whose future impact is most likely to be far-reaching if not mystifying. By 2000, it had already become a major source of research information as well as a gateway to a large number of scientific databases available globally. This growth has redefined the way people communicate, interact and participate in the creation, use and re-use of knowledge content amongst users.

The ease of accessibility and interactive nature of the internet has created a virtual worldwide community. The arrival of smartphones and tablet computers has further added value to this discovery. These activities on the internet have engaged a huge population, making it a highly reinforcing and potentially addictive medium. Certainly, the Internet already means much to a vast number of people all over the world, especially students and researchers. Chisenga (2010) defined Communication Technology (IT) as a diverse set of instrument geared toward resources used to talk, create, disseminate, keep, and manipulate internet for the use of diverse interest.

These changes in accessing internet information make it imperative for libraries, the custodians of knowledge to find a new way to serve their clientele needs. Sadeh (2011) affirmed that libraries and librarians now faced a stiff competition in their duty that supposed to be their exclusive domain because they are forced to keep looking forward, to adapting to the changing technology and keep their services relevant for new information seekers. Now, pressure is on libraries to modernise the way they deliver their services and put their patrons' need as essential and of priority.

2. Reasons for transformation

The basic goal of library and information profession is to provide access to information for patrons. In actualizing these goals, various activities have evolved and transformed over the years due to the use of ICT.

These activities include:

- New development in the field of storages, presentation and archiving of knowledge, collection development, organisation of knowledge, information explosion and use of computers in information retrieval.
- The new environment which the library found itself has proved that libraries are not only crucial but the librarians' role as knowledge providers has become even more significant in this age. Ramos (2010) rightly captured the contemporary role of librarians as partners in internet literacy education, computer literacy mentors, database builders, and excellent guides in determining and using internet sources that are available.
- The rise of digitized internet is an opportunity to elevate the role of the librarian, leading to the emergence of a new breed of librarian usually called "The Cyber Librarian" or "Cybrarian"-a specialist in locating information on the internet (Nageswara, Rao and Babu, 2001). Interestingly, librarians are now trained to be experts in internet searching, selecting, acquiring, organising, preserving, repackaging, disseminating, and serving (Troll, 2011), that enhance knowledge acquisition.
- Involving libraries and librarians to rethink and explore new ways to reposition themselves in view of the high expectations of their various stakeholders so as to be relevant in the discharge of their duties because users have become more aware of the possibilities of information technologies and find it easier on Google than drive to the library to search for information (Stuart, 2003).

3. Transformation in the libraries

The application of ICTs in the library working environment has shifted libraries from the traditional system to hybrid, automated to digital library and virtual library. In this unique way, the library and information professionals had been grounded to play all-round of multimodal roles to satisfy the different approaches of the end users using information and communication technologies.

Haldar (2011) stated that innovation and development of Information and Communication Technologies (ICTs) and different library software and its application in the field of librarianship brought a transformation in library management system and professional roles played by librarians. These have changed the professional name of librarians to information advocate, consortia manager, consultant, content manager, facilitator, guide/teacher, intermediary, knowledge manager, researcher, sifter, technocrat web designer etc. Thus, the librarians are well groomed with the names.

Sridhar (2010) also narrated different skills required to run the libraries. One of such is the skill to use advanced technology in processing information, storage and transferring information at higher speed. This has changed the role of libraries in providing information services to the users. The new developments in disseminating and storage of information, the growth of new devices to store and retrieve information in the digital form, the fast access of internet and web pages, competitive search engines, the availability of very high networks with high bandwidth and the information made available in the form of electronic publishing have transformed libraries from traditional to digital. The libraries are constantly changing their ways and style of working in conformity with the new technologies.

The digitization of information which has to do with the encoding and the ability to send information virtually anywhere via the networked environment has a particular consequence for libraries. It's the duty of the librarian to provide information to a user, regardless of his/her geographical location. In other words, anyone who can reach a particular library might be considered a potential user.

4. Instrument of transformation in the library

The use of the following tools has brought a lot of innovations into library service. Due to the innovations, users are fascinated with internet access in conjunction with the organisation, dissemination of knowledge through a more attractive and agreeable medium by librarians.

- **Library automation:**

Automation is a process of using the machinery for easy working and saving the human power and time. Library automation refers to the use of computers to automate the typical procedures of library activities, the application of library operation management software such as TINLIB/GLAS, WINSIS, KOHA comprises of different modules of cataloguing and circulation and other units of the library and always used to accelerate library service delivery. It allows using the Online Public Access Catalogue (OPAC) for easy access to bibliographic details of the library collections. Others include conventional Microsoft software such as e-GRANARY, JSTOR, AJOL, AORE, AGORA, HINARY, TEEAL etc. User's demand requires more technological advances in library automation systems to develop a new generation of powerful integrated systems.

- **Machine Readable Cataloguing (MARC2)**

MARC2 is a digital format of book description in the catalogue that holds library record of information. It allows every book (or any item) to be tracked from the moment that it was chosen for acquisition and up to the time it is available on the shelf for the user. At each subsystem, the MARC2 record is enhanced and augmented with the additional information that becomes available about the book (e. g. , when the order is placed). Libraries, with complete Reconversion (RECON) projects, can transfer their large bibliographic databases to the new integrated systems and automate all their operations. The application of this software has reduced the burden of manual work activities in the library.

- **Metadata**

Metadata is a systematic arrangement of information that describes, explains, locates, use, manage an information resource and makes it easier to retrieve. Metadata is nothing but the data about data that describes the attributes and contents of an original document or work. Therefore, creating a descriptive metadata is to facilitate the discovery of relevant information. In addition to resource discovery, metadata help to organise electronic resources, provide digital identification, and support archiving and preservation of knowledge in the library.

5. Influence of Internet application in the library

- **Social media trends**

Applications of social media encourage collaborative learning among users in an attempt to learn and share knowledge together. Unlike individual learning, people engaged in collaborative learning to exploit others resources, skills, information, and intellectual ideas for effective use. Chen (2012) observed that social media trends such as Facebook, Instagram, Twitter, Apps, Skype, Blogs, wikis, tagging, social networking, multimedia sharing, bibliographic reference managers, chat, instant messaging and video conferencing (Kim and Abbas, 2010) etc. which have become popular in the library today, have the potential to function as an educational tool enabling peer feedback, interaction and learning in a social context. Social networking involves online services that allow individuals to exchange messages, photographs, videos, etc. with other users through the Internet service

- **Social networking service in the libraries**

A social networking service is a web-based service which focuses on building contacts between people, thus creating the social network groups. Networks may specialise in particular activities or interests; Flickr for photographs, YouTube for video, Ravelry for knitting. Each user registering to receive service will provide a profile of themselves (name, business, schools attended, interests, etc.) as they see fit and they can join internet community services that bring people together with common interests. Social networking increasingly reflects the whole of society, while for most it is beneficial, there is also a dark side such as theft, fraud, stalking, pedophilia, religious intolerance, etc.

● **Web 2. 0 or Lib. 2. 0**

The emergence of Web 2. 0 encourages the building of virtual applications, drawing data and functionality from a number of different sources as appropriate. It allows the library users to actively participate online by means of blogging, sharing file or equivalent. User can own the data on a Web 2. 0 site and exercise control over that data. Web 2. 0 is a smart application with capacity to capture user's knowledge and deliver services to satisfy their needs. Only a few of these web 2. 0 tools will be explained in this paper.

Blogs-also known as Web logs, allow library users to post thoughts and updates about library services on the Web. A user who belongs could easily connect to the web, retrieve and add information for members' use. Libraries use blogs for disseminating information to the users. According to Ezeani and Igwesi (2012), librarians create specific subject library's blogs and assume a leading role in encouraging the use of blogs for scholarly research and commenting on research findings.

Instant messaging-IM enables library users to send messages instantly provided the internet connectivity is there. IM is available through browsers from most of the service providers (AOL, MSN, Google Talk, Google (Whatspp) Yahoo, Yahoo messengers Facebook etc). Libraries also adopt "chat reference" services, where patrons can synchronously communicate with librarians much as they would in a face-to-face reference context.

Flickr -This is an online image sharing application. It allows library users to upload, share and tag images by keywords. Photos of our library, staff and students, its presentations, classes, and events, can be stored quickly and efficiently. The library use this to advertise and promote its services by taking and uploading pictures.

Wikis-This is a collaborative websites like Wikipedia and others that allow registered library users from around the world to publish on it, edit and update online content. The lack of peer-review and editing of Wikis pose challenge to librarians.

Social networking-sites like Facebook, Linkedin, Hi5 and MySpace allow users to build and customize their own profile and communicate with friends. For examples, "Ask a Librarian". This augment library service delivery on the basis of:

- How to register and get your library information
    - How to use the library
    - How to find information on your research assignment and thesis writing
    - How to borrow books that we don't have through interlibrary loan services
    - How to get information from library databases
    - How to get lecture notes and past question papers placed on Reserve
    - Electronic databases section has free internet connection and space for using a personal laptop.
    - Provides you with a library guide that create the hyperlink to library guide.

RSS Feeds- (Really Simple Syndication). This is an XML-based format that allows the syndication of lists of hyperlinks. Library users republish content from other sites or blogs on their sites or blogs. This Web 2. 0 application is already having an impact on libraries as RSS feeds are now being created for users to subscribe to, including updates on new items in a collection, new services, and new content in subscription databases.

LibraryThing-LibraryThing is a social network site that is basically allocated for libraries and librarians to interact. It enables users to catalogue their books and view what other users share on those books. Brief descriptions, reviews and tags can be constructed. The information is then shared with others who have read the book. It also enables them to communicate asynchronously, blog, and "tag" their books.

● **Electronic databases:**

The Web has been likened to the world's largest library with the books piled in the middle of the floor. The search engines are programmes that follow the Web's hypertext links that index the material they discover, have improved the library organization set up. Very good examples of electronic databases are:

JSTOR: This is an archival database providing full-text access to book issues of scholarly journals in a variety of many disciplines dating back to 1800. JSTOR is a good digital library collection that has more than 2,000 academic journals and over 20, 000 books couples with two million primary source objects for researchers use.

SCIENCE DIRECT: This is a leading full text science database offering journal articles and book chapters from nearly 2,500 journals and more than 35,000 books.

PROQUEST E-book central, is a resource for e-books providing breadth and depth authoritative content with focus on Art, Business education. General Health & Medicine, History, Political Science etc.

EBSCOHOST is a powerful online reference system accessible via the internet. It offers a variety of property full text information and popular database from leading information providers.

SCOPUS-Elsevier Scopus the largest abstract and citation database of peer-reviewed literature. Search and access research from the science, technology and medicine.

- **Institutional repository**

An institutional repository is involves in the preservation and dissemination of digital copies of intellectual output of an institution offers to the members of its community for the management and dissemination of digital materials created by the institution for its community members. The content of an institutional repository which include the following: inaugural lectures, research articles, book chapter, theses, grey research, conference papers, audio, videos, unique collection, special collection. Other research journal articles, before pre-prints, after post-prints and those undergoing peer review, as well as digital versions of theses and dissertations, administrative documents, course notes, or learning objects. Institutional repository is to provide open access to institutional research output by self-archiving in an open access repository and to enhance global visibility and knowledge sharing internationally.

- **Library security**

Barcode: Library barcode is an access key to the library's resources Barcode labels are a series of continuous white spaces and black stripes of different widths which can be scanned and interpreted by a barcode scanner. The coding of barcode labels is done using different symbols that can be read and interpreted by designated software or a barcode scanner. Keeping track of inventory is one of the best ways to save on capital costs. Cost saving and precise data collection is some of the major benefits of using barcode labels. Barcodes can allow for the organisation of large amounts of data. They are also used to facilitate the separation and indexing of documents that have been imaged in batch scanning applications. They can also be used to keep track of objects and people.

Other methods adopted to secure library information resources include the use of Closed Circuit Television (CCTV), 3M, Radio Frequency Identification (FRID). Using these devices had reduced the menace of theft and mutilation of books which is a common phenomenon in most of the university libraries in developing countries.

6. Benefits of IT innovation on library service delivery

Knowledge sharing: A "network" is, essentially, an interconnected group of system. Libraries or information centres are interconnected or linked for the purpose of resource sharing. Kaul (2002) expressed the view that a library network bridge the digital divides and plays a major role in developing appropriate content, managing content for dissemination, improving access to resources, contributing to the growth of trained manpower and so on. For instance, a connection help find out any information concerning book in the Library of Congress in United States of America within a couple of minutes without leaving the confines of their library buildings. The fact remains that ICT has become indispensable to libraries in the provision of timely information to users and, in fact, to the progress of librarianship as a profession.

Service delivery: The application of information technology into library routines helps in providing efficient and quick library service delivery. It is easy to operate because it saves human labour, eliminates repetition of jobs, and processes many data that are involved in the operations of the library services, especially when budgets cut by many parents' institutions. Fluctuations in the exchange rate of currencies, and the rapidly growing cost of periodicals couple with information needs of users are increasing and diversified. Information technology has added value to all types of libraries in the following functions:

- Selection and acquisition operation in the library
- Registration of clientele
- Resources sharing activities in the library
- Online Public Access Catalogue (OPAC)
- Fast and dependable library services
- Selective dissemination of information resources
- Reference services and etc.

Librarians/users' benefits: These new technologies transformed the role of librarian and libraries. Library users also transferred their ways of information seeking behaviour and now require information in digitized form. The influence of web-based e-learning and teaching environment has made a significant impact on library and information services in academic libraries. This also provides new opportunities and challenges to library professional for their involvement in knowledge-based society together with electronic and multimedia publishing. Likewise, emerging challenges of acquiring and providing access to electronic knowledge resources require librarians to change from their traditional way of providing information and applying new skills by accepting the evolving technologies to manage and provide quality online information service to the knowledge society users.

7. Constraints inhibiting the application of IT in the library

The creation of digital libraries was meant to solve the problems encountered in the traditional paper-based libraries. Nevertheless, many challenges are being encountered in the process of establishing and use of the digital collections.

Policies related to management

Policies related to the management of library functions are not fully encouraged in most of the developing countries. An overview of these principles of maintaining the library collection, guide the selection, acquisition, maintenance and provision of access to information resources for library services were not forthcoming. Also, the provision of tools for evaluating and monitoring the resources acquired or accessed in order to ensure continuing relevance was in shortfalls. Library management must ensure that the selection and management of library resources meet the learning, teaching and research needs of their institutions.

Infrastructure-related issues

Infrastructure generally refers to the basic installations and facilities on which the continuance and growth of a community or institution depends. Social facilities like roads, railways, telecommunication networks, electricity supply system and water supply system are all described as an infrastructure that could sustain effective work activities. Infrastructural facilities have to support and enabling functions and are shared by a large community of users. Information infrastructure denotes socio-technical systems composed of hardware, software, information content, human experts and network standards that facilitate information creation and exchange. Each of these elements constitutes a critical component to managing information used, hence, there is a need for information infrastructure policy for library growth.

Quality assurance

Quality assurance is any methodical process of checking to see whether the outcome of a particular action or services is meeting specified requirements as it was intended. The library has different departments and there is a need for the department to be devoted to quality assurance. A good quality assurance system will increase patron confidence and the library credibility, to improve work processes and efficiency. Assuring quality in libraries has to do with a striking balance between what should be or what ought to be and what is on the ground in the libraries. The library should be committed to best practices in service provision and resource organisation while still ensuring financial and administrative accountability.

Skill acquisition

In the ICT era libraries and librarians have to produce more skilled manpower staff to generate information in the digital and physical form creating the threshold through which the patrons can access the information to get more and more knowledge. Users are very much well-known with the technological advances in the networking and on the web. National Knowledge Commission, India (2005), suggested skills required in this new technological trends as library and information handling skills, service orientation, ICT knowledge skills, communication and training skills, marketing and presentation skills and knowledge mapping skills. Therefore, librarians must equally stand up to their responsibility and develop skills in information technologies that will stand the new challenges.

Connectivity and inconsistency of networks

Contrary to the findings of many previous studies, the low level of use of internet could not be attributed to ignorance of the resources available on the internet, poor quality of information, or lack of quality control. But due to poor connectivity when facilities are reluctantly switched on, the rate of downloading information is normally slow and in most cases halt when information is being shared from afar network. This is attributed to institutional tardiness, problems of accessibility, navigational difficulties, and costs which is a common phenomenon in developing countries.

Training-related and system design issues

Lack of trained personnel in the libraries that have managed to tap into information technology resource. This fact has left the information technology services of the library performing little or low of its functions. Librarians who are not familiar with the use of ICTs are usually frustrated and anxious and exhibit avoidance behavior. It is therefore, imperative that all library staff be skilled in information technology and applies these skills in assisting users.

8. Conclusion

Conclusively, it has been established that what the clients need in the digital age are not only information or documents but processing of the information into "products" or "result". The rapid growth of information technology, particularly, the internet and associated technologies, has opened up an entirely new medium for providing improved information services and resources for the users. The future may require the librarians to reorient themselves, think creatively and adopt new technology skills to generate services and resources where their skills of structuring and organizing resources are put to its best use. The librarians should apply their intellectual capability and promote information services that will meet the clients' changing needs.

To cope up with the trends, LIS professionals have to move in the right direction by sustaining the vision of the traditional ways and to adapt to social and technological changes in the new world setting. The libraries are distinct from the internet cafes, librarians are the only suited professionals to guide scholars and citizens towards an appropriate evaluation of online resources to provide accurate information to the needy scholars. The amalgamation of new information technology has actually become the vehicle that transforms the library into a more vital and critical intellectual centre of life today whistle individuals must strictly adhere to it. The advanced information technology storage, processing and transferring at higher speed has changed the role of libraries in providing information services to the users.

Notes

[1] Aboyade, B. O. (1984). Making the library relevant in a non-literate society: the future of library and information

services in Nigeria. Nigerian Libraries, 20: 89 - 97.

[2] Chen, B and Bryer, T. (2012). Investigating instructional strategies for using social media in formal and informal learning, International Review of Research in Open and Distance Learning, 13(1):87 - 104.

[3] Chisenga, J. (2006). Information and communication technologies: Opportunities and challenges for national and university libraries in Eastern, Central and Southern Africa. In Standing Conference of African National and University Libraries of Eastern, Central and Southern Africa, Dar es Salaam, Tanzania, July 9 - 10,2006. Retrieved July 10,2016 from http://eprints. rclis. org/bitstream/10760/9579/1/Chisenga_SCANUL_2006. pdf.

[4] Ezeani, C. N. (2010) Network literacy skills of academic librarians for effective services delivery. The case of the University of Nigeria, Library System. Nsukka: Nnamdi Azikiwe Library U. N. N 56 - 66.

[5] Haldar, S N (2009). Multimodal Roles of library and information science professionals in present era. *International Journal of Library and Information Science*, 1(6); 92 - 99.

[6] Iwhiwhu, B. E. , & Okorodudu, P. O. (2012). Public library information resources, facilities, and services: User satisfaction with the Edo State Central Library, Benin-City, Nigeria.

[7] Kaul, S. (2002) Digital Divide. Are we experiencing the era of technological 'haves' and 'have nots'? NACLIN 2001 (pp. 345 - 358) New Delhi.

[8] Kim, Y. M. , and Abass, J. (2010). Adoption of library 2. 0 functionalities by Academic Libraries and users: A knowledge management perspective. Journal of Academic Librarianship, 36(3),211 - 218.

[9] Nwgeswara, K. , Rao, and Badu, K. H (2001). The role of librarian in internet and World Wide Ware Environment. *Information Science*, 4(1):25 - 34.

[10] Ramos, M. M. (2010). The role of librarians in the 21st century, Retrieved August 14,2016 from http://www. slideshare. net/plastric/the.

[11] Sadeh, A (2007) The Role of Contract Type in the Success of R&D Defense Projects under Increasing Uncertainty. Project Management Journal, 31(3):14 - 22.

[12] Sridhar, G. and Scridhar V. (2004): Service specific label switching in wireless networks. Sumbitted to Networks 2004.

[13] Stuart, J. K (2003) Image Ethics In The Digital Age, New York.

[14] Troll, D. A (2002): How and why libraries are changing: what we know and what we need to know. Libraries and the Academic, 2(1),97 - 121.

图书馆专业人员对 Web 2.0 应用的认识：伊斯兰堡地区大学图书馆案例研究

Abid Hussain
（巴基斯坦伊斯兰堡战略研究所）

摘要 本文的目的是为巴基斯坦伊斯兰堡地区，采用了 Web 2.0 技术的大学图书馆提供一项调查。利用谷歌表单设计了在线调查问卷，包括三个部分，调查的链接发送给伊斯兰堡 43 所公立和私立大学的参与者(图书馆专业人员)。通过电子邮件发送了大约 100 份问卷，其中 72 位参与者填写并返回了问卷。应用了统计测试来得出研究结论。这项研究表明，某些形式的 Web 2.0 技术已被伊斯兰堡的许多高校图书馆采用，几乎没有人不了解 Web 2.0。研究表明，那些熟悉这种现代技术的图书馆比其他传统图书馆能为他们的用户提供更多的教育。研究结果凸显了为各所高校图书馆服务所采用的 Web 2.0 技术的实力。

关键词 图书馆 2.0；Web 2.0；万维网；高校图书馆；伊斯兰堡

Awareness of Web 2.0 Applications among Library Professionals: A Case Study of University Libraries, Islamabad

Abid Hussain
(Institute Of Strategic Studies, Islamabad)

Abstract The purpose of this paper is to provide a reconnaissance of university libraries of Islamabad, Pakistan that have embraced the Web 2.0 technologies in their libraries. An online questionnaire was designed in google forms which consisted on 3 parts and the link of this survey was sent to the participants (Library Professionals) of 43 public and private sector universities of Islamabad. About 100 Questionnaires were sent via emails, of them 72, participants filled and returned the questionnaire. A Statistical tests were applied to find out the findings of this study. This study represents that some form of web 2.0 technologies have been adopted by many academic libraries in Islamabad, but, very few are unaware about web 2.0. The study reveals that those libraries who abreast themselves with this modern technology are educating their users more than other traditional library setup. The finding of this study highlighted the strength of Web 2.0 Technology being adopted at various universities for their library services.

Keywords Library 2.0; Web 2.0; World Wide Web; University libraries; Islamabad

1. Introduction

Before taking initiative on this paper first of all we will introduce Pakistan, where it is situated and what is the geographical location of this country in the world map. The great significance and its location in the world map, a land area 770,875 square kilometres and water area 25,220 square kilometres beautify this country as one of the most charming countries in the world. Plateaus, Hills, forests, deserts and profound blend of landscapes from the coastal areas of the Arabian sea in the south to mountains of the Karakoram range in the north is the most beautiful Geography of this country. As this paper is based on Academic universities and its affiliated libraries of Islamabad so a short introduction of Islamabad is also due to bring awareness among the foreigner professionals to know about this city in the globe. Islamabad is the capital of Pakistan and the second most beautiful capital of the world after London, it is located in the foot hills of the Margalla, a well-planned and modern city with God gifted natural scenery, the greenery is the biggest attraction for tourists visiting the city. The total area of Islamabad is 906 Sq. KM, which includes Urban and rural area. Islamabad implies city of Islam and truly quiet city, the current Literacy rate of Islamabad is 88%. ①

ARPANET (Advanced Research Projects Agency NETwork), is the pioneering authority of Internet which can be traced back by the experience of Defense Advanced Research Projects Agency (DARPANET). The internet was available at Governmental and educational Institutions Until 1992. In the History of networks and networking communication the internet was considered as paradigm shift (Ata-ur-Rehman 2011). In the beginning there was web 1. 0 application being used in various institutions. In the past the usage of web 1. 0 was a one way communication and HTML was used to provide the read only information to the visitors through connecting networks. But, later on the advent of Web 2. 0technology were introduced as a two way communication to connect the peoples and facilitate them the right information (Nicholas Joint 2009)

The DiNucci in her article "Fragmented future" used the web 2. 0 first time in 1999, but in current use the term which she used does not related directly (Kebede H. Wordofa, 2012) In brain storming session of a conference which was held in 2004, O'Reilly the founder of O' Reilly media highlighted this term. But in 2005 the term was re-introduced by O'Reilly in its current use. According to him there are seven underlying principles of Web 2. 0 as cited in his article What is Web 2. 0 (Kebede H. Wordofa 2012). The central idea of web was presented by O'Reilly, he described that through web the contents could be shared and produced for consumers to use it, further he elaborated that social bookmarker, RSS feeds, social networking and many other tools have been created for information sharing and communication on the basis of interoperability, Michael Casey who used the concept of library 2. 0 in autumn 2005.

2. Problem Statement and Purpose of the Study

In the exploration and usage of these kind of technologies in the library setup of Pakistan, there is wide gap in the literature. The emerging use of Web 2. 0 application in the whole world brought revolutions in the field of library and information sciences. The Information professionals in Pakistan use these kind of technologies partially or as a whole, keeping in mind the usage and applications of web 2. 0 technology in the academic libraries at university level in Islamabad , this paper will be first in nature, which will provide basic information on Web 2. 0 application and similar technologies being implemented in the library services at university level.

3. Methodology

The study is based on a survey questionnaire. Top five subject experts on this issue were chosen to test the pilot survey carefully before sending it to the participants, the expert recommended some nominal changes in few phrases. The google forms were used as a tool for questionnaire and the link of the forms were sent to the 100 participants (Library Professionals) of 43 public and private sector universities of Islamabad. The email addresses were taken from HEC Digital library pages , websites and Library pages of different universities. A Staff directory on each library page with staff email made this research more easy to contacting them directly. In reverse of 100 Questionnaires only 72 had filled the questionnaire successfully and were sent back via emails, a statistical tests were applied to find out the findings of this study.

4. Literature Review

Numerous studies on the utilization of web 2. 0 technology have been conducted by different professional

---

① http://insentonews. com/top-10-most-beautiful-capitals-in-the-world-2018/

institutions, organizations and individual researchers for example Berners-Lee, T. et al, (1999) in his article mentioned that the WWW was used as a tool for gathering knowledge of human through interaction and collaboration. The Library Marketing Toolkit written by Ned Potter, has explained in this book that there are only really a handful of libraries you can point to and say "yep, their marketing is good enough" (E. Massis, 2014). The term Web 2.0 was coined in 1999 by Darcy DiNucci in her article. Its rise and popularity began in 2004, when O'Reilly Media and Media Live organized the first Web 2.0 conference. (Md. Milan Khan, 2014) The concept of Web 2.0 was crystallized from the process of measuring the reasons for success of some Internet companies in comparison with their competitors (O'Reilly, 2005). Technological advancement has introduced extraordinary changes in every occupation as well as librarianship. A library must create new thoughts and should react to development within community in order to feed academic development. (Haroon Idrees, 2016). There are lots of library and information resources and products that can be marketed to library's clients. Adewale, Omolola, & Ladipo Sunday, (2012) dilated upon that libraries must market their services like SDI, CAS, document delivery services, abstracting and indexing services, photocopying, services, record management and rental services. Web is making progress in the library services , in which the web 2.0 will achieve this goal in short span of time. Md. Milan Khan, (2014) defined in his article that most of the analyst in library field considering web 2.0 as a tool for social interaction and content creation. Web 2.0 tools facilitate sharing, networking and disseminating information among users and other professional groups. Library websites of universities are virtual presentation of the university libraries to the world and are considered as a window for providing its services to the users electronically even outside the library walls. They are library's virtual public face—the quasi equivalent of the front door, signage, pathfinders, collections or surrogates to the collections, services, and to an extent, its people (Pathak, Pal and Rai, 2008). Library services are reshaping round the clock and paradigm shift from manual to virtual space. Users to Users (U2U) service sharing information, ideas, views, comments, blogging, tagging frequently updating of information on web domain and instant replies of users query is big challenge task for the information experts and librarian. Information handling is become testing task due to opening of multiple channels of information. Dynamic role of information via web 2.0 create an unlimited responsibility to information provider, facilitator and users. (Muhammad Yousuf Ali, 2014). In short we may say that Web 2.0 is building library services more creative, it will surely perk up the quality o reveals that each library was using some form of Web 2.0 technology f library services in terms user community needs. In future it will increase the user's participation in various online library utilities such as cataloguing, classification, reference services, current awareness services, collection development process, information delivery, reveals that each library was using some form of Web 2.0 technology, such as user orientation programme, news and library events, information retrieval, etc. Participation in various function and services of the library , the authority will extend its services to the larger section of the community to avail these services. University libraries have already adopted and implemented the Web 2.0 tools, especially in the developed countries, but the third world nations like Pakistan are still far behind in adopting and implementing the Web 2.0 tools mostly because of their restricted and tight budget. Many authors have highlighted the problems and hurdles confronted to library professionals in implementation or adoption of web 2.0 tools in developing countries such as lack of knowledge how to use these tools in libraries unavailability of computers, lack of computer and internet facility in libraries of Pakistan lack of awareness of social media use, lack of trained staff, lack of government interest and involvement, copy right issues and bandwidth problems in Nigerian libraries lack of motivation, computer expertise, facilities and personality characteristics were found in the librarians regarding the use of web 2.0 tools. (Arif & Mahmood, 2012; Ezeani & Igwesi, 2012; Abidin, Kiran, & Abrizah, 2013).

5. Study Objectives

This study was conducted keeping in mind the following major objectives:

1. To know the extent of the librarian's familiarity with web 2.0 technologies.
2. To investigate which web 2.0 tools are most commonly used by the faculty.
3. To know the purpose of using web 2.0 technologies.
4. To find out the problems being faced by the professionals in using web 2.0 technologies.
5. To put forward recommendations for the effective utilization of web 2.0 technologies.

6. Results and discussion

The data analysis of 43 libraries reveals that each academic library in Islamabad is using some form of Web 2.0 Technology, but the most adopted technology was Social Networking sites, like Facebook, LinkedIn, RSS, Wikis, Twitter, Blogs and Instant messaging. As these kind of technologies are using by many academic libraries but still there is need some awareness regarding other technologies being hugged by the libraries in developed countries.

Table 1 shows that the out of 72 respondents the ratio of male is 52(72.2%) Whereas the ratio of Female is 20(27.8%).

Table 1 Gender-wise distribution of the participants

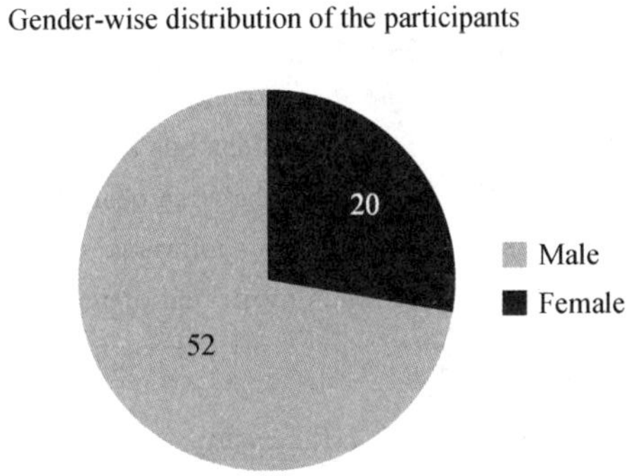

Table 2 represents the level of education of the participants about 47(65.77%) is holding master degree 32(32.4%) holding MS/M. Phil Degree however only 2(2.8%) holding Ph. D Degree in Library and Information Sciences.

Table 2 Frequency of Qualifications of Respondents

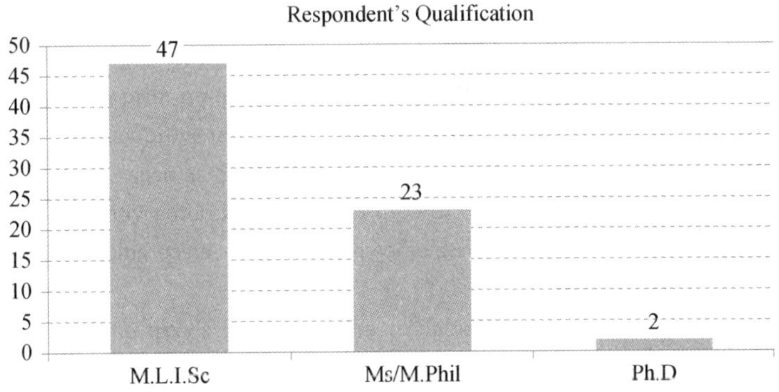

Table 3 shows that participants from public sector universities were 52(72.22%) whereas the number of private sector universities were 20(27.77%).

Table 3　Frequency of Participants from Public/Private Sector Universities

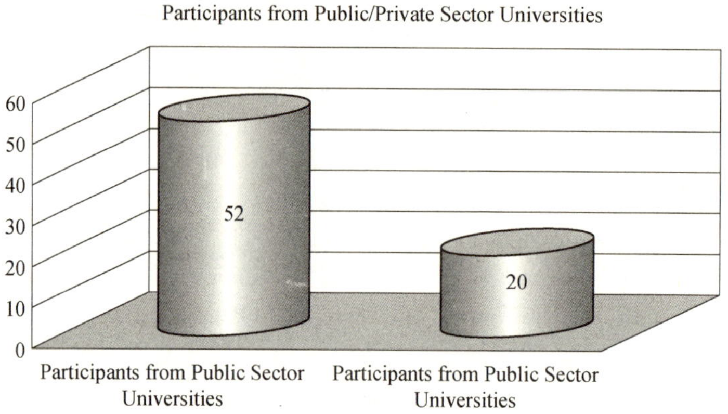

Table 4 represents the awareness about web 2. 0 technologies in the libraries of the capital about 65 (90. 27%) are aware about this technology where as 7(9. 72%) are not well aware about Web 2. 0 technology in their academic libraries.

Table 4　Frequency of Familiarity with Web 2. 0 Technologies

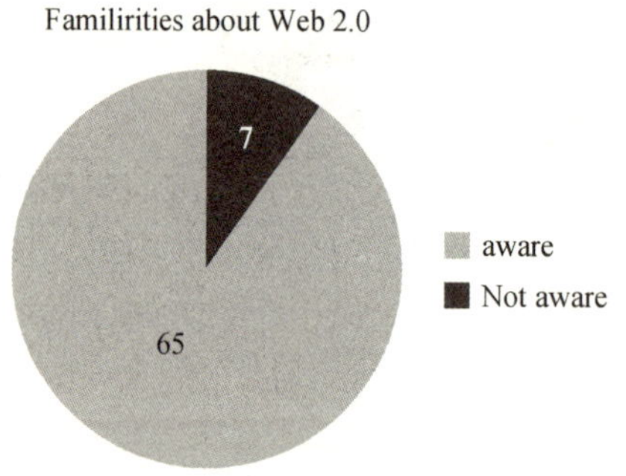

Table 5 represents the various technologies adopted by the librarians in their universities libraries. The highest usage in the academic libraries are Social Networking which are (Facebook, Linkedin etc. , 52 (72. 22% using these technologies, whereas, the lowest usable technology is virtual environment which is used by only 14(19. 44%) in their libraries.

Table 5　Frequency of Web 2. 0 Technologies Implemented in Various Libraries

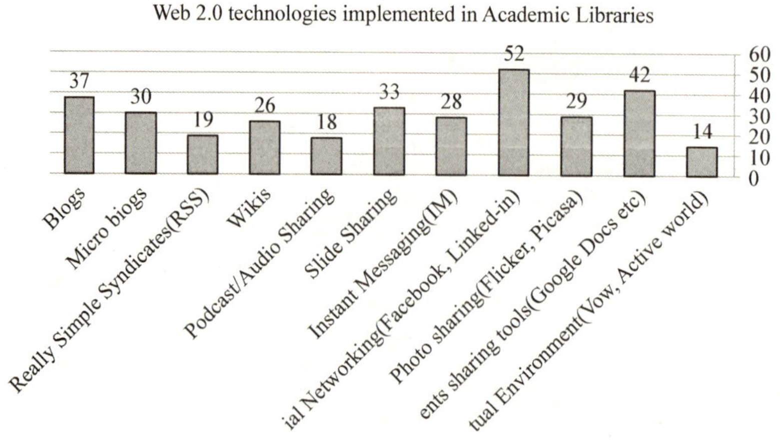

Table 6 shows the frequency about training regarding web 2. 0 Technology only 29(40. 27%) agreed that training has been provided by our universities where as 42(58. 33%) respondents had their views, that there is no training opportunities in our universities on web 2. 0 Technology.

Table 6 Frequency about Training on Web 2. 0 Technology

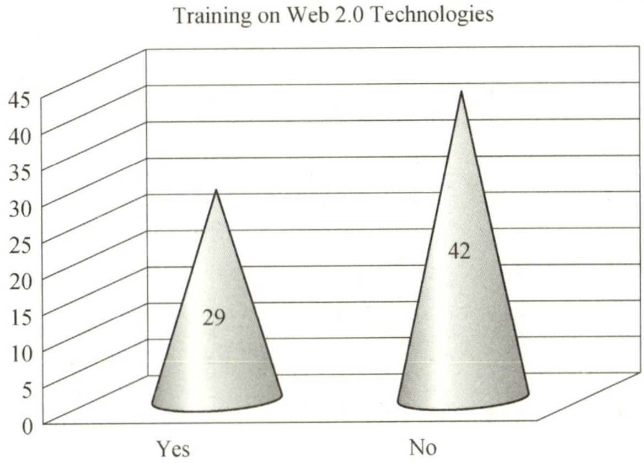

Table 7 shows the importance of web 2. 0 in university libraries. 41(56. 94%) said that the web 2. 0 technology is very important where as 31(43. 05%) said that it is important. There were no answer regarding not important, the result shows that many librarians are interested to adopt this technology however, very few are of them are showing less interest to hug this technology in their libraries.

Table 7 Frequency about Importance of Web 2. 0 Technology

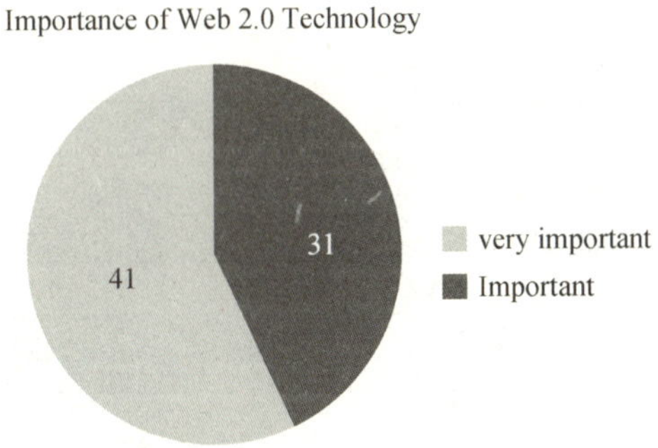

Table 8 shows the perceptions of librarians about web 2. 0 technology. About effective market ing services regarding libraries 62(86. 11%) were agree while 10(13. 88%) shows disagreement. Regarding interaction between staff and users 66(91. 66%) were agree whereas, only 6(8. 33%) were not agree with this statement. Enhancing library image among users 66(91. 66%) were of the opinions that it is a tool of image building only 6(8. 33%) were disagree about this statement. For sharing and announcement of library news 63(87. 5%) show agreement while 9(12. 5%) shows disagreement. Coming to exchanging of opinion 68 (94. 44%) were agree while 4(5. 55%) were disagree to this statement. For keeping yourself up-to-date 70 (97. 22%) were of view that its up-to-date the users while 2(2. 77%) were not agree with this statement. It is a source of Current Awareness Services *SDI 68(94. 44%) were agree to this statements while 3(4. 16%) were not agree about this view. Regarding high class* hardware/software 64(88. 88%) said yes we are agree but, 18(25%) were disagree with this statement.

Table 8　Frequency about Advantages/Disadvantages of Web 2. 0

S. No	Statements	Strongly Agree	Agree	Agree to some Extent	Disagree	Strongly Disagree
1.	Effectively market library services/resources	23	32	7	3	7
2.	Increase interaction between staff and users	22	30	14	3	3
3.	Enhance library image among users	15	40	11	4	2
4.	Effectively shares library news/Events/Announcements	24	28	11	3	6
5.	Exchanging of opinion	17	34	17	2	2
6.	Keeping yourself up-to-date	19	35	16	1	1
7.	Current Awareness Services/SDI	17	39	12	—	3
8.	Required high class hardware/software	13	27	14	13	5

Table 9 shows the overall language of this questionnaire. 69(95. 83%) said that Questionnaire was easy to understand while *3(4. 16%) said that questionnaire was confusing , so it shows that large number of population involved in this research were understanding the language of this questionnaire only few were not convinced by the language being used in this questionnaire.*

Table 9　Frequency about the language of Questionnaire

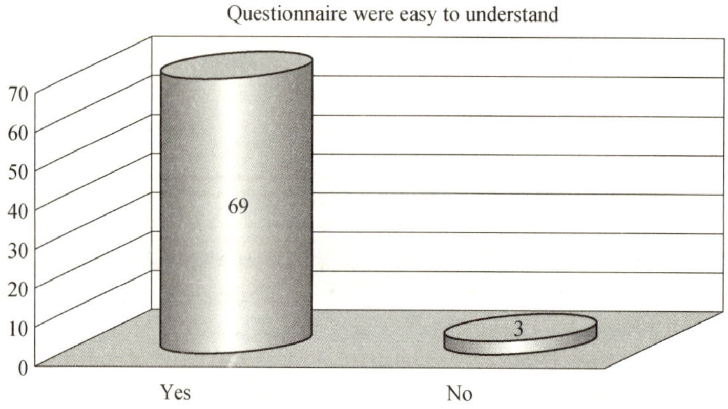

7. Major Findings and Conclusion

The study has the following major findings:

① The librarians at university level has a high familiarity with main web 2. 0 tools such as You tube, Facebook, blogs, Twitter, LinkedIn and Wikis.

② Facebook was used most followed by Wikis, Twitter, LinkedIn and Blogger.

③ Library Thing, RSS, My Space, and Delicious were the least used tools. Their least usage by librarians is due to the fact that they are not much aware about them.

④ Library professionals utilized Web 2. 0 Technologies mainly for communication, teaching, entertainment and Research.

Though the study has some limitations as convenience sampling technique was used and that the study was limited to the universities at Islamabad, but even then the data collected gave some valuable insight into the familiarity of faculty with web 2. 0 technologies. The general opinion expressed by the respondents towards using web 2. 0 technologies was positive.

The data reveals that the library professional have high awareness and interest in a range of Social Media/ Web 2.0 tools. Further research is required to know the current use of web 2.0 tools as well as the barriers to its implementation by librarians to provide data related to accelerating the application and reducing the barriers in the academic use of web 2.0 tools. To sum up, the conclusions of the study it can be said that the use of this new technology among librarians are encouraging and reflect high level of acceptability and recognition. Keeping in view the conclusions of the study, the following is recommended:

- The Librarians at university level much take interest in order to facilitate members by using such technologies.
- The library associations should organized training session for the librarians working in various universities in order to implement web 2.0 technologies in their libraries.
- The higher authority should encourage the library professionals to implement these technologies in their libraries.
- The IT Center at university level can also play its role by facilitating the library staff to use these technologies in their Libraries. In addition the IT Center can also arrange such type of classes/program to create awareness and develop skills among the professionals about the usefulness and effective use of Web 2.0 in academic activities.
- Youtube, Google, and similar technology's tutorial may be used for learning in order to implement such technologies in their university libraries.

8. Conclusion

In traditional libraries setup peoples often used to visit the library to collect information relevant to their fields but, after the implementation of web 2.0 technology in the academic libraries, the services have been transformed into places which can be accessed from the remote area. Connecting the common individuals as consumers to the library services Web 2.0 play a commendable role to connect them and aware them, that what the library has to offer. Web 2.0 is a bridge between the library and consumers which can bring more changes in the relationship between users and libraries by involving them both in library activities. As per concluding remarks to this paper reveals, that the participants of all academic libraries in Islamabad are using some parts of the web 2.0 technology, but, there was difference in their adoption. Some popular tools of Web 2.0 like Facebook, Twitter, LinkedIn, Blogs, RSS and wikis have been adopted by most of the academic libraries. Many Librarians showed more interests and agreement with the positive aspects of this technology. The transformation of libraries into active knowledge hubs, these tools must be used in the academic libraries because, by adopting this technology the library professionals may find the techno-savvy users through an innovative manner and one can offer the traditional services through web 2.0 technology, thus, this technology may bring more potentiality in the library services to build a positive image among library users.

Notes

[1] *Rehman, Ata ur and Shafique, Farzana. (2011). Use of Web 2.0 and Its Implications for Libraries: Perceptions of Information Professionals in Pakistan" Library Philosophy and Practice (e-journal). 623.*

[2] *Joint, N. (2009). The web 2.0 challenge to libraries. Library Review, 58(3), 167-175.*

[3] *DiNucci, D. (1999). Fragmented future. Print, 53(4), 32-33.*

[4] *Wordofa, K.H. (2014). Adoption of Web 2.0 in academic libraries of top African universities. The Electronic Library, 32(2), 262-277.*

[5] *Michael E. Casey and Laura C. Savastinuk. (2007). Library 2.0: A Guide to Participatory Library Service. Medford, NJ: Information Today, Inc.*

[6] *Berners-Lee, T., Hendler, J., & Lassila, O. (2001). The Semantic Web. Scientific American, 284(5), 34-43.*

[7] *Ned*, *Potter*. (*2012*). *The Library Marketing Toolkit*, *218*.

[8] *Massis*, *B*. *E*. (*2014*). *Library marketing*: *moving between traditional and digital strategies*. New Library World, 115(7/8),405 - 408.

[9] *Khan*, *M*. , & *Sarkhel*, *J*. *K*. (*2015*). *Web 2. 0 Technologies*: *Building the New Web-Based Libraries*.

[10] *O'reilly*, *T*. (*2005*). *What is web 2. 0*.

[11] *Ur Rahman*, *A*. , *Idrees*, *H*. , & *khan*, *A*. (*2016*). *Prerequisite and awareness status of Web 2. 0 applications in University Libraries of Khyber Pakhtunkhwa*. *Library Hi Tech News*, *33*(*8*),*5* - *7*.

[12] *Adewale*, *O*. *A*. , & *Omolola*, *I*. *A*. (*2012*). *Utilization of library and information and communication technology tools in medical research*. *International Journal of Science and Technology Education Research*, *3*(*1*), *1* - *6*.

[13] *Pathak*, *S*. *K*. , & *Pal*, *M*. (*2008*). *Proper Content Management to the Library Web Site*: *Evaluation of all IIT's Library Websites*.

[14] *Ali*, *M*. *Y*. (*2014*). *Web 2. 0 usage in university libraries in Karachi*. *Academic Research International*, *5* (*5*),*197*.

[15] *Arif*, *M*. , & *Mahmood*, *K*. (*2012*). *The changing role of librarians in the digital world*: *adoption of Web 2. 0 technologies by Pakistani librarians*. *The Electronic Library*, *30*(*4*),*469* - *479*.

[16] *Ezeani*, *C*. *N*. , & *Igwesi*, *U*. (*2012*). *Using social media for dynamic library service delivery*: *The Nigeria experience*.

[17] *Abidin*, *M*. *I*. , *Kiran*, *K*. , & *Abrizah*, *A*. (*2013*). *Adoption of Public Library 2. 0*: *Librarians' and teens' perspective*. *Malaysian Journal of Library & Information Science*, *18*(*3*),*75* - *90*.

联系社区　与时并进——看新加坡图书馆在推动全民终身学习方面的最新实践

高小行

（新加坡国家图书馆）

摘要　本文从四个方面对新加坡的图书馆最近一年来的新服务和新空间进行了分享，包括最新推出的“放眼亚洲”资源中心、“一个图书馆员的馆藏世界”“2018 研究学者联谊活动”以及公共图书馆不拘一格的新空间新体验。

关键词　新加坡图书馆创新服务；联系社区；新空间

Keep up with Times by Engaging the Community — Latest Developments in Singapore Libraries

Vicky Gao Xiaohang

(National Library of Singapore)

Abstract　This article introduces new services and spaces of Singapore Libraries from four different aspects. This includes a new resource centre named “Eye on Asia”, a librarian-centric programme “A Librarian's World”, an inaugural researchers'networking session and new libraries' spaces for the next generation Public Libraries.

Keywords　Singapore Library; Innovative services; New community spaces

1. 国家图书馆：联系社区、连接知识

1.1　“放眼亚洲”资源中心(Eye on Asia)

国家图书馆管理局(NLB)作为信赖的知识和信息提供者，联合新加坡商业中心，IE 新加坡(即将更名为新加坡企业)和新加坡管理大学国际贸易学院建立了合作关系，于 2018 年 2 月推出“放眼亚洲”资源中心

图 1　“Eye on Asia”资源中心(新加坡国家图书馆版权所有，2018)

(Eye on Asia)，在年轻的新加坡人(18 岁至 35 岁)中灌输全球思维，提供包括书籍、数码资源和网络平台资源以帮助新加坡人提高对东盟国家、中国和印度等新兴亚洲经济体发展的认识，帮助新加坡人获取这些国家的当代发展情况新的技能、知识和工作机会以顺应亚洲不断增长的机会。这样一个平台，也汇集那些在亚洲国家工作过的人士的实践经验。

1.2 *“一个图书馆员的馆藏世界”*(A Librarian's World)

知识在当前的信息环境和信息经济中发挥着重要的作用。如何将学科知识融入社区，传递予读者，学科馆员肩负着重要的责任。为此，自 2017 年，国家图书馆推出每月一期的专业馆员面对读者系列讲座“A Librarian's World”，让馆员开办专题讲座，拉近读者和馆藏的距离。2018 年 3 月，资深馆员 Mazelan ANUAR 通过“一个图书馆馆员的馆藏世界”，介绍国家图书馆报纸收藏和服务。

图 2　一个图书馆馆员的馆藏世界(新加坡国家图书馆版权所有，2018)

1.3 *研究学者联谊活动*(Researchers' Networking Session 2018)

新加坡国家图书馆每年举办与专业研究人员互动的社交联谊活动，鼓励图书馆馆员和研究学者交流，扩展专业社交圈子，听取他们反馈和增进彼此的相互了解，共同探讨新机遇。国家图书馆已从单纯的存放书籍的地方，变成一个和读者、专业研究人员交流和互动的场所。2018 年 2 月，新加坡国家图书馆举办“研究学者联谊活动”。

图 3　研究学者联谊活动(新加坡国家图书馆版权所有，2018)

1.4 展览

国家图书馆定期举办展览,将珍贵的馆藏文献呈现出来,让国家的历史近距离地走进读者,让读者更容易地了解图书馆的善本馆藏和闭架馆藏。2017 年 8 月,新加坡国家图书馆举办"马来世界的故事:手稿和早期书籍",展示传统的马来文学——从手写手稿到早期的平版印刷书籍。展览也包括首次从英国和荷兰图书馆和高等学府借来的珍贵手稿。帮助人们了解马来世界丰富的文化历史以及新加坡在其中所扮演的作用。

图 4 马来世界的故事,手稿和早期书籍(新加坡国家图书馆版权所有,2017)

2. 公共图书馆的新空间、新体验

新加坡在城市社区规划建设中,除了考虑社区居住人口、年龄结构和种族的多样性外,社区的公共设施配套也需要全面规划。新的趋势是将图书馆、邻里学校、商店、诊疗所、民众联络所、体育场馆和公共汽车转换站等集文化、娱乐、便民与商业服务为一体的公共空间和公共服务建在同一屋檐下,将社区服务科学规划,缩短服务设施与社区居民的距离,通过共享设施来满足居民多层次的需求。

为了鼓励终身学习,迎接未来的挑战,新加坡国家图书馆管理局现阶段着手于公共图书馆的转型,加强空间再造,让各个年龄层次的社区居民都可以找到适合他们的学习空间。希望这些新的图书馆空间和计划,能够激励国人共同走上在社区中终身学习之旅。

2.1 淡滨尼区域图书馆

2.1.1 淡滨尼区域图书馆设立 PIXEL 创客实验室

自 2017 年 8 月搬到淡滨尼天地(Our Tampines Hub)。新的图书馆面积除了会比旧址扩大近一倍,也为不同年龄层的读者设立专属阅读区域。科技能创造无限可能,新加坡正致力于发展成为"智慧国",图书馆内也设有让公众尝试各种新科技的 PIXEL 创客实验室,这是图管局与资讯通信媒体发展局(Infocommunications Media Development Authority,简称 IMDA)合作推出的 PIXEL 创客实验室,访客可在实验室里学习使用三维打印机,实现创意梦想和构思。

2.1.2 打造亲家庭的学习环境,鼓励父母亲或长辈与儿孙们一起阅读

全球许多国家正共同面临着人口老化的问题,家庭结构的改变以及代间隔阂的扩大。新加坡国家图书馆管理局重视这个社会发展趋势,鼓励家长和孩子双向学习,透过代间的互动,让老少成员都有所收获与成长。

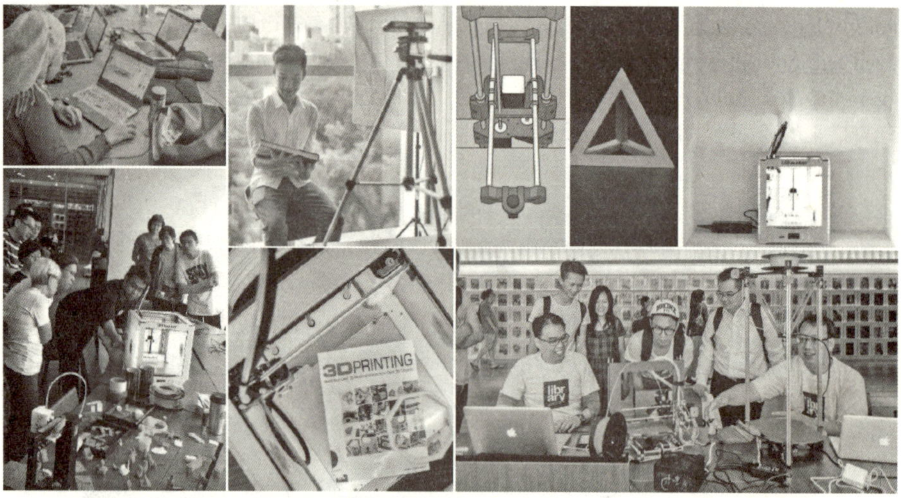

图 5　创客学习坊(新加坡国家图书馆管理局版权所有,2017)

2.1.3　打造儿童馆藏区成为儿童流连忘返的乐园

图书馆的儿童阅读区是让孩子们爱上阅读的启蒙地。图书馆对儿童来说绝不只是单纯看书、借书的地

图 6　亲子儿童阅读空间(新加坡国家图书馆管理局版权所有,2017)

图 7　儿童阅读区(新加坡国家图书馆管理局版权所有,2017)

方,而是让孩子流连忘返的乐园。在这样的氛围里,让孩子养成爱读书的好习惯。儿童图书阅读区内宽敞明亮,布置与陈设处处照顾了孩子的感受和需求,一排排专门为儿童设计的书架上摆满了封面朝向儿童的图画书,方便幼儿自己选书。鲜艳的设计让孩子们一进入这个世界就感觉愉快。每到周末,社区图书馆的人总是很多,特别是带孩子的家庭,图书馆对孩子的吸引程度由此可见一斑。

2.1.4 新一代的图书馆增加互动休闲阅读区,方便读者和家人,朋友之间的互动和讨论。运动和保健图书阅读区设置面向淡滨尼天地体育场,读者可一边骑定点脚踏车,一边阅读或使用电脑,鼓励图书馆读者保持健康的生活方式。

图 8 图书馆楼层之间的楼梯上设置休闲座位(新加坡国家图书馆管理局版权所有,2017)

图 9 家人和朋友在一起阅读(新加坡国家图书馆管理局版权所有,2017)

图 10 运动和保健图书阅读区(新加坡国家图书馆管理局版权所有,2017)

2.2 武吉班让社区图书馆

2.2.1 首个创意故事体验室(Stories Come Alive Room)

国家图书馆管理局与南洋理工学院合作,打造本地图书馆首个创意故事体验室(Stories Come Alive Room),通过创新科技,将儿童故事搬上大屏幕,为4岁至12岁的孩童提供"3D说故事"的体验。这样,孩童可通过听觉、灯光、互动式和视觉投影效果体验故事。

图11 "3D说故事"(图片:新加坡国家图书馆管理局版权所有,2018)

2.2.2 自动分类书籍机器"曝光"

早在1998年,新加坡国家图书馆管理局就成为世界上第一家将RFID无线射频识别技术用在图书管理

图12 透明自助还书系统(新加坡国家图书馆管理局版权所有,2017)

上的机构。下图显示的是 2017 年 7 月 1 日刚刚翻新过的武吉班让社区图书馆，翻新后的图书馆将无线射频识别技术的自助还书系统设计成透明的，使得机器自动分类书籍的过程，一览无遗地呈现在公众面前，让普通民众了解科技为他们的平常生活带来了很多方便，提高民众对科技的认识。

3. 结束语

今天人们来到图书馆，不仅仅是为了读书和查资料，他们也出席讲座、参观展览和参加学习坊。充满书香和活力的新加坡图书馆正加速转型，来实现文化的传承与弘扬，使图书馆成为人们聚集、互动、创新、讨论以及具有凝聚力社群的场所。

全球本地化与区块链：图书馆在网络化世界中最新的非中心化理念与方法

程　洪

（美国洛杉矶加州大学）

摘要　全球本地化和区块链是当代企业经营的新理念。全球本地化是使国际化产品适应当地文化的特点，并在这个过程中使地方市场融入世界市场。区块链特指向数字化资产提供支持的技术，以开放的分布式账本有效地记录双方之间的交易，并以可验证和永久的方式进行记录。全球本地化和区块链的出现预示着网络化世界的有争议的非中心化倾向，而图书馆正是这个网络化世界的能动部分。

全球本地化体现了网络化世界中的地方价值，其影响力延伸到了市场营销以外的领域，诸如政治运动、文化传播，以至图书馆和信息服务领域。全球本地化激励图书馆在全球化的信息网络中展示自身的文化和特征，以对知识资源的垄断做出反应。

区块链是一个不断增长的记录表，通过加密技术链接和保护。每个块通常包含一个加密哈希指针作为与前一个块的链接，实行对等传输并带有不可逆转的时间戳和交易数据。区块链本身设有抵御数据修改的能力，区块链通常由对等网络进行管理，集体遵循着验证新块的协议。当区块链的理念运用到图书馆领域，基于对等网络的资源中心必然对现有的中心化信息结构发生挑战。

随着全球本地化和区块链的新理念进入图书馆领域，其影响力是革命性的。这里的关键词是非中心化。虽然信息高速公路的原始信念是非中心化，但数十年来信息网络事实上日趋中心化，在此过程中越来越多的知识资源被少数信息巨头所控制。全球本地化和区块链的兴起为信息服务提供了替代性的理念和途径，也给苦斗中的图书馆带来了希望。

键词　全球本地化；区块链；非中心化；网络化图书馆；实体；节点

Globalization and Blockchain: Library's Newest Concept and Approach of Decentralization in a Networked World

Hong Cheng

(UCLA Library)

Abstracts　Globalization and blockchain are new concepts from the contemporary business. Globalization is the adaptation of international products around the particularities of a local culture, in which the process allows integration of local markets into world markets. Blockchain is especially from the technology powering the digital assets, and is an open, distributed ledger that can record transactions between two parties efficiently and in a verifiable and permanent way. The emergence of glocalization and blockchain predicts the controversial tendency of decentralization of the networked world, of which library is an active part.

Globalization represents local value in the networked world, and has extended to the areas beyond marketing, such as political campaigns, cultural communication, and eventually to the library and information service field. Globalization encourages libraries to demonstrate their own cultures and characters in the globalized information network, as a reaction to the monopoly of learning resources.

A blockchain, originally block chain, is a continuously growing list of records, called blocks, which are linked and secured using cryptography. Each block typically contains a cryptographic hash pointer as a link to a previous block through peer-to-peer transmission with irreversible timestamps and transaction data. By design, blockchains are inherently resistant to modification of the data. A blockchain is typically managed by a network collectively adhering to a protocol for validating new blocks. As the concept of blockchain applies to the library field, peer-to-peer based resource centers are certainly challenging the existing centralized information structure.

As the new concepts of glocalization and blockchain come to the library and information service field, the influence is revolutionary. The keyword here is decentralization. Although the original concept of the information super-highway is decentralization, the information network in fact experiences decades of centralization, in which more and more learning resources are controlled by few information giants. The rise of glocalization and blockchain provides an alternative concept and approach in information service, giving a hopeful future to the libraries in struggle.

Keywords Globalization; Blockchain; Decentralization; Networked library; Entity; Node

Globalization and blockchain are new concepts from the contemporary business. Globalization is the adaptation of international products around the particularities of a local culture, in which the process allows integration of local markets into world markets. Blockchain is especially from the technology powering the digital assets, and is an open, distributed ledger that can record transactions between two parties efficiently and in a verifiable and permanent way. The emergence of glocalization and blockchain predicts the controversial tendency of decentralization of the networked world, of which library is an active part.

1 Globalization: Cultural Identity of a Networked Library

Globalization describes the adaptation of international products around the particularities of a local culture in which they are sold. The process allows integration of local markets into world markets, and extends to areas beyond political campaigns and cultural communication. It is a cross-disciplinary — better, transdisciplinary — concept. The major disciplinary initiators of the use of glocalization as a concept were geographers, sociologists, and anthropologists. ① Globalization is a combination of the words "globalization" and "localization," which is originally used to describe a product or service that is developed and distributed globally, but is also fashioned to accommodate the user or consumer in a local market. Nowadays, glocalization has extended to the areas beyond marketing, such as political campaigns and cultural communication, and eventually to the library field. ② Globalization describes the adaptation of international products around the particularities of a local culture, and extends to areas beyond political campaigns and cultural communication.

For decades, many of us have expected, or predicted, that globalization would bring more and more similar or even same resources to all the libraries. As the Internet develops, all the libraries could easily access the same resources anytime and anywhere. However, it turns out the reality that globalization or the trend of growing worldwide interconnectedness has been accompanied by several clashing notions of cultural difference. ③ The awareness of the world "becoming smaller" and cultural differences receding coincides with a growing sensitivity to cultural differences; on the other hand, cultural differences counter-influence the globalization strongly, which forms a notion of glocalization. Just as Lene Hansen recognized, "The formation and development of international society was intertwined with the formation of like units, more

---

① Roland Robertson, "Europeanization as Globalization," *European Globalization in Global Context*, ed. Roland Robertson (Hampshire: Palgrave MacMillan, 2014), Page 16.

② Hong Cheng, "Globalization and Other Challenges to Cataloging Chinese Continuing Resources," in Cataloging and Classification Quarterly. Philadelphia, PA: Taylor & Francis Group, 2018: Volume 56, Issue 2 - 3, Page 146.

③ Jan Nederveen Pieterse, *Globalization and Culture: global meélange* (Lanham: Rowman & Littlefield, 2009), Page 43.

specifically states, and an acceptance by these states of 'international norms based upon equality and reciprocity'. At least in some cases, to enter international society required 'cultural change within the countries concerned'."① Thus, we can understand glocalization is indeed the globalization shaped by a variety of cultures.

Then, we come to the specific area this paper is discussing. In the publishing field, many library resources are effectively shaped by glocalization, regionally focused with a global vision. With the decline of traditional monographs and periodicals, new types of library resources emerge and grow significantly, such as local based publications, targeted publications with multiple versions, open end monographic series and irregular journals, social media, etc. Noticeably, some library resources are published with different versions, targeting at different geographic regions with different types of audiences.

Local based publications, especially those at local levels, such as at the state, province, county, city, district, town, township, or even village levels, became favorites to many publishers. In addition to nationwide yearbooks covering various fields and disciplines, many yearbooks are focused at regional and local levels. For example, in Zhejiang Province of China, which is considered as a small province in area, there are nine provincial yearbooks such as general, statistical, financial, administrative, cultural, and social security yearbooks. Under the province, 11 cities publish tens of regional and local yearbooks. Besides, there are even more annual or biennial publications published in the forms of annual reports or color cover books at the regional and local levels.

Local based publications do not limited to the geographic local, but also extend to the industry or profession based Publications, such as corporate, association or community journals and newsletters. Such resources becomes more popular with the process of glocalization, representing a tendency of local interest of some global organizations. Even with the Chinese language publications, this type of publications exists not just within China, Taiwan and Hong Kong, but also in other parts of the world. For example, *Tian lu lun cong* is an academic journal of the Society of Chinese Studies Librarians in North America, even though it has been published by Guangxi Normal University Press in China since 2009. This Chinese language annual publication is based on the research of the Chinese studies librarians in North America, but it is targeting at the academic audiences in China.

Targeted publications with multiple versions reflects more of the basic characteristics of glocalization, targeting at specific local audiences with the general purpose of globalization. Major Chinese newspapers, such as *Ren min ri bao = People's Daily* in China, often have an overseas version for the international readers. Taiwan-based major newspaper, *Lian he bao*, has multiple international versions of *Shi jie ri bao* (*World Journal*). In the United States alone, there are up to ten versions of the same newspaper. Each of them targets specific local readers. Such a phenomenon is typical under the influence of glocalization.

Targeted publications are not limited to traditional printed publications, but even extend more to online or electronic publications. Online resources are so common nowadays, and we can see such format in all the major language materials. With glocalization, we saw some new instances. The Confucius Family Genealogy was the most famous genealogy in China, with a history of over two thousand years. In 2009, a new version of the genealogy was compiled in 80 volumes, a significant expansion from the previous 3-volume version compiled in the Republican period. Even though the content was expanded so much, it is still considered to be a monographic set, just as all the previous versions. In the early 2010s, the compilation committee of the genealogy decided to have an online version, which includes not only all the contents of the 80-volume version, but also constantly adds new names, such as newborn babies, missing family members and overseas family members. Therefore, the online version of the genealogy became much extended to the regional and

① Lene Hansen, "Communication," The Globalization of International Society, eds. By Tim Dunne and Christian Reus-Smit (Oxford: Oxford University Press, 2017), Page 401.

local level, departing from its original form, and virtually formed a new version.

Open end monographic series and **irregular journals** appear more and more often under the influence of glocalization. Many publishers, or organizations, choose the form of open-ended monographic series or irregular journals, which greatly fits the local need of certain professional organizations and local communities. Such publications get a special category name of *ji kan* in Chinese, or "collective journals" in English. In recent years, the East Asian libraries in North America have collected a large number of such irregular open-ended monographic series, such as *Han xue lun cong* (Sinological Forum), *Si xiang yu wen hua* (Thought and Culture), *Jiu zhou* (China), etc. In many cases, such open-ended monographic series contain research articles with high academic value and written by well-known scholars in the field, but their audience bases are limitedly targeting at local readers with specific geographic, economic, cultural or professional boundaries, typically under the influence of glocalization.

Social media is most influenced by glocalization. At certain points, we can say all the social media are glocalized. Social media is widely adopted even during the election and political campaigns in the United States. Targeting different audience and applying different strategies for a same goal, this becomes so common in economic and political fields, from commercial sales to presidential elections. The emergence of social media reflects the changing society worldwide. If we have to use one word to summarize the feature of social media under glocalization, that must be "personality." Nowadays, the amount of information carried by social media has well exceeded the amount of official publications, and social media becomes a major information source in comparing with traditional newspapers, journals and books. This phenomenon brings much challenge to the library and information service field, whether or not we accept the emerging term of glocalization.

Globalization represents local value in the networked world, and has eventually extended to the library and information service field. Globalization encourages libraries to demonstrate their own cultures and characters in the globalized information network, as a reaction to the monopoly of learning resources. Specifically to the library, the glocalization makes every library unique. No two areas in world could possibly be the same; therefore, no two libraries should be the same. Under the glocalization, each library has its own identity, reflecting in the resources it creates or acquires, which are based on the user community it serves. Globalization is a combination of globalization and localization; to the library, it means local focus with the global vision. To satisfy the glocalization, each library has to show its own identity. Thus, a centralized information system cannot serve the situation; instead, decentralization is a better fit to the tendency of glocalization.

2 Blockchain: Validated Value of a Networked Library

A blockchain, originally block chain, is a continuously growing list of records, called blocks, which are linked and secured using cryptography. Each block typically contains a cryptographic hash pointer as a link to a previous block, a timestamp and transaction data. By design, blockchains are inherently resistant to modification of the data. The *Harvard Business Review* describes it as "an open, distributed ledger that can record transactions between two parties efficiently and in a verifiable and permanent way."① For use as a distributed ledger, a blockchain is typically managed by a peer-to-peer network collectively adhering to a protocol for validating new blocks. Once recorded, the data in any given block cannot be altered retroactively without the alteration of all subsequent blocks, which requires collusion of the network majority.

Certainly, the technology of blockchain applies to the business and finance field; however, its principle can be meaningful to other disciplines, especially to the fields involving management. In library and

① Marco Lansiti and Karim R. Lakhani, "The Truth about Blockchain," *Harvard Business Review* (Boston, Mass: Harvard Business Review), JAN-FEB 2017: Volume 95, Issue 1, Page 120.

information services, if glocalization focuses more on the resources that library collects and accesses, blockchain deals more with library structure and management. Some key principles of blockchain can bring revolutionary thinking to the library. As Lansiti and Lakhani described, there are five basic principles underlying the technology: ①

Distributed database. "Each party on a blockchain has access to the entire database and its complete history. No single party controls the data or the information. Every party can verify the records of its transaction partners directly, without an intermediary." Basically, the structure of such distributed database well described the entire information system. Ideally in the information system, no single party, neither the information creator nor the information user, should control the data; a single party just verify the records in transaction. Such a structure ensures the originality and authority of the information, which is the key requirement in the library and information services.

In recent years, some academic libraries found difficulties to access to certain articles in the journal databases they acquired with perpetual rights. There might be some reasons, political or economic, behind the problem. But in fact, the current system is unable to prevent the vendors, or the information authority, to take out the articles or journals from the databases that the libraries paid for, with or without any technical reasons. The technology of blockchain is able to effectively ensure each library in the system can access to the entire database and complete history, breaking the vendor's substantial control over the contents of the database. To the libraries, the authenticity and completion of the learning resource is essential, so the technology of blockchain can well serve the purpose.

Peer-to-peer transmission. "Communication occurs directly between peers instead of through a central node. Each node stores and forwards information to all other nodes." A lack of direct communication is a major weakness in the current information service system. The emergence of the Internet brought a much-needed possibility of direct communication between the information creators and users; however, the reality is such information transmission is more and more controlled by major information giants. A few vendors formed co-called information monopoly in a degree even more severe than major banks in the finance world. Replacing centralized vendor distribution with peer-to-peer transmission would greatly raise the effectiveness and efficiency of the information service, and significantly cut the cost.

Cutting intermediate transmission is often a dream to many libraries, which could help speeding up the data delivery and reducing the cost. The lack of technology for direct communication is the main reason that the users have to access the information resource through the vendors. The emergence of the blockchain technology can make the peer-to-peer communication between the information creators and users possible, which could speeds up the data transmission at lower cost.

Transparency with pseudonymity. "Every transaction and its associated value are visible to anyone with access to the system. Each node, or user, on a blockchain has a unique 30-plus-character alphanumeric address that identifies it. Users can choose to remain anonymous or provide proof of their identity to others. Transactions occur between blockchain addresses." Transparency is essential in applying blockchain to the financial world, but it could be even more important to the information service field. Users have a natural right to know the originality of the source and the authenticity of the information, with an option not to disclose their identity, which is a basic principle of information freedom. However, the reality in library and information service is that the information creators and vendors are not transparent to the users while the users become transparent to them through collecting big data.

In the current information system, there is barely transparency in data transmission. Research faculties licensed their research publications to the vendors, but they did not know how much the libraries in their own

---

① Marco Lansiti and Karim R. Lakhani, "The Truth about Blockchain," *Harvard Business Review* (Boston, Mass: Harvard Business Review), JAN-FEB 2017: Page 125.

institutions have to pay for them to use in their teaching and research. The transparency feature of the blockchain technology is certainly necessary in the library's resource management.

Irreversibility of records. "Once a transaction is entered in the database and the accounts are updated, the records cannot be altered, because they're linked to every transaction record that came before them (hence the term "chain"). Various computational algorithms and approaches are deployed to ensure that the recording on the database is permanent, chronologically ordered, and available to all others on the network." As repeatedly emphasized, the originality and authenticity is a foundation to the information system, and irreversibility is a key function to the authority of the system. For example, censorship is an opposite to irreversibility of records, but it happens here and there in the current information system. Librarian often notice that, unfortunately, historical data were distorted from time to time. The irreversibility of data brought by the technology of blockchain provides a crucial feather that the library and information service professional are seeking for long time

Computational logic. "The digital nature of the ledger means that blockchain transactions can be tied to computational logic and in essence programmed. So users can set up algorithms and rules that automatically trigger transactions between nodes." To the financial system, computational logic is crucial, but it is not less important to the information system. Although the computation logic is not necessarily monetary in the library and information service, programmable technology for measuring data transaction is a key to the selection and operation of the information system.

In general, the technology of blockchain brings new perspective to the library and information service field. It validates the role of library in the information system. It alters the hierarchical structure of the information system, and replace it with networked structure with Cryptographic hash. If the principles of blockchain subverts the role of the banks in the financial system, it could bring even more challenge to the information system. After all, the keyword it brings is decentralization.

So far, the technology of blockchain still looks far away from the library, and few people understand how to apply the technology to the information service field. As the first step, recognizing and validating the value of a specific library is the key. Only if a library is validated as an identity with unique value, it could possibly involve in distributing data and peer-to-peer transmission. In recent years, major libraries, especially major academic libraries, greatly enhance the development of special and specialized collections. Through such efforts, these libraries can reach the status of recognized and validated entity, and become a shareholder in purchasing with the technology of blockchain.

3 Decentralization: Recognized Node of a Networked Library

As the new concepts of glocalization and blockchain come to the library field, the influence is revolutionary. The keyword here is decentralization. Although the original concept of the information super-highway is decentralization, the information network in fact experiences decades of centralization, in which more and more learning resources are controlled by a few information giants. The rise of glocalization and blockchain provides an alternative concept and approach in information service, giving a hopeful future to the libraries in struggle.

Under the new concepts of glocalization and blockchain, libraries, big or small, are featured with unprecedented characteristics. These unprecedented characteristics look contradictory, or even ridiculous, but they indeed well describe the position of library in the new structure of the information system. Under such a structure...

Every library is unique and ordinary. With glocalization, each library responds and adapts to its own environment, social-economic, cultural or political. On the one hand, the globalization makes the world smaller, and online electronical resources make users in various of libraries share the common and ordinary information; on the other hand, local cultures shape the learning resources acquired by and created in the library. Every library becomes unique and identical as it steps into the glocalized information resource, so long as meeting local needs, as representing local value, is an ultimate goal for any library. Meanwhile, the computerized network makes more general and common information source available at any level of the library system, every library becomes ordinary than any time in history. Just like Loretta Parham suggested, "We have to do things differently and get the opinions of the very community we serve often and always. "① Unique and ordinary co-exist in the 21st library, which is a reality brought by the glocalization of the information world.

Every library is individual and linked. If a library's information resource is more unique, it would have a stronger individual character. If a library's information resource us more ordinary, it could be more closely linked to the general information network. While glocalization influences the resource of the library, blockchain unveils the structural relation of the library with the networked system. In such a system, each library is an individual node linked with the entire system. Because it is an individual node with different and special value endued by glocalization, its value should be recognized by the system that it is linked. In other words, a library's value could not be recognized if it is not linked. An isolated library has no value to the outside world and to the information system. Then, the theory of blockchain well describes the organizational structure of the contemporary information system, which is a network with all the individual nodes linked, rather than a hierarchical pyramid.

Every library is independent and interdependent. The technology of blockchain does not only describe the information system, more importantly, it establishes a workable vision for operating the system. Under the technology, each library, as an independent information creator, provider or user, and conducts peer-to-peer transmission with other information entities such as writers, publishers, creators, etc. Such peer-to-peer transmission is recorded irreversibly with computational logic, and greatly eliminates the grey area of information dealership. In such a transparent system, individual library is independent from other entities in regarding the value it created or acquired, but interdependent with other entities in conducting peer-to-peer transmission. Under such a system, major information vendors, just like major commercial banks in the financial system, are no longer needed, unless they themselves provide added value to the information resources. Direct transmission of value-recognized resources makes the information much more effective and efficient.

Every library is micro and macro. Stielow mentioned that, "Social networking sites offer the most recent expression of the open-web ethos. "② Under the new information system powered by the technology of blockchain, each library plays a micro role as a node of the huge system; at the same time as such nodes linked through the irreversibly recorded peer-to-peer transmission, the influence is macro enough to change the way running the entire information system, which can be concluded into one word: decentralization.

Globalization and blockchain brings new opportunities to the library and information service field. For decades, library experiences a series of challenges, including losing users to the Internet, having severe budget cut, facing rapid price increase from the vendors, being eroded by new technology, etc. It even comes the question whether or not the library is still needed in the 21st century. All these hardship are actually related to the passive position of the library, i. e. library is not recognized and identified as an entity of the information system. The glocalization is making library unique, and the blockchain technology makes library an equal partner and an independent entity of the information system. As the system develops from centralization to decentralization, the library is getting more influence in the networked world.

Decentralization was the original launching point of the information system. As the Internet comes to the

① Camila A. Alire and G. Edward Evans. *Academic Librarianship* (New York: Neal-Schuman, 2004). Page 352.

② Frederick Stielow, *Reinventing the Library: for online education* (Chicago: American Library Association), 2014: Page 59.

world, people imaged a rosy picture of information freedom, with which people can access to needed information freely and create or provide information without obstacles. Decades later, people realized that we are still so far away from the ideal future. A few major information giants actually controlled the information resources, and the situation became worse than the time of printed publications. The major information giants exercise the power of monopoly, collecting, packaging and reselling the information resources with little market competition. Many libraries fell into the trap of the centralization of the information resources, and have to acquire pre-packaged resource with no possibility of and no power for selection or bargaining. Quite a lot of libraries fell into the edge of survival, being the lower end of the food chain within the information system.

Meanwhile, on the other hand, decentralization posts major challenge to the library too. Although decentralization benefits library in many aspects, it requires many changes. Many libraries get so used to the centralized structure, and even be afraid of decentralization. Library resources heavily reply on the information vendors. When the crisis of budget shortage, library often thinks of beg the vendors to give discounts, or ask upper level management to give more financial support. Very few library would think of a revolutionary way, bypassing the information vendors. Decentralization provides such a possibility, with the tides of glocalization and blockchain. It is a risky experiment, but it is a hope for the future.

Ziyad Marar, the Global publishing director, indicated that, "In terms of sheer unfulfilled promise, interdisciplinary research has to stand as one of the most frustrating examples in the world of social research. The challenges modern society faces — climate change, antimicrobial resistance, countless issues to do with economic, social, political, and cultural well-being — do not come in disciplinary packages. They are complex and require an integrated response, drawing on different levels of inquiry."① The library and information service system is definitely one of the issues that need interdisciplinary social research, and this paper is just a primary try for change.

The theory of glocalization and the technology of blockchain come to the field of the library and information not for long; however, they are bringing potential revolutionary changes to the field. It aims at restoring decentralization in the field, and bringing the original feature back to the networked information world. We might be unable to see the influence immediately; however, it is already rising at the horizon.

Reference

[1] ROLAND ROBERTSON. Europeanization as Globalization. *European Globalization in Global Context* [M]. Hampshire: Palgrave MacMillan, 2014: 16.

[2] HONG CHENG. Globalization and Other Challenges to Cataloging Chinese Continuing Resources [J]. *Cataloging and Classification Quarterly*. Philadelphia, PA: Taylor & Francis Group, 2018,56(2-3): 146.

[3] JAN NEDERVEEN PIETERSE. *Globalization and Culture: global mélange* [M]. Lanham: Rowman & Littlefield, 2009: 43.

[4] LENE HANSEN. Communication. *The Globalization of International Society* [M], eds. By Tim Dunne and Christian Reus-Smit. Oxford: Oxford University Press, 2017: 401.

[5] MARCO LANSITI and KARIM R. LAKHANI. The Truth about Blockchain [J]. *Harvard Business Review*. Boston, Mass: Harvard Business Review, 2017,95(1): 120.

[6] MARCO LANSITI and KARIM R. LAKHANI. The Truth about Blockchain [J]. *Harvard Business Review*. Boston, Mass: Harvard Business Review, 2017,95(1): 125.

[7] CAMILA A. ALIRE and G. EDWARD EVANS. *Academic Librarianship* [M]. New York: Neal-Schuman, 2004: 352.

① Ziyad Marar, "Interdisciplinary Social Research," in *Know This: Today's Most Interesting and Important Scientific Ideas, Discoveries, and Developments* (ed. By John Brockman, New York: Happer Perennial, 2017), Page 369.

[8] FREDERICK STIELOW. *Reinventing the Library: for online education* [M]. Chicago: American Library Association, 2014: 59.

[9] ZIYAD MARAR. Interdisciplinary Social Research. *Know This: Today's Most Interesting and Important Scientific Ideas, Discoveries, and Developments* [M], Ed. By John Brockman. New York: Hipper Perennial, 2017: 369.

图书馆资源建设和知识组织

Library Collection Development and Knowledge Organization

日本的数字资源长期保存实践研究
——以日本国立国会图书馆为中心

张　轶
（上海图书馆）

摘要　数字资源长期保存(Digital preservation 或 Digital curation)已经成为各类图书馆工作中的重要组成部分。日本在此领域起步较早,形成了具有本国特色的数字资源长期保存体系。本文将以日本国立国会图书馆数字馆藏建设项目为核心,结合 OAIS 等该领域主要相关标准,概略介绍该馆数字资源长期保存实践的历史及现状。然后将在对其进一步分析的基础上,对照我国在该领域相关实践情况,提出对我国数字资源长期保存实践的参考建议。

关键词　数字资源;数字资源长期保存;日本国立国会图书馆;OAIS

A Study on the Digital Preservation Practices of Japan
— Focusing on that of the National Diet Library of Japan

Zhang　Yi
(Shanghai Library)

Abstract　Digital preservation, or, say, digital curation has long been a primary issue in the practices of different kinds of libraries. As one of the major nations in this area, Japan has witnessed its development for nearly a score of years and has established its own digital archiving system. This article will mainly introduce the practices of the National Diet Library of Japan by focusing on its WARP and Dnavi projects in accordance with OAIS and other major relevant international standards. Moreover, the author also expects to compare the NDL practices with those of Chinese libraries by which some advices for the native ones will be given as well.

Keywords　Digital preservation; Digital curation; National Diet Library; OAIS

1　数字资源长期保存概念的定义

随着数字资源(Digital Resources)在图书馆馆藏中所占比重日益增大,在图书馆服务中所占地位日益提高,数字资源长期保存(Digital Preservation 或 Digital Curation)的研究与实践愈发重要和紧迫。关于数字资源长期保存的定义尚无定说,其中最具代表性的是 OAIS 所给出的定义。

OAIS(Open Archival Information System)即"开放存档信息系统参考模型",它是当前数字保存领域最重要的国际标准之一。该标准定义了一个名为"开放存档信息系统"的参考模型。这是一个专为满足数字存档而定义的参考系统。它对系统内的组织、人员和软硬件都做出了规定,其目的就是为指定用户团体(Designated Community)可以长期利用系统内所保存的信息。

OAIS 从活动目标的角度对数字保存进行了定义:数字信息的长期保存是一种长期地对信息进行维护,保持这些信息可以被指定用户团体独立理解,并且对数字信息的真实性提供证据支持的行为活动①。该定义特别强调了数字资源保存的"长期"性。

此外,英国"数字保存联盟"(Digital Preservation Coalition, DPC)、英国"联合信息系统委员会"(Joint Information Systems Committee, JISC)以及中国科学院文献情报中心等也都给出了各自对于数字资源长期

---

① 张智雄等《数字资源长期保存技术的研究与实践》P17。

保存概念的定义。本文采用的是 OAIS 所给出的定义。

2 日本在数字资源长期保存方面的实践

2.1 日本国立国会图书馆的数字资源长期保存实践

日本国立国会图书馆(以下简称“国会馆”)的电子图书馆(即“数字图书馆”)事业开始于 20 世纪末。为了顺应 20 世纪 90 年代以来的图书馆数字化潮流，该馆在得到国会充分授权和资金保证的前提下于 1998 年 5 月制定了“电子图书馆构想”。这个构想确定了该馆建立电子图书馆的框架以及实施的基本计划和步骤。未来的电子图书馆将与新建的国际儿童图书馆和关西分馆结合，同时成为这两个分馆的重要功能。为了更加快速、高效地建设电子图书馆，从总体上对电子图书馆事业进行立项、计划和实施，国会馆还在 1999 年 4 月新设了“电子图书馆推进室”，随后又在 2000 年 3 月制定了“电子图书馆服务实施基本计划”。

2003 年，国会馆为了应对新的互联网发展趋势，鉴于国内外对电子情报保存认识程度的提高，在原先的“电子图书馆构想”基础上，又制定了“电子图书馆中期计划 2004”，对该馆今后 5 年在电子图书馆建设上所应达到的目的及具体实施构架进行了规划，其中就包括馆藏数字化及长期保存计划。

国会馆从 2002 年开始实施其互联网资源收集整理计划。该计划分为两个部分。一个部分是针对静态 Html 网页，使用网页自动收集软件进行采集，然后按照时间先后次序整理保存的计划，即所谓的互联网资源选择性储存事业(“WARP”：Web Archiving Project)；另一部分是针对那些无法通过网页自动收集软件采集的深层网页(即网上数据库)所实施的 Dnavi 计划。WARP 和 Dnavi 的实施为国会馆数字资源长期保存实践的进一步展开奠定了基础。

从 2002 年开始，国会馆开始进行电子信息长期保存方面的调查研究工作。2003 年，该馆调查本馆所藏包装类电子出版物(CD、VCD、DVD 等)的情况，根据 OAIS 标准试验建立本馆的电子信息长期保存系统，并对其中的数据进行元数据处理；同时参照 UNESCO(联合国教科文组织)制定的相关规范，研究制定本馆的电子信息保存指导原则。2005 年，该馆发布“国立国会图书馆资料数字化导引”，对国会馆以及全国其他图书馆的馆藏资料数字化工作做了标准化的规定和指引。2006 年，根据“保证电子信息长期利用调查研究的实施计划”，开始进行为期 5 年的电子信息长期保存调查和研究计划，其内容主要是研究如何将旧格式的电子信息通过媒体迁移、模拟转制或者对录音、录像资料的数字化等方式实现对它们的长期保存和利用。

经过了 10 年持续不断的技术调研与数字资源收集与制作，国会馆于 2016 年制定《国立国会图书馆数字资料长期保存基本计划》，全面确立了该馆数字资源长期保存战略。其中在技术调查部分明确了建立基于 OAIS 的机构资源库、完善元数据和标识符标准以及促进数据文档间内容交换等重点工作。这项计划同时也对日本全国相关领域的工作提供了切实可行的行动指南。

国会馆把推进电子藏书建设作为电子图书馆事业的中心，而在其电子藏书建设中，又以一次情报资料(即图书专著等)的电子化作为核心任务。在上述指导思想之下，根据 2000 年制定的“电子图书馆服务实施基本计划”，国会馆从 2001 年开始就实施了对明治时期(1868—1911 年)出版图书的数字化工程，即所谓“近代数字图书馆”计划。作为这个计划的一部分，该馆还展开了同时期图书的著作权调查工作，以保证数字化图书不会发生版权问题。这项工作是在正式进行数字化之前的 2000 年就开始的。

从 2002 年 4 月 1 日开始，作为明治时期出版图书图像数据库的“近代数字图书馆”正式公布于国会馆的主页。在该数据库的检索系统中，除了显示检索条目的书目事项之外，还增加了书籍目录的文本显示，用户可以从目录链接直接跳转到原文图像。图书数字化所采用的图像进行了高比率的压缩，用户可以迅速打开这些图像文件并进行任意的放大和缩小。另外，在电子化图书中所采用的“书签”功能也大大提高了用户阅读时的便利程度。

“近代数字图书馆”项目从 2007 年开始与国会馆网上书目查询系统 NDL-OPAC 进行协作。通过 NDL-OPAC 检索获得的藏书，如果在“近代数字图书馆”中有馆藏，用户就可以直接点击相关链接阅读和下载电子版的全文。同年，该项目开始追加提供大正时期(1912—1926)图书的数字化版本。

2017 年开始，国会馆正式将“近代数字图书馆”与该馆的其他数字化馆藏合并成为“国立国会図書館デジタルコレクション”(http://dl.ndl.go.jp/，以下简称“国会馆电子馆藏”)。其中所提供的数字化资源除了近代书刊之外，还包括珍本古籍、博士论文、官报、美军占领时期资料以及录音、录像资料等。用户可以在前述网站实现一站式检索并免费阅读和下载全部资料。截至目前，“国会馆电子馆藏”的主要资源类型及数量如下表所示①：

表1　日本国立国会图书馆电子馆藏(国立国会図書館デジタルコレクション)主要馆藏情况

馆藏名称	电子化资源数量	收录内容
图书	97万种(35万种)②	本馆1968年之前所收藏之二战前后刊行图书、议会资料、法令资料及童书，以及本馆所藏震灾和灾害相关资料的一部分(其中包括1968年以后入藏的资料)
杂志	129万种(1万种)	本馆所藏并经数字化的杂志和儿童杂志。
古籍(珍本等)	9万种(7万种)	本馆所藏江户时期以前日文古籍及清代以前汉文古籍(其中包括珍本、准珍本)中已数字化的资料
博士论文	17万种(1万种)	其中包括1991—2000年间提交的论文14万种(其中1万种全文可免费公开获取)以及2013年之后提交的论文3万种
官报	2万种(2万种)	1883年(明治十六年)7月2日到1952年(昭和27年)4月30日的政府官报
美军占领时期资料	6万种(6万种)	二战后美军占领时期的美方文件资料
历史性音源(录音史料)	5万种(2千种)	1900年到1950年间日本国内制作的音乐及演说等音源资料

除了"国会馆电子馆藏"之外，日本国立国会图书馆的公开全文电子全文数据库还包括WARP(约928.1 TB)、国会会议录(战后国会会议录，335.50 GB)和帝国议会会议录(战前国会会议录，131.82 GB)等电子资源③。

2.2　日本其他机构的数字资源长期保存实践

日本国立公文书馆也就是日本的国家档案馆。该馆的"アジア歴史資料センター"(亚洲历史资料中心，简称"亚历")由日本前首相村山富市于1994年基于亚洲各国友好的主旨首倡。网站服务开始于1999年，其中保存了大量日本近代各政府机构的档案资料，这些资料全都可以免费阅览下载使用，是研究日本和亚洲近代历史不可多得的文献来源。

除了日本国立国会图书馆和国立公文书馆，包括防卫省防卫研究所、外务省和国土交通省等政府机构以及东京大学、早稻田大学等学校在内都建立了自己的机构电子数据库，这些机构库构成了日本全国性的数字资源长期保存体系。

3　日本国立国会图书馆数字资源长期保存实践的主要经验及其对我国的启示

3.1　日本国立国会图书馆数字资源长期保存实践的主要经验

综上所述，日本国立国会图书馆数字资源长期保存实践的主要经验大致可概括如下：

(1) 从国家层面制定统一战略且有明确的领导核心。作为日本全国图书馆事业的核心及领导者，日本国立国会图书馆积极从国家层面制定数字资源长期保存战略并明确自身在该战略中作为牵头领导国家级机构的身份，然后再在该战略框架的基础上展开数字资源长期保存的具体实践。这就保证了整个实践过程的有序性和统一性。国会馆已经与日本公文书馆、日本防卫省防卫研究所、外务省、国土交通省以及各地大学图书馆、公共图书馆等建立起了互补有序的合作机制，保证了整个日本国家数字资源长期保存工作得以全面高效地展开。

(2) 资金来源有充分保障。这实际上是基于前一点基础上才能实现的。日本国立国会图书馆的WARP项目得到了日本国会的全额资助，其他项目也都得到了各类对应国家拨款的支持，这就使得其数字资源长期保存事业能够长期持续下去。

---

① 资料来源：http://dl.ndl.go.jp/ja/intro.html。

② 括号内为全文公开资料，下同。

③ 数据来源：日本国立国会图书馆2016年度年报：http://dl.ndl.go.jp/info：ndljp/pid/11002781。

(3) 数字资源长期保存工作重点明确,且参照国际标准予以实施。国会馆的数字资源长期保存工作主要以馆藏资源的全面数字化及互联网分享为中心展开,为此该馆进行了长期的馆藏资源和数字化手段调研工作,最终形成了 2016 年版的保存计划。这一数字化实践和调研工作基本同步展开,且完全依照 OAIS 等国际主流通用标准,既确保了这项工作的实效性,又确保了其科学性。

3.2 日本国立国会图书馆数字资源长期保存实践对我国的启示

我国数字资源长期保存的实践相对欧美起步较晚,目前尚无成规模的大型国家计划,主要实践形式是举办各类国际国内会议以及实施一些相关的项目。通过 iPRES(International Conference of Preservation of Digital Objects,数字资源保存国际会议)等会议交流拉近与主要国家之间的距离,唤醒国内数字资源长期保存的意识并与国际标准接轨;通过实施项目对国内的数字资源进行整合,推动基于机构的数字资源长期保存实践活动①。

对照日本国立国会图书馆的成功经验,建议我国的数字资源长期保存实践应在明确数字资源长期保存战略意义的前提下,确立"全国一盘棋"的思路,建立以国家图书馆或其他国家及相关机构为领导核心的国家级数字保存体系,同时从人大立法层面给予法律法规和资金上的支持,将数字资源长期保存事业长期持久地开展下去。而在具体的保存策略制定上也应重点突出、方向明确,且做好进行长期努力、打持久战的准备。只有这样,这项事业才能真正在国内获得发展与进步,我国的各类数字资源及数字遗产也才能够得到永续的持久保存。

2016 年 11 月 3—4 日,香山科学会议第 576 次学术讨论会"数字科技文献资源长期保存的前沿及重大问题研讨"在北京举行。会议围绕数字科技文献资源长期保存的挑战与战略、需要解决的重大问题、我国的主要实践等进行了深入探讨。会议认为,数字科技文献在中国的长期保存和可持续利用事关国家科技竞争力和战略安全。此次会议从国家科技竞争力和战略安全的角度将数字资源长期保存上升到了国家科技战略地位,为我国今后数字资源长期保存的实践指明了方向。②

参考文献

[1] 张智雄等. 数字资源长期保存技术的研究与实践[M]. 北京: 国家图书馆出版社,2015.
[2] 沈丽云. 日本图书馆概论[M]. 上海: 上海科学技术文献出版社,2010.
[3] 聂云霞. 国家层面数字资源长期保存策略研究[M]. 江西: 江西人民出版社,2016.
[4] 聂云霞,徐苾滢. 我国数字资源长期保存的瓶颈与归因[J]. 信息资源管理学报,2016,3: 99—106.
[5] 赖彤. 我国数字资源长期保存实践进展分析[J]. 图书馆学研究,2016,9: 47—53.
[6] 高建秀,吴振新,孙硕. 云存储在数字资源长期保存中的应用探讨[J]. 现代图书情报技术,2010,6: 1—6.
[7] 章艳华,刘霞. OAIS 参考模型: 数字资源长期保存的概念框架[J]. 浙江档案,2007,3: 38—42.
[8] 李春明,肖珂诗,赵晓华. 澳、荷、英、美数字资源长期保存实践与立法特点及其对我国的启示[J]. 山东图书馆学刊,2010,4: 42—46.
[9] 张新. 从 iPRES 看国际数字资源长期保存研究与实践最新进展[J]. 图书馆理论与实践,2016,7: 1—7,26.
[10] 田硕,黄国彬. 近十年国外数字资源长期保存研究综述[J]. 图书馆杂志,2011,7: 8—13.
[11] 贺姝祎. 国外数字资源长期保存发展历程[J]. 图书馆理论与实践,2010,6: 72—76.
[12] 聂云霞. 国家层面数字资源长期保存策略研究[D]. 武汉: 武汉大学,2014.
[13] 国立国会図書館[EB/OL]. (2018-08-01)[2018-08-01]. http://www.ndl.go.jp/.
[14] 国立国会図書館年報[EB/OL]. (2017-12-15)[2018-08-01]. http://www.ndl.go.jp/jp/publication/annual/index.html.
[15] 国立国会図書館デジタルコレクション[EB/OL]. (2018-06-25)[2018-08-01]. http://dl.ndl.go.jp/.
[16] アジア歴史資料センター[EB/OL]. (2018-06-29)[2018-08-01]. https://www.jacar.go.jp/.
[17] iPRES-Intl. Conf. on Digital Preservation [EB/OL]. (2018-08-01)[2018-08-01]. http://www.ipres-conference.org/.

① 比如 2001 年由中国国家图书馆和大英图书馆所联合创办的"国际敦煌项目"(International Dunhuang Project,IDP)、中国国家图书馆于 2012 年创立的"中国记忆"项目等。

② 香山科学会议-576. 数字科技文献资源长期保存的前沿及重大问题研讨: http://www.xssc.ac.cn/waiwangNew/index.html#/xsscNew/meetingdetailsNew/736/jkxq.

《国际编目原则声明》比较研究

邹鼎杰
（国防大学政治学院）

摘要　选取具有代表意义的 2003 年、2009 年和 2016 年三个版本的《国际编目原则声明》，内容上将原则分为通用原则、著录原则、检索原则和附录四个大类，逐类比较三个版本的原则增删和修改情况，以期对编目原则的核心思想和基本理念有更深刻的理解。

关键词　编目；著录；检索

Comparative Research on *Statement of International Cataloguing Principles*

Zou Dingjie
(College of Politic, National Defense University)

Abstract　This paper selected three editions of《Statement of International Cataloguing Principles》published in 2003 2009 and 2016, divided the content into three classes: general principles、description principles 、retrieve principles and appendix, and then compared the increase decrease and change, which would increase the cognition of the key thoughts and base ideas.

Keywords　Cataloguing; Description; Retrieve

1961 年，IFLA 为了统一编目规则促进书目资源在世界范围内共享，在巴黎召开了国际编目原则会议并定制出一套国际通用的编目原则，俗称《巴黎原则》。《巴黎原则》自问世以来得到了很好的落实和实施，对于统一世界编目规则促进书目资源共享起到了推动作用。随着新型时代的到来，信息资源类型变得异常丰富，仅适用于纸质文献的《巴黎原则》适用范围变得较为狭窄，无法适应编目工作的需求。2003 年 IFLA 在德国国家图书馆召开了第一届国际编目条例专家会议，其主要成果是《国际编目原则声明（草案）》（以下简称 ICP2003）。该草案经过四次国际编目会议的修改于 2009 年发布正式版《国际编目原则声明》（以下简称 ICP2009）。随后 IFLA 又对《国际编目原则声明》进行了新一轮的审议与更新，并于 2016 年发布了《国际编目原则声明（2016 年版）》（以下简称 ICP2016）。

通过版本之间的比较能够更清晰地认识编目原则的发展，理解其中的核心思想和原则理念。在 2003 年发布之初，胡小菁从适用范围、目录功能、目录结构、检索点类型等方面对对 ICP2003 和《巴黎原则》进行了比较研究；ICP 几个草案和最终版的中文翻译者之一林明对 IPC 在总原则、目录的目标和功能、书目著录和检索点等几个方面的重要修改进行了介绍；霍晓伟对 ICP2016 年正式发布前的征求意见稿相对 ICP2016 年的变化进行了分析。本文从时间上聚焦 ICP 在 2003 年、2006 年和 2016 年的三个版本，从空间上将 ICP 内容分为通用原则、著录原则和检索原则三个大类，从时间和空间两个维度对 ICP 进行比较研究和演化分析，以期更加深刻地认识编目原则的核心思想和发展历程，归纳编目原则发展的基本特点。

1　ICP 的结构及特点

1961 年的《巴黎原则》对世界各国书目数据的统一发挥了重要作用，其基本特点是适用范围仅限于印刷型书籍。2000 年以后 ICP 制定的基本动机是将编目原则的使用范围从传统的印刷型书籍扩充至书目数据、规范数据以及图书馆创建的其他数据集。编目范围的变化和编目对象的增加是编目原则发生改变的逻辑起点。

ICP 的初衷是增进国际书目数据和规范数据的共享，指导编目规则的制定和修改。ICP 的结构也就围绕编目规则的两大组成部分——著录和检索展开。因此本文将 ICP 内容分为指导所有编目工作的原则（通用原则）、指导著录规则制定的编目原则（著录原则）和指导检索规则制定的编目原则（检索原则）和附录。ICP2016 的通用原则包括第 2 章总则，总则是后续原则以及所有编目规则均需遵循的原则。ICP2016 的著录原则为第 3、4 章。第 3 章实体、属性和关系概念模型来自 FRBR，是描述书目数据的基本框架，在 ICP 中作为著录的基本原则。ICP2016 的检索原则为第 5、6、7 章。从 ICP 在各类的内容分布可以看出，ICP 致力于检索原则的制定。其原因是经过《巴黎原则》以及 ISBD 的发展，世界各国编目规则的著录部分普遍参照了 ISBD，著录原则已经在较大程度上实现了规范和统一，但世界各国的编目规范中关于标目或检索点的编目规则差异仍然较大，因此关于检索规则的制定占据了较大篇幅。

上述顺序结构并一次定稿完成，而是进行了一次较大的结构调整和一次较小的顺序调整才最终称形成上述逻辑较为清晰的顺序结构。ICP 三个版本的结构变化如表 1 所示。从 ICP2003 至 ICP2009 总共有两处处重大变化：第一，将 ICP2003 附录中的“目录的目标”作为 ICP2009 中的总则；第二，将 ICP2003 中“规范记录”合并至“检索点”。ICP2003 至 ICP2009 在顺序上进行了一次微小调整，将“目录的目标和功能”从书目著录下移至“检索点”以后，关于检索的编目规则按照检索点规则、目录功能和搜索功能顺序展开，符合开发检索规则的基本逻辑。

表 1　ICP 三个版本结构比较

2003	2009	2016
1　范围	1　范围	1　范围
2　实体属性和关系	2　总则	2　总则
3　目录功能	3　实体属性和关系	3　实体属性和关系
4　书目著录	4　目录的目标和功能	4　书目著录
5　检索点	5　书目著录	5　检索点
6　规范记录	6　检索点	6　目录的目标和功能
7　查找功能基础	7　查找功能的基础	7　搜索功能的基础

2　ICP 比较研究

2.1　通用原则比较

通用原则包括“总则”和“实体、属性和关系”两部分。ICP2003 中总则以附录形式出现，包括用户的便利性、通用性、表达性、准确性、充分性与必备性、有意义、经济性、一致性和标准化、集成化总共九条。其中用户便利性是最高原则，其余八条原则并无先后次序，且有可能存在冲突。对于存在冲突的情况，在编目规则制定过程中应当采取可论证的、实用的解决方法。ICP2009 将总则从附录中独立出来提升为独立一章，尤其突出用户便利性最高原则，是对《巴黎原则》读者第一理念的继承，在后续原则的制定过程中这一理念也得到了贯彻和实施。ICP2016 进一步在九个原则基础上增加了互操作性、开放性、可访问性和合理性共四条原则。前面三条的增加关联数据和开放数据运动在图书馆领域的开展有必然联系。第四条合理性可以被认为是将 ICP2009 中最后的补充说明“编目规则中的规定应具备可论证性而非随意性。人们认识到，有时这些原则在特殊情况下可能会互相矛盾，应当采取可论证的、实用的解决方法”升级成为单独的原则。

2.2　著录原则比较

实体、属性和关系是 1988 年 IFLA 编写的《书目记录的功能需求》(FRBR) 提供的一个新的分析书目记录的模型。目录功能是各种编目条例制定的基础，将实体、属性和关系这一 FRBR 中最重要的分析模型作为 ICP 原则制定的基础也就显得利比较自然。这部分内容在 FRBR 中已经得到了充分讨论并得到了一定程度的认可，因此 ICP 三个版本中并没有变化程度较小。

著录是编目工作的第一阶段，即按照文献上所见做客观的描述。ICP2003 包含两条原则，分别是著录以国际认可标准为基础和著录可以有不同的详简级次。ICP2009 在此基础上新增了两条，主要针对内容相同但载体形式不同的书目著录。ICP2016 原样保持 ICP2009 新增的两条原则，对 ICP2003 中就出现的两条原则进行了细化：(1) 指定图书馆界“认可的标准”就是 ISBD，对于非 ISBD 的标准应当与 ISBD 具有映射关系以增加互操作性；(2) 要求向用户传达书目数据的详简级次。ICP2016 的细化其实是对通则中用户便利性、互操作性、可访问性等原则的具体体现。

2.3 检索原则比较

各国编目规则的第二部分通常称为标目法或标目规范文档，其功能是在文献标注书目著录基础上，提供各类名称标目、提名标目的规范形式，以产生完整的书目指导著录完成之后是用于组织目录的检索点。在ICP2009中已经停用标目一词，统一采用检索点代替。检索原则包括检索点、目录功能和搜索基础三部分。ICP2003对检索点的规范延续了《巴黎原则》读标目规范的基本形式，按照个人名称、家族名称、团体名称和统一提名的形式分别描述各类型检索点的规范，ICP2009对此进行了结构上的调整，分为：一般原则、检索点选择、规范检索点和不规范检索点四部分。由于不规范检索点不属于原则重点讨论对象，在ICP2016中将ICP2009中的不规范检索点作为了规范检索点的一个小结。通过三次调整，对检索点的规范已经从《巴黎原则》的影子中脱离出来，形成了自己的关于检索点编目规则制定原则的内在逻辑。目录功能总共包含五个：查找、识别、选择、获取和浏览，其中前四项与FRBR制定的4项基本用户任务一致。由于FRBR中的任务已经得到充分的讨论和长时间的检验，因此关于目录功能的原则在三个版本中基本保持了一致，变化并不大。搜索基础部分讨论了如何为搜索功能提供的基础。21世纪以来，随着以搜索引擎为主要工具的Google等公司战胜以目录为主要检索工具的Yahoo，关键词搜索已经成为互联网用户进行信息检索的主要手段，目录成了信息检索的次要手段。图书馆用户的习惯也发生了重要改变，目录检索已经不再是用户搜索图书的主要手段，关键词搜索是用户的主要手段。这一部分讨论了编目原则如何为搜索提供支撑，代表了未来编目的可能的发展方向——不再局限于以目录形式作为信息检索方式，而是更多地与搜索引擎对接，以用户更为习惯的搜索方式提供信息检索服务。

2.4 附录比较

ICP2009中新增了词汇表和停用词表，词汇表使术语更加准确便于准确理解原则，停用词表的反映出ICP核心思想的变化。ICP2009中总共停用或取代了4个术语，ICP2016中总共停用或取代了8个术语。比较关键性的术语被取代包括“标目”被规范检索点、受控检索点取代，参考被名称的变异形式取代，统一提名被规范检索点、名称的规范形式取代以及记录被数据取代等。术语的取代源于原则适用范围由《巴黎原则》的印刷书籍向图书馆领域的各类数据拓展，在拓展过程中原本仅适用于印刷书籍的术语不得不被适用范围更广的术语取代。

3 结论

本文从时间上选取了2003年、2006年和2016年三个版本的ICP，从空间上将ICP内容划分为通用原则、著录原则、检索原则和附则四个部分，从时间和空间两个维度对ICP进行比较研究和演化分析。其中“实体、属性和关系”以及“目录功能”两部分因已经在FRBR中得到了充分讨论，在三个版本中比较稳定变化不大。其余类型的原则在三个版本中变化较大，版本的变化也体现了编目思想的产生和形成过程。

从整体结构上看，ICP的结构逐渐演变得更加清晰和完备。从通用原则上看，ICP的总则经历了从最初的不受重视(ICP2003)到被提升为单独一章作为通则(ICP2009)，再到原则从原有的九条增加至十三条(ICP2016)的过程，说明世界各国乐于贡献各自国家在编目实践过程提炼形成的原则以及强烈原有与关联数据、开放数据运动结合，让书目数据得以最大化共享的愿望。从著录原则上看，ICP的概念模型直接采纳FRBR提出的实体、属性和关系框架，三个版本变动较小；书目著录原则占用篇幅较少且修改幅度较小，说明著录规则已经在世界范围内达成了共识，ICP的主要精力聚焦在检索原则上。从检索原则上看。ICP从最初的根据《巴黎原则》的标目原则逐渐过渡到形成自己检索原则的思维体系，并且废弃了“标目”这一术语，表明要建立自己独立的检索原则体系，并逐渐向元数据编目过渡。值得注意的是ICP不仅根据FRBR的需求增加了目录检索中的用户任务，而且思考了目录系统作为搜索的基础应当遵循的原则。在互联网出现以前，目录是用户检索信息获取信息的主要途径，随着互联网的发展尤其是以Google等搜索引擎战胜雅虎目录成为互联网信息的入口以来，用户获取信息的方式已经逐渐由目录检索转变为搜索引擎。ICP考虑作为搜索基础所遵循的基本原则也代表了图书编目未来从目录检索走向搜索的一个方向。

参考文献

[1] 胡小菁.“国际编目原则声明”研究[J].大学图书馆学报，2005(06)：58—60.
[2] 林明.《国际编目原则声明》的几点重要修改[J].大学图书馆学报，2010(04)：72—76.

[3] 霍晓伟. 浅议《国际编目原则声明》的新变化[J]. 图书馆，2016(04)：19—22.

[4] I IFLA Cataloguing Section, IFLA Meetings of Experts on an international Cataloguing Code. Statement of International Cataloguing Principles (2016) [EB/OL]. [2018-03-27]. https://www.ifla.org/files/assets/cataloguing/icp/icp_2016-en.pdf.

[5] IFLA Cataloguing Section, IFLA Meetings of Experts on an international Cataloguing Code. Statement of International Cataloguing Principles (2003) [EB/OL]. [2018-03-27]. https://www.ifla.org/files/assets/cataloguing/IMEICC/IMEICC1/statement_draft_2003.pdf.

[6] IFLA Cataloguing Section, IFLA Meetings of Experts on an international Cataloguing Code. Statement of International Cataloguing Principles (2009) [EB/OL]. [2018-03-27] https://www.ifla.org/files/assets/cataloguing/icp/icp_2016-en.pdf.

开发既针对用户需求又引领趋势的媒体馆藏：对加州州立大学圣马科斯分校在线流媒体视频服务的分析

Hua Yi

（美国加利福尼亚州立大学圣马科斯分校）

摘要　在过去的二十年里，图书馆馆藏发生了巨大的变化，从以纸质资源为主转向以电子资源为主。这一转变始于电子文摘和索引，接着是电子期刊，然后转向电子图书和最近的在线流媒体视频。新技术带来了新的挑战和机遇。图书馆员对此必须及时了解：首先是不断发展的采购模式（订购与买断，本地校园采购与联盟采购，图书管理员选择与用户选择等）；其次是新的定价模式（单年定价、多年定价、基于全职师生人数或使用量的定价等）；最后是新的评估方法和标准（供应商提供的使用统计、图书馆专业机构指导下的网络登录统计和标准化使用量统计）。通过对2个在线流媒体数据库在加州州立大学圣马科斯分校6个学期内的使用情况进行文献回顾和实证研究，本文旨在分析在线流媒体视频数据库在高校图书馆馆藏建设和管理以及使用中的趋势。作为图书馆员，我们研究趋势，我们建立和管理在线流媒体视频馆藏，评估我们的实践，并从我们的经验中学习。所有这些都将使我们在不断变化的技术未来中做得更好。

关键词　在线流媒体视频；使用；电子资源；高校图书馆

Developing a Media Collection that Addresses Trends while Targeting the Needs of Users — An Analysis of Online Streaming Videos (OSV) at CSU San Marcos

Hua Yi

(California State University San Marcos)

Abstract　In the past two decades, library collections have gone through drastic changes, moving from print based to primarily electronic based. The transition started with electronic indexes and abstracts shifting to e-journals, then to e-books and most recently to online streaming videos (OSV). New technology brings new challenges as well as opportunities. Librarians have to keep abreast of:

- ongoing developments in new acquisitions models (subscription vs. purchase, local campus acquisitions vs. consortia deals, librarian-selection vs. user-selection etc.),
- new pricing models (single year pricing, multi-year pricing, pricing based on FTEs or on usage etc.) and
- new assessment methods and standards (vendor usage statistics, web logins and standardized usage guided by library professional organizations).

Through literature reviews and an empirical study of usage in two OSV databases during six semesters at California State University of San Marcos, this research aims to review the OSV trends in collection building/management and OSV use in academic libraries. As librarians we examine the trends, we build and manage our OSV collections, we assess our practices and learn from our experiences. All of this will prepare us to do better in a changing technological future.

Keywords　Online streaming videos; Usage; Electronic resources; Academic libraries

1. Introduction

In the past two decades, library collections have gone through drastic changes from print based to primarily electronic based. These transitions started with electronic indexes/abstracts moving to e-journals, then to e-books and most recently to *online streaming videos* (*OSV*). New technology brings new challenges as well as opportunities. Librarians have to keep abreast of ongoing developments in new acquisitions models, new pricing models, and new assessment methods and standards.

In the past few years, California State University, San Marcos (CSUSM) library has acquired several OSV databases. In addition to the conventional collection of DVD and VHS, these OSV resources were added to the media collection through purchasing (with perpetual rights), subscription (licensing) and Patron-Driven-Acquisitions (PDA) models. We need to assess the value of these newer format databases to ensure our collections are supporting our users and meeting their progressive expectations.

Through literature reviews and an empirical study of usage of two OSV databases during six semesters at CSUSM, this research aims to review trends in OSV collection building, management, and use in academic libraries. We examine the trends, we build and manage our OSV collection, we assess our practices and we learn from our experiences. All of this will prepare us to do better in the future. In short, in this increasingly complicated time, it is more important than ever before for librarians to engage in this type of research in order to keep up with information trends and better support teaching and learning.

2. Literature Review

2.1 Trends

There are many writings in the library literature noting that OSV has increasingly become the mainstream video format in academic libraries. It is one of the most impactful resources for engaged teaching and learning. This resource type is continuing to grow as more libraries are adopting it, more content is being made available, and more users are accessing it. *Library Journal's* recent survey of academic libraries in North America showed 95 percent of respondents provided streaming videos and 83 percent of these respondents offered streaming videos from multiple vendors (Dixon, 2017).

Some authors described the process of how video resources have evolved from film reels, U-Matic tapes, VHS, DVD, laserdisc and self-streamed videos to vendor provided OSV databases (e. g. Little 2011; Bergman, 2010). Like other information resources such as books and journals, videos have evolved from tangible formats to electronic formats. Some factors contributing to the process (for example, economic or social factors) are similar to the factors for the evolution of books and journals. However, unlike print resources, videos always need a technology device, be it a standalone laserdisc player or a DVD drive on the computer. In this sense, technological factors have probably played a bigger part in the process of obsoleting tangible video formats as we cannot help but note that new Macbooks are not equipped with a DVD drive.

In discussing factors influencing the trends of OSV growth, several authors line up the larger environmental factors from technology advancement, to economic environment, to users and user behaviors (e. g. Yi, 2016; Handman, 2010). The rapid development in network and computer technology has made discovery and delivery of electronic resources quick and easy. Budget limitations make it a necessity for academic libraries to tailor their collection resources to those materials that faculty and students actually use. Users "live" online for work, study, social life, entertainment and more. They expect the resources they need will be available to them online. As Yi (2016,2012.) argued, three factors (demand from users, supply from vendors and both infused by technology) interact with one another and push or accelerate the trends in electronic resources, especially with regards to OSV.

2.2 Acquisition Models

Acquisition models for OSV are complicated and diverse. Many authors discussed acquisition models and/or practices in academic libraries (e. g. Ferguson and Erdmann, 2016; DeCesare, 2014; Handman, 2010 and many more). Here is a glimpse.

Table 1 A glance at OSV acquisitions options:

Selection methods	title by title	packages
Selection entities	individual institution (e. g. a university library)	consortia deals (e. g. a higher education consortium in a region)
Selection party	librarians	users
Ownership	purchase perpetual rights	licensing/lease
Acquisition budget implications	one-time money	ongoing money
Terms of licensing	one year	multi-years
Hosting	self	publisher; third party
User-use	single user	multi-users to unlimited users
Access	username/password	IP
Copyrights	with Digital Rights Management (DRM); without Public Performing Rights (PPR)	without DRM; with PPR

When choosing one or multiple OSV acquisitions for our libraries, the issues we need to consider including budget, staffing, technical requirements, special organizational needs etc. In addition to those elements which also apply to e-books or e-journals, there are factors unique to videos such as format migration, closed caption, public performance rights and more. What is listed in the above table is just a glimpse. Librarians need to pay attention to these issues and know our options. Each acquisition model has its pros and cons for your particular situation. We need to choose the best fit for our specific institution.

2.3 Use

There are quite a few articles on general increase of availability and use of OSV in academic libraries (e. g. Enis 2015; Dixon 2017; and Kaltura 2015,2016,2017).

Year-on-year surveys by Kaltura show, quantitatively and anecdotally, a steady increase in OSV use in academic settings. They help us gain a broad picture of OSV impact in education. For example, Kaltura's surveys showed:

Table 2 Examples of use increase in Kaltura surveys:

Videos regularly showed in classroom	**In 2014** 76% higher education respondents	**In 2015** 84% higher education respondents
Videos for supplementing course materials	**In 2015** 72% higher education respondents	**In 2016** 79% higher education respondents
Videos for remote teaching and learning	**In 2016** 66% higher education respondents	**In 2017** 73% higher education respondents

Many of the categories reported by Kaltura correspond to the usage impact elements discussed by several other authors (e. g. Bossenga et al. 2014; Enis, 2015; and Cottrell, 2012). Especially noticeable are faculty use of videos as a teaching tool in classroom and online class assignments, providing easy access for internet-generation students.

Most of the articles discussed above are based on general surveys. I have found limited literature grounded in empirical study of actual usage of OSV. One research article including usage data that caught my attention is the paper by Cleary et al. (2014). The authors' article was based on two universities'

[Queensland University of Technology (QUT) and La Trobe University (La Trobe)] experience with Kanopy patron-driven-acquisition (PDA) and non-PDA models. They reasoned that a trial/experimental subscription of Kanopy OSV would help them "gain an insight into online video usage, demand and viewing behavior." This information could then help them make ongoing OSV collection decisions and justify precious collection funding. Their data indicated several impact factors on usage: increasing discoverability by MARC records, marketing content on campus, embedding OSV in teaching etc. The authors also noted the length of time of database availability correlated with usage as familiarity with the platform/interface and awareness of the content would have a positive impact on users. This factor is consistent with the findings by Yi (2016) when studying e-book usage. Overall, Cleary et al.'s study of the QUT and La Trobe campuses showed that usage justified the PDA of OSV. The cost per title view was lower than other subscription models and at the same time also made large amounts of content available to users for free. In addition, it saved staff labor cost in selection and guaranteed usage for the acquired/paid titles. The findings convinced librarians of both universities to continue their PDA OSV acquisitions.

3. Methods

As noted above OSV is a relative newcomer to the world of electronic resources. Most library literature about OSV covers general trends and few articles in the literature are based on database usage data. The QUT and La Trobe article (Cleary et al., 2014), reviewed above, is earlier research based on data nearly five years old. Online videos have come a long way since then, particularly in people's awareness and use of OSV in everyday life. Youtube statistics (2017) show that its billion users generate billions of views each day. Kaltura (2017) stated 99% of institutions reported instructors regularly incorporating video curriculum. It is now time to look at more recent acquisitions and usage of OSV in academic libraries to see if some of the observations from earlier studies still hold and if any new issues have arisen. A current empirical research study could provide additional insight into how academic libraries are doing now and help us to understand user needs and build quality OSV collections that better support our users. This is the aim of this paper.

This research is based on two OSV databases California State University San Marcos (CSUSM) subscribes to. It will focus on usage of these databases while discussing relevant and related issues. CSUSM has a variety of OSV products such as self-streamed titles hosted by campus IT, individually purchased titles hosted on vender sites, small packages purchased perpetually, a PDA database and several subscriptions, individual titles or packages. Due to data limitations, this study focuses on two subscribed OSV products: Media Education Foundation (MEF) on Kanopy platform and Business and Economics (B&E) collection by Films on Demand (FOD). CSUSM started both subscriptions around summer of 2014.

This study examines usage data of MEF/Kanopy and B&E/FOD over six academic semesters, namely Fall 2014, Spring 2015, Fall 2015, Spring 2016, Fall 2016 and Spring 2017.

3.1 Data collecting

Usage data from the above period of time was collected from the Kanopy and FOD sites and broken down by semesters.

3.2 Data clean-up

This research is focused on the MEF collection via Kanopy platform and FOD's B&E collection only. CSUSM library also subscribes to other videos individually or via package hosting on Kanopy platform. Therefore clean-up was needed to remove these titles and their usage as they are not within the scope of this study.

3.3 Data normalization

As those working in the library statistics field know, data normalization is a critical and necessary step for data manipulation. Counting Online Usage of NeTworked Electronic Resources (COUNTER) is the industrial standard for library usage statistics. However, as discussed above OSV is the newcomer of library electronic resources. COUNTER usage data is not available for EMF/Kanopy and B&E/FOD during all six semesters under study.

After a close look at the usage data available on both Kanoy and FOD platforms, two categories of usage data stand out as comparable and informative for the study, first views (how many times a video has been watched) and second length of time viewing. The two platforms (Kanopy and FOD) use different terminology and mathematical measurement. For consistency, the paper will use "Views" to count number of times a video has been watched and "Minutes" as the measuring unit for viewing time.

4. Findings

4.1 MEF/Kanopy

4.1.1 General observations

For MEF/Kanopy, during the period under study,

- Both Views and Minutes showed similar usage patterns (see Figure 1).
- In general, both Views and Minutes demonstrated a steady growth in use (see the dotted trend lines on Figure 1).
- Usage (Views and Minutes) has more than doubled during the period under study. For example:
  - In Fall 2016, Views were 1374 and Minutes were 32,990.94 while in Fall 2014 Views were 527 and Minutes were 11742.80. Each category increased 160.72% and 180.94% respectively.
  - In Spring 2017, Views were 1101 and Minutes were 26,020.90 while in Spring 2015 Views were 450 and Minutes were 10269. The increase was 144.67% and 153.39% respectively.

Table 3 MEF/Kanopy Usage by Views and Minutes

	Fall 2014	Spring 2015	Fall 2015	Spring 2016	Fall 2016	Spring 2017
Views	527	450	497	1323	1374	1101
Minutes	11742.89	10269.29	10190.78	32838.94	32990.94	26020.91

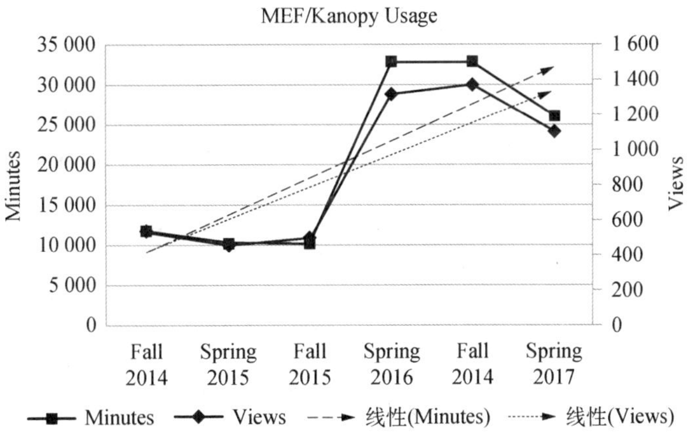

Figure 1 MEF/Kanopy Usage by Views and Minutes

4.1.2 Deep data analysis

It is quite clear that the upward linear slopes demonstrated an increase over time in use for both Views and Minutes. In addition to overall steady usage increase, the usage statistics also showed a sharp surge in Spring and Fall 2016. In order to understand the surge, a closer examination of the usage at title level was conducted. The detailed information reveals that several "high performer" videos contributed to the surge. For example, the video "Tough Guise 2" had a record of 34 Views and 886.32 Minutes usage in Fall 2014. However, in Fall 2016 the video was used for 271 Views and 7447.23 Minutes. This is an increase of

697.06% in Views and 759.64% in Minutes respectively. As noted previously in the literature (e.g. Yi, 2016), usage could be skewed by high performing titles.

4.2　B&E/Films On Demand

4.2.1　General observations

Table 4　B&E/Films On Demand Usage by View and Minutes

	Fall 2014	Spring 2015	Fall 2015	Spring 2016	Fall 2016	Spring 2017
Views	636	518	626	531	364	554
Minutes	7110.10	6132.63	6372.98	5097.07	4119.00	3562.55

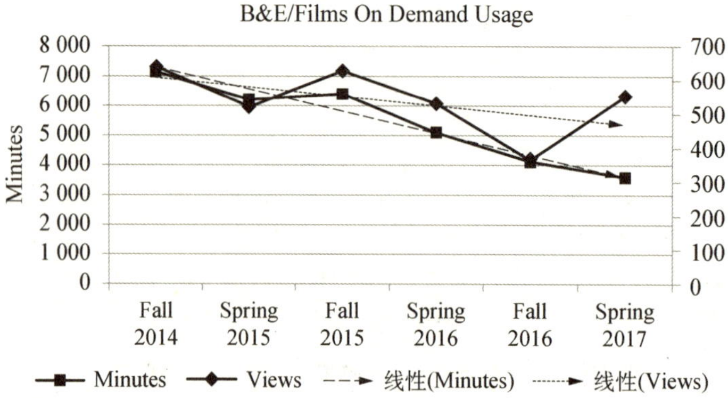

Figure 2　B&E/Films On Demand Usage by View and Minutes

For B&E/Films On Demand, during the period under study, usage patterns are different from those of MEF/Kanopy. Table 4 and Figure 2 reveal:

- Minutes usage showed a steady downward trend.
- View usage trend is less conclusive even if the linear trend line shows a downward slope (see Figure 2 dotted line for Views).
- To explain the above bullet point (Bullet #2), the downward slope is mainly due to low numbers in Fall 2016 with a slight impact from the Fall 2014 number. If we look at the numbers in Spring 2015, Fall 2015, Spring 2015 and Spring 2017 (see Table 4), taking out the numbers for Fall 2014 and Fall 2016, the usage would show a steady pattern over time. To further illustrate this point, please see Figure 3 and Figure 4 below for controlled trend lines.

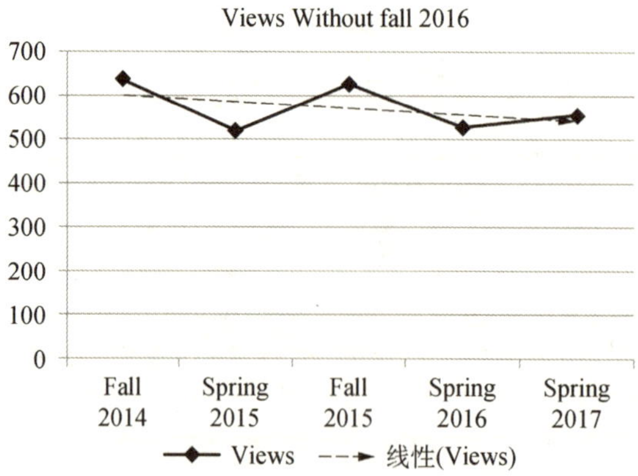

Figure 3　B&E/Films On Demand Views without Fall 2016

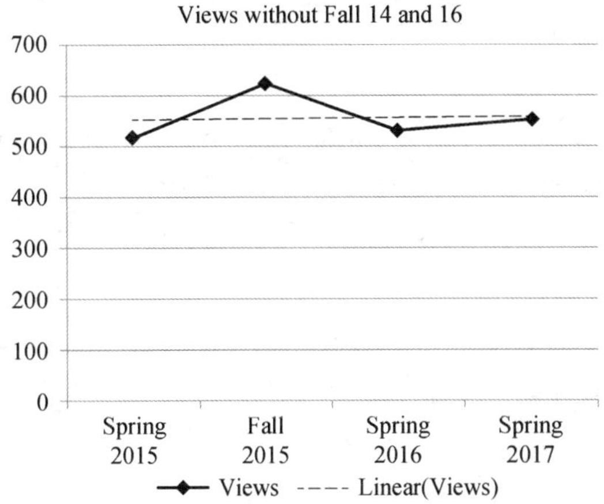

Figure 4　B&E/Films On Demand Views without Fall 14 and 16

4.2.2　Deep data analysis

The above observations and findings lead to some questions: why the Views number in Fall 2016 was lower and what contributed to the steady decrease for Minutes overtime? Quite a few authors have discussed the factors that impact database usage (e.g. Cottrell, 2012; Yi and Herlihy, 2007; Herlihy and Yi, 2010). Among these factors, the ones that stand out the most include curriculum changes, currency of the resources, alternative resources, presence in library catalogs, database/packages content changes, possible data skewing by higher performance titles etc. A systematic study of each of these factors is beyond the scope of this research. It will necessitate another full-length research study. However, by mining raw usage data and checking the Unified Library Management System (ULMS), we could get some insightful statistics and derive valuable information to inform a hypothesis.

4.2.2.1　Alternative resources and library cataloging impact

By searching the video "Made in LA" in our ULMS, we found two records (see Figure 5). The first one on the list is from FOD. However, the second one (alternative resource) has a more recent date (2012/c 07 vs. 2014). It is highly likely a user would go to a more recent resource (impact of currency). A search of "Maquilapolis" also revealed two records (see Figure 6). This time the FOD resource is second on the list. Users are more likely to click on the first link and, needless to say, the first one has the more recent date.

Figure 5　ULMS list and Alternative Resource example 1

Figure 6　ULMS list and Alternative Resource example 2

4. 2. 2. 2 Possible curriculum changes and high performers

A closer examination and comparison of raw data in earlier semesters with later semesters revealed some interesting information.

- Only three of the top ten titles with the highest Minutes stats in Fall 2014 were used in Fall 2016. That is only 30%. The other seven titles were not used at all.
- A quick calculation showed the seven titles that were not-used in Fall 2016 generated 69. 52% Views for the top used titles in Fall 2014.
- An examination of the Spring 2017 raw usage data also revealed that the seven titles which were not used in Fall 2016 were not used in 2017, either. This situation (from highest usage generators in an earlier semester to dropping to no-use in later semesters) leads to the assumption that it is highly likely that there was some change in the curriculum.
- Also, the author couldn't help noticing Spring 2017 Views statistics started rising again. Could this be an indication of increase in use in the following semesters? An extended period of study is needed to answer this question.

5. Conclusion

Based on this study, MEF/Kanopy OSV revealed a steady increase over time in use both by the number of titles viewed and by the number of minutes watched. It clearly demonstrated that OSV is a highly sought material in today's teaching and learning environment. Deep data analysis also indicated that high performing videos can skew usage patterns. It makes sense that researchers should take the skewing impact, whether high performing videos or other factors, into consideration when analyzing data.

The usage patterns for B&E/Films On Demand during the period of time under study are less conclusive. When controlling the possible skewing factors, Views remained relatively constant over the time period under research while Minutes showed a decline trend. However, after probing into raw usage data and other factors, the findings of the study yielded some important insights. Anecdotal evidence indicates that high turnover video titles could be a result of curriculum change. Also alternative resources and library catalog listings could have impacted use. In order to make definite conclusions for these observations, further research is needed.

Instead of providing conclusive answers for some of the questions regarding OSV in an academic setting, this study leads to several suggestions for future studies. For example, a study of relevant curriculum is needed to assess the curriculum change impact on OSV use. It would involve mapping of OSV subject content to discipline courses offered; systematically matching class assignments, required course viewing/reading lists, and student group projects to OSV titles; evaluating student FTE (Full Time Equivalent) enrollment fluctuations in related subject fields during the time period under study; comparing overlapping content in various resources and analyzing a longer period of longitudinal studies. These are just some of the factors for consideration in future studies.

Reference

[1] BARBARA J. BERGMAN, Making the Most of Your Video Collection: Trends in Patron Access and Resource Sharing [J]. Library Trends. 2010,58(3): 335 - 348.

[2] BOSSENGA S. ET AL. (CARLI Commercial Products Committee 2013 - 14). Streaming Video in Academic Libraries: a White Paper. 2014. [EB/OL]. [2018 - 1 - 18]. https://www. carli. illinois. edu/sites/files/files/2014CommercialProductsCommStreamingVideoinAcademicLibraries. pdf.

[3] MARTHA R. SANDERS, BOB MCQUILLAN, and AMY CARLSON. On Beyond E-journals: Integrating E-books, Streaming Videos, and Digital Collections at the HELIN Library Consortium [J]. Serials Librarian. 2012,62 (1 - 4): 189 - 195.

[4] COLLEEN CLEARLY, OLIVIA HUMPHREY, and ALISON BATE. Possible, inevitable or fai acccompli? An

analysis of streamlining video acquisition, acceptance and use in higher education [C]// VALA 2014: streaming with possibilities. 2014: 1-16.

[5] TERRANCE COTTRELL. Video management — mystified with the rest of us [J]. The Bottom Line. 2012,25(2): 44-48.

[6] JULIE A. DECESARE. Patron-Driven Access to streaming Video: Profile of Kanopy streaming [J] Against the Grains. 2014,26(4): 73-75.

[7] SIDNEY ENG S. and FLOR A. HERNANDEZ. Managing streaming video: A new role for technical services [J]. Library Collections, Acquisitions, & Technical Services. 2006,30(3/4): 241-223.

[8] MATT ENIS. On Demand| Academic Streaming Media: Streaming technology is revitalizing video as an educational tool in academia, but there are challenges ahead for libraries [J]. Library Journal. 2015,140(17): 45-49.

[9] JENNIFER FERGUSON and ANNIE ERDMANN. Streaming Video in Academic Libraries: Finding the Right solution. American Libraries [EB/OL]. [2018-1-18]. https://americanlibrariesmagazine. org/2016/09/21/streaming-video-academic-libraries/.

[10] GARY HANDMAN. License to Look: Evolving Models for Library Video Acquisition and Access [J]. Library Trends. 2010,58(3): 324-334.

[11] CATHERINE S. HERLIHY and HUA YI. E-book in academic libraries: how does currency affect usage? [J]. New Library World. 2010,111(9/10): 371-380.

[12] KALTURA. The State of Video in Education 2015: A Kaltura report 2015 [EB/OL]. [2018-1-18]. http://site. kaltura. com/rs/984-SDM-859/images/The_State_of_Video_in_Education_2015_a_Kaltura_Report. pdf.

[13] KALTURA. The State of Video in Education 2016: A Kaltura report 2016 [EB/OL]. [2018-1-18]. https://www. wu. ac. at/fileadmin/wu/h/structure/servicecenters/learn/The_State_of_Video_in_Education_2016_-_A_Kaltura_Report. pdf.

[14] KALTURA. The State of Video in Education 2017: A Kaltura report 2017 [EB/OL]. [2018-1-18]. https://corp. kaltura. com/sites/default/files/The_State_Of_Video_in_Education_2017. pdf.

[15] GEOFFREY LITTLE. The Revolution Will be Streamed Online: Academic Libraries and Video [J]. The Journal of Academic Librarianship. 2011,37(1): 70-72.

[16] SARA E. MORRIS. and LEA H. CURRIE. To stream or not to stream? [J]. New Library World. 2016,117(7/8): 485-498.

[17] REBECCA SCHROEDER and JULIE WILLIAMSEN. Streaming Video: The Collaborative Convergence of Technical Services, Collection Development, and Information Technology in the Academic Library [J]. Collection Management. 2011,36(2): 89-106.

[18] HUA YI and JACKIE BORIN. Measuring trends in electronic resource usage: analyzing database statistics to assess current and future directions. Management Innovation & Library Services [C]// The 3rd Shanghai International Library Forum. 2006: 352-366.

[19] HUA YI. Building Resources that Directly Impact Academic Users: A Case Study of Patron-Driven Acquisitions at California State University [C]// The Third CSUSM Faculty Scholarship & Creative Activities. 2012.

[20] HUA YI. An Analytical Study of E-book Usage: Patron-Driven-Acquisitions Collections and a Subscribed E-book Database". Libraries: Enabling Progress [C]// The Eighth Shanghai International Library Forum. 2016: 309-318.

中国政府出版物与图书馆藏书的新进展：概述

Susan Xue

（美国加利福尼亚大学）

摘要 中国政府出版物在中国的印刷和数字信息产出中占有相当大的比例。这种类型的出版物对国家的运行，对人们的生活至关重要，因此对研究和学术工作也同样重要。学者高度依赖图书馆获取和使用中国政府出版物，然而，由于范围不明确，收集渠道受到限制，收集这类材料一直是一项挑战。本文旨在讨论最新定义的中国政府出版物范围及其数字版本的可用性，图书馆通常收集哪些类型的出版物以及收集所带来的机遇和挑战。

关键词 中国政府出版物；政府信息政策；数字政府信息；馆藏发展；政府网站

New Developments of Chinese Government Publications and Library Collections: An Overview

Susan Xue

(University of California, Berkeley)

Abstract Chinese government publications constitute a significantly large portion of print and digital information output in China. This genre of publications is critical to the operation of the country, to people's lives, and therefore, is important to research and scholarly work. Scholars heavily rely on libraries to access and use of Chinese government publications; however, collecting this type of materials has been a challenge since the scope of government publications had not been clear, and collecting channels have been limited. This paper intends to discuss the newly-defined scope of Chinese government publications and it's availability in digital format, what types of publications library normally collects, and what are opportunities and challenges in collecting them.

Keywords Chinese government publication; Government information policy; Digital government information; Collection development; Government website

1. Introduction

The term of government publication (政府出版物)① has been interchangeably used with government document(政府文件)② and government information(政府信息). ③ The term of government information has

---

① 国务院办公厅 Guo wu yuan ban gong ting，国务院办公厅关于做好《国务院公报》宣传和订阅工作的通知 Guo wu yuan ban gong ting guan yu zuo hao "Guo wu yuan gong bao" xuan chuan he ding yue gong zuo de tong zhi, effective September 6, 1999. Retrieved April 24, 2018 from the State Council website: http://www.gov.cn/gongbao/content/2002/content_61550.htm.

② 天津市人民政府 Tianjin shi ren min zheng fu，天津市人民政府关于废止和宣布失效部分市政府文件的通知 Tianjin shi ren min zheng fu guan yu fei zhi he xuan bus hi xiao bu fen shi zheng fu wen jian de tong zhi, effective November 18, 2016. Retrieved April 24, 2018 from Tianjin City government website: http://www2.tjfdc.gov.cn/Lists/List14/DispForm.aspx?ID=2423.

③ 国务院办公厅 Guo wu yuan ban gong ting，国务院办公厅关于推进公共资源配置领域政府信息公开的意见 Guo wu yuan ban gong ting guan yu tui jin gong gong zi yuan pei zhi ling yu zheng fu xin xi gong kai de yi jian, released December 28, 2017. Retrieved from the State Council website: http://www.gov.cn/zhengce/content/2017-12/28/content_5251177.htm.

been used more often in recent years, likely because government publications have been increasingly produced in digital format. In this paper, the term of government publication will be used interchangeably with government information and government documents, to reflect this trend of evolution.

For many years, there had not been a clear definition for "government publication" in China. It was therefore not clear what constitutes government publications, except for perhaps laws and regulations, which clearly were issued and published by the government. This situation lasted until 2008, when the Chinese government issued the *Regulation of the People's Republic of China on the Disclosure of Government Information* (hereinafter referred to as "*Regulation*"). For the first time, government information was officially defined as "the information produced or acquired and recorded or kept in certain forms by administrative organs in the process of performing their duties."① This definition specifies four fundamental features of Chinese government publications: publisher or compiler (who produces); process (how it has been produced); content and format. First, publisher or compiler, it should be a government administrative body; second, a government publication shall be produced or acquired during or for government operations; third, the content of government information is for performing government duties; fourth, the format government publications can vary as long as it is used for recording and storing the information.

By this definition, Chinese governments at all the levels have produced massive official publications, just as many other countries' governments. The *Regulation* cited above requires central ministries and provincial governments to compile a catalog of government information being disclosed, many have done so and posted such catalogs on their website. The *Regulation* itself also provides a list of government information that should be made available to the public. Combing findings from various official government websites and the information from the *Regulation*, this paper aims at discussing what the scope of Chinese government publications is and its increasing availability in digital format, what types of publications library normally collects, and what are opportunities and challenges in collecting them.

2. The Scope of Chinese Government Publications

The scope of government information or publications is very broad. To make the massive publications easier to understand, this paper attempts to categorize them by the functionality or type of publications, and within types, by nature of administrative duties.

2.1 Laws and regulations

Laws are made and enacted by the National People's Congress (NPC), the legislative organ of China. Regulations can be issued by any of these government bodies: the Communist Party of China Central Committee and its General Office, the State Council, ministries and other institutions of the central government, provincial governments, municipal governments, local people's congress, county governments, Supreme People's Court (SPC), Supreme People's Procuratorate (SPP), local judicial bodies, and military institutions. Regulations include a number of types of documents, they are enforced usually by a regulatory agency formed or mandated to carry out the purpose or provisions of a legislation. Laws and major categories of regulations are listed below:

- Law 法律. Examples: Supervision Law of the People's Republic of China 中华人民共和国监察法; Constitution of the People's Republic of China (2018 Amendment)中华人民共和国宪法(2018 修正). In 2008, the National People's Congress Standing Committee regulated that in general, legislative bills are required to collect comments and feedback from the general public through major

① In Chinese, it is"政府信息,是指行政机关在履行职责过程中制作或者获取的,以一定形式记录、保存的信息。" Defined by State Council, Regulation of the People's Republic of China on the Disclosure of Government Information 中华人民共和国政府信息公开条例, effective May 1, 2008. Retrieved March 1, 2018 from the State Council website: http://www.gov.cn/zwgk/2007-04/24/content_592937.htm.

news media and NPS's website. Feedback and suggestions are summarized and published in NPC Gazettes. The information produced during legislative process can be a close reference to laws.

- Resolution 决议. Resolutions are normally issued by the NPC or the State Council. Example: Resolution of the Standing Committee of the National People's Congress on Intensifying Legal Publicity and Education 全国人大常委会关于加强法制宣传教育的决议.
- Regulation 条例. Regulations can be issued by central government ministries, provincial governments and its bureaus, municipal governments and its divisions. Examples: Regulation on the Implementation of the Environmental Protection Tax Law of the People's Republic of China 中华人民共和国环境保护税法实施条例; Interim Regulation of the People's Republic of China on Value Added Tax(2017 Revision) 中华人民共和国增值税暂行条例(2017 修订); Regulation of Shanghai Municipality on the Protection of the Rights and Interests of Overseas Chinese(09－14－2016)上海市华侨权益保护条例.
- Rule 规则. It can be issued by the central government and ministries as well as local governments. Example: Rules for the In-flight Security of the Public Air Passenger Transport(2017)公共航空旅客运输飞行中安全保卫工作规则(2017).
- Provision 规定. Example: Provisions on the Administrative Reconsideration involving Land and Resources(2017 Revision)国土资源行政复议规定(2017 修订).
- Decree 命令. Example: Decree of the State Council Concerning the Use of Uniform Legal Measures in the Country 国务院关于在我国统一实行法定计量单位的命令.
- Order 条令. Example: Order on Rewards for the People's Policemen of Public Security Organs 公安机关人民警察奖励条令.
- Decision 决定. Example: Decision of the Ministry of Transport on Revising the Measures for the Supervision and Administration of the Safety Production of Highway and Water Transportation Projects(2016)交通运输部关于修改《公路水运工程安全生产监督管理办法》的决定(2016).
- Notice 通知. Example: Notice of the State Administration for Industry and Commerce and the State Administration of Taxation on Strengthening Information Sharing and Joint Regulation 工商总局、税务总局关于加强信息共享和联合监管的通知.
- Announcements 公告. Example: Announcement of the State Administration of Taxation on Issues concerning the Collection and Administration of Consumption Taxes on Refined Oil 国家税务总局关于成品油消费税征收管理有关问题的公告.
- Opinion 意见. Example: Opinions of the State Administration of Taxation on Standardizing Administrative Examination and Approvals and Improving Administrative Examination and Approval Work 国家税务总局关于规范行政审批行为改进行政审批有关工作的意见.
- Measure 办法. Example: Measures for the Administration of the Utilization of Insurance Funds 保险资金运用管理办法.
- Reply 批复. Example: Official Reply of the State Council on Approving the Cancellation of the Control Line of Shenzhen Special Economic Zone 国务院关于同意撤销深圳经济特区管理线的批复.
- Letter 函. Example: Letter of the General Office of the State Council on Approval of the Establishment of the Inter-Ministerial Joint Meeting System for Market Regulation 国务院办公厅关于同意建立市场监管部际联席会议制度的函.
- Interpretation 解释. Examples: Interpretation of the Supreme People's Court on Application of the Administrative Litigation Law of the People's Republic of China 最高人民法院关于适用《中华人民共和国行政诉讼法》的解释; Interpretation of Article 104 of the Basic Law of the Hong Kong Special Administrative Region of the People's Republic of China by the Standing Committee of the National People's Congress 全国人大常委会关于《中华人民共和国香港特别行政区基本法》第一百零四条的解释.

Those documents have been published in various ways. Traditionally, collection of laws published by designated publishing houses. In recent years, the NPC, the State Council, central ministries, and other government institutions have started and are continuing publishing laws and regulations at their official websites. There is also another important type of publications that carries laws and regulations—gazettes. Gazettes also contain other information including feedback on proposed laws and regulations, appointment and removal of officers, decisions, notices, reports, and other policy documents. Major gazettes include:

- Gazette of the Standing Committee of the National People's Congress of the People's Republic of China 人大常委会公报
- State Council Gazette 国务院公报
- Gazette of the Supreme People's Court 最高法院公报
- Gazette of the Supreme People's Procuratorate 最高人民检察院公报
- Gazettes of ministries and commissions 各部委公报
- Gazettes of provincial governments 各省政府公报
- Gazettes of municipal governments 各市政府公报

2.2 National Plans and Policies

This type of documents plays a critical role in economic development, government operations, and all aspects of people's lives. Many types of documents included in this category, a few examples below:

- National economy and social development plans and policies, example: Outline of the 13th Five-Year Plan for National Economic and Social Development of China 2016 - 2020《中华人民共和国国民经济和社会发展第十三个五年规划纲要 2016—2020》
- Special project plans and policies, example: The 13th Five-Year Plan of National Environmental Protection Standards《国家环境保护标准"十三五"发展规划》
- Regional plans and policies, example: General Urban Planning of Beijing 2016 - 2015《北京城市总体规划(2016 年—2035)》
- Other national and regional policies, example: China's North Pole Policy《中国的北极政策》
- White papers, example: Judicial Transparency by People's Courts 中国法院的司法公开

2.3 Documents produced by ministries and bureaus at national and lower levels

This type of documents includes a wide range of publications and information, and has been issued by central ministries, other central governmental, provincial, municipal and county government bodies. Documents are ranging from proposing or implementing projects or activities, to announcing appointment and removal of officers, some examples below.

- Notice on implementing an order from government bodies above, example: Shandong Province's Report on Implementing the 8th Decree of the State Archives Administration 关于贯彻落实国家档案局 8 号令情况的报告(山东省)
- Notice on implementations, example: Jiamusi City's Plan for Dealing with Major Emergency of Road Accidents 佳木斯市立即启动重大交通事故应急预案
- Review and approve requests, example: Approval of Establishing Agent for Entertainment Performances 设立演出经纪机构的审批
- Institutional reports, example: Shandong Archives Bureau's Report on Local Regulative Plans 山东省档案局 2011 年度地方立法计划报告
- Appointment and removal of officers, example: List of Shandong Province's Approval of Appointment and Removal of Officers 山东省人民政府任免的工作人员名单

2.4 Statistics

Statistics constitute a large portion of government information. Enterprises and institutions may also produce statistics; however, official statistics are the only resource that carries authority and have been systematically collected nation-wide at all administrative levels. Official statistics pertain to all aspect of national economy at macro and micro scale, it also concerns people's daily life. It serves informed decision-making of government officers, monitors the overall economic and social development, and provides critical information to scholars in social sciences, science and humanities disciplines. Some of the major types of statistics are listed below:

- Census data. Examples: population census 人口普查, economic census 经济普查, agricultural census 农业普查, industrial census 工业普查, basic unit census 基本单位普查, the third industry census 第三产业普查.
- National statistics that cover 25 categories ranging from national account to the development of regional sectors, example: China Statistical Yearbook 中国统计年鉴
- Provincial, municipal and other regional statistical yearbooks that cover categories similar to national statistics, example: Beijing Statistical Yearbook 北京统计年鉴, Xinjiang Production and Construction Group Statistical Yearbook 新疆生产建设兵团统计年鉴
- Subject statistics at national and lower levels, example: China Civils' Statistical Yearbook 中国民政统计年鉴,《2015 年全国收费公路统计公报》; Beijing Input-Out Table 北京投入产出表
- Statistics Bulletins produced by central government ministries, provincial and municipal governments, examples: Statistical Bulletin of the Ministry of Human Resources and Social Security 人力资源和社会保障事业发展统计公报; Statistical Bulletin of Ministry of Education 教育部教育发展统计公报; Statistical Bulletin of Investment in Science and Technology in Jilin Province 吉林省科技经费投入统计公报; Statistical Bulletin of Average Wages in Urban Institutions in Shenzhen 深圳市城镇单位平均工资数据公报.
- Surveys conducted by national and provincial statistics bureaus, examples: China Countryside Statistical Survey 新中国农村统计调查; 2000－2011 Shanxi Statistical Survey 2000－2011 山西统计调查.
- Budgetary plans and reports from governments at all levels, example: Compilation of Budgetary Reports of Selected Provinces (Districts and Municipalities) in 2015《2015 年部分省(区、市)财政预算报告汇编》
- Financial accounts report from governments at all levels, example: Report on the National Accounts of the Central Government in 2016《关于 2016 年中央决算的报告》

2.5 Documents related to operational procedures, requirements and implementations

Governments at all the levels issue documents for their daily operations. Many types of documents included in this category. Major types of documents listed below:

- Approval and implementation of major projects.
- Implementation of policies and measures concerning people's lives such as education, social services, health care, and employment issues.
- Reports on management and use of financial revenue and expenditure and special funding.
- Reports or updates on monitoring of environmental protection, public health, food safety, and safe production.
- Plans for dealing with emergency and results.
- Reports on requisition of land, housing demolition and compensation and similar cases.
- Reports on distribution and use of funding and donation for disaster relief.
- Reports on land use plan at village and township level.
- Reports on family planning.
- Details about charges for administrative services, reasoning and criteria.
- Report on government procurement, items and criteria.
- Requirements, documents, conditions, procedure, length of time for applying for administration permits or licensing.
- Notice of approval of application for government projects or services.

❖ Reasons and occasions for imposing fines.

3. Publishing of Chinese Government Publications

Before the *Regulation* was released in 2008, there were no laws or regulations specifically determining how Chinese government publications should be published, except one regulation for publishing laws and regulations. The State Council issued a regulation in 1990 stating that no individuals are allowed to compile and publish laws and regulations. Laws should be compiled by the NPC, regulations should be compiled by the State Council, military regulations should be compiled by the Central Military Commission, departmental regulations should be compiled by responsible departments, and local regulations should be compiled by local NPCs and local government. ① There was another document issued by the former General Administration of Press and Publication stating that without approval, any publishing house should not publish government white cover report (政府白皮书). ② The major regulation concerning publications-*Regulation on the Administration of Publication* (2016 Revised)③-stipulated how publishing and publications should be approved and managed in general, but nothing specifies if government publications should be approved and managed differently. In practice, laws and regulations and statistics tend to be published by designated publishing houses, such as China Law Press and China Statistics Press.

While the practice about publishing laws and regulations still valid, the *Regulation* in 2008 only focuses on publishing government information online, does not touch on print format, as government information goes digital. It clearly stipulates channels of publishing or releasing government information. One major requirement that the *Regulation* asks to implement is that governments at all the levels should "actively" publish their information. If following requirements④ are implemented, there would be no barrier to access and use government information.

❖ Administrative offices should actively publish government information through government gazettes, government website, press conference, newspapers and televisions.

❖ Governments at all the levels should establish a reading room in archives and public libraries, and actively provide government information to these institutions. Necessary equipment should be provided to facilitate the access for the general public.

❖ Individual government offices are responsible for their own information publishing. Publishing laws and regulation should follow certain regulation.

❖ Generally, government information that is allowed to release to the public by law should be published within 20 working days.

❖ Individual government offices should compile and publish their own catalog of government publications or guidelines and keep it up-to-date. Catalogs should classify information by category, include document title, abstract, date and index. It should also include institution name, hours,

---

① The State Council,法规汇编编辑出版管理规定 Fa gui hui bian bian ji chu ban guan li tiao li, released July 29, 1990. Retrieved March 30,2018 from the State Administration for industry and Commerce of China: http://www.saic.gov.cn/zw/zcfg/xzfg/199007/t19900729_215576.html.

② General Administration of Press and Publication,关于不得擅自出版政府白皮书的通知 Guan yu bu de shan zi chu ban zheng fu bai pi shu de tong zhi, released September 10,1998. Retrieved March 30,2018 from APPRFT of Guangdong Province: http://www.xwcbj.gd.gov.cn/xwcbgdj/gfxwj/199811/398c347fea8d4a5b801f50bb6a0a3b54.shtml.

③ The State Council,出版管理条例 Chu ban guan li tiao li, released December 25,2001. Retrieved March 30,2018 from the State Administration of Press, Publication, Radio, Film and Television of China: http://www.gapp.gov.cn/govpublic/83/81282.shtml.

④ The State Council, Regulation of the People's Republic of China on the Disclosure of Government Information 中华人民共和国政府信息公开条例,effective May 1,2008. Retrieved March 1,2018 from the State Council website: http://www.gov.cn/zwgk/2007-04/24/content_592937.htm.

contact information and email.

In 2017, the State Council issued a notice to provide further guidelines on developing official government website. It regulates management responsibility, rules for domain name for government website, functionality and maintenance. It further specifies how government information should be published, particularly emphasizes that governments at all the levels should publish information accurately and in a timely manner. Laws and regulations should have effective and expire date and should be searchable; statistics should be kept up-to-date and downloadable; and operational procedures should be accurate and indicate who is the issuing authority. ① With those clear instructions, hopefully government websites and information published will become more accurate and reliable.

4. Chinese Government Publications and Library Collections

Libraries used to collect Chinese government publications in traditional way and format: through publishers and book vendors and publications are in print format. Now that government publications are published in both traditional print format and increasingly in digital format, the way that library collects them need to be re-considered. The fact that Chinese government publications go digital will greatly improve the availability of and access to scholars and the general public, it also has enormous impact on how library should collection and manage those materials.

4.1 Current situation of collecting government publications

It has been a tradition that library collects selected Chinese government publications, as they are important information resources for scholars in social sciences and some humanities and science disciplines. The main types of government publications that many libraries normally collect are:

Gazette of the Standing Committee of the National People's Congress of the People's Republic of China
State Council Gazette
Collections of laws
Collections of regulations
Selective collections of national plans and policies
Selective collections of plans and policies in special areas
National population census data
Statistical yearbooks and surveys

Publications above used to be in print format, published and distributed by commercial publishers and vendors. Many of those publications are now available in digital format, also via commercial publishers and aggregators. Given there was no clear definition for "government publications" before 2008, publishers might be unsure what to compile and publish other than laws and statistics, thus many important polies and documents were not available for library to collect in old days, ultimately, not available to scholars and other end users.

4.2 Opportunities and challenges in collecting digital government publications

Digital publishing has been developed very fast in China, many scholarly publications are available in digital format, including born-digital and digitized publications. Going along with this trend, government information also goes digital. It is a critical step forward for the openness of government administrative operations and services. The development of digital government information also has direct impact on libraries in several aspects. Opportunities provided by this new trend benefit both libraries and end users: First, it is clear that what is the scope of government information and what types of documents or information are openly

① The State Council,国务院办公厅关于印发政府网站发展指引的通知 Guo wu yuan ban gong ting guan yu yin fa zheng fu wang zhan fa zhan zhi yin de tong zhi, released June 8,2017. Retrieved March 31,2018: http://www.gov.cn/zhengce/content/2017-06/08/content_5200760.htm

available; second, individual government offices are required to compile and publish a catalog of their information, which provides an useful tool for library to view and select; third, major types of government publications are required to publish through official government websites, which provides great convenience for library to aggregate those documents; last but not least, the browsability and searchability of digital government information provide an easy way for librarians to provide research consultation to scholars. Instead of viewing many hard copied of books, librarians can easily browse and search relevant government websites for information.

Libraries in China as well as overseas have utilized advanced technology and matured online catalog platform for managing library collections, they are in a good position to further build Chinese government publications in digital format. Since it takes time for Chinese governments at the all levels to implement the *Regulation* and other requirements, fully develop their website, and publish their publications and data at a full scale, libraries face challenges in collecting and using digital government publications in this new era.

Challenge one: There are too many individual government websites, it is impossible to search each individual ones, in occasions that scholars research on a nation-wide topic. The National Library of China has developed a central platform: *Chinese Government Public Information Online* (http://govinfo. nlc. cn/). It is a great tool to get started in aggregating government information; however, as many central government offices and local governments may not yet provide their documents and data to this platform, the information there is far from comprehensive. Based on local academic community's needs, libraries may need to create their own digital government publication collection by subject, region or issuing agencies. Documents from different sources in different format and different version will need value-added work in aggregation. Another reason that libraries need to aggregate government publications is frequent changes of government websites, which would cause broken links to documents or document disappearing altogether.

Challenge two: Many, if not all, government offices compile and publish their own catalogs, which is a huge improvement to their practice before. However, it is not easy for libraries to fully use them since catalogs are sometime organized in different ways and publications are classified in different ways from library's practice. There has been studies on how government publication catalogs should be compiled so hopefully the practice will be improved. While we wait for improvement in compiling government publications catalogs, libraries may need to take action in integrating and re-compiling some of the catalogs based on local academic community's needs.

Challenge three: Librarians need training to gain professional knowledge of Chinese government publications. Individual copies of Chinese government publications may have existed in libraries for a long time period; however, many librarian may not realize that those books are actually government publications, and whether they are officially published or not. Since digital government publications have been much more widely accessible via government websites, the brand and identity of those websites would help define the nature of government publications. Librarians would learn from their daily work in collecting and serving scholars, and gain professional knowledge of this genre of publications.

5. Conclusion

The *Regulation of the People's Republic of China on the Disclosure of Government Information* and the guidelines on developing government website released in 2017 set the direction and requirements for publishing or releasing government information. As there is now a definition for "government information" and there are also requirements for publishing government information online, libraries and scholars would benefit greatly from new policies and practices. Based on the improved availability of government information in digital format, libraries need to actively build digital Chinese government publications, develop a richer collection based on previously built print collection. While relying on the *Chinese Government Public Information Online* developed by the National Library of China and government websites, libraries need to consider developing their subject or regional collections to meet local academic community's needs. Libraries may also need to consolidate or integrate catalogs produced by various government offices for their own local academic needs. By collecting and using more widely published government publications, librarians would develop their professional knowledge and serve scholars in a more efficient way.

图书馆的馆藏发展与知识组织：以维尔纽斯犹太公共图书馆为例

Zilvinas Beliauskas

（立陶宛维尔纽斯郡公共图书馆）

摘要 维尔纽斯犹太公共图书馆(VJPL)于2011年由一个小的团体提出倡议并由立陶宛共和国文化部设立,基本馆藏来自于一位圣地亚哥的藏书家捐赠的5000多册藏书。图书馆的宗旨在于保存和复兴曾经盛极一时的犹太立陶宛人,即“利特瓦克”以及全世界犹太人的犹太传统。在立陶宛和世界各地的私人或机构捐赠下,藏品日益丰富。捐赠需要基于图书馆的特定需求制订沟通策略。沟通的结果从另一方面影响着图书馆的发展,使图书馆达到国际水准,并寻求到跨国界的合作。

知识组织遵循犹太人的基本原则,重视利特瓦克传统及其对当地文化、政治、科学的贡献以及利特瓦克人对世界的贡献。最后,犹太人历史和传统的格局成为图书馆知识焦点。最遥远和最具异国风情的包含犹太历史、文化的地区成为维尔纽斯公共图书馆的研究目标。维尔纽斯公共图书馆非常愿意与其他国家开展包括藏书交换在内的文化合作方面的国际交流。

因此,VJPL的藏书标准和知识组织方式在世界上也独一无二,本文拟对此进行介绍。

关键词 图书馆藏;犹太教;利特瓦克;维尔纽斯;犹太人;文化;交流;书籍捐赠;知识组织;文化活动;犹太剧场

Vilnius Jewish Public Library as Especially Specific Case of Library Collection Development and Knowledge Organization

Zilvinas Beliauskas

(Vilnius Jewish Public Library)

Abstract Vilnius Jewish Public Library was established in 2011 by the Ministry of Culture of the Republic of Lithuania but on the basis of social initiative of a small group and a collection of 5000 books donated by a private donator from San Diego. The mission of the library is to preserve and revive once flourishing Jewish heritage of the Jewish Lithuanians, so called Litvaks, and Jews in all over the world. The collection continues to be enlarged only with the help of private or institutional donations from Lithuania and all over the world. Donations require a great deal of communication strategy based on the specific library needs. The feedback of communication and activated opportunities on the other hand influence the collection development. It makes library to work on international level and also to seek cross border cooperation.

The knowledge organization is following a scheme where with the basic Judaic principles in mind a priority is put on the Litvak tradition, its contribution to the local culture, politics, science etc. and the contribution of Litvaks to the world after they found themselves overseas. Finally, the whole pattern and network of the world Jewish history and tradition becomes the knowledge focus of the library. In this way the most distant and exotic geographies containing at least some of the Judaic historical, cultural and other dimensions turn into targets of the Vilnius Jewish Public Library. The library is highly interested in developing international contacts with partners in distant countries for possible cultural cooperation including book exchange and joint cultural events.

Keywords Book collection; Judaism; Litvaks; Vilnius; Jewish; Culture; Communication; Book donations; Knowledge organization; Cultural activities;; Jewish theater

1. Vilnius Jewish Public Library was established by the Ministry of Culture of the Republic of Lithuania as a structural unit of Vilnius County Adomas Mickevičius Public Library. The official opening took place on December 16,2011 and library doors were opened for its readers and visitors on February 1,2012.

The library had had its pre-history which is related to its initiator Mr. Wyman Brent-a book collector from San Diego, USA and someone who fell in love with Vilnius and then with Jewish culture. He started collecting books related to Judaism, Jewish history, culture and all spheres of life in 2004 and in 2009 he shipped his around 5000 book collection to Vilnius with an idea to start Vilnius Jewish Library. His attempts to realize the idea after two years here in Vilnius were not successful probably due to the lack of experience, finances and everything else what would be needed apart from good intentions.

1. 1. At the beginning of 2010 I was introduced to Wyman Brent and I found his idea very attractive. I decided to volunteer and to try to coordinate the initiative while dealing with the Government of the Republic of Lithuania, Ministry of Culture, Ministry of Education, Vilnius Municipality and other related institutions. It took two years of correspondence, meetings, talks and negotiations to have the project confirmed and implemented. The general situation was not in our favor since the world financial crisis was at its peak and Lithuania was also facing the consequences-strict austerity measures were applied in various sectors of life and state policy rather then new expenditures. Institutions were being closed rather then opened. Fortunately, the Prime Minister, Andrius Kubilius, while being a technocrat was also a son of a prominent literature professor Vytautas Kubilius and he understood the importance of the library very well. He expressed his support and enabled State Chancellor Deividas Matulionis to coordinate and help with the efforts to find appropriate ways and means to establish the library. Another positive factor was that the Minister of Culture Arūnas Gelūnas then was probably the most intellectual Culture Minister of all times in Lithuania and he was also very much in our favor and supportive to realize the library idea. Member of Seimas (Parliament) Petras Auštrevičius (member of the EU Parliament now) was especially instrumental to have the things moving. Another member of Parliament Emanuelis Zingeris was definitely on our side as well. Also, there were another non-direct circumstances and coincidences turning out to be useful for the library. In the course of the process Lithuanian prosecutors found some law violations in the contracts with construction companies working with the Palace of Rulers reconstruction. It caused freezing of the project financing with the money already allocated for the Ministry of Culture and it had to make quick decisions where to invest the allocated finances for that financial year. Theaters, estate restorations and other cultural projects benefited including remodeling of the premises already assigned to the being established library after another institution had been closed according to the austerity policy aimed at managing the financial crisis. I had a pleasant role to choose the most appropriate location and premises since I was given a list of available offices to choose after a number of institutions were reduced.

The joint efforts resulted in quick remodeling work to have the library open still in 2011 since this year was declared as Holocaust Memorial Year in Lithuania and there was a strong wish and political will to have more of events related to the Jewish history in Lithuania in general.

In the course of the two years of working with the idea and project of the Vilnius Jewish Library to be embodied I have organized three public events to present the library project to the Lithuanian society, to cultural and political leaders of the country. The first one took place in the Lithuanian Culture Institute. The chairman of the Lithuanian Jewish Community Simonas Alperavičius took part and gave his supportive welcoming speech which was considered as a blessing and strong 'Yes' from the side of the Lithuanian Jewish Community. It was followed by prof. Dovid Katz and others. Foreign ambassadors and politicians were present and welcoming the idea of Vilnius Jewish Library. The second presentation took place in Užupis Art Gallery "Galera" with similar scenario but in a more artistic, creative and relaxed atmosphere of an artists' dominated so called Independent Republic of Uzupis.. The third presentation was made in the House of National Minorities in Vilnius. On all three occasions the guest speeches were said in front of or next to a nice book exhibit from the W. Brent's collection and followed by a concert and some refreshment drinks or wines.

While advocating for the library project I was working out its mission and when persuading Lithuanian officials to make the decision to have it despite the economic crises, I kept saying that we are not asking to finance acquisition of books and materials, that there are plenty of supporters and fans of the library in the world who are willing to donate books and the library will be growing on the basis of international and local donators. And that is the way we are working now. There are many of those who are willing and wishing to donate in the world but it takes a lot of communication to ensure every shipping or gift to reach the door of our library. Also, shipping costs is something else than book donation and in many cases that has to be considered separately and in many cases it is a major problem. It can be said that it is one of the most problematic issues for the growth of the library collection.

1. 2. As it is stated above, Vilnius Jewish Public Library formally is a division or branch of the Vilnius County Adomas Mickevičius Public Library. This decision not to open a totally new library was made in attempt not to disaccord with the general austerity politics of that time with but a possibility was left when time comes to put it on the rails of a separate self-governing library which would be subordinate to the Ministry of Culture or Vilnius Municipality. We are very thankful to Mr. Petras Zurlys, the director of Vilnius County Adomas Mickevičius Public Library (VCAMPL), who agreed to accept and provide help for newly established unit-Vilnius Jewish Public Library (VJPL) in the structure of VCAMPL. Mr. Wyman Brent has signed a donation of books Agreement on October 5, 2011. The present VCPL situation has advantages for the VJPL because it has substantial freedom for action as well as initiative and is getting a needed technical support, does not have to care about financial book-keeping etc. But with the growth of the book collection and cultural activities scope things might be different one day.

Today our goals and mission officially are defined on our website http://vilnius-jewish-public-library.com/en/apie-biblioteka/as:

2. Our mission

The mission of the Vilnius Jewish Public Library is to promote Jewish literature and stimulate intercultural cooperation between Vilnius communities as well as to contribute to the preservation of the country's historical memory and continuity of the Jewish culture in Lithuania. The work of the Library is based on the democratic values guaranteeing that all members of society must have equal access to all sorts of information.

3. Our goals and activities

3. 1. The main goal of Library is to ensure open and convenient access to the creative work of Jewish authors and literature about actual and historical Jewish culture. While pursuing its main functions library also aspires to reveal a significance of cultural heritage of Lithuanian Jewish people and its contribution to Lithuania's cultural, academic and social progress.

3. 2. In implementing these objectives, the Library not only continues the first Jewish public library tradition, but also promotes cultural diversity and intercultural dialogue between the city communities using library spaces for art exhibitions, presentations of books, conferences, discussions, lectures and other educational and cultural events.

3. 3. Currently the library collection consists of around 8 000 books, prints, CDs or DVDs. Around 1,5 thousand books are waiting in queue to be catalogued and here we feel a shortage of human resources since this process consists of two stages-registering, which is done at VCAMPL and where the book jam currently is slowing down down the whole process. The following steps should be taken to catalogue books and to put the information into data bases accessible to our readers and those interested across the world are to be taken by our own staff.

3. 4. As I kept repeating on various occasions during the volunteer work to have the library established, we

are seeking it to be a vibrant cultural center and we are trying to be inventive, flexible and creative to organize all forms of cultural events we are able to carry out in the library premises. In 2016 we had 52 book presentations, lectures, film screenings and meeting their creators, round table discussions, concerts, exhibitions and other events. This year we are going to have even higher statistics since the the beginning was very productive sometimes with more than one event per week. The number of participants varies from a dozen to more than 100 depending upon the theme, guest lecturer and occasion. We try to take advantage of every interesting and useful opportunity to have something interesting and educational about Jewish literature, culture and all spheres of life in the library. For instance, with the cooperation of the International Yiddish Center here in Vilnius in spring we provided Yiddish classes led by Dr. Eglė Bendikaitė for beginners-32 academic hours and our students were very motivated and active. 17 certificated were issued and awarded for those who attended and participated actively in the classes. It was including me and our librarian Žydrūnė Tichanavičienė. We consider it as a good opportunity to improve our professional and intellectual capabilities needed for the work in the library. The teachings are expected to be resumed this fall by prof. Dovid Katz in late October.

3. 5. Our readers' statistics is as follows-we have 3 – 5 readers a day and in 2016 we had 3810 visitors. 1152 documents were given out to our readers apart from what they can use with free access on the shelves of the library. We feel a growing interest from high school students, intellectuals and those who are more and more interested in Jewish topics. There is a more or less stable group of readers coming from Jewish community and international residents in Vilnius since the dominating part of books is in English so far.

3. 6. To be able to get some more support for the VJPL activities the Vilnius Jewish Public Library Charity and Support Foundation was established-http://www. vilnius-jewish-library-foundation. com/en/The foundation following its bylaws is entitled not only to support the library but also to run cultural projects related to Jewish culture and to apply for financing. Its major projects were Jewish Culture Days in Zagare-http://zagare-jewish-culture-days. weebly. com/and the Jewish cultural historical almanac "Brasta" (Wade)-http://www. vilnius-jewish-library-foundation. com/wp-content/uploads/2017/05/Wade _ showcase. jpg which is underway. Zagare Culture Days are to be continued next year or a year after the next.

3. 7. Another shoot from the VJPL is Vilnius Jewish Theater-http://www. vilnius-jewish-theater. com/also registered to be able to carry out even more cultural projects. Currently, the theater is in the process of staging a musical play based on Avram Karpinovich short stories "The Last Vilna Prophet" after getting a partial financing from Lithuanian Culture Council. An application to stage a one-person-play by Michael B. Druxman "Jolson" about a famous entertainment artist who was a Litvak-Al Jolson is submitted. The leading and the only role would be played and by a popular Lithuanian opera singer Rafailas Karpis and the director is agreed to be an experienced professional Algirdas Latėnas, the former director of the Vilnius Youth Theater.

3. 8. VJPL is in good cooperation relations with the most of related institutions and organizations-Judaica Department in the Lithuanian National Martynas Mažvydas Library, Litvaks in the World organization, Vilna Gaon State Jewish Museum and its Tolerance Center, International Yiddish Center in Vilnius established by the World Jewish Congress, International Commission to Evaluate Nazi and Soviet Crimes, Shalom Aleichem Gymnasium, Genocide and Resistance Center in Lithuania, Center for Studies of the Culture and History of East European Jews, Lithuanian Jewish Legacy Way Association, publishing houses, artists, ensembles and other. The library is the member of the Association of the Jewish Libraries-https://jewishlibraries. starchapter. com/index. php. Žilvinas Beliauskas gave presentations about the library activities in two annual conferences of the Association, in 2016 in Charleston, USA and in 2017 in New York, USA. VLPL also is in partnership with the United States Holocaust Memorial Museum. In 2015 Žilvinas Beliauskas took part in a conference and seminar in USHMM in Washington DC and afterwards worked in a joint project (with the International Commission to Evaluate Nazi and Soviet Crimes) of Holocaust teaching in Lithuania.

The VJPL, speaking in business terms, is young and aggressive. Meaning it has ambitions to be one of the best (if not the very best) in the world of this kind of libraries. It is obvious that it demands a lot of effort and persistence but the goals and the mission seems really worth seeking it.

Most of the essential information about the library, its history, collection and cultural events as well as annual work reports (in Lithuanian) can be found on the website-http://vilnius-jewish-public-library. com/en/and current events are reflected on its Facebook account-https://www. facebook. com/VilniusJewishLibrary/

4. Based on the above what is so specific about the library collection development and knowledge organization

Probably our book collection criteria and knowledge organization is in a way unique in the world due to the elements of the national, geographical and historical character. The Lithuanian Jewish history is so rich and unique that it has a special name of Litvaks in the whole world Jewish universe. Nowadays Litvaks are prominent in all over the world and in Israel they make up the highest political, scientific, cultural and artistic elite of the society. There are some discussions about the term but generally it defines Jews living more or less on the territory of the Grand Lithuanian Duchy which in the 15th century stretched from the Baltic to the Black sea. But Litvak Jewish population is meant mostly from the territories of the current Lithuania, parts of Belarus, Ukraine and Poland. Territorial division is not the only criterion of Litvaks. They also spoke a characteristic of them Yiddish version. And probably the most important feature separating them from the rest of the Jewish world was that they are the followers of the Vilna Gaon (1720 - 1797) — a Talmudist, halakhist, kabbalist, and the foremost leader of misnagdic (non-hasidic) Jewry of the past few centuries. His teaching opposed very strongly the Hassidic trend dominating in Ukraine, Poland and other East European countries. Gaon even pronounced cherem (ban of excommunication) against the Hasidim and in such a way a Litvak cannot be a Hasid and the other way round. Because of the focus on mindful studies of Talmud and Tora Gaon's teaching was stimulating intellectual activities and many think that this was the reason why Litvaks were so good in science and arts. Some of them were famous themselves and some of them gave birth to their famous offsprings. Just to give several examples-Shimon Peres, the 9th President of Israel (2007 - 2014) was born in in Wiszniew, Poland (now Vishnyeva, Belarus) Benjamin Netanyahu, the 9th Prime Minister of Israel, born in 1949 in Tel Aviv but to Warsaw born father; Al Jolson, (1886 - 1950) born in Seredzius, Lithuania, who was just a super celebrity in the first half of the 20th century in the USA not less famous than Frank Sinatra for his generation. To mention more with Lithuanian roots: Leonard Cohen, Bob Dylan, Michael Bloomberg and many many more. To mention fantastic writers and poets who wrote in Yiddish-Avrom Sutzkever, Chaim Grade, Shmerke Kaczerginski, Moshe Kulbak and plenty of others. Litvak creation, their biographies or studies about them might be indicated as our priorities.

We seek to show the rich Jewish life in Lithuania starting from the 14th century. The cultural development in the 19th century and especially the first half of the 20th century is considered as the golden age coining a name for the Lithuanian capital Vilnius of the Jerusalem of the North.

All this vibrant life flourishing was just brutally halted by the German occupation during the World War 2 bringing one of the most cruel genocides in the world-the Shoa or the Holocaust with the extermination of 6 million Jews in Europe. Our book collection cannot avoid the vast majority of books, historical studies, biographies of the survivors and their rescuers, the Righteous of the World. Lithuania has a lot to discuss about this tragic topic since the percentage of the murdered Jews was the highest in the European countries raising up to 95% of the whole Jewish community in Lithuania. That made up around 200. 000 of victims and today it remains a sensitive issue coming up as an unhealed trauma which had been hidden and forbidden to be disclosed during the Soviet occupation period until 1990.

The Litvak part of collection is surrounded by the whole bunch of Jewish many-sided life. Since we try to demonstrate the Jewish contribution to the world culture and to Lithuanian statehood development, all areas of life with the Jewish dimension become our field of interest. Jewish history, Judaism, culture, arts, sports, kitchen, literature for kids fit well into our collection. Sometimes a book itself and its content may have nothing in common with Jewishness but once it is written by some famous author who is Jewish, we can include him/her into collection. Say Sigmund Freud or an interesting edition of Marcel Proust can find their place on our shelves. Or a book by Nobel Prize winner on economy Robert Shiller from Yale University (with Litvak roots) who admits himself being Lithuanian, would be much respected in our library. Also, it is very natural that we collect books on all spheres of life of the state of Israel regardless who is the author. There are books written by Lithuanians about this country.

Concerning languages, as it was mentioned above, currently books in English constitute the major part of our funds but the number of books in other languages is growing rapidly-in Lithuanian, Russian, German, Polish and other. A very professionally selected collection was made and donated by the World Yiddish Book Center in Massachusetts. It consists of more than 800 books and contains important indexes, manuals, and creation by the authors who lived in pre-war Vilnius and Lithuania.

This configuration of the collection in our knowledge organization is combined with the cultural events in our library. In such a way meetings with the local and foreign authors, concerts of Klezmer music or meeting a leading Israeli composer of contemporary classical music, discussions and lectures about the richness of Yiddish culture go well with the way we try to communicate the lost and forcibly forgotten Jewish heritage. Film screenings and meetings with their creators, exhibitions or Yiddish language classes add considerably to the knowledge organization and efforts to convey to the public. Some of them are extremely popular and sometimes we are not able to fit our visitors to our conference hall where 50 guests can feel pretty comfortably established in their seats but there were cases when more than 100 persons managed to push themselves into the room with others just listening from the next room. One of the most popular events was a discussion between historians and psychologists about the collective memory and how Holocaust trauma and its defense mechanisms should be treated. It demonstrated that this issue is really very sharply felt and national self-therapeutic process is needed. Every lecture or meeting which sound like worth recording is video taped and uploader to out Youtube account. Our belief is that books are a non-compromised value but they can remain very much dormant if there is no commotion around them, they are not in between other lively events like discussions, presentations, exhibitions, concerts in between shelves etc. etc.

We also keep repeating that it is not a Jewish library about Jewish or Judaic things just for Jews. It is a real public library for non-Jews as well as for Jews and whoever might be interested in the theme. Probably, namely the Lithuanian reader is in the biggest need of regaining the national history with all its aspects. Once Jewish, Lithuanian, Polish and Russian societies lived in Lithuania but had there parallel lives with comparatively little intersection. Now it is obvious that the present Lithuanian Jewish society of around 3000 Jews would not be able to restore the memory and the major cultural monuments on its own and that it is possible only with joint efforts of all the citizens and nationalities here in Lithuania. And in this respect Lithuanians of today learn to accept the Jewish legacy as not the legacy of some Other, the stranger, but the legacy of the Lithuanian state with Jews as fellow citizens sharing common history of the sate celebrating its 100 years anniversary this year. The growing interest, and especially from the young generation of students give many hopes that we are moving towards a healthier, more integrated society, with rather inclusive and not exclusive attitude towards different cultures.

The knowledge organization in our library is also closely related to the activities of the Vilnius Jewish Public Library Charity and Support Foundation which is running cultural projects and publishing a historical cultural almanac "Wade" and Vilnius Jewish Theater staging plays on Jewish life and culture. In addition to that and in attempt to show that the library is a meeting place and dialog for various different cultures we also organize events related just to Lithuanian cultural life or other nationalities's culture. A Lithuanian author presents his book in our library and it makes up a discourse that there is some connection or expression of attitude towards the Jewishness. Or a book by Georgian poet presented in the library demonstrate that there are reaches towards a wider world. And a photo exhibition of the Lithuanian, Jewish, Polish and Russian graves in Siberia of the deported people from Lithuania by the Soviet regime in 1941 show that there were periods in history when these nationalities shared the same tragedies and have more in common then we were aware of.

We believe that the whole combination and configuration of the principles and acting units makes the collection and knowledge configuration in our library really unique and very special.

5. The vision is to grow the library collection into one of the largest in the world in similar kind. With the growing number and scope of cultural events and cultural projects we would like it to become a vibrant cultural center with library, conference hall, theater, publishing house, concert hall, teaching classes of Yiddish and whatever other interesting activities coming up.

“图书馆＋”与全民阅读推广

“Library＋” and Universal Reading Promotion

公共图书馆通过少儿阅读会推广阅读的启示——以上海图书馆少儿阅读沙龙为例

金奇文
（上海图书馆）

摘要　读书和启智是少儿图书馆的社会教育职能。上海图书馆少儿阅读沙龙通过“读、听、评”三个形式，为少儿推荐优秀文学作品，并提供一个了解世界文化、提升阅读能力的环境，为家长提供促进亲子阅读的方式，鼓励孩子成为自信的、勇于表达自我的人。

关键词　少儿阅读；朗读；讲评；世界文化

The Enlightenment of the Public Library to Promote Reading through Children's Readings — Taking the Children's Reading Salon in Shanghai library as an Example

Jin Qiwen
(Shanghai Library)

Abstract　Reading and stimulating intelligence is the function of kids and teens library. Shanghai library teens reading salon not only introduces works of excellence to children, but also offers surroundings for children to understand culture, promote reading ability. The salon helps parents read with teens together and encourages teens express themselves bravely and confidently.

Keywords　Teens reading; Reading aloud; Comment; World culture

《中国儿童发展纲要(2011—2020年)》中，“儿童与社会环境”部分的主要目标有“为儿童提供丰富、健康向上的文化产品”“保护儿童免受网络、手机、游戏、广告、图书和影视中不良信息的影响”“培养儿童阅读习惯，增加阅读时间和阅读量。90%以上的儿童每年至少阅读一本图书”[1]。《公共图书馆宣言》中指出，“公共图书馆是传播教育、文化和信息的一支有生力量”。公共图书馆作为社会公共文化服务体系的重要组成部分，对传播文明、促进少儿阅读习惯的养成应发挥积极作用。

1　公共图书馆推广少儿阅读面对的难题

1.1　学校教育的主要形式对学生课外阅读造成的困境

学校各门学科作业多，挤占学生课外阅读的时间；目前，语文教学中的主要形式还是抄写生词、默写课文等，这些学习记诵的方式让学生对文学类作品产生反感和厌倦；普遍认为理科容易取得高分，在学期末总评分中理科好的学生占优势，这种认知让学生忽视对文学作品阅读理解的训练。

1.2　家长功利化的学习理念对少儿阅读兴趣造成阻碍

当今社会上各种艺术类培训班、英语培训班，往往打着为孩子中考、高考服务，为取得特长生加分，为比赛、考级作准备，家长功利性地为孩子报名各种培训班，挤占孩子自由阅读，自由思考的时间，对少儿阅读兴趣的培养造成了阻碍。

1.3　过多碎片化的阅读对少儿阅读习惯的培养带来负面影响

多媒体社会，人们获取信息的途径很多，微博微信上提供海量的良莠不齐的文章成为人们日常阅读最多的作品。此类文章且不论内容是否积极健康，其文学质量往往很低，充满各种语病以及不规范的网络用语，支离破碎的语境，将人们的阅读带入碎片化的时代，长期阅读此类作品，会逐步将文学创作和快餐文化挂钩，不能静下心认真品读美文佳句，对少年儿童良好阅读习惯的养成带来负面影响。

2 上海图书馆少儿阅读沙龙活动实践

上海图书馆少儿阅读沙龙是上海图书馆读者服务中心2017年推出的一个新的系列活动,面对群体是7～14岁的少儿以及他们的家长,活动时长1.5小时,每次大约接受20个少儿参与。活动每月举办一次,由馆员选择一本世界名著或国内外优秀儿童文学作品,挑选该作品中适合少儿阅读的章节,摘录需要少儿朗读的部分材料(基本控制在每人5分钟朗读的时间内)。馆员制作幻灯片,幻灯片内容包含该作品的著者简介、创作背景、写作特点介绍、生僻词解读、对文中一些地理名词和知识点的解释。该活动在上图官方微信进行宣传,提供微信报名。

该系列活动举办至今,颇受家长与少儿的好评。应家长要求,馆员建立了"少儿阅读沙龙"的微信群,为具有共同爱好的少儿读者提供交流的平台,而馆员也能够第一时间把握少儿读者的兴趣所在,根据实际情况调整图书选择、尝试新的活动形式。另外,每次活动,馆员会在群里开放一定的参与名额,实践证明,一定数量"老读者"的参与,往往能够在活动时有效带动第一次参加活动的"新读者",让活动取得更好的效果。数月以来,已有多位少儿连续参加多次沙龙活动,并向同学进行推荐。

3 上图少儿阅读沙龙的实践

阅读优秀的作品可以培养孩子健全的人格,读历史作品可以激发爱国热情,读文学作品能提升文字写作和语言表达的能力,读科学作品可以增长知识,好的作品能让少儿一生受益。上图少儿阅读沙龙选择优秀儿童文学作品,通过听、读、评三种形式推广阅读。

3.1 朗读形式促进少儿识字与表达

上海图书馆的少儿阅读沙龙每期活动首先由馆员选择一本文学名著或优秀儿童文学作品,摘录含生僻字不多的主要段落,安排少儿朗读。每期活动安排10～15位少儿领取阅读材料,上台朗读。由于每个少儿的识字量不同,有些少儿在朗读过程中,遇到不认识的生字,馆员及时在幻灯片上显示该生字和注音,帮助朗读者和其他小听众认识该字。在朗读的过程中,发现每个少儿语言表达上的不足之处和可贵之处,及时给予一定的指导。

3.2 背景介绍促进少儿理解名篇名著

少儿阅读沙龙的主持人是有文学学科背景的馆员,馆员在开展活动前,对自己选择的作品做充分了解,选择适宜少儿理解的作品背景、著者生平简介在每期活动开始时,用幻灯片的形式进行介绍。作品中值得学习的创作手法和写作特点,馆员也向少儿进行介绍。用较权威的介绍和解读,促进少儿理解名篇名作,并鼓励少儿积累一定的写作经验。

3.3 知识讲解拓展少儿知识面

世界名著中往往涉及许多地理名词,国外的风土人情,中国名著中常常包含历史典故,少儿阅读沙龙的主持人找出这些名词和涉及的知识、典故,进行讲解,拓展了少年儿童的知识面。这个环节,也可以鼓励少儿从自己的认知角度去进行探索和补充,同时,馆员也利用该环节引导少儿读者使用图书馆的检索工具,潜移默化地提高他们的信息素养。举个例子,在品读《时代广场的蟋蟀》一文时,馆员利用了馆藏《中国大百科全书》电子版,从自然百科角度对"蟋蟀"这类昆虫进行了介绍,并且鼓励少儿读者进行补充,在活动中,一位少儿读者在馆员的鼓励下,把自己从神话传说中知道的关于"蟋蟀"得名的由来和小伙伴们进行了分享。

3.4 互动问答,交流讨论激发少儿的求知欲

少儿阅读沙龙在每个段落的朗读结束后,都设有一些小问题,以抢答的形式和少儿进行互动。在活动的最后,安排时间让少儿自由上台表达对作品的看法,并扩展提问,比如在以动物小说《小战马》为主题的活动中,鼓励少儿分享自己和小动物相处的故事等。

在一个以少儿为主体的沙龙活动中,把发言权交给孩子们,在图书馆有别于课堂的环境中,孩子们能够轻松自由地表达自己对作品的看法和理解,这种形式更容易激发少儿的阅读欲望,与同龄小伙伴就阅读方面的交流也增多了。

在提问环节,馆员还适量安排了一些具有图书馆特色的小礼品,如图书馆纪念版的书签、文具等奖励给少儿,让他们从中获得更多的乐趣和被认同感。

4 上图少儿阅读沙龙实践中的发现与启示

4.1 幻灯片制作要精简

少儿活动的幻灯片制作要精简,要避免过多的文字,尽量安排一些生动有趣的图画。上图少儿阅读沙龙最初将每个少儿需朗读的阅读材料在大屏幕上以幻灯片形式显示,主要是希望家长能帮助提醒少儿朗读者部分生词。但经过几次活动后,发现阅读材料在屏幕上的显示,分散了少儿听众的注意力,减少了少儿从听他人朗读故事中获得乐趣的机会。对于个别生词只需在朗读过程中发现,在朗读后,进行一些指导认读即可。

幻灯片的主要部分是著者简介和创作背景简介。对于著者生平的介绍要尽量考虑少儿的认知能力,用简短平实的语言说明著者所处的历史年代和背景,可以强调著者的求学经历和少年时代的生活环境。知识点介绍,写作特点介绍等可以根据每部作品的特色进行编排。比如《环游地球八十天》就可以多一些对地理名词的解释,《小熊温尼菩》就多介绍作品的写作手法。

4.2 朗读材料要精选

馆员利用各种奖项和榜单选择少儿阅读沙龙的阅读材料。上图少儿阅读沙龙基本会根据语文教师提供的书单,纽伯瑞儿童文学奖的获奖名单来确定阅读内容。

阅读沙龙为少儿准备每段阅读材料都不应过长,保证识字量不多的少儿也能在五分钟内读完,一般在500字以内。适当筛选原文内容,缩短材料篇幅,剔除生僻字,对较生僻的字在材料上进行注音。

通过实践,发现根据教师书单或儿童文学奖获奖名单确定的图书,往往是少儿喜闻乐见的,有一定程度的知晓,但未进行深读精读的作品,通过少儿阅读沙龙,少儿对该作品进行了一次精读和交流。精简了朗读材料后,少儿朗读环节完成更流畅,少儿参与活动的积极性更高。

4.3 交流讨论要引导

每次活动最后环节的交流主题,都经过馆员的精心设计。可以根据图书主题,设计少儿感兴趣的话题,促进阅读和自我表达。比如西顿动物故事的主题活动中,让少儿上台交流自己养小动物的经历,《草房子》阅读会上,让少儿交流自己在学校生活中的趣事。经过10次活动实践,发现少儿对几种交流主题特别感兴趣:介绍自己喜爱的作品,介绍自己曾饲养的小动物,介绍自己的好朋友。

但是,少儿由于年龄小,词汇量、表达能力都有限,如果没有适当的引导,活动容易陷入无序。少儿感兴趣的主题容易让他们天马行空,有时会有些词不达意,这时,需要馆员进行引导,启发他们回到文学角度,创作角度。比如《城南旧事》阅读会后,让少儿谈谈自己的好朋友,往往忘记介绍好朋友的性别、年龄、体貌特征,只是快乐的回顾好朋友的性格特点,且描述性格特点的词汇较单一,比如只会用"胆小"、好玩之类偏口语化的词汇。馆员要及时提示一些相近的词汇,帮助少儿拓展词汇量,促进表达能力的提高。

对作品主题的分析交流则需要个别擅长表达,并事先读过该作品的少儿进行启发引导,其他少儿才能投入此类讨论。通过少儿间的交流是少儿阅读沙龙要实现的主要目标,所以,每次活动可安排两位少儿事先准备一下,引导其他小伙伴。

5 结语

联合国教科文组织发布的《公共图书馆服务发展指南》中提出,"通过提供大量的资料和举办各种活动,图书馆为儿童提供了一个体验阅读的乐趣、探索知识的激情和丰富他们想象力的机会。"基于这样的目标,图书馆的少儿阅读沙龙活动通过鼓励少儿朗读与评析名篇佳作,致力于为少儿推荐优秀文学作品、鼓励阅读,并提供一个了解世界文化、提升阅读能力的环境,提供积极的娱乐活动,为家长提供促进亲子阅读的方式,鼓励孩子成为自信的、勇于表达自我的人。

参考文献

[1] 中国儿童中心,中国儿童发展纲要(2011—2020年)[EB/OL].(2012-08-16)[2017-09-21]http://www.ccc.org.cn/html/Home/report/1076-1.htm.

[2] FRIEDLAND, ELLEN S. Kids reading together: Ensuring the success of a buddy reading program [J]. Reading Teacher, 2004,9(1): 76-79.

[3] 李萧.公共图书馆少儿阅读推广及策略研究[J].图书情报,2017,(5):52—53.
[4] 施芳卉.县级图书馆少儿阅读推广工作的实践与思考——以宁国市图书馆为例[J].图书馆工作,2017,(2):52—54.
[5] 杨彦嫦.公共图书馆少儿科普阅读推广的实践与探索——以广州少年儿童图书馆为例[J].四川图书馆学报,2017,(1):47—50.

“互联网＋”时代高校图书馆阅读推广策略研究

吕尚兰
（太原科技大学图书馆）

摘要 “互联网＋”时代读者阅读方式发生了变革，整体阅读数量稳步提高，纸质阅读增速相对放缓，由“深阅读”向“浅阅读”方式转变，阅读需求更为个性化，数字化市场逐步丰富，商业组织介入阅读推广。高校图书馆依托社交媒体，开展嵌入式阅读推广活动，针对“数字生存”一代读者，要开展个性化服务，通过线上线下立体交互作用，积极推广馆藏资源。同时要注重阅读推广专业人员的培训，利用互联网思维，创新服务模式。

关键词 “互联网＋”；图书馆；阅读推广

Study on the Reading Promotion Strategy of University Library in the “Internet＋” Age

Lv Shanglan
(Library, Taiyuan Science and Technology University)

Abstract In the “Internet＋” era, readers reading style has changed, the overall reading quantity has increased steadily, the paper reading rate has slowed down relatively, from “deep reading” to “light reading”, the reading demand has changed, the digital market has become more personalized, and commercial organizations have become more abundant. University libraries rely on social media, carry out embedded reading promotion activities, aimed at the “digital survival” generation of readers, to develop personalized services, through online and offline three-dimensional interaction, actively promote the collection resources. At the same time, we should pay attention to the training of reading and popularizing professionals, using Internet thinking and innovating service model.

Keywords Internet＋; Library; Reading Promotion

阅读是个人学习知识、开阔视野、增长智慧重要方式，是国家文化建设的重要手段，也是提高人口素质、增强国民竞争力的重要途径。我国党和政府高度重视全民阅读工作，党的十九大报告中明确提出：“文化是一个国家、一个民族的灵魂。文化兴国运兴，文化强民族强。没有高度的文化自信，没有文化的繁荣兴盛，就没有中华民族伟大复兴。要坚持中国特色社会主义文化发展道路，激发全民族文化创新创造活力，建设社会主义文化强国。”2018 年“倡导全民阅读”连续五年写入政府工作报告，标志着全民阅读已上升到国家战略高度。图书馆作为全民阅读服务主阵地，肩负着阅读推广的重任，2008 年中国图书馆学会已将“促进全民阅读”写进了《图书馆服务宣言》中，2009 年中国图书馆学会把“科普与阅读指导委员会”更名为“阅读推广委员会”，向全民发出了阅读的号召，并为之进行了一系列的阅读推广实践与探索，取得了积极成效。高校图书馆作为高校阅读推广的主阵地，在阅读推广工作中意义重大。高校图书馆如何应对“互联网＋”带来的巨大冲击，顺应时代赋予的挑战，加快图书馆馆藏功能与泛在化网络社区融合，实现阅读推广活动常态化、可持续性开展，是图书馆亟须面对并引起重视的重要任务。

1 “互联网＋”时代读者阅读方式的变革

“互联网＋”是指利用互联网的平台、信息通信技术把互联网和包括传统行业在内的各行各业结合起来，从而在新领域创造一种新生态。互联网技术不断改变人们的生活方式，在“互联网＋”时代，读者的阅读方式发生了重大改变。

1.1　整体阅读数量稳步提高，纸质阅读增速相对放缓

中国新闻出版研究院组织开展的第十四次全国国民阅读调查报告显示，2016 年我国成年国民各媒介综合阅读率为 79.9%，数字化阅读方式（网络在线阅读、手机阅读、电子阅读器阅读、Pad 阅读等）的接触率为 68.2%，图书阅读率为 58.8%，报纸阅读率为 39.7%，期刊阅读率为 26.3%。"全民阅读"已成为人们丰富精神层次的一种生活状态。

1.2　由"深阅读"向"浅阅读"方式转变

"互联网＋"背景下，网络通信技术的发展促进了海量信息资讯不断增长蔓延，数字阅读的广泛流行和移动电子设备的普及，导致读者阅读由传统"深阅读"向"浅阅读""碎片化阅读"方式转变；读者可以利用碎片时间进行阅读。微信、读书 App 等社交媒体是人们获取新闻的第二大渠道，手机利用率超电脑和电视的总和。

1.3　"数字生存"一代阅读需求更为个性化

数字化阅读的发展，提升了国民综合阅读率和数字化阅读方式接触率，整体阅读人群持续增加，但也带来了图书阅读率增长放缓的新趋势。"见缝插针"式的借阅行为，既刺激了生活节奏快、接受能力强的中青年读者群体的阅读热情，也使得馆藏资源得到利用。

1.4　数字化市场逐步丰富，商业组织介入阅读推广

数字出版的市场规模进入高速增长阶段，产品形态基本形成，主要包括电子图书、数字报纸、数字期刊、网络原创文学、网络教育出版物、网络地图、网络动漫、数据库出版物、手机出版物等。数字化阅读方式逐渐丰富，衍生出很多文化产业：读书会、读书网等。

2　"互联网＋"时代高校图书馆阅读推广现状及特点

"'阅读推广'顾名思义就是推广阅读；简言之就是社会组织或个人为促进人们阅读而开展的相关活动，也就是将有益于个人和社会的阅读活动推而广之；详言之就是社会组织或个人，为促进阅读这一人类独有的活动，采用相应的途径和方式，扩展阅读的作用范围，增强阅读的影响力度，使人们更有意愿、更有条件参与阅读的文化活动和事业。"图书馆资源、设施、人才队伍、服务方式势必会在"互联网＋"理念深入推动下加快业务重组，迎来新的发展契机。

2.1　"互联网＋"高校阅读推广的现状

高校图书馆依托高速发展的互联网技术和逐步成熟的电子资源，在阅读推广工作中进行积极的探索和实践，促进阅读推广工作。

2.1.1　线上资源与线下活动有机结合

高校图书馆利用读者群体阅读方式的改变，积极探索线上阅读推广的形式，与传统的阅读推广方式相结合，实现了线上线下立体交互式的阅读推广方式。

2.1.2　阅读推广工作逐渐频繁

阅读推广工作成为高校日常工作的大部分，频率更高，受众面积更广泛。

2.2　"互联网＋"环境下高校阅读推广工作的特点

2.2.1　线上线下有机结合，阅读推广活动以馆藏为主

高校图书馆读者群体较为集中，读者群体接受新事物较快、阅读方式趋向数字化。图书馆以数字化图书建设为基础支撑，不断丰富数字化图书、报刊种类与获取方式，针对线上阅读群体，开展相关资源培训及推送服务，满足线上线下多元化多角度拓宽阅读推广服务渠道，丰富阅读推广服务内容。纵观各知名高校图书馆阅读推广方式，基本实现了线上线下的有机结合，推广内容以馆藏资源为主。

2.2.2　依托微信等社交媒体，实现嵌入式阅读推广

社交媒体已经成为人们获取阅读材料的重要途径，高校图书馆积极利用社交媒体，如微信订阅号，实现嵌入式阅读推广。通过社交媒体加强高校图书馆与读者的关联和交互，当读者习惯于享受线上借阅服务的时候，社交网络使用者人数众多和分布广的特点将帮助小众群体的借阅习惯迅速形成大范围的群体阅读氛围，给图书馆在虚拟网络空间的文化影响力增加新的助力，达到阅读推广的目的。

2.2.3　针对"数字生存"一代，提供个性化服务

图书馆应充分利用"互联网＋"创新融合优势，针对不同群体阅读需求，在充分挖掘图书馆现有馆藏资源基础之上，加大特定数字资源整合推广力度，以提升图书馆服务效率为目标，强化阅读推广活动总结与用户

质量评价，完善线上自媒体社区平台、手机阅读软件应用推广工作。

3 “互联网＋”时代高校图书馆阅读推广路径

“互联网＋”时代高校图书馆应最大限度适应人们阅读习惯的改变，图书馆依托遍布各地的泛在化网络环境，广泛开展数字资源宣传推广工作，充分发挥图书馆资源、人才、服务优势，进一步扩大图书馆阅读推广工作的校园影响力和辐射面，不断提升读者对于在线阅读、数字阅读的潜在需求，为阅读推广工作的开展注入新的动力。

3.1 积极利用资源，实现跨界融合

目前，高校图书馆积极利用互联网技术、物联网技术和已有社会资源，积极探索实现跨地域资源共享。例如浙江大学、华中师范大学，他们积极加入数字资源联盟，共享数字资源，以文献传递等方式实现数字资源的共建共享。打破了校园图书馆藩篱，为资源找到了读者，帮助读者更为便捷地使用资源。

3.2 线上线下立体交互，积极推进阅读推广工作

高校图书馆主动研究读者阅读趋势，利用“数字生存”一代的阅读特点，线上线下立体交互，就阅读内容深入挖掘，针对读者群体特点，对馆藏资源进行深度挖掘，吸引读者进入图书馆，参与图书馆活动。开展好书荐读、话题讨论、读书心得等线上交流。线下可以以主题讲座、读书会交流活动、举办书展、组织诵读等活动。高校图书馆还可以利用数字化媒体，针对社会热点问题，深度挖掘相应主题的馆藏资源，开展系列活动，视听结合，全方位地推送相关主题的资源，利用现有空间场所进行资源增值服务，让读者在互动中学会主动利用图书馆资源。

4 “互联网＋”时代高校图书馆发展路径

技术更新不断冲击高校图书馆的工作，面对接受新事物快人一步的大学生读者，高校图书馆要以积极主动的姿态，不断提升服务，改进传统工作方式，始终站在时代前沿，引领学生的精神成长。将图书馆建设成为校园文化中心。

4.1 努力培养人才，积极推进“阅读推广人”培育

阅读推广工作，无论采用什么样的形式，都需要真正满足读者的某一方面需求，给读者切实的帮助。工作能否顺利展开，取得相应的效果，归根结底要看阅读推广人的素质。高校图书馆要积极培养专门的阅读推广人才，努力提升阅读推广人的整体素质。

4.2 借鉴互联网思维，创新阅读推广服务创新服务

互联网思维的特点包括用户思维、大数据思维、社会化思维、跨界思维，高校图书馆要积极借鉴互联网思维，从用户需求出发，积极利用大数据思维，创新工作方式，提升阅读推广工作。

参考文献

[1] 中国新闻出版研究院：第十四次全国国民阅读调查报告[DB/OL]．[2018-3-29]https://baike.so.com/doc/25722338-26837341.html.

[2] 陈伟，汪琼．移动互联网环境中图书馆与社交媒体合作创新之思考[J]．情报理论与实践，2017(3)：20—23.

[3] 申作兰．新媒体背景下的图书馆阅读推广策略研究[J]．新媒体研究，2016(3)：38—39.

[4] 张怀涛．阅读推广的概念与实施[J]．河南图书馆学刊，2015(1)：2—3.

[5] 苗苗．“互联网＋”背景下图书馆泛在化阅读推广路径分析[J]．农业图书情报学刊，2017，29(06)：121—124.

[6] 王丽荣．“互联网＋”背景下公共图书馆阅读推广创新研究——基于杭州图书馆双“悦”服务案例分析[J]．兰台世界，2017(18)：78—81.

[7] 工晓芳．微时代背景下图书馆服务创新策略[J]．图书馆学刊，2014，(5)79—81.

公共图书馆地方文献的建设与阅读推广
——以上海图书馆为例

陶 磊
（上海图书馆）

摘要 地方文献是文献资源体系中不可替代的组成部分，而地方文献的建设不仅是地方文化深厚的积淀，也是区域综合实力的体现。本文以上海图书馆为例，介绍了上海图书馆地方文献的建设状况，并对未来的地方文献阅读推广提出了发展策略。

关键词 地方文献；阅读推广；上海图书馆

Construction and Reading Promotion of Local Literature in Public Libraries
— Taking Shanghai Library as an Example

Tao Lei
(Shanghai Library)

Abstract Local literature is an irreplaceable part of the literature resources system. The construction of local literature is not only a deep accumulation of local culture, but also a reflection of regional comprehensive strength. Taking Shanghai library as an example, this paper introduces the construction of local literature in Shanghai library and puts forward strategy for the reading promotion of local literature.

Keywords Local literature; Reading promotion; Shanghai library

1 引言

21世纪以来，国际交往日渐频繁和扩展，随着“一带一路”建设、二十国G20集团领导人峰会等活动的开展，中国正越来越受到国际的关注，上海作为全国经济和文化建设的排头兵，更是受到了全世界的瞩目，如何向世界展示上海也成了政府与社会各个层面重视的问题，上海“十三五”规划纲要中就明确提出把文化软实力作为提升城市核心竞争力的重要因素，并强调增强文化产业的竞争力。

区域文化作为地域范围内形成的一种文化形态，是区域综合实力的体现。而区域性地方文献是记录了区域文化的重要载体，也是区域文化的重要组成部分。公共图书馆作为地方文献的收藏者与保护者对此起到了不可磨灭的作用，因此多角度、多层次、多渠道进行挖掘、收集地方文献，并整合成资源体系不仅能够进一步提高公共图书馆的核心服务能力，更能在区域文化的建设中发挥积极且重要的作用，并进一步提升整个城市的文化软实力。

1.1 地方文献的背景介绍

地方文献作为地方文化深厚的积淀，详细地记录了地方的政治、经济、文化、社会、科技等方面发展的实际情况，是推动地方全面发展必不可少的信息资源，同时也是整个文献资源体系中不可替代的组成部分。

狭义的地方文献主要局限于地方志、家谱、地方史料等传统范畴，而现代图书馆学则将地方讲话录音、地方纪录、电视、电影等现代文献一并纳入地方文献范畴，因此从形式上对地方文献进行分类主要包括了图书、报纸、文稿、手稿，图片、照片、票据、拓片，音像资料、缩微品等多种形式。

从功能上来说，地方文献不同于其他一般文献，它不仅具有历史服务价值，更能够客观反映了某个地区的自然环境、社会环境、政治经济和文化教育等内容，对于地区历史研究及未来发展规划都具有较高的研究价值。因此地方文献也可以被看作为一种地方非物质文化遗产。

1.2 地方文献的阅读推广

党的十八大报告提出"扎实推进社会主义文化强国建设,丰富人民精神文化生活,开展全民阅读活动。"报告将全民阅读的重要性提升到"提高国民素质和社会文明程度"的根本作用和层次上。因此图书馆也逐渐将阅读推广转变为图书馆的主流服务之一。阅读推广最主要的目的是使不爱阅读的人爱上阅读,使不会阅读的人学会阅读,使阅读有困难的人跨越阅读的障碍,基于此目的图书馆每年都会开展了大量的阅读推广工作,其中包括了读者讲座、培训、读书会等线上线下活动。

地方文献作为一个地区的"百科全书",承载了该地区各个时期的文明发展与重大成就,理应成为图书馆阅读推广活动中不可或缺的环节。相比于其他普通文献的阅读推广模式,地方文献的阅读推广还停留在了比较初级的阶段,相关的学术研究也比较少,因此广大图书馆更应该在全民阅读的背景下开展地方文献的阅读推广工作。

2 上海图书馆地方文献的建设

上海图书馆对于地方文献的建设主要包含了线下的地方文献阅览室建设及线上的地方文献数据库构建。除此以外上海图书馆积极探索了地方文献的国际交流,构建了以上海之窗为品牌的国际交流式的阅读推广。

2.1 线下地方文献阅览室建设

上海图书馆地方文献阅览室位于上海图书馆1楼,馆藏包括专室图书、报刊论文、上海照片、上海戏曲等,其中1985年后出版的上海主题的文献超过8000册,上海历史图片超过20000张。图书文献类型包括了反映上海地方政治、经济、文化史实的图书及上海各区、县、镇志和年鉴等,按照中图法进行排架,上海戏曲及照片为自建分类,均供读者开架阅览。此外地方文献阅览室还为读者提供了4台电脑进行数据库的检索与使用。作为阅读推广的增值服务地方文献阅览室还负责销售馆所出版的明信片,以达到宣传上海地方文献的目的。

2.2 线上地方文献数据库构建

除了线下的地方文献阅览室,上海图书馆还为读者提供了丰富的地方文献数据库,文献种类包括了年谱、照片、电影、报纸等,时间跨度从1840年至今,其中具有代表性的包括了"上海年华"数据库、上海数字文化共享中心及《字林西报/北华捷报》数据库。

2.2.1 上海年华

"上海年华"数据库是上海图书馆自建数据库,主要包含了1840年至1940年的年谱、老照片、明星录、老电影、电影期刊等,这些资源以上海图书馆特色馆藏资源为基础,反映了上海的风物与文化变迁,通过该数据库可以检索各类历史照片万余张,此外"上海年华"数据库开通了介绍上海近代各类文化史事的"泸渎掌故"子库,通过检索词的筛选可以查询1840至1940年间与上海有关的事件、人物、景物及机构。同时作为开放存取(Open Accsess)资源,"上海年华"数据库及其子库均支持读者进行远程访问。

在2010年上海世博会举办之际,上海图书馆在"上海年华"数据库中推出多媒体多平台展示专题《上海:融入世博的精彩历史》。该专题着眼于1949年以前我国在十余届世博会上的历史足迹,以图片和文本的形式钩沉点滴,向世人展现过往岁月里中国与世博、上海与世博之间千丝万缕的联系。专题包括"世博记忆"及"参展珍闻"两个子栏目。

除此之外,"上海年华"数据库还开设了"电影记忆"与"图片上海"子库,并针对中国近代电影公司与话剧推出了"明星电影公司""中国话剧百年"等相关专题展示。

2.2.2 上海数字文化网

上海数字文化网(http://whgx. library. sh. cn/)是上海图书馆与全国文化信息资源共享工程上海分中心共同开设的数字资源共享中心。读者可以通过浏览该网站获得大量的文化数字资源,包括文化新闻、上海地方特色资源、区县风采等,其中上海地方特色资源囊获了上海传统戏剧、曲艺,上海本地建筑与饮食纪录片等具有上海海派文化的专题资源。

2.2.3 《字林西报/北华捷报》数据库

《字林西报》(North China Daily News,前身是《北华捷报》(North China Herold)),创刊于1850年,是上海的第一份英文报纸,它以西方媒体的视角报道中国,具有很高的文献价值。同时《字林西报》较完整详尽地记载了鸦片战争之后的中国社会，从不同的视野叙说了中国曲折的历程，对于上海开埠以来的历史研究是一座不可多得的宝库。2013 年，上海图书馆完成了《字林西报》1850 年 8 月 3 日创刊至 1951 年 3 月 31 日停刊逾 50 万版报纸的扫描，读者可以利用地方文献阅览室的读者用机进行查询，支持日期、标题、作者、发生地等关键词进行检索。目前《字林西报》数据库不支持远程访问。

2.3 上海地方文献的国际交流——上海之窗

“上海之窗”是上海图书馆对外文化交流的品牌，该项目是“中国图书对外推广计划”(CBI)的一个组成部分，通过向境外图书馆及藏书机构捐赠由国内出版的图书，全方位展示上海文化及其独特的都市魅力，介绍中国历史文明及现代化建设成果。截至 2016 年 10 月 31 日，上海图书馆在全球 6 大洲 66 个国家和地区的 138 家机构开设“上海之窗”，包括公共图书馆、大学图书馆、中国在海外各地开设的孔子学院以及各类专业藏书与研究机构等。上海图书馆已经向这些合作伙伴送出累计 93274 册图书。

“上海之窗”的合作每期一般为 3 年。首批赠书一般为 500 种，此后上海图书馆每年还将增补 100 种左右。从 2013 年开始，“上海之窗”项目开始支持电子赠书服务。并开通了电子书服务网站(http://windowofshanghai.library.sh.cn/eresources_cn.html)，2016 年，“上海之窗”微信公众号正式上线，这也是上海图书馆首个通过手机客户端实现的国际化交流窗口，因在宣传中国文化、服务境外读者方面的重要作用与贡献，目前“上海之窗”已经成为上海图书馆乃至上海市的一个外宣品牌。

3 地方文献的阅读推广发展策略

地方文献区别于一般文献的最主要特点就在于，地方文献具有鲜明的地方特色和唯一性，因此地方文献也是图书馆资源中不可或缺的环节，然而相比于一般文献，地方文献的阅读推广形式还比较单一，内容也比较落后。在此笔者对上海图书馆地方文献阅读推广的优势与不足进行总结，并从线上与线下两个方面对未来的地方文献阅读推广提出了发展策略。

3.1 线下阅读推广策略

上海图书馆拥有大量的地方文献，并在线上平台有充足的建设，但是线下平台并没有明显的特色及有效的梳理。因此针对线下平台的阅读推广策略主要立足于馆员的培养与线下特色平台的打造。

3.1.1 加强馆员的培养

自建地方文献数据库不同于商业数据库，其运营维护都得依赖馆员的专业素养，对于地方文献数据库的构建不能仅仅是对地方文献的罗列，必须经常进行维护和更新。馆员需要拥有较高的信息素养能力，对数据库进行维护，并将新研究、新内容及时更新在数据库中，以保持数据库的活力。因此，上海图书馆需增加对馆员专业素养及维护意识的培养。

3.1.2 打造更具地方特色的线下平台

相比于线上平台的百花齐放，与之配套的线下地方文献平台则比较落后，受制于阅览室格局问题以及硬件设备等原因，上海图书馆地方文献阅览室仅配备了 18 张座位，且阅览室面积也比较小，布局也比较单一，缺乏地方特色。作为上海图书馆国际交流的品牌项目，“上海之窗”项目原本在 4 楼外文区开辟了线下的“上海之窗”阅览室，但是由于每年大量文献资源的流入，使得原本的书库架位变得捉襟见肘，最终不得不将“上海之窗”阅览室改造为外文图书阅览室。

如何打造更具地方特色的线下平台，以吸引更多的读者也是地方文献阅读推广的重点之一，以上海真如街道“尼山书屋”为例，“真如 · 尼山书屋”是国内第一家社区尼山书屋，由山东友谊出版社与真如镇街道合作打造，通过将原先的社区图书馆改建而成。在建筑面积 460 多平方米的空间内划分出仪式区、古琴展示区、茶道展示区、书法展示区、古服饰展示区等五个风格统一的功能区域，整个建筑风格极具儒家特性，同时，“真如 · 尼山书屋”还定期开展诸如训蒙、六艺、大美中医等主题活动，并将真如瓷盘画、朱氏绳艺、麦秆画等真如特有的非物质文化遗产作为传统元素引入书屋，赋予“真如 · 尼山书屋”新的生命力，这一独特的线下平台建设不仅扭转了社区图书馆的一度冷清，而且积极弘扬以儒家思想为代表的中华民族优秀传统文化。

“真如 · 尼山书屋”的成功给了每一个公共图书馆一个启示，打造具有地方特色的线下平台是地方文献阅读推广的有效手段。随着上海图书馆东馆的规划建设，笔者也建议新馆的地方文献阅览室能够结合上海特色，将“海纳百川、追求卓越、开明睿智、大气谦和”的上海精神融入阅览室的建设。

3.2 线上阅读推广策略

上海图书馆对于地方文献的线上平台建设进行了大量的投入,也拥有了"上海之窗""上海年华"等品牌项目与数据库平台,然而在全媒体时代,这些线上平台已经无法满足公众的全部需求,因此,笔者对于地方文献的线上阅读推广提出了三条策略。

3.2.1 加强新媒体宣传力度

上海图书馆拥有大量的地方文献,并依靠这些馆藏构建了许多自建数据库。对于这些数据库的阅读推广,虽然在上海图书馆主页就能找到相关链接,然而对于微博、微信等新媒体平台,相关的宣传力度则稍显不足,"上海之窗"虽然搭建了微信公众平台,但是其内部构建还比较简略,推送信息的频率也较低。在"互联网+"时代,利用新媒体进行阅读推广是目前的潮流,以上海图书馆地方文献为例,未来可以采用以下几种方式进行阅读推广:①借助上海图书馆微信号、微博号进行推送,加大对地方文献阅览室及数据库的宣传力度,同时以"微阅读"的形式推送一些地方文献类电子书。②开设地方文献自己的微信公众平台,发布更加权威的推送消息,同时精准服务订阅人群。内容推送方面可以加入地方文献的特色,例如开设沪语童谣、日出上海等具有地方特色的专栏。③对于一些已有的自建数据库可以延伸开发相关 HTML5 界面,适合在手机端使用,而对于一些专题纪录片则内嵌入微信平台,使读者能够在手机端进行收看。

3.2.2 加强市民数字阅读的联动

虽然上海图书馆地方文献在网站上有许多入口,但是在市民数字阅读 App 中还略显不足。现在读者对于移动端的使用大于 PC 端的使用,未来可以在市民数字阅读 App 中开设专有的地方文献模块,提供在线阅读、在线地方文献续借、地方文献推荐等功能,并将"上海年华""上海数字文化网"、《字林西报/北华捷报》等原有的线上特色内容复制到 App 端。将地方文献作为市民数字阅读 App 的特色模块,不仅可以让本地读者更有亲切感,也能提供外地读者了解上海特色文化的渠道。

市民数字阅读 App 地方文献模块的建立,也能将线下纸质书籍、线上电子书籍、移动端电子书籍形成一个有效闭环,提供读者一站式地方文献的阅读体验。可以更好地推进地方文献的推广。

3.2.3 有声读物的建设与推广

有声读物是指"其中包含不低于 51%的文字内容,复制和包装成盒式磁带、高密度光盘或者单纯数字文件等形式进行销售的任何录音产品"。在德国,据慕尼黑音像出版社的调研报告得出的结论,25 至 40 岁之间的移动通信设备用户是有声读物的热衷者。现在的读者慢慢热衷于至有声读物的阅读,趋向于更便捷的阅读方式。地方文献有声读物的建设,有利于对年轻读者的推广。

地方文献的建设,不仅是将现有的地方文献翻译为有声读物,更需要将地方语言与地方文献相结合。语言,是地方文化的标志。以上海图书馆为例,如果上海地方文献以上海话的形式呈现而出,读者可以边看书边听书,不仅可以更好地了解到上海的地方特色,更能帮助许多外来读者更好地了解上海话、融入上海。

4 结语

地方文献是一个地区政治、经济、文化、社会发展的缩影,对于该地区的经济发展和文化建设具有重要的参考价值。地方文献的阅读推广不仅承载了图书馆未来发展的巨大需求,同时也指明了一个地区未来发展的前进方向。所以,进一步提升地方文献阅读推广的力度,也是全民阅读背景下公共图书馆的当务之急。

参考文献

[1] 蔡莉,沈虹,沈丽云等.上海图书馆的公共外交实践与探索[J].图书馆杂志.2013(09):27—33.
[2] 王明旭.阅读推广背景下公共图书馆的地方文献宣传工作——以长春市图书馆东北沦陷时期史料宣传为例[J].图书情报导刊.2016(05):110—113.
[3] 宋川.网络环境下图书馆地方文献资源建设研究——以长春图书馆为例[J].图书馆学研究.2013(10):58—61.
[4] 李庆红.试论少数民族地方文献数字化中的几个关键问题[J].图书馆工作与研究.2014(09):41—46.
[5] 吴宝洁.区域性地方文献资源的收集与建设——以粤北地区为例[J].内蒙古科技与经济.2017(10):139—140.
[6] 郑小灵.地方文献阅读推广与少儿阅读[J].公共图书馆.2017(01):44—48.
[7] 范并思.阅读推广与图书馆学:基础理论问题分析[J].中国图书馆学报.2014(05):4—13.
[8] 李晓宁.全民阅读背景下公共图书馆地方文献的阅读推广[J].图书馆研究.2016(02):83—86.
[9] 庄隽芳.近代报纸中图片数据库的建立——以《字林西报》为例[J].图书馆学研究.2014(15):26—28,96.

[10] 陈戴."上海之窗"图书采访工作现状分析及实践研究[J].情报探索.2015(01)：56—59.
[11] 沈虹.上海图书馆"上海之窗"电子赠书服务实践与探索[J].图书馆杂志.2015(07)：41—45.
[12] 沈丽云.向世界打开"上海之窗"[J].图书馆杂志.2006(06)：17—19.
[13] 陶磊.上海图书馆外文化学期刊数据库的建设与服务——以ACS及RSC数据库为例[J].河南图书馆学刊.2017(03)：103—105.
[14] 胡馨滢，陶磊.上海图书馆市民数字阅读APP的应用与阅读推广[J].图书馆研究与工作.2017(02)：65—69.
[15] 陈琳，唐守利.浅析我国图书馆有声读物的利用及建设[J].图书馆理论与实践.2016(10)：39—42.

“互联网+”时代下少儿阅读推广服务的策略研究

林　鑫

（上海少年儿童图书馆）

摘要　“互联网+”时代下，公共少年儿童图书馆也应迎着技术革新的浪潮，充分利用互联网络的优势，结合少儿用户的年龄特点，最大程度上发挥和发掘馆藏资源的价值。在推广上“下功夫”，在服务上“做文章”，试将少儿阅读推广事业推向新高度。本文就公共少儿图书馆在“互联网+”时代下如何做好少儿阅读推广服务作粗浅的探析。

关键词　“互联网+”；少儿图书馆；阅读推广

Strategy Research of Children Reading Promotion Service under the “Internet+” Era

Lin Xin

(Shanghai Children's Library)

Abstract　Under the “Internet+” era, public children's library ought to follow the wave of high-tech renovation, take full advantage of Internet, base on the children users' characteristic, maximize the potential of library resource. It should concentrate efforts on promotion, make an issue of good service and push the children reading promotion to a new level. This article analyzes how reading promotion service could be better provided in public children's library.

Keywords　Internet+; Public Children's Library; Reading Promotiom

“互联网+”是近年来大热的概念。随着科技进步、网络普及，各行各业都在借鉴互联网思维，发扬互联网精神，积极探索高效能的互联网模式，期望搭上“互联网+”的快车，实现与互联网的深度融合。

根据中国互联网络信息中心（CNNIC）发布的第41次《中国互联网络发展状况统计报告》显示，截至2017年12月，中国网民规模达到7.72亿。互联网普及率为55.8%。我国网民以10～39岁群体为主，占整体网民的73%，其中10～19岁群体占比19.6%。这个潜在的、巨大的用户群体不得不引起我们的高度重视——作为公共儿童图书馆，如何在“互联网+”的时代背景下，更好地推广少儿阅读？本文试就此作粗浅的探析。

1　内容为“王”

大数据时代，媒体在技术驱动下正在重塑传媒与传播：社交传播的力量，自媒体的力量，个性化推荐的力量。从挑战角度来讲有可能带来这样一种现象：由于人性中对耸动、娱乐、消遣、八卦、猎奇的喜好，自媒体产生的大量在真实、客观、权威、全面等关键指标领域远不如传统机构媒体的内容，在个性化推荐与社交化传播的合力下，反而得到了更大范围的传播。人们每天接受了越来越多耸人听闻的以及大量有意思但是没有意义的内容。儿童较成年人对信息的甄别能力更弱，但他们却处在人生最需要被正确引导的阶段。因此，少儿阅读更是应该强调内容为“王”，重视对内容的筛选。作为公共少儿馆，应该担起“过滤器”和“风向标”的职能，过滤掉充斥着暴力、色情等不良信息的读物，关注“谁在读”“读什么”“怎么读”，引进和推广更多经典、优秀的儿童读物，为少儿身心健康成长保驾护航。

1.1　关注“谁在读”

1.1.1　儿童分级阅读

少儿阅读不同于成人阅读的关键在于：孩童时期，人的学习认知能力成长变化很快，每个年龄段都表现出极为不同的阅读特点。在学龄前阶段（0～6岁），小朋友从撕书→吃书→听书→读书，书籍从玩具变成有声读物、识字工具。这时候的儿童阅读很大程度上是一种亲密亲子关系的建立和良好阅读习惯的培养。而在小学阶段（6～12岁），旺盛的好奇心和丰富的想象力促使孩子们广泛阅读各个领域的书籍，少儿的独立阅读意识开始萌芽。到了中学阶段(12～16岁),基于前期的阅读积累和心智的逐渐成熟,中学生的阅读无论从量还是质都更加接近成年人。他们开始有明显的阅读倾向,知道自己喜欢读什么或者该花更多的时间来读什么。图书馆在推荐图书和推广阅读时应有针对性,根据不同年龄段的特点,避免“一刀切”。

1.1.2 家长阅读

儿童图书馆的服务对象其实并不仅仅是儿童,也包括家长读者。学龄前儿童大概率都是家长为其挑选绘本,可以说家长是小朋友们的“第一任老师”,优秀的家庭教育、良好的书香氛围都会对小朋友产生耳濡目染的影响。基于微信等平台的阅读推广,第一受众也多是家长,越是年幼的小朋友在阅读方面受家长影响的可能性越大。而少儿图书馆的读者群体以低年龄段的儿童为主,所以要重视以亲子阅读和家庭教育、父母课堂为主题的推广,积极发挥父母和未成年人监护人言传身教的作用,不但利于激发少儿阅读兴趣,也利于全民阅读的推广。

1.1.3 特殊群体阅读

“互联网+”在特殊人群关怀上尽显优势。它极大程度上整合了资源,突破了时间和空间的限制,可以让残障儿童足不出户,就可以获得图书资源;它创新了阅读载体的形式,让视障儿童可以通过有声读物就获得想要的信息;它消除了因为行为能力差异而导致的阅读不便,通过各种方式满足他们对阅读的特殊需求,帮助特殊儿童享有真正“平等”的阅读权。

1.2 关注“读什么”

1.2.1 大奖、大师、大卖

市场上的图书质量良莠不齐,为少儿选书时要抱着谨慎的态度。在推荐图书的时候,可以以三方面为参考:①大奖:关注国内外儿童文学奖项的获奖作品。国内奖项如:全国优秀儿童文学奖、冰心奖、儿童文学牧笛奖、丰子恺儿童图画书奖等,国外奖项如:纽伯瑞儿童文学奖、纪念林格伦文学奖、凯特·格林威奖、凯迪克大奖等。②大师:关注国内外享有盛誉的儿童文学作家。国内如:曹文轩、郑渊洁、杨红樱、沈石溪等,国外如:安东尼·布朗、宫西达也、五味太郎、谢尔·希尔弗斯坦等。③大卖:关注畅销书。大奖、大师是经典,大卖是流行。畅销书的变化可能很快,但畅销书中的某些,经过时间沉淀,热度依旧的便会逐渐成为经典。如果说大奖和大师的书籍是获得业界肯定的优秀作品,那么大卖的书籍则是获得市场肯定的优秀作品。

1.2.2 有趣、有益、有用

为少儿选书时也要怀着开放的心态,开卷有益,尊重孩子们的阅读兴趣。在文学类,虽然鼓励阅读大师、大奖、大卖的作品,鼓励看名著、读国学,但是孩子们在日常阅读中也会发掘自己的阅读兴趣点,而这可能正是每个孩子独立思考和个性不同的展现。百科、历史、地理、哲学类等等亦是如此。关注大的出版社、优秀的丛书系列,与开放性的阅读小众的书籍并不相违背。如果一本书有趣、有益、有用三者占其一,就不妨读一读。

1.3 关注“怎么读”

1.3.1 让文字阅读有趣化

兴趣是最大的老师,年少时阅读兴趣的培养将会影响人的一生。而儿童时期旺盛的好奇心使得他们更愿意接触并且更容易接受有趣、新鲜的事物。“互联网+”的优势之一就在于丰富的信息呈现模式。最新潮的VR、AR技术,最热门的二次元元素等等都是吸引小朋友们眼球的法宝。让沉闷的书面文字动起来,让文字阅读变得有趣起来,这些都是我们可以选择并尝试的方向。

1.3.2 让碎片阅读深度化

“互联网+”打破了时间与空间的局限性,让资源得到有效配置和最大化利用,但是同时也让阅读变得较为快餐化。然而,“由俭入奢易,由奢入俭难”,阅读也是如此,“由深入浅易,由浅入深难”。如果从小就只看漫画类书籍,长此以往,阅读长篇幅的文字类就可能会出现一定的阅读障碍。所以在处理信息内容的时候,即使是“碎片”,也要注意其质量,夯实少儿的阅读基础,提高阅读素养。

2 推广为“车”

内容非常重要,而推广几乎可以并驾齐驱。“互联网+”时代,人们想从海量信息里寻找到自己正确的、真正需要的信息并不容易。所以,推广在这个时代显得尤为重要。它像一辆马车,能给丰实优质的内容装上轮子,迅速呈现在读者面前,并且能让更多的人看到。

2.1 重视宣传与需求,获取用户关注度

推广的要义在于要往人多的地方去。除了电视、报纸等传统形式的媒体宣传,微信、微博等新媒体平台是我们网络推广的重中之重。想要推广“推”得出去的首要前提就是有人关注。要充分利用图书馆馆舍、读书活动等场合,结合小朋友们的年龄段特点,通过张贴鲜艳颜色、小动物等可爱造型的异形海报、易拉宝等形式“吸睛”,通过工作人员扮演卡通人偶在馆内发放宣传单页、邀请小读者扫描官方公众号二维码等形式,变被动宣传为主动宣传,提高小读者的关注可能性。除此之外,还需要重视读者的需求,利用不同平台的不同特性,有偏重的推送消息、提供服务。

2.1.1 微博

微博是一个比较公开、开放的平台。其短小精悍的写作要求,更适合发送需要周知性、紧急性的信息。不同于微信,其不受发送条数的限制,且可以即时转发、评论,参与度和互动性相对较高。儿童图书馆可以利用微博平台,与其他图书馆、科技馆、博物馆、文化馆等公益性文化教育场所就亲子类活动交流推介、良性互动,让资源流动起来,满足时下家长和儿童对于亲子活动与日俱增的需求量,形成互相宣传、合作共赢的良好态势。

2.1.2 微信

由于微信现为时下最热门的社交平台,所以公众号的关注度和影响力较大。这意味着,在基础服务信息不能少的情况下,还要拓展更多内容,开发如小程序等应用,延伸服务。微信相较微博而言,是一个比较封闭的关系链,更适合培养用户黏性。

在宣传上,要努力打造有新意、有亮点的微信公众号。比如广州少年儿童图书馆公众号里的“为你读绘本”栏目,除了普通话,还使用粤语播音。孩提时代,是学语言的最佳时期。儿童图书馆朗读类的有声栏目,可以针对地域特点,在普通话播音以外,加播英语、地方性语言朗读的绘本。一方面,满足小朋友们多语种学习的需求,另一方面,从源头上保护地方语言文化。同时,还可以采取点播故事、点播讲故事的人等形式吸引和留住小读者。

除了做好公众号的信息推送服务之外,还可以充分利用朋友圈,发挥小朋友们之间的同龄人效应——你在看的书我也看,你坚持做的事我也尝试。例如薄荷阅读等近期兴起的阅读公众号可以为我们提供借鉴。它宣称:坚持以发送公开朋友圈的方式,连续打卡 x 天,可以赠送书籍。打卡本身就是巩固用户黏性的方法,而利用用户打卡并发送朋友圈的形式,还能让其成为朋友圈里的“自来水”——自发自动为其进行宣传。看到朋友圈者,或者因为好奇,或者因为受到鼓舞和感染,都有可能加入到阅读队伍中来。使得阅读者本身亦成为阅读推广者,利用朋友圈特有的亲密关系属性,提高阅读推广的有效性,节约了阅读推广的成本。

朋友圈集赞、转发赢取参与图书馆活动的资格等形式,也是扩大宣传效果的好方式。但值得一提的是,过犹不及。太多狂轰滥炸式的宣传也会招致反感等负面情绪,控制好量、把握好度是关键。

2.1.3 图书馆官方网站

官网是图书馆的独立网站,是了解一家图书馆最官方、最全面的信息渠道。少儿图书馆网站的服务功能应以清晰、便捷为主,在网站设计中应充分考虑少儿的理解与接受能力。如:在栏目文字上方增加拼音注解以方便幼儿理解,网站版面中多使用图片来增加趣味性等。

相对于微信、微博等新兴的热门平台,官网作为最传统的网络平台在技术上更为成熟和稳定,可以容纳最多数量、最全种类的数字资源。官方网站凭借其内容上的权威性与技术上的兼容性,在少儿阅读推广方面仍有着不可小觑的力量。

2.2 创新内容与形式,维持用户关注度

在创新方面,可以开阔思路,向跨行业的公司、企业学习。比如支付宝近期很火的蚂蚁森林。它宣扬的是通过使用它,包括在线缴纳公共事业费、步行、网络挂号等减少碳排放的环保行为,积累能量,可以在支付宝养一颗虚拟的树。等这棵树长大后,支付宝会在现实某个区域种下一棵真实的树。图书馆可以借鉴这种思路来做线上的活动,比如小朋友们每认领完成一个图书馆的阅读任务,经过核实可以积累一个能量点,积累到一定的数量可以获得不同种类的电子书或实体书。支付宝通过“浇水”“偷能量”这种形式扩大用户数和参与乐趣度,图书馆也可以通过邀请新用户获得更大能量点等形式吸引更多的小读者。又比如可以像豆瓣这样的网站学习,为小朋友们提供写短评、写书评的平台,可以记录自己读过的书籍并为其打分,我们图书馆亦可以像“豆瓣猜”一样,根据他们的阅读习惯和偏好为其推送个性化的荐书单,每年年底向其推送个人年度

阅读报告类型的总结。让每个读者都感到被重视、被服务、被关爱，是维持用户的关键所在。

3　服务为“本”

不管内容与形式，所有的努力都是以为读者提供更好的服务为最终目的和根本出发点的。所以笔者认为做好“两库”建设。(1)数字阅读资源库建设。构建特色资源库，打造“拳头”资源库、“明星”资源库，为广大少儿读者提供精品阅读资源。(2)读者用户数据库建设。利用“互联网＋”大数据，在日常常规的活动和调研中注重读者数据的收集、统计与分析，以此为基础，调整和改进宣传的内容与方向。

“互联网＋”能有效助力图书馆的阅读推广工作，注重线上与线下的结合，能更大程度上发挥这种作用。让线上与线下拧成一股力，促进多方合作，形成良性循环，扩大服务的辐射面和影响力，提高服务质量，更好助力于广大少年儿童的阅读推广工作。

参考文献

[1] 中国互联网络信息中心，2018年3月5日，第41次中国互联网络发展状况统计报告[R/OL].(2018-03-05)[2018-03-06]. http://cnnic.net.cn/hlwfzyj/hlwxzbg/hlwtjbg/201803/p020180305409870339136.pdf.

[2] 李亚，从有趣、有料到有用、有品——如何让私人定制实现阅读价值升级[J].中国记者，2017(1)：87.

[3] 张鹤，新媒体参与的少儿图书馆阅读推广活动策略[J].河南图书馆学刊，2016(5)：132.

"图书馆＋"与全民阅读推广
——以鄂尔多斯市图书馆阅读推广为例

孙　敏

（鄂尔多斯市图书馆）

摘要　在新的历史条件下，随着图书馆事业的不断发展，深入开展全民阅读对提高公民的思想道德素质和文化素质，传承中华优秀的传统文化和满足人民群众日益增长的精神文化需求，具有深远的意义。图书馆作为社会公共文化服务体系重要组成部分、文化传承的载体与全民阅读的主要阵地，在文化建设发展中起到不可替代的作用。因此，有计划地开展全民阅读指导工作，是图书馆开展的重要服务领域。本文通过开展全民阅读的现状、推行全民阅读的必要性以及构建鄂尔多斯市全民阅读推广服务体系活动进行了论述与分析。

关键词　全民阅读；图书馆

"Library＋" Reading Promotion with the Whole Nation—Taking Ordos City Library Reading Promotion as an Example

Sun Min

(Ordos City Library)

Abstract　Under the new historical conditions, with the continuous development of the library industry, it is of great importance to carry out all-round reading to improve the citizens' ideological, moral and cultural qualities, to inherit the excellent Chinese traditional culture and to satisfy the people's growing spiritual and cultural needs, Has far-reaching significance. As an important part of social public cultural service system, the carrier of cultural heritage and the main front for reading by all people play an irreplaceable role in the cultural construction and development. Therefore, carrying out the work of reading and guiding the whole people in a planned way is an important service area for libraries. This article discusses and analyzes the status quo of universal reading, the necessity of carrying out universal reading and the construction of universal reading promotion service system in Erdos City.

Keywords　National Reading; Library

《全民阅读"十三五"时期发展规划》中指出，以满足人民群众精神文化需求为出发点和落脚点，完善体制改革，将丰富阅读活动与提升思想文化内涵相结合，全面提升全民阅读质量和水平，推动国民素质和社会文明程度为目标，建设社会主义文化强国，着力提高国家文化软实力，推动社会主义文化大发展大繁荣，为实现"两个一百年"奋斗目标和中华民族伟大复兴中国梦而奋斗。

这有力地推动了我国全民阅读环境的进一步优化，凸显了政府对阅读问题的高度重视。

1　图书馆开展全民阅读的现状

随着经济、政治、文化、教育与科学技术的发展以及信息环境的改变，人们获取信息的方法以及阅读方式都发生了极为明显的变化。多媒体时代是阅读理念与创新的时代，人们更多通过互联网等多媒体来获取有用的信息，真正意义上的阅读与我们渐行渐远。这一现象受到了家庭、学校以及社会的广泛关注。为此，图书馆界做出了很多努力，以实际行动推动社会关注阅读。2005 年中国图书馆学会决定成立科普与阅读指导委员会，对社会阅读问题开展研究，并协助图书馆开展相关阅读活动。从委员会的设立，可以看出阅读关系到社会各层次人群，关系到知识接受方式与民族素质、关系到社会公平与心理健康等一系列社会问题。由此,“阅读推广”的理念一经提出,就受到广泛关注。社会各方通过不同的方式和途径,开始为阅读推广做出努力。图书馆作为民众最常见的文化服务机构,在阅读推广领域发挥着不容忽视的力量。

1.1 通过全民阅读率看全民阅读的现状

2017年4月,由中国新闻出版研究院组织实施的第十四次全国全民阅读调查结果显示:①我国成年国民图书综合阅读率为79.9%;人均纸质图书阅读量为7.86本,报纸阅读率为39.7%,期刊阅读率为26.3%,受新媒体数字阅读的迅猛发展影响,数字化阅读方式的接触率为68.2%。②成年国民每天接触传统纸质媒体和新媒体的时长均有不同程度的提升,传统媒体中,纸质图书阅读时长增势较为明显;新媒体中,手机阅读时长增长显著,首次超过一个小时。本次调查微信阅读纳入单独调查范围,成年国民微信阅读群体人均每天微信阅读时长超过40分钟,除了碎片化阅读,微信阅读也呈现出深度阅读的一些特征。虽然数字阅读表现出强劲的发展势头,但传统的纸质阅读仍将是我国国民阅读的主要形式,有51.6%的阅读群体表示,在阅读过某一电子书后还购买过该书的传统纸质本,这也间接带动了传统阅读的提升。③对亲子早期阅读调查发现,我国0～8周岁有阅读行为的儿童家庭中,平时有陪孩子读书习惯的家庭占到90%;家长平均每天花费24.15分钟陪孩子读书。平均每年带孩子逛书店3.07次,其中近五成(46.6%)的家长会在1～3个月内带孩子逛一次书店。0～17周岁未成年人图书阅读率为85%,未成年人的人均图书阅读量为8.34本,较2015年增加了1.15本。

本次全国国民阅读调查主要发现:我国成年国民手机阅读接触率连续八年增长,2016年我国成年国民手机阅读接触率高达66.1%;我国成年国民手机阅读时长连续八年增长,超过两成手机阅读接触者喜爱“都市言情”类小说。数字阅读特别是手机阅读持续快速发展,移动阅读、社交阅读正在成为国民新的阅读趋势。国民对阅读的需求日趋旺盛,对个人的阅读需求和全民阅读公共服务的需求均不断提高,意味着开展全民阅读活动正面临良好的发展机会。

1.2 影响全民阅读率的原因

影响全民阅读率的原因是多方面的:①随着政治、文化、经济、教育与科技的发展以及信息环境的变化,人们的信息获取手段以及阅读方式都发生了极为明显的变化,多媒体时代是一场阅读理念与革新的时代,人们更多的通过互联网等媒体来获取信息、查找资料,以至于慢慢忘了传统阅读,从而对纸质媒体市场形成了冲击;②社会的整体阅读趋势日益倾向于休闲娱乐,快餐读物与图片读物深受欢迎,从而影响纸质媒体的销量,如果能在流行读物中增加思考深度,那么会相应增加阅读的“含金量”;③现如今生活节奏加快、工作等各方面原因使人们心情浮躁、难以有闲暇的时间、心情与精力去平心静气的进行阅读,来提高自己的文化素养;④“浅”阅读与休闲的生活方式,使人们的阅读变成快餐式、跳跃式和碎片式,浅层的浏览代替了深入的阅读与思考,网络时代使阅读变得过于轻松简便;⑤功利化阅读与考试化阅读影响着现如今的应试教育模式,学生只读对自己有用的内容,与自己无关的内容一概不读,阅读意识比较薄弱;⑥近年,由原创文学著作改编为影视作品,也无不冲击着国民的阅读方式,如最近播出的周梅森《人民的名义》等影视作品都是由原创文学而改编,很多读者无暇看著作,都是只了解影视作品,这也使文学作品受到一定影响。

在网络新媒体时代,如何逃离以快餐式、跳跃式和碎片式为特点的“浅”阅读,如何使大众享受“深”阅读带来的盛宴的问题也更加重要。

2 大力宣传全民阅读,营造良好社会氛围

大家都知道习近平总书记爱读书,总书记说:“历史是最好的教科书,读书已成了我的一种生活方式”。在文艺工作座谈会上习总书记深情回忆了自己少年和知青时期的文艺生活,谈到了文艺与读书对自己成长所产生的影响,他还谈了读书的“三让”好处,即读书可以让人保持思想活力,让人得到智慧启发,让人滋养浩然之气;在十二届全国人大二次会议时,李克强总理表示书书籍和阅读可以说是人类文明传承的主要载体,就我个人的经历来说用闲暇时间来阅读是一种享受,也是拥有财富,可以说终身受益,这也是为什么我愿意把“全民阅读”这几个字写入政府工作报告的原因;2017年4月23日2016年中国好书颁奖盛典在中央一套隆重播出,《2016年度中国好书》全面盘点过去一年的出版物及文化热点,隆重揭晓并推选年度好书,颁奖盛典以“中国精神”“中国智造”“中国故事”“中国风格”“中国科技”“中国希望”为关键词,回顾并盘点了2016年那些记录时代、影响人们生活、唱响主旋律、传播正能量的好书,通过演讲、访谈、朗读、电视短片、情景再现等电视手段分享年度好书,并从好书中汲取中国智慧、弘扬中国精神、传播中国价值,让观众体会好书的文字之

美、思想之美、情感之美和艺术之美,体验阅读的快乐与意义。其中《习近平总书记系列重要讲话》《中国共产党的90年》《世界是通的:“一带一路”的逻辑》等六大类30本年具有较高文化品质和阅读影响力的主题出版物得到了大众的认可;而《朗读者》《见字如面》的播出,被喻为文化传播的又一股“清泉”,当《朗读者》濮存昕朗读老舍先生的《宗月大师》,当《朗读者》们用最精美的文字,用最平实的情感读出文字背后的故事与价值的时候,他们用真挚的情感征服了每一位热爱阅读的观众,也给阅读带来了无限的思考。

3 鄂尔多斯市图书馆实施阅读推广计划的策略

全民阅读应该根据不同读者及其特点精心策划,考虑读者的不同阅读兴趣与需求,从读者的角度出发提供不同的阅读推广工作,使读者充分感受到书香传递出来的智慧,真正了解阅读的本质与乐趣,为图书馆与读者、文献资源之间架起一座桥梁,从而增加图书馆的利用率,使全民阅读相对日常化。

3.1 政府主导、社会公众参与的多元化模式

习近平总书记在全国文艺工作座谈会表示,要把爱国主义作为文艺创作的主旋律,引导人民树立和坚持正确的国家观、民族观、文化观、历史观,增强做中国人的骨气与底气,要结合新的时代条件传承和弘扬中华优秀传统文化。

如第四届“夏青杯”朗读大赛的主题为“爱国主义”,大赛评委会希望通过大赛来弘扬爱国主义精神;为激发全民阅读热情,营造浓郁读书氛围,构建书香东胜,专属鄂尔多斯人的两个朗读亭于2017年4月23日正式投入使用,并免费向广大读者开放:还有“书香康城,今天我朗读”等活动,无不体现政府对阅读的高度重视。

3.2 鄂尔多斯文化地方特色阅读

鄂尔多斯市位于内蒙古西南部,地处高原地带,因受其地理、历史和生活等客观因素影响,产生了源远流长的鄂尔多斯文化。鄂尔多斯市图书馆在弘扬本地区少数民族文化中起着积极与重要的作用。如何将宝贵的文化遗产植根于具有现代化科学管理的图书馆中,这也是我馆立足于本地区、寻求新发展的内容之一。如我馆特色馆藏,蒙古民族三大历史巨著《蒙古黄金史》《蒙古秘史》《蒙古源流》揭示蒙古民族文化内涵,具有鲜明的时代特征和浓郁的民族特色;《鄂尔多斯婚礼》《鄂尔多斯年鉴》《鄂尔多斯史叶》《东胜志》《鄂尔多斯大辞典》等都是鄂尔多斯的特色书籍,涉及蒙古民族历史、宗教、风俗、文化等多方面内容,使图书馆上升为国内外学者研究蒙古学的一个重要基地,提升当地蒙古学研究文献的权威性,具有非常高的馆藏、文献研究和学术研究价值。

3.3 从绘本开始喜阅童心

绘本是幼儿人生的第一本书,父母可以从绘本故事开始,绘本因为画面简单,颜色鲜艳,从而吸引了儿童,使儿童喜欢上阅读。通过教育心理学研究调查显示,培养终身的阅读兴趣与习惯,取决于有效的早期阅读培养。所以在幼儿与少儿时期就应该潜移默化的培养他们的阅读习惯。这也是为进一步适应新课程改革的需求,全面推进素质教育,更好地服务教学,培养学生的创新精神,提高学生自主学习能力的实效,从而使他们形成正确的世界观、人生观、价值观。

3.4 女性阅读新理念

近几年,随着电子书、微博与玩微信等新媒体多元化的盛行和网络的迅速发展,女性的阅读方式和阅读习惯已发生了深刻的变化。“女性读物”已成为出版行业的一大热点,不断增多,成为图书市场关注的重点。现代女性职场压力与生活压力较大,希望通过阅读在休闲之余得到放松、丰富自身的知识与修养,提高自身的能力与素质以及在家中的地位,这在家庭和睦与教育下一代中有着非常重要的作用。如:迅速流行的“悦读纪”(朝华出版社)“蝴蝶季”“花间坊”等女性专业出版物、晋江网上文学等;如匪我思存、辛夷坞等女性作家写的女性青春小说等,无不感动着她们的内心世界。因此,如何吸引更多的女性读者走进图书馆、利用图书馆,养成好的阅读习惯也是图书馆工作的重点,这也是尊重女性、关爱女性的一种体现。

3.5 重视老年读者

离退休老年读者也是图书馆的主要读者群之一。一些老年人在离退休后,由于子女工作繁忙,他们担负起照顾第三代孙子辈的责任,这就要是老年人树立正确的幼儿教育观,避免溺爱、宠爱孙子辈,他们主要阅读一些儿童教育类与童话类的书籍,使他们与第三代孙子辈享受阅读乐趣;还有一些老年人在离退休岗位后,子女们也踏上工作岗位,他们的生活安逸悠闲,所以图书馆是他们常去消遣与修身养性的地方,他们主要阅

读一些休闲类、生活保健类、文学百科类与新闻报纸类等书籍。

3.6 电子书借阅机

为更好地将优秀文献资源提供给读者,顺应新媒体时代的发展需要,市图书馆引进电子书借阅机进行试用,整台机器采用触控操作,内容涵盖生活保健、文学艺术、经典名著、经管理财、亲子教育等 11 个热门分类,读者点触图片即可预览图书的内容概述,每本图书都有图书二维码进行扫描下载,读者可选择自己感兴趣的电子书到移动终端进行离线阅读。电子书借阅机不仅加速推进图书馆数字资源建设,而且极大地拓展了读者阅读空间,开启图书借阅的新时代,更好地服务于全民阅读。

3.7 流动图书馆

为了充分发挥图书馆流动性的作用,更好地实现城镇十分钟文化圈的要求,为读者提供便利性的公共文化服务,鄂尔多斯市图书馆根据实际情况,制订了定时、定点、定服务内容、定路线的服务模式,这种服务模式极大的方便广大读者与市民朋友,有利于创导健康文明的生活方式,更是用先进的文化引领基层文化阵地,受到了广大市民的欢迎和支持。

3.8 24 小时室内自助智能图书馆建设

为了更好地满足读者借阅休闲的文化需求,市图书馆、东胜区图书馆引进建设“24 小时室内自助智能图书馆”,作为“城市街区 24 小时自助图书馆”的拓展和升级,是一个“不打烊的微缩型智能综合图书馆”,颠覆了传统图书馆的开馆路径,在一定程度上弥补了传统图书馆在服务时间上的不足和城市街区 24 小时自助图书馆在服务空间上的不足。

4 结语

综上所述,鄂尔多斯市公共图书馆在全民阅读推广发展的方面,多元化将是一个总的趋势。我馆将继续遵循现代图书馆办馆理念,努力创新服务方式,大力拓展延伸服务领域,积极推进图书馆服务由一般性服务向“广度”和“深度”发展,为社会公众提供多样化、个性化服务。在信息化、智能化、数字化的时代变革的今天,依托丰富的馆藏资源,为广大读者提供更加优质的服务,来吸引广大读者,使鄂尔多斯市图书馆成为市民文化生活中一道亮丽的风景线,以优质的书籍文献资源飨食大众,为图书馆事业做出了应有的贡献,共建“全民阅读”的文明新风尚。

参考文献

[1] 国家新闻出版广电总局. 关于印发《全民阅读“十三五”时期发展规划》的通知[EB/OL]. (2006-12-27). http://www.sapprft.gov.cn/sapprft/contents/6588/311617.shtml.

[2] 赵晓. 阅读推广,图书馆界在行动[N]. 光明日报. 2016-01-26(10).

[3] 孙山. 第十四次国民阅读报告: 62.4%成年国民在 2016 年进行过微信阅读[N]. 中国青年报. 2017-04-20(07).

[4] 次仁卓嘎. 阅读是提高全民素质的重要途径[J]. 西藏科技,2010(10): 17.

[5] 吴娜. 2016 年度“中国好书”揭晓 30 种好书榜上有名[N]. 光明日报. 2017-04-24.

[6] 李怡梅. 我馆少儿阅读推广活动的探讨与思考[J]. 图书与情报,2010(4): 104—107.

[7] 裴小郁. 从公共图书馆的阅读推广谈女性阅读[J]. 图书馆界,2010(4): 86—88.

[8] 肖永英,陈永娴. 阅读推广计划—深圳市社区图书馆的发展机遇[J]. 图书情报工作,2006(8): 102—105.

图书馆新媒体平台内容的推送优化和传播影响力提升研究
——以上海图书馆微信公众号为例

叶　卉
（上海图书馆）

摘要　随着人们的阅读方式和习惯向数字化、碎片化的方向发展，图书馆也迈入了“互联网＋”时代。微信公众平台作为新媒体时代背景下的产物为用户和图书馆提供了一个全新的信息服务平台，为用户的知识资源获取与知识交互提供了资源和保障，该平台的服务内容和质量直接关系到用户对图书馆服务的感知。因此，如何优化推送的内容，提高用户持续关注度、阅读量等指标，进而提升微信公众平台的服务效果和影响力成了一大课题。

本文采用管理学中的 SWOT 分析方法，对上海图书馆微信公众平台自身优势、劣势以及面临的外部环境进行了探讨，构建了 SWOT 矩阵，对各种组合加以分析，提出了公众号内容推送的策略和进一步提升该平台传播效果的方法。

关键词　微信推送；传播影响力；上海图书馆 SWOT 分析

Study on the Promotion of Library's New Media Platform's Content Optimization and Influence of Communication
— Taking Shanghai Library WeChat Public Account as an Example

Ye Hui
(Shanghai Library)

Abstract　While digital and fragmented reading getting more and more popular, the Library has also entered the "Internet plus" age. As the product of the new media era, WeChat public platform provides a new information service platform for libraries and users. It provides our readers with resources and support for the Knowledge resource acquisition and knowledge interaction. The quality of service content directly impact on user's perception of library services. Therefore, how to optimize the WeChat pushing content, improve the user's continuous focus intention and amount of reading thus enhancing the service effectiveness and communication influence of the WeChat public platform.

This paper analyses the advantages and disadvantages of Shanghai Library's WeChat Platform as well as the external environment it faces with SWOT analysis method, building the SWOT matrix and analyze various combinations, through which we offer WeChat Pushing strategy and proposal for enhancing the communication effect of library official Wechat account.

Keywords　Wechat Pushing; Spread influence; Shanghai Library; SWOT analysis

1　微信公众号现状

2017 年 11 月，在腾讯发布的《2017 微信数据报告》中提到，微信登录用户（9 月）达到 9.02 亿，较 2016 年增长 17%，公众号月活跃账号数 350 万，较 2016 年增长了 14%，月活跃粉丝数 7.97 亿，也较前一年增长了 19%。表面来看，作为国内最重量级的 SNS 平台，微信依然保持着强劲的发展态势，寄生于该平台的公众号也还处在增长阶段,但不可否认,截至 2017 年,历经 5 年的微信公众号已经告别了粉丝爆发式增长,内容同质化、用户订阅的公众号数量过多等因素造成了推文的阅读量降低。

侯斯特 2017 微信公众号图文群发数据报告显示,微信服务号整体图文打开率只有 3.06%,图文分享率 2.5%,原文点击率 3.45%,人均阅读数 1.16。公众号会话依然是阅读主要来源,占 69.89%,其次朋友圈占 18.91%。① 以上海图书馆公众微信号为例,微信文章的平均阅读率已经跌至 5%,头条内容的阅读率(阅读量/关注用户数量)从 12%降至目前的 5%左右。如何跟上 Web2.0 时代的发展变化,找到公众号运营新的突破点,提升推文的营销能力,对于图书馆的阅读推广和品牌建设是一个重要的课题。本文将就上海图书馆微信公众号推广策略、2017 一整年数据指标的表现,从 SWOT 分析的角度找到上图服务号推广瓶颈,并给出提升推广效果的建议。

2 上海图书馆微信公众号阅读推广服务现状

2.1 图文推送情况整体分析

2.1.1 关注人数指标

首先在微信公众号关注人数方面,数据显示 2017 年上海图书馆关注人数从 1 月初的 15 万关注数增长到了 12 月底的 23 万人,增长幅度达到 47.7%。但在这样的背景下,每个月均出现有规律的取消关注的情况,尤其在发布推送的时间。以 2017 年 12 月份为例,当月发布模板推文的四次:7 号,14 号,21 号,28 号,取消关注情况见图 1。其原因可能是公众号强制推送引起读者不适,或者是推出的内容不能满足部分读者的需求。

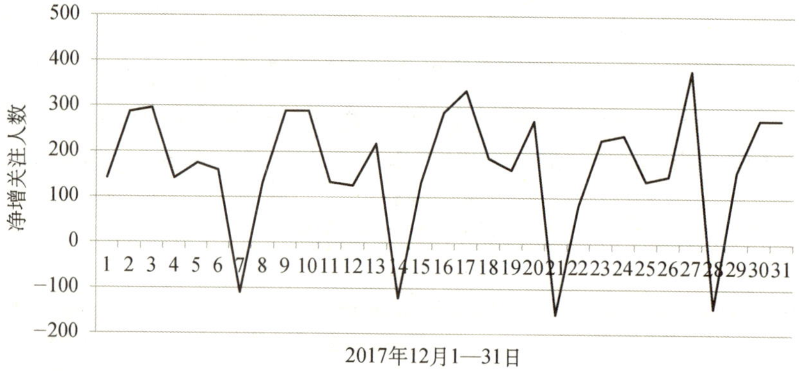

图 1 2017 年 12 月读者关注人数变化图(数据来源:微信公众号后台统计 下同)

2.1.2 图文推送指标

第二,在图文推送的统计方面,阅读量是最重要的衡量推送质量的指标。2017 年上图公众号全年推送 338 次,总阅读量 1035713 次,平均每篇阅读量达到 3064 次,但除了 3 月份由于"央视朗读亭"来到上图引起流量暴涨之外,阅读量总体稳定在每个月 8 万左右,这印证了微信公众号平台的发展已经进入稳定期。

2.1.3 菜单点击指标

目前上图公众号主菜单分为三个项目"我的图书""活动""发现",其中"我的图书"包括了读者最常用的功能:"图书查询""已借图书""续借图书"及关乎阅读推广的电子图书栏目"微阅读"。2017 年"我的图书"下各子菜单点击量如下图。可以发现,微阅读点击率占比不高。

2.2 推送策略

上海图书馆微信公众平台在承担图书馆在手机端的基本延伸服务之外,还承担着推广目前已采购的 1 万多本中文电子书和原版英语电子书的任务。自 2015 年 5 月以来,微阅读栏目成了上海图书馆移动端电子阅读品牌,累计推荐图书 840 余册②。每周固定推送 7 本电子书。作为主打品牌,在 2017 年全年 48 次头条

① 数据来源:http://www.weixinhost.com/material/2017

② 数据来源:2017 上海公共图书馆市民阅读调查

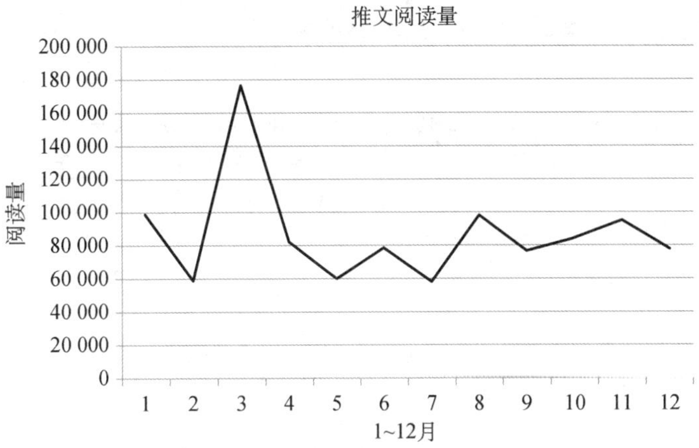

图 2 2017 年月阅读量随时间变化情况

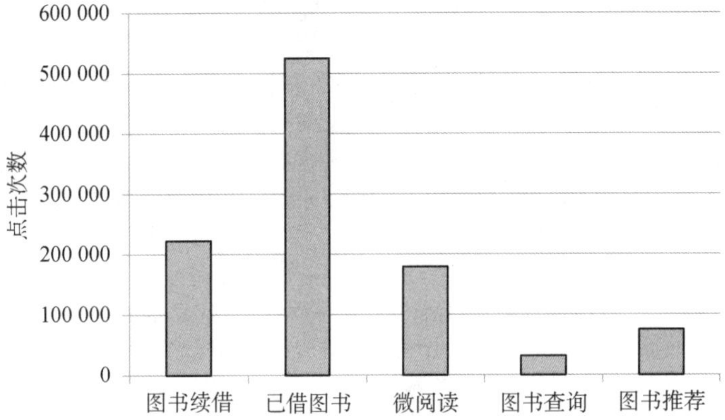

图 3 2017 年微信公众号各菜单点击数①

推送中，微阅读占据头条的次数最多，达到 25 次。另一品牌“微文堂”自 2016 年推出以来主打“时事热点”，根据每周国内外热点推出 7 篇由馆员挑选的杂志文章，吸引读者点击相关电子期刊。

目前推文采用了以下推广策略：①结合时令。在春季，母亲节，暑假，圣诞节等时令假日推出的应景推文。②结合线下活动。利用“朗读亭”“书展”等活动推出书单。③结合馆所服务。如第 122 期微阅读“假期找不到书怎么办”将读者查书难的问题和电子书相结合，一方面解决了读者在搜书系统找不到自己要的书的难题，一方面顺势推出电子书，给借不到纸质书的读者多一种选择。④结合社会热点，如电视剧《人民的名义》热播时，适时推出周梅森的政治小说，引起了好评。⑤增加互动效果。为了提高留言数，推送文章采用发奖品的方式引导读者留言，在文末提出问题或者设置留言选拔奖励，有效提高读者的参与率。

2.3 推送效果

从 2017 年的推文阅读量变化趋势来看，上海图书馆公众号的推送整体平稳的同时也暴露出发展瓶颈。除 3 月份借助“央视朗读亭”的超高热度大幅提升了阅读量之外，没有其他月份能够接近。分析几个阅读量的波峰：1 月份，8 月份，10 月份，11 月份，当月最阅读量最大的推送分别是“十本最受欢迎的电子书”“拿着ID 逛上海书展”“阅读马拉松秋季赛”“kindle10 年”，可以看到，线下活动占了其中一半，说明上图公众号原创推文还有许多潜力可以挖掘。而微阅读作为已经给予足够资源来推广的品牌，其点击量占比菜单总点击量也依然偏小，说明上海图书馆微信公众号的传播影响力还需要进一步提高。

① 图书查询由于功能调整，于 2017 年年底才添加

3 上海图书馆与其他省级图书馆公众号 SWOT 分析

3.1 优势

上海图书馆公众号通过融合各项功能,形成了一定的品牌影响力,其优势体现在以下几方面。①菜单功能齐备。自 2013 年以来,上图公众号整合了现有系统和业务,为读者提供包括附近图书馆位置查询,图书推荐,读者证绑定,书目检索,读者培训报名等功能。②集成了多种丰富资源,包括电子书、电子期刊,有声读物(听书馆中文),悦视频(超星平台)满足用户多方面需求。③丰富的线下和线上活动。包括阅读马拉松、阿基米德平台书籍朗诵等,参与者众。

3.2 劣势

阅读推广的效果呈现需要迎合新媒体的行业特性:热点更新速度快,信息淘汰率高,要让推广效果达到事半功倍的效果就需要有较高的推送频率。但服务号的推送次数受限:相比于订阅号每天都能推送,服务号一个月仅四次的固定推送无法满足大量阅读推广的需求。第二,图书馆服务号承担着活动报名、馆所公告等宣传功能,占用了本已不多的广告位。第三,缺乏专业的新媒体专业技术人员。从推文排版来看,还缺少专业的美工来保障美术风格的统一。第四,除了精品栏目"微阅读""微文堂"之外,对于其他电子资源的挖掘和推广不论是数量还是深度都不足,类似听书馆等馆藏资源有待开发。

3.3 机会

从外部机遇看,微信平台庞大的使用人数和极高的用户黏性带来的是巨大的流量机遇;第二,广大市民电子书阅读增长量逐年升高,读者在移动端碎片化阅读需求巨大。然而阅读量提高的同时其阅读偏好也愈发分散化,阅读口味更细化,要求微信公众号发展需转向精准推送,个性化服务转型。从内部机遇看,微信公众号的绑定、活动报名等引流入口是提高微信关注人数的重要渠道,同目前关注的 24 万的人数与上海图书馆近 200 万的持证人数相比,有较大发展空间。

3.4 威胁

如今,手机阅读的选择更加多样化,许多商业化公众号/阅读 App 都提供部分免费阅读,这大大分散了读者的注意力,造成用户选择疲劳。第二,图书馆公众号推文内容同质化严重。微信公众号的复制抄袭现象已经成为困扰其发展的瓶颈之一,图书馆微信在网上拼凑复制内容也屡见不鲜。第三,吸引用户关注不易,但用户取消订阅却可能有一百个理由,受众积累非常困难。由于微信不提供其他任何形式的公众号展示推荐平台,推送消息也无法分享到朋友圈和其他社交平台。因此,微信公众号的受众积累困难,吸引关注完全依靠其本身的号召力。

3.5 矩阵分析

3.5.1 SO 组合分析

第一,上海图书馆公众号近 24 万关注人数代表了其品牌影响力已经达到一定程度,而"碎片化"阅读和"半小时"阅读的趋势逐渐增大,要吸引用户长期关注就首先需要结合品牌形成风格,打造有足够辨识度的行文风格。通过分析已有用户群的属性,划分人群,提供符合其喜好的推送。分析 2017 年所有阅读量破万的推文背后的用户属性我们发现,女性用户均多于男性用户,结合 2017 年 6 月的阅文大数据:"女性用户成为数字阅读的主力军,在新一代主流用户群体'95 后'中,女性网文付费意愿比例高达 76.6%",这一现象对于推文策略有一定的参考意义。

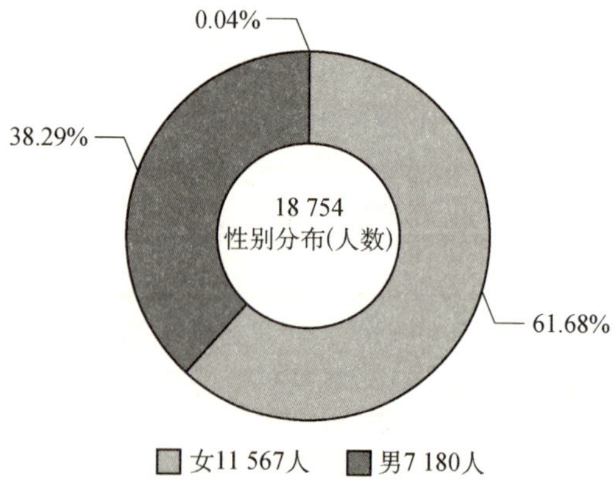

图 4 微阅读:"kindle 十年里的 10 本书"

第二,结合线上线下活动将用户向关注/绑定引流。以 2017 年 11 月份为例,有三次推送阅读量破万,分别是 2 号,23 号和 30 号的三篇推文。其中 2 号的推文为"2017 秋季马拉松颁奖典礼邀请",后两篇为微阅读,丰富的线下活动对推文是很好的助力。但对照这三天微信后台的关注人数变化我们发现,三篇传播效果上佳的推文都没有引来关注,反倒出现了净增关注人数为负数的情况。优质推文所带来的传播效应没有转化为实际的关注,因此需要适当引导读者关注/绑定,利用好推文的影响力。

表 1 微信后台关注人数变化表

时间	新关注人数	取消关注人数	净增关注人数	累积关注人数
2017 - 11 - 2	216	353	−137	223909
2017 - 11 - 23	250	369	−119	227346
2017 - 11 - 30	306	312	−6	228580

3.5.2 WO 组合分析

第一,推文次数受限是服务号的劣势,但对于特定内容,推广相关图文内容可克服单次推文受限的弱点。举例来说,结合读者阅读需求将相关内容插入到发送的推文中,以长沙图书馆微信公众号为例,该公众号每一篇推送都内置了跳转到其他优质推文的链接,增加了曝光度和阅读量。但推文末尾过多或重复的链接并不能起到很好的效果,需根据当篇内容做适当的相关性推荐。

第二,根据不同的热点/形势/偏好和想要达到的推送效果调整推文顺序。

第三,设计专属的页面风格,打造出符合上海图书馆整体形象的特征。

第四,结合上海图书馆读者账单和读者需求分析,挖掘和推送其他电子内容。上海图书馆每年推出的悦读账单是广受好评的栏目,利用大数据多维度分析可以看到读者整年以来的阅读偏好,结合纸质书的偏好可以延伸出其他电子资源推送服务的路径。

3.5.3 ST 组合分析

第一,在目前众多的商业化公众号中,如何利用好上图的品牌优势克服来自其他阅读 App 或读书公众号的威胁,需要找准自己的定位,做好差异化服务,建立竞争优势,有别于其他读书公众号。结合上海图书馆独特的电子资源,包括 Overdrive 原版英语电子书这样在世界范围都有很大影响力的平台,有必要结合好馆藏打造独特的风格,突出特点。

第二,在开发和扩展新功能的同时,保持服务号原有各功能的稳定性。2018 年 1 月上海图书馆微信公众平台上线测试智能问答系统,由于没有做好原有功能对接,导致部分功能无法使用,造成潜在用户流失。因此有必要建立应急机制,避免因大调整带来的不便造成用户满意度下降,影响公众号整体形象。

3.5.4 WT 组合分析

对标 WCI 榜单长期排名靠前的湖南图书馆公众号,我们发现其大量的非原创内容的转载同样能够起到很好的吸引流量的效果,一篇优质的转载同样能引发爆炸级的分享和关注,因此可以考虑适当借鉴其他图书馆公众号的推送策略,包括转发非原创文章等策略来提高知名度。同时,针对各家图书馆互相借鉴,导致图书馆公众号内容形式的同质化严重,需要吸取运营教训,避免内容单一。相比订阅号,微信服务号的强制推送机制造成了公众号和用户间的强社交关系。如果推送内容和服务在读者看来价值不大,很可能让推文看起来像是“强行的打扰”,在目前公众号数量过多的情况下极有可能引发用户取消关注的冲动。为此,要进一步提高推文的质量,就需要建立推文筛选机制,在有限的发送频率中提高推送质量,避免用户取关。

表 2 SWOT 交叉分析策略表

内部环境分析 / 交叉分析 / 外部环境分析	S 强势	W 弱势
	1. 上海图书馆微信平台品牌知名度和影响力	1. 服务号发送频率受限
	2. 服务号功能齐全,提供丰富的内容资源	2. 服务号承担的广播功能占据了一定推送渠道
	3. 多种线下线上推广形式	3. 缺少有专业背景的美工等运维人员
	4. 公众号结合读者证强关注带来的高流量	4. 推送内容较单一,缺少对其他馆藏内容的挖掘

续 表

O 机会	1. 微信平台庞大的使用人数和高用户黏性	SO 分析	WO 分析
	2. 上海市民电子阅读需求逐年增高	1. 结合品牌影响力打造固定的行文风格	1. 结合读者需求和推文主题增加相关推文链接
	3. 上海图书馆读者证持有量逐年提升	2. 分析用户群属性,划分分群,精准推送	2. 根据形势、热点调整推文顺序
		3. 提高活动推广时关注转化率	3. 设计公众号人格形象,提高辨识度
			4. 结合阅读账单根据读者偏好推送电子阅读内容
T 威胁	1. 公众号平台发展趋稳,流量红利期已过	ST 分析	WT 分析
	2. 阅读公众号、手机阅读 app 等的外部竞争	1. 准确公号定位,做好差异化竞争	1. 借鉴同行推文策略
	3. 推文同质化严重	2. 建立深挖馆藏的推送内容	2. 吸引同行经验教训,避免内容单一
	4. 用户取关简便	3. 保持服务号功能稳定	3. 建立推文筛选机制,提高单篇推送的质量

4 上海图书馆公众号传播力提升建议

作为在 WCI 指数中权重占比达到 80%的一级指标——阅读指数是体现了公众号传播力。如何让读者更多点开推文提高阅读指数是加强传播力影响力的根本。

总结 SWOT 矩阵分析需要做到以下几点:

1) 设计统一的公众号风格和形象。统一的排版风格和人格化的公众号形象有助于提高用户识别度和用户黏度,增加公众号的亲和力。

2) 深度挖掘读者需求,尽可能满足不同群体,不同标签读者的阅读偏好。除了从悦读账单等来分析读者阅读喜好之外,对于每一次不同文字风格/内容风格/主题风格的推文的效果进行评估,总结出上图公众号读者群的阅读喜好。

3) 建立推文主题的筛选审核机制。目前上海图书馆新媒体团队的推文产出有专门的多道审核,但在产出推文之前缺乏主题的审核,馆员仅仅根据各自的偏好构思推文主题,造成了推文效果的参差不齐。因此,有必要在推文撰稿之前进行通气和交流,对各自的推文主题选择进行预审核,通过头脑风暴选择出最合适的主题。

4) 强化优势推送策略。结合线下活动来发布推文成了能够强势带动阅读量的推送策略,继续保持和发挥这一优势将为传播力在线下的延伸提供助力。在目前已有的"阅读马拉松"和"书展"等线下活动的基础上,在活动较少,推文发送效果较差的月份拓展线上线下内容的结合,能将整年的阅读量变化线拉高。

5 结论

在移动互联网"内容为王"的时代,如何提高打开率,如何提高转发率,如何提高评论数,扩大公众号的传播效果进而牢牢守住手机端阅读推广宣传阵地始终是一个值得图书馆新媒体团队深思的问题。尽管微信公众号的发展进入转型期,但移动互联网依然蕴藏着巨大的传播能量,只有持续提供优质的内容、高频率的互动、提升读者的认同感,精准满足读者的内容需求,才能盘活图书馆新媒体内容馆藏,发挥好图书馆知识的传播和宣传功能。

参考文献

[1] 王海燕.图书馆微信公众平台传播影响力研究[J].图书馆工作与研究,2015(09):28—31.

[2] 王磊,吕鹏辉.基于微信推文内容视域下图书馆微信服务现状研究及建议[J].情报杂志,2017,36(09):191,202—207.

[3] 肖红.微信公众号用户持续使用意愿的影响因素研究[D].西南大学,2016.

[4] 郭利敏,张磊,赵亮.图书馆微信服务应用开发——以上海图书馆为例[J].现代图书情报技术,2014(05):96—101.

[5] 上海市民阅读状况调查分析报告(2017)[EB/OL].[2017-08-04].http://www.sh.chinanews.com/wenhua/2017-08-04/27117.shtml.

关于公共图书馆推广全民阅读的研究

许邱麟
（上海市静安区图书馆）

摘要　自 2006 年活动开展以来，全民阅读已经走过了 12 个年头，在全国各政府部门的努力倡导下，在社会各界的不懈努力下，全民阅读活动在全国各地蓬勃发展，活动规模不断扩大，内容不断充裕，方式不断创新，影响日益扩大，总体来说，我国全民阅读推广的成效有目共睹，但是与世界发达国家相比还是有一定的差距。本文从一个区图书馆的角度出发，谈一谈一名普通馆员对如何促进全民阅读的一些思考。

关键词　全民阅读；公共图书馆；推广方法

Research on Public Library's Promotion of National Reading

Xu Qiulin
(Shanghai Jingan District Library)

Abstract　Since 2006, the activity of "National reading" has last for 12 years, under the support of national government departments and the unremitting efforts of the society, the activity of "National reading" developed vigorously all over the country, the scale of the activity is expanding, the contents constantly enriched, the ways constantly innovated, the influence is growing. On the whole, the activity of "National reading" has achieved some results, but compare with the developed countries in the world, there is a certain gap. From the perspective of a district library, this article will talk about the opinion of an ordinary librarian on how to promote the activity of "National reading".

Keyword　National reading; Public library; Promotion method

在我国，阅读自古以来属于是士大夫阶层所专享的一种特权，即使到了新中国成立之后，相当一段时间内人们对于读书的认识仍然存在一定的偏差，致使许多人未能养成阅读的良好习惯。2006 年，为了着力提升中国人的阅读量，增长人们的见识，从而提升中华民族的整体素质，中宣部等十一个部委在“世界读书日”前夕，倡导并发起了旨在提升国民阅读率的全民阅读活动。倡议发出后，全国各政府部门和图书相关单位都积极响应，开展多种形式的宣传活动，并采取延长营业时间、提供读书专座等方式，引导广大人民群众多购书、多读书，形成良好的阅读氛围，取得了显著的成效。2012 年，党的十八大报告明确地提出了“开展全民阅读活动，丰富人们精神文化生活”的新要求。习近平总书记在党的十九大报告中强调指出：“文化是一个国家、一个民族的灵魂。”“没有高度的文化自信，没有文化的繁荣兴盛，就没有中华民族伟大复兴。”然而，由于我国长期以来形成的生活习惯，加上移动通信设备等新兴技术产品的普及，全民阅读情况与发达国家相比仍然存在着一定的差距，如何进一步推广全民阅读，是当前亟须深入研究的一个重要议题。

1　公共图书馆对于推广全民阅读的意义和作用

公共图书馆指的是由国家财政承担的，由中央或者地方政府建立、资助或者支持的，免费为社会公众提供阅读等服务的图书馆。作为我国公共文化服务体系的一部分，公共图书馆承担着提升人民群众知识文化水平的重任，是推动全民阅读的重要组成部分。公共图书馆以其所独有的特点，在引导读者方面有着不可替代的作用。一是公共图书馆的免费性，可以使最广大范围的社会公众受益，从而扩大全民阅读的普及面，使每一位愿意读书、热爱读书的人都有能力进行阅读；二是公共图书馆的官方性，可以使图书馆不需要过多考虑成本和收益的问题，不仅可以经常性地更换书籍，并且不需要为获利而迎合图书市场需求去购置过多畅销书籍，而可以将有限的经费放在经典书籍、专业性书籍等偏冷门的书籍采购上，从而使读者能够在深度和广度上进一步提升阅读的层次。

从目前情况看,公共图书馆对于全民阅读的推广起到了十分重要的积极作用,通过打造各具特色的全民阅读品牌,营造出良好的阅读氛围,在全民阅读的推广方面取得了明显的成效。然而,由于在认识上或者方法上仍然存在着不足,导致公共图书馆在推广全民阅读的进程中也产生了一些问题。例如,有的图书馆只追求面子工程,不断地翻新书籍或者宣传造势,而对于图书的内容及价值并没有进行必要的评估,导致读者大量的流失;有的图书馆管理不善,不及时更新书目,导致馆内存在大量的旧书和破损书籍,难以做到与时俱进,使得许多读者无法找到自己所想看的书物;有的图书馆甚至过于追求经费的节俭,以捐赠书籍来取代购置书籍,导致许多藏书过于偏冷而失去了常规的读者受众。因此,必须采取必要的措施,切实改进公共图书馆的管理现状,以进一步发挥其在推广全民阅读方面的积极作用。

2 公共图书馆在推广全民阅读中的优势

2.1 公共资源的开放性优势

公共图书馆作为国家政策扶持的公共服务机构,基本都是采取免费的服务方式,能够为每一位读者提供平等的获取知识的机会。例如,在笔者所在的区图书馆,上海户口的读者只要征信记录合格,并且年满14周岁,即可免押金办理一张全市公共图书馆通用的读者证,外地户口的读者也只需100元押金即可办理,并且押金随时可以退还。因此,读者不因富贵贫困而出现阅读的差距,也无须像私营书城等单位一样充值办理VIP卡等活动,真正为全民阅读提供了最大的空间,不得不说,上海的这项免押金的政策使全民阅读的推广向前跨了一大步。

2.2 文献资源的完整性优势

公共图书馆的文献资源,通常比其他书城更加全面,涵盖了比较完整的科学文化知识体系,特别是对于国际和国家认证、认可的人类文化资源,都有着相应的馆藏。对于读者来说,无论是进行休闲消遣式的大众阅读,还是进行全面系统的专业学习,都可以在图书馆内找到所需要的文献资料。特别是进入数字化时代以来,公共图书馆的海量数字资源对于读者来说有着非凡的意义,全民阅读进入"升级版"。

2.3 管理资源的严谨性优势

公共图书馆对于管理方面的要求十分的严格,从采购、分类、借阅等各方面都有着明确的操作流程,因而图书的管理非常的规范有序。读者可以通过电脑查询索书号,快速简便地获取所需要图书的馆藏位置及馆藏状态,从而为阅读提供便利,有效助力全民阅读的深入推广。

3 公共图书馆面临的压力

当前,公共图书馆以其独特的优势,广泛地存在于全国各地区,有的甚至延伸到农村基层。然而,随着社会经济的不断发展和人们生活理念的不断改变,公共图书馆也面临着前所未有的压力。

一是数字阅读不断冲击。随着智能手机的不断普及以及电子书等数码产品的逐渐完善,人们对于纸质书籍的需求量有所下降。特别是90后、00后的年轻一代,除了极少数学生外,绝大多数都通过手机、电子书进行阅读,较少出现在公共图书馆等场所。

二是书籍范围存在盲点。长期以来,公共图书馆对于书籍的范围,主要集中在政治思想、散文小说、历史人物传记等方面,存在一定程度的盲点。例如,理工科等专业性较强的书籍偏少,即使是文科类书籍也缺乏足够的深度,有的甚至将专业性书籍与基础知识普及类书籍放在一起,导致社会的精英阶层和高素质人才对公共图书馆的利用率并不高。

三是阅读场所过于单一。由于受到管理理念、场所实际所限,公共图书馆在阅读场所的布局方面往往是采取开放式阅读的形式,缺乏小型私密式空间,造成一些读者无法进行一定的交流。特别是对于喜欢提问的幼儿,阻止进入不符合公共图书馆的管理理念,也不利于全民阅读的推广,但放任的话又容易吵闹到其他读者,导致管理处于两难状态。

4 公共图书馆推广全民阅读的策略研究

推广全民阅读,公共图书馆是不可或缺的重要组成部分。但公共图书馆经营管理的现实窘境,又需要我们不断改革创新管理,采取多项措施进行完善,从而发挥公共图书馆在全民阅读推广方面的积极作用。

4.1 化被动为主动，进一步扩大读者范围

公共图书馆要努力突破馆藏容量的限制，改变被动等待阅读、旧书处理困难等劣势，构建完善多功能的服务网络。首先，可以采取分级管理制，在省、市及大型乡镇建立主图书馆，在小型乡镇及社区、街道建立分馆，使不同图书馆的藏书形成一定程度的流动性，从而在保有图书总量不变的同时不断地更新各馆的藏书；其次，可以采取主动送书下基层、进学校、访农村等形式，积极扩大阅读服务范围，使更广大人民群众成为公共图书馆的读者和受众，必要时可以到敬老院、儿童福利院等专门性机构进行定向服务，为各种不同的群体带去书本和知识；再者，可以与各书城、单位、学校建立联系点制度，将图书馆内的图书与书商及其他藏书单位进行互联共通，进一步拓展图书馆的藏书范围与深度，充分发挥公共图书馆的引领带头作用，将各单位都纳入到全民阅读的体系中。另外，在笔者所在的图书馆还设立有两辆流动图书车，每周定时定点停靠在辖区内的商圈或著名地标，在本区的许多商圈，我们还配备设立了自助借还和自助办证的机器设备，让读者不用人到图书馆，一样可以享受到图书馆的服务，像这种化被动为主动的服务模式，也可以成为推广全民阅读的一种新思路。

4.2 化静态为动态，进一步拓展阅读形式

传统阅读活动，主要是以健康成年公民为推广对象，以固定场所等待读者的到来，影响了阅读的覆盖面。公共图书馆要切实找准自身的定位，不能仅仅满足于储藏和借阅书籍的场所，而要努力发挥自身的主观能动性，积极采取多种形式，投身于全民阅读的推广中。一是要定期开展各种形式的公益阅读活动，采取邀请专家或知名作家举办专题讲座、举行图书专题展览等形式，使读者通过聆听讲座，或者参加某一专题的图书浏览，对知识与文化产生更加深刻的理解与认知，更加了解公共图书馆的价值和作用，从而积极参与到全民阅读活动中。二是要关注未成年人的兴趣培养，充分认识到幼儿才是全民阅读的发展未来，努力为小读者们推荐和提供适龄的读物，并且利用图书馆的场所组织开展专门性的未成年人专题阅读会，打造少儿和幼儿阅读活动品牌，使未成年人能够在宽松的馆内环境内进行快乐阅读，从而有效激发孩子们的阅读兴趣，引导他们形成良好的阅读习惯。三是要重视盲人读者和其他残障人士的特殊服务，积极扶助残障人士开展阅读活动，设置专门的盲人阅读专区，并定期开展送书、读书活动，使这类特殊人群充分感受到阅读和学习的乐趣。

4.3 化线下为线上，进一步扩大阅读空间

在信息化、数字化时代，全民阅读不能故步自封，执着于图书馆内、纸质书籍的阅读，而要全面对接新形势的变化，积极运用新媒体的方式，扩大阅读空间，使图书馆的服务更加接近读者。例如我馆建立了微信公众平台，通过将借阅证进行绑定，读者可以随时随地在线查询个人借阅信息。通过对图书馆购书和专题活动的信息推送，越来越多的读者可以更加精准地了解我馆的藏书情况，并及时参加图书馆组织的讲座、读书会等活动，使图书馆与读者之间形成了更加频繁高效的互动。通过引入电子书借阅机，我馆将馆藏的大部分书籍特别是新版图书转换成电子书，为读者提供手机借阅的平台服务，使读者更加方便地借阅图书，并且减轻了馆藏书籍的数量负担，使公共图书馆内有限的书籍得到了更大程度地利用。现如今，笔者所在区内的读者，既可以通过来馆借阅纸质图书、期刊、报纸等形式进行阅读，也可以通过手机、电脑、电子书阅览器等媒介进行数字化阅读，从而突破了时间和空间的限制，使全民阅读搭上信息化的顺风车，走上新发展的快车道。

5 结束语

作为推动全民阅读的主阵地，公共图书馆为全体社会成员提供了平等、全面、系统、与时俱进的阅读保障。全民阅读是党和国家大力推行的重要工作部署，也是我国社会发展和人民进步必不可少的内容，对于国家、单位或个人都有着积极的意义，推广全民阅读是大势所趋、国家所需。作为一名区图书馆的普通馆员，我认为必须要充分发挥公共图书馆的优势，规避和改进其劣势与不足，坚持与时俱进、改革创新，使图书馆的管理更加符合新时代发展的需求，牢固树立现代阅读理念，多措并举，着力推动全民阅读深入健康发展，为我国国民素质的综合提升做出更大的贡献。

参考文献

[1] 丁欣. 全民阅读背景下的图书馆阅读推广策略研究[J]. 科学与财富，2017(23)：18.

[2] 储兰. 全民阅读背景下图书馆多元化阅读推广活动创新研究[J]. 图书馆学刊，2017(6)：66—70.

[3] 秦新立，王秀英. 网络时代全民阅读状况及高校图书馆阅读推广策略研究[J]. 内蒙古科技与经济，2017(17)：133—134.

公共图书馆读者活跃度研究
——以 2017 年上海图书馆读者证数据分析为例

褚 堃 梁永平

（上海图书馆）

摘要 本文根据上海图书馆 2017 年新申办的 18 万张外借读者证数据，采用描述统计的数据分析方法，科学地分析读者与图书馆关联的行为数据，科学地呈现注册读者的活跃情况，并在此基础上分析读者办证规律、年龄构成、地域分布、借阅倾向等要素，挖掘出读者显性需求和隐形需求，以此为图书馆精准化服务的完善及阅读活动的推广提供建议及参考依据。

关键词 上海图书馆；读者活跃度；活跃读者；非活跃读者

Public Library Reader Activeness Analysis
— Based on Shanghai Library Reader Cards Data

Chu Kun Liang Yongping

(Shanghai Library)

Abstract Based on the data of Shanghai Library lending cards registered in 2017, this paper analyzes reader's behavior by descriptive method to present the current situation of reader activeness. Both conscious and subconscious demands of the readers will be discovered through the analysis on their age structure, geographical distribution as well as registration and literature preference so as to improve library precision services and give suggestions and reference for reading popularizing activities.

Keywords Shanghai Library; Reader activeness; Active readers; Inactive readers

随着互联网的普及，大众阅读习惯已由传统的纸质阅读向便捷的数字阅读转移。第十四次全国国民阅读调查显示，2016 年我国成年国民数字化阅读方式的接触率为 68.2%，图书阅读率为 58.8%。虽然上海图书馆新证量逐年平稳增长，但图书流通量却呈现每年缓慢递减的趋势。公共图书馆是精神文明建设的重要阵地，也是开展“全民阅读”活动的重要场所。在此背景下，图书馆需从自身出发，紧跟时代变化，在丰富馆藏资源的同时，不断提升服务与活动的方式和质量。而在图书馆资源之中，读者资源为重中之重。因此，唯有加强对读者群体的研究，明了读者的行为规律与需求差异，进而耐心细致地维护读者资源，有的放矢地满足读者需求，更加精准地提供温馨服务，才能持续提高馆藏资源的使用率，使图书馆资源的价值与效能最大化。

1 读者活跃度的界定

严格意义上讲，活跃度不是一个特定的学术词汇，是不同的情景赋予了活跃度不同的意义。例如，在证券界，股票活跃度一般反映了股票交易频率的高低。本文认为，对图书馆而言，读者活跃度在办证方面反映了办证量的高低，而在读者证方面反映了读者证使用频率的高低。本文根据读者证使用频率，将使用过读者证的读者定义为活跃读者，将未启用过读者证的读者定义为非活跃读者。并在此基础上，通过对不同读者群的分析，多角度地对不同读者进行研究，从而发现图书馆工作不足之处和潜在规律，进而取长补短，完善服务，满足需求。

2 办证分析

2017 年上海图书馆办理读者证共 136692 张（不含电子学生证），其中柜台办证 104052 张，占 76.12%，批量办证 32640 张，占 23.88%。一线窗口服务在办证业务中占据着重要位置，其服务质量将直接影响读者对图书馆的初步印象，所以提供更好的一线服务依然是图书馆需要不断追求的目标之一。

读者的办证活跃度随时间段的不同而上下波动。从全年看，暑期每月的办证量高于平均值 27.08%，放假学生与临时参观客数量的陡增是暑期办证火爆的原因之一。国定节假日办证量高于平均值 14.04%，但春节期间的平均办证量低于平均值 56.14%。由此可见，在暑期、周末及节假日期间，读者办证需求较高，人流相对较大，适宜进行办证及阅读推广等活动，而对于类似春节的特殊时间段，图书馆则要尽量减少活动与宣传，避免不必要的人力财力浪费。

3　成人读者分析

2017 年馆所新办成人外借证 43478 张，其中活跃读者 35121 名，占比 80.78%，非活跃读者 8357 名，占比 19.22%。

3.1　成人非活跃读者

本文通过身份证号前三位将读者区分为本地和外地读者，再通过对身份证号前六位将本地读者进行区域上的细分。各区本地非活跃读者数量与该区本地读者总数的比值即为该区域本地读者的非活跃率。本地读者在各辖区的平均非活跃率为 26.15%。其中距离馆所较远的奉贤区高达 55.11%(图 1)，说明该区有过半本地读者在办理读者证后，未使用过外借和馆所阅览服务，而非活跃率排名靠前的区域也多为距离馆所较远的辖区。上海一卡通服务允许读者在全市各区图书馆及街道图书馆借还图书，通借通还，因此与所属馆距离较远并不是非中心辖区活跃率较低的原因，更可能是读者缺乏对于一卡通系统的认识，认为只有在距离较远的所属馆才能进行图书借还，从而使行为成本上升，最终导致读者证的使用率下降。所以唯有加大对于一卡通系统服务的宣传力度，才能使这部分读者重新启用读者证，享受图书馆服务。

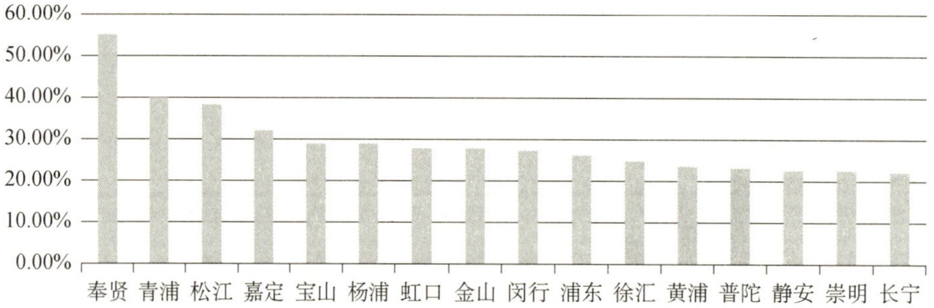

图 1　各区读者非活跃率

3.2　成人活跃读者

本文将活跃读者分为外借读者，阅览读者和单一读者三类。使用过外借功能的读者为外借读者，仅在本馆阅览过的读者为阅览读者，而全年仅使用过一次外借功能或本馆阅览功能的读者为单一读者。

2017 年馆所新注册成人读者年外借 198014 册次，年人均外借量中位数为 5 本。外借图书中，较受欢迎的大类分别为：I 类占比 32.36%、F 类占比 11.25%、T 类占比 11.21%、K 类占比 9.09%、B 类占比 6.82%。不同年龄层的读者在外借方面各有偏好，而且读者对于部分大类的需求会随年龄的增长而呈现出不同趋势。相较于其他读者，少年读者(14 至 19 岁)对 H 类需求较高，青年读者(20 至 44 岁)对 F 类和 T 类的需求较高，而老年读者(59 岁后)对于 R 类的需求较高。而且随年龄的增长，读者对于 B 类及 H 类图书的需求会逐渐减弱，而对于 K 类、R 类及期刊的需求会逐步增长。因此，图书馆需要把握不同年龄层读者对于各类图书需求的变化情况，才能较为精准地进行图书的推送及活动内容的策划。

表 1　部分图书在各年龄层读者中的外借占比

图书大类	少年读者	青年读者	中年读者	老年读者
B	7.57%	7.35%	3.63%	2.85%
F	4.22%	12.17%	7.57%	5.31%

续 表

图书大类	少年读者	青年读者	中年读者	老年读者
H	6.02%	5.80%	2.61%	1.40%
K	6.93%	8.57%	12.79%	12.97%
R	2.42%	2.99%	4.80%	6.83%
T	6.06%	12.16%	6.93%	4.93%
期刊	5.02%	3.54%	7.98%	15.43%

2017年新注册成人单一读者共4 261名,占成人外借读者总数的9.8%。虽然此类读者拥有外借功能,但97.25%的成人单一读者全年在本馆仅进行过一次阅览,只有2.25%的读者启用了外借功能。由此推测,该类读者一方面并不了解自己的读者卡还拥有外借功能,另一方面也可能对一卡通系统缺乏认识,所以才会出现全年仅到馆阅览一次的情况。因此,对于这类读者,图书馆需要加大自身业务宣传,加深他们对读者卡功能及相关图书馆服务的认识,尽可能激活这类读者群中拥有潜在外借需求的读者。

4 少儿读者分析

2017年新办少儿证(含电子学生证)共142 578张,电子学生证功能等同于少儿读者证。其中本地读者占比51.34%,外地读者占比48.66%,趋于持平。区域占比方面,浦东新区本地少儿读者占比最高达23.72%(图2),远高于其他辖区,浦东新区较多的少儿读者数量值得关注。

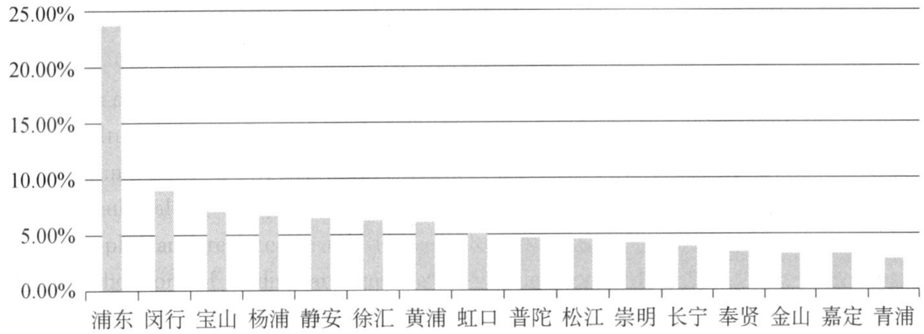

图2 少儿读者各辖区数量占比

少儿读者群体中,非活跃读者127 005名,占比89.08%,活跃读者15 573名,占比10.92%。在包含电子学生证的情况下,少儿证的使用率偏低,存在较大的待提升空间。

4.1 非活跃少儿读者

每个辖区非活跃少儿读者的区域占比较高,平均值为87.46%,且每个区域的少儿读者证的使用率都处于较低水平,在区域分布上没有明显的高低之差(表2)。进一步说明,少儿读者群在使用读者证(电子学生证)的积极性还未被完全激活起来。

表2 少儿读者各区非活跃率

辖区	本地非活跃读者	本地读者总数	区域占比
宝山区	4 802	5 175	92.79%
崇明区	2 705	3 010	89.87%
奉贤区	2 207	2 473	89.24%
浦东区	15 493	17 363	89.23%

续　表

辖区	本地非活跃读者	本地读者总数	区域占比
杨浦区	4 317	4 879	88.48%
松江区	2 867	3 255	88.08%
静安区	4 158	4 724	88.02%
普陀区	3 032	3 451	87.86%
黄浦区	3 919	4 489	87.30%
虹口区	3 263	3 748	87.06%
闵行区	5 723	6 588	86.87%
嘉定区	2 015	2 320	86.85%
青浦区	1 691	1 964	86.10%
徐汇区	3 936	4 612	85.34%
长宁区	2 266	2 774	81.69%
金山区	1 629	2 374	68.62%

4.2　活跃少儿读者

2017 年新注册少儿读者年外借 251 479 册次，外借量中位数为 10 本，相较于成人读者，少儿读者在外借量的需求较高。

在本地少儿读者活跃度方面，排名前三的辖区分别为金山区(31.4%)、长宁区(18.2%)及徐汇区(14.5%)。值得注意的是，虽然浦东新区的活跃率仅为 10.7%，但该区本地活跃读者数量接近前三名区域数量的总和。在上海图书馆浦东新馆筹建之际，浦东新区庞大的少儿读者群体、相对较低的区活跃率以及少儿读者较高的借阅量需求，都是浦东新馆值得注意和需要重点去把握的地方。

表 3　学龄前少儿读者与学龄后少儿读者外借图书大类占比

读者年龄层	I	H	G	J	Q	Z
学龄前	52.62%	9.54%	14.09%	3.91%	6.29%	3.56%
学龄后	40.04%	19.44%	7.84%	11.69%	4.70%	4.99%

与成人读者相同，内容丰富的 I 类文学图书也是少儿读者的首选。然而在剩余的大类中，少儿读者与成人读者产生了偏好差异。相较于成人读者更倾向于经济类和工业技术类图书，少儿读者则更偏爱 J 类艺术、H 类语言文字、G 类文化科学教育及 Q 类生物科学图书。而在少儿读者群体内，学龄前儿童与学龄后少儿的外借需求同样存在差别(表 3)，由于学龄前儿童处于认知阶段，因此对于 G 类及 Q 类图书的需求较高。而儿童在入学后，对于识字写作及艺术教育的需求上升，因而更青睐 H 类与 J 类图书。由于不同年龄段的少儿读者对图书外借存在偏好差异，所以只有针对性地对少儿读者根据年龄进行区域划分和图书排架，才能有效引起目标读者的外借兴趣，提高图书的外借率，增加流通量。

5　线上服务

上海图书馆微信端用户现近 25 万名，其中绑定用户高达 114 355 名，图书馆移动端普及已颇见成效，并在为读者带去便捷的同时，扩展了图书馆宣传阵地，丰富了图书馆服务内容。在 2017 年新注册的成人外借读者中，无论是活跃读者还是非活跃读者都有使用数字阅读资源的需求，但总体使用率偏低为 5.23%，而少儿读者几乎无使用需求。因此，如何在互联网普及和移动阅读市场化的背景下，提高图书馆数字阅读资源的使用率，继续加强读者对图书馆数字端的用户黏性将是未来图书馆需要研究的重点之一。

6 结语

通过对上海图书馆2017年新注册外借读者办证情况、借阅倾向及活跃度的统计分析，给出建议如下：

(1) 针对非活跃读者群体加强一卡通服务宣传

上海图书馆一卡通服务允许读者在上海市近三百家图书馆进行图书借还。然而部分距离所属馆较远的读者由于缺乏对于一卡通系统的认识，并不知晓图书馆服务的便捷性，因而放弃了享受身边图书馆服务的机会。因此，只有通过自媒体和馆内展板等各种途径主动出击，加大对于一卡通服务的宣传，使这部分读者真正了解一卡通的服务内容，消除对于出行距离的担忧，才能使更多读者在走进身边图书馆的同时，提升图书馆资源的使用率。

(2) 满足不同年龄层活跃读者群体的外借需求

不同年龄层的读者对图书的需求不尽相同，因此图书馆一方面可以考虑根据读者的年龄层对馆内服务区域进行划分，并针对性地进行图书分配，比如可以根据读者年龄将少儿区分为学龄前和学龄后区域，学龄前区域的图书侧重于I、H、G及Q大类，而学龄后区域的图书侧重于I、H及J大类。另一方面，图书馆需要在活动及宣传内容上，依据读者的借阅偏好，对目标年龄层的读者进行更加有效的推送与宣传

(3) 注重少儿读者资源的开发

少儿读者较于成人读者，虽然活跃率较低，但这部分小读者求知欲强、渴望获得知识的力量，对借阅量的需求较大。因此唯有加大对于少儿卡及电子学生证功能的普及宣传，才能挖掘潜在的少儿读者，提升该群体的活跃度。另外值得注意的是，浦东新区已经存在大量的潜在少儿读者群体，且该群体的活跃度仍处于较低水平，因此在上海图书馆浦东新馆在建之际，如何有效地去开发浦东新区的少儿读者资源也将是新馆研究的重点之一。

(4) 找准读者活跃度较高时段开展活动

暑期、周末及除春节之外的其他节假日期间，读者办证需求较高，人流量相对较大，可在这些时间节点因地制宜地多开展办证及阅读推广等活动，从而收到事半功倍的效果。而在类似春节的特殊时间段，图书馆则要重点营造中华民族传统节日气氛，且尽量减少活动与宣传，避免不必要的人力财力浪费。

(5) 帮助读者了解读者证的功能权限

部分读者并不清楚所持读者证包含外借功能，因而在办理读者证后仅仅启用了阅览功能。所以不管是在一线窗口还是批量办证服务，图书馆都要尽可能地通过面对面的交流宣传，让读者在办理过程中了解所持证件的详细功能，同时结合一卡通宣传，尽可能地去激活那些有潜在外借需求的读者。

(6) 顺应数字图书资源使用趋势

在科技高速发展的背景下，读者的阅读习惯由线下转至线上已是大势所趋。研究显示，不同类型的读者对于数字资源都存在一定的使用需求，但是读者对于图书馆数字阅读资源的使用率较低。因此，图书馆应紧跟互联网时代步伐，在普及电子端服务的基础上，选择有效载体，找准重点时段，加大宣传力度，开展相关培训，提升线上活跃度，从而提高电子资源的使用率。

(7) 扩大图书馆综合服务外延

图书馆可以借鉴一些商场或书店服务顾客的方法，紧紧围绕为读者服务的宗旨，积极拓展图书馆服务外延。在不影响图书馆主业的前提下，因地制宜地引进、设置一些兼顾读者生活和休闲需求的公共服务项目，丰富服务内容、提升综合功能，满足读者正常基本需求，吸引更多活跃度者，让读者在图书馆获取知识的同时，也能享受到适宜、温馨贴心的生活服务。

参考文献

[1] 第十四次全国国民阅读调查：2016年人均读书近8本[J].出版参考，2017(05)：76.

[2] 淮攀.SNS服务中医学院校图书馆用户活跃度影响因素研究[D].南方医科大学，2016.

探索公共图书馆阅读推广的新模式
——图书馆“微阅读·行走”实践

张 莹
（上海图书馆）

摘要 通过对上海图书馆电子书阅读推广品牌“微阅读”的线下活动“微阅读·行走”的实践，与传统图书馆的阅读环境及真人图书馆崇尚的“以人为本”等特点进行相关对比，探索图书馆阅读推广模式进行探索和创新来丰富阅读体验的新模式，通过营造新颖的、开放的阅读交流环境，使空间、知识和人三者处于和谐的状态，促进知识良性的流动起来，共享阅读成果。

关键词 阅读推广；公共图书馆；知识服务；阅读环境；知识交流

Exploring the New Mode of Public Library's Reading Promotion — The Practice of "We Reading · We Enjoy" in Shanghai Library

Zhang Ying
(Shanghai Library)

Abstract The offline activities' project "We reading · We enjoy" of the e-book brand "We Reading" in Shanghai library, makes a comparison between advocating and reading environment of traditional library and "people-oriented" and other characteristics of Living Library, to promote reading mode of exploration and innovation of library to enrich the reading experience as the goal, to explore in the open reading communication environment, make Space, technology and people in a state of harmony, promote the good flow of knowledge, sharing reading achievement.

Keywords Reading promotion; Public library; Knowledge service; Reading environment; Intellectual exchange

图书馆作为获取知识的保障型场所，对于学习型社会的构建极为重要与关键。为了满足大众自我发展和终身学习的目标，提高自身的基本素养，图书馆需提供符合大众需求及符合社会发展的创新服务方式，阅读推广无疑是其中重要的一项服务方式。我国图书馆人对阅读推广倾注了极大的热情，毫无疑问该工作已成为推动我国图书馆事业新一轮发展与变革的新引擎。阅读推广服务在不同地区、不同类型的图书馆间迅猛发展，内容丰富形式多样。国外的阅读推广主要以展览、讲座、馆员见面会或主题书展为主，国内的阅读推广主要为经典阅读、书目推荐及阅读治愈等类型。但绝大部分工作受限于图书馆的空间、也受限于读者的需求和获取知识的被动。“微阅读·行走”基于“微阅读”线上电子书阅读平台，整合社会资源、图书馆资源和读者需求，不仅打破了空间和时间在阅读推广上的局限性，让阅读推广服务增添了多元性、融合性和生动性，也实现图书馆员、作者、读者（参与者）共享书本、物质文化遗产、非物质遗产中的文化和知识，更可贵的是让参与者分享了彼此的文化和知识。

阅读是人类获取智慧的重要方式，也是文化传承的重要途径。自 2014 年以来“倡导全民阅读”已连续 3 年写入了政府工作报告，“全民阅读”更作为“十三五”时期的文化重大工程之一，上升到国家战略的高度。公共图书馆是全民阅读的倡导者、组织者和实施者，也是全民阅读推广中不可忽视的力量。

据《2016 年全民阅读报告》显示综合阅读中数字化阅读方式接触率为 68.2%，并呈持续增长的趋势。现代城市生活的快节奏使阅读时间碎片化，使更多人选择数字阅读。据相关数据显示上海在数字阅读用户中位居全国前三，占总用户的 7%，其中有超过 60%的上海市民不愿为数字阅读付费，这让公共图书馆提供相关公共服务成为可能。

上海图书馆 2009 年推出电子书外借服务，2011 年推出市民数字阅读网站（e. library. sh. cn），整合多家数据资源,完成了统一检索、一键登陆的数字阅读服务。在微博、微信等一系列社交媒体的进一步发展下,2015 年依靠屏幕完成在线阅读的"微阅读"电子书阅读品牌上线,旨在通过新媒体平台做宣传,引导读者参与相关线下活动,再导引读者回到线上阅读。2015 年末"微阅读"的线下活动"微阅读 · 行走"诞生,试图运用人、空间、技术等多重的整合为读者提供立体式的阅读推广服务,尝试图书馆服务的升级与多元化,通过实践为公共图书馆阅读推广服务的创新提供一种参考。

1 "微阅读 · 行走"的由来及三种模式

1.1 "微阅读 · 行走"的由来

"微阅读 · 行走"开始于 2015 年 12 月,由上海图书馆的电子书在线阅读平台"微阅读"中的电子书为内容生产的源头,通过不同的活动形式与实际的建筑空间,艺术形式等结合,达到知识流动的目的,满足读者的更高层次的阅读需求,并将线上内容与线下体验式阅读(020)循环再创造,进而探索公共图书馆阅读推广在城市文化和公共教育中的作用。目前已举办过 8 个不同主题的 14 场相关活动,参与人数约为 800 多人次,逐渐形成三个主要模式:海派人文行走、非遗传承、另一种"阅读",构成了从空间(阅读环境与实体建筑或场景)、人(图书馆、出版社、作者与研究者、社会机构等的多方参与)、技术(社交媒介的电子书平台)的阅读推广新模式的初探。

1.2 "微阅读 · 行走"的三种模式

1.2.1 "微阅读 · 行走"之海派人文行走

"微阅读"电子书平台上有不少关于上海题材的书籍,对于上海城市与相关文化有不同角度与层次的描绘。"微阅读 · 行走"整合相关书籍,组织相关线下分享活动,符合图书馆的阅读推广功能。电子书便携的特性决定了可以将抽象的文字与相关历史和现实的城市空间进行对接,由书的内容为起点,将城市的空间与地域特性结合,联合相关的城市旅行研究者和相关实践者一起,制定相关线路。通过人这一传播角色将无关联的元素进行了有序的再整合,参与者通过身临其境的体验,增加了针对性内容本身的价值提升,也激发了对于图书馆的好感度,也让建筑和城市变得可以"阅读"。(表 1)

表 1 "微阅读 · 行走":海派人文行走"

主题	分享者	组织者	主推电子书	行走线路
阅读的人　新走的城　自然的人	韩瑞(画师)	上海图书馆 民生美术馆(红坊)	《每天读一点时间简史》(分享者推荐)	由分享者生活的区域策划线路
石库门,不仅仅是建筑	董鸣亭(作家)	上海图书馆 上海文化出版社	《上海十八样》、《上海十八相》(分享者撰写)	由分享者作品策划的老城厢线路
犹太人在上海	潘真(作家)	上海图书馆 交通大学出版社	《上海记忆:犹太难民与上海》(分享者采写)	由分享者作品联合犹太难民纪念馆策划犹太文化行走线路
百年建筑,她的历史、人性和审美	王唯铭(作家)	上海图书馆	《十个人的上海前夜》(分享者撰写)	由分享者作品联合上海相关线路制定者策划从建筑空间看上海城市发展线路

1.2.2 "微阅读 · 行走"之非遗传承

中国有五千年的丰富历史和灿烂文化。推广活动中传播、推动文化传承是图书馆的重要功能之一。非遗的特点是工艺与相关口头传承,活动形式为书的内容与不同艺术形式和技艺进行推广,引发参与者共鸣,激发相关参与者的兴趣与好奇心,在参与者观赏相关演绎了解作品的同时也对非遗技艺和相关的历史有了一定的基本了解,也为年轻的表演者提供一个平台,熟练他们所学习的技艺,最后相关制作活动让读者加深体验与理解,起到共享体验、相互交流的作用。(表 2)

表 2 “微阅读 · 行走”：非遗传承

主题	分享者	组织者	主推电子书	相关活动及衍生
当东方艺术遇上西方戏剧	上海戏剧学院皮影木偶本科班师生	上海图书馆 民生美术馆	《哈姆雷特》(分享内容来源)	皮影木偶流变介绍及《哈姆雷特》剧目表演 皮影制作工作坊
打开嘉定园林的方式	田兆元(研究者)	上海图书馆 嘉定图书馆	《对中国文化的乡愁》(分享者推荐)	由分享内容结合嘉定园林特点，联合嘉定博物馆与秋霞圃策划线路

1.2.3 “微阅读 · 行走”之另一种“阅读”

阅读是一件可以给人带来愉快的事情，阅读除了可以让人获取相关知识与信息外，还能增进情感、促进人群间的融合。思考人类行为的手段有很多种，这些手段对于阅读也能起到引发与推进的作用，在已知内容上，通过不同形式加深认知的体验式阅读。(表 3)

表 3 “微阅读 · 行走”：另一种“阅读”

主题	分享者	组织者	主推电子书	相关活动及衍生
乡土中国	梁准(摄影师)	上海图书馆	《乡土中国》(分享者推荐)	《乡土 · 大地 · 行走》摄影展及分享者导览
给孩子们的“圣诞童话”	李婴宁及团队(戏剧教育人)	上海图书馆 大宁剧院 大宁街道	《安徒生童话》(分享者推荐)	亲子体验式戏剧演绎及手艺制作

2 传统图书馆阅读环境知识不流动

2.1 传统图书馆的阅读环境

传统图书馆的主要业务为纸质图书的外借和归还，读者来图书馆主要是围绕“阅读”所产生的相关行为，如图书的借阅、文献资料的查阅等。阅览室是图书馆为读者服务的基本设施，虽根据不同需求进行适当分类以满足到馆的类读者的使用，读者在公共场所内能做的也多为个人私密的相关行为，相对封闭式的环境制约了读者进一步获取相关内容，进行双向交流的渠道。阅读环境的营造与影响直接造成了阅读环境的好坏，传统图书馆在阅读环境的质量上只能依靠空间的优势以及纸质书的馆藏资源的丰富，在互动性上缺乏有效的应用和重视。

2.2 “微阅读 · 行走”与传统图书馆的阅读环境比较

传统图书馆在阅读环境上开放程度有限，在阅读推广的活动中，因为阅读环境的影响，推广活动的体验感不强。“微阅读 · 行走”在相关模式上，借鉴了传统图书馆阅读推广的形式，即作者或嘉宾分享，但“微阅读 · 行走”还结合了社交媒体平台上的电子书内容与相关扩展的场景让读者完成立体式的阅读体验，在能够保证网络的情况下，可以利用自己的相关设备阅览相关书籍，实现一书多人阅读的状态，打破阅读条件与空间的制约。相关活动现场场景的布置与相关场景的扩展，也能够促进内容理解和感官体验，让阅读环境积极作用于身心情绪，从而影响阅读的效果和质量，让“阅读”这一行为最大限度地给读者带来精神上的愉悦。

“微阅读 · 行走”的内容由分享者(作者或嘉宾)的书籍为源头，通过内容的再创造，让读者由一本书的固定内容在嘉宾到衍生的新内容，再结合由书的原始内容与再创造的分享内容形成新知识与信息更好的呈现，借助虚实阅读环境的联合，并通过精心制定的行走线路完成由抽象的文字到流动的知识再到场景重现和参与者自己体验性的直观感受的生产。这个过程弥补了传统图书馆阅读环境单一、空洞造成的吸引力不足与阅读氛围平淡难以引发读者兴趣的不足。使“阅读”这一行为不再受到空间的阅读环境所带来的局限，并得以实现多向的虚实结合的知识流动。达到了组织者、分享者、读者共同创造多向流动的知识服务的过程，也让阅读环境的局限影响变小，实现多方面虚实环境的转换和延伸。

3 "真人图书馆"阅读环境知识元素单一

3.1 "真人图书馆"的模式与特点

"真人图书馆"缘起于北欧,主要通过人与人之间的沟通消除不平等和不理解。"真人图书馆"用一种轻松、自由的非正式学习环境,让读者面对面的深度交流体验,在这种交流过程中更易受到彼此的启发,也能引发双方对于某个主题进行更深入的挖掘与探索。"真人图书馆"作为阅读推广的一种新模式,共享性、互动性和协作性是其核心优势,也是图书馆服务模式的补充和延伸,但与图书馆空间、馆藏资源进一步结合有限,也未形成循环式的阅读推广服务。

3.2 "微阅读·行走"与"真人图书馆"的共同点

都以"人"为传播的载体。"真人图书馆"以"人的经历"为一本书,通过面对面式的交流来传递相关信息,引发相关兴趣进而产生作为"书"的分享者与聆听者的共鸣;"微阅读·行走"也是以"人"为主体,通过分享者(嘉宾)与组织者(图书馆、馆员)将书的内容与馆藏进行重新整合后再对读者进行阅读推广服务,再由组织者(图书馆、馆员)和分享者(嘉宾)通过相关场景的再现与相关技艺的运用,促进读者再次产生新的信息与知识。

都为一种知识信息共享服务。"真人图书馆"通过分享者与聆听者的交流,引发相关的知识和信息的交换与互补;"微阅读·行走"的参与嘉宾可以通过与读者的交流促进他(自身)的思考,读者则通过参与活动,在获取相关文字抽象内容的基础上,用具象的空间来推进自身对于相关内容的理解与再认知,将新产生的需求反馈给嘉宾,既促进嘉宾的研究与相关专业的提高,打破了图书馆为读者提供知识服务的单向的、静态的传递过程,弥补了纸质资源或数字资源无法互动的劣势,将知识进行了双向的传播。

3.3 "微阅读·行走"与"真人图书馆"的差异性

"真人图书馆"侧重于"人"以及"人的经历","人"成了阅读推广的最主要载体,分享内容的空间显得次要,对于图书馆现有资源的利用与推广服务的渗透也存在一定的制约性;"微阅读·行走"的载体除了"人"之外,还有相关技术支持下的电子书内容与选择、布置空间场景,这些可以根据内容的不同进行不同的结合,使参与者产生不同的感触,更好地完成电子书的"虚拟"内容和相关建筑空间、技艺、场景等"现实"状态的优势互补,产生立体式的阅读推广的体验。

当今社会合作与跨界被越来越多的人所重视,合作不再仅局限于一种商业运营。"真人图书馆"侧重于与不同"经历"的人体与群体展开合作;"微阅读·行走"选择与相关美术馆、剧院、出版社等合作,打破了传统图书馆服务的局限,因为"微阅读"电子书的特点——可携带性,让图书馆的相关服务得以与不同的合作机构进行不同形式与内容的合作各取所长,强强联合来推动文化的流动与知识的传播。

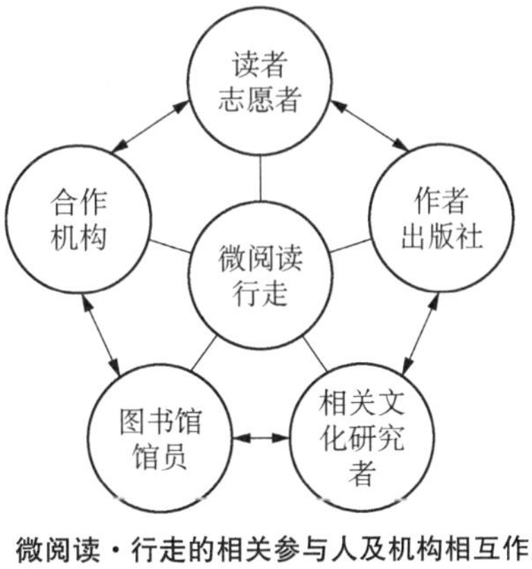

图1 微阅读·行走的相关参与人及机构相互作用图

4 总结

目前"微阅读·行走"只是数字阅读推广中的一种新的形式,各种方式都还处于探索中,每次参与的人数与相关线路行走的次数有限,但给活动为参与者提供一次又一次将"行走"串联起书本知识的实践,体验了不同主题生动有趣的活化知识的行走。实现了读者与书本之间、馆员与读者之间、读者与读者之间、读者与作者之间的知识流动和共享，活化了历史文化遗存，再现了非遗文化的精彩。

“微阅读·行走”依托上海图书馆的电子书在线阅读平台，使得人、书与空间三者可以有机地进行结合，产生一种更为立体的阅读环境与双向交流的模式。人不仅作为单一的知识分享者与知识接受者，也成为知识和信息产生的传播者与推动者，行走于实体建筑空间及线路场景中，或用某些技艺来演绎书中内容，将电子书的便于携带与图书馆的知识服务创新理念“Bring Your Own Decevie”(将读者自己的设备带来)结合，完成从阅读设备的外借向阅读内容推送的服务模式转变的具体实践，图书馆的资源可以通过人和技术以及空间实现良性的循环。

公共图书馆作为文化传播中不可缺少的组成部分，如何通过各类形式、不同载体联合运作来进行阅读推广符合图书馆的社会职责。“阅读”的本质是给人带来快乐与知识，图书是知识所呈现的一个载体，阅读推广服务应该更多元和丰富，让更多社会不同机构参与，走出去，走入人群，联合具有社会公共教育职责的机构、群体、个人一同进行阅读推广，构建学习型社会，也应该成为公共图书馆阅读推广的一项使命。“微阅读·行走”不失为一种阅读推广的新尝试，从以借阅为主、单一分享为主的图书馆服务到注重体验、信息流动的多元化图书馆服务，只有创造出良好的交流环境，在空间、技术与人三者处于和谐的状态下才能将知识良性的流动起来，才能推进知识的再整合和生产。

参考文献

[1] 王晓青. 关于构建公共图书馆阅读环境的理性思考[J]. 图书馆学刊，2007(2)：29—31.
[2] 刘怀兰. 移动图书馆与传统图书馆比较分析[J]. 科技情报开发与经济，2015(5)：35.
[3] 韩笑. Living library对图书馆知识服务的推动作用研究[D]. 大连：辽宁师范大学硕士学位论文，2014：5.
[4] 梁宏霞. 读者阅读心理、行为与图书馆服务[M]. 镇江：江苏大学出版社，2016.
[5] 吴建中. 知识是流动的[M]. 上海：远东出版社，2015.

图书馆阅读推广方式的移动化尝试
——以桂林电子科技大学图书馆为例

陈咏芳

（桂林电子科技大学图书馆）

摘要 引导深阅读是阅读推广工作的最终目的。本文通过对桂林电子科技大学图书馆近年来举办阅读推广活动的分析，以互联网发展至今涌现出来的各种推广新模式为思考点，认为图书馆的阅读推广工作需要专业化、制度化，并在活动方式上紧跟时代的步伐，用时代发展的新形式来组织我们日常的阅读推广工作，充分发挥阅读群体的作用，利用本校学生既是推广队伍的大部分成员也是图书馆受众的这个特点，通过线下推广和线上推广的方式，把阅读推广工作与图书馆的日常工作联系起来做，才能让图书馆的阅读推广工作持之以恒，发挥实际效果。

关键词 阅读推广；读书活动；读者协会；移动阅读；互联网思维

Experimentation of Library Reading Promotion Methods in Digital Age — A Case Study of the Library of Guilin University of Electronic Technology

Chen Yongfang

(Library, GuiLin University of Electronic Technology)

Abstract The ultimate goal of reading promotion is to foster and strengthen deep reading. With that goal in mind, this paper attempts to measure the relative effectiveness of reading promotion programs at the GUOET library in recent years. Analysis of these programs reveals several key issues that need to be addressed. First, reading promotion ought to be formally integrated into library daily activities. Second, the library must leverage modern mass media in all aspect of the promotion. Third, understanding that students are not only the user of the library, but also the promoter for this important task. Last but foremost, declaring that reading promotion as part of our library duties, permanently moving our program from project base into day to day task, our promotion effort will be long lasting and effective.

Keywords Reading promotion; Reading activities; Reader association; Mobile reading; Internet thinking

随着网络技术的发展与普及，移动互联网渐渐深植于我们每个人的日常生活中。动动手指，我们就可以轻松地在互联网上找到想要的答案，了解到有趣的知识。据中国互联网信息中心数据显示，2017 年中国网民规模将近 8 亿人，且日均上网时间达 3.8 小时，周均上网时间也超过了 26.5 小时，而这其中的主力军就是 18～25 岁的学生，中国 1 700 万在校大学生中 95%以上都是网民。学生群体花费在网络上的时间更多意味着他可能停留在书本里的时间更少。这让很多图书馆渐渐沦为了学生考试之前临时抱佛脚的场所，而缺失了它本该存在的价值。如何让学生爱上读书，主动来到图书馆吸取知识，让图书馆成为学生课余时间的高聚集地，图书馆的运营与推广就显得尤为重要。面对日益增长的文化信息渠道的多样化，图书馆需要改进单一化运营的传统模式，顺应移动化的进程，推出新的做法和新的推广模式，通过线上和线下两方面移动化来带活校园的读书气氛，提升读书的吸引力和持久性，让更多的读者加入到阅读的队伍中来。

1 线下移动推广，让图书馆接触面最大化

传统图书馆的服务模式主要是依据读者的需求被动提供。而我们现在需要思考的，是怎样主动服务来进一步满足读者的阅读需求，让图书馆的职能不再局限于形式化的操作，而是基于场景沟通来搭建图书馆与

读者之间的桥梁,活化图书馆的固有形象,我们选择以下几点来进行尝试。

1.1 图书移动——建立“图书漂流站”

2014年图书馆与学工处合作建立了第一个公寓图书馆漂流站,三年多来,图书漂流站陆续在新校区5个学生公寓区成立,收集学生捐书三万余册,提倡教材共享和好书共阅的理念。同时图书馆还以集体借阅的方式在漂流站放置部分图书馆社科类图书、过刊合订本供学生阅览。与学工处合作,在图书漂流站举办各类读书文化活动,以图书漂流站为依托,让图书馆的身影深入学生群体,到学生社团、教学区域、宿舍楼等学生高聚集区,根据具体情况设计相应的读书活动,吸引学生参与。“图书漂流站”改变了图书馆固有的运营模式,拉近了图书馆与学生的距离,让实物图书移动到了读者身边,深受读者欢迎。

1.2 阅读移动——组织读书分享活动

近年来图书馆定期举办读书分享活动,意图打造图书从平面化呈现到场景化沟通的传递,通过活动使图书内容多角度呈现有利于读书氛围的形成。如图书馆每年在公寓区举办的“一舍一书”读后感征集和“书香宿舍”读书沙龙活动,倡导学生“阅读充实心灵,静化公寓时光”。通过一个宿舍阅读一种图书,并对同一本书发表不同看法的形式,引导学生畅谈自己对图书内容的理解以及怎样利用在公寓的空暇时间进行阅读、沟通、交友的体会,在畅所欲言的环境中传播读书理念的做法得到了学生们的广泛认同,活动参与度持续提升。再如图书馆定期举办的读书分享活动,会邀请专业老师参与讨论,并在活动中加入经典章节场景再现、经典文段配音朗读等生动有趣的互动环节,通过鼓励现场同学搭配参与的形式,提升读书文化活动的趣味性和同学们参与活动的积极性,让大家在再现场景中体会到书籍中的智慧。定期举办的“读书沙龙”“读书分享会”“‘读来读往’征文比赛”等读书文化活动,让读书成了一件可以共享、交流的事情,使图书馆成了大学最重要的学习和交流的场所。

1.3 馆员移动——组建“读者协会”

基于图书馆岗位固定的工作性质,图书馆成立了桂电读者协会,成员由各班级一至两名学生代表组成。协会在图书馆老师指导下工作,主导思想是:为读者导航,做读者益友,沟通交流思想,构建图书馆与读者之间的桥梁。主要完成以下工作:每周在班级QQ群里公布与本专业相关的图书馆新入库图书目录;收集本班同学对图书的荐购意见发给图书馆;策划并协助执行图书馆定期举办的读书文化活动;开馆期间每周定期在图书馆播放主题电影,完成每月电影主题设计、选片、宣传及播放工作;在新生培训期间,完成每场培训后的阅读演讲工作,并负责带领新生参观图书馆及演示操作图书馆电子设备;负责管理图书馆漂流书架,协助公寓管理科管理“图书漂流站”,定期更换图书馆放置在站内的图书并办理集体借还手续等。读者协会是图书馆的得力助手,是图书馆馆员的新鲜血液,是图书馆服务的延伸。他们来自读者,服务于读者,为图书馆工作,也得益于图书馆。他们是移动的图书馆员,也是读者的良师益友。近年来,读者协会在提升校园读书氛围方面起到了不可替代的作用。

2 连接线下线上,建设全方位阅读环境

2.1 打造桂电版知识王者,提升学习氛围

2018年一把知识变现的大火从2017年的年末一直烧到2018年年初,微信年初新上线的知识竞猜对战类小程序“头脑王者”使用量也已突破千万。显示着传统电视行业知识竞猜类游戏形式的回归。而其中能走到最后获得奖品的决定性因素,正是选手们对于知识的广泛涉猎和扎实积累以及知识竞赛所能带动的积极效应。而依托图书馆这个资源平台,相当于一个大型题库,我们有充足的题目选择范围。我们尝试打造“桂电头脑王者”知识竞赛活动,通过海量的遴选和学生们的推荐选出相应题库,通过校园风云人物的主持出题来提升活动的关注度,最终通过线下活动现场问答和线上直播互动观战达成相应的配合,决战出桂电的“头脑王者”。让学生们从游戏参与中体会到知识的乐趣,让大家主动来到图书馆里寻找答案,温故知新,吸收知识的养分。

2.2 设计网上导读和展示平台,创建阅读联动环境

图书馆定期按照主题组织专题图书在导读书架展出,深受读者欢迎,借阅率颇高。于是我们在图书馆主页建设“专题导读”平台,定期对导读区的图书目录进行编辑整理和数字化呈现,并对呈现页面进行艺术化设计。专题导读的内容包括图书的基本信息、内容介绍和推荐理由,制作目的是让读者能够了解到某一主题的代表作,并触类旁通,去阅览同类更多的图书。另外,为了让图书馆展厅的艺术品可以长期供读者欣赏,留住

艺术的美丽,我们还在图书馆主页设计了“电子展厅”平台,定期对展示区优秀的艺术作品进行拍摄、编辑和设计处理,在“电子展厅”长期保存,供读者随时欣赏,享受美的熏陶。

3 紧贴校园生活,线上移动推广打造全媒体阅读链路

移动时代的图书馆,我们不应该仅仅只是满足于充当信息的守望者,而应该是用户信息的万事通、学校教学机构与科研机构的有机组成部分,也更应该是校园文化的解读者、传播者,让信息的传播更加具有人文关怀。最重要的是我们的受众在哪里我们就应该在哪里。

3.1 移动图书馆,把图书馆带在身边

近年来,随着移动图书馆技术的日益成熟,越来越多的图书馆都有了自己的移动图书馆 App。桂电图书馆也于 2014 年开始与超星公司合作,在全校范围内大力推广“移动图书馆”。使用桂电图书馆 App,不仅可以访问本馆的馆藏电子资源和纸质资源目录,还可以检索其他加盟图书馆的资源目录,并通过注册邮箱实现原文网络传递。同时,移动图书馆还提供定期更新的大量数字版图书、期刊、报纸原文,有声读物、视频、公开课等影像资源以及时事新闻等短消息内容供读者在线阅读和学习,另外,读者还可以通过个人中心建立“书架”,下载自己喜爱的图书全文。同时,移动图书馆还提供查阅个人借阅信息、荐购图书、图书续借等操作服务。

移动图书馆实现了图书信息的最广泛传播。电子文献更适合于查找资料和快速地浏览式阅读,适合目前快餐文化的碎片式阅读习惯。移动图书馆的应用推广,使图书馆的阅读空间得到无限扩展,不仅在学校,甚至去到其他城市乡村,只要有网络的地方,就可以使用图书馆的资源,相当于把图书馆随身携带。

3.2 桂电微图平台建设,给阅读注入新动力

微信是一个社会化关系网络,具有高曝光率、高到达率、高接受率、高精准度及高便利性的特点。而主要的用户是 18～25 岁的年轻群体,是到达率较高且成为众多年轻用户排名第一的通讯类社交工具。而我们对于微信端的尝试是从 2015 年开始的。我们搭建了图书馆的官方账号——桂电微图,并且定期更新图书馆开放时间排期、图书推荐、读书活动介绍等不同内容的文章推荐,让图书馆图文信息走到读者身边。而对微图运营操作的过程中我们发现,桂电微图的关注量快速提高,源于对入校新生的微图推荐和高质量的图文推送。总体来说工作基本到位,但是有些文章的互动量较低表示信息真正的到达率可能并不高,所以我们需要反思和改进。在全媒体平台建设方面我馆只能算刚刚起步,还有许多媒体功能有待开发和建设,而专业人员的不足和后台操作受限是阻碍图书馆媒体平台建设的关键。就图文来说,提升图文质量和编辑水平,在语言的运用上更加生动有趣,在文章头图的选择上启用更有设计的图片方案等都是行之有效的。事实证明,有趣的头图和题目能有效提升文章的点击率。

3.3 善用微博平台,活化图书馆固有形象

随着越来越多的机构官方平台开通了微博,微博已成为了一个拥有无限可能的交流平台。而在在平台用户属性方面主要以 19～26 岁的年轻用户构成,并且用户一直在呈现上升趋势。特别是现在,通过 90 后运营官的操作,俨然成了传播正能量的风向标,正以一种新的方式留存在社交媒体上表达着自己声音。桂电读者协会的微博平台建设正是基于这样的大趋势而创建的,目前粉丝量正在蓬勃增长,在学校的影响力逐步扩大。读协的微博平台在学校的社交平台上构建了一个新的形象,他们以桂电图书管理员的身份和口吻来发布新书通报和书评,宣传读书理念并有选择性的参与热点讨论,提升了图书馆的社交化属性,活化了图书馆的固有形象。

4 总结

图书馆阅读推广方式的多样化是目前图书馆服务探索的热点。桂电图书馆对图书馆阅读推广方式的移动化尝试,是图书馆顺应时代发展的需要。通过几年的尝试,工作取得了一定效果,但离达到理想的推广效果还有一定距离。阅读推广好比涓涓细流,要想让她流入每位读者的心里,搭建管道是非常重要的。移动化的推广方式需要制度化才能长期坚持下来。移动化的图书馆服务模式是时代发展的大势所趋,在这个迅猛发展的时代,图书馆只有顺应趋势,开阔眼界与思路,才能更好地通过转型立于不败之地。

参考文献

[1] 中国互联网络信息中心. 第 41 次《中国互联网发展状况统计报告》发布[R/OL].(2018-01-31)[2018-03-09].

http://cnnic.cn/gywm/xwzx/rdxw/201801/t20180131_70188.htm.
[2] 新浪读书. 第十四次全国国民阅读调查报告出炉：2016年人均阅读7.86[R/OL].(2017-04-18)[2018-03-09]. http://book.sina.com.cn/news/whxw/2017-04-18/doc-ifyeimqy2574493.shtml.

基于阅读推广荣誉体系的图书馆服务研究
——以中图学会全民阅读奖评选单位为研究对象

张新悦
（上海图书馆）

摘要 根据中国图书馆学会历年评审的全民阅读"示范基地""优秀组织"和"先进单位"名单，本文筛选出同时获评以上称号的十个公共图书馆，以此为文献调研对象，通过数据聚类分析，总结调研对象在阅读推广方式、方法等方面的研究和探索，为公共图书馆行业阅读推广理论和实践提供经验和建议。

关键词 全民阅读；阅读推广；荣誉体系；文献调研；中国图书馆学会；阅读推广委员会

Research on the Service Based on Reading Promotion Honor System of Libraries — With the Selected Libraries of National Reading Award by the Library Society of China as the Object

Zhang Xinyue
(Shanghai Library)

Abstract According to historical lists of nationwide reading promotion honor "demonstration base", "excellent organization" and "advanced unit" provided by the Library Society of China, the paper selects ten public libraries as a research object, which are awarded the above titles at the same time. The literature research is done by means of the data clustering. Through summarizing their ways of reading promotion and methods of research and exploration, advices for public library industry promotion of theoretical research and practice experience can be given.

Keywords National reading; Reading promotion; Honor system; Literature research; the Library Society of China; Reading Promotion Committee

2003年起，"全民阅读"作为一项议案被频繁提上全国两会议程，在有关部门、机构和学者的极力推进下，全民阅读逐步进入法制化进程。2006中共中央宣传部联合文化部等11家部委联合公布提出《关于开展全民阅读活动的倡议书》，2016年我国通过《全民阅读"十三五"时期发展规划》，2016年底全国人大常委会通过《公共文化服务保障法》，2017年国务院起草的《全民阅读促进条例》已经向社会征求意见，2018年初《中华人民共和国公共图书馆法》正式实施。

《中华人民共和国公共图书馆法》第三条将全民阅读确立为公共图书馆的重要任务，为我国全民阅读的制度化提供了法律保障。全民阅读是推进五位一体文化建设的重要措施，有利于全社会范围内增强党的十九大报告提出的"文化自信"。

中国图书馆学会作为我国图书馆事业的推动者，已经设置"优秀组织""先进单位""示范基地"三个奖项，构建起我国图书馆阅读推广荣誉体系。经过十几年的评选实践，图书馆全民阅读形成了一定的规模。

1 调研对象

本文汇总了2004年至2016年中国图书馆学会下发的获奖单位名单，抽出其中同时获得"优秀组织""先进单位""示范基地"三个奖项的单位，共计10个图书馆，它们均为公共图书馆。通过数据库搜索，以10个图书馆为机构发表的文献为调研对象。按照服务对象，这10个图书馆中有1个少儿图书馆，9个成人图书馆；按照级别，有4个省级图书馆，4个市级图书馆，2个县级图书馆。

2 调研方法

2.1 选择检索数据库

CNKI 数据库:选取中国学术期刊网络出版总库、中国重要会议论文全文数据库和国际会议论文全文数据库 3 个子数据库;

万方数据库:选取“学术期刊”和“会议论文”2 个子数据库。

本文以“阅读”为主题词,以清华同方和万方数据库作为文献数据库和检索平台(检索时间为 2017 年 12 月 27 日),通过限定“作者单位”,获得命中文献,将检索结果进行对比。

2.2 明确检索路径

CNKI 数据库:检索控制条件中的“作者单位”输入图书馆名,例如“浦东图书馆”,内容检索条件中以“阅读”作为“主题”,检索调研单位历年发表的文献;

万方数据库:检索框中分别以“Abstract:阅读 Organization:图书馆”、“Title:阅读 Organization:图书馆”为内容检索条件,检索调研单位历年发表的文献。

2.3 汇总检索结果

对比两个数据库的检索结果(表 1)发现,部分搜索结果重合,两个数据库都有独自收录的论文文献。为了更好地通过文献了解 10 家图书馆在“阅读”方面展开的工作和侧重点,综合两个数据库的搜索结果,得出最终的命中文献范围 300 篇,各图书馆文献数量如表 2。

表 1 CNKI、万方数据库检索结果

	CNKI 数据库	万方数据库	
作者单位	主题	标题	摘要
辽宁省本溪市图书馆	12	6	9
浦东图书馆	15	7	11
吉林省图书馆	82	6	81
湖南图书馆	47	32	53
浙江图书馆	53	18	35
天津市少年儿童图书馆	18	12	15
湖南省长沙市图书馆	13	9	14
福建省图书馆	20	12	25
北京市怀柔区图书馆	3	5	2
首都图书馆	23	8	18

表 2 文献调研范围

作 者 单 位	文献数量	作 者 单 位	文献数量
吉林省图书馆	82	天津市少年儿童图书馆	18
湖南图书馆	53	浦东图书馆	15
浙江图书馆	53	湖南省长沙市图书馆	14
福建省图书馆	25	辽宁省本溪市图书馆	12
首都图书馆	23	北京市怀柔区图书馆	5

3 文献分析

3.1 二次文献

CNKI 和万方数据库对 300 篇命中文献做了 265 篇二次文献,参照中图分类法(第五版)分类,二次文献大概呈现以下概况：

(1) 二次文献共分布7个基本大类，分别是C社会科学总论、D政治、法律、G文化、科学、教育、体育、I文学、J艺术、K历史、地理、T工业技术(TP自动化技术、计算机技术和TU建筑科学)。G大类占比96.85%。

可以看出，全民阅读推广活动多次获奖的10家图书馆，将自身的研究主要集中在文化、科学、教育、体育大类中，突出了图书馆，尤其是公共图书馆在提高公民科学文化素质和社会文明程度的职能定位和实践需求。同时也结合不同研究对象，做了拓展。

(2) G大类中，占比最高的二级类目是G2信息与知识传播，占比98.83%；三级类目中，G25图书馆事业、信息事业在整个大类中占比96.48%，几乎与G2占比持平；四级类目分布情况见图1(采用"；"符号的组配标引文献被重复计入不同类目中)。

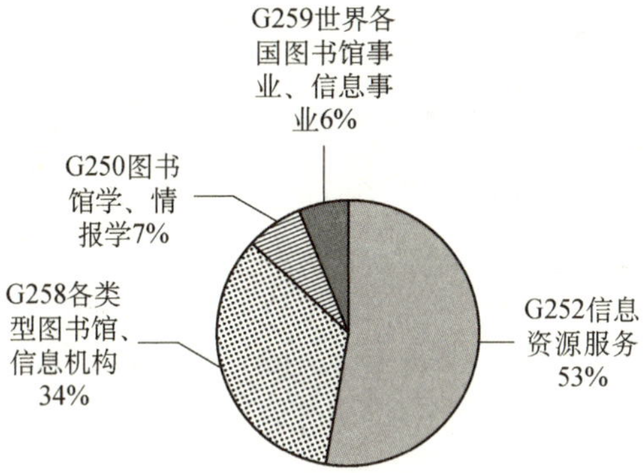

图1　G25下四级类目分布情况

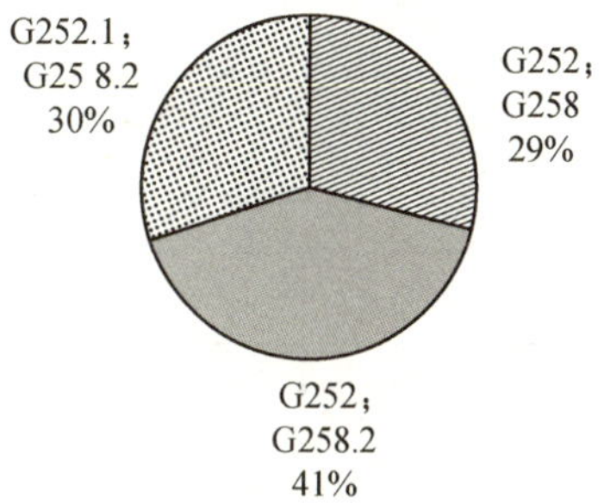

图2　组配标引分布情况

G252信息资源服务中，G252.1图书宣传与阅读辅导类目相比文献阅览服务的研究更为突出，为7.55%。同时，91篇二次文献组配标引，分布情况见图2。G252；G258.2公共图书馆｜图书馆事业、信息事业中的信息资源服务占比最高，为37.88%。

分析得出，图书馆研究工作聚焦在信息与知识传播下图书馆事业、信息事业中各类型图书馆、信息机构的信息资源服务。10家公共图书馆针对自身的馆藏书目(以纸质图书为主)，均采取了相应的宣传与辅导服务，特别是针对特定群体进行了专门的阅读辅导工作，即提高了图书馆馆藏书目的知悉度和利用率，也增强了不同读者群体的阅读兴趣和阅读能力。

(3) 图书馆数字化搭建方面，二次文献中仅26篇含有"数字"内容。其分类主要集中在四级类目G250图书馆学、情报学和G251图书馆管理、信息工作管理，五级类目G250.7图书馆工作、信息工作自动化与网络化和G252.1图书宣传与阅读辅导。G250.76电子图书馆、数字图书馆分类下只有2篇，占比0.75%。

图书馆业务内容和形式正在不断地丰富，图书馆提供的信息资源形式不仅仅以纸质书为载体，还包括电子书、数据库、公众号等媒介和在线资源。对于这些信息资源如何更好地在信息内容载体和读者对于信息获取渠道需求的不断变化中服务于读者和潜在读者群，挖掘图书馆馆藏数目和信息资源，搭建电子图书馆和数字图书馆，方便读者异地访问，图书馆有必要做出更多的研究。

3.2　主题词聚类

运用Citespace软件对300篇文献(数据容量300篇)进行主题词被引分析(分析时间为2018年3月17日，时间切片为1年)，得出的中介中心性较高的前四个节点(即被引次数较多的关键词、主题词)从高到低依次是：公共图书馆、图书馆、阅读推广和全民阅读，如图3。前四位高被引主题词聚类情况见图4。主题词被引突变情况见图5。

由图4、图5可以看出，图书馆作为主题词被引历史最长，之后是图书馆和全民阅读；阅读推广被引历史最短。从2005年开始，"青少年阅读""阅读指导""网络阅读""少儿图书馆""阅读服务""微信公众平台"和"阅读推广"成为热点词。这些热点词基本上呈现2～4年的热度。在被引历史中，阅读推广的词频突变值最

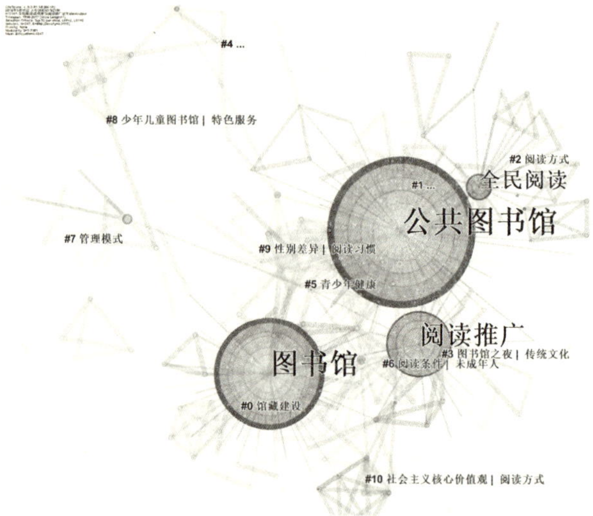

图 3　主题词聚类情况

Freq	Centrality	Year	Cited References
178	0.72	2002	公共图书馆
139	0.51	1999	图书馆
82	0.17	2010	阅读推广
38	0.15	2007	全民阅读

图 4　前四位高被引主题词聚类情况

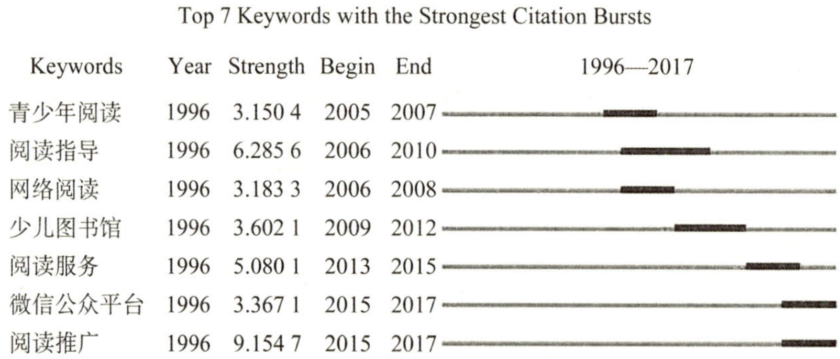

图 5　前七位被引突变主题词

高，热点最高，也是近两三年的热点词之一。自 2006 年《关于开展全民阅读活动的倡议书》提出后，“全民阅读”第二年就被引用，但突变值较小，没有成为热点词。

公共图书馆作为被引频率最高的节点，主要与“素质教育”“浅阅读”“跨界合作”“阅读服务”“阅读指导”共现；与“图书馆”共现频率较高的关键词为“建筑物”“少年儿童”“影像技术”“读者活动”“信息素养教育”和“微信公众号”；与“阅读推广”共现频率较高的关键词为“跨界合作”“社会教育”“社会资源”“互联网＋”。分析得出，图书馆/公共图书馆作为主体，在参与读者阅读活动中，从主要影响读者的浅阅读，逐步发展到利用新技术和社会资源，以各类服务和阅读活动培养读者的阅读能力，提升读者的信息素养。

3.3　各图书馆二次文献分布

本文以分类号作为文献研究方向的划分依据。二次文献分布前七位的类目（文献总量均超过 10 篇）在各图书馆的分布情况，如表 3。

表 3　二次文献分布前七位类目情况

作者单位	G252	G252；G258.2	G252.1	G258.2	G252.1；G258.2	G252.17	G252.17；G258.2
辽宁省本溪市图书馆	3	3	0	1	0	1	0
浦东图书馆	1	2	1	0	4	2	0
吉林省图书馆	15	5	6	7	4	3	2
湖南图书馆	7	4	4	3	0	3	4
浙江图书馆	10	8	4	6	3	3	1
天津市少年儿童图书馆	3	1	0	0	0	0	1
湖南省长沙市图书馆	3	0	4	1	2	1	0
福建省图书馆	5	1	0	0	3	1	2
北京市怀柔区图书馆	1	0	1	0	1	0	0
首都图书馆	0	1	0	1	1	1	0
总计	48	25	20	19	18	15	10

7 个类目均有分布的作者单位有吉林省图书馆和浙江图书馆，文献数量分别是 42 篇和 35 篇。分布在 6 个类目的作者单位为湖南图书馆，共 25 篇。文献类目分布较少的作者单位从低到高依次是：北京市怀柔区图书馆(3 个类目，共计 3 篇)，首都图书馆(4 个类目，共计 4 篇)和天津市少年儿童图书馆(3 个类目，共计 5 篇)。

整体来看，10 家图书馆研究方向虽各有侧重点，但二次文献分类分布均衡。吉林省图书馆和浙江图书馆作为发文量/文献被收录量前二位的图书馆，研究方向也更为广泛；而北京市怀柔区图书馆虽然文献收录数量最低，但其分布也不单一。

3.4　发表时间

由表 4 可见，获奖期间发文量/文献被收录量占比最大的为湖南省长沙市图书馆，其次为福建省图书馆和天津市少年儿童图书馆。而辽宁省本溪市图书馆、吉林省图书馆、北京市怀柔区图书馆和首都图书馆均在获奖之后才发表文献/文献被收录。

表 4　各图书馆文献发表时间情况

作者单位	获奖年度	发表数量(篇)/发表时间(年)	获奖期间文献量占比(%)
湖南省长沙市图书馆	2010、2014、2015	11(2010—2015)	78.57
福建省图书馆	2005、2008、2009	2(2005 前) 8(2009) 其他(2009—2017)	40
天津市少年儿童图书馆	2008、2010	7(2010)	38.89
湖南图书馆	2006、2008、2010	6(2006) 5(2006—2010) 其他(2010—2017)	20.75
浙江图书馆	2007、2008、2010	6(2010 前)	11.32
浦东图书馆	2006、2010、2011、2012	1(2010) 其他(2013—2017)	6.67
辽宁省本溪市图书馆	2004、2005、2006、2008、2009	0 其他(2010—2017)	0

续 表

作者单位	获奖年度	发表数量(篇)/ 发表时间(年)	获奖期间 文献量占比(%)
吉林省图书馆	2008、2010、2011、2012	0 其他(2012—2017)	0
北京市怀柔区图书馆	2011、2012、2013	0 其他(2015—2017)	0
首都图书馆	2005、2006、2008	0 其他(2008—2017)	0

各图书馆文献发表时间主要集中在2010年之后，与阅读推广首次被引年份大体一致。10家图书馆中，辽宁省本溪市图书馆最早获得全民阅读奖项，而且获奖次数最多，但发文时间较为靠后；吉林省图书馆虽然发文量/文献被收录量最大，但并没有在获奖期间及时地将全民阅读活动经验总结成文，形成实践经验；而湖南省长沙市图书馆在获奖期间的经验总结最为及时，福建省图书馆、天津市少年儿童图书馆也在大力开展全民阅读活动的同时，将各种尝试做了及时汇总。

3.5 各馆发表论文收录刊物情况

由表5可知，天津市少年儿童图书馆产出的论文均刊登在核心期刊上。其次是湖南图书馆、浙江图书馆和首都图书馆。论文发表量排名靠后的辽宁省本溪市图书馆和北京市怀柔区图书馆没有核心期刊论文。

表5 各图书馆核心期刊见刊情况

作者单位	核心期刊	文献总量	占比(%)
天津市少年儿童图书馆	18	18	100
湖南图书馆	16	53	30.19
浙江图书馆	15	53	28.3
首都图书馆	6	23	26.09
浦东图书馆	3	15	20
福建省图书馆	3	25	12
湖南省长沙市图书馆	1	14	7.14
吉林省图书馆	3	82	3.66
辽宁省本溪市图书馆	0	12	0
北京市怀柔区图书馆	0	5	0

核心期刊论文代表着论文的利用率和学术影响力。相对而言，核心期刊收录数量越多，图书馆产出的论文学术质量越高。天津市少年儿童图书馆作为唯一的儿童图书馆，从亲子阅读、经典阅读、多载体阅读体系探讨，到阅览室空间建设、动漫基地建设，为少年儿童图书馆服务的多元化发展提供了有价值的文献资料。

4 结论

第一、以10家调研图书馆为代表的图书馆研究工作聚焦在信息与知识传播下的信息资源服务。信息载体不再简单的是图书，而是纳入了更多的信息传播途径和手段，突出了图书馆，尤其是公共图书馆的法定职能和实践需求，并借助社会资源，跨单位、跨行业合作，多方位提高图书馆馆藏资源的利用率。

第二、通过培养读者阅读素养和信息素养，图书馆全民阅读服务效能得以提升。同时，图书馆研究工作热点不断，热点持续2～4年。但是，如何充分利用各种信息载体和传播途径，更好地服务于各类读者群，图书馆有必要加快图书馆数字化、电子化平台的搭建和使用。

第三、随着“全民阅读”法制化的不断推进，图书馆行业作为阅读推广的工作阵地，正不断地提升专业性服务水平。中图学会阅读推广荣誉体系的构建，使得阅读推广活动得以有组织有机制地展开，发出了图书馆行业在全民阅读活动的专业声音。但仅仅在活动案例总结方面推陈出新还远远不够。

第四、在图书馆读者活动、读者服务不断品牌化、产品化的同时，图书馆员还需要充分发挥自身的研究能力，更多地参与到以阅读推广支撑理论、阅读推广范式和阅读推广流派梳理等为基础的图书馆阅读推广理论研究中。以理论为支撑，以品牌活动为特色，促进中国图书馆阅读推广事业的发展。

参考文献

[1] 中国图书馆学会. 中国图书馆学会关于公布 2016 年全民阅读相关称号的决定等. [EB/OL]. (2017-10-11)[2018-03-28]. http://www.lsc.org.cn/cns/channels/1201.html.

[2] 许陈颖. 当前全民阅读的现状及其推广路径[J]. 重庆工商大学学报(社会科学版)，2017，6：87—90.

[3] 王丹，范并思. 图书馆阅读推广基础理论流派及其分析[J]. 大学图书馆学报. 2016，4：23—29.

[4] 谢蓉，刘炜，赵珊珊. 试论图书馆阅读推广理论的构建[J]. 中国图书馆学报，2015，9：87—98.

[5] 范并思. 阅读推广与图书馆学：基础理论问题分析[J]. 中国图书馆学报. 2014，5：4—13.

[6] 李杰. Citespace 中文指南[EB/OL]. (2017-07-19)[2018-03-28]. http://blog.sciencenet.cn/blog-554179-1066981.html.

探寻读者培训在公共图书馆阅读推广中的价值——以上海图书馆为例

朱　慧
（上海图书馆）

摘要　本文以上海图书馆的读者培训数据及新媒体阅读推广数据为研究样本，发现个性化需求影响下的读者培训转型趋势。从读者培训对象的多元化、选题的多元化、形式的多元化、目的的多元化四个方面，系统分析读者培训与公共图书馆阅读推广之间的关系，针对问题总结经验，探寻促进公共图书馆阅读推广的读者培训新模式。

关键词　读者培训；阅读推广；公共图书馆；新媒体；图书馆转型

Exploring the Value of Readers' Training in the Reading Promotion of the Public Libraries — Taking Shanghai Library as an Example

Zhu Hui
(Shanghai Library)

Abstract　Based on the data of Shanghai library's readers' training and new media reading promotion, this article is trying to find the transformation trend of readers' training under the influence of individualized demand. The article systematically analyses the relationship between the readers' training transformation and the reading promotion in four aspects of diversification (objects, topics, methods and purposes) in order to sum up the experience and explore new mode of readers' training for public libraries.

Keywords　Readers' training; Reading promotion; Public library; New media; Library transition

1　引言

习近平总书记在十九大报告中多次提及"互联网+"助推传统产业升级，公共图书馆在数字化转型过程中，也在积极思考：提升公共服务水平、提高信息化服务普及率、解决公众终身教育培训的需求、提高全民族科学文化素质和社会文明程度，让公众在共享互联网发展成果上拥有更多获得感。

1.1　国内外读者培训的定义及发展

西方国家将读者培训称为"用户教育"，在情报量迅速增长的背景下，强调公众继续自修的能力，学会利用图书馆资源，成为"终身教育"的一个重要环节。

《"十三五"时期全国公共图书馆事业发展规划》指出要构建覆盖城乡、服务高效、惠及全民的公共图书馆服务网络，进一步推进全民阅读，坚定文化自信，增强人民群众对公共文化服务的获得感。[1]

信息技术发展推动图书馆服务，向着数字化、网络化、智能化转型，图书馆的硬件设施和软件服务也在不断更新。读者培训就是图书馆向公众普及信息技能、调动阅读积极性、提升文化素养、提供终身教育的重要途径，对充分发挥图书馆教育和信息服务两大职能、提升图书馆信息资源利用率和促进阅读推广有着十分重要的意义。

1.2　国内外阅读推广的概况及问题

19 世纪末 20 世纪初，美国近代图书馆学家杜威提出："在适当的时间，给适当的读者，提供适当的图书"。20 世纪 50 年代以来，我国提出："一切为了读者""千方百计为读者服务""为人找书、为书找人"的口号。公共图书馆是社会阅读推广的承载者、践行者和引领者。[2]

公共图书馆阅读推广对象具有社会性、全民性。公共图书馆除了向社会提供丰富的阅读资源,还提供免费的读者培训,激励读者阅读,培养阅读习惯,引导阅读内容。促进公众阅读行为,就是读者培训在公共图书馆阅读推广中的价值。

1.3 数据来源及说明

本文读者培训探讨内容选择上海图书馆 2016—2017 年读者培训数据为分析对象,采用数据分析与网络调查、文献分析相结合的方法进行系统分析。

2 读者培训对象的多元化与阅读推广对象的对接

为实现阅读推广的最佳效果,读者培训的设计要从实际出发,切实满足不同读者的需求,匹配图书馆相应的实际资源,以提高图书馆的知晓率和利用率,有效推广阅读,提升市民文化素养和信息素养。

2.1 将新读者定位为培训对象

对新读者或潜在读者的阅读推广,重点在介绍图书馆的基础业务和馆藏资源。要吸引并抓住这类培训对象的兴趣,帮助他们了解自己的需求,迅速将其定位到所需的信息资源和相应的培训课程,而不能直接深入细化到具体的检索技巧。

2.2 将缺少信息素养的读者定位为培训对象

图书馆转型扩充了各类新媒体平台的服务和数字资源,阅读对一些读者来说成为"轻点手指"的轻松体验,对另一些读者而言却变成了"大麻烦":阅读不再仅是从书架上取下书籍,需要会简单的计算机操作、会连接公共网络、会使用智能手机、会使用微信、微博等社交软件。要想享受新型的图书馆服务,读者被迫去提升自己。读者培训将帮助这类读者解决使用新型图书馆服务中遇到的各种技术障碍。

根据《第 41 次中国互联网络发展状况统计报告》调查(见图 1),降低上网成本,提升上网技能,以及提升非网民对互联网需求是带动非网民上网的主要因素。[3] 在现场服务读者时,也多见"无法连接 WIFI""电脑坏了寻求维修""求助手机微信使用"等咨询问题。这类读者需求的不仅是图书馆提供硬件设施,更是与之匹配的技术培训。

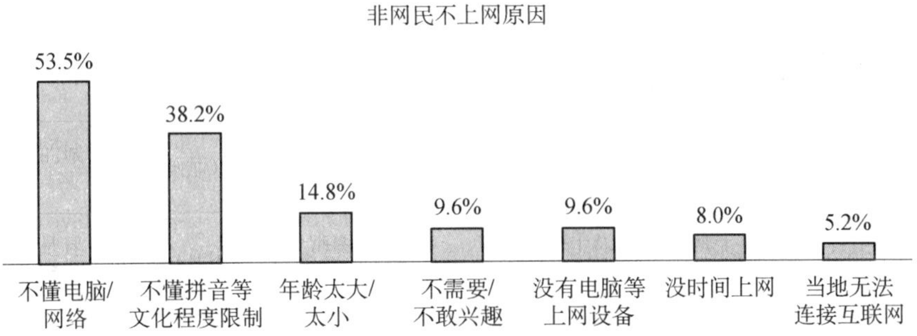

图 1 非网民不上网原因调查

数据来源:CNNIC 中国互联网络发展状况统计调查(2017.12)

2.3 将不同年龄层次读者分类定位为培训对象

阅读推广针对不同年龄层次的读者,会有不同的侧重安排。从学龄前儿童、接受义务教育阶段的青少年,到人生规划阶段的大学生、忙碌工作的中青年以及对生活充满热情的退休老人,有着各自不同的阅读和信息需求,需要的图书馆服务与资源也各不相同。为精准服务读者,培训读者自行获取资源的技能,势必要将培训对象按照年龄层次划分。在清晰定位培训目标后,搭配合适的阅读内容和培训方式,可最大限度实现培训效果,为下一步阅读推广打好基础。

图 2 中使用上海图书馆"微阅读"平台阅读的读者年龄大部分为工作的"中青年"读者。而在图 3 中人均阅读量最大的却是"老年"读者。因为目前"微阅读"平台的内容以大众普及性、生活化书籍为主,更符合"老年"读者的需求,而"中青年"读者更喜欢的工具类、技能类书籍在平台上又少又旧。

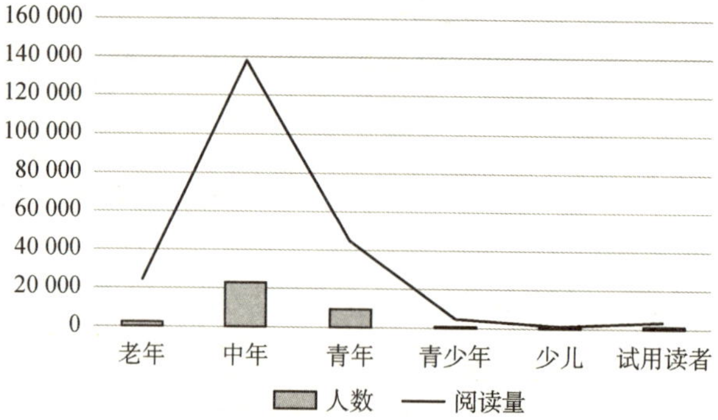

图 2　2017 年“微阅读”各年龄段读者培训情况分析①

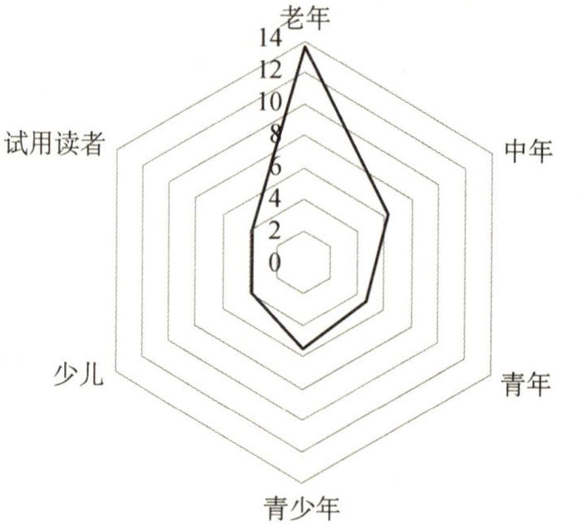

图 3　2017 年“微阅读”各年龄段读者人均阅读量分析②

2.4　将不同学科领域的读者定位为培训对象

虽然公共图书馆读者的大部分需求，是大众化普适书籍，但也不能忽视少数读者对专业学术类信息资源的需求。对此类读者培训，更应考虑他们对推广内容相关性的注重。图书馆采购的大型国外数据库，即使是在学科行业积淀颇深的读者，可能也只知道所需的文献类型、学科主题，而不知具体的数据库选择方法和检索技巧。将培训对象按学科或行业领域分类后，图书馆可将同行业或同学科的数据库打包组合在一起培训，方便读者同时掌握多个同学科数据库的使用方法，利于读者进行科研对比，读者更易挑选到适合自己的资源，大大提升阅读推广效率。

3　读者培训选题的多元化，提升阅读推广的有效性和针对性

上海图书馆读者培训基本安排在周末，受场地、人力限制，每年每场培训选题不尽相同，被划分在 9 大类。从表 1 看，9 大类培训场次增加，也体现出选题内容的增加，为满足读者的不同需求，提升阅读推广的有效性和针对性，上海图书馆读者培训选题随之细化，向多元化转型。

表 1　9 大培训选题两年间变化

2016 年		2017 年		变化趋势
培训选题	场次	培训选题	场次	
阅读指导	40	阅读指导	47	↑
数据库检索	23	数据库检索	27	↑

①②　年龄段划分规则说明：60 岁以上为“老年”，30—59 岁为“中年”，18—29 岁为“青年”，7—17 岁为“青少年”，0—6 岁为“少儿”；“试用读者”开通的是 3 个月有效期的网上临时读者证。

续 表

2016 年		2017 年		变化趋势
培训选题	场次	培训选题	场次	
图书馆资源使用	15	图书馆资源使用	21	↑
常用软件 & 新技术	13	少儿活动	15	↑
少儿活动	11	常用软件 & 新技术	13	—
微阅读行走	5	微阅读行走	6	↑
生活知识	3	生活知识	5	↑
文化素养	3	文化素养	4	↑
艺术欣赏	2	艺术欣赏	3	↑

3.1 传统培训选题帮助读者了解图书馆基础业务

"图书馆资源使用"作为传统培训选题,可细分成:帮助读者快速了解图书馆传统服务内容、普及纸质馆藏分布和读者证知识、介绍阅览室资源、传授文献检索和利用技能等内容的"传统图书馆使用"和以介绍新媒体服务、数字资源使用方法为主的"数字图书馆使用"两类。这是必不可少的培训选题,推动"僵尸读者"走出"使用图书馆"的第一步,转化成现实读者,同时可吸引潜在读者,为阅读推广做好铺垫。

表 2"传统图书馆使用"选题培训安排总数虽略减少 1 场,但培训开放名额有较大增幅(见图 4)。结合上海图书馆每年新增 40 万读者的背景,此类培训报名人数和实到人数的降低,反映出读者对此类选题的线下培训需求在降低。

表 2 对比"传统图书馆使用"和"数字图书馆使用"选题两年间变化

2016 年		2017 年		变化趋势
培训选题	场次	培训选题	场次	
传统图书馆使用	11	传统图书馆使用	10	↓
数字图书馆使用	4	数字图书馆使用	11	↑

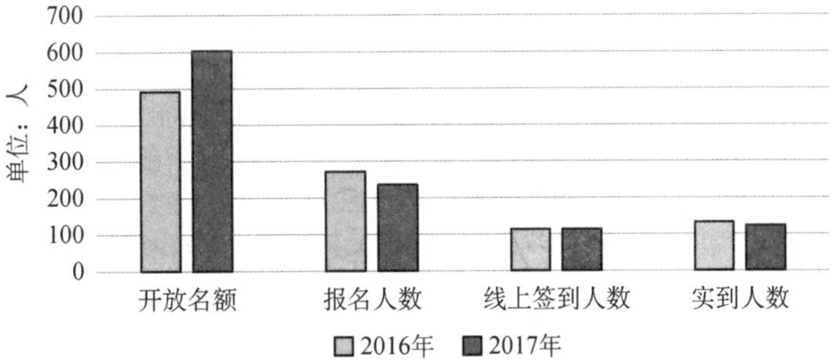

图 4 "传统图书馆使用"选题两年间培训情况

表 2 中,"数字图书馆使用"选题培训安排场次大有增加,参加读者人数也在同步提升(见图 5)。上海图书馆在新媒体平台的阅读推广,大大激发了读者对公共图书馆数字资源的期待和需求。

3.2 转型发展中读者培训选题将内容整合为系统性培训

上海图书馆为满足公众终身学习的需求,提供更多的阅读学习资源和机会,通过普及文献信息知识,提供学科研究专题培训、基础计算机技能培训、常用新技术体验培训和导读培训,搭建一个系统性的知识培训结构,帮助读者顺利使用图书馆信息资源进行科研学习,引导读者养成阅读自修的习惯。

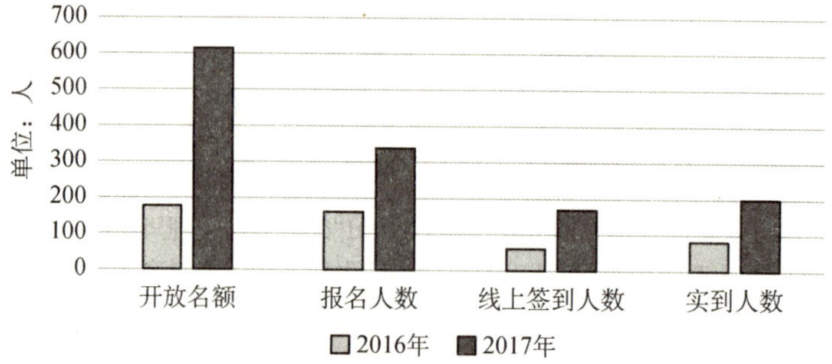

图 5 “数字图书馆使用”选题两年间培训情况

(1) 计算机技能培训解决阅读推广遇到的技术障碍

图 6 显示“含试读”与“不含试读”的点击量有很大差距。读者未登录情况下可试读“微阅读”电子书的第一章内容，之后需要进行登录操作，许多读者因网络连接、不会操作手机、不知道默认密码，而无法进一步阅读下去。

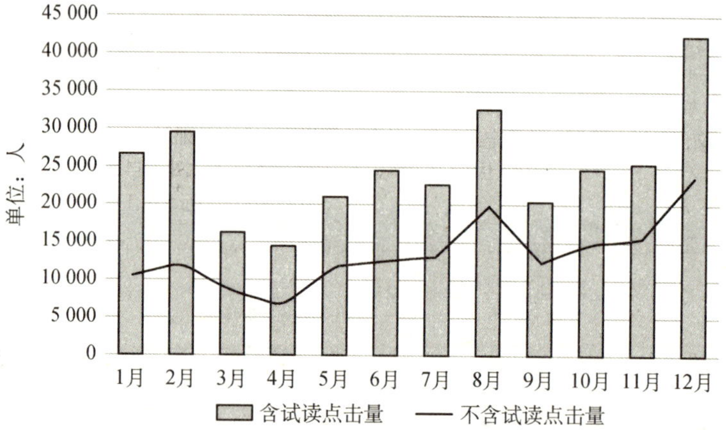

图 6 2017“微阅读”点击量分析

全社会“互联网+”的转型背景下，许多人们原本熟知的传统行业发展出新的理念和技术，服务提升的同时，对人们的信息素养有了更高的要求。受教育背景、收入水平、学习能力等因素局限，渴望掌握基本计算机技能和体验新技术的读者越来越多，上海图书馆提供的计算机基础技能、新技术科普和常用文献管理软件的培训，既可解决图书馆新技术革命给读者带来的阅读障碍，也可将社会公共文化服务建设的福利共享给大家。

“常用软件 & 新技术”培训选题近年很受读者欢迎(见图 7)。上海图书馆为吸引更多读者，扩大阅读推广效力，准备了最新信息技术的体验——引入不少诸如 AR、VR、3D 互动电子书。此类培训选题将科普类的书籍知识，转化为可体验的流动服务，加深读者的阅读深度的同时，也为阅读推广引流。

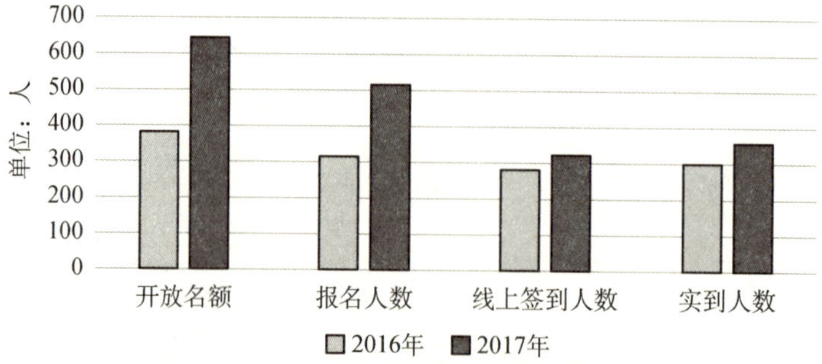

图 7 “常用软件 & 新技术”两年间培训情况

(2) 导读培训直达阅读推广主题

"阅读指导"培训尝试各种形式,以激发读者阅读兴趣,帮助提高阅读能力和阅读效益,是一种阅读教育培训活动。上海图书馆现有的"阅读指导"培训选题主要由3个细分选题组成:特邀读书会嘉宾讲授的固定主题、作家签售分享和馆员的阅读史分享。"阅读指导"培训利用精彩内容和作家效应,将潜在读者转化为现实的读者,既保证了文献的充分流通,又提供了阅读交流的机会,实现提高文化修养的阅读推广最终目标。

4 培训形式的多元化扩展阅读推广的参与度

4.1 传统被动式的线下面对面培训,从质量而言效果最好

传统的读者培训,以馆员讲课为主体,形式单一,图书馆被动地在事先安排的时间和地点,等待报名读者到场,统一接受培训。优点是培训讲述能在读者心中搭建一个系统全面的理论框架,即时解决读者的各类疑问,既定选题培训质量最高;缺点是读者不在既定时间内到场,图书馆也失去下一步阅读推广的机会。

4.2 新型主动型线上培训内容,辅助拓宽读者的参与面(微信推广 & 数据库直播)

图书馆要拓宽阅读推广范围,提升读者培训的参与度是十分重要的。读者不参加培训的一大原因是根本不知道图书馆提供读者培训。上海图书馆每周通过微信公众号推送读者培训信息,主动在线上向读者揭示图书馆的资源与服务功能,吸引读者参加培训。

上海图书馆自2016年开始,在微博平台进行部分读者培训的视频直播,读者可在培训开始时间同步远程观看现场直播,视频支持后续回放,推送内容及形式见图8。读者对培训如有疑问,留言将同步在微博评论区,值班馆员将在48小时内尽快回复。

图8 微博平台视频直播读者培训示例

培训直播视频2年内累计观看人数近4.4万次,阅读培训直播的相关推送内容22.4万多次,平均每4.5次阅读中就有1次点击观看了视频。从表3可看出读者对培训的庞大需求,读者培训开放到线上平台后,对参与度有很大的提升,增加了读者的参与机会。

表3 视频直播的读者培训参与度变化

直播的读者培训参与度变化	
培训参与度	阅读次数
增加10 940.32%	增加537.48%

上海图书馆微信推送"微阅读"栏目,每周向读者推荐7本电子书,揭示数字资源服务,并举办相应的线下导读培训,从图9可看出线上阅读推广大大提升了上海图书馆的数字资源利用率。

4.3 OTO(Online to Offline)培训模式,丰富阅读的体验

(1) "上图杯"阅读马拉松

"上图杯"针对快节奏生活背景下,公众远离传统深度阅读的现象,以让人耳目一新的形式推广阅读,呼吁社会重视深度阅读。选手线上报名参赛,线下在6小时内完成一本尚未上架新书的阅读(或纸本阅读或数

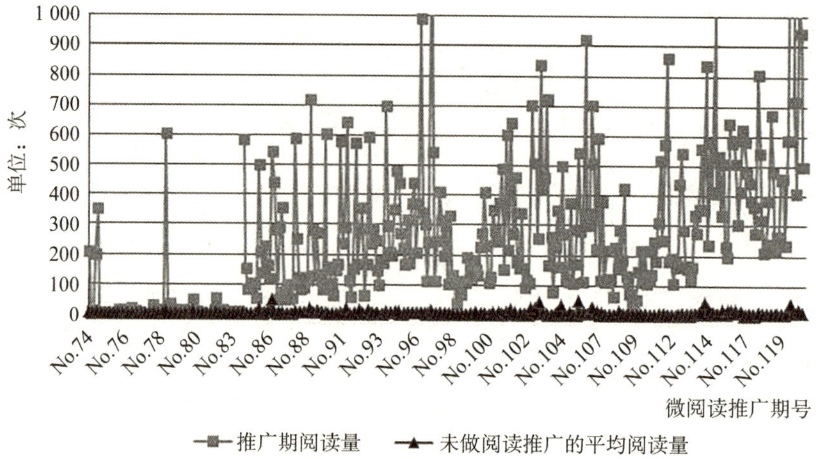

图 9 "微阅读"栏目阅读推广效果

字阅读),最后回答线上题目,是对个人专注与意志力的终极挑战。上海图书馆联动多馆宣传组织,汇集各馆人财物力,扩大阅读推广辐射范围,吸引社会和媒体的关注,带给读者阅读仪式感的同时,丰富阅读的体验。

(2) 微阅读·行走

"微阅读·行走"是一个传播上海本土特色文化、物质文化遗产和非物质文化遗产的品牌,将线上数字资源和线下走访作者故居、重温书籍场景、探寻创作线索相结合,打通作品、作者、读者、合作方与馆员的互通渠道,提供一个多方交流平台,创造一种全新的阅读体验,用实践倒推理论知识学习,实现知识的"活化"。

(3) 阿基米德平台随身携带的"朗读亭"模式

上海图书馆阿基米德社区,为阅读拓宽新体验。以线上数字阅读内容为支撑,邀请读者朗读喜欢的电子书精彩选段或阅读感悟,分享到朋友圈。同步的线下技术培训和阅读指导,帮助读者挑选阅读材料,演示具体操作流程。

5 阅读推广促进读者培训多元化发展

5.1 广播式阅读推广将读者培训与图书馆宣传推广联动

广播式阅读推广普及图书馆基础业务,可直接与读者培训联动,将线下培训内容整理归类,更新转化至线上广播式推送,方便有需求的读者快速了解掌握数据资源的信息。

5.2 精准定位的阅读推广提高读者培训的效果

精准定位的阅读推广,可具体到推广对象、目标和资源内容,深度挖掘培训的价值。通过精准定位的读者培训,可迅速聚集相同爱好背景或文化层次的读者,推动社群关于同文化和同阅读的交流,为读者打开多维度了解世界的渠道。

5.3 跨界联合阅读推广丰富读者培训的内容和形式

(1) 与数据库厂商联合推广,丰富读者培训形式

好讲师对读者学习起到非常重要的推动作用。上海图书馆通过与数据库厂商联合推广,既保证了讲师的专业素养,又能将获得正式授权的培训直播视频及课件资料转化至数字化的线上平台,丰富读者培训形式。读者可通过转化后的线上培训课程,随时随地快速获取需要的培训,而不再受图书馆场地、时间安排的限制,大大提升阅读推广效力。

(2) 与读书会联合推广阅读,提升读者培训质量

上海图书馆与读书会联合,将馆藏数字资源与读书会活动内容相结合,科学合理地定制更适合本馆的培训,免去读者奔波借书或借不到书的困扰。读书会资深讲师生动的授课风格,让阅读推广不再枯燥乏味。未读推广书目的读者,可在培训开始前预读;已读过的读者,可与其他书友分享阅读感悟;读者若对培训主题感兴趣,又缺少相关的文化积累,先听讲师由浅入深地导读培训,更利于后续的阅读理解,提升读者培训质量。

(3) 与企事业单位联合推广，丰富读者培训内容

上海图书馆与上海标准化研究院合作，在创·新空间开设标准文献服务区域，实现相关领域机构、专家学者和信息用户间的互联，扩宽交流空间，弥补纸质馆藏稀缺的弱势，丰富了国内标准、行业标准等内容的培训。该区域长期提供资深专业馆员的现场培训服务，读者如在检索使用中遇到问题，可现场接受馆员培训指导。

6 读者培训转型中的思考

6.1 上海图书馆读者培训的思考

虽然大部分读者都对培训充满兴趣，进行线上预定，但到场率依旧不够理想。公共资源紧张，读者既不想错过培训，又重视程度不够，不参加培训却不操作退订，释放占用名额，影响了读者培训资源的利用率。对参加培训的读者，开展“黑名单”设置，如果连续 3 场活动未到场签到，又未提前取消培训预定，将由报名后台系统自动拉入“黑名单”，禁止报名培训半年，目的在让更多有需求的读者能享受到免费社会培训资源，提升公共图书馆的阅读推广目标。

上海图书馆正在努力让知识“流动”起来，搭建可供准备阅读、远程学习培训、回顾培训的知识环，作为阅读推广的基础依托，方便读者需求的第一时间，能迅速获取信息资源。这些宝贵的培训现场分享内容资料，以文字、音频、视频等多种形式，通过多渠道新媒体发布，将资源直接送到读者手中，向读者提供多元化的阅读体验。

6.2 经验总结

图书馆转型期，从硬件到软件，从基础信息资料的完善到数字化信息系统的形成，图书馆“互联网＋”服务正从里到外，全方位转移到信息化的轨道上。图书馆不仅是一个“书库”、一间“书房”，而是转型成为社会公众获取信息资源、社交分享、终身学习的“知识活体”。在这里，知识不再是纸质书籍，知识不再静静等待读者的来临，读者培训成为公共图书馆阅读推广“动起来”“奔”向读者的强有力助推器。

如果说阅读推广搭建了社会公众与图书馆这个信息知识海洋的沟通桥梁，那么读者培训更像是这座大桥的两端引桥，从读者培训开始引导读者进入使用图书馆的殿堂，最后由读者培训帮助读者完成知识的活化吸收。多元化的读者培训，为公共图书馆的阅读推广，打造了庞大的信息通道网络，图书馆的阅读推广内容可从多角度、多形式传达到读者手中。

读者培训作为公共图书馆阅读推广的良好开端与效果转化，培训内容更应科学、合理，培训方式要注意理论讲授与实践体验相结合。做好培训效果反馈调查，收集读者对培训工作的意见和建议，有利于调整和改进读者培训方案策划。为提升现场培训资源利用率，规范培训签到登记，要帮助读者养成良好的培训习惯。做好培训结束后的课件资料备档与汇总，加强对各类培训工作的数据统计和归档工作。公共图书馆通过搭建统一的培训网络，解决读者时间、空间上的不便，同时可实现馆际间的资源共享。读者培训始终要遵循高效率、精准化的原则，满足各层次读者对信息资源的不同需求。将读者培训的资料规范化、信息化、网络化，有利于社会公众共享读者培训信息资源，让社会公众都能感受到“互联网＋”时代图书馆转型带来的社会福利。

参考文献

[1] 文化部关于印发《“十三五”时期全国公共图书馆事业发展规划》的通知[EB/OL]. [2017-07-07]. http://www.gov.cn/xinwen/2017-07/07/content_5230578.htm.

[2] 曹雪梅. 基层公共图书馆阅读推广实践探索[J]. 图书馆建设，2013(10)：42—44.

[3] 中国互联网络信息中心(CNNIC)发布第 41 次《中国互联网络发展状况统计报告》[EB/OL]. [2018-03-05]. http://www.cnnic.cn/hlwfzyj/hlwxzbg/hlwtjbg/201803/t20180305_70249.htm.

基于图书馆场景服务的微信小程序设计研究

刘　芳
（三峡大学图书馆）
朱　沙
（三峡职业技术学院图书馆）

摘要　小程序革命性地降低了 App 开发成本，即扫即用、方便使用的特点减少了用户使用移动应用的成本，将微信社交、公众号内容和微信钱包支付等体系全部打通，实现微信互联网时代的智能、精准、个性化场景服务，新的场景服务方式正在改变网民们原有的生活习惯。本文对当前基于图书馆场景服务的小程序进行调研，并重点对其中 10 个小程序的发布机构、功能设计等进行深入分析，探索微信互联网时代图书馆场景服务小程序建设路径。

关键词　微信；小程序；图书馆服务；比较

Comparative Research on the WeChat Small Programs of Library Service

Liu Fang
(China Three Gorges University Library)
Zhu Sha
(Hubei Three Gorges Polytechnic)

Abstract　The WeChat small programs revolutionize the development cost of App. The convenience of using reduces the cost of mobile applications for user and opens up all of the systems, such as WeChat social circles, WeChat subscription and WeChat wallet payment. It realizes the intelligent, accurate and personalized service of the WeChat Internet Era. The new way of scene services is changing the old habits of the netizens. This paper makes a comparative study on the WeChat small programs of library service and focus on the release of 10 small programs, putting forward the instructional design of the small programs in the WeChat Internet Era.

Keywords　Wechat; Small programs; Library service; Comparison

过去的 20 年是互联网高速发展的 20 年，技术的进步周期越来越短，时代的变化越来越快。2012 年 7 月，微信公众号上线。2017 年 1 月 9 日，微信小程序正式面向 C 端用户开放。小程序革命性地降低了 App 开发成本，即扫即用、方便使用的特点减少了用户使用移动应用的成本，将微信社交、公众号内容和微信钱包支付等体系全部打通，实现微信互联网时代的智能、精准、个性化场景服务。肯德基、星巴克、中国农业银行等传统服务商小程序和摩拜单车、小电充电、摩摩哒等共享类小程序纷纷上线，新的场景服务方式影响着原来的零售、社交、媒体、出行、生活服务等领域，正在改变网民们原有的生活习惯。

本文对当前图书馆场景服务小程序进行调研，并重点对其中 10 个小程序的发布机构、功能设计等进行深入分析，探索微信互联网时代图书馆场景服务小程序建设路径。

1　微信小程序发展历程

2017 年 12 月艾瑞移动 App 指数表明：即时通信类 App“微信”以 96070 万台独立设备的数量位居月度独立设备规模排名第一，外卖类 App“口碑”以＋4532.4%的环比增幅位居增幅排名第一，用户向超级 App 集中日趋明显。更多的 App 正面临着开发成本高、开发周期长、推广下载成本高、占用流量高等困境。微信正成为移动互联网创业的基础设施，应运而生的小程序在微信环境中无须下载安装直接使用、无须注册登录，用完即走，成功地重建了网络用户入口。在基于微信朋友圈的社交环境下，小程序实现基于各种场景的不同行业互联网服务。

2016年9月21日，小程序面对200位授权内测用户开放；2016年11月13日，小程序面向B端企业开放；2017年1月9日，小程序正式面向C端用户开放，知晓程序建立小程序商店；2017年2月23日，摩拜单车接入小程序；2017年3月，个人开发者可申请小程序；2017年4月，小程序授权后第三方平台支持开发，中国农业银行、星巴克、麦当劳接入小程序，公众号可快速注册、认证小程序；2017年5月，小程序开放群相关能力，公众平台新增“附近的小程序”功能；2017年6月，小程序增加推广功能，新增“星标”功能，支持自定义关键词；2017年7月，小程序开发者和第三方平台能力大幅提升，新增状态信息展示和运维中心；2017年8月，打通小程序数据壁垒，附件的小程序功能升级；2017年9月，微信内测LBS推广功能，支付宝小程序面向用户全面公测，OFO发布微信小程序；2017年10月，小程序能力升级，新增相机组件、优化音频功能；2017年11月，小程序灵活度大幅提升，序支持内嵌网页；2017年12月，小程序升级实时音频录制及播放能力，对小程序菜单进行了升级，并提供小程序间快速切换的功能。

《2017阿拉丁小程序生态白皮书》中，阿拉丁指数选取人气、搜索、使用、分享等四大指标，评估小程序在每个指标下的相对位置，动态反映小程序应用变化，并以榜单形式反映月度平均应用水平。阿拉丁指数发布的各种小程序榜单表明：经过一年多的发展，微信小程序正发生着翻天覆地的变化，小程序时代正在来临。2018年1月31日，中国互联网络信息中心(CNNIC)发布第41次《中国互联网络发展状况统计报告》。报告显示：微信在2017年初上线“小程序”功能，并以此为基础将连接能力向用户生活中的各类线上线下服务渗透；根据微信发布数据，截至第三季度，其开放平台小程序已覆盖20多个行业大类的200多个细分类目。

2 图书馆场景服务小程序调研分析

小程序让图书馆场景服务更具交互性，相比App更能加速优质内容传播，适合用户在移动互联网环境下利用图书馆资源及服务。在微信小程序检索框中以“图书馆”作为关键词，将其检索结果作为调研对象。

根据小程序展示内容，图书馆场景服务小程序主要分为三类。一是名片式的小程序，主要展示图书馆地址、地图、开馆时间、联系电话、宣传视频、宣传照片等基本信息，旨在帮助用户在微信小程序中发现附近的“图书馆”，如黑龙江省图书馆、青海省图书馆、北京市西城区第二图书馆、浙江省宁波市图书馆、重庆图书馆、湖北省宜昌市当阳市图书馆等公共图书馆和江苏大学图书馆、广西医科大学图书馆、广东外语外贸大学图书馆、常熟理工学院图书馆等高校图书馆。二是综合服务类的小程序，提供手机阅读，向读者提供资讯、活动、讲座、展览等信息，并设置交流互动栏目，如“湘警职院图书馆”中“我的”栏目中，包括个人信息、借阅信息、课程表和成绩单等内容，并设置“交流互动”栏目解答读者提出的与校园学习生活有关的话题。三是单一功能类的小程序，提供空间预约、活动参加申请、馆藏检索等单一的功能，如中国农业科学院农业信息研究所的“图书馆IC空间预约”、许昌微辰文化传播有限公司的“许昌图书馆在线检索”、北京运和科技有限公司的“朝图预借”等。

去除以上名片式的图书馆小程序外，本文列出以下内容较丰富的图书馆小程序共10个。

表1　图书馆场景服务小程序对比

小程序名称	服务类目	主体信息	功能设置	相关公众号
湘警职院图书馆	学历教育	湖南司法警官职业学院	读者指南、馆藏检索、读者活动、交流互动、我的图书馆等	无
浙金院图书馆	教育	浙江金融职业学院	人工客服	浙江金融职业学院图书馆
徐汇区图书馆数字汇	图书馆	上海市徐汇区图书馆	馆藏检索(关键词搜索、分类浏览、阅读排行榜)、本月推荐、热门阅读、书架、我的图书馆(浏览历史、我的书架、我的笔记、我的书评、我的看法、我的奖品)	上海市徐汇区图书馆
图书馆IC空间预约	预约/报名	中国农业科学院农业信息研究所	物联管理空间，包括房间预约、消息通知、签到记录、个人中心、使用帮助、问题反馈等功能	国家农业图书馆

续 表

小程序名称	服务类目	主体信息	功能设置	相关公众号
书香敦煌	图书馆	敦煌市图书馆	馆藏检索、主题活动、新书推荐、会员分享、书吧饮品、我的图书馆等	书香敦煌
许昌图书馆在线检索	信息查询	许昌微辰文化传播有限公司	馆藏检索	许昌生活网
我去图书馆管理端	在线教育	南京痕迹网络科技有限公司	管理员登录后,用于便捷查看实时数据以及批量管理座位	无
朝图预借	休闲娱乐	北京运和科技有限公司	朝阳区图书馆预约借阅平台,包括关键词检索、分类检索、随便看看、浏览历史、办读者卡、热门推荐、读者推荐、小编推荐、人气推荐、主编推荐等功能	朝图预借
图书小馆	效率	个人	个人藏书管理工具,包括扫条形码、手动添加、进入书库等功能	无
商洛学院图书馆扫码就座系统	教育信息服务	个人	为合理利用座位资源开发的扫码就座小程序,包括扫码选座、座位状况、我的座位、学习时间排行等功能	无

上述调研的10个小程序中,主要有三种开发运营模式。一是自主开发运营模式,如"湘警职院图书馆"由湖南司法警官职业学院自主开发,"浙金院图书馆"由浙江金融职业学院自主开发;二是公司开发运营模式,如"许昌图书馆在线检索"由许昌微辰文化传播有限公司开发运营,提供馆藏检索功能和豆瓣图书封面、豆瓣评分等基本信息;三是个人开发运营模式,如"图书小馆"、"商洛学院图书馆扫码就座系统"等。

在内容体系方面,综合类的小程序大都设置3～4个栏目,如"书香敦煌"包括首页和我的图书馆两个栏目,"徐汇区图书馆数字汇"包括图书馆、书架和我的图书馆等三个栏目,"湘警职院图书馆"包括书籍、活动、交流和我的图书馆等四个栏目。这些类目的设置有助于帮助读者面对海量信息时按需定制阅读内容。

在功能设计方面,这些小程序都设置了与读者互动的栏目,如"商洛学院图书馆扫码就座系统"的"扫码选座"功能,"徐汇区图书馆数字汇"中"书友评论""我的书架""我的笔记""我的书评""我的看法"等功能,"湘警职院图书馆"中"交流互动"栏目。

从注册时登记的服务类目来看,这些综合类图书馆场景服务小程序的定位不明确,选择"政务民生""学历教育""教育""教育信息服务""在线教育""休闲娱乐"等类别,登记为"图书馆"的仅两个小程序,不方便读者根据服务类别迅速查找。

3 图书馆场景服务小程序设计研究

微信小程序不同于App、订阅号和服务号,更偏重线下和场景,其应用性的工具属性有利于提升效率,以用户体验为王,解决诸多用户痛点。图书馆场景服务小程序应以读者为中心,推出新鲜有趣的内容来吸引读者,注重阅读的分享和交流,是典型的社会化阅读工具。小程序通过微信朋友分享、微信订阅号等渠道,发挥自身工具属性优点,内容涵盖文化、娱乐、生活、财经、军事等方面,帮助用户实现碎片化阅读和内容的病毒式快速传播,相比App更为便利。小程序高效而便捷的体验成为线上线下的连接器,丰富了传统App的很多场景。程序轻应用的特点给了用户多样化的阅读选择,适合碎片化、低深度、互动式的阅读服务类工具。从以上调查结果来看,目前图书馆场景服务类微信小程序以名片式简介型为主,内容形式较单调,并且这些小程序的注册管理不规范,给图书馆的利用带来障碍,远远不能满足当下全民阅读的环境需要。图书馆场景服务小程序的设计应从着重考虑以下四个方面:

3.1 成为链接线上线下的入口

小程序的定位是有效连接线上、线下场景,形成一个用户强依赖的生态闭环。小程序可以覆盖在很多App等难以触达的应用场景,实现了线上推广与线下宣传的有机结合。当读者来到实体图书馆时,扫描建筑上的二维码,通过小程序中的自助语音导览服务,用耳机收听图书馆资源与服务的语音讲解,在线观看资源利用培训的小视频,远程预约参加各种阅读文化活动或在线选座,图书馆员实时指导读者在图书馆中方便快捷查找图书、利用数据库资源,解决读者到馆现场培训的诸多困难。当读者在图书馆线下浏览书籍时,以二维码作为小程序入口。小程序推荐和提供优质的数字阅读资源,搭建立体式阅读推广平台。读者的阅读记录会留存在小程序上,系统平台可以分析读者的阅读偏好,提供满足个性化需求的阅读内容推荐,并进一步改进产品设计和提升服务品质。

3.2 关注读者阅读需求

根据国家新闻出版广电总局在 2017 年 4 月发布的《2016 年度中国数字阅读白皮书》数据,数字阅读呈现以下几个需求特征:一是用户需求规模大,2016 年全国数字阅读用户规模突破 3 亿,增长率达 12.3%,网络在线阅读、手机阅读、电子阅读器阅读已成为当今读者阅读的主要方式之一;二是不同年龄段阅读偏好不一样,比如 70 后爱看历史传记类题材,80、90 后爱看浪漫言情类题材,00 后喜欢现代都市类题材。三是听书功能的需求增大,国内近 7 成数字阅读用户用过听书功能,听书用户超过 1 亿,愿意付费的用户比例达到 65.3%。

在阅读内容展现形式上,小程序以视频、音频、图片为主。如"新华社微悦读"首页中每一条信息标题下面有十秒语音文件可选择播放,读者通过听新闻了解该条信息的主要内容。"图视"栏目呈现精美摄影照片,图片视频直播态现场。"十点读书+"小程序中,主播在十点电台、人物留声机、成长图书馆等栏目中推荐阅读《白鹿原》《白夜行》《三毛传》《芳华》《海上钢琴师》等文章,每篇阅读文章有阅读目标、今日音乐(篇首曲、正文、篇尾曲)、精华领读、今日话题、主播领读介绍等内容。

从调研结果来看,这些图书馆场景服务小程序依然存在许多问题,如阅读内容类型比较单一,资源数量较少,以文字阅读为主。基于图书馆场景服务的小程序要以阅读推广为主要职责,充分利用手机阅读群体性强、知识更新周期短、互动性强的特点,准确把握目标读者群的年龄特征,加强实用信息、学习参考等类别题材建设,推出图文并茂、新鲜有趣的内容来吸引读者,以拓展知识领域、掌握实用技能和提升个人能力修养,满足不同层次读者的阅读需求。

3.3 简化功能设计

针对小程序"随用随走"的轻量化特性,不少媒体及公司推出的小程序应用都颇为简洁。2017 年 1 月 9 日,新华社微悦读小程序和今日头条 Lite 小程序上线。之后,央广新闻 Lite、人民日报、东方头条新闻、凤凰新闻 Lite、网易新闻精选、腾讯新闻精华版、搜狐新闻资讯版等新闻资讯类小程序纷纷上线。以"央广新闻 Lite"小程序为例,功能简化为两大块:刷新闻、听广播。"腾讯新闻"小程序包括推荐、本地两个栏目;"网易新闻精选"包括要闻、独家两大板块。这些媒体及公司聚焦于自己的核心业务,将特色版块移至小程序中,相比功能全面的 App,设计简洁、特色鲜明的微信小程序更适合提供功能性的小应用。图书馆场景服务小程序应深入分析读者使用行为特征,提供朗读、搜索、云空间等功能设计,改善阅读体验,避免出现视力疲劳、信息过载、页面杂乱等问题,提高小程序使用的满意度。

3.4 加强读者之间的互动

社会化阅读以受众为中心,注重阅读的分享和交流,是全民阅读的发展趋势。在微信生态圈中,具备社交属性的小程序更容易被关注和传播。"人民日报"小程序设置"提问"版块,直接将问题反映给所在地区的领导,搭建起了网友与政府直接沟通互动的桥梁。北京中青在线建设的"抱团"小程序,用户可以发起活动或报名参与团购、聚会、讲座、出游、运动、娱乐等活动,增强了用户对媒体品牌的黏性。"豆瓣评分"小程序中,用户可以在线添加注释和撰写评论,阅读网友发表的短评,并关注评论中的网友与其互动交流,彼此分享信息和交换观点。传统图书馆服务中,纸质阅读以其线性的、集中的阅读特点为基石,是进行深入阅读思考和学习的主要方式。相对于实体图书馆中的传统阅读,图书馆场景服务小程序应充分调动读者阅读的兴趣,提供书摘、笔记、评论、分享、书友社交圈等功能,让读者与读者、读者与内容、内容与内容之间互动的小程序成为社会化阅读的重要载体,有利于实现优质内容的快速传播。

4 小结

互联网是一个快速迭代和试错的过程,小程序上线两年的时间内仍在不断地自我进化。具备强大链接线上、线下能力的小程序将进入人们生活的每个角落。面对蓬勃发展的微信小程序,图书馆要顺势而为,将优秀作品的音频、视频、图片及文字作为内容服务发力点,引导读者在手机阅读和纸质阅读之间寻求平衡,提高读者的内容选择水平,避免沉迷于过于娱乐化的内容,塑造全社会良好的阅读文化氛围。

参考文献

[1] 艾瑞数据. 移动 APP 指数[EB/OL]. (2018-1-10)[2018-2-10]. http://index.iresearch.com.cn/app.

[2] 网易新闻. 除了宣布小程序 1 月 9 日上线,张小龙还回答了九个问题[EB/OL]. (2016-12-28)[2018-2-3]. http://news.163.com/16/1228/19/C9D75TKF00014SEH.html.

[3] 搜狐. 小程序"悄悄"测试两个新入口,C 端 B 端两不误[EB/OL]. (2017-7-30)[2018-2-3]. http://www.sohu.com/a/160853628_281893.

[4] 知晓程序. 小程序商店[EB/OL]. (2018-1-10)[2018-2-10]. https://minapp.com/miniapp/.

[5] 摩拜单车. 微信小程序[EB/OL]. (2018-1-6)[2018-2-12]. https://mobike.com/cn/.

[6] 微信公众平台. 系统公告[EB/OL]. (2012-7-20)[2018-3-3]. https://mp.weixin.qq.com.

[7] 阿拉丁指数. 2017 阿拉丁小程序生态白皮书[EB/OL]. (2017-11-30)[2018-2-10]. http://index.aldwx.com/bg.

[8] 中华人民共和国国家互联网信息办公室. CNNIC 发布第 41 次《中国互联网络发展状况统计报告》[EB/OL]. (2018-1-31)[2018-2-10]. http://www.cac.gov.cn/2018-01/31/c_1122347026.htm.

[9] 刘鋆. 微信小程序在高校图书馆领域应用情况分析[J]. 四川图书馆学报,2017(06): 57—60.

[10] 浙江新闻. @所有人! 2016 年度中国数字阅读白皮书发布　你花在电子书上的每一个数据都在这里[EB/OL]. (2017-4-14)[2018-2-18]. https://zj.zjol.com.cn/news/612286.html.

"图书馆＋"：多元平台参与阅读推广的实证研究

严　格　郑倩倩　孙何凝　季鸿玮
（苏州大学）

摘要　近年来我国阅读推广服务经历了从无到有的长足发展。随着信息技术的迅猛发展，网络直播、有声电台、线上线下的文化互动模式等开始进入大众的视线。作为典型社会文化机构，图书馆也应与时俱进，结合新生代平台的力量，思考如何将新型流行元素与图书馆阅读推广活动相结合，与新平台合作开展服务。本文将在"图书馆＋"理论基础上，从线上线下两方面对图书馆与多元平台合作模式进行实证研究，以证明其可行性。

关键词　图书馆＋；公共图书馆；阅读推广；平台合作

"Library＋": The Empirical Research on Multivariate Platforms' participation to Reading Promotion

Yan Ge　Zheng Qianqian　Sun Hening　Ji Hongwei
(Soochow University)

Abstract　The development of reading promotion service has made great progress. With developments of information technology, the model of network broadcast, voice radio, online and offline interactive, began to enter the public eye, attracted attention from all walks of life. As a typical social culture community, library consider how to combine reading promotion with new elements, how to cooperate with the new platforms. This paper will explore online and outline model of cooperation between Library and multivariate platforms to prove its feasibility on the theory of 'Librabry＋'.

Keywords　Library＋; Public library; Reading promotion; Platform cooperation

1　前言

随着新媒体平台、手机移动 App 等信息化时代产物的出现，"互联网＋"的概念逐渐走入人们的视野，移动互联的应用迅速席卷了社会的各行各业。图书馆界也适时提出了"图书馆＋"的理念，杨晓东认为"图书馆＋"是在"互联网＋"时代背景下提出的，以图书馆为平台，与"互联网＋"场景中的用户需求相结合，形成跨界融合、连接一切的服务模式[1]。

范并思在《公共图书馆阅读推广的发展趋势》中指出，我国公共图书馆的阅读推广呈现着活动日常化、地区差距缩小、广泛运用信息技术等趋势[2]。在这一理论的指导下，我国公共图书馆的阅读推广必然要结合新技术新手段，积极寻求社会各方力量的合作，举办与阅读需求相适应的活动。

"图书馆＋"下的阅读推广活动需要整合多元平台，突破传统媒体的互动滞后和单一输出的局限，由单向交流向双向实时互动转变，以人为媒介，建立阅读引导机制，以多元平台的合作，实现隐性知识的及时传递，进而达到有效推广阅读的目的。

2　"图书馆＋"线下阅读推广合作

2.1　"图书馆＋书店"模式

2.1.1　"图书馆＋书店"模式的概念及特点

"图书馆＋书店"模式，简称"馆店合一"，是最近几年在公共图书馆领域出现的，一种融合多平台特征的由读者驱动采购(PDA)的资源采购模式与信息服务运营方式。通常的做法是图书馆与书店在文献资源、场馆宣传等方面进行合作,通过搭建线上阅读服务平台,提高线下阅读推广活动的效率,实现个性化的“图书馆+”服务。

“图书馆+书店”的合作模式是图书旨在建立供给与阅读需求的长效互动关系,各自在文化传播中的业务职能,可有效缓解图书馆和书店在“互联网+”趋势下面临的网络数字化的冲击和用户减少的困境。

2.1.2 “图书馆+书店”模式的优势和意义

开创双赢多赢局面。作为文化机构组织,书店和图书馆有着共同文化追求,各方协同开展阅读推广有坚实的合作基础[3]。作为产业链的上下游,书店与图书馆界合作开展阅读推广可以拉动业务水平,推动书香社会的形成。

扬长避短,发挥集成效应。对于书店而言,通过活动与图书馆联盟和书商谈判,以更优惠的价格购入图书,同时从图书馆的常规读者中吸引到大批潜在客户,起到宣传效果。对各方而言,“馆店合一”的模式,是推动全民阅读形势下的多赢模式,具有一定的可行性,值得推广。

共建书香社会,促进文化建设。一方面,阅读推广的成效刺激国民对阅读资源的需求,提高国民文化生活质量;另一方面,阅读推广也使得国民精神生活水平不断提高,对文化产品的要求也不断提高,作家书商等势必要花心思提高文化产品质量,完善文化产品服务方式,无形中促进了社会文化的发展。

2.1.3 “图书馆+书店”模式的实例分析

目前,我国“图书馆+书店”的合作普遍是开展“你读书,我买单”活动,这种推广对馆藏资源建设和资金要求比较高,在我国经济发达地区有较大的可行性。

例如,苏州市图书馆与新华书店、凤凰书城合作,在“书香苏州”的 App 中上线了支持读者线上选书的服务,读者通过登陆 App 中的账号,就可享受“你读书我买单”的福利。读者可从合作馆、书店、书城或 App 中自主选取新书,工作人员对新书经过简单的馆藏处理后就可借出,相关使用权限与传统馆藏纸质图书的并无差别。待读者将此书还回图书馆后,工作人员再对书本进行精细加工。从本质上说,这种“你读书,我买单”的活动是颠覆传统馆藏“先采编后流通”的流通形式,缩减了图书馆对入馆资源加工的时间,方便了没有时间去实地借书的读者。除苏图外,上海图书馆推出的“图书馆+书店+书展”模式、浙江省龙游县图书馆推出的“图书馆+书店+点读平台”模式等,在原有的“图书馆+书店”模式上增加了新的活动形式和合作平台,皆是对图书馆与书店、书商、网络软件等多方平台合作形式的有益探索。

2.2 “图书馆+微平台”模式

2.2.1 “图书馆+微平台”模式的概念及特点

微平台是指微博、微信、微视三大应用平台[4]。在 2010 年微博兴起以后,“微”事物的接连出现引领着国民逐渐进入微时代。中国互联网络信息中心(CNNIC)发布的数据显示,截止到 2017 年 12 月,中国手机网民数量高达 7.53 亿[5],个人互联网应用保持快速发展,各类应用用户规模均呈上升趋势。“图书馆+微平台”模式即是在互联网背景下提出的“图书馆+”定制服务,可暂且定义为图书馆利用微博、微信等互联网平台,开展以用户为中心的线上线下一体化的阅读推广活动的服务模式。这一模式充分利用微平台发布的碎片化信息内容,发挥微平台在信息传播上的时效性、移动化以及服务过程的互动性优势,帮助用户利用微平台及时获取信息,进行线上活动报名、线下互动参与。

2.2.2 “图书馆+微服务”模式的优势和意义

拓展服务方式,开展移动服务。与传统图书馆相比,微服务平台使用户不必再到图书馆去就可第一时间收到图书馆发布的信息,用户还可以通过图书馆微信平台等的微服务,实现网上借阅、查询等,搭建起图书馆与用户间的桥梁,实现两者间无障碍地信息双向沟通和反馈。

关注读者体验,增强双向互动性。在“图书馆+微服务”模式下,图书馆可以利用微平台展示自我、推广服务,有利于用户了解图书馆,使用图书馆,提高读者的阅读积极性和图书馆资源的使用率。

2.2.3 “图书馆+微服务”模式的实例分析

目前,全国各地多数图书馆都已实行了“图书馆+微服务”的模式,主要以开通微博、微信方式为主,但是在该模式的具体利用上还是有所区别。

例如,杭州图书馆将读者作为微平台的内容发布来源,发布的多是读者参与图书馆活动的后期反馈。例如,将读者在朗读亭(杭州图书馆与央视《朗读者》节目合作设置)里的情感表达,如声音与图像等上传到公众号“卿国卿城”中,吸引更多的读者参与。而上海图书馆更注重本馆在微平台内容建设中的主导地位,如“微阅读·行走"、阅读马拉松等活动是利用微信公众号发布有关某专题的书籍阅读推送,集合志同道合的人线下实地探究书籍内容,一起行走、思考、交流。此外,"微阅读""微文堂"栏目帮助休闲时间较少的读者实现文学或学术巨著的精简阅读,通过节选文作精华,让读者迅速掌握主题内容。此外,上图在微平台阅读方面有丰富的实践经验,众多出版社都将微平台作为图书营销的策略,拿出版权和上图合作,使得上图在数字阅读的推广中获得更大的空间。

3 "图书馆+"线上阅读推广合作

3.1 "图书馆+网络直播"模式

3.1.1 "图书馆+网络直播"模式的概念及特点

网络直播是将信息同步公开面向受众传播的一种及时播出、双向流通的信息网络发布方式。而"图书馆+网络直播"模式就是让图书馆模仿网络直播的及时性输出的特质,利用网上已有平台或是图书馆技术人员自主建立网络直播室,将实时录播的活动现场与网络互联,以供读者在线观看的阅读推广模式。在"互联网+"时代,网络直播先进的信息技术与庞大的用户群体是开展"图书馆+"服务的基础和条件,这种全新的互动模式可以为图书馆的阅读推广工作提供新的活力。

"图书馆+网络直播"模式利用网络直播传播迅速、成本较低、受众参与感强的优势,突破了传统图书馆与读者之间互动滞后和单一输出的局限,信息传播渠道中的参与者可通过弹幕、点赞等方式展开一对一、一对多、多对一的即时互动,具有更强的娱乐性、反馈性、感染性。

3.1.2 "图书馆+网络直播"模式的优势和意义

传播迅速,时效性强。网络平台直播可以实时录播活动现场,排除时间差和互动滞后的弊端,图书馆通过网络直播方式进行阅读推广可以保证信息的时效性和准确性。

成本较低,宣传有效。一方面,图书馆利用网络平台阅读推广排除空间的限制,降低图书馆活动成本。另一方面,读者无须出门便可参与到阅读推广活动,免去交通费用和其他活动参与费用,更有利于增强图书馆活动宣传效果,增加活动参与人数。

注重体验,参与感强。读者通过直播平台参与阅读推广活动或是通过点赞或者弹幕等方式,和知名作者、文化名人等活动分享者展开互动,活动分享者也能通过屏幕及时了解到读者的意见,从而改善读者的活动体验,开展更为生动有趣的推广活动。

3.1.3 "图书馆+网络直播"模式的实例分析

目前各大图书馆所推出的各项常规的阅读推广活动,主要有以下类型:讲座、读书交流会、阅读推荐、主题书展等,这些活动都存在和直播平台进行结合推广阅读的可能。以上海图书馆为例,目前该馆主要活动形式是讲座。由于时间、空间的局限性,很多读者无法亲临现场,享受丰富的文化资源,意识到此弊端,上图早在2002年就推出了上图讲座网站。经过多年的积累与发展,目前,上图讲座网站向广大用户提供的网上视频达800多个,并设立了讲座信息、讲座预订等多项网上服务。近些年,上图立足于现场和网络同步的实践,即"图书馆+网络直播"模式,深受读者和业界的好评,实现了现场讲座与网上讲座同时运作的新局面。

此外,国家图书馆在2016年4月23日通过国家图书馆官网、中国新闻网进行网络直播,向读者推荐好书。南京图书馆尝试利用直播平台开展各类亲子阅读推广活动,如2017年7月《亲亲宝贝》活动利用大蓝鲸视频直播互动取得显著效果。可见,图书馆借用网络直播平台的力量,可以实现以人为媒介,以新媒体为平台的新型阅读推广模式,拉近人与人、人与知识的距离,降低读者获取知识的时间成本和经济成本,拓宽知识传递途径,满足现代读者信息获取习惯和需求。

3.2 "图书馆+移动电台"模式

3.2.1 "图书馆+移动电台"模式的概念及特点

"图书馆+移动电台"模式是指传统电台在"互联网+"转型中通过入驻移动电台、革新无限电波传输技术,使传统图书馆实现向"有声图书馆"的跨界,向"图书馆+"服务的转型。移动电台具有传播即时、传播广泛、收听随意等特点,图书馆利用电台的特点,对各类书籍进行录制,并根据主题将音频分类,用户可以凭借自己的喜好进行分类浏览和点播,可有效提高用户体验满意度。

3.2.2 "图书馆+移动电台"模式的优势和意义

收听形式多样,获取内容广泛。从播放终端来说,个人PC等智能化网络设备配合互联网技术,使阅读可以突破时空的限制。其次，从内容编排来说，图书馆对内容进行编排录制，用户按需点播，按兴趣、场景分类可满足碎片化收听的需求。

集文化性、休闲性、趣味性、实效性于一体。有一些电台具有Web2.0社交网络的特征[6]，用户可以通过分类主题点播视频文件并参与评论、订阅和收藏。图书馆与移动电台的合作模式，主动深入人们生活，有助于潜移默化地进行阅读推广工作。

图书馆与电台媒体是运用不同技术手段和行业优势进行信息传播的服务机构，将两者结合，各取所长，有助于打破传统的阅读推广模式，为阅读推广注入新鲜活力的血液。

3.2.3 “图书馆＋移动电台”模式的实例分析

以苏州图书馆为例，苏图与FM96.5苏州生活广播合作推出的一档节目《好书推荐》，至2017年9月14日，通过微信平台以公众号方式每周推荐，苏州图书馆已推荐好书44本。推荐书本种类繁多，有经典小说《动物庄园》、历史著作《万历十五年》到当下复又流行《我的前半生》《深夜食堂》。从简单介绍到书摘内容赏析，根据不同主题配上的背景音乐，时间多以5分钟左右。不仅仅内容形式轻松、简单，借阅方式从官网到App也多种多样。从苏州图书馆的案例，我们可以看到电台与图书馆的合作，使阅读推广的形式变得多样轻松，也使拓宽了受众面，从读者拓展至听者，扩大了阅读推广的影响范围。

此外，2017年夏，上海图书馆与阿基米德合作成立的阿基米德上海图书馆社区也实行了“阅读推广＋移动电台”模式。其致力于打造上海地区优质内容型社区平台，主旨是“让声音传递阅读力量”。不同于苏州图书馆单向的分享，上海图书馆更注重读者的互动参与。读者可以从书单中选择任意一本书的任意片段朗读，并将声音发布在社区，供其他的读者进行投票。同时，上海图书馆通过与电台合作推出的“声音日历”，鼓励“人人都是主播”的做法具有突出的Web2.0社交网络特征，使贡献声音的个人成了自媒体，带动了读者的阅读积极性。

4 结语

目前基于“图书馆＋”理念，对多元平台参与图书馆阅读推广的理论研究还是比较新的课题，然而在实际调研中可以发现，目前众多图书馆已经开始尝试将图书馆的阅读推广与直播平台、微电台等平台渠道结合，积极开展形式新颖、内容有趣的服务活动。

图书馆与多元平台联盟推广阅读活动是图书馆从传统服务转型到“图书馆＋”服务的发展趋势之一。把图书馆的阅读推广与直播平台、微电台、阅读类综艺、传统书店等平台渠道结合，不仅在文化传播途径上有所创新，同时也符合目前阅读受众的阅读需求与现状。如浙江杭州图书馆利用直播平台，向大众讲述了古籍修复师与古籍的故事；江苏省苏州市吴中区图书馆创建“书香吴中”听书平台等。但目前国内“图书馆＋”阅读推广活动更多的是从众模仿，没有系统的理论支撑。图书馆与多元平台联盟推广阅读的形式多样，如何选择适合自己的模式，如何对自身进行定位和优势把握，强强联合，加快转型脚步，推动阅读推广，在之后的图书馆发展中还需深思。

（本文为苏州大学大学生创新创业训练计划资助项目《图书馆与多元平台联盟推广阅读的实证研究》（项目编号：2017xj006）研究成果）

参考文献

[1] 杨晓东.“图书馆＋”：面向“互联网＋”时代的图书馆服务模式[J].图书馆工作与研究，2017(3)：62—68.
[2] 范并思.公共图书馆阅读推广的发展趋势[J].图书馆杂志，2015，34(04)：11—15.
[3] 安艳梅，周杰华.“图书馆＋书店”融合服务模式比较研究[J].图书馆与图书馆事业，2017(2)：97—102.
[4] 魏海燕，周茂银.基于网络直播的图书馆阅读推广研究[J].河北科技图苑，2016，29(6)：86—89.
[5] 中国互联网络中心.第41次中国互联网络发展状况统计报告[R/OL].［2018-2-3］.http://cnnic.cn/hlwfzyj/hlwxzbg/hlwtjbg/201802/P020180807351923262153.pdf.
[6] 杨华，肖鼎新，燕辉.传统电台“互联网＋”转型对图书馆资源建设的启示[J].图书馆理论与实践，2016(09)：19—22.

“书香松江”全民阅读推广工作的实践与思考

陈 诚

（上海市松江区图书馆）

摘要 深入贯彻落实党的十九大会议精神，贯彻党和国家坚定文化自信、建设文化强国的战略部署，落实市委、市政府建设国际文化大都市的推进要求，实现松江区第五次党代会提出的建设“科创、人文、生态”的现代化新松江的奋斗目标，结合“人文松江”建设三年行动计划和争创全国文明城区工作，通过“书香松江”全民阅读推广计划，培育和践行社会主义核心价值观，传承和弘扬中华优秀传统文化，着力提升松江百姓文化素养，营造城市浓郁文化氛围。

关键词 上海松江；市民；阅读推广服务

Practice and Reflection on the Popularization of “Shuxiang Songjiang”

Chen Cheng

(Shanghai Songjiang District Library)

Abstract To further implement the nineteen meeting of the party spirit, firmly implement the party and the state strategy of cultural self-confidence, cultural power construction, implement the municipal government to promote the construction of international cultural metropolis, new Songjiang Songjiang District fifth Party Congress put forward the modernization construction of “science and humanities, and ecological” goal. Combined with the construction of “humanistic Songjiang” three year action plan and striving for national civilized city work, through the “scholarly Songjiang national reading promotion plan, cultivate and practice the socialist core values, inherit and carry forward the Chinese traditional culture, to improve people’s cultural literacy in Songjiang City, to create a rich cultural atmosphere.

Keywords Shanghai Songjiang; Citizen; Reading promotion service

立足中华优秀传统文化的传承与弘扬，立足“上海之根”本土历史文化的发掘和展示，立足公共文化服务方式的创新与实效，立足各类社会力量参与文化建设的培育与激活，立足广大市民文化参与感和获得感的满足与增强，聚焦近年来不断涌现的各类社会主体、读书组织、鼓励、支持和推动不同层面阅读活动的开展，在广大市民中发掘“古诗词歌赋”明星，结合市民文化节围绕“古诗词、中华戏曲、民俗节气、传统美德”开展优秀传统文化活动。

1 对标新时代新需求，切实推进阅读服务

1.1 各区全民阅读服务创新项目

根据《2017 上海市公共图书馆行业发展报告》指出，全市市、区级公共图书馆 24 家，已有 18 个项目申请为 2017 年上海市公共文化建设创新项目。如浦东图书馆的“《浦江学堂》公益国学班”、宝山区图书馆的“陈伯吹儿童文学创作讲习堂”、杨浦区图书馆的“阅读好声音”、嘉定区图书馆的“24 小时‘我嘉书房’”、徐汇区图书馆的“汇阅读联盟”以及静安区图书馆的“白领朗诵沙龙”等。这些项目已历时多年，聚焦市民需求，精准供给，部分已提升至文化部文化创新服务项目，且都能结合各自区域实际，吸引着广大市民读者踊跃参与。既充分发挥了品牌作用，同时也将全民阅读推广工作深入推进，值得学习和借鉴。

1.2 本区图书馆阅读服务与资源建设情况

2017 年，松江区图书馆总接待读者 126.18 万人次，日均接待 3457 人次。图书借还人次 29 万，借还册次 137.5 万册。本区上海市中心图书馆“一卡通”读者卡 9.8 万张。年举办各类读书活动 200 余场次。购买数字资源电子库 30 个，数字读物储量 50TB 规模，带宽服务 230 兆。年新增纸质文献 6.7 万册，资源建设总资

金将近600万。按常住人口176.48万(2016年松江区统计年鉴显示)计算，人均资源建设费为3.4元。全区区级公共图书馆2个(1个在建)，街镇级图书馆17个(3个在建)，社区图书室"农家书屋"289个("农家书屋"76家，社区图书室213家)，实现了公共图书馆基础服务网络"最后一公里"建设，满足了广大读者最基本的阅读需求。

1.3 对标新时代全民阅读推广工作全新要求

松江区已从50多万人口的农业大县迅速扩展至近200万人口的中等城市规模，大量人口导入，高端先进人才引进，青年读者群体不断扩大，人口老龄化持续以及不断关注青少年阅读成长……需要先进的文化去引领和带动。以习近平同志为核心的党中央高度重视全民阅读工作，自2014年以来，"倡导全民阅读"已经连续5年写入国务院政府工作报告。松江历史悠久，人文底蕴丰厚，历来注重藏书和阅读。如何在现代城市文明建设中，加大全民阅读推广，需要从更高、更深的层面予以深化和思考。在习近平新时代中国特色社会主义的指引下，按照全民建成小康社会的总体要求，以满足人民群众精神文化需求为出发点和落脚点，完善体制机制，创新方式方法，将丰富阅读活动内容与提升思想文化内涵相结合，将公益活动和市场推广相结合，将传统阅读与数字阅读相结合，全面提升全民阅读质量和水平，推动国民素质和社会文明程度显著提高。

2 松江区阅读服务工作基本思路

近年来，松江区各类全民阅读活动蓬勃开展，全民阅读氛围更加浓厚，全民阅读理念更加深入人心，优质阅读内容供给能力显著提升，全民阅读工作体制机制更加健全，基本形成与全面建成小康社会发展要求相适应的以人为本、面向基层、惠及群众、兼顾重点的全民阅读推广服务体系。

2.1 坚持政府主导，社会参与

全民阅读功在当代、利在千秋。必须强化政府责任，完善机制，健全制度，加强宏观指导和政策推动。开展全民阅读，每个人既是参与者，也是推动者。松江区充分调动社会各界的积极性、主动性和创造性，鼓励、动员和引导社会力量共同参与，加强理念创新、制度创新、方式创新，推动全民阅读长期深入开展。"上海朗诵艺术节""书香松江""文化寻根、文明修身"家庭阅读系列活动、华亭讲堂、"万部图书进基层"等一批品牌活动受到市民热烈欢迎。

2.2 坚持重在内容，质量提升

全民阅读的核心是阅读内容。拓宽传播渠道，为全民阅读提供更多优质阅读内容，充分发挥引领示范作用，不断提升全民阅读的质量和水平。伴随数字阅读不断推进，松江区图书馆整合了国家图书馆、上海图书馆、松江大学城各高校图书馆以及部分国外高校图书馆的数字服务资源，利用"互联网+图书馆"技术模式，在微信平台提供接口，接受广大市民网络阅读需求，打造无处不在的阅读体验。

2.3 坚持少儿优先，保障重点

少儿阅读是全民阅读的基础。积极培育下一代读者群体，保障和促进少年儿童阅读作为全民阅读工作的重点，从小培育阅读兴趣、阅读习惯、阅读能力。"上海童话节松江区系列活动""暑期读书月""带着童书回家乡""阅读马拉松""亲子朗读声音大征集""少儿朗诵""小松果悦读会""少儿故事创作评比""农家书屋少儿征文"等，不断关注未成年人身心成长，大力倡导家庭阅读、亲子阅读，推动全社会共同创造、维护少年儿童良好阅读环境。

2.4 坚持公益普惠，深入基层

全民阅读具有典型的公益性。加快推进全民阅读推广服务体系城乡一体化建设，坚持公益性、基本性、均等性和便利性相统一，面向基层、面向群众，保障全民平等享有基本阅读权益。松江区于2016年率先建成国家基层综合性文化服务中心示范区，始终坚持以人民为中心的工作导向，以社会主义核心价值观为引领，积极深化配送机制建设，建立健全了公共文化配送体系，形成了"百姓点书、政府购买、按需配送"模式。截至目前，为24个驻军服务点、76个"农家书屋"、213个居委会社区图书室、5个外来人员服务中心、6所农民工随迁子女学校、3个社区福利院以及区残疾人服务中心、"阳光家园"、区教育辅读学校、部分白领公寓、大型企业、经济园区等定期配送图书、讲座、文化信息资源。定期为肢残读者提供送书服务，进一步发挥政府实事项目的品牌效应，保障人民群众的基本文化权益。

2.5 存在的不足

(1) 部分阅读设施设备利用率不高。全区基层服务点建设基本实现了全覆盖的目标，然而许多农村地区和馆外服务点场所利用率较低,常年处于关闭状态。配置的文献资源、电子资源、数字设备存在空闲空置现象,造成了资源浪费。

(2) 部分阅读推广存在叫好不叫座。一方面,公共阅读活动种类繁多,赛事活动精彩纷呈。而另一方面,很多地方、很多单位不能真正展现全民阅读的积极作用。如何让老百姓积极参与,如何让各类文化资源及时呈现,供广大市民挑选,努力做到需求对接、供给平衡,需要下一步继续加强研究和深入探索。

(3) 阅读推广组织形式单一,阅读推广人才缺乏。尽管近年来,本区不乏各级各界关于阅读推广活动,开展得如火如荼,但仍能清晰地看到传统的阅读推广服务在新时期需要浴火重生,不仅体现在服务方式、技术措施,更包括服务理念、人文观点、内容形式等方方面面。在全民阅读氛围中,有序整合各类资源,不断挖掘和培育阅读推广人才,针对不同人群开展针对性的阅读推广服务,以提高新时代阅读服务质量,这方面还存在不少距离。

3 切实加强新时代本区全民阅读推广工作

在党中央高度重视下,覆盖城乡的公共文化服务体系建设将不断持续深入,人民群众精神文化生活不断改善,全民阅读推广工作取得显著成效。对标上海建设国际卓越城市的奋斗目标,围绕“科创、人文、生态”的现代化新松江的宏伟蓝图,深入开展形式多样的全民阅读活动,努力建设“书香松江”。

3.1 与法同行

2018 年 1 月 1 日起,《中华人民共和国公共图书馆法》正式实施,是新时代图书馆事业的里程碑,也是新时代全民阅读的最高法典。推广全民阅读是公共图书馆至高无上的职能,也是公共图书馆最重要的服务。只有充分认识到全民阅读的地位,才能认真学习、深刻理解公共图书馆与阅读推广的关系,才能为“书香松江”全民阅读推广提供强有力的法律保障,延续公共图书馆的未来发展。

与此同时,政府作为服务主体,将继续完善公共阅读空间的基础保障。公共图书馆作为全民阅读推广的主力,将不断发挥重要作用,进一步提升公共文化服务能力。如“万部图书进基层”政府实事项目,将大力推进全民阅读进农村、进社区、进家庭、进学校、进机关、进企业、进军营,不断推陈出新,使阅读活动真正深入基层、深入群众,满足市民的最基本阅读需求。

3.2 服务创新

倡导党员干部带头读书,建立和完善党员干部读书学习制度,激发广大党员干部读书学习的热情。倡导在各高校大学生和中青年人群中建立读书会,开展读书活动。充分利用各类阅读设施,开展各种形式的基层读书活动,展现基层群众的读书传统和读书风采。

支持实体书店等非体制内阅读设施的发展。坚持改革创新,加强政府引导,发挥市场作用,注重统筹协调。如“最美书店”——钟书阁、佘山山脚下的书屋“三联书店”、文化交流空间“朵云书院”、传统的“新华书店”,形成布局合理、功能完善、多元互补的发展格局,充分发挥其促进全民阅读的公益功能。

3.3 参与创新

(1) 鼓励机关、社会组织和企事业单位开展公益性阅读活动。创新载体以吸引更多的人走进图书馆,引导市民认真读书学习、开阔文化视野、全面增强素质。开展全区范围的“书香松江”系列活动,组织开展主题演讲、经典诵读、读书征文、知识竞赛等丰富多彩的主题阅读活动,弘扬主旋律、传播正能量。

(2) 强化公益性文化单位在全民阅读工作中的重要作用。常年开展主题读书活动、荐书送书活动、读书交流会等。结合传承和弘扬中华优秀传统文化、加强中国特色社会主义和中国梦宣传教育、弘扬社会主义核心价值观,广泛开展各类主题读书活动。

(3) 积极开展青少年阅读推广活动。分年龄段实施阅读推广计划,积极培育下一代读者群体。“中华古诗词大赛”“亲子朗读声音档案征集”“优秀童话故事创作”、绘本故事会、传统国学讲座等,广泛动员小朋友们参加各级各类赛事,加强少儿阅读体验。引领亲子阅读风尚,营造书香氛围,培育良好家风,完善“文化寻根、文明修身”家庭阅读系列活动。通过组织家庭实地参与各类文化场馆,开展阅读体验活动,引导了解松江历史文化,增强爱乡爱国情感,促进儿童健康成长。

(4) 保障特殊群体阅读。切实加强针对残障人士、外来务工人员、贫困居民等特殊群体的阅读服务,开展好“阳光大讲坛”“茸城法制讲座”“带着童书回家乡”,保障其基本阅读需求。鼓励以社会文化机构、用工企业等为主体,满足进城务工人员的基本阅读需求。

3.4 评价创新

(1) 建立书香社会指标体系，定期评估和发布。鼓励将全民阅读指数纳入社会发展指标体系，纳入创建文明城市指标体系，将工作情况纳入目标管理和考核体系。保障公民基本阅读权利，促进全民阅读服务体系建设。

(2) 鼓励和吸引社会力量建设全民阅读空间、提供全民阅读服务。定期开展市民阅读调查，建设全民阅读监测体系，监测全民阅读发展水平、阅读服务公众满意度、阅读服务标准实现程度。对全民阅读活动进行第三方测评，收集群众反馈意见，对活动进行科学评估。

(3) 加强全民阅读工作的组织领导和统筹协调。建立相关部门共同参与的协商推进机制，形成合力，共同承担全民阅读工作的职责。在国家出台《全民阅读促进条例》(征求意见稿)的基础上，制订出台本区开展全民阅读推广工作的实施意见。

(4) 建立全民阅读指导委员会。建立区级全民阅读指导委员会，形成各部门综合协调机制，共同研究全民阅读工作中的重大问题，协调全民阅读基础设施建设与资源配置，促进阅读相关机构和组织合作。

3.5 技术创新

(1) 发挥公共图书馆在推进城市精神和公民意识教育的作用。结合“市民文化节”“世界读书日”“图书馆服务宣传周”“上海童话节”“上海书展”“上海童书展”及传统节日，开展丰富多彩的市民阅读活动。

(2) 组织区内文化单位、科教单位、旅游景点、文创企业共同参与，倡导全民阅读，建设书香社会。讲好松江故事，传递正能量，擦亮“人文之城”的名片。

(3) 在充分利用现有设施基础上，统筹国家数字资源共建共享平台、“文化松江云”等公共数字阅读终端等，组织开展系列专题数字化阅读活动。引入合格的主体，助力全民阅读普及，提升“互联网＋阅读”在公共文化服务体系建设中的支撑能力。

(4) 充分利用数字技术，大力推进数字化阅读发展，建立全民阅读数字资源平台，推进数字化阅读服务。建立内容丰富的数字阅读资源库群，加强数字图书馆建设。切实推进“书香公交”“书香地铁 9 号线”等项目建设，形成无处不在的全民阅读数字服务网络。

(5) 建立健全基层书屋管理员队伍，加大少年儿童出版物配备比例，推动农家书屋和社区图书室、基层综合性文化服务中心资源整合，培育“我的书屋、我的梦”少年儿童阅读活动品牌，更好发挥基层阅读空间作为阅读活动和阅读服务主阵地的作用。

3.6 宣传创新

(1) 以全民阅读官方网站为平台和纽带，利用官方微博、微信公众号和新闻客户端，资源共享、信息互通、资讯互联，形成合力，共同向广大读者宣传推广全民阅读。

(2) 城乡阅报栏(屏)建设工程在车站、商场、广场、社区、学校、医院等人流密集地点，建设和完善一批阅报栏(屏)和全民阅读数字触摸屏，完善数字阅读屏维护更新机制。全民阅读宣传推广充分发挥各类媒体的特点，适应分众化、差异化传播趋势，实现传统宣传推广形式与新媒体宣传推广形式深度融合。

(3) 鼓励和支持全民阅读成员单位深入街道、社区和农村等，抓取第一手新闻素材，把鲜活读书故事、先进读书人物传递给广大读者。充分发挥正面宣传鼓舞人、激励人的作用，多宣传读书陶冶情操、读书成就人生等感人故事，让全民阅读理念春风化雨，润物无声。

(4) 重视和发挥传统媒体和新兴媒体、主流媒体和各类媒体的重要作用，营造全民阅读的良好氛围。进一步做好理念创新、手段创新、载体创新，从传统栏目向深度报道、专题报道、系列报道扩展，从报刊读书栏目、广播电视读书节目向公益广告、户外传媒、新媒体等全媒介、自媒体多元化发展。

参考文献

[1] 滕洋，论全民阅读时代与公共图书馆阅读推广[J]. 河南图书馆学刊，2015(11)：18—19.

[2] 寿晓辉、叶丹、翁亚珂，公共图书馆经典阅读推广的实践与思考——以杭州图书馆为例[J]. 图书馆研究与工作，2017(12)：56—59.

[3] 陈翠英、刘振东、韩风华，“互联网＋”时代阅读行为与阅读推广策略研究[J]. 图书情报导刊，2017(2)：25—29.

学习资源中心图书馆服务和用户满意度：以里帕市德喇沙书院为例

Maria Chona M. Chavez

（菲律宾里帕市德喇沙书院学习资源中心）

摘要 此项研究的目的是为了评估图书馆提供的服务和资源的重要性和有效性，并确定用户是否满意。研究主要集中在以下领域：用户所需的服务类型，信息资源的充足性以及用户对其所接受的服务的满意度。研究向学生分发了300份问卷，收到284份回复，回复率为85%。使用Microsoft Excel分析收集的数据。研究发现，大学学习资源中心的用户经常访问图书馆，利用图书，对图书馆的开放时间、工作人员和管理人员都非常满意。但也有一些领域需要关注，例如增加菲律宾特藏书籍以及馆藏杂志，改善互联网连接服务等。考虑到最先进的图书馆建筑，物理设施被评价为非常重要的服务，并且用户对整个图书馆的服务和设施也非常满意。大多数图书馆用户在调查中表示了满意，但对服务和资源的持续评估和改善也同样重要。因此，研究建议：增加购买菲律宾特藏书籍、特殊馆藏和期刊馆藏，改善互联网设施和复制服务，可能还需要增设额外的讨论室，延长图书馆服务时间，对工作人员进行培训以维持用户的高满意度。

关键词 用户满意度；图书馆设施和服务；用户需求

Learning Resource Center Library Services and User Satisfaction: Case of De La Salle Lipa

Maria Chona M. Chavez

(De La Salle Lipa)

Abstract The aim of the study was to evaluate the importance and effectiveness of services and resources which the library provides and find out if the users are satisfied with them. The study focused mainly on the following problem areas; type of services required by the users, adequacy of information resources and user satisfaction of the services they receive.

Three hundred (300) questionnaires were distributed only to students. 284 out of 300 questionnaires issued were received back yielding an 85% response rate. Microsoft Excel was used to analyze data collected. It was discovered that the users do make significant use of the library, its services and resources.

A total of 284 respondents were surveyed. The respondents are mostly 20 year-olds which is 28. 9% of the overall respondents. It is followed by 19 year-olds with 26. 1% and 18 year-olds which occupy 24. 3% of the overall respondents. The least age of the respondents who answered are 23 year olds with only. 7% of the overall respondents.

The respondents are mostly female with 64. 8% compared to male respondents which only occupy 35. 2% of the respondents.

Most of the respondents came from College of Education Arts and Sciences (CEAS) with 115 respondents and is equivalent to 40. 5%. The department with the least number of respondents is CON with only 14 respondents equivalent to 4. 9%.

115 of the respondents or 40. 5% of the respondents are 4th year students while the lowest number of respondents in a given year level is 7 and is equivalent to 2. 5%.

From the survey conducted, the respondents are satisfied with the searching services provided by the library. However, the mean of the items are not the same. Destiny library manager has the highest mean of 4. 17 while Access to WEB internet got the lowest mean of 3. 89. The overall mean of the items is 4. 06 which are interpreted as satisfied.

On the lending needs of the respondents, the lending policies was rated very satisfied with the mean 4. 23, followed by book return which was rated as satisfied with the mean 4. 20. However, the least item rated is the computerized loan system with the mean 4. 08 but is still interpreted as satisfied. The overall mean of the lending needs is 4. 15 and interpreted as satisfied.

Theses was rated as very satisfied by the respondents with a mean of 4. 29, followed by General Reference books with the mean of 4. 23 and also rated as very satisfied. Special collection books got the lowest mean of 4. 02 and interpreted as satisfied. The overall mean of collection needs is 4. 11 and interpreted as satisfied.

In terms of services delivery needs, circulation and reserve was rated very satisfied with a mean of 4. 34. This was followed by opening hours with a mean of 4. 25 which was interpreted as very satisfied. Archives got the lowest mean of 4. 07 and interpreted as satisfied by the respondents. The overall mean of services delivery needs is 4. 14 and is interpreted as satisfied.

The physical facilities needs were all rated with very satisfied by the respondents with the mean of 4. 50. Lightings got the highest mean of 4. 61 followed by ventilation with 5. 54. Discussion rooms got the lowest mean of 4. 40 but still interpreted as very satisfied.

The LRC administration has a mean of 4. 27 which in interpreted as very satisfied. Administration and supervision has a mean of 4. 27 while line of communication in the library got a mean of 4. 26. Both are interpreted as very satisfied.

The overall mean of the respondents' satisfaction of the library services has a mean of 4. 20 and interpreted as very satisfied. Physical facilities needs and administration were both rated as very satisfied with the mean of 4. 50 and 4. 27 respectively. Searching needs got the lowest satisfaction with a mean of 4. 06 interpreted as satisfied by the respondents.

The searching needs was rated as extremely important with a mean of 4. 49. The items Access to WEB and Internet and Access to Library website were among the highest rated items with the mean of 4. 59 and 4. 57 respectively. Indexes/Abstracts/Articles got the lowest mean of 4. 33 but is still interpreted as extremely important.

Lending needs was assessed as extremely important with a mean of 4. 48. Lending policies and book return got the highest means of 4. 53 and 4. 51 respectively. However, computerized loan system got the lowest mean of 4. 37 but still rated as extremely important.

Collection needs are rated as extremely important with a mean of 4. 46. Theses and media equipment have the highest means interpreted as extremely important with the means 4. 62 and 4. 57 respectively. Vertical file materials are also extremely important but with a lowest mean of 4. 33.

Personnel assistance needs was assessed as extremely important with a mean of 4. 59. Customer care, Professional/Technical competency, Transactional ability have the same and highest means of 4. 61 and interpreted as extremely important. Communication skills followed with a mean of 4. 58 and service delivery with a mean of 4. 56. Both are interpreted as extremely important.

All of the delivery services needs are extremely important with an overall mean of 4. 50. Library Imac and Ipad have a highest mean of 4. 60 followed by Computerization and IT and opening hours with a mean of 4. 58. Filipiniana have the lowest mean of 4. 42.

Physical facilities needs are all rated as extremely important by the respondents and the overall mean is 4. 71. Lighting facility has the highest mean of 4. 75 followed by Safety and security and Conduciveness for reading & research with the mean of 4. 73. Aesthetics got the lowest mean of 4. 73 but is still extremely important.

Administration is assessed as extremely important with an overall mean of 4. 63.

Administration and supervision got the highest mean of 4. 63 followed by Line of communication in the Library with a mean of 4. 62.

All areas in the College Learning resource center are rated as extremely important. The overall mean is 4. 55. Physical facilities needs have the highest mean of 4. 71 followed by

Administration with 4. 63. Collection needs has the lowest mean of 4. 46 but is still extremely important.

Keywords User satisfaction; Library services and facilities; User needs

Introduction

A library plays an important role in providing information services and resources to assist users in their studies and research activities (Motiang, et al, 2014). In our highly mobile and technologically connected world, it is not unusual to encounter a wide variety of people with different backgrounds, experiences, values, of beliefs within a course of a single day. (Lucas, 2009).

For fifty years of the Library existence the answer to question "how can the library improve its collection and services to satisfy the requirements of its user" is always on top of its priority, considering the state of the art library building and its continuing projects and innovations definitely display the answer clearly. The study gave a brief description about the CLRC and will discuss the results of a user satisfaction survey as a guide to improve the collections, services and facilities offered by the library. The survey used an open ended questionnaires, there are two scales — the one at the left is to rate the importance of the services while the one at the right is to rate the extent the need for this services is met and this will randomly pick sample of users who frequent the library.

Background of the Study

The De La Salle community is the most important constituent of our library. Every information and service offered in the library exists for the sole aim of satisfying our users. The new Library was built to serve the growing research needs of our

clientele. The technological applications and innovations in the library, automation in different library functions exist to benefit students and other library users that is, for us to know expectations of our users. The daily, monthly, quarterly and yearly statistics will support the study. Frequent customers of the library proved to be loyal and show interest in reading, seeking information and even make library a place to chill and feel the atmosphere conducive to both learning and leisure.

This study is first of its kind investigating user's level of satisfaction with the library space, services, collections, physical facilities and library personnel. Since the library has established in 1984 no research yet are done, and it is timely that librarians are then required to conduct and engaged such research as part of the requirements to be considered to qualify for a salary increase and benefits are concerned. The library users include students, faculty, staff and the entire community plays the vital role in conducting the study and should be evaluated in terms of satisfaction on the use of the LRC. The honest input and feedback on how well services meet the user's needs.

The main objective of the CLRC is to support a wide range of library and information technology resources, serving as responsive partner with faculty, staff and students in teaching, learning, and research in pursuit of academic excellence guided with its rules and regulations, and with this at hand made the LRC more idealistic in providing the best service as possible, coupled with the policies and its rules and regulations and strategies made for the LRC clientele.

Significance of the Study

Results of the study will benefit the department in identifying key factors that affect students' satisfaction to improve collections, and services offered by the library. The paper pointed out that the user need assessment and user satisfaction measurement instruments can positively act as management tools that can assist the CLRC in decision making, long term planning, budgeting, employee training and development in addition to being a mechanism for continually enhancing and improving the relationship between the CLRC and its users.

The objectives of the study

The objective of the study is to:

(1) to determine the profile of College Learning Resource Center users

(2) to know the level of importance of the LRC services

(3) to know the level of satisfaction of researchers to the LRC personnel, the different areas and sections of the library

(4) to measure the effectiveness of the library service provided for its end users

Review of Related Literature

Customers today have more access to information about their accounts, billing, delivery, and product availability than ever before. This accessibility has, in many cases, reduced the questions that customer service providers must respond to, leaving them to respond to more unique request (Harris, 2007). By measuring our customers' satisfaction, we deepen our relationship with our customers, thus, the College Learning Resource Center determine whether it is effective and improvement is needed

Kang and James (2004) from the study of Gronroos (1984) on the study conducted by Kao (2008) defined service as being composed of the technical quality and functional quality dimensions which gives impact on the customer satisfaction and library productivity. In this study basic premise is that service quality is produced in the interaction between our library customer and element in the service organization where the College Learning Resource Center lies, and this is how the College Learning Resource Center hopes to achieve.

Furthermore, usage statistics served its result that is to qualify and would mean enough to improve the services and give more than enough satisfaction in terms of the services offered by the College Learning Resource Center.

There are actually various attributes and dimensions of service and reported that customers go through a series of processes to assess services, for our clients come to do research and at least browse materials needed for their academic requirements.

Service quality is a measure of how well the service level is delivered and matches customer satisfactions, Hernon (1999) emphasize that an analysis of service quality and customer satisfaction is important as the expectations of academic library customers rise, as the number and diversity of library competitors grow, and as change-related to independent of the electronic information environment-continues to have a profound impact on service delivery and use, thus, instruments for measuring service quality should include assessing its various facets. Delivering quality service means conforming to customer expectations on a consistent basis. (Lewis and Booms, 1983).

The Library performance including users statistics on attendance and the collection usage measures input and output components to assess the quality of library services and activities Such evaluation has enabled libraries to obtain objective data of their activities that helped them to justify their worth to funding agencies. However, meeting internally set standards like the PAASCU does not imply that the library is performing well in the eyes of the customers.

Conceptual Framework

The conceptual framework used in the study of Parasuraman, Zeithaml and Berry (1985) who identified the elements such as reliability, assurance, tangibles, empathy, and responsiveness most important to customers that gives much attention to further analyze customers satisfaction, is quite relative as to the application of service quality SERVQUAL in assessing and/or evaluating user satisfaction of the College Learning Resource Center (CLRC) users, such that service quality is an overall evaluation similar to attitude displayed while in the library. Thus, it is necessary in acquiring action as to the quality of service, retention of clients and active usage of collections and enjoying services being offered by the library. There are measures and instrument further developed but in terms of user satisfaction the SERVQUAL really helps a lot to identify the extent and value of the College Learning Resource Center and then consider that the challenge is to learn what matters most to the customers and apply that knowledge to improve service delivery. The survey will assess awareness, access, knowledge of resources, usage patterns, satisfaction with spaces and collections and most significant impact. The kind of evaluation instrument and a survey form which I found practical in evaluating user satisfaction of the College Learning Resource Center is the Likert scale Item measure user perceptions of service quality.

Operational Framework

Figure 1 The framework illustrates factors that relate to overall satisfaction of all library users such as, "collections" in terms of number of book collections available to support the academic needs in pursuit of research, another is the "services and facilities" that is being offered also in support to their curricular and co-curricular activities, and "personnel" in terms of support to answer queries pertaining to their library needs.

Methodology

Research Method

This research work utilized the survey method to execute the study. The sample of the study comprises those who frequent the library and make use of its services and facilities.

Descriptive research design was used to describe the profile of CLRC users, and the result of the satisfaction of the services offered by the Library. A survey was conducted to all students who come to the Library first semester SY 2016 - 17 from 86:00am to 66:00pm.

The only research instrument was questionnaire used by Ms. Perla Garcia former Director of Libraries of De La Salle University Library Needs Assessment Survey, which was used to gather information from the respondents. The questionnaire was administered and retrieved from 300 respondents used in this study. The data was analyzed using frequency counts and percentages.

This paper is the first attempt to use survey on service quality rendered by the College Learning Resource Center (CLRC) to determine their level of satisfaction on the statements with an open ended questions on the best aspects and what needs improvement included to support the results of the study.

The outcome measures to be used to evaluate the quality of services and collections offered by the College Learning resource Center (CLRC) and for future planning as to the improvement of the collections and services rendered by the CLRC with that of the result of the survey.

Data Analysis Technique

Descriptive statistics such as mean and Frequency analysis was adopted to explain the relationship and impact of the factors (as independent variables) and the two outcome measures as dependent variables and overall satisfaction.

Expected Outputs

The paper presented factors that impact library users on the quality and satisfaction to collections and services in support to curricular and co-curricular activities among students, faculty and the rest of the Lasallian Partners, and to determine which among the variables need improvements as basis for future improvement whether to collections and services offered by the Learning Resource Center.

Results and Discussion

This chapter presents the data interpretation utilized in the study.

Table 1 Respondent's by age

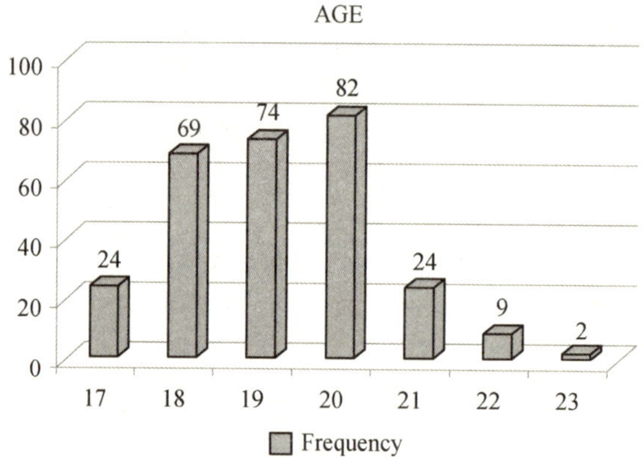

The respondents are mostly 20 year-olds which is 28. 9% of the overall respondents. It is followed by 19 year-olds with 26. 1% and 18 year-olds which occupy 24. 3% of the overall respondents. The least age of the respondents who answered are 23 year olds with only. 7% of the overall respondents.

Table 2 Respondent's by gender

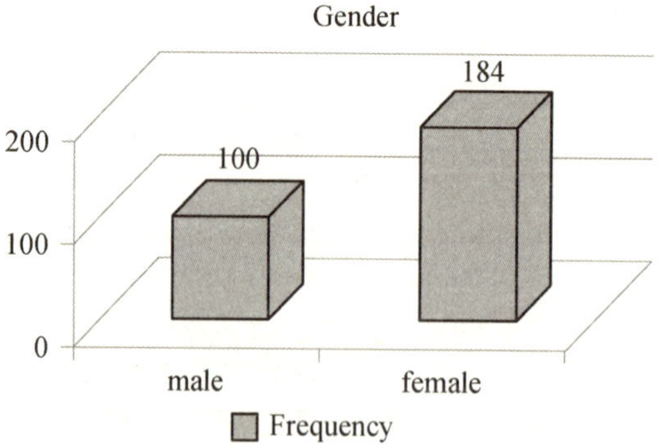

The respondents are mostly female with 64. 8% compared to male respondents which only occupy 35. 2% of the respondents.

Table 3 College where respondents belong

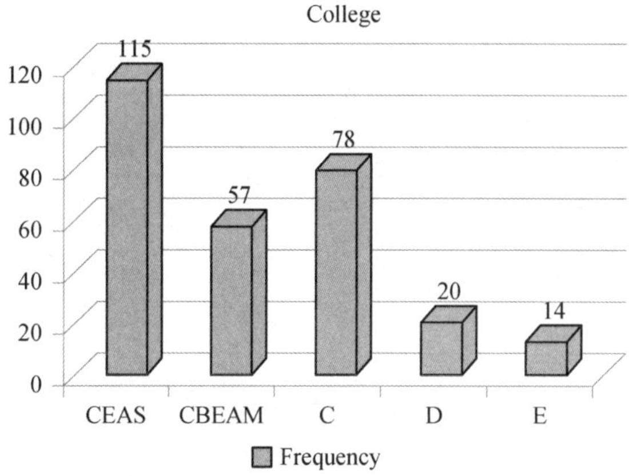

Most of the respondents came from CEAS department with 115 respondents and is equivalent to 40.5%. The department with the least number of respondents is CON with only 14 respondents equivalent to 4.9%.

Table 4 Year Level of respondents

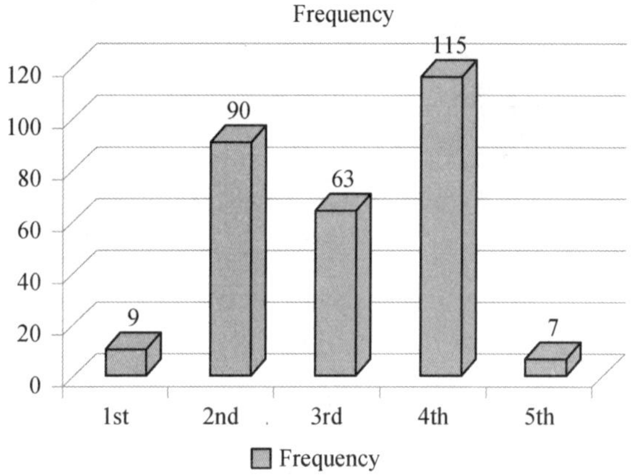

115 of the respondents or 40.5% of the respondents are 4th year students while the lowest number of respondents in a given year level is 7 and is equivalent to 2.5%.

Table 5 Overall Respondents service satisfaction results

A. Searching Need			
Questions		Mean	Interpretation
1	Destiny Library Manager (OPAC)	4.17	Satisfied
2	Indexes/Abstracts/Articles	4.12	Satisfied
3	Online access to e-journals and databases	4.05	Satisfied
4	Access to Library website	4.06	Satisfied
5	access to WEB and Internet	3.89	Satisfied
Overall Mean		4.06	Satisfied

From the survey conducted, the respondents are satisfied with the searching services provided by the library. However, the mean of the items are not the same. Destiny library manager has the highest mean of 4.17 while Access to WEB internet got the lowest mean of 3.89. The overall mean of the items is 4.06 which are interpreted as satisfied.

Table 6 Lending Needs

B. Lending Needs			
Questions		Mean	Interpretation
1	Computerized loan system (check out, check in, renewals)	4. 08	Satisfied
2	Book retrieval from shelves	4. 11	Satisfied
3	Book return	4. 20	Satisfied
4	Lending policies	4. 23	Very Satisfied
Overall Mean		4. 15	Satisfied

On the lending needs of the respondents, the lending policies was rated very satisfied with the mean 4. 23, followed by book return which was rated as satisfied with the mean 4. 20. However, the least item rated is the computerized loan system with the mean 4. 08 but is still interpreted as satisfied. The overall mean of the lending needs is 4. 15 and interpreted as satisfied.

Table 7 Collection Needs

C. Collection Needs			
Questions		Mean	Interpretation
1	General Reference books	4. 23	Very Satisfied
2	General Circulation books	4. 17	Satisfied
3	Filipiniana Books	4. 15	Satisfied
4	Reserve books	4. 14	Satisfied
5	Special Collection books	4. 02	Satisfied
6	Periodicals in print format/bound	4. 13	Satisfied
7	Periodicals indexes, bastracts, full text journal articles	4. 13	Satisfied
8	E-periodicals and E-databases	4. 07	Satisfied
9	Multimedia Collections	4. 05	Satisfied
10	Audiovisuals (VHS, audiotapes, slides, etc.)	4. 03	Satisfied
11	Vertical file materials	3. 99	Satisfied
12	Media Equipment	4. 13	Satisfied
13	Theses	4. 29	Very Satisfied
14	Other archives materials such as faculty papers, institutional records, etc.	4. 06	Satisfied
Overall Mean		4. 11	Satisfied

Theses was rated as very satisfied by the respondents with a mean of 4. 29, followed by General Reference books with the mean of 4. 23 and also rated as very satisfied. Special collection books got the lowest mean of 4. 02 and interpreted as satisfied. The overall mean of collection needs is 4. 11 and interpreted as satisfied.

Table 8 Services Delivery needs

E. Services Delivery Needs			
Questions		Mean	Interpretation
1	Library orientation and instruction	4. 14	Satisfied
2	Reference assistance	4. 12	Satisfied
3	Instructional media	4. 15	Satisfied
4	Circulation and reserve	4. 34	Very Satisfied
5	Filipiniana	4. 10	Satisfied
6	Archives	4. 07	Satisfied
7	Opening hours	4. 25	Very Satisfied
8	Art gallery	4. 08	Satisfied
9	Referral	4. 10	Satisfied
10	Public relation and promotion	4. 13	Satisfied
11	Consortia, networking and linkages	4. 12	Satisfied
12	Computerization and IT	4. 13	Satisfied
13	Library Imac and Ipad	4. 08	Satisfied
Overall Mean		4. 14	Satisfied

In terms of services delivery needs, circulation and reserve was rated very satisfied with a mean of 4. 34. This was followed by opening hours with a mean of 4. 25 which was interpreted as very satisfied. Archives got the lowest mean of 4. 07 and interpreted as satisfied by the respondents. The overall mean of services delivery needs is 4. 14 and is interpreted as satisfied.

Table 9 Physical facilities Needs

F. Physical Facilities Needs			
Questions		Mean	Interpretation
1	Location accessibility	4. 49	Very Satisfied
2	Safety and security	4. 51	Very Satisfied
3	Lightning	4. 61	Very Satisfied
4	Ventilation	4. 54	Very Satisfied
5	Space area	4. 52	Very Satisfied
6	Discussion Rooms	4. 40	Very Satisfied
7	Aesthetics	4. 42	Very Satisfied
8	Conductiveness for reading & research	4. 48	Very Satisfied
Overall Mean		4. 50	Very Satisfied

The physical facilities needs were all rated with very satisfied by the respondents with the mean of 4. 50. Lightings got the highest mean of 4. 61 followed by ventilation with 5. 54. Discussion rooms got the lowest mean of 4. 40 but still interpreted as very satisfied.

Table 10 Administration

G. Administration			
Questions		Mean	Interpretation
1	Line of communication in the Library	4. 26	Very Satisfied
2	Administration and supervision	4. 27	Very Satisfied
Overall Mean		4. 27	Very Satisfied

The LRC administration has a mean of 4. 27 which in interpreted as very satisfied. Administration and supervision has a mean of 4. 27 while line of communication in the library got a mean of 4. 26. Both are interpreted as very satisfied.

Table 11 Overall Satisfaction on the CLRC Services

Overall Satisfaction			
Services		Mean	Interpretation
1	Searching Needs	4. 06	Satisfied
2	Lending Needs	4. 15	Satisfied
3	Collection Needs	4. 11	Satisfied
4	Services Delivery Needs	4. 14	Satisfied
5	Physical Facilities Needs	4. 50	Very Satisfied
6	Administration	4. 27	Very Satisfied
Overall Mean		4. 20	Very Satisfied

The overall mean of the respondents' satisfaction of the library services has a mean of 4. 20 and interpreted as very satisfied. Physical facilities needs and administration were both rated as very satisfied with the mean of 4. 50 and 4. 27 respectively. Searching needs got the lowest satisfaction with a mean of 4. 06 interpreted as satisfied by the respondents.

Table 12 Searching Needs Level of Importance

A. Searching Need			
Questions		Mean	Interpretation
1	Destiny Library Manager (OPAC)	4. 48	Extremely Important
2	Indexes/Abstracts/Articles	4. 33	Extremely Important
3	Online access to e-journals and databases	4. 49	Extremely Important
4	Access to Library website	4. 57	Extremely Important
5	Access to WEB and Internet	4. 59	Extremely Important
Overall Mean		4. 49	Extremely Important

The searching needs was rated as extremely important with a mean of 4. 49. The items Access to WEB and Internet and Access to Library website were among the highest rated items with the mean of 4. 59 and 4. 57 respectively. Indexes/Abstracts/Articles got the lowest mean of 4. 33 but is still interpreted as extremely important.

Table 13 Lending Needs Level of Importance

B. Lending Needs			
Questions		Mean	Interpretation
1	Computerized loan system (check out, check in, renewals)	4. 37	Extremely Important
2	Book retrieval from shelves	4. 50	Extremely Important
3	Book return	4. 51	Extremely Important
4	Lending policies	4. 53	Extremely Important
Overall Mean		4. 48	Extremely Important

Lending needs was assessed as extremely important with a mean of 4. 48. Lending policies and book return got the highest means of 4. 53 and 4. 51 respectively. However, computerized loan system got the lowest mean of 4. 37 but still rated as extremely important.

Table 14 Collection Needs Level of Importance

C. Collection Needs			
Questions		Mean	Interpretation
1	General Reference books	4. 50	Extremely Important
2	General Circulation books	4. 50	Extremely Important
3	Filipiniana Books	4. 46	Extremely Important
4	Reserve books	4. 45	Extremely Important
5	Special Collection books	4. 41	Extremely Important
6	Periodicals in print format/bound	4. 44	Extremely Important
7	Periodicals indexes, bastracts, full text journal articles	4. 46	Extremely Important
8	E-periodicals and E-databases	4. 45	Extremely Important
9	Multimedia Collections	4. 45	Extremely Important
10	Audiovisuals (VHS, audiotapes, slides, etc.)	4. 40	Extremely Important
11	Vertical file materials	4. 33	Extremely Important
12	Media Equipment	4. 57	Extremely Important
13	Theses	4. 62	Extremely Important
14	Other archives materials such as faculty papers, institutional records, etc.	4. 43	Extremely Important
Overall Mean		4. 46	Extremely Important

Collection needs are rated as extremely important with a mean of 4. 46. Theses and media equipment have the highest means interpreted as extremely important with the means 4. 62 and 4. 57 respectively. Vertical file materials are also extremely important but with a lowest mean of 4. 33.

Table 15 Personnel Needs Level of Importance

D. Personnel assistance Needs			
Questions		Mean	Interpretation
1	Communication skills	4. 58	Extremely Important

续 表

D. Personnel assistance Needs			
Questions		Mean	Interpretation
2	Customer care	4. 61	Extremely Important
3	Service delivery	4. 56	Extremely Important
4	Professional/Technical competency	4. 61	Extremely Important
5	Transactional ability	4. 61	Extremely Important
Overall Mean		4. 59	Extremely Important

Personnel assistance needs was assessed as extremely important with a mean of 4. 59. Customer care, Professional/Technical competency, Transactional ability have the same and highest means of 4. 61 and interpreted as extremely important. Communication skills followed with a mean of 4. 58 and service delivery with a mean of 4. 56. Both are interpreted as extremely important.

Table 16　Services Delivery Needs Level of Importance

E. Services Delivery Needs			
Questions		Mean	Interpretation
1	Library orientation and instruction	4. 55	Extremely Important
2	Reference assistance	4. 53	Extremely Important
3	Instructional media	4. 51	Extremely Important
4	Circulation and reserve	4. 52	Extremely Important
5	Filipiniana	4. 42	Extremely Important
6	Archives	4. 44	Extremely Important
7	Opening hours	4. 58	Extremely Important
8	Art gallery	4. 36	Extremely Important
9	Referral	4. 46	Extremely Important
10	Public relation and promotion	4. 48	Extremely Important
11	Consortia, networking and linkages	4. 50	Extremely Important
12	Computerization and IT	4. 58	Extremely Important
13	Library Imac and Ipad	4. 60	Extremely Important
Overall Mean		4. 50	Extremely Important

All of the delivery services needs are extremely important with an overall mean of 4. 50. Library Imac and Ipad have a highest mean of 4. 60 followed by Computerization and IT and Opening hours with a mean of 4. 58. Filipiniana have the lowest mean of 4. 42.

Table 17　Physical Facilities Needs Level of Importance

F. Physical Facilities Needs			
Questions		Mean	Interpretation
1	Location accessibility	4. 67	Extremely Important
2	Safety and security	4. 73	Extremely Important

续 表

F. Physical Facilities Needs			
Questions		Mean	Interpretation
3	Lightning	4. 75	Extremely Important
4	Ventilation	4. 74	Extremely Important
5	Space area	4. 72	Extremely Important
6	Discussion Rooms	4. 69	Extremely Important
7	Aesthetics	4. 65	Extremely Important
8	Conductiveness for reading & research	4. 73	Extremely Important
Overall Mean		4. 71	Extremely Important

Physical facilities needs are all rated as extremely important by the respondents and the overall mean is 4. 71. Lighting facility has the highest mean of 4. 75 followed by Safety and security and Conduciveness for reading & research with the mean of 4. 73. Aesthetics got the lowest mean of 4. 73 but is still extremely important.

Table 18 Administration Level of Importance

G. Administration			
Questions		Mean	Interpretation
1	Line of communication in the Library	4. 62	Extremely Important
2	Administration and supervision	4. 63	Extremely Important
Overall Mean		4. 63	Extremely Important

Administration is assessed as extremely important with an overall mean of 4. 63. Administration and supervision got the highest mean of 4. 63 followed by Line of communication in the Library with a mean of 4. 62.

Table 19 Overall results on the Effectiveness of the Library Services

Effectiveness of the library services			
Questions		Mean	Interpretation
1	Searching Needs	4. 49	Extremely Important
2	Lending Needs	4. 48	Extremely Important
3	Collection Needs	4. 46	Extremely Important
4	Personnel assistance Needs	4. 59	Extremely Important
5	Services Delivery Needs	4. 50	Extremely Important
6	Physical Facilities Needs	4. 71	Extremely Important
7	Administration	4. 63	Extremely Important
Overall Mean		4. 55	Extremely Important

All areas in the College Learning resource center are rated as extremely important. The overall mean is 4. 55. Physical facilities needs have the highest mean of 4. 71 followed by Administration with 4. 63. Collection needs has the lowest mean of 4. 46 but is still extremely important.

Findings and Discussion

The study has revealed user's level of satisfaction of the services and facilities offered by the College Learning Resource Center (CLRC). The library user satisfaction have been determined. Of the 300 respondents, 284 were gathered. The respondents are mostly 20 year-olds which is 28. 9% of the overall respondents. It is followed by 19 year-olds with 26. 1% and 18 year-olds which occupy 24. 3% of the overall respondents. The least age of the respondents who answered are 23 year olds with only. 7% of the overall respondents (see table 1).

In (table 2), the respondents are mostly female with 64. 8% compared to male respondents which only occupy 35. 2% of the respondents.

Most of the respondents came from CEAS department with 115 respondents and is equivalent to 40. 5%. The department with the least number of respondents is CON with only 14 respondents equivalent to 4. 9% (see table 3).

115 of the respondents or 40. 5% of the respondents are 4th year students while the lowest number of respondents in a given year level is 7 and is equivalent to 2. 5% (see table 4).

(Table 5) shows from the survey conducted, the respondents are satisfied with the searching services provided by the library. However, the mean of the items are not the same. Destiny library manager has the highest mean of 4. 17 while access to WEB internet got the lowest mean of 3. 89. The overall mean of the items is 4. 06 which are interpreted as satisfied.

In (table 6), results show the Lending needs was assessed as extremely important with a mean of 4. 48. Lending policies and book return got the highest means of 4. 53 and 4. 51 respectively. However, computerized loan system got the lowest mean of 4. 37 but still rated as extremely important. Collection needs are rated as extremely important with a mean of 4. 46. Theses and media equipment have the highest means interpreted as extremely important with the means 4. 62 and 4. 57 respectively. Vertical file materials are also extremely important but with a lowest mean of 4. 33.

(Table 7) Theses was rated as very satisfied by the respondents with a mean of 4. 29, followed by General Reference books with the mean of 4. 23 and also rated as very satisfied. Special collection books got the lowest mean of 4. 02 and interpreted as satisfied. The overall mean of collection needs is 4. 11 and interpreted as satisfied.

In terms of services delivery needs, circulation and reserve was rated very satisfied with a mean of 4. 34. This was followed by opening hours with a mean of 4. 25 which was interpreted as very satisfied. Archives got the lowest mean of 4. 07 and interpreted as satisfied by the respondents. The overall mean of services delivery needs is 4. 14 and is interpreted as satisfied (see table 8)

The physical facilities needs were all rated with very satisfied by the respondents with the mean of 4. 50. Lightings got the highest mean of 4. 61 followed by ventilation with 5. 54. Discussion rooms got the lowest mean of 4. 40 but still interpreted as very satisfied (see table 9).

The LRC administration has a mean of 4. 27 which in interpreted as very satisfied. Administration and supervision has a mean of 4. 27 while line of communication in the library got a mean of 4. 26. Both are interpreted as very satisfied (see table 10).

(Table 11) shows the overall mean of the respondents' satisfaction of the library services has a mean of 4. 20 and interpreted as very satisfied. Physical facilities needs and administration were both rated as very satisfied with the mean of 4. 50 and 4. 27 respectively. Searching needs got the lowest satisfaction with a mean of 4. 06 interpreted as satisfied by the respondents.

As the results on the level of importance of the services offered by the College Learning resource Center in (table 12) shows that the searching needs was rated as extremely important with a mean of 4. 49. The items Access to WEB and Internet and Access to Library website were among the highest rated items with the mean of 4. 59 and 4. 57 respectively. Indexes/Abstracts/Articles got the lowest mean of 4. 33 but is still interpreted as extremely important.

In (table 13) Lending needs was assessed as extremely important with a mean of 4. 48. Lending policies and book return got the highest means of 4. 53 and 4. 51 respectively. However, computerized loan system got the lowest mean of 4. 37 but still rated as extremely important.

Collection needs are rated as extremely important with a mean of 4. 46. Theses and media equipment have the highest means interpreted as extremely important with the means 4. 62 and 4. 57 respectively. Vertical file materials are also extremely important but with a lowest mean of 4. 33 (see table 14).

Personnel assistance needs was assessed as extremely important with a mean of 4. 59. Customer care, Professional/Technical competency, Transactional ability have the same and highest means of 4. 61 and interpreted as extremely important. Communication skills followed with a mean of 4. 58 and service delivery with a mean of 4. 56. Both are interpreted as extremely important (see table 15).

All of the delivery services needs are extremely important with an overall mean of 4. 50. Library Imac and Ipad have a highest mean of 4. 60 followed by Computerization and IT and Opening hours with a mean of 4. 58. Filipiniana have the lowest mean of 4. 42 (see table 16).

Physical facilities needs are all rated as extremely important by the respondents and the overall mean is 4. 71. Lighting facility has the highest mean of 4. 75 followed by Safety and security and Conduciveness for reading & research with the mean of 4. 73. Aesthetics got the lowest mean of 4. 73 but is still extremely important (see table 17).

Administration is assessed as extremely important with an overall mean of 4. 63. Administration and supervision got the highest mean of 4. 63 followed by Line of communication in the Library with a mean of 4. 62 (see table 18).

All areas in the College Learning Resource Center are rated as extremely important. The overall mean is 4. 55. Physical facilities needs have the highest mean of 4. 71 followed by Administration with 4. 63. Collection needs has the lowest mean of 4. 46 but is still extremely important. (see table 19).

Summary, Conclusion and Recommendations

To summarize, College Learning Resource Center users do visit the library frequently, make use of the books, are very satisfied with library hours, personnel and administration who man the entire Library services and facilities. It was drawn that there are some areas that need attention like the increase of book collections specifically Filipiniana and Special collections, and journal collection, improvement of the internet connection service. Physical facilities considering the state of the art Library building got an extremely important service and are very satisfied of the entire library services and facilities. This is evident in the fact that the majority of library users indicated their satisfaction in the survey. But it is very important to continually evaluate and improve the services and resources.

The study therefore recommends the following: the increase and purchase of book specifically Filipiniana, Special collection and journal collections, improvement of internet facility and photocopy service, maybe additional discussion rooms, that the library hours are increased and that staff are trained in maintaining high level of user satisfaction.

Notes

[1] Harris, E. K. (2007). Customer Service: a practical approach. USA: Pearson Education, Inc.

[2] Lucas, R. (2009). Customer Service: skills for success, 4th ed. NY : McGrawHill. p195.

[3] Hiller, S. (2001). Assessing user needs, satisfaction, and library performance at the university of washington libraries. Library Trends, 49(4), 605 - 625. Retrieved from https://search. proquest. com/docview/220451203?accountid=28547.

[4] Lien and Kao (2008) The Effects of Service Quality Dimensions on Customer Satisfaction Across Different Service Types: Alternative Differentiation As a Moderator. www. google. com Retrieved March 22,2017.

[5] Motiang, I. P. , Wallis, M. , Ph D. , & Karodia, A. M. , PhD. (2014). An evaluation of user satisfaction with library services at the University of Limpopo, Medunsa campus (Medical University of Southern Africa). Arabian Journal of Business and Management Review (Oman Chapter), 3(11),41 - 58. Retrieved from https://search. proquest. com/docview/1545107861? accountid=28547.

[6] Kang and James (1984) Service quality dimensions: an examination of Grö nroos's service quality model. Date Retrieved January 12,2017 http://www. ida. liu. se/～steho87/und/htdd01/1080140401. pdf.

[7] Mohindra, Rakesh and Anil Kumar (2015). User satisfaction regarding quality of library services of A. C. Joshi Library, Panjab University, Chadigarh. Journal of Library & Information Technology. Vol. 35, No. 1. Retrieved from www. google. com November 23,2015.

[8] Hernon, P.. Nitecki, D. Altman, Ellen (1999). Service quality and customer satisfaction: An assessment and future directions. The Journal of Academic Librarianship 1999 25(1): 9 - 17: Elsevier, 1999.

[9] http://www. arl. org/focus-areas/statistics-assessment/libqual#. VsUi7jH_FDA.

[10] https://www. researchgate. net/publication/225083802_SERVQUAL_A_multiple-_Item_Scale_for_measuring_consumer_perceptions_of_service_quality.

[11] Ijiekhuamhen, O. P. Assess users' satisfaction on academic library performance: a study. Retrieved from http://search, proquest. com September 12,2016.

学校图书馆政策和阅读材料对尼日利亚三个社区六年级学生阅读文化的影响

Katamba Abubakar Saka　Jibri Attahiru Alhassan

（尼日利亚明娜联邦技术大学）

摘要　本研究调查了尼日利亚尼日尔州 Bosso, Tudun Fulani 和 Rafin Yashi 三个社区的图书馆政策和阅读材料对小学六年级学生阅读文化的影响。研究围绕四个问题展开：图书馆、阅读材料的获取和使用、访问频率、阅读俱乐部或社团。研究对象来自尼日利亚尼日尔州博索地方政府的 Bosso, Tudun Fulani 和 Rafin Yashi 三个社区的 6 所小学，主要包括小学六年级学生、教师、学校图书馆负责人和校长。采用了随机抽样技术，随机选择 30 名工作人员和 30 名小学生进行研究。数据收集使用了问卷和访谈。对教师、学校图书馆负责人和校长进行了问卷调查，对选定的小学生进行了免谈。对问卷结果通过简单列表、频率统计和百分比方法进行了分析，同时使用访谈回复来支持数据分析，并对获得的数据进行解释。结果显示，Bosso 地方政府拥有的两所小学没有学校图书馆，联邦机构和私人组织拥有的小学基本拥有图书馆。但是，没有制定有关学校图书馆藏书和阅读材料的政策。研究还显示，阅读材料并非定期采购。阅读材料包括各种主题和故事的书籍和玩具。学生分别属于辩论、数学和舞蹈俱乐部，在上午的班会中没有学生报出新闻。大多数学生不去学校图书馆阅读。研究结论认为，由于缺乏宽松的学校图书馆政策，阅读材料不足以及缺少阅读俱乐部等原因阻碍了学生培养阅读习惯。研究建议：社区内的学校的所有者/管理人员和整个 Bosso 地方政府应制定图书馆政策，不仅要设立学校图书馆，购买阅读和游戏资料，还要组建阅读俱乐部，鼓励经常利用学校图书馆开展阅读。

关键词　学校图书馆；政策；阅读/游戏资料；俱乐部和社团；阅读习惯/文化；小学；Bosso；尼日利亚。

Influence of School Library Policy and Reading Materials on Reading Culture among Primary Six Pupils in Three Communities in Nigeria

Katamba Abubakar Saka　Jibril Attahiru Alhassan

(Federal University of Technology Minna)

Abstract　The study investigated the influence of school library policy and availability of reading materials on reading culture among primary six pupils in Bosso, Tudun Fulani and Rafin Yashi communities in Niger state Nigeria. Four research questions guided the study which centered on library, materials acquired and used, frequency of visit, reading clubs/societies. The population of the study consisted of primary six pupils, teachers, heads of school libraries and head teachers/misters in six selected primary schools on Bosso, Tudun Fulani and Rafin Yashi communities in Bosso Local Government of Niger State, Nigeria. Thirty staff and thirty primary school pupils were randomly selected for the study and thus random sampling technique was employed. Questionnaires and interview guides were the two instruments used in data collection. Random sampling technique was used to select staff and primary six pupils. Questionnaire was administered on teachers, heads of school libraries and headmasters/mistress, while interview session were conducted for selected primary schools pupils. Data generated from the administration of questionnaire were analysed by simple tabulation, frequency counts and percentages, while responses from interview were used to support data analysis and interpretation from data generated from questionnaire administered. Results showed that school libraries does not exist in the two primary schools owned by Bosso Local

Government, while primary schools owned by federal institutions and private organizations have libraries on average status. There were no laid down policies on school library collection and reading materials. The study further revealed that reading materials were not acquired on regular basis. Reading materials acquired include books on various subjects and story books; toys and see-sow were the playing materials. Pupils belong to debate, mathematics and dancing clubs and that none of the pupils cast news during morning assembly. Majority of pupils do not visit school library to read. The study concluded that lack of laid down school library policy, inadequate reading materials and non-existence of reading clubs, discourage pupils to cultivate reading habit. The study recommended that: the proprietors/management of schools within the communities and the entire Bosso Local Government should design library policy that would take care of not only the establishment of school libraries, acquisition of reading and playing materials but also formation of reading club, constant visit to school libraries to read.

Keywords School library; Policy; Reading/Playing materials; Clubs & Societies; Reading habits/culture; Primary schools; Bosso; Nigeria

1. Introduction

The term culture refers ways by which people live or ways if life; they include dressing dancing, eating, ways of eating etc. reading culture within the context of this paper is the habit formation in reading for pleasure and not only for research, relaxation and academic purpose. Reading habit or reading culture being habit formed in reading constantly in education sector is expected to commence at nursery and or primary school level couple with support of home based habit formation in reading. Parents are therefore charged with the responsibility of making available light reading materials (fiction books) for their wards. Making reading materials available for children at home encouraging children to read constantly (Eke, Oyadonghan and Edem, 2016) In order to make reading materials available for primary school pupils, there is the need for functional libraries with current but revenant reading materials. These reading materials include but limited to textbooks on various subjects taught in primary schools. These subject Arithmetic, English, Social Studies, Nigerian Languages, Elementary Science etc. The functional libraries at primary school level should contain fictions such as story books, on Nigerian and African culture, novels, newspapers, etc.

The issue of making reading materials available for primary school pupils is a function of the availability of school libraries vis-à-vis school library policy. However, the reading culture among Nigeria children is on decline due to inadequate and/or absence of school library period and policy. Children tend to read wherever examination is approaching or in progress i. e children read for examination (Saka, Bitagi and Garba 2012). Library policy can be viewed as a written down blue print containing the establishment of school library, types of reading materials to acquire; furniture, staff requirement, library period/hours etc. Unfortunately, there is complete absence of school library policy and this account for gross inadequate reading materials and reading habits among primary school pupils in Nigeria. The concepts of habit and culture are used interchangeably to mean constant reading for pleasure.

1.1 Statement of the Problem

There are primary, secondary and post-secondary schools in Nigeria. The primary schools are the foundation of all other educational institutions in Nigeria. If children are well equipped (education wise) they would stand a better chance to attain success at secondary and post-secondary schools. The development of pupils at primary school level is a function of their intellectual development which may not be far from establishing school libraries, equip them with relevant reading and playing materials. These can further be enhanced by developing library policy that will contain frequency and type of collection to acquire, library periods, collection development committee, etc.

Preliminary investigation by the researchers revealed that there exist inadequate school libraries with few reading materials and users patronage and where they exist, they are inadequate. One begin to wonder the factors responsible for the unfortunate situation. This study therefore seek to find out the influence of school library policy and reading materials on reading habit among primary school pupils in three communities in Bosso Local Government Area of Niger State, Nigeria.

1.2 Research Questions

The following questions guided the study:

1. What type of reading and playing materials are available in primary schools and school libraries?
2. What type of reading and playing materials are used by pupils in Primary schools and school libraries?
3. What u=is the frequency of visit to libraries by pupils?
4. What type of clubs or societies exist in primary schools?

2. Review of Empirical Studies

Saka and Mohammed (2009) in a study conducted to determine the availability of resources in senior post-primary school libraries in Minna metropolis Nigeria reported a total book stock of 69,392 managed by 57 library staff in 18 functional school libraries in Minna metropolis. The study further revealed that 39 out of 57 library staff have background qualification in librarianship. Study revealed inadequate in accommodation, collection and library personnel. Saka, Bitagi and Garba (2011) investigated reading culture among children in primary school libraries under federal government parastatals in Minna Metropolis. The study aimed at investigating seasons and places for reading, problems militating reading and strategies to promoting reading culture among pupils. Descriptive survey methods was used with population of 3, 295 children, 5 headmasters, 164 teachers and 3 teacher librarians. Self-designed structured questionnaire was designed and used in data collection. Simple descriptive statistics was used to analyses data. Results showed that pupil read so as to pass examination and that they read in classroom and respective homes.

Christopher (2013) examined the effects of problems to acquisition of collections in university of Lagos and University of Ibadan main libraries. The study ascertain the extent of acquisition problem on collection, acquisition methods, causes of the acquisition problems and solutions. The study reported amongst that the investigated main university libraries has adhere to acquisition policy.

Egbe-Nwiyi, Chinyere and Eneh (2017) investigated library services and users satisfaction in Enugu State Library Board. Five research questions guided the study which include amongst type of material resources being provided in Enugu State Library Board, Nigeria and problems affecting users satisfaction. Population constituting 100 registered users between the year 2014 and 2015. Frequency counts, percentages, tabulation and mean were used to analyse data. Part of the results showed that textbooks, periodicals, fictions, magazines, pictures, posters, dictionaries and monographs were the materials available. Research materials such as technical report, thesis and dissertation were not available. Users were mostly satisfied with the provision of readers services.

Eke, Oyndongham and Edem (2016) in a work on strategies that promote reading culture among undergraduate students in Nigeria, using Federal University of Technology Owerri and Niger Delta University Amusoma as study areas. The study reported library advocacy, responsibilities of parents and lecturers were the strategies for promoting reading culture. Furfuri (2017) examined provision and utilisation of school library collection in Zamfara State Nigeria with particular emphasis on challenges and strategies. It was reported that there was lack of education policies particularly in the area of school libraries.

Literature Review

In a study conducted to determine the effect of the availability of library services on reading culture among secondary school students in Ilorin East Local Government Area of Kwara State, Nigeria, Akanbi-

Ademolake (2017) reported the following findings;

-Most students do not use libraries regularly even though library services existed in their schools

-Majority of students visited library to read library books but with very low patronage due to lack of quality books and the use of small buildings for library.

3. Methodology

Descriptive survey method was used as the study describes the variables of the study, collect and interpret data. The target population of the study consisted of primary six pupils, teachers-librarians, teachers/mistress and Headmasters/mistress in six primary schools in three communities (Bosso, Tudun Fulani and Rafi Yashi) in Bosso Local Government Area of Niger State, Nigeria. Table 1 showed the population of the study below.

Table 1　Population of the Study

S/No	Name of School	Ownership	Controlling body	Target population
1	Staff School FUT Minna	FUT Minna	FUT Minna	Primary School pupils, Teachers, H/M & Teacher-Librarians
2	Dr Yahahya Bawa Bosso Primary School	Bosso Local Government Education Authority	Bosso LGEA	Primary School pupils, Teachers, H/M & Teacher-Librarians
3	JIkuchi UBE Primary School Rafin Yashi	Bosso LGEA	Bosso LGEA	Primary School pupils, Teachers, H/M & Teacher-Librarians
4	Staff School RBDA Tudun Fulani	Private Individual	Private Individual	Primary School pupils, Teachers, H/M & Teacher-Librarians
5	TOPAZ International School (Rafin Yashi)	Private Individual	Private Individual	Primary School pupils, Teachers, H/M & Teacher-Librarians
6	Abu Turab Primary School Bosso	Private Individual	Private Individual	Primary School pupils, Teachers, H/M & Teacher-Librarians

Acronyms/Abbreviations used in Table 1

FUT - Federal University of Technology

H/M - Headmaster/Headmistress

LGEA - Local Government Education Authority

RBDA - River Basin Development Authority

UBE - Universal Basic Education

Thirty staff and thirty primary school pupils in six primary schools were randomly selected for the study. Structured questionnaire containing seven items on types and frequencies of collection, library periods and clubs/societies and interview schedule were the data collection instruments used for the study.

Copies of questionnaire were administered on heads of primary schools, teachers and teacher-librarians while interview schedule was used to conduct interview sessions for the primary six pupils on types of reading and playing materials available in schools and school libraries, reasons for visiting school libraries types of reading clubs and membership of reading clubs/societies as well as casting of news in morning assembly.

Frequency counts and percentages were used to analyse the data collected from copies of questionnaire while responses from interview conducted for primary six pupils were used to support the interpretation of data generated from questionnaire.

4. Data Analysis and Interpretation

Table 2 School Library Policy

S/No	Questions	YES		NO	
		Freq.	%	Freq.	%
1	School library acquire reading material once a year	6	5. 52	23	19. 82
2	School library acquire reading materials thrice a year	8	8. 70	22	18. 96
3	School library acquire different types of reading materials such as story books on different subjects	25	27. 17	5	4. 31
4	School library contains play materials such as toys	4	4. 35	26	22. 41
5	Audio-visual materials are available in school library	10	10. 86	20	17. 24
6	Library period are fixed in the school time table	15	16. 30	15	12. 93
7	The school has literacy and debating clubs	24	26. 08	5	4. 31
	Total	92	100	116	100

4. 1 Response from Questionnaires

Heads of primary schools and libraries as well as teachers were requested to respond to questionnaire. Table 2 showed data on two columns on seven different statements on school library policy as it affects acquisition of reading and playing materials as library periods and literary/debating club/societies. As can be noticed from the two columns, there was higher responses from the No column with 116 as against 92 responses from YES column. This signifies that respondents disagree with majority of statements on the variables particularly on the frequency of the acquisition of reading materials; playing materials as well as Audio-visual materials. This showed that school libraries even if they existed in some primary schools, they do not acquire adequate materials for reading and playing for the use by pupils on regular basis. On the items 3 and 7 of the questionnaire 25(27. 17%) and 24(26. 08%) of the teachers indicated that school libraries acquire both story books and books on different subjects and that library/debating clubs existed.

4. 2 Interview

Based on the interview conducted for selected primary six pupils, revealed that two public schools has neither libraries nor reading/playing materials and that the school lack clubs and society. On the other hand, one institutional and two private primary schools possessed libraries, reading and playing materials though inadequate. Responses from selected primary six pupils showed that four out of six schools owned libraries with reading and playing materials. This means that two public primary schools have neither libraries nor reading materials. The affected schools do not have clubs and societies. On the other hand, one institutional and two private schools possessed libraries, reading and playing materials such as story books and textbooks on different subjects as well as football, volleyball, ropes and see-saw.

Pupils from one of the private primary schools claimed that even though library exist in their school, they do not visit the library because the school policy does not allow them to use the library. Responses showed that pupils from three primary schools with libraries visited libraries to read and do assignment. Majority of pupils from the four schools with libraries belong to press, drama, sing, and debate clubs. None of the pupils belong to readers or literary clubs. One the casting of news, few pupils opined that their classmates cast news during morning assembly.

4. 3 Discussion of Results

Responses from questionnaire and interview conducted revealed that there was no written school library policy on the acquisition of reading materials, formation of clubs and societies as well as library periods and school time table. These shortcomings were responsible for poor state of school libraries in Niger state and poor reading culture among pupils. This has long term effect on students' academic performance at secondary schools and higher educational level. This finding corroborates that of Saka and Mohammed (2009) and Saka, Bitagi and Garba (2011) who reported that some schools within Minna metropolis possessed inadequate accommodation for libraries with inadequate collection, while some school libraries were converted to classroom/staffroom due to shortage of accommodation. Pupils read for examination and there was absence of school library policy. The finding disagreed with that of Akanya (2012) who reported absence of school library legislation in Federal Capital Territory, Abuja, Nigeria.

Responses from interview conducted for primary six pupils showed availability of libraries and collection though inadequate. However the inadequacies in school libraries and their collection affect not only the formation of reading habit but also create set back in the educational development of pupils thus having long-term effect on pupils academic career in late life. This findings disagree with that of Egbe-Nwiyi, Chinyere and Eneh (2017) as the results showed the availability of fictions, textbooks, periodicals, posters, pictures in Enugu State Library Board. Pupils visited school libraries to read and do their assignments. This means that students read for academic purpose and not for pleasure. This funding corroborates that of Saka, Bitagi and Garba (2012) who reported that primary six pupils in federal parastatals schools in Minna metropolis read for examination.

On pupils' affiliation with clubs/societies, study found that pupils belong to press, dancing, singing, mathematics clubs but none was affiliated to readers and literary clubs. No wonder that primary school pupils find it difficult to express themselves verbally as a result of none affiliation to literary and debating clubs. This findings contradicts the findings by Christopher (2013) as the study revealed that the two main university libraries investigated has adhere to acquisition policy.

The situation in the student primary schools in the three communities confirm the findings by Akanbi-Ademolake (2017) in a research work discovered that students' patronage to library was low due to inadequate collection and accommodation used for libraries.

4.4 Summary of Major Findings

1. School libraries does not exist in two primary schools owned by Bosso Local Government Education Authority. Federal Government and privately-owned primary schools owned libraries on average status;

2. There was absence of laid-down policy on school libraries as the accommodation and collection were grossly inadequate.

3. Acquisition of school library collection were not on regular basis

4. Majority of pupils belong to reading, press, debating, mathematics clubs/societies.

5. Conclusion

Based on the findings in terms of the existence of school libraries, types and frequency of the acquisition of collection, the conclusion is that lack of laid down school library policy was the major factor responsible for poor reading habit among primary school pupils in the Local Government Area.

6. Recommendations

Based on the findings and conclusion reach the study recommendation that:

Proprietors and management of primary schools within Bosso Local Government Area in Niger State Nigeria should design library policy that would take care of the establishment of libraries, collection, frequency of acquisition of reading and playing materials; formation of clubs/societies and pupils' constant patronage of school library and collection.

References

[1] AHMED, D. D. U, ABDULLAHI, M. D., MOHAMMED, G. S. & BALA, K. M. Influence of reading habits in students' academic performance in Government Girls Secondary School, Samaru, Zaria [J]. Samaru Journal of Information Studies, 2017, 17, (2): 53-65.

[2] EKE, F. M; OYEDONGHAM, J. C & EDEM, A. A. Strategies for promoting sustainable leading habits among Nigerian Undergraduate Studies [J]. Benue Journal of Library Management & Information Science, 2016, 8(4): 99-112.

[3] SAKA, K. A; BITAGI; A. M & GARBA, S. K. Promoting reading culture in Nigeria Children [J], Nigeria School Library Journal, 2012, 11: 75-82.

[4] SAKA, K. A & MOHAMMED, T. A. An assessment of the availability of resources in senior post primary school libraries in Minna Metropolis [J]. Nigerian School Library Journal, 2009, 4: 70-80.

[5] CHRISTOPHER, O. O. Effects of Constraints to acquisition of information resources in academic libraries in South West Nigeria; A study of UNILAG and Kenneth Dike Library (KDL) main libraries [J]. Information Technologist, 2013, 10(1): 109-116.

[6] EGBE-NWIYI, N. E; CHINYERE, O. & ENEH, E. A. Public library services and user satisfy action in Enugu State Library Board [C]//1st International Conference and home-coming conference, Department of Library and Information Science, University of Nigeria, Nsukka, 2017: 113-121.

[7] EBERE, E. M., AKPAN, C. & FRANK. A. Developing reading culture among pupils and students: A collaborative approach [C]//. 14th Annual Conference and AGM of NLA, Enugu State Chapter, 2014: 111-118

[8] FURFURI, I. M. M. Provision and Utilisation of School Libraries resources in Zamfara State. Nigeria: Challenge and enhancement strategies [C]// Global best practices in Library and Information Services in contemporary era, Department of Library and Information Science, University of Nigeria, Nsukka, 2017: 38-40

[9] AKANBI-ADEMOLAKE, H. B. Availability of library services and its effects on the reading culture of secondary school students in Ilorin East Local Govemment Area, Kwara State, Nigeria [J]. Journal of Library and Information Technology Trends, 2017, 1(2): 106-116.

[10] IMAGA, O. I. 'The role of library in educational development: A case study of public school libraries in Afikpo North Local Govemment Area of Ebonyi State [J]. Joumal of Library, Information Science & Technology. 2017, 4 (3): 104-117.

图书馆的跨界合作

Cross-border Cooperation of Libraries

高校图书馆如何参与跨学科研究
——以“南海问题”研究的跨界合作为例

应巧兰　苏海潮
(厦门大学图书馆)

摘要　跨学科综合研究快速发展。南海问题研究是一项国际边界问题的跨学科综合研究,本文通过厦门大学图书馆与南海问题研究的跨界合作范例,分析图书馆跨界合作的产生背景、功能结构、服务价值和运行特色,以期为高校图书馆开展跨界合作或科研服务提供借鉴。

关键词　跨学科研究;跨界合作;资源整合;南海问题;高校图书馆

How to Participate Trans-boundary Cooperation in Interdisciplinary Researches for the Academic Library
— A Case Study on the Cooperation in "South China Sea"

Ying Qiaolan　Su Haichao
(Xiamen University Library)

Abstract　Interdisciplinary comprehensive researches are developing rapidly. The South China Sea Issue is one of the issues of the typical Interdisciplinary researches due to the International Boundary Issues. The Xiamen University Library has actively involved the Interdisciplinary Researches for the South China Sea, and promoted the integration of a series of cross disciplines. As a model of cross-border cooperation, the internal logical relation of Cooperation background, functional structure, service value and Characteristics of innovative operation between the Xiamen University Library and South China Sea Issues were discussed, which may provide an important reference for the academic libraries to participate in trans-boundary cooperation in the similar interdisciplinary innovation researches.

Keywords　Interdisciplinary research; Trans-boundary cooperation; Integration of a series of cross disciplines; South China Sea problem; Academic library

1　引言

跨学科研究是研究型大学开展创新研究与实践的重要途径。与这种跨学科研究创新模式相适应的组织范式是一种跨界合作模式,这种跨界合作不只是打破学科边界的合作,还包括科研界与非科研界之间的合作。然而,作为创新体系重要支撑力量的高校图书馆如何参与跨学科研究,却鲜有研究。

举世瞩目的南海问题受制于南海动态化和多元化的纷争局面,逐步成为国家发展战略的国际边界问题。厦门大学于 2012 年 5 月成立南海研究院并于同年 11 月 3 日正式挂牌运行。作为一项新兴的跨学科综合研究,南海问题研究(下文简称“南海研究”)面临着信息资源紧缺问题,高校图书馆的传统学科化资源管理模式也与南海问题的跨学科研究目标不相符合,急需重建适合南海研究自身需求的信息生态环境,以提高南海研究的国际化视野和现实问题的应对能力。如何营造有利于提升南海问题科研创新的信息环境,并在南海研究中形成较高的信息服务影响力,这对于厦门大学图书馆来说既是重要任务也是发展机遇。本文以厦门大学图书馆参与南海研究跨界合作的这一范例,分析高校图书馆参与跨界合作的产生背景、功能结构、服务价值和运行特色，可为高校图书馆开展跨界合作或科研服务提供借鉴。*

2 基于发展需求的跨界合作

南海研究与图书馆各自内在的发展需求是跨界合作成功的重要前提。南海研究是一项有着国家重大战略需求的跨学科研究，需要有丰富的国际化视野，与时俱进地响应南海局势变化。良好的信息获取模式有助于创建一个良性循环的开放性研究环境，图书馆成为南海研究合作伙伴的关键在于，图书馆发挥信息专长优势，实现南海研究日益增加的信息需求，同时运用技术革新引领图书馆的服务转型。

2.1 南海研究的信息资源建设需求

“十一五”期间，随着南海问题的国际摩擦加剧，国际争端不断升级，南海问题日益凸显，逐步上升为国家亟待解决的国际争端课题。南海因其重要的战略地位，使得南海问题从边缘性研究上升到研究热点，国家对南海问题的研究支持力度不断加大，相继建立了南海研究院所和网站。南海研究快速增长，自 2010 年以来国家社科基金立项数据表明，南海研究课题上升趋势明显(表 1)。南海研究的信息资源需求随之凸显，有关南海问题的既有学科信息资源非常有限，又无法简单参照常规学科资源建设，这就需要图书馆有目的地去提出一些适合南海问题研究的资源拓展方案。

表 1 2010—2017 年南海问题的国家社科基金立项数据

年份	2010	2011	2012	2013	2014	2015	2016	2017
立项数	4	5	6	15	15	18	27	22

2.2 基于研究主题开展跨学科数据融合的多源协同需求

南海研究是为解决现实问题的研究，跨学科综合研究是其科研创新的内在要求，既不可能参照传统学科建制的知识管理经验，也不可能对多个学科进行简单的组合叠加，而是要以南海问题本身发展需要来组织跨学科研究，并且在时局发展语境下，以解决问题作为知识生产过程。南海问题横跨 10 余个学科，国家社科基金资助南海研究涉及的前十大学科(表 2)。如何横跨 10 余个学科组织南海信息资源并转化成数据，围绕其研究主题开展数据重构实现知识融合，为南海研究提供知识管理服务，是图书馆的重要合作任务。

表 2 2010—2017 年有关南海问题的国家社科基金立项数据涉及的前十大学科

学科	国际问题	法学	历史	经济	图情	政治	管理	社会	民族	党建
立项数	38	27	14	7	6	5	4	4	3	2

2.3 在线追踪南海发展局势与研究动态的需求

聚焦于国际边界争端，南海研究具有国家使命感。南海研究需要紧密围绕“南海问题”的发展局势，进而展开研究生态构建。在线追踪发布南海发展局势与研究动态，可及时反映南海国际形势和研究进展，更好地对接纷争不断的南海变化局势，揭示学术研究对南海问题发展的影响，启动南海问题的研究聚焦，促进研究者们对“南海问题”形成共识。图书馆如何构建以“南海问题”为中心的信息交流平台，通过信息组织体系、信息栏目的构建和开放的信息平台，形成南海研究的公共信息服务机制，是图书馆需要面对的重要挑战。

3 运用技术革新引领信息服务转型

南海研究的发展需求直接挑战了传统图书馆学科服务框架和资源建设路径。如何针对南海研究需求来规划信息服务框架，从信息技术的角度处理南海问题的史料收集和整理，将南海研究和南海形势进展跟踪结合起来，推动以“南海问题”为中心的信息获取和交流，促进学术研究能力提升和研究方式创新呢？有效途径之一是图书馆运用技术革新引领信息服务转型。

3.1 利用信息技术整合资源并形成跨学科的信息平台

南海研究的跨学科特点要求提供相应的跨学科的信息平台。南海问题的信息资源(下文简称“南海信

* 本文系 2017 年福建省中青年教师教育科研项目“文献信息资源贡献与服务研究专项”的研究成果。

息")发展困境主要体现在三个方面。

首先,信息资源的供需矛盾,体现为不少珍贵的研究资料以传统图书馆难以触及的方式存在,仅有的信息资源分布于各学科间,具有很强的隐秘性和分散性,无法提供与南海研究需求相适应的跨学科信息环境;其次,信息载体多样化,体现为南海信息不仅具备跨学科研究的文献类型多样性特点,而且还包括体现南海发展变迁和文明史迹的各类实物、非正式印刷品、视听材料等载体多样化特征,包括音像、族谱、华人社刊、特刊、善本、未刊本、华文报、剪报、资料辑录、新闻稿、手稿、调查档案等;再次,信息资源分布的多国化问题,体现为南海研究需要在全球视野下开拓南海信息建设,但诸多珍贵资料散存于南海文明发展的相关国家中。

无论是南海研究的跨学科需求还是信息资源发展困境的解决,都需要优先利用信息技术处理南海史料的收集与整合,将各类有迹可循的资讯或实物载体信息转化为可资利用的数字化信息,通过信息网络化架构快速整合形成碎片式学科化资源、异质性多元化载体、异域性多国化分布的信息资源,并依据研究主题促成关联资源的融合,为南海研究提供跨学科的信息获取模式,推动南海研究工作。

3.2 利用信息网络化技术营建南海研究的公共服务平台

如上所述,南海研究的跨界合作包括科研界与非科研界的合作,因此,除了构建跨学科的信息平台,还需要将分布在不同地域的南海问题相关的研究机构,如亚太区域专题研究中心、东南亚本地研究机构、海内外高校与研究机构、海外华侨中心、海洋机构等关联研究单位的最新研究成果,组织并融合到一起交流,以推动对南海问题的深刻理解和相互协作,深化对南海问题的共识。具体到图书馆,不仅要推动南海问题的信息获取,还要在可及范围内推动信息交流,以南海问题为中心,将南海研究与南海发展形势的进展跟踪结合起来,构建不同研究主体的互动和交流平台,营建关联单位有目的地聚类重构共同话题的网络化交流平台。该平台不仅保证了南海问题的信息获取,还可吸引更多专业人士主动参与南海问题的信息开发,分享自身的专业知识,形成一种可持续发展的跨界交流共享平台,促成南海问题的不同主体建立伙伴关系,进一步发展成为南海研究的公共服务平台。

4 跨界合作的核心要素

4.1 功能结构互补

功能结构互补是推动跨界合作的重要基础,厦门大学南海研究与图书馆跨界合作互补的功能通过以下三方面实现:

(1) 拓展信息资源,各扬所长,优势互补。既有南海资源非常有限,需要有目的地涉足寻找南海问题的信息资源拓展方案。在信息资源拓展方面,专家成员与图书馆各有所长。专家方面,专家有独到的眼光和广泛的人脉,擅长发现不可多得的南海信息。如聘请厦门文史专家洪卜仁先生做顾问,引荐东南亚重要合作机构和资深专家,专业指导南海信息开拓与甄别等。如南海问题的有价值资源——伊朗古地图对南海研究是一种直接而有力的重要资源。在《南海作证》的报道中,厦门大学南海研究院傅崐成教授认为伊朗古地图为中国南海的主权主张提供重要佐证,聘请专家做顾问能有效指导具体的资源拓展方案;图书馆方面,信息组织优势明显,一是实地创建南海特色资料馆藏中心,既解决南海研究的学科资料分散性,也确保南海信息的相对独立性,为进一步寻找、挖掘信息资源提供重要的已知线索;二是与收藏组织机构合作建立业务协作和资源共享机制,如与厦门华侨博物院合作,搜集新加坡侨领陈笃生家族专题资料 184 篇,包括新闻、照片、视频、族谱等多种类型的民间资源;三是利用既有资源为已知线索进一步寻找开发有价值的南海信息,如图书馆的一本馆藏文献《星洲同盟会录》,通过陈列展览引发媒体关注,赢得新加坡有关单位的合作事宜;四是网络信息组织,图书馆开发了东南海疆网络信息参考平台;五是系统管理数据挖掘,图书馆利用系统数据调研了南海研究人员的资源需求和个性化需求的挖掘等。

(2) 跨学科信息平台的合作构建。南海研究的专家负责主导南海问题的研究主题和发展方向,构建跨学科信息平台的骨架结构;图书馆方面主导南海信息的跨学科信息资源整合,主动策划,寻找、筛选开发不同信息源,通过数字汇聚力量,利用信息技术将多样化、碎片化的南海信息根据研究主题进行数据重构,逐步整合形成适合南海研究的信息体系和数字化知识管理平台,促进一系列跨学科信息资源的整合,如适合南海研究的东南海疆研究数据库的开发与建设。

(3) 合作营建南海研究的网络化公共服务平台。厦门大学南海研究院与图书馆合作创办在线发行中英文学术通讯电子期刊——《南海导报》月刊,由南海研究机构主导构建共同关注栏目,图书馆负责信息组织和信息技术实现，合作构筑南海学术的“数字化”运营平台，形成南海问题的研究聚焦和互动交流平台，营造适合南海研究的信息生态体系。这一平台赋予了南海研究多个功能，不仅为南海研究的不同主体提供了一个可以交流共享平台，还吸引社会各界力量参与南海问题的建设与研究，促成南海研究形成共同体，提高南海问题共识。

4.2　价值实现

图书馆的服务目标是满足南海研究的切实需求和发展需要，进而达成自己的服务价值。

从图书馆与南海研究的合作进展来看，信息资源整合是图书馆参与跨界合作的逻辑起点，包括作为物理载体分布于不同学科的跨学科信息资源汇聚；基于南海研究者个性化信息需求的信息资源与服务资源开发；以信息管理系统作为数字载体开发适合南海研究的跨学科信息集成，其中又包括了对南海信息的判断甄别和信息评价、数据加工规范和元数据标引标准的制订等。

更重要的是南海学术研究层面的资源整合，从静态的跨学科信息资源整合上升到动态的学术研究与南海形势进展追踪的信息资源整合，促成了南海问题的研究聚焦，促进了南海问题不同研究主体的交流，实现了南海研究的公共服务价值。

图书馆的另一重要价值是对南海研究者个性化需求的全面把握。南海研究是由研究人员提出的研究主题发展而来的，因此南海研究人员的信息需求是开展南海研究的重要前提。南海研究人员对学术信息需求的一个重要特征是以“南海问题”为中心去寻求专业信息，但不同研究人员的学术背景和各自关注的研究重点各不相同，需要提供个性化的精准的信息服务。图书馆系统积累了研究人员不同类型的信息服务申请，包括虚拟性咨询、图书推荐申请以及借阅信息等实际需求数据，通过调研分析系统数据获知南海研究者的共性需求和个性需求，确切把握南海研究者对信息的精细需求。如以南海研究分支的法学与海洋学的研究者为例，调研法学与海洋学这一部分研究人员自 2012 成立以来的借阅数据与推荐数据，分析研究人员对资源需求的典型特点和需求态势，由此确定资源采购依据和个性化服务方向等。

4.3　运行创新

针对南海研究的跨学科信息服务的运行创新，其运行特色主要体现在：①资源扩展机制方面，图书馆与专家成员通力合作，建立了广泛的南海信息交流协作与交换联盟，通过跨界合作的信息资源扩展机制，形成南海问题信息资源的聚集效应，这其中包括科研界、政府、社会各界等广泛参与的跨界合作，充分开发南海问题的信息资源；②信息联动运行机制方面，建立了南海信息端和南海研究端之间的无缝动态连接，运用互联网思维和技术驱动形成多层次的融合服务，建立“追踪学术、服务学术、参与学术、互动共享”的学术资讯交流模式和学术动态聚焦平台，营造适合南海研究的信息生态环境，利用数字和网络汇聚力量，有效提升南海研究的现实应对能力和研究影响力；③弹性参与机制方面，利用信息平台吸引南海问题的更多研究主体主动参与到南海研究，通过多样化的弹性参与机制，充分发挥不同研究主体的专业知识和智慧力量，在专业引领下解决具体操作层面的实际困难，提升南海研究向网络化纵深发展。

5　结语

厦门大学图书馆与南海研究跨界合作的成功得益于各自内在的发展需求，功能结构互补是推动跨界合作的重要基础，运行机制是开展跨界合作的重要保障，价值实现是跨界合作的成功关键。主要提供三方面的经验可供参考：①图书馆通过跨学科资源整合实践，完成了从传统单一的资源供给服务者到主动策划、组织研究资源的开发者的角色改变；②图书馆通过技术革新引领服务转型的创新发展，成功营造了信息开放性公共服务机制和可持续发展的信息生态环境，实现了信息技术引领服务转型；③图书馆通过跨界合作，发展自身整体服务能力和服务价值，赢取跨界合作的独立能力与运营空间，提高了高校图书馆参与跨界合作的地位。

参考文献

[1] 邹晓东，吕旭峰．“学部制”改革初探——基于构建跨学科研究组织体系的思考[J]．高等教育研究，2010，31(02)：26—31.

[2] 程妍．跨学科研究与研究型大学建设[D]．安徽：中国科学技术大学科技哲学，2009.

[3] 李巧明，王晓光．跨学科视角下数字人文研究中心的组织与运作[J]．数字图书馆论坛，2013，(03)：26—31.

[4] 卢明辉. 南海争端与东南亚国家的扩军[J]. 南洋问题研究,2006,32(04): 35—42,52.
[5] 国家社科基金项目资助体系[OL]. [2017-12-26]. http://fz.people.com.cn/skygb/sk/index.php.
[6] 刘小宝,刘仲林. 跨学科研究前沿理论动态: 学术背景和理论焦点[J]. 浙江大学学报(人文社会科学版),2012(06): 16—26.
[7] 林世雄,李静. 南海作证[N]. 福建日报,2016-07-15(08).
[8] 郑咏青. 厦门大学图书馆区域研究资料中心的构建与发展[J]. 情报探索,2014,34(02): 125—127.
[9] 周红. 厦门大学图书馆区域研究资料中心建设实践探讨[J]. 河北科技图苑,2014,27(02): 71—73,90.
[10] 郑咏青,王爽. 东南海疆研究数据库的构建与发展策略[J]. 图书馆杂志,2015,03: 39—46.
[11] 厦门大学图书馆区域研究资料中心. 东南海疆网络信息参考平台[DB/OL]. [2017-12-26]. http://59.77.20.84/news/browse.do?method=searchNews&newsclasses=%20%E5%8D%97%E6%B5%B7&flag=true
[12] 向佳丽,韩冬丽,应巧兰. 交叉学科研究者文献使用习惯和特点分析——以厦门大学法学与海洋交叉学科文献资源建设为例[J]. 农业网络信息,2016,31(03): 101—104.
[13] CALIS特色数据库. 东南海疆研究数据库[DB/OL]. [2018-03-01]. http://210.34.4.13: 8080/asia/
[14] 郑咏青. 学术动态资料的搜集、整理与发布——以《南海导报》的编辑出版为例[J]. 农业图书情报学刊,2015,27(08): 168—171.
[15] 厦门大学南海研究院,厦门大学图书馆区域研究资料中心. 南海导报[N/OL]. [2018-03-01]. http://dspace.xmu.edu.cn: 8080/dspace/handle/2288/15367.

图书馆“跨界环保”的实践探索与案例思考

黄林英　何小茜　张方杰

（杭州图书馆）

摘要　互联网时代，跨界已成为各领域创新发展的动力。随着绿色环保理念日益深入人心，图书馆跨界环保成为必然。本文在回溯图书馆跨界环境保护领域发展状况的基础上，通过分析五个优秀案例，归纳图书馆跨界环保的成功经验，供业界同人参考借鉴，以期对图书馆跨界合作启发新思路。

关键词　图书馆；跨界合作；环境保护

Development Exploration and Case Study on the Library "Crossover Environmental Protection"

Huang Linying　He Xiaoxi　Zhang Fangjie

(Hangzhou Library)

Abstract　In the Internet age, crossover has become the driving force of innovation and development in various fields. As the concept of green environmental protection has become more and more important, it has become necessary for the library crossover environmental protection. Based on the development of the library crossover environmental protection, this paper study five excellent cases, conclude successful experience, which may be used as reference for other libraries, also may inspire new ideas of library crossover cooperation.

Keywords　Library; Crossover cooperation; Environmental protection

1　引言

互联网时代，全新的思维理念和思维方式渗透并影响着社会的每个方面，不同领域、不同行业之间越来越多的交叉与融合，跨界合作成为显著特征。比如美国社交网络平台 Facebook 涉足不少服务、娱乐等项目内容；中国阿里巴巴从网商起家，抢占金融领域还涉足电影、运动行业；国内水务环保领域龙头企业首创股份日前刚与房企巨头万科达成合作，跨界打造生态宜居城市及平台。可以看到，跨界已成为各行业创新发展的新动力。

当环保的重要性日益凸显，当绿色的理念越加深入人心，当公共图书馆成为人们心目中公益、品质和文化的代言，“环保图书馆”“绿色图书馆”“生态图书馆”等曾经出现的名词重新引起我们的关注。公共图书馆作为传递信息知识、推动社会教育、促进和谐文明的公共文化服务机构，理应成为环保事业的参与者、宣教者、推动者。同时公共图书馆作为城市文化的标杆建筑和公共文化服务的重要阵地，能利用自身的资源、服务等优势进行跨界合作，注重自身节能环保的同时倡导环保绿色理念、大力宣传环保知识、开展环保素养教育，为环保领域的信息服务、社会教育、理念普及提供有力的支持，推动环保事业和图书馆事业齐头并进。

2　图书馆“跨界环保”状况

何为“跨界”？百度百科中已有词条解释为“从某一属性的事物，进入另一属性的运作”。跨界的本质是整合，是融合，通过自身资源的某一特性与其他表面上不相干的资源进行随机搭配应用，可放大相互资源的价值，甚至可以融合一个完整的独立个体面世。目前跨界已渗透各个行业应用。跨界，无界！每个行业，大到全球大企业，小到个人，都在通过自己的方式，演绎不同的跨界故事。跨界并非某一领域的专利，各行各业都可通过跨界实现创新发展。

2.1 国外图书馆跨界环保实践

国外跨界环保的图书馆称之为“Green Library(绿色图书馆)”或“Eco-efficient Library(生态图书馆)”,在日本被称为“环境共生图书馆”,有的国家也称“环境友好型图书馆”等。如美国哥伦比亚公共图书馆、加利福尼亚的湖景露台图书馆、新加坡绿色儿童图书馆、中国台湾北投图书馆等均为环保图书馆建设的典范。根据文献调研和网络调研,此类图书馆的实践主要涉及绿色建筑、节能管理和环境素养教育等方面。

绿色图书馆始于 20 世纪 80 年代的美国,并逐渐波及加拿大、法国、芬兰、澳大利亚等国家。美国是最早也是最重视绿色图书馆建设的国家,有被普遍认可的绿色建筑评价标准,即美国绿色建筑委员会制定的能源与环境设计认证评估体系 LEED。第一家获得 LEED 认证的图书馆是 2003 年 5 月对外开放的加州圣何塞公共图书馆西谷分馆(West Valley Branch Library)。同时国外绝大多数图书馆重视制度构建,在环境素养教育、环境教育认证等方面制定相关制度及资格,如北卡罗来纳州制定了环境教育认证制度(North Carolina Environmental Education Certification Program)提高该州公民的环境素养水平。格林斯博罗公共图书馆的凯思琳·克莱·爱德华兹分馆(Kathleen Clay Edwards Branch)通过认证,成为环境素养教育基地,同时设有环境管理岗位,该岗位人员被称为“环境教育图书馆员”,积极协助政府宣传节能环保政策,注重与政府及其他组织合作开展节能环保推广。

2.2 国内图书馆跨界环保实践

近些年来,国内图书馆也纷纷关注绿色、生态与环保。新建或改建图书馆如广东省立中山图书馆、南京图书馆新馆、东莞图书馆、深圳宝安中心图书馆等均秉承绿色环保理念,为读者提供健康、节能的舒适空间。深圳宝安中心图书馆按照《绿色建筑评价标准》规定规划设计,该馆获得国家二星级绿色建筑设计标识认证,成为国内首家获得国家绿色建筑设计认证的公共图书馆;郑州图书馆新馆建设采用真空玻璃和综合能耗管理系统两种新型节能技术;东莞图书馆将建筑物、道路、绿化工程和外部空间环境构筑成一个完整的有机整体;浦东图书馆新馆建筑采用包括东西立面外循环双层呼吸式幕墙及竖向石材百叶遮阳系统。

可见,国内图书馆跨界环保实践多在图书馆建筑设计与节能降耗方面,在馆藏体系建设、读者绿色服务、环境素养教育等方面相对较少,2016 年建成开放的杭州图书馆环保分馆,注重绿色理念推广、环保知识体验和环境素养教育。

3 优秀案例分析

3.1 沙漠中的资源保护生态馆——塞萨查维斯图书馆

塞萨查维斯图书馆是美国建筑师协会认证的 2008 年全美绿色建筑前十位之一。它建筑在沙漠中,西立面开窗,原先由于对称式结构会带来很多热量,需要大量空调设备,而该馆则采用资源保护方法即避免西向开窗,利用结构自身进行遮阳,通过完美的朝向设置和玻璃与墙体的遮阳使得遮阳区温度低于使用回收废气的室内温度。除此之外,该图书馆通过使用节能材料与地面一体绝热、利用自然光照明、采用高效的雨水回收和暖通空调系统以及具备可调节温湿度的微气候等措施,尤其还使用了一些非视觉美学(以感觉而非视觉为基础的美学)作为资源保护型建筑的要素,为室外阅读平台提供尽可能宜人的环境。该馆针对其特殊地理位置,通过批判性思考解决资源保护问题,从而实现环境友好型的生态环保,用最少的额外费用建造加建的使用空间,用最小的环境破坏得到最大的使用价值,不愧为绿色建筑的典范。

3.2 全方位的绿识小书屋——新加坡儿童图书馆

一提到绿色环保图书馆,新加坡儿童图书馆绝对是业界公认的代表,笔者搜寻各类信息得知,这是世界上第一个专门为 4～12 岁孩童打造的绿色图书馆,也被称为“绿识小书屋”,开在新加坡国家图书馆内。几乎所有文献中,该馆都被誉为世界上首座绿色环保图书馆,不论在建筑设计、设施选材,还是馆藏选择上,都紧扣环保这一主题。一走进书屋,入口处有一棵 3 米高的大树被冠以“知识树”,由 3 000 多个再循环塑料瓶建造,树干采用环保建材制作,向每一位进馆的读者在第一时间传递“环保”意识。图书馆里使用的都是 LED 节能灯,既保证照明又节省电力。图书馆的部分墙壁和房顶天花采用回收材料建造,连室内的地毯也是用安全的可回收材料制成,整座建筑都使用低挥发性涂料,室内保证无味无害,空气清新。馆舍内的小书架还特意设计成树木的枝丫形状,搭配绿叶、蝴蝶和小鸟装饰,让孩子们仿佛置身于大自然中,如此匠心设计,将绿色环保的理念与教育以浸润式环境默默地传递给每一位读者。

笔者访谈移居新加坡的朋友,提及此馆,她称人气颇高。该馆专门收藏大量有关动植物、大自然、气候、环境等主题书籍，有助于提升孩童的环保意识，馆内还提供相关特别服务，如通过天气预告介绍新加坡天气状况，通过知识树，选择相关主题的绘本和故事书，让儿童们学习一些环保知识。馆内也运用各种多媒体手段，如eBook角落提供电子书阅读，通过开展一系列亲子游戏、互动游戏吸引孩童主动阅读，培养孩子的阅读兴趣，寓教于乐，将绿色和环保自然融入其中。环保意识从娃娃抓起，与之相比，那些自认很环保的图书馆也许会相形见绌，这才是一个真正的全方位的绿色环保图书馆。

3.3 藏书量惊人的Book Mountain——荷兰环保绿色图书馆

荷兰鹿特丹港口附近一座名叫斯派克尼瑟(Spijkenisse)的小镇里，有个公共图书馆相当引人注目，以其堆积如山的惊人馆藏闻名全球，远看像一座巨大的书籍金字塔，坐落于小镇的市集广场中，被形象地称之为"Book Mountain"。这个藏书量惊人的图书馆是个名副其实的环保绿建筑，由荷兰建筑团队MVRDV精心设计并进行特殊规划，从建筑结构到内部设施，从环境营造到建材选配，每一个细节都渗透着环保与舒适，夏天自然通风，不需开冷气就可以维持室内的凉爽温度，而冬天，地板的暖气与双层玻璃的配合使得室内依然能维持舒适的环境，馆内的书架、栏杆、墙垣与书桌都是采用环保可回收的材质做的。

造型如谷仓的图书馆建筑，整体外墙采用大片玻璃采光，里面设计了五层楼高的书架，由总长480米的台阶和走道相互连接，层层叠叠，书架与走道间布置了翠绿的景观植物，温暖的阳光透过玻璃晒进来，令读者感到舒缓而悠闲，馆内设有俱乐部、演艺厅、会客室等提供人们进行多元化社交，尤其值得一提的是馆内设有专门的环境教育中心，开展多形式多样的环保素养教育以及与环保有关的活动和服务，在推广阅读之余，更突显"Book Mountain"公共图书馆倡导环保理念、推动绿色发展的初衷。从建筑到设施，从环境到服务，从外在到内在，荷兰这一公共图书馆无疑是不折不扣的环保绿建筑和环保倡导者。

3.4 会呼吸的最美绿建筑——台北市立图书馆北投分馆

以温泉闻名的台湾北投有一座世间最美的图书馆，那里是爱书人的阅读圣地，它毗邻温泉博物馆，坐落于绿意盎然的北投公园内，是台湾第一座"绿建筑图书馆"。该馆多处运用巧思妙想，融合健康、环保与再生的理念，整栋建筑主要由木头和玻璃打造而成，屋顶设计成轻质生态顶，设有太阳能光电板发电，绿化屋顶利用斜坡草皮设计特殊排水，可涵养水分并回收雨水用于浇灌植物和作为洗手间用水，采用高低窗产生对流，天热时可降低室温，节约电力，另外图书馆使用生态涂料，免除不必要的装修以减少有毒物质的释放与污染。大面积落地窗的使用充分利用自然光，与周边自然环境融为一体，树枝在图书馆走廊内生长穿越，书香绿语，相映成趣，整个图书馆就像是藏身于苍翠森林中的"树屋"。最具特色的是地下一楼儿童阅览室外的"户外平台"，阳光绿荫、鸟语花香，让读者享受惬意地阅读。

这栋温泉边的绿色图书馆，虽然不大，却令人一见倾心，自然环境与人文气息水乳交融，让每一个到来的读者都能驻足静心，自由呼吸。该馆因节能环保的用心设计，拿到了台湾颁发的第一个绿建筑"钻石级"标章，被美国网站Flavorwire.com评选为"全球最美25座公立图书馆"之一，至今获奖无数，总而言之，这里绝对是集阅读、休闲、游憩、环保等为一体的天堂之地，更是个充实心灵、沉淀自我的"人文绿色地"。

3.5 众筹模式下的公益平台——杭州图书馆环保分馆

杭州图书馆环保分馆坐落在杭州天子岭生态公园内，与大片的垃圾填埋场为伴，据称是国内首个建在垃圾场上的环保馆，其地理位置的特殊性，结合馆舍中各种废旧物回收利用制作而成的书架、桌椅及装饰品，让到馆市民充分认识到环保的重要性，唤起人们对城市环境问题的重视与关注，引导他们树立人与自然和谐共生和绿色发展的理念，从自身做起，共同履行环保责任，成为释放和传递环保的卫士。

杭州图书馆环保分馆不光是单体馆，它更是一个以环保为主题的图书馆体系，是以天子岭生态公园、静脉小镇、环境集团工作据点为基础的城市公共图书馆服务集群。不论是书籍、活动，还是管理，"众筹"是该环保分馆的发展模式，目前整个馆可谓是社会力量的大聚合，光登记在册的志愿者就有数百位，通过志愿者管理的深化，环保分馆不仅成为公共图书馆与读者市民之间的桥梁，还具备了多重"环保"意义。大量社会志愿者的加入，极大缓解了公共图书馆人力资源不足的短板，节省了大笔事业经费，来自不同行业、不同专业的志愿者们与图书馆工作人员产生知识互补，让志愿者、图书馆工作人员、读者三者都能获益，同时，为有志于参与环保事业的市民们搭建了一个更专业的公益平台，帮助他们能加入城市环保事业队伍，成为推动城市绿色发展的一份子。

4 思考与启发

4.1 绿色理念与环保意识的全面渗透

在大力倡导低碳节能的今天，全世界都看到了绿色环保的美好未来，图书馆跨界环保已成为必然。在规划或改建图书馆时，我们不应局限于建筑设计上的节能环保，而要以绿色理念为核心，发挥图书馆的职责，结合图书馆的自身优势，全方位渗透环保意识，致力于成为城市环保理念的推广者、绿色环保知识的传播者和绿色品质生活的倡导者。

4.2 绿色建筑与环境友好的深度融合

如今的图书馆早已不再是单一的阅读空间，绿色图书馆也不只是个"绿建筑"，不只在概念、建材上做到环保。在图书馆跨界环保的路上，资源保护不光是节能减耗，我们要进行批判性思考去解决问题，希望能研发出更多环境友好型的技术，使人、建筑、环境三者更紧密更和谐，达到美好共存的境界。

4.3 制度构建与社会合作的相辅相成

绿色图书馆的可持续发展离不开制度的构建，目前国内图书馆跨界环保领域，无论是建筑，还是服务，都缺乏相关制度体系，可借鉴国外有关制度来制定适合国内图书馆界的相关认证体系，同时加强社会合作，推动图书馆界与建筑界、工程界，乃至教育界、经济学界的共同发展，实现更具意义的多方跨界。

4.4 坚持以环境素养教育为核心

环境素养教育作为图书馆新型信息服务，可以嵌入图书馆的用户教育活动中，同时当地政府机构、环保组织、教育部门、公益组织应与图书馆合作开展环保教育服务，形成全国性图书馆环保教育局面。图书馆承担着社会教育、文化传播、信息服务等使命，并始终以推动社会发展和文明进步为己任，当越来越多的图书馆成为一个个绿建筑，环境素养教育理应成为绿色图书馆的核心内容。

4.5 互动式体验和服务细节的关注

环境保护，人人有责，难在自觉，重在细节。环保与阅读，与生俱来的相似，需要每个人发自内心的主动，成为潜意识，因而国内外不少图书馆在跨界环保的推广和教育中十分重视互动式体验，把信息、知识融入细节中，尤其关注儿童环保意识和习惯的培养。图书馆跨界环保更应研究如何让环保和阅读成为我们的生活方式。

5 结语

环境保护早已是世界性的话题，也是政府与群众关心的大事。其实全球图书馆在不知不觉间就跨界着"环保"，每个图书馆在馆舍设计、读者服务、阅读推广等方面多少早有"绿色印迹"，如今图书馆跨界环保领域成为必然，绿色图书馆成为未来图书馆发展转型的方向。跨界环保的图书馆必将推动发展全新的生活模式，达到真正的可持续生态，实现多方共赢。

参考文献

[1] 凤凰网. 首创股份与万科跨界合作共同打造生态宜居城市[EB/OL]. [2017-11-23]. http://finance.ifeng.com/a/20171118/15800996_0.shtml.

[2] 百度百科. 跨界. [EB/OL]. [2017-11-23]. https://baike.baidu.com/item/%E8%B7%A8%E7%95%8C/18894156?fr=aladdin.

[3] ANTONELI MOMIKA. The green library movement: An overview and beyond [J]. Electronic Green Journal. 2008,27(1): 1-11.

[4] BROUN BILL. The new green standard [J]. Library Journal. 2003(12): 61-64.

[5] N. C. DENR Office of Environmental Education and PUBLIC Affairs. Certification program [EB/OL]. [2017-03-02]. http://www.eenorthcarolina.org/certifiaction.html.

[6] 崔旭. 美国绿色图书馆建设的理论、实践及启示[J]. 中国图书馆学报，2015(1): 38—49.

[7] 南方日报. "绿色"图书馆呼之欲出[EB/OL]. [2018-01-20]. http://news.ifeng.com/gundong/detail_2011_07/05/7440729_0.shtml.

[8] 李红岩. 节能减排：践行图书馆"环保"责任——以郑州市图书馆新馆建设为例[J]. 图书馆建设，2010,(12): 3—5.

[9] 黄燕芬. 漫谈绿色图书馆的建筑及功能设计特点——以东莞图书馆为例[J]. 图书情报工作(增刊)，2010,(2): 71—72.

[10] 刘红霞. 浅议公共图书馆在环保事业中的作用[J]. 科技情报开发与经济，2014,24(12): 99—100.

[11] Esar Chavez Library [EB/OL]. [2016-05-13]. https://issuu.com/hidesignpublish/docs/sustainable__green_building_vol.3.

[12] 盘点国外脑洞大开图书馆[EB/OL]. [2018－01－25]. http://www. takefoto. cn/viewnews-521251. html.
[13] 藏书量惊人的绿色环保图书馆建筑[EB/OL]. [2018－01－25]. http://old. jia360. com/2016/0606/1465192299348. html.
[14] 全球最美公立图书馆[EB/OL]. [2018－01－26]. http://www. 360doc. com/content/12/0419/13/7485675_204890356. shtml.
[15] 赵晶. 俄罗斯图书馆环保教育对我国图书馆的启示[J]. 图书馆研究，2013，(2)：124—128.

图书馆的跨界合作实践
——以静安区“灰引力”基层文化服务点为例

宋晓平
（上海市静安区图书馆）

摘要 本文介绍了静安区图书馆通过跨界合作方式，参与静安区“灰引力”基层文化服务点建设工作，分析跨界合作的形式和内容，分享跨界合作的实践情况，并提出相关思考。

关键词 图书馆；跨界合作

The Practice of Library's Cross-border Cooperation
— Taking Jing'an GRAYVITY Culture Center as an Example

Song Xiaoping
(Shanghai Jing'an District Library)

Abstract This paper introduces the Jing'an District Library to participate in the construction of GRAYVITY Culture Center through cross-border cooperation, analyzes the forms and contents of the library's cross-border cooperation, shares the practice of cross-border cooperation, and puts forward some related thoughts.

Keywords Library; Cross-border Cooperation

1 引言

众所周知，第一代图书馆以藏书为主，第二代图书馆以外借为主，前两代图书馆都是基于图书，而第三代图书馆则是基于知识，重心在交流和分享。在移动互联网渗透到公众生活的方方面面之后，纸质媒体日渐式微，阅读碎片化势不可挡，相信每个图书馆人都有着强烈的行业危机意识。图书馆不仅要提供交流互动的空间来强化核心竞争力，还应主动出击，寻求跨界合作，促进知识流通。静安区图书馆在建设第三代图书馆的过程中，积极探索各类跨界合作项目。本文总结静安区图书馆在“灰引力”基层文化服务点项目上跨界合作方面的实践，以期为业界提供一些参考。

2 跨界合作项目的形式与内容

2.1 静安区“灰引力”基层文化服务点项目情况介绍

“十分钟公共文化服务圈”是指居民走出家门10分钟即可到达各类公共文化场所，享受各种公共文化服务。静安区总面积37平方千米，常住人口107万，下辖13个街道1个镇，276个居(村)委会。辖区内基层文化服务点建设、管理等现状各不相同，为进一步完善“十分钟公共文化服务圈”，切实提升公共文化服务能级，静安区文化局启动了“灰引力”基层文化服务点改造计划。所谓“灰引力”是为了突出银发人群的创造性和文化传承价值，同时强调代际传承的文化吸引力。GRAYVITY 则是 Gray hair(银发人群)与 Gravity(引力)结合而成。“灰引力”基层文化服务点项目充分利用各个社区原有基层文化服务点资源，采用相同建设标准进行改造，优化空间设置，同时设计了全新的“灰引力”品牌标志，内装与涂料色彩均采用统一风格，具有很高的品牌辨识度。改造完成之后的服务点拥有提供书籍与报刊借阅功能的“悦读空间”以及用于科普教育、体育健身、文艺演出的相关设施设备和器材，着力打造社区居民的文化客厅。

2.2 跨界合作的具体形式与内容

“灰引力”基层文化服务点项目是由静安区文化局指导，静安区图书馆联合街镇、居委会、社会组织多方跨界合作的成果，通过空间改良、社区动员、文化配送设计，为静安社区文化服务提供新的范式。在项目实施

过程中,静安区图书馆主要采用下述跨界合作形式:

(1) 馆政合作,图书馆与各街镇相关部门的合作。从服务点选址工作开始,图书馆与街镇合作进行多轮需求调研,在走访摸底和现场勘察后,从众多候选点中确认改造对象。在项目实施过程中,图书馆协调好街镇与社会组织在合作过程中产生的各类具体问题,对项目顺利完成起到了积极作用。

(2) 馆企合作,图书馆与上海阅读派文化交流中心、自然力研究院等社会组织的合作。图书馆在场馆运行方面经验丰富,而参与项目的社会组织则拥有专业设计团队,能将创意理念有机结合于整体设计之中,馆企合作打造"灰引力"品牌。服务点的最终设计方案参考了图书馆在场馆日常运行方面的经验,在保证安全性与实用性的基础之上对空间优化设置,内装采用统一的标识与色调,保持设计风格一致。

(3) 馆群合作,图书馆与服务点所在居委会的合作。居委会作为基层群众性自治组织,在社区文化活动中发挥着重要作用。图书馆与居委会合作能够更好地满足社区居民的文化需求。静安区图书馆根据居委会的图书需求调研结果确定的书目为服务点配送图书。通过这种形式的合作,确保配送的图书是社区居民真正爱读的书,避免成为服务点的摆设,浪费宝贵的文化资源。

3 跨界合作项目的实践情况

3.1 项目总体进度

截至 2017 年底,共完成了 20 个基层文化服务点的改造,涉及 9 个街镇,20 个居委会。在服务点硬件设施改造工作完成之后,项目重心将转移到提高文化服务质量上,努力深化静安区"十分钟公共文化服务圈",完善四级公共文化资源配送体系。

表 1 各街镇服务点数量

序号	街镇	服务点数量	序号	街镇	服务点数量
1	彭浦镇	7	6	南京西路街道	1
2	石门二路街道	4	7	彭浦新村街道	1
3	静安寺街道	2	8	宝山路街道	1
4	大宁路街道	2	9	天目西路街道	1
5	共和新路街道	1			

3.2 "悦读空间"建设情况

"悦读空间"是"灰引力"项目的核心服务功能,其定位类似于里弄图书室,服务对象是社区居民,服务内容是提供图书报刊借阅服务,同时还具有组织开展各类阅读推广活动的功能。目前"悦读空间"平均面积为 23 平方米,平均藏书量为 674 册,平均开放时间为每周 33 小时。

表 2 各服务点"悦读空间"数据

序号	服务点名称	"悦读空间"面积(平方米)	藏书量(册)	每周开放时间(小时)
1	万荣佳苑	20	648	36
2	延长	20	716	42
3	八方	15	710	30
4	永和北二	15	652	30
5	绿园	30	658	30
6	沪太路 1170 弄	20	658	30
7	会铁	15	660	30
8	唐家沙	20	705	30
9	沪太路 935 弄	15	647	30

续 表

序号	服务点名称	"悦读空间"面积(平方米)	藏书量(册)	每周开放时间(小时)
10	翔前	15	656	30
11	美景雅园	25	659	30
12	共康三村	50	701	30
13	安源	35	786	70
14	华沁	10	658	30
15	东王	10	660	30
16	华山	80	671	30
17	新福康里	10	648	30
18	达安城	20	671	30
19	百乐	10	648	30
20	古柏	30	671	30

3.3 公共文化配送情况

2017年起，静安区图书馆开始为各服务点进行公共文化资源征集，当年共有31家单位138个项目参加了征集。经过专家组评审，去除了一些不合适的项目，有113个项目入围进入街道点单环节。根据专家、社区代表评审意见，结合需求方点单情况，最终共有24家单位58个项目入围，总活动数达167场次。

表3 公共文化服务配送数据

序号	项目类别	活动场次	序号	项目类别	活动场次
1	特色活动	106	3	阅读推广	22
2	文化讲座	34	4	特色展览	5

从上述表格可以看出，社区居民最感兴趣的配送项目类别是"特色活动"类，点选频率最高。结合后期反馈调查结果显示，社区居民尤其喜欢能得到成果物的制作类特色活动。例如，画玻璃花瓶活动就深受社区居民欢迎，共被点选过7次。

4 项目的后续思考

4.1 建立良好的沟通协作机制

"灰引力"基层文化服务点处于四级文化服务体系末端，也是最贴近社区居民一级。整个项目会涉及图书馆、装潢设计公司、装潢施工公司、街道、居委会、居民代表等，每一方的面对的问题各不相同。静安区图书馆根据项目实施过程中的经验，总结出以下沟通协作机制：

(1) 在项目推进过程中，及时与社会组织、服务点以现场办公、会议共商等制度，汇总各方工作情况，跟踪了解项目进展情况，协调迫切需要解决的问题，条块协作、"无缝衔接"的合力机制，能有效调动街镇社区的积极性，为按期保质完成建设任务奠定良好的基础。

(2) 加强各方联络工作，保持在线沟通。在线办公、随"事"而动，利用即时通信软件建立群组方便沟通协调工作，项目推进中各类情况及时通报，随时知晓，高效推动服务点建设。

4.2 整合各类资源，做好阅读推广工作

每个"灰引力"基层文化服务点都有设置"悦读空间"，如何利用这一良好的平台开展阅读推广工作是我们今后工作的重点之一。图书馆可充分利用现有资源，采取线上线下相结合的方式，通过下述方式与各方合作加强阅读推广工作：

(1) 线上阅读推广工作。静安区图书馆拥有丰富的线上资源，现有微信订阅号、手机App、网站三大线上平台。社区居民只要拥有一部智能手机，就能很方便地通过这三大平台获取各类免费线上文化资源。同

时这些平台还能为各服务点进行线上宣传，通过发布各服务点的活动安排表，扩大“灰引力”品牌在读者朋友中的影响力。

(2) 传统渠道阅读推广工作。将图书馆的讲座、展览等阅读推广活动放在有条件的服务点中举办，通过合办活动提升服务点的人气、锻炼工作人员相关能力。同时还可协助各服务点通过文化配送方式获取更多阅读推广活动资源。

4.3 扩大受益群体，吸引更多年龄段的居民

目前已建成的基层文化服务点中，大约七成服务点是由原老年活动室改建而成的。在服务点改造完成之后，参与活动的主要群体还是老年人，而我们希望通过老年人辐射家人，进而吸引家庭里的青年、儿童等各个不同年龄的群体共同参与，保障全区居民享受公共文化服务的均等性。所以今后服务点的活动内容和活动时间设置可以考虑向年轻群体适当倾斜。在活动内容设计方面，根据不同人群的需求开展不同类型的活动，例如针对家中有适龄儿童的居民举办亲子类活动，通过孩子带动年轻家长参与，实现跨年龄活动参与。在活动时间设置方面，拓宽活动举办时间范围，现在服务点的大多数活动集中在工作日的白天进行，客观上限制了年轻人参与活动的积极性，建议进一步增加双休日或者工作日晚间的活动数量。

4.4 提升综合服务能力

静安区图书馆可充分利用自身的优势，协助各个“灰引力”基层文化服务点提升综合服务能力。

(1) 协助建立借还书系统。现有“悦读空间”都是采用人工登记方式来提供读者借阅服务，操作起来比较烦琐，也不利于图书管理。由于现阶段很难将这些书籍纳入上图数据库中，采用免费的借还管理软件进行借还书管理也是一个不错的方案，能有效减轻工作人员负担，方便图书管理。

(2) 进一步提高工作人员服务水平。主要有以下两点设想：

一是通过图书馆帮助就近招募志愿者，解决专职工作人员不足的难题。力争为服务点培养出一支稳定的志愿者队伍。特别是在非工作日，专职工作人员需要休息。此时让志愿者们参与到服务工作中，不但为社区注入了活力，亦可有效增加服务点开放时间，提高设施利用率。

二是通过图书馆进行业务培训。组织服务点的工作人员在图书馆里进行短期岗位培训，让他们在实践中了解图书馆的工作，增加图书管理经验，为日后提升“悦读空间”的服务能力打下基础。

(3) 协助各服务点提供稳定的免费无线上网服务。为什么要在服务点提供免费无线上网服务呢？首先是社区居民的客观需求，截至 2017 年 12 月，我国网民规模达 7.72 亿，普及率达到 55.8%，随着线上线下服务融合加速，网络与社区居民日常生活更加密不可分，社区居民可以就近到服务点上网，为服务点增加人气。其次是能更好地推广使用线上公共文化资源。我们在推广使用线上公共文化资源的过程中发现，很多居民不愿尝试使用这些资源，主要是不愿使用自己的数据流量，有了免费无线热点可以免除他们产生额外费用的后顾之忧。

5 结语

“互联网+”时代，图书馆自身面临转型需求，在与其他行业开展跨界合作的道路上，探索公共文化服务的新模式、新途径，不断提升公共文化服务保障效能，共同助力公共文化服务体系建设，符合我国加快构建现代公共文化服务体系的大背景。

参考文献

[1] 吴建中. 走向第三代图书馆[J]. 图书馆杂志，2016，(6)：4—9.

[2] 龚锦培，施颖华. 上海区县公共图书馆跨界合作实践初探[J]. 图书馆研究与工作，2016(1)：18—21.

[3] 静安区地理位置[EB/OL]. [2018 - 03 - 30]. http://www.jingan.gov.cn/jagl/006001/006001001/jaglmoreinfo.html.

[4] 中国互联网信息中心. 第 41 次《中国互联网络发展状况统计报告》[EB/OL]. [2018 - 03 - 05]. http://cnnic.cn/hlwfzyj/hlwxzbg/hlwtjbg/201803/t20180305_70249.html.

以优化志愿者服务效能为突破，促成新时代公共图书馆的跨界合作与交流——以上海市静安区图书馆(新闻路馆)志愿者服务工作近况为例

施　正

(上海市静安区图书馆)

摘要　公共图书馆开展志愿者服务有利于突破自身人力与经费不足的瓶颈、构建图书馆与读者之间双向沟通的桥梁、有效提高整体服务质量,更合乎在社会发展新时期充分发挥社会力量积极参与公共图书馆建设的时代要求。本文结合笔者对上海市静安区图书馆(新闻路馆)志愿者服务工作的现状,从志愿者的构成、志愿服务项目、时间(空间)安排和馆员读者整体评价等方面归纳特点、总结成绩,并结合美国、加拿大、中国台湾等其他国家与地区公共图书馆志愿者服务的内容和效果,为进一步优化本馆志愿者服务效能、促进公共图书馆馆员与从事不同社会职业的民众加强沟通、增进理解、不断完善自身知识结构、提高图书馆及馆员的社会认知度,进而为促成新时代公共图书馆的跨界合作与交流提出切合实际、易于操作的对策。

关键词　公共图书馆;志愿者服务;跨界合作与交流

Optimizing the Performance of Volunteer Services as a Breakthrough, to Promote the Public Libraries' cross-border Cooperation & Communications in the New Era — Take the Situation of Shanghai Jing'an District Library's Volunteer Services (Xinzha Road branch) for Instance

Shi Zheng

(Shanghai Jing'an District Library)

Abstract　Taking public library volunteer services is conducive to break through the bottleneck of its own lack of manpower & funding, establishing a bridge between the library and the readers' two-way communications, effectively improving it's overall quality of services, more suitable for giving full play to the social forces participating in the requirement of the times for the construction of public libraries actively in the new period of social development. This article combines the author of Shanghai Jing'an District Library's volunteer services status quo(Xinzha Road branch), from the composition of volunteers, volunteer service projects, time (space) arrangements as well as the overall evaluation of the librarians and the other aspects to induction characteristics, summarize the results, combined with the contents and effects of the public libraries' volunteer services in some other countries and regions such as the United States, Canada, Taiwan, etc. To further optimize the performance of volunteer services in our library, promoting librarians and people engaged in different social occupations to enhance communication, enhance understanding, Constantly improve their own knowledge structures, improve public library and librarian's social awareness, and then put forward realistic and easy-to-handle countermeasures to promote the public libraries' cross-border cooperation & communications in the new era.

Keywords　Public library; Volunteer services; Cross-border cooperation & exchange

1 引言

作为“向社会公众免费开放，收集、整理、保存文献信息并提供查阅、借阅及相关服务，开展社会教育的公共文化设施”(《中华人民共和国公共图书馆法》第二条对于“公共图书馆”的定义)，公共图书馆日常服务的顺利开展需要足够数量的工作人员(包括正式在编职工、编外员工和定期来馆提供服务的志愿者)、相应的服务标准、多样化的服务内容与合乎国家法律规定的开放时间。限于政策和经费等客观原因，我国大多数公共图书馆(尤其是区县中心馆和街镇基层馆点)普遍面临人手紧缺、经费不足的瓶颈，直接或间接影响到相应馆点整体服务质量的提升。在此客观背景下，适时组建规模适当、业务娴熟、年龄(职业)层次分布合理的志愿者队伍对保证公共图书馆基本公共文化服务的充分供给、借助志愿者自身的知识背景来优化图书馆职工的知识结构、构建公共图书馆与广大读者间双向沟通的桥梁，进而促成公共图书馆在崭新时代背景下的跨界合作和交流均大有裨益。然而，目前我国公共图书馆志愿者服务普遍存在服务项目单一、服务时间相对集中、志愿者业务素质参差不齐等突出“短板”，亟待总结已有经验、积极借鉴其他国家与地区公共图书馆开展志愿者服务业已取得的良好效果，力求在现有基础上大力优化志愿者服务效能、创新服务项目和形式，深化馆员、读者和志愿者三方互动，着眼于提高公共图书馆和馆员的社会认知度，推动试行公共图书馆法人结构治理改革，实现公共图书馆深化跨界合作与交流不断取得新突破。

2 志愿者定义、志愿服务溯源和其他国家、地区图书馆志愿者服务发展概况

2.1 志愿者的定义

志愿者，通常指不为报酬和待遇，主动承担社会责任并奉献个人时间及精力的人，具有公益性、自主性的特征。联合国对志愿者给出了“不以利益、金钱、扬名为目的，而是为了近邻乃至世界进行贡献的活动者”的具体定义，鲜明凸显了志愿者自愿服务、淡泊名利的行为特质，这与公共图书馆“一视同仁、平等公益”的社会价值定位相契合。

2.2 志愿服务的溯源

作为“不取报酬、不计待遇、不为名声，由活动参与者主动承担社会责任并奉献个人时间和精力”的社会性活动，志愿服务起源于 19 世纪初期西方国家的宗教性活动，它在经历二次世界性大战后得以普及与规范。图书馆志愿者服务由此也取得了长足进步。这一时期，美国、加拿大、澳大利亚和我国台湾地区图书馆志愿者服务普遍形成了较为系统的管理体系、凝练出鲜明的特色、积累了宝贵的经验。在充分借鉴部分发达国家和地区成功经验的基础上，我国结合自身实际，于 1994 年成立了中国青年志愿者协会，随后在 1996 年建立了福建省图书馆志愿者服务队这一全国首支公共图书馆志愿者服务组织。经过 20 多年发展，我国初步形成了“条块结合、纵横交错”的志愿者服务框架体系。

2.3 其他国家、地区图书馆志愿者服务发展概况

2.3.1 “美国模式”特点与效果

作为世界上最发达的资本主义大国，美国早在 1896 年即成立了美国志愿者协会，历经 120 余年发展，目前已在全美各地集聚了 16 000 余名专业雇员和 65 000 多位志愿者。该协会在全美设有 33 个办事处，它以“到最需要我们的地方去，做任何需要我们做的事”为宗旨，美国公众普遍视志愿活动为增长技艺、开阔眼界、结交朋友和获得体验的最佳平台。在公共图书馆志愿服务管理和内容上不断推陈出新：通过设立严谨的公共图书馆志愿者服务申请表来明确潜在志愿服务参与者的服务时限、个人感兴趣的服务项目、志愿活动经验、个人兴趣特长等重要信息，以便更具针对性地安排志愿活动内容，尽最大可能实现“人岗相适”；在志愿者服务内容的设置上，不仅有公共图书馆传统的馆员辅助工作(如新书上架、整理错号书刊等)，还密切结合各自馆藏特点和服务对象特征，旗帜鲜明地推出了成人阅读、计算机使用辅导、ESL 英语课堂教学、家庭作业辅导、小语种(外语)辅导、青少年服务中心志愿者项目等特色志愿活动内容，有效拉近了图书馆自身和一般读者间的距离，在促成服务质量提高之余增进了各馆的社会知名度。

2.3.2 “加拿大模式”特点与效果

同为北美传统发达国家的加拿大也有着深厚的志愿服务文化传统：该国首座志愿者服务中心始建于 1937 年，每年有接近 40%的公民参与志愿服务，志愿服务内容涉及国民教育、公共文化、国民医疗卫生、社区管理辅助等社会主要领域，具有起步早、规模大、覆盖面广、社会效益高等特点。在公共图书馆志愿服务内容

上依靠自身丰富的志愿者背景资源和突出的整体素质，形成了诸多品牌项目：既有满足不同成年读者继续教育和学习需求而推出的成人教育项目，也有针对青少年学生巩固提高学科知识与能力而设置的青少年家教活动内容，还有效保证了新书导读、理书上架、图文数据资料录入、服务热线接听等图书馆常规服务项目做实做细、稳中有进，让图书馆真正成为公民终身教育的主阵地。

2.3.3 "澳大利亚模式"特点与效果

地处南半球的传统经济强国澳大利亚在公民志愿服务上同样有着坚实的社会基础，澳洲人利用业余时间积极参与志愿活动早已蔚然成风。每年 5 月第二个星期就是著名的"国家志愿者服务周"，期间当地民众参与公共志愿服务的热情将达到高潮。尤其是在公共文化服务方面，澳洲人在埋头工作之外，不忘尽己所能奉献他人与社会。澳大利亚国立图书馆的"志愿者服务项目"自推出至今已有 29 年历史，其每隔数年修订的"志愿者项目政策"确保了该国公共文化类志愿服务标准的与时俱进，既努力创设使每位志愿者得以施展个人专业素养和职业背景的平台，更从制度上保证了图书馆主要文化服务供给的质量标准和实施规范。

2.3.4 "中国台湾模式"特点与效果

中国台湾地区的"志工文化"源远流长、闻名中外。当地各类公共图书馆的工作人员中有 2/3 左右是通过社会招募，经系统培训并严格考核后上岗服务的志愿者。历经多年实践，台湾地区的公共图书馆志愿者服务不但具备严谨的准入、培训、考核与评价体系，还紧密结合不同类型读者的文化需求和各自馆藏特色，形成了英语(包括其他主要外语语种)、视障人士服务、阅读推广等不同类别的图书馆志愿者服务群体。既节约了有限的人力资源和经费开支，更大力激发了当地民众参与图书馆以及其他社会事务管理的积极性，不断提高了办馆的综合效益、增强了图书馆工作的社会认知度，初步实现了馆员和读者间的双向交流互动。

2.4 国(境)外公共图书馆志愿者服务的意义总结

纵观上述在社会志愿者服务方面发展较为成熟的国家和地区经长期实践所取得成果，公共图书馆开展志愿者服务具有下列典型意义：

一是能够有效缓解公共图书馆人力资源和办馆经费紧张的局面，在充分保证馆室开放时间的基础上有效应对逐渐增加的工作量和日趋多样化的读者需求；通过不同专业背景和职业领域的志愿者可以更为全面地帮读者解疑释惑，既提高了读者服务质量，也在一定程度上丰富了图书馆员的知识结构，还间接促成了"学科馆员"模式在公共图书馆的试行，助推图书馆跨界合作交流落地生根。

二是鼓励公众走近图书馆，积极参与公共图书馆主要的服务项目，在亲身实践中了解图书馆的主要业务，使公众对图书馆的职能和常规工作有较为全面、客观的认识，提高不同类型馆点的社会认知度；让公共图书馆的志愿服务稳中有进、更可持续，始终在确保读者服务质量、基本公共文化的有效供给和志愿者个人才能的充分发挥这三者之间达到较为稳定的平衡状态。

三是立足于公共图书馆各自的服务对象特征、馆藏特点、馆室分布等实际情况，开展形式多样的志愿者服务项目，一改图书馆在普通民众脑海中刻板的印象，增强了现代公共图书馆作为"城市第三空间""都市会客厅"的崭新形象；还在实行志愿服务的过程中通过和志愿者、其他读者的深入交流，更为准确地了解自身管理及服务上的"短板"，从而更好地适应读者和社会的现实需求；另一方面，图书馆也为所有到馆参与公益服务的志愿者提供了实现自身价值、锻炼综合能力的良好平台，通过三方有效沟通初步实现了图书馆、志愿者和读者间"共赢"的可喜局面，进一步明确了"社会文化高地"的现代图书馆价值坐标定位。

3 静安区图书馆(新闻路馆)志愿者服务工作现状和优化提升途径

3.1 静安区图书馆(新闻路馆)志愿者服务工作现状

静安区图书馆(新闻路馆)地理位置优越、交通便捷，全馆总建筑面积 6 000 余平方米，设计馆藏容量 30 万册，开放时间长期以来位居全市各公共图书馆之首。2017 年全年共计有 111 600 余人次进入本馆馆室借阅、自修。读者接待数量多、开放时间长、馆室面积小、馆藏容量有限、一线流通服务人员相对紧缺是我馆流通服务的重要特征，也是进一步提升读者服务质量的主要瓶颈。为不断改善读者阅读自修体验、充实一线服务力量，我馆自 2010 年初改扩建完工并对外开放以来，已连续 8 年邀请市老科协、联邦快递、东方海外集团等不同职业领域和年龄分布的志愿者在周末等读者数量较多的时段来馆提供咨询接待、理书上架、自助借还一体机操作指导等志愿服务，他们以热情周到的服务赢得了读者的广泛赞誉，也得到了本馆领导和工作人员的一致肯定。静安区图书馆(新闻路馆)2017 年全年累计有 713 人次的志愿者提供了 117 次志愿服务；在志愿者招募和培训上，我馆坚持严格把关、全面指导，去年先后集中9次为当年新招募的103位志愿者提供了每人1小时的志愿服务岗前培训，内容涉及我馆读者服务规范、到岗时间、服务时限、iPac2.0查询方式和RFID自助借还设备操作流程等实务，经培训后上岗服务的志愿者普遍遵守我馆流通服务规程，能够较熟练地为读者解决查询索书号、书本定位、自助机操作和细排上架等常见流通借阅问题，有效提升了我馆流通部门的工作效率。然而，我馆志愿者服务工作在提高服务效能、充分发挥志愿者年龄特征和职业优势来创新服务内容、均衡不同类型志愿者到馆服务时间等方面依然存在一定的改进空间，具体表现为：

一是相当数量的志愿者为在校高中生、大学生，他们普遍面临着较大的学业压力，参加志愿活动并不主要为了锻炼自己的能力，而是为了满足学校社会实践的学分要求，因而在志愿服务中客观存在迟到早退、工作不够积极主动、利用志愿服务时间完成学科作业等现象，难以凸显志愿者公益性、自主性的概念特征。

二是部分由老科协委派参加本馆志愿服务的老年志愿者虽然拥有丰富的社会生活、临床医学、保健养生等专门知识，但接受新事物的能力和体力相对欠缺，在志愿活动项目上除了常规的图书馆馆员辅助服务之外，仅有每周一次的医疗保健志愿服务（以测量血压为主）；亟须在活动形式上结合不同年龄阶段和职业背景的志愿者实际，进一步拓展项目类型，致力于改善图书馆员和读者的知识结构，在优化志愿服务能效的基础上逐步实现公共图书馆的跨界合作与交流。

三是志愿者到我馆参加志愿服务的时间高度集中在双休、寒暑假等时段，时间分布的相对集中尚无法满足当前我馆读者接待与咨询的现实需要，服务效率和潜力仍有待进一步挖掘。

3.2　静安区图书馆（新闸路馆）志愿者服务工作的优化提升途径

结合我馆读者接待、咨询服务和常规流通管理任务量稳中有升的态势，在综合考量志愿者服务项目、培训内容、职业背景和年龄结构等因素的前提下，静安区图书馆（新闸路馆）志愿者服务工作可从以下三个途径实现优化提升：

一是进一步完善落实规范化、标准化志愿服务培训体系。在志愿者招募时，可通过“上海志愿者网”发布不同志愿服务岗位（如图书整理、读者接待咨询辅助、自助借还机操作指导、盲人视听阅读软件操作等）的需求人数、工作职责、到岗时间等具体信息，在优先满足普通高中和大专院校在校学生社会实践需要的前提下，结合市老科协和东方海外等合作共建单位人员的年龄特征、工作时间、职业背景等特点安排相应数量的青年白领、退休人员投身志愿服务；在岗前培训阶段，除了需要强化服务内容、操作规范、工作纪律等方面的学习，还可通过邀请全市、全区范围内的文化名人和礼仪培训专家开展主题讲座等形式来帮助新入职的志愿者掌握必要的沟通技能、习得基本的心理常识、提升文化修养，为他们顺利开展志愿服务打下良好的基础；在集中培训后还可进行书面考核，重点了解志愿者本人的服务意愿、个性特长、职业背景及作息时间等信息，经部门分管领导认真考虑后安排并告知志愿者本人具体的服务岗位和工作时间，在正式参加志愿服务工作后再由相应岗位的工作人员予以适当带教指导，强化服务过程评价和岗位调整机制，倡导双向沟通、岗位动态调整的人性化管理模式。让志愿者弘扬新时代志愿服务的良好风尚，远离无所事事、被动应付的不良状态，努力当好图书馆员和全体读者沟通的纽带，从一个侧面帮助我馆工作人员了解到当下读者的现实需求和普遍关切，不断消弭矛盾、润物无声，助力我馆常规服务再上新台阶。

二是结合部分志愿者的职业背景和知识层次，通过开设“志愿者讲坛”等活动来进一步丰富我馆志愿服务形式，在拓展我馆工作人员视野之余，尽最大可能让公共图书馆的跨界合作与交流初见成效。长期以来，我馆志愿者服务项目集中在读者服务咨询、理书上架、书本修补等常规馆员辅助业务上，服务效能有限，尚无法适应知识经济时代的新要求。另外，公共图书馆工作人员受到自身工作性质等因素的影响，客观存在知识结构单一、社会视野不够开阔等特点，和成长为知识复合型人才的新时代图书馆员素质要求尚有一定距离；在到馆读者中也较普遍地存在着对于保健养生、中小学生学法指导、金融理财等方面知识的学习热情。在此背景下，我馆要顺利实现志愿服务内容创新、在公共图书馆跨界合作与交流等方面取得突破，就要善于充分运用老科协退休专家丰富的医学养生、临床诊疗与自身丰富的人生阅历，部分知名企业管理人员和资深员工深厚的经济金融知识，还有一些到馆参加社会实践的市级示范性高中学生所在学校的学科带头人及著名教师充分发挥自身专业优势、知识背景，开设保健养生、中小学生学习方法指导、理财大讲坛等主题鲜明、内容新颖、契合读者实际需要的主题讲座，为“阅读静安”这张闻名全市的文化名片加入崭新的注解。通过充分利用优越的志愿者智力资源、优化公共图书馆的志愿者服务内容，更好地提升办馆的社会效益；也可以在一定程度上提高我馆馆员的知识水准，开辟图书馆员和不同职业类别、人生阅历的社会公众之间切磋交流的渠道，在第三代公共图书馆日渐成为“城市会客厅”的浪潮中主动跨前一步，力求成为不同领域间跨界合作与交流的典范。

三是合理平衡志愿服务的时空分布，有效提高服务效能，优化读者服务体验。新颁布的《中华人民共和国公共图书馆法》第四十六条特别指出：“国家鼓励公民参与公共图书馆志愿服务”，这一条款为不同社会力量（包括富有图书情报理论和实践经验的公民个体、具备相应资质的社会组织、参与社会公益实践的志愿团体和个人）参与公共图书馆的常规建设与管理提供了重要的法律依据。在此大背景下，公共图书馆的志愿者服务也逐渐成为各馆常规读者（阵地）服务的有机组成部分。总结我馆近年来志愿服务的经验得失，笔者认为我馆志愿者服务存在数量充足、职业背景覆盖面广、年龄结构合理的优势，但也客观存在时空（志愿服务时间和服务馆室场所）分布不够均匀、读者服务体验有待优化等不足。需要和不同类型的志愿服务群体商议合理，尽最大可能错开彼此到岗服务的时间，改变志愿服务在部分读者心目中“一窝蜂”的刻有观念，提倡精耕细作、错时安排、动态调整的管理方式，结合馆室工作人员数量、工作强度、读者感知体验等因素合理安排适当数量的志愿者提供更有针对性的服务，并坚持在到馆读者和图书馆读者服务部一线员工中开展志愿服务过程评价机制，力图从志愿者服务态度、常规业务流程掌握程度、图书管理基础知识了解熟练度、突发情况处置结果等方面系统督促每位志愿者不断增强服务意识、扎实提高业务能力，既有效拉近同读者的距离，又帮助相关工作人员提高办事效率，并借助“上海志愿者网”中肯评价志愿者服务质量、准确记录志愿服务时间和次数；另外，还可适当根据图书馆读者（阵地）服务工作中所出现的新情况、新形势合理修订我馆志愿者服务工作管理规范等业务指导标准，真正让我馆志愿服务的品牌与时俱进、深入人心，成为新时期静安区精神文明和公共文化主阵地建设中一张闪亮的名片。

4 结语

自1852年英国曼彻斯特建立全球第一座城市公共图书馆以来，公共图书馆已走过160多年极不平凡的发展历程，她真实见证了历史的兴衰、科技的变革，正日渐成为提升公众文化素养、开展公民社会教育的重要场所。伴随着“互联网+”的大数据时代浪潮，公共图书馆除了必须坚守保存人类文化遗产、传播先进文化的固有文化功能外，更要满足民众对公共文化日益多元的客观需要、密切结合所在区域的人文特征（如笔者所在的上海中心城区——静安区，“白老汇”的比喻非常形象地反映出区域内高素质青年白领和60周岁以上老年人口数量均在全市位居前列，图书馆志愿服务项目可以很好地结合这两类人群的年龄层次、知识经验等因素举行专题讲座、馆员辅助、中小学生课余学法指导等内容新颖的志愿服务项目），通过开展形式多样、评价严谨、受众广泛的志愿服务活动来更好地引领时代风尚、凝聚向上向善的社会正能量，在相当程度上转变民众对公共图书馆和图书馆员固有的印象。既让图书馆本身成为社会信息资源交流互通的中心，又促使图书馆工作人员的知识结构不断加以完善，逐步实现公共图书馆在第三次转型过程中成为不同社会领域之间开展跨界合作和交流的典范；让“城市会客厅”的全新定位家喻户晓，全力集聚新知、大力弘扬新风，积极参与日益深化的时代变革，真正使之成为社会文化的新高地、所在区域首屈一指的人文殿堂。

交融与发展：公共图书馆与民间读书会跨界合作探究——以齐鲁地区为例

曹 艺 张咏梅

（济南市图书馆）

摘要 齐鲁地区民间读书会既具有鲜明的本土化特色，又迸发出多元创新的国际化气息，但存在着非正式、较松散、难持续的发展瓶颈。探究公共图书馆与民间读书会的跨界合作，为民间读书会提供孵化、培育和支持的发展平台，在齐鲁深厚的文化底蕴和历史积淀基础上，着力实现本土化与国际化的深度融合，从而推动本地区阅读推广，助力全民阅读。

关键词 交融与发展；民间读书会；发展瓶颈；跨界合作

Blending and Development: The Crossover Cooperation between the Public Library and the Folk Reading Association — Taking Qilu Area as an Example

Cao Yi Zhang Yongmei

(Jinan Library)

Abstract The folk reading associations in Qilu area have distinctive characteristics of localization, and burst out of diverse and innovative international atmosphere. But, they face the bottleneck of informal, loose and unsustainable. To explore the crossover cooperation between the public library, and provide the development platform for the folk reading associations to incubate, cultivate and support them. Based on the profound cultural and historical accumulation of Qilu, the cooperation focuses on realizing the deep integration of localization and internationalization, so as to promote reading promotion in the region and help nationwide reading.

Keywords Blending and development; Folk reading association; Development bottleneck; Crossover cooperation

广袤的齐鲁大地，在历史的长河中彰显着鲜活的文化魅力。溯源先秦，东海之滨的齐国，姜太公的道家思想与东夷文化杂糅共生，讲求革新的齐文化大放异彩；而在岱岳之南的鲁国，以孔子为代表的儒家思想学说成为中国传统文化的主流思想，影响深远。齐文化与鲁文化在历史演进中逐渐融合，形成了具有丰富历史内涵的齐鲁文化。在这种文化观照下，齐鲁阅读之风蔚然成荫。古有稷下学宫，它承载着战国时代的文化交融和百家争鸣，影响着整个中国文化发展方向；今有公共图书馆，它承载着提供公共文化服务的重要使命，影响着新时代书香社会建设。当今社会，在全民阅读推广的大背景下，在各地民间力量逐步兴起，社会自发形成的读书会不断增多，初步形成规模的条件下，公共图书馆与民间读书会的跨界合作已成为大势所趋。

1 保守与求变：齐鲁地区民间读书会概述

《礼记》有云，“独学而无友，则孤陋而寡闻。”齐鲁民间读书会的开办首先重点强调“读书”，通过阅读，吸纳新知，同时“以书会友”，激发阅读兴趣，满足人们的多元化阅读需求。

1.1 齐鲁民间读书会概况

读书会是一个以阅读交流为中心的小型组织，属于民间阅读推广团体。目前的读书会大多被看作是一种社会组织形式(NGO),是社会阅读推广团体。在全民阅读的时代背景下,数量众多的读书会小组织镶嵌在社会这个大组织上,贡献着力量,传播着书香。

读书会是历史和文化的产物,在不同的时空坐标上有着不同的样貌,在不同的文化熏陶下也呈现出不同的发展理念和途径。齐鲁地区读书会大多立足传统经典文化阅读,具有鲜明的本土化特色。同时,不少读书会注重吸取西方精华,注重国际交流与合作,迸发出多元创新的国际化气息。

表1 齐鲁地区主要读书会一览表

名称	创建时间	简介
尼山圣源书院	2008.10	尼山圣源书院是一个开放的文化学术教育机构,由海内外学界知名学者和社会贤达发起创立,以弘扬儒家文化为主干的中华优秀传统文化,促进社会和谐,人类文明进步为旨归,"弘道明德、博学笃行"为其院训。
济南周三读书会	2011.11	周三读书会是由济南市园林文联发起,社会各界文学爱好者广泛参与的群众性文化活动。坚持纯文学性、公益性。通过学习交流各类美文、研讨会员创作成果、探寻文学创作途径等增强会员文学欣赏和创作能力。获评第四届影响济南年度群众文化活动。
德鲁克泉城读书会	2016.07	以"真挚、平等、贡献"为宗旨,通过传播现代管理学之父彼得·德鲁克的管理思想,通过对德鲁克管理思想的系统研读,帮助知识工作者学习和实践德鲁克的学说,助力管理者提升自我升华品质、提升组织管理水平,为中国功能社会建设贡献力量。
济南尼采读书会	2015年	致力于推广经典阅读和传播优秀文化,为优秀知识者提供分享平台。通过线下尊重、自由、平等的交流,创造一种美的生活方式,用读书会的方式发现自己、发现生活、发现美。
威海"相聚星期三"读书沙龙	2007.12	"因书而聚,以读为乐",威海本地读书沙龙组织。沙龙以读书为主旨,开展多元化读书分享活动。以共同阅读为依托,线下活动要求书友必带书、只谈书、不借书。
东营经典重述沙龙	2004年	读书会以经典阅读为载体,以共同阅读为形式。沙龙力求通过经典阅读恢复生命的立体感,建立生命共同体。

1.2 齐鲁民间读书会特色

1.2.1 植根中华优秀传统文化

山东是儒学发祥之所,优秀的传统文化底蕴深厚,影响深远。山东尼山圣源书院以弘扬儒家文化为主干的中华优秀传统文化为己任,已成为复兴中华文化的高地。在山东东营,经典重述沙龙已举办了14年。沙龙创始人,东营市知名文化学者胡吉胜谈到,他们的读书会通过阅读帮助恢复生命的立体感,建立生命共同体。经典重述沙龙的参与者有稚嫩儿童也有耄耋老人,读书会以传统经典作为载体,仅《论语》坚持讲了11年,五百多期,不同年龄、职业的人分享了对生命的感觉、人性的理解,共同寻求中华传统文化中安身立命的根基。

1.2.2 关注"国际视野"阅读

在泉城济南,有一个专注于企业管理人才成长的读书会——德鲁克泉城读书会。德鲁克青年社区(DYC)战略发展顾问王德重是读书会的创始人。通过对德鲁克管理思想的系统研读,助力管理者的发展与成长。山东尼采读书会,从2015年发起以来累计举办300场活动,以经典西方哲学推广为特色,用读书会的方式帮助书友发现自己、发现生活、发现美。

1.2.3 推动中华传统文化"国际化"

山东尼山圣源书院的高端学者团队既包括中国社科院、北京大学等国内知名大学学者,还会聚了首尔大学、哈佛大学等国外院校学者,通过举办高端国际学术交流会议,踏实开展理论研究、培训普及等工作,已成为海内外文化交流的重要平台。在山东,许多国学读书会吸引了外国留学生等外国友人的参与,有力推动了中华优秀传统文化"国际化"。

在完善的学习型社会,倡导终身学习,建立基于阅读的学习社群变得更有价值和意义。齐鲁地区读书会坚持继承传统文化,同时注重传统文化的创造性转化与发展,力求与国际接轨,在保守与求变中不断发展。

1.3 读书会发展瓶颈

民间阅读推广组织的优势和效果是明显的。然而,它存在着非正式、较松散、难持续的发展瓶颈,制约着社会读书会的发展。许多读书会的发起人最明显的焦虑是读书会的持续性。社会读书会一般是民间爱好阅读的热心人士发起，以公益为主。由于没有注册，这些自组织在资金、场地、资源方面的需求不能得到及时的满足，从而影响活动的组织开展。由于人员组织建设松散，受众有限，制约了活动效果。同时，除了外在的因素外，关乎读书会得以持续的重要问题在于读书会核心人物投入的是时间和精力。读书会的发起人要花费大量的时间。威海"相聚星期三"读书会创办人王肖杰曾说自己大概每个月要投入 28～30 个工作时。

人的可持续和资源的整合是民间读书会可持续的要素。民间读书会一直在寻求突破发展瓶颈的方式。轮值主席制、主持人推选制、轮值领读制，他们也一直尝试通过组织结构的设计来突破瓶颈，但是收效不明显。针对诸如组织松散、管理水平不高、人员专业性低、经费不足且不稳定、场地缺乏、社会参与力量薄弱等制约民间阅读组织发展的因素，公共图书馆应为民间阅读组织的发展提供强有力的支持。"在求变过程中，公共图书馆与民间读书会的跨界合作，有效助力民间读书会破茧成蝶。

2 联结与创变：公共图书馆与民间读书会跨界合作

目前，全民阅读热情高涨，民间读书会数量不断增多，规模日益扩大。在这样的社会氛围下，图书馆开展读书会服务的需求日益迫切，公共图书馆与民间读书会的合作水到渠成。主要的合作模式有资源共享模式、购买服务模式、奖励模式、联盟模式等。山东地区公共图书馆积极开展与民间读书会的跨界合作，主要有以下几种典型案例。

2.1 "图书馆+ 书院"模式：山东省尼山书院

书院是唐宋至明清出现的一种独立的教育机构，前后延续千余年，对中国封建社会教育与文化的发展产生了重要的影响。

如今，整个社会对传统文化的需求十分强烈。山东省本着对中华优秀传统文化礼敬自豪的态度，为了激活传统文化，弘扬核心价值，实现优秀传统文化的创新性转化和发展，创新开创了现代公共图书馆和传统书院有机结合的服务模式。"尼山书院"建设的实施原则中要求坚持部门主导、社会参与的原则，利用志愿者服务等形式，充分发挥社会各方面的作用。随着尼山书院建成使用，充分调动了社会力量参与弘扬中华优秀传统文化的积极性。全省范围内培养师资，充分发挥民间国学读书会的作用，尼山书院广泛开展经典诵读、国学普及、礼乐教化等活动，"乡村儒学"和"社区儒学"建设如火如荼。

2.2 全民阅读推广联盟模式：威海阅读联盟

山东威海市在威海市图书馆的协调下于 2016 年初成立了"书香威海 · 全民阅读推广联盟"。威海市图书馆在全市范围内选出了 12 家基础条件设施好、开展活动多、有一定影响力的阅读组织和机构，资源统一调配，共同助力书香威海的建设。例如，多家致力于亲子阅读、儿童绘本阅读的读书会积极响应威海市图书馆"阅宝起航计划"，居民可就近到绘本馆为 0—3 岁婴幼儿领取阅读大礼包，并免费到绘本馆参加阅读活动。以联盟成员小贝壳儿童阅读发展中心为龙头，带领多家亲子阅读成员，积极参与承办 2017 年威海市 200 名阅读推广人培育行动，指导家长开展亲子阅读，点燃阅读之灯，播撒幸福种子。联盟成员在全民阅读活动中不断展现民间活力，助力书香威海建设向纵深发展。

2.3 资源统筹协调模式：济南市图书馆"泉书坊"

公共图书馆的真正生命力在于读者。济南市图书馆作为国家一级图书馆，坚持"以人为本、服务立馆、科技强馆"的服务理念，凭借优质的服务成为市民的"第三空间"。丰富多彩的阅读推广活动润物细无声地影响了百姓的生活，真正引领了这座城市的阅读氛围。在山东民间阅读联合会成立的背景下，济南市图书馆统筹协调民间读书会资源，于 2018 年初设立"泉书坊"阅读推广联盟，统一挂牌，走向社会，广泛联通融合，联结社会力量，创变阅读价值，从而带来更大更强的图书馆服务效能，走向普遍均等的惠民之路。

"泉书坊"阅读推广联盟广泛与学校、社区、企业等合作，持续开展阅读推广活动。公共图书馆负责协调社会资源，与济南市各社工组织、民间读书会广泛联合，采用"互联网＋"选课模式，及时在统一的平台上发布活动主题，合作单位结合本区域特点选取适合的活动开展。专门的服务馆员，遍布全市的读书会场地，"泉书坊"模式有效解决了民间读书会的资源问题。"泉书坊"阅读推广联盟开设的目的，是让阅读无处不在，让公共图书馆与民间读书会深度融合，共同在全民阅读推广的征程上携手并进。

3 交融与发展：跨界合作的经验与启示

通过对山东地区公共图书馆与民间读书会跨界合作典型案例分析，我们发现两者之间的跨界合作可以有效解决民间读书会发展瓶颈，有力促进全民阅读推广。

3.1 跨界合作可以有效推动民间读书会的规范化、正式化

济南市图书馆“泉书坊”阅读推广模式，为民间读书会的发展提供了丰富的社会资源、广阔的交流空间和相对可靠的“根据地”，有效解决民间读书会“非正式”的发展困境。

3.2 跨界合作可以有效推动民间读书会的专注化、专业化

山东省“图书馆＋书院”阅读推广模式，为致力于国学推广的民间读书会发展提供了专业资料、专业师资、专业服务，民间读书会的参与又促进了传统文化在社区、乡村的快速传播。可以说这一模式的推广，有效地解决了民间读书会“松散化”的发展瓶颈，助推了民间读书会的专业化成长。同时，“图书馆＋书院”模式有效助推了中华传统文化的创造性转化和创新性发展，为中华文化“走出去”奠定了基础。

3.3 跨界合作可以有效推动民间读书会的常态化、长久化

威海市图书馆全民阅读联盟推广模式，为有影响力的民间阅读组织提供资源，培养阅读推广人，为民间读书会做强做大提供了重要动力，为民间读书会的常态化活动、长久化运作提供了力量支撑，有效破解了民间读书会“难持续”的困境。

可见，公共图书馆完全可以为民间读书会提供孵化、培育和支持的发展平台，使民间读书会与公共图书馆一道更好地传承文化使命，传递阅读力量，推动书香社会建设，让阅读之花在每一位读者心中盛开。

参考文献

[1] 陈伟华. 公共图书馆促进民间阅读组织发展的研究与思考[J]. 四川图书馆学报，2017(4)：74—77.

[2] 陈艳. 民间读书会与公共图书馆合作模式探析[J]. 图书馆界，2017(1)：9—12.

[3] 山东省文化厅. 关于在全省创新推进“图书馆＋书院”模式建设“尼山书院”的决定[Z]. [2014-05-09]. http://www.sdwht.gov.cn/html/2014/ggtz_0512/14595.html.

移动环境下嵌入院系的信息素养教育：案例研究

郭劲赤
（华东师范大学图书馆）
Jie Huang
（宾夕法尼亚州立大学图书馆）

摘要 各国的信息素养教育以形式多样的方式开展，高校信息素养教育主要有新生教育、讲座、学分课程、嵌入式教学等形式，欧美的信息素养教育多为嵌入式教学的教育形式，而国内的信息素养教育多为新生教育、讲座和学分课程的教育形式，在嵌入式教学方面还处于探索阶段。本文对国内“双一流”大学信息素养教育嵌入院系课程进行调研，并以华东师范大学图书馆的实践为例，在本科生、研究生的专业课或通识课中嵌入信息素养教育，在教学模式、教学理念、课题教学设计、教学方式、教学内容等方面做深入探讨，并探索信息素养教育嵌入式教学如何尝试利用移动互联网平台，提供相关教学资源、课堂互动、课后推送等教学支持。最后对信息素养教育嵌入院系课程的持续和拓展，提出一些思考。

关键词 信息素养；嵌入；移动互联网；移动环境；高校图书馆；大学图书馆

Information Literacy Education Embedded Teaching in Mobile Environment: In Case Study

Guo Jinchi
(East China Normal University Library, Shanghai, China)
Jie Huang
(Pennsylvania State University Libraries, USA)

Abstract Information literacy education in various countries expands in a variety of ways. Information literacy education in universities mainly includes credit courses, lectures and embedded teaching. The information literacy education in Europe and America is mainly embedded teaching. China's information literacy education is mainly credit courses and lectures. Embedded teaching is still in the exploratory stage. This paper investigates the information literacy education embedded teaching in mobile environment about 42 university libraries of “double-class”. Taking East China Normal University Library as an example, And discusses the teaching philosophy, teaching characteristics, teaching methods, teaching content. Explore information literacy education embedded teaching how to try to use the mobile Internet platform. And to provide teaching resources, classroom interaction, evaluation operations and answering questions such as teaching support. Finally, some suggestions are put forward for the continuation and expansion of information literacy education embedded teaching.

Keywords Information literacy; Embedded teaching; Mobile internet; University library

1 引言

信息素养(information literacy)一词，1974 年由美国信息产业协会(IIA)主席 Paul Zurkowski 在给全美图书馆和情报学委员会(NCLIS)的提案中率先提出[1]。美国信息学家 Forest Woody Horton 于 1983 年提议应该开设信息素养教育课程[2]。从信息素养概念的提出至今已有40多年,随着时代和环境的变化,信息素养教育不断深化和发展。

2016年1月中国教育部发布新修订《普通高等学校图书馆规程》[3]提出:“图书馆应重视开展信息素质教育,采用现代教育技术,加强信息素质课程体系建设,完善和创新新生培训、专题讲座的形式和内容。”明确了信息素养教育是高校图书馆的主要任务之一。2017年7月教育部高校图工委信息素养教育工作组发布《关于进一步加强高等学校信息素养教育的指导意见(征求意见稿)》[4](以下简称为《指导意见》)指出:“嵌入式教学是把信息素养教育嵌入高等学校专业课程或以提高全面素质为目标的通识型文化课程的教育形式,有针对性地提升学生的专业信息素养水平,需高等学校各机构多方合作协同推进。”明确了嵌入式教学是高校信息素养教育的主要形式之一。

2 研究综述

国外高校图书馆的嵌入式教学,始于1959年美国韦恩州立大学(Wayne State University)的PB Knapp等馆员与学院合作,将图书馆教学与学生课程相结合的嵌入式教学实验[5]。1999年英国国家和大学图书馆协会(SCONUL)发布的英国高等教育信息素养标准(Information skills in higher education)[6]提出:信息素养的教学需要合作的课程设计,由专业课教师和图书馆员共同提供给学生。2000年美国大学和研究型图书馆协会(ACRL)发布的美国高等教育信息素养能力标准(Information Literacy Competency standards for high education)[7]指出:信息素养教育融合在学科课程的内容、结构和体系中,且需要图书馆员与院系教师、学校领导之间的合作。全球各国相继开展了信息素养教育嵌入院系课程的实践,主要有Big6信息问题解决模式(Big6 Model of Information Problem-Solving)、PBL基于问题学习的模式(Problem Based Larning)、图书馆员与专业课教师协同教学模式等。

中国高校信息素养教育的相关研究,笔者在知网学术期刊数据库做文献调研,输入检索式:主题=(信息素养+信息素质)*(高校+大学),得到检索结果5981条,发表年度分布如图1,高校信息素养的研究论文最早发表于1997年[8](是关于培养高校教师信息素养的研究),20年多来研究成果比较丰富,其中有两个研究高峰2009年441篇,2016年503篇。

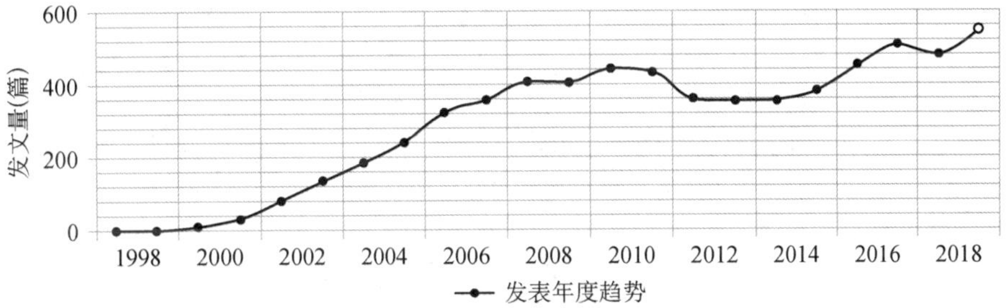

图1 高校信息素养相关论文发表年度分布

高校信息素养教育嵌入式教学的相关研究,仍在知网学术期刊数据库,输入检索式:主题=(信息素养+信息素质)*(高校+大学)*(嵌入+合作),得到检索结果360条,发表年度分布如图2,高校信息素养

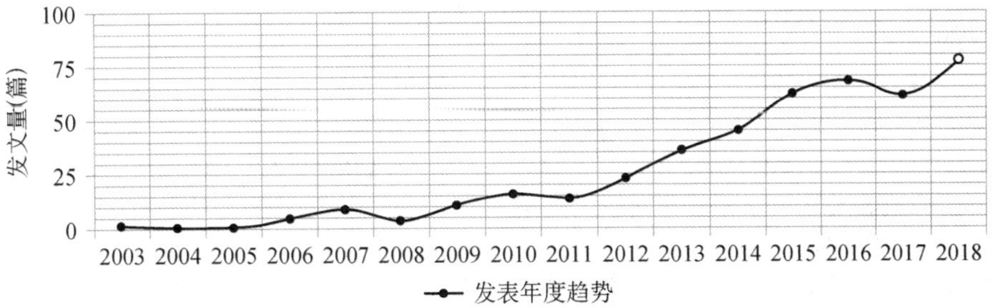

图2 高校信息素养教育嵌入教学相关论文发表年度分布

教育嵌入教学的研究论文最早发表于 2003 年[9]（是关于美国 3 所大学多校园、多学科和多机构等合作的信息素质教育实践与经验分析），研究起步较晚、论文数量较少，但研究趋势近 5 年来一路走高，2016 年 68 篇是一个研究高峰。

中文文献的相关研究主要分几个方面：一是有关国外高校信息素养教育嵌入式教学的研究和实践，从教育模式、目标规划、课程设计、教学方法、考核和评价体系、在线教学平台辅助教学等方面，进行盛行的原因探析、成功要素分析，得到借鉴与启示[10—16]；二是国内外嵌入式教学比较研究，从管理机制、实现途径、课程设计、教学研究、激励机制等方面，进行案例比较分析[17—19]；三是国内嵌入式教学实践经验，有沈阳师范大学、上海交通大学、首都师范大学、重庆大学、东南大学、北京外国语大学等高校嵌入式教学的教学案例和实践探索[20—26]；四是国内嵌入式教学理论研究，从教学模式、教学环境、教学方法等方面进行研究，还有用行动者网络理论分析嵌入式信息素养教育运行机制[27—31]。但少见对信息环境变化对嵌入式教学的影响。

2015 年的一项全国高校图书馆信息素养教育的问卷调查[32]显示，被调查的 545 所高校图书馆中，83.9%开展新生教育，91.5%举办系列讲座，69.2%开设学分课程，仅 17.8%有嵌入式教学，其中超过一半的嵌入院系课程只有 1—3 门。

笔者于 2018 年 3 月对“双一流”高校信息素养教育的实践进行网络调研发现，超过 90%以上的高校主要是新生教育、讲座，76.2%的高校有学分课程，但开展嵌入式教学的仅 16.7%。两个调研都显示，国内嵌入式教学的实践至今仍处于起步和探索阶段。

表 1　“双一流”高校信息素养教育的实践

大学图书馆	新生教育	讲座	学分课程	嵌入式教学
42 所	92.9%	97.6%	76.2%	16.7%

3　华东师范大学的实践

3.1　信息素养教育概况

华东师范大学图书馆（以下简称本馆）信息素养教育，主要形式有：新生教育、讲座、课程。这三种形式都尝试不同程度的嵌入院系，且在嵌入式课程方面，经过多年探索，积累了一些经验。

（1）新生教育　新生教育，是面向新生的信息素养教育入门，主要是引导学生主动利用图书馆，了解如何查找图书馆的丰富藏书、利用海量电子资源等。本馆新生教育，主要有新生讲座、参观图书馆以及图书馆官网和微信公众号的新手入门专栏。本馆新生讲座尝试嵌入院系的新生教育，一是以院系为单位；二是讲座内容除了图书馆利用等通用知识点，还针对不同院系介绍与其学科相关的馆藏和数据库；三是有的讲座地点也是直接在院系。

（2）讲座　讲座包括信息素养系列讲座、专场讲座以及数据库商提供的数据库使用讲座。本馆专场讲座是专为院系定制的，可以院系、专业、班级等为单位，老师或学生都可预约专场讲座，讲座时间、地点、内容等与图书馆协商确定。

（3）课程　本馆已逐渐形成了针对不同学生群体、不同需求的多元信息素养教育课程，课程包括面向本科生、研究生的学校公共选修课和嵌入院系课程。

公共选修课：本科生《信息素养》课程，有一学分和两学分课程，都分文理科开课；研究生《文献调研》课程，也分文理科开课，针对文科的每学期开设三个班级，仍上课人数爆满；信息素养系列讲座，既是面对全校师生的讲座，又是本科生一学分的公共选修课。

3.2　嵌入院系课程的教学模式

本馆从 2006 年开始尝试嵌入式教学，从最初零的突破，到逐步开展，至今已与 10 多个院系合作，开展嵌入院系的信息素养教育，主要有以院系教师为主导、以信息素养教育教师为主导的两种嵌入模式。

3.2.1　以院系教师为主导

以院系教师为主导的嵌入式课程，是指与院系合作，在院系的专业课或通识课中嵌入信息素养教育，已合作的院系主要有：社会发展学院、人文社会科学学院、心理与认知学院、经济与管理学部的多个院系、教育学部的多个院系等，还有孟宪承书院、MBA 中心、EDP 中心。一般嵌入 2—4 课时，介绍与课程及其学科或专业相关的图书馆资源、数据库检索等,让学生学会获取与利用所需信息的方法。

3.2.2 以信息素养教育教师为主导

以信息素养教育教师为主导嵌入式课程,是指与院系合作,嵌入院系课程的一半课时,或作为一门独立的课程嵌入院系,已合作的院系有两个:软件学院、艺术学院音乐系。

与软件学院合作《论文与技术报告写作——信息资源检索与利用》,是该院四年级本科生必修课,本馆承担了该课程的一半课时(0.5学分),主要讲解学科相关数据库的检索,使软件学院学生提高了检索能力、文献调研能力。

与音乐系合作《音乐信息资源检索》,是该系一年级研究生必修课,本馆信息素养教育教师独立任课(2学分),但邀请音乐系教师参与到课程教学设计,了解音乐系学生的专业需求。课程主要以信息检索为重点,全面讲解信息素养,使音乐系学生提高了信息获取能力、信息分析能力和学术规范意识。到研究生二年级时,再次嵌入音乐系通识课,针对二年级研究生的论文开题,进行案例教学。

3.2.3 另类嵌入院系课程

公选课学生来自各个院系,当学生上过几次《文献调研》课,一方面很快成为同学中的检索"小达人",一方面成为老师的科研"小帮手",让同学和老师都眼睛一亮。意想不到的是,笔者主讲的《文献调研》课上的多位学生,听课后在自己导师的专业课上做"小老师"。如一位博士生,当导师听她汇报学会检索对学术研究帮助很大,就专门安排一次专业课,让她讲数据库检索;一位研究生,在上课两周之后,在每周的专业课上,导师要她用20—30分钟同步讲这一周《文献调研》课的主要内容和方法。

3.3 嵌入院系课程的课堂教学

3.3.1 教学理念

"教育,不是把篮子装满,而是把灯点亮。"嵌入院系课程也是如此,即使大部分嵌入式教学课时有限,但教学不是急于给学生灌输检索知识,而是以学生为出发点,站在学生的角度思考教学,注重观念和方法的传授,注重学生思辨能力与创新思维的培养,激发学生的好奇心和求知欲。让学生感受到,信息素养的学习,将促进学习能力的提升。

3.3.2 课前准备

无论是以院系教师为主导的嵌入式课程,还是以信息素养教育教师为主导的嵌入式课程,都需要做好精心的课前准备。本文将以院系教师为主导的嵌入式课程为例。

(1) 教学内容　每一次的嵌入式课程,都是全新备课,在上学期期末或这学期开学初以及嵌入式教学上课前几周,信息素养教育教师与专业课或通识课教师进行深入沟通,根据专业课的要求和教学计划、教学大纲,确定嵌入的教学内容和教学时间,并提前向学生收集与专业课相关的信息检索等提问。

(2) 教学支撑环境　教学支撑环境,主要包括教学设备、教学软件等,除了常用的电脑、网络、投影等设备,提前联系设备管理的技术人员,在教师电脑上预先安装好教学软件"雨课堂"[33],并提醒学生携带安装了微信的手机进课堂。

(3) 使用移动端的教学软件"雨课堂"　在移动环境下,学生已形成手机不离手、天天刷微信的习惯,甚至上课也忍不住看手机。嵌入院系的信息素养教育,抓住学生这个使用习惯,将教学延伸到移动端。从2017年开始,嵌入式教学尝试使用移动端的教学软件"雨课堂"。"雨课堂"是清华大学和学堂在线合作研发的智慧教学工具,全部功能基于PowerPoint和微信,教师只需在电脑上安装好"雨课堂",教师和学生的手机不需要下载应用,易用便捷。教师上课时打开PPT即自动生成二维码,学生直接微信扫二维码进入"雨课堂",每一页PPT同步发送到学生手机,学生上课不再忙于抄写、拍照,能更专注于听课和思考。

"雨课堂"的互动功能,让课堂更有效、更活跃。教师可以发送习题,并设置答题时间,学生直接用手机答题,教师即时查看学生的答题情况,实时掌握学生学习情况。学生有任何疑问,都能随时通过"雨课堂"互动,发送图片或文字到教师手机,教师即时查看、收藏或投屏与全班共享。

3.3.3 课堂教学

课堂教学,使课堂用一条主线深入,既注重挖掘知识点,又将知识点串起来归纳提炼思路和方法。

课堂教学的主要环节:

第一部分:问题导入

① 展示课前收集的提问,说明这节课所学就是学习如何解答这些问题的方法;选取其中有趣的提问,作

为课程具有吸引力的切入，引起学生兴趣。

② 发送课堂习题（选择题或主观题）到学生手机，设置答题时间 1—2 分钟，主要用于了解学习之前学生信息素养的基本情况。

③ 课程要点和难点提示，引发学生思考。

第二部分：展开内容并归纳

教学内容主要有几个方面：一是学科信息资源检索与利用，包括图书馆资源（数据库和馆藏文献）、搜索引擎等的检索与利用；二是信息分析与评价；三是论文写作与学术规范。

这些内容均以案例演示，层层展开，再归纳总结。案例选自于学生或老师的提问，不仅与嵌入的通识课或专业课密切相关，而且注重不同层次学生的需求特点。如，针对硕博士的嵌入式课程，案例主要体现论文开题的文献调研的思路；针对高年级本科生专业课的嵌入式课程，案例主要侧重学术信息的主要信息源是数据库，展现数据库与搜索引擎的不同。并适当穿插一些本科生更感兴趣的，如何灵活运用检索方法查找出国深造或求职等信息以及指导一位毕业班学生上网搜索、筛选招聘信息，通过学科、行业、地点等信息定位工作范围，最后成功拿到几个 offer 的案例；针对低年级本科生科创通识课的嵌入式课程，有学生科创项目的选题，跟移动互联网相关，案例演示就增加如何在移动端获取信息，如何在移动端利用图书馆等。通过案例教学，更有效提高了学生自学能力、科研能力和创新能力。

总之，上课不是泛泛讲解一些普及性的检索知识，而是针对学科特点、针对学生需求，让专业课老师和学生都感觉到，这节课就是专门为你们量身定制的。内容翔实，也让学生觉得有出乎意料的收获。再从案例演示和具体问题解答中提炼方法、总结思路，再从思路到方法到分析进行归纳，梳理检索过程，让学生从具体的检索案例中得到启发，学会方法。

第三部分：引发思考

① 发送课堂习题（选择题或主观题）到学生手机，设置答题时间 1—2 分钟，主要用于了解学生上课的收获和反馈意见。

② 拓展学生思维的课后习题，引发学生思考，激发其好奇心和求知欲。

整个课堂教学，张弛有度，给学生思考的空间；教学方式活泼新颖，手机答题，学生互动参与度高。

3.3.4 课后总结与跟进

课后根据上课情况、专业课教师和学生反馈，通过“雨课堂”分析学生数据、课堂习题数据，不断调整和完善课堂教学设计。

课后将视频、语音、图片、文档等课程学习拓展资料，通过“雨课堂”推送到专业课老师和学生的手机，在手机端可实时查看，是课堂教学得到延伸。

信息素养教育教师与专业课教师互加微信，或加入班级微信群，保持沟通和交流，跟踪专业课教师和学生的需求。如，一位本科生想写选题“马丘比丘”的小论文，课后笔者对学生进行个别指导，检索到之前没有找到相关研究论文，最后，这位学生专业课的期末成绩是全班唯一的 A。一位音乐系研究生，学位论文开题的选题是音乐家阿甫夏洛穆夫的代表作乐谱研究，在笔者跟踪指导下，历时三个半月，通过各种途径的检索，终于在美国找到了该乐谱，成为国内目前音乐人中唯一见到完整乐谱的，她的学位论文也成了独家研究。

3.3.5 意外收获

与院系合作的嵌入式课程，不仅是教学的合作，而且也助力专业课教师的科研，笔者主讲的嵌入式课程，有的专业课教师和学生一起学习检索，课后笔者跟踪专业课教师的教学和科研，解答和分析其学科信息的检索疑问，讨论更好的检索策略，因为有更全面的文献调研打好科研基础，有几位老师也因此获得了国家级课题的立项，如，教育学部一位老师多次获得国家级和上海市的课题立项，经管学部一位老师获得国家社科基金青年项目立项。

4 思考与建议

高校信息素养教育嵌入院系课程，目前面临的困境是：一方面，图书馆很积极推动嵌入式教学，但苦于找不到切入点、需求点，图书馆的宣传推广，不能有效传递到院系，经常是少人问津；一方面，院系师生的科研、教学、学习都有较强的学术信息需求，但处于自我摸索的状态，不了解如何学习检索方法，不知道图书馆能提供嵌入式课程；另一方面，图书馆信息素养教育教师是否具备教师素养，是否能胜任嵌入式教学，并赢得专业课教师的信任？根据本馆10多年的实践经验，提出一些思考和建议。

4.1 制订和完善相关政策

《指导意见》指出，信息素养教育的三种形式：学分课程、嵌入式教学、培训与讲座，这是国内首次在指导性文件中明确嵌入式教学是高校信息素养教育的主要形式之一。《指导意见》目前在征求意见稿阶段，期待能尽快正式发布和实施，使推动和开展嵌入院系的信息素养教育"有法可依"。

4.2 与学校和院系建立合作

《指导意见》提出，嵌入式教学需高等学校各机构多方合作协同推进，包括教务处、研究生院等学校管理部门以及院系、图书馆的合作。图书馆开展包括嵌入式教学的多种形式的信息素养教育，学校管理部门指导和协调相关机构开展信息素养教学活动，院系把信息素养教育纳入到专业培养方案中，相互合作又各司其职。

4.3 鼓励教师个性探索

与学校和院系建立合作，需要政策的支持和指导，但自上而下的合作，不是嵌入式教学的唯一途径，应鼓励信息素养教育教师的个性探索，发挥自身优势，从多角度找合作的切入点。如，笔者担任学校《文献调研》研究生公选课的教学多年，受到学生的广泛好评，不仅旁听学生众多，还有本校老师或外校老师旁听。因为在师生中口碑相传，就有院系主动联系，希望进行教学合作。

4.4 融入教学和学习过程

院系师生的科研、教学、学习都有较强的学术信息需求，应针对不同需要，融入科研、教学和学习的全过程，融入学校的各种活动，开展嵌入式教学。如，教师申请科研立项、本科生参加科创项目、博硕士论文开题、毕业生找工作、出国留学找导师等，都有不同的信息需求，嵌入式教学如果能满足这些不同需求，将得到更多的拓展。

4.5 利用新技术辅助教学

嵌入式教学的课堂教学时间有限，将新技术应用于教学，使课堂得到延伸。如，利用学校Blackboard等在线教学平台，Blackboard在线教学平台不仅有PC端的，也开始有移动端的。移动端的教学软件"雨课堂"，已被国内很多高校教师应用于课堂，本馆嵌入式教学"雨课堂"的教学效果可以说是惊艳，专业课教师和学生都觉得新奇、有趣又好用，学生在课前课后仍然可以自主学习。

参考文献

[1] Behrens SJ. A Conceptual Analysis and Historical Overview of Information Literacy [J]. College & Research Libraries, 1994,55(4): 309-322.

[2] Horton FW. Information literacy vs. computer literacy [J]. Bulletin of the American Society for Information Science, 1983,9(4): 14-16.

[3] 教育部关于印发《普通高等学校图书馆规程》的通知[EB/OL]. (2016-01-04)[2018-3-16]. http://www.moe.edu.cn/srcsite/A08/moe_736/s3886/201601/t20160120_228487.html

[4] 关于进一步加强高等学校信息素养教育的指导意见(征求意见稿)[EB/OL]. (2017-11-19) [2018-3-16]. http://www.lib.tongji.edu.cn/ile/data/Guidance20171119.pdf

[5] Knapp PB. An experiment in coordination between teaching and library staff for changing student use of university library resources [J]. International journal of dermatology, 1963,21(4): 208-215.

[6] SCONUL. Information skills in higher education: Briefing Paper [EB/OL]. (1999-10) [2018-3-16]. http://www.sconul.ac.uk/sites/default/files/documents/Seven_pillars2.pdf

[7] ACRL. Information Literacy Competency Standards for Higher Education [EB/OL]. (2000-01) [2018-3-16]. https://alair.ala.org/handle/11213/7668

[8] 姚沁华. 初论高校教师信息素养的培养[J]. 医学图书馆通讯,1997(1): 8—9.

[9] 李晓娟. 美国高校中信息素质教育项目的实施及经验分析[J]. 中国图书馆学报,2003(2): 75—78.

[10] 龚芙蓉. 国外高校信息素质教育之"嵌入式教学模式"的思考与启示[J]. 图书馆论坛,2010(3): 147—149,178.

[11] 胡芳,彭艳. 美国高校图书馆开展嵌入式信息素质教育的实践及启示[J]. 图书馆建设,2011(12): 79—82.

[12] 符勤. 嵌入专业课程的信息素养教学案例分析[J]. 图书馆工作与研究,2011(4): 89—92.

[13] 熊惠霖. 国外高校图书馆嵌入式教学服务的实践及启示[J]. 图书情报工作,2015(17): 67—72.

[14] 黄萍莉. 嵌入式信息素养教育在欧美澳盛行的原因探析[J]. 高校图书馆工作,2016(2): 55—60.

[15] 吴英梅，浦燕妮，赵荣. 国外高校图书馆嵌入式教学研究现状与启示[J]. 图书馆建设，2016(6)：33—38.
[16] 周琪，汤敬谦. 基于元素养的嵌入式信息素养教育实施策略研究——以威斯康星大学 Flex 模式为例[J]. 图书馆学研究，2018(4)：21—25，9.
[17] 谢守美，赵文军. 嵌入式信息素养教育——信息素养教育的新途径[J]. 情报资料工作，2012(1)：108—111.
[18] 司莉，吴方枝，钱绮琪，庄晓喆，王思敏. 高校图书馆嵌入教学服务的成功要素分析[J]. 图书馆杂志，2013(3)：50—54.
[19] 张文佳，涂文波. 国内外高校图书馆嵌入式教学案例比较研究[J]. 高校图书馆工作，2015(3)：67—71.
[20] 洪跃，崔海峰. 应用 Big6 开展嵌入式教学服务[J]. 图书馆学刊，2008(4)：87—89.
[21] 汤莉华，潘卫. IC^2 创新服务模式下的嵌入课程式信息素养教育[J]. 图书馆杂志，2010(4)：43—44.
[22] 胡芳，彭艳. 学科馆员与教师合作开展信息素质教育实践方案研究[J]. 图书馆工作与研究，2013(3)：95—98.
[23] 张冬荣. 嵌入式信息素质教育服务[J]. 图书情报工作，2013(22)：23—30.
[24] 张洁，杨新涯，袁刚. 面向工程类专业综合课程设计的信息素养训练研究与实践[J]. 图书情报工作，2015(8)：59—64.
[25] 唐权. 基于学习过程的嵌入式信息素养教育实践[J]. 图书情报工作，2015(S1)：222—225.
[26] 周静怡. 图书馆嵌入式服务的研究进展及应用——以北京外国语大学图书馆的嵌入课程探索为例[J]. 大学图书馆学报，2016(6)：56—62.
[27] 张妍妍. 嵌入课堂学习与教学过程的信息素养教育模式述评[J]. 图书馆论坛，2013(3)：175—178.
[28] 唐艺. 学科馆员-专业教师协同信息行为研究[J]. 图书馆建设，2014(10)：75—79.
[29] 张必兰. 信息素养教育的嵌入式教学研究[J]. 现代情报，2015(10)：147—150.
[30] 项英. 基于 E-learning 的高校图书馆嵌入式教学服务研究[J]. 新世纪图书馆，2014(11)：18—20.
[31] 刘咏梅，赵宇翔，朱庆华. 行动者网络理论视角下嵌入式信息素养教育运行机制分析[J]. 图书情报工作，2016(18)：35—42，70.
[32] 洪跃，付瑶，杜辉，胡永强. 国内高校图书馆信息素养教育现状调研分析[J]. 大学图书馆学报，2016(6)：90—99.
[33] 学堂在线推出智慧教学工具——雨课堂[EB/OL]. (2016-6-17)[2018-3-16]. http://news.tsinghua.edu.cn/publish/thunews/9660/2016/20160617101758935397134/20160617101758935397134_.html.

公共图书馆与全媒体阅读平台跨界合作的初步设想

陈　鹃

（广西桂林图书馆）

摘要　文章对公共图书馆和全媒体阅读平台各自的优缺点进行了简要阐述，并分别论述了双方合作，可取长补短，为各自健康有序发展提供有力支持，对全民阅读推广工作起到积极的促进作用。

关键词　公共图书馆；全媒体阅读平台；全民阅读推广；跨界合作

Tentative Ideas on Cross-border Cooperation between Public Library and All-media Reading Platform

Chen Juan

(Guilin Library)

Abstract　This paper briefly expounds the advantages and disadvantages of Public Library and All-media reading platform, and discusses the cooperation between two sides, which can complement each other, provide strong support for their healthy and orderly development, and play a positive role in promoting nationwide reading promotion.

Keywords　Public Library; All-media reading platform; Nationwide reading promotion; Cross-border cooperation

1　全民阅读推广的紧迫性

随着社会快速发展，我们已经进入了知识经济时代，国民知识素养已成为评价一个国家软实力的重要指标，成为衡量国家和个人竞争力的重要因素。然而，在2010年中国出版科学研究院发布的国民阅读调查报告中显示，2009年中国公民人均阅读时长以及阅读数量远远落后于西方发达国家。随后几年里，中国出版科学研究院一直密切关注着我们国民阅读情况，所得到的调查研究结果显示我国所面临的国民阅读危机已刻不容缓。

在此严峻的情势面前，党和政府开始以政府行为推动全民阅读。2012年11月，党的十八大报告提出"开展全民阅读活动"；2014年李克强总理在政府工作报告中也提到"倡导全民阅读"，随后在《国家基本公共服务体系"十二五"规划》《国家"十二五"时期文化改革发展规划纲要》等各种文件中对倡导和开展全民阅读活动、建设"书香"社会提出了明确要求。为促进全民阅读，2017年6月，国务院法制办办务会议审议并原则通过了《全民阅读促进条例(草案)》，用法律形式为"全民阅读"服务。由此看出，"全民阅读"不单只是自愿行为，而是已经上升为国家重要发展战略之一，成了一种国家行动。

2　公共图书馆阅读推广的局限性

公共图书馆作为全民阅读推广的主力军，肩负着引导阅读、推广阅读的重要职责，在阅读推广工作中起着重要作用，然而，公共图书馆传统阅读推广模式具有一定的局限性，主要表现在以下几个方面：

(1) 阅读推广活动筹备期缺乏与读者的沟通交流，无法了解读者的喜好及需求，致使读者参与度低；

(2) 每年的阅读推广活动形式相似度、重合度太高，创新不足，对大众吸引力不强；

(3) 大多数公共图书馆受资金、人力、场地等众多因素影响，阅读推广活动难以长期持续进行，只是利用某些特定节假日或读书日举办，阅读推广影响力只能昙花一现，并未真正达到全民阅读的习惯养成；

(4) 公共图书馆的阅读推广活动以线下活动为主，受地域限制，难以实现资源共享以及真正意义上的全民阅读。

3　全媒体时代对阅读的影响

伴随着科技的快速发展，特别是移动互联网的普及，让人们可以通过微博、微信、App、门户网站等各种媒介载体阅读获取各种数字信息资源，这种超文本的多种载体形式的阅读被称之为全媒体阅读。笔者将中国新闻出版研究院近五年发布的全国国民阅读调查报告做了分析，可以看出我国成年国民数字化阅读方式明显呈逐年快速增长的趋势，而纸质形式的图书阅读率虽然也有所上升，但增势缓慢，如图 1 所示：

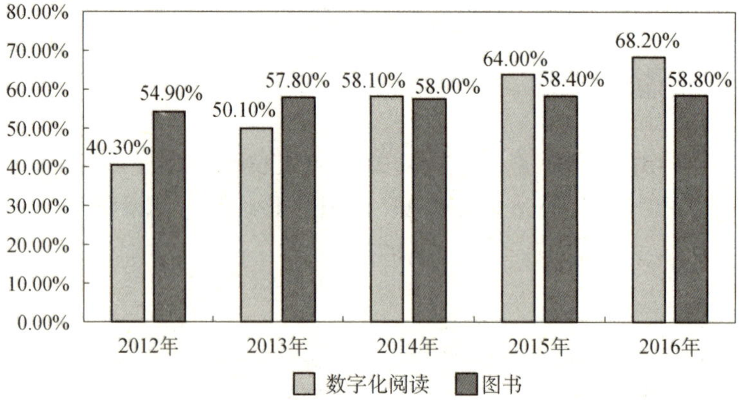

图 1　2012—2016 年我国成年国民数字化阅读和纸质阅读的比例

由此可见，全媒体阅读被越来越多的人所接受，线上阅读已成为时代发展的必然趋势。

4　全媒体阅读的短板

虽然全媒体阅读人群数量持续增加，但大多为浅阅读、碎片式阅读、快阅读等比较功利化的阅读模式，这种阅读方式会让读者思维变得零散，容易产生思想层面的惰性。其次，互联网上信息泛滥，网络结点存在多个并行选择的现象会导致读者迷失自己的阅读意向，从而偏离最初的阅读主题。第三，长时间使用电子产品会严重影响读者的视力及身体健康。第四，由于缺乏专业编辑的选择和加工，全媒体阅读平台上充斥着参差不齐的网络文学，不利于提升我国全民阅读质量。

5　公共图书馆与全媒体阅读平台的跨界合作设想

跨界的本质是创新，即将两个不同领域的内容结合到一起。随着国家对全民阅读的重视，阅读推广不仅仅是公共图书馆的责任，同时也是网络企业的公益性行为。然而，长期以来，公共图书馆与全媒体阅读平台一直被认为是竞争、对立的关系，现在我们需打破传统思维，将公共图书馆与全媒体阅读平台由竞争对手转变为合作，实现资源共享，优势互补，凝聚各方力量，对传统阅读推广模式进行历史性颠覆与创新，共同推动全民阅读。

5.1　公共图书馆对全媒体阅读推广平台的优势补充

公共图书馆各部门职能划分明确，从图书的采购、编目到上架入库都有一整套规范流程；而全媒体阅读平台的工作人员由于工作范畴广以及专业特定等原因，主要承担着数据的上传和维护，因此，对于了解每本图书的内容及分类方面，公共图书馆馆员更具有明显优势。由此可见，如果全媒体阅读平台与公共图书馆合作，公共图书馆可协助全媒体阅读平台建立更加详细、更有针对性的图书信息导航，帮助读者快速有效地搜索到自己需要的阅读信息。

文献典藏是公共图书馆的重要功能之一，几乎每个公共图书馆都有自己弥足珍贵的文献资料，有些甚至是孤本。而全媒体阅读平台的建立时间远远晚于公共图书馆，因此，全媒体阅读平台数据库中有关年代久远的原始文献资料有限。如果全媒体阅读平台与公共图书馆合作，全媒体阅读平台可利用自身精良的设备、专业人员和技术，将这些珍贵的文献资料进行数字化处理，极大地丰富全媒体阅读平台资源库，更好地服务大众。

全媒体阅读平台只是提供阅读资源，没有指定专人负责读者交流或互动。而公共图书馆设有读者服务部、阅读推广部，还成立了读者协会，对于开展读者活动具有丰富经验。如果全媒体阅读平台与公共图书馆合作，公共图书馆可协助全媒体阅读平台成立网络读者协会，让网络读者交流读书心得，推荐自己喜爱的文章，创建一个学习型的文化空间。

术业有专攻，当面对网络庞大的文学作品时，全媒体阅读平台短时间内难以判断作品的优劣。如果全媒体阅读平台与公共图书馆合作，借助公共图书馆丰富的阅读指导工作经验以及专业的图书系列人才，为读者推荐好书新书，同时也帮助网络读者提高阅读技能，避免使用电子设备时间过长。

5.2　全媒体阅读平台对公共图书馆的优势补充

中国新闻出版研究院在 2016 年对成年国民进行阅读形式倾向(图 2)调查发现，超过一半以上的成年国民仍然认为纸质图书才是真正有价值、有意义的阅读载体。但大多数人由于工作太忙，或图书馆距离太远而无法到图书馆借阅图书。如果公共图书馆与本地网络平台合作，通过网络平台获取读者的阅读需求，再通过流动图书馆或其他社会力量将图书送达读者手上，这将有助于读者慢慢回归纸质阅读，提升读者的思维能力，同时也能更大限度地推动全民阅读，使图书得到迅速而广泛的传播。

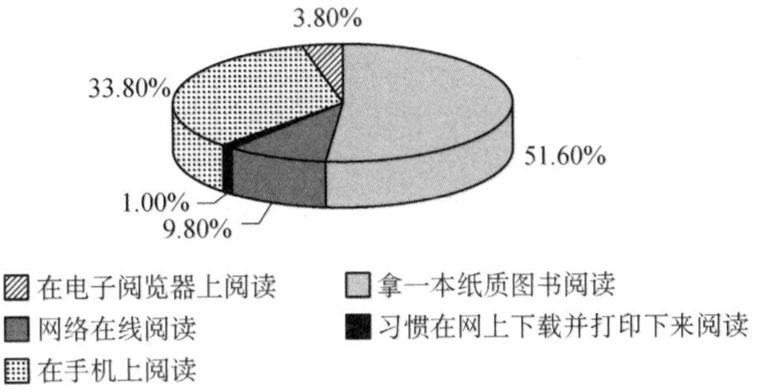

图 2　2016 年我国成年国民阅读形式倾向统计

随着互联网对社会生活的渗透，公共图书馆也已意识到建立本馆数字图书馆的重要性，但由于人员、资金、技术等各方面因素，公共图书馆所建立的数字图书馆功能性与娱乐性均无法与全媒体阅读平台同日而语。而现代人因为快节奏的生活和工作，所承受的压力越来越大，因此选择阅读途径时更偏向于形式丰富、愉悦性高的全媒体阅读平台。如公共图书馆与网络平台合作，引入网络平台的娱乐功能，借助网络平台技术人员的专业特长，为公共图书馆的各类数字图书资源进行包装设计，为读者提供一个充满新意阅读平台，使传统文本信息更真实、形象，使读者真正体会到快乐阅读，并逐渐培养国民的阅读习惯，提升国民阅读率。

阅读是一个循序渐进的过程，阅读信仰的建立需要潜移默化的塑造。虽然每年公共图书馆都致力于开展各类阅读推广活动以吸引更多读者参与其中，但由于活动开展时间短，持续度不足，很难达到理想的效果。如果全媒体阅读平台与公共图书馆合作开展全媒体阅读推广活动，将不受场地、时间的限制，并且还可以不断推陈出新地开展各种阅读推广活动，利用网络平台连通性高的特点，向大众进行高效地书籍宣传，从而实现最广泛的阅读推广。

共享时代的来临，公共图书馆也在着力于突破地域性，争取实现全国公共图书馆数字资源共建共享的高效利用，然而从技术层面而言，如此庞大的数字资源对于存储设备的规格、容量以及存储安全性能等要求都非常高，这是目前公共图书馆难以做到的事情，因此，公共图书馆可考虑与全媒体阅读平台合作，利用全媒体阅读平台的专业设备以及人员优势，建立全国公共图书馆互联网"云"服务，为全国范围内的公共图书馆共享数字资源提供可持续性的保存以及管理。

6　结语

公共图书馆与全媒体阅读平台看似不相关的两个产品与服务，却因为读者的需求从而延伸形成跨界。公共图书馆需要全媒体阅读平台的技术与资源，而全媒体阅读平台需要公共图书馆的阅读指导，两者应共同协作，优势互补，多元化的推动我国的全民阅读事业，共同践行全民阅读推广的社会责任。

参考文献

[1] “全民阅读促进委员会”在京成立[N/OL]. [2017 - 04 - 23]. http://www.jcrb.com/culture/news/201704/t20170423_1745649.html.

[2] 周红. 谈图书馆对网络阅读的指导作用.[J]. 河南图书馆学刊，2009，29(2)：24—25.

跨界合作、创新开拓，共奏图书馆服务新乐章
——甘肃省图书馆服务创新实践探索

李芬林
（甘肃省图书馆）

摘要　本文以甘肃省图书馆在全省创建数字资源共享联盟、与读书沙龙开展读书赏析活动及地方文献推广阅读、与各类收藏机构开展藏品展览以拓展特色资源收集领域、与出版部门联合开发地方资源、与民间图书馆联合建立分馆等活动为例，记述了甘肃省图书馆与社会各界联合开展服务创新的实践活动，为国内公共图书馆开展跨界联合服务提供参考借鉴。

关键词　甘肃省图书馆；服务创新；资源开发；跨界融合；西北地方文献；实践

Cross-border Cooperation, Innovation and Development, Playing a New Movement of Library Services
— Exploration of Service Innovation Practice in Gansu Provincial Library

Li Fenlin
(Gansu Provincial Library)

Abstract　This paper uses the Gansu Provincial Library to create a digital resource sharing alliance in the province, conduct reading and appreciation activities with reading salons, promote reading of local literature, conduct collection exhibitions with various collection agencies to expand the collection of characteristic resources, and jointly develop local resources with publishing departments. , and the establishment of branch libraries with private libraries as an example, describes the Gansu Province library and the community to carry out service innovation activities, to provide reference for domestic public libraries to carry out cross-border joint service。

Keywords　Gansu Provincia Library; Service innovation; Resource development; Cross-border integration; Northwest local literature; Practice

甘肃省图书馆具有百年历史，在其百年的发展进程中，积累了450万册的丰厚藏书，其中尤以古籍和西北地方文献为馆藏特色。近10余年，强化了网络数字资源和管理平台的建设，建成了集统一门户检索、地方特色资源和各类数字资源整合为一体的服务平台，为甘肃地区政府科研教育部门及百姓读书学习提供了大量的文献资源。随着“互联网＋”新服务方式的不断涌现和新阅读载体的出现，我馆出现了纸质文献借阅量有所下降、特色资源收藏逐年下滑、电子资源利用率偏低、服务效能明显不足的问题。自2013年以来，随着我馆网络技术更新和数字资源建设的不断充实，我馆开始探索资源建设共建共享、跨领域合作服务、特色资源收集渠道拓展、跨界开展地方文献阅读推广活动、联合民间图书馆成立分馆等服务活动，为我馆读者服务和特色资源建设工作开启新领域。

1　与《中国知网》合作，创建了全省第一个数字资源共享平台“甘肃知识文化服务平台”，解决了我省县区图书馆资源缺乏、服务不足的问题，开启了我省数字资源共享服务的新模式

2011年，随着全国数字图书馆推广工程工作的开展、第五次公共图书馆评估、公共文化服务体系示范区建设等重大项目的深入，我省公共图书馆的网络及硬件设施达到普及和发展，但是普遍存在省馆花费大量资金购进电子资源而读者使用量较低、县区图书馆没有资金购买数字资源服务不足的问题。因此，通过馆际联盟合作，建立共享网络，减少重复购买，改变小而不全的、闭关自守的发展模式，是解决这一问题的理想途径。

2015 年 1 月，我馆与《中国知网》经过数年谈判，最终达成合作共识，建立了“甘肃知识文化服务平台”(以下简称“平台”)，“平台”依托《中国知网》总库海量资源，构建符合县级图书馆服务需要的完善的数字资源库，形成一个集资源检索服务、特色馆藏展示、区域经济建设、地域文化集萃、党政工作参考、图情工作指南为一体的全省综合文化服务平台。平台特点是采用省馆购买，多馆使用的模式，通过一站式检索，可实现期刊、论文、报纸、会议等各类资源的统一导航、统一检索，为我省 84 个县区图书馆创建集资源、服务、特色馆藏为一体服务平台，提高各类资源的利用率，解决了他们经费短缺、资源不足、服务较低、人力缺乏的问题。

“平台”自 2015 年 1 月运行以来，受到参加成员馆的欢迎，经过后台统计，“平台”数据使用量逐年增加，年下载量在十万篇以上。“平台”是我馆在全省建立的第一个公共图书馆数字共享联盟，发挥了省馆在本地区图书馆事业发展中的引领示范和指导协调中心的作用，为国内其他图书馆做了实验性探索，为贫困边远地区图书馆精准文化扶贫提供新模式。

2 与省内外收藏界联合举办书友会、展览会，收集地方稀缺文献资源

我馆的西北地方文献，经过 80 年的积累，已经成为在全国公共图书馆独树一帜的特色品牌。近些年来，由于人员不足和渠道问题，文献搜集数量明显下降。为了拓展收集渠道，我馆尝试与省内外收藏机构联合举办展览、藏友会、沙龙书友会等方式，鉴赏各类藏品，收藏相关特色珍稀文献。

2016 年 12 月 17 日上午，我馆与兰州绿洲读书收藏沙龙共同举办了“你阅我读、杂谈天下”阅读书友会，会上，省委宣传部延安精神研究会、雷锋精神研究会副会长兼秘书长、中国报业协会集报分会副会长李小舟先生分享了自己的读书体会并介绍了我省集报协会近年来取得的成绩；中国西北集报联谊会副会长兼秘书长苏留曾先生为大家分享收藏体会并展示自己收藏的扇报、伞报、丝绸版的《人民日报》及一些老报纸创刊号等收藏品；绿洲沙龙藏友、白银市藏书集报协会筹委会主任刘效法、中国收藏家协会红色收藏委员会副秘书长甘肃省收藏协会红色文化专业委员会副会长兼秘书长李彪、收藏家王秀珍、中国收藏家协会红色收藏委员会副会长、甘肃省收藏协会红色文化专业委员会会长杨勇辉等藏友展出了自己的藏品，其中有很大一部分资源是具有地方特色，在之后的交往中，我馆采用复制、购买的方式获取了部分地方报刊和内部发行的资料，这些展会成为我馆收集民间地方文化藏品的新渠道。

3 地方文献专业委员会与省内高校、读书沙龙共同举办地方名人作品赏析、地方文献赏析，推动地方文献作品的阅读量和使用量

“甘肃省图书馆学会地方文献研究专业委员会”成立与 2013 年 12 月，专业委员会成立后，举办了各类地方文献培训调研活动。自 2015 年文化部颁发关于全民推广阅读活动文件精神以来，专业委员会举办了文化沙龙、读书交流、图书交换等体验活动，与当地高校共同筹划了地方作家作品推广赏析和地方文献研读活动。

3.1 举办甘肃地方作家作品推广阅读会

3.1.1 邵振国作品赏析阅读会

邵振国，毕业于武汉大学中文系，曾任甘肃省作家协会主席，著有《麦客》《日落复日出》《祁连人》《月牙泉》《若有人兮》《白龙江栈道》等小说作品及《叙述的表现性及其诉诸的形式》等 30 余篇文论作品。其代表作《麦客》获中国作协第七届全国优秀短篇小说奖、1984 年《当代》文学奖、首届《小说月报》百花奖，译有英、法、俄、日本等文字。

2016 年 12 月 10 日上午我馆与绿洲读书沙龙联合举办了“甘肃地方作家作品推广阅读会——邵振国作品赏析阅读会”。我馆职工和绿洲读书沙龙书友及读者 50 余人参加了阅读会，会上，9 名书友在阅读会上发表了对邵振国作品的研读感想。在交流环节中，书友们向邵振国先生提出了有关“在当代极端功利性的情境之下，乡土作家怎样突破作品不被关注的困境”“如何看待网络文学与传统文学”“当今文学的使命”等问题。邵振国老师的解答客观理性又充满豪情，体现了文人对人类命运的关注和守望，体现了作家在这个时代的担当与忧患。通过书友和作家零距离接触互动交流，使读者对邵振国作品和人品有了进一步的了解。

3.1.2 弋舟作品研读欣赏书友会

弋舟，甘肃著名作家，“甘肃小说八骏”之一，其作品多次获茅盾文学新人奖、郁达夫小说奖、百花文学奖、鲁彦周文学奖、《小说选刊》年度大奖、《青年文学》奖、《十月》文学奖、黄河文学奖、敦煌文艺奖等多种奖项，是近几年我省在全国获奖最多的作家。2017 年 11 月 19 日上午，由我馆主办、兰州大学文学院、甘肃广播电视

大学图书馆、兰州文理学院音乐舞蹈学院协办的主题为“与我共同看世界——弋舟作品研读赏析书友会”读书活动在我馆举行，作家弋舟先生亲临现场，与读者和书友朋友分享他阅读与创作的感受，并与读者互动互连，签名赠书。9名书友以研读和吟诵等不同的方式在阅读会上分享了对弋舟作品的感怀。弋舟讲述了自己对写作和阅读的看法，阅读赏析会有研读、有赏析、有朗诵、有歌舞、有互动，会场发言踊跃，载歌载舞，书友和作家零距离接触，使读者对弋舟作品《跛足之年》《金枝夫人》《等深》《出警》《怀雨人》等作品有了进一步的了解。两次阅读会对宣传我省作家作品、扩大本土作家影响力起到了很好的推广作用。

3.1.3 举办“陇右寻珍：书前书后，无问西东——张绍重先生的古籍人生”地方文化推广活动

张绍重先生1930年生于北京，满族，祖籍辽宁铁岭。甘肃中医药大学研究馆员，中国农工民主党党员，甘肃省文史研究馆馆员，甘肃省古籍保护专家委员会委员，专注于古籍研究与保护工作30年。自2007年，为配合我馆古籍普查工作，先生作为我馆特聘专家，担任版本鉴定、编目、指导后学等工作，在普查工作中梳理出众多颇具研究收藏价值的地方古籍，为我馆古籍工作做出了贡献。为了给全省从事古籍地方文献工作者提供交流学习机会，吸引更多文化爱好者致力于古籍整理行业。2018年3月2日，我馆邀请年逾90的张绍重先生在我馆举办了“陇右寻珍：书前书后，无问西东——张绍重先生的古籍人生”地方文化推广活动。会上，张绍重先生讲述了与甘肃的渊源、甘肃省图书馆古籍的地方特色、古籍甄别与鉴定等，他的同事和弟子分享了与他共事的美好岁月和从事古籍工作的收获。

4 联合全省公共、高校图书馆，举办地方文献工作整理研究，宣传我省图书馆地方文献取得的成就

地方文献专业委员会成立以后，于2015年7月—11月对甘肃各县图书馆地方文献存藏情况进行了实地调研，调研发现我省的一些市县区图书馆和高校图书馆有着丰富的地方文献藏书。2016年5—8月，专业委员会在全省范围内开展了“甘肃图书馆地方文献工作”征稿活动，收到了来自39个公共、高校图书馆的44篇论文，经过精心审稿和编辑，《甘肃图书馆地方文献工作述论》于2017年3月由甘肃人民出版社正式出版。该书收录图片300余幅，30余万字，这些论文回顾和总结了甘肃图书馆地方文献事业发展历程，展示了甘肃各级图书馆地方文献工作现状和取得的成绩。在4月23日“世界读书日”到来前夕，我馆举办了“甘肃地方文献工作研讨会暨《甘肃图书馆地方文献工作述论》赠书仪式”，研讨会上，7位论文入选代表做了交流发言，与会代表就我省图书馆未来地方文献工作发展、合作、交流及文献开发提出了良好的建议，为地方文献专业委员会今后工作提供了有益的参考。

5 与省外出版机构合作整理开发、出版特色地方文献

2001年3月，我馆接受了甘肃省戏剧艺术研究移交的戏曲抄本近1000册。这批文献大都系当年戏班子传统剧本，所用纸张为麻纸，部分是抄写在用过的旧账薄纸或废纸上，字体五花八门，且大多是断页残片，破损严重。经专家鉴定，这批剧本非常珍贵，绝大部分属甘肃独有的孤本，大多来自陇东、陇南、陇中和河西一线所属甘肃全境的县乡村镇，特别是明末清初所抄的一些剧目，几乎囊括了甘肃早期曲子戏、皮影戏、高山戏以及秦腔等剧种的初级形态与舞台演出的剧目原貌，为读者提供了甘肃地方戏曲剧种形成、发展、传播的清晰的历史脉络。为了抢救这批剧本，我馆划拨专项经费，组织经验丰富的修复专家进行修复，2017年4月，由浙江古籍出版社和甘肃省图书馆联合，精选我馆(80种)和甘肃省文化艺术研究所(20种)不同剧种(秦腔、曲子戏、影子腔等)的清代戏曲抄本共100种。定名为《西北稀见戏曲丛刊》，共10册，丛刊每种详细著录了每一抄本的版本信息，介绍了剧目内容、本事源流、艺术特色等，为读者研究利用戏曲文献提供了方便。

6 与兰州穆斯林图书馆共同合作，寻求特色资源建设新发展

兰州穆斯林图书馆是1993年4月在唐增禄馆长的热心倡导和积极组织下，由兰州地区的马军、马慰淇、马妍哲、陈德胜等15位穆斯林青年有识之士共同发起创办的兰州第一家NGO(非政府组织)穆斯林图书馆，图书馆采用会员制、理事制、董事制和顾问的管理模式，办馆资金以企业家及图书馆会员捐款、捐书为主，工作人员全部是志愿者，藏书主要以穆斯林各类图书为主，包括工具书、伊斯兰教史、回族文化、中亚历史、阿拉伯史、波斯文化及外文经典，馆藏特色图书有各种版本的中文《古兰经》译本20余种，外文《古兰经》40多种，还有大量的社会科学、自然科学以及阿拉伯文、英文、希伯来文化和犹太教、道教、佛教、基督教经典等各类图

书 40000 余册，期刊 7000 多种、报纸 200 多种，并有部分珍本、孤本、善本古籍和大量的非正式出版刊物和各地伊斯兰协会主编的刊物、中东国家的伊斯兰内容的刊物。自开馆以来，先后免费接待中外专家、学者、阿訇以及社会各界贤达人士 10 万人次，深受好评，在它成立的 20 年来，以其鲜明的民族与宗教特色，特别是在回族与伊斯兰教文献的资源建设方面独树一帜，屹立于甘肃图书馆之林，成为我省图书馆事业不可分割的组成部分。

兰州穆斯林图书馆在近几年的发展中，也遇到了一系列问题。如 20 多年来几易馆舍、场地问题至今没有解决，如读者人数由 1995—1997 年借阅量 700 余册下降到 2011 年 200 册左右的问题；又如服务手段落后，给读者查询书目带来不便等。应该说，兰州穆斯林图书馆经历了 23 年曲折的发展历程，为民营图书馆的建设与发展探索出一条独具特色的办馆之路，在全国民间图书馆有较大影响。而今面临的种种问题将会导致再次闭馆，无法开展工作。甘肃省回族人口为 118.4 万人，占全省少数民族总人口的 59%，作为少数的主要聚集地，穆斯林图书馆应该有它的一席之地，发挥它应有的职能。我馆作为全省最大的公益性图书馆，早在 2007 年，就对穆斯林图书馆的业务管理、人员培训、学术交流等方面给予了的大力支持，2015 年，又成立了甘肃省图书馆穆斯林分馆，并通过配送图书、共享数字资源等方式加强业务交流。近几年来，我馆一直高度关注它的馆舍、藏书、管理等发展走势，2018 年 3 月，经共同商议，达成了以下合作模式：

首先是利用省馆馆舍，解决穆斯林图书馆长期无馆舍问题。我馆已经考虑在扩建的数字图书馆大楼中开设一个“穆斯林文献阅览室”，可以一劳永逸的解决它的馆舍问题。第二是利用穆斯林图书馆特色馆藏，为广大穆斯林读者长期提供文献资源，满足穆斯林读者需求。我馆虽然也有丰富的少数民族文献，而穆斯林图书馆有关伊斯兰教和其他宗教及非正式出版物的收藏是省馆无可比拟的，这部分文献补充了我馆民族文献收藏的不足，开设“穆斯林文献阅览室”，为省馆少数民族读者服务增加了又一亮点。第三是利用省馆先进的管理软件和数字化设备，将这些文献数字化，为读者提供网络数字阅读，使文献发挥其更大作用。第四是开展少数民族文献的推广阅读活动。兰州穆斯林图书馆藏书内容丰富，尤其是一些珍本孤本穆斯林文献不被世人了解，而穆斯林图书馆工作人员都是兼职志愿者，没有精力对这些文献进行阅读宣传和推广，我馆每年要举办多种场次和内容的阅读推广活动，两馆合作后我馆将有计划地对穆斯林文献进行宣传和推广。

作为一所民营的民族图书馆，兰州穆斯林图书馆 20 年来始终根植于民族与宗教这两大特色服务，特别是在回族与伊斯兰教文献的资源建设方面独树一帜，成为甘肃乃至在全国都有一定影响的专业特色藏书机构，成为我省图书馆事业不可分割的组成部分。由于受到馆舍条件、技术设备的限制，其发展遇到了瓶颈。我馆与兰州穆斯林图书馆商谈合作之路，将为推动我省图书馆事业的繁荣与创新发展做出贡献。

综上，我馆近几年开展的跨界联合服务工作受到了业界和读者的好评，也为同行开展创新服务提供了实践借鉴，相信在未来的工作中，还会有更多的探索，取得更大的成绩。

参考文献

[1] 马正亮. 中国穆斯林人口发展分析[J]. 贵州大学学报(社会科学版)，2014，32(3)：98—106.

图书馆与文化外交
——以上海图书馆“上海之窗”项目为例

金　晶
（上海图书馆）

摘要　国与国之间、民族或文化之间需要进行沟通与交流，图书或者以图书为基础的文化活动是开展此类沟通与交流的一个纽带。“上海之窗”作为上海图书馆的对外交流项目，其目的在于通过向境外赠书的同时开展超越图书的多种文化交流活动，从而形成一个文化外交平台。该平台为图书馆国际文化交流提供了丰富的资源，实现了联结你我、沟通世界的意义。本文立足于从“上海之窗”项目发展与文化外交的角度进行分析与探讨，为研究图书馆在文化外交中的作用提供支持。

关键词　“上海之窗”；图书馆；文化外交

Library and Cultural Diplomacy
— A Case Study of the “Window of Shanghai” Project of Shanghai Library

Jin Jing
(Shanghai Library)

Abstract　Books or book-based cultural activities serve as necessary bonding for communication and exchange between countries, nations and cultures. The “Window of Shanghai”, as a foreign exchange program of the Shanghai Library, aims at creating a cultural diplomacy platform by carrying out various cultural exchange activities beyond book donation itself. The platform provides valuable resources for the library's international cultural exchanges and realizes the purpose of world connection and communication. Based on the analysis and discussion of the development of “Window of Shanghai” program and cultural diplomacy, this paper aspires to be referential regarding the role of library in cultural diplomacy.

Keywords　“Window of Shanghai”; Library; Cultural diplomacy

1　文化外交——当代外交的新元素

1.1　文化外交和公共外交

文化外交是公共外交的一个组成部分，在当代公共外交中的地位日渐凸显。文化外交，顾名思义就是通过文化手段或者以文化作为媒介与他国或者他国组织之间开展交流。狭义上的文化外交是公共外交的一个组成部分，也是实现政府公共外交的重要手段。广义上的文化外交则包含了政府、组织与个体三个层面。从当代文化外交的发展趋势来看，它的一个重要特征是使得外交从过去的 publicity（着重“宣传”性）向 partnership（着重“合作”性）转移，前者是单向的、一次性的，后者是双向的、注重过程的，前者强调的是灌输式宣传，后者强调的是交朋友式的交流与合作……也就是文化外交旨在让每一个机构、每一个人都有机会参与公共外交的实践。在这个转变过程中，当代社会文化外交的主要承担者日渐转移到诸如图书馆、博物馆等公共文化机构的身上。原本这些机构的职能是维系社会内的文化交流，而文化外交则有助于这些机构将社会内交流衍伸至国际社会，实现了组织资源的内外互动，以达到丰富组织内涵的目的。

文化的传播虽是宏大的工程，但未必一定需要通过宏大的方式得以实现。文化外交离不开社会个体的日常活动。通过文化外交，我们看到的是活生生的个体在社会中承担的角色与起到的作用。

1.2　图书馆在文化外交中的角色

当代社会中，图书馆在文化外交中承担了不可替代的角色。北京大学教授王子丹认为，图书馆是一个公共空间，具有公共性、开放性和自由性。这种特殊的属性使得图书馆在发挥文化外交职能时有了得天独厚的优势。实践证明，上海图书馆的“上海之窗”项目经过多年的发展已经成了各国文化交流的知名品牌。它通过全方位向世界展示中国文化，在文化外交中扮演了一个重要的角色。在图书馆这一公共空间中，书籍是一大要素，也是图书馆开展对外交往的重要媒介之一。“上海之窗”对外宣传曾经主要依赖于书籍传播，目前，虽然以纸质书籍作为媒介的交往形式如赠书活动仍然占据了主导地位，但上海图书馆依托“上海之窗”这一平台所开展的文化外交已经不仅仅局限于交流纸质书籍。首先，“上海之窗”电子书平台的诞生将外交手段扩展到了虚拟数字世界，这不仅是对传统外交往观的重大挑战，也是对传统外交形式的创新。其次，通过“上海之窗”平台所带来的图书馆人际交流则是超越了书本，凸显了人的因素。再次，“上海之窗”主导的图书馆业界项目交流则进一步将外交职能扩大到了行业领域。当外籍被访者希望了解中国文化学习汉语时以及当被访组织希望与我国图书馆建立合作时，我们看到了图书馆所推动的文化外交的新生机。

2 “上海之窗”项目的意义

作为上海图书馆的对外文化交流项目，“上海之窗”创立于2002年，经过若干年的发展，目前已在上海图书事业发展中占有举足轻重的地位，“上海之窗”的未来发展与它的创建性质和历史沿革一脉相承。

2.1 “上海之窗”项目概述

“上海之窗”属于中国图书对外推广计划(CBI)的一个组成部分。从内涵上看，“上海之窗”的实质是向境外图书馆和相关藏书机构捐赠中国出版的图书。其主要目的是向国际社会介绍中国悠久的历史文化以及改革开放的新进展。

“上海之窗”起源于中国图书的对外推广。2004年下半年，国务院签署了中国图书对外推广计划。2005年至2006年间，国务院成立了中国图书对外推广计划工作小组。“上海之窗”的诞生弥补了图书推广项目早期的局限，将图书推广从一个市场化的角度转向了公益化的角度，让图书馆作为推广的主要角色承担推广重任。

经过十多年的发展，“上海之窗”从孕育走向成熟。截至2017年年末，“上海之窗”的合作伙伴已遍布世界69个国家和地区，其中包括大学图书馆、孔子学院及各类研究机构152所，累计赠送纸质图书108098册、电子图书20000余册。从图书捐赠的政策来看，“上海之窗”设立三年的合作期，捐赠图书的同时给予编目支持。从目前合作伙伴的反馈中显示，“上海之窗”让各国的图书馆获益匪浅。

2.2 “上海之窗”项目的作用和意义

“上海之窗”既是上海图书馆的一个服务品牌，也是上海图书馆开展对外交流的途径之一。近年来，随着项目本身的发展，“上海之窗”的内涵不断扩展，已经超越了赠送纸质图书，具体表现为电子赠书，人际交流，项目交流等三个方面。

2.2.1 “上海之窗”在图书交流领域的作用

“上海之窗”自成立以来，一直致力于以图书作为媒介开展国际交流。从2002年开始，“上海之窗”通过开展境外图书互换业务，弥补了各国汉语图书的不足，使得海外读者有机会阅读到中国最新的出版物。“上海之窗”捐赠书籍的题材涉及人文、艺术、民俗、建筑等各个方面，语言从中文、中英对照一直扩展到拥有法语、德语、俄语、西班牙语、葡萄牙语、日语、韩语等多语种的出版物。不仅满足了海外各国读者了解中国、学习汉语的需要，也达到了传播中华文化的目的。

除了纸质书籍之外，上海之窗的“电子赠书”也是文化交流的一个重要组成部分。电子书籍的诞生是一场文化交流的革命。英国卫报的专栏作家埃里森·弗洛德(Allison Flood)指出，自1993年彼得·詹姆斯(Peter James)在软盘上发表了小说《宿主》(被誉为是世界上第一本电子书籍)之后，一场灾难将摧毁我们所熟悉的文字。概括而言，电子书籍将逐步扩大在世界范围的影响力，甚至从一定程度上作为一种新的形式取代纸质书籍并且成为未来书籍阅读的主要模式。为顺应这种网络化和数字化时代人们阅读习惯的改变和当代图书馆变革的需求，从2013年开始，“上海之窗”项目开展了创新实践——电子赠书服务。“上海之窗”电子书服务网站自开通以来，根据合作伙伴的使用需求和项目自身的发展需要不断调整着电子赠书的内容和品种。目前，该网站总计提供电子书达21793册、工具书227种、报纸30种、全文期刊7563种以及包括“中华家谱”和“上海图书馆开放数据一览”等在内的多个上海图书馆自建数据库。拥有IP认证和授权账号两种登录方式。全新的电子赠书服务旨在让海外读者能够更快速、便捷地阅读到来自中国的最新出版物，享受先进的电子阅读体验。

2.2.2 “上海之窗”在人际交流领域发挥的作用

书籍自诞生之日起不仅是一种记录人类社会的载体,也承担着人际交往的重要作用。“上海之窗”人际交流领域发挥的作用主要表现为以下几个方面:

图书馆作为组织层面的交流。自创建之后,“上海之窗”推动了上海图书馆与世界其他各国图书馆的交流。以斯洛文尼亚卢布尔雅那市立图书馆举办中国主题巡展为例,双方图书馆通过展览及其开幕式增进了友谊,也推动了中斯两国的文化交流。类似的活动还有“上海之窗”中国语言文化中心和塞尔维亚贝尔格莱德大学城文化宫联合举办的多次中国农历春节晚会,也是上海图书馆与塞尔维亚民间组织“东方之家”在组织层面的联谊交流。当然,上海图书馆在馆内举办的各类海外展览以及送去世界各地图书馆的展览也是组织层面的交流形式。

以个人为单位的人际交往形式。吴建中指出,造成当代图书馆的一个局限的主要原因之一是以书为本位的格局和思维方式。这种格局限制了人与人的交流,而图书馆业的成败兴衰主要的因素还是人的因素。这一观点强调了作为图书馆业中的“人的因素”之一的图书馆员的作用。传统的学术界对图书馆员的职业定位仅限于为读者提供服务,而现代对图书馆员定位的转变则促使图书馆员要通过各种形式与外界展开交流。吴建中同时指出:要使得图书馆成为“人的图书馆”就要让它服务于所有利益相关者。在全球化背景下,利益相关者这一概念也需要突破地域的局限,走向全球。为了使得图书馆员能够与全球接轨,上海图书馆依托“上海之窗”的全球合作伙伴网络定期派遣馆员开展涉外考察,同时也接待海外馆员的来访,以此分享经验,提高业务水平。近年来,上海图书馆的志愿者活动中涌现出许多外籍志愿者的身影,他们之中不少都是通过“上海之窗”知道了上海图书馆,并愿意来此实习。

2.2.3 “上海之窗”在项目交流活动中的作用

“上海之窗”的诞生与发展推动了各种形式的项目交流,如互办展览、征文比赛和国际会议等活动。

上海图书馆举办的展览从形式和走向来看,可以分为“走出去”和“请进来”两个方面。“走出去”指的是送去海外,面向合作伙伴开展的涉外展览。比如,2017 年“上海之窗”自主策展,将上海图书馆馆藏年画精品、上海城市摄影作品等送至秘鲁、拉脱维亚、塞尔维亚等地的合作伙伴,共举办展览 8 场,向海外读者展示了中国文化的魅力。在“走出去”的同时,上海图书馆也积极引进合作伙伴馆中优秀的展览,比如,2017 年 3 月举办的“魅力乌兹别克斯坦”图片展、9 月举办的“尼古拉 · 特斯拉的生活与事业”展览。上海图书馆还通过“上海之窗”平台定期邀请海外学者来沪开设讲座。如此种种,都为中国读者打开了多维度了解世界的窗口。

“上海之窗”的全球征文活动也独具特色。从第一届直接以“上海之窗”作为活动主题,到第二、三、四届的“阅读中国 · 品味上海”,主题中无不体现了作为国际化大都市的上海对于阅读和交流的重视。四次征文活动参与度广泛,受到中外各界人士热烈响应。以 2016 年的第四届征文摄影活动为例,活动共收到来自 63 个国家的读者征文和摄影投稿共 248 份,其中征文 122 篇,摄影 126 幅。

“上海之窗”还为图书馆国际会议的举行提供了平台。两年一届由上海图书馆主办的“上海国际图书馆论坛”至今已连续举办了 8 届,国内外专家学者云集。以“图书馆:社会发展的助推器”为主题的第八届上海国际图书馆论坛(SILF8)于 2016 年 7 月召开,依托“上海之窗”这个平台,论坛将世界各地图书馆馆长、专家及学者汇聚一堂,来自全球 27 个国家和地区逾 300 位中外代表出席了论坛。

3 “上海之窗”在文化外交中的角色

3.1 从单向宣传走向双边合作

文化外交区别于一般政府外交的一个显著特点是文化外交主张的是平等性。正如上海图书馆馆长吴建中曾经指出的文化外交时代的到来意味着外交从“宣传”为主导的行为转向了“合作”为主导的行为。而文化外交的主旋律往往以民间组织与个人作为外交的核心主体。这样一来,文化外交中的交流性与合作性就显得尤其重要。文化外交的双方或者多方,不是一种统治与被统治的关系,也不是一种单向的灌输,而是建立在平等基础上的双向文化传播。我们需要向他国传播中华文化,我们也需要他国文化能让我国的民众所知晓。这是当代图书馆文化外交的一个重任。这与“上海之窗”项目的核心任务是一致的。“上海之窗”多年来所开展的各项交流与合作,很好地兼顾了“走出去”与“请进来”两个方面,更从中发掘了双方可能产生合作的兴趣点。这种一改过去单向输出的双向交流方式，更易于为各国所接受，为各国民众所接纳。更为主要的是，“上海之窗”的书籍与相关文化活动所传递到的是广泛而又普通的国外读者。这使得文化外交中凸显了个体的作用并且使得外交具有了生命力，在这种生命力的推动下，我国文化与国际文化有了融合的可能性。

3.2 促进图书馆行业内部的交流与合作

图书馆本身是一个文化组织，在文化外交中承担着不可推卸的责任。因此，促进图书馆行业内部的交流与合作，提升我国图书馆界整体的行业水平，才能使其更好地发挥文化外交职能。上海图书馆依托“上海之窗”全球合作伙伴网络，定期开展各类国际会议探讨行业前沿话题、邀请海外专家来馆交流并开展讲座、派遣本馆馆员出访考察等，这种种举措都为上海图书馆馆员创造了与海外同行开展交流的机会，加强了行业内部的对话与沟通，使得我国图书馆员能够开阔视野、学习技能、提高业务水平、并与全球接轨。当代图书馆员所面临的职责多样化的要求，使得馆员在增加行业交流的同时，也在不断完善自身的综合素质。图书馆员所表现出的文化交流上独有的技能，可以说是一道外交的风景线。馆员之间的交流推动了馆际合作、更推动了图书馆界的行业合作。

3.3 探索文化外交手段的创新

文化外交虽然是近年来才呈现的外交热点趋势，然而古往今来的文化外交却一直没有间断过。古代与近代，人们通过使团或者使者实现文化外交，而电子信息时代的到来使得文化外交呈现了新的模式。“上海之窗”正是在这一契机下，对图书馆的文化外交做出了新的尝试。通过电子平台进行文化传播的“上海之窗”项目突破了原有的实体性外交，用先进的电子网络技术辅助外交，丰富了文化外交的内涵与手段。电子资源不仅是图书馆的一项新技术支持，更是通过建立读者交流平台拓展了书本的范围和空间的局限性。传递电子资源不仅增加了阅读的便利性，更加速了价值观与文化的传播。“上海之窗”微信公众号的开放是近期该项目推动电子资源利用的新举措，此外，项目今后还可以通过应用最新的 App 软件支持开设电子有声读物平台，为读者送去视觉与听觉相结合的全新阅读体验。电子书、公众号等新型电子平台具有极强的文化传播力，而借力于此的文化外交则会表现得更为有效。

4 结论与展望

综上所述，图书馆的存在拓宽了文化外交的内涵与外延。外交从其本来的意义上往往容易被人理解为是一个政府行为，由图书馆参与的文化外交使得外交的主体不仅限于各国政府，而是将外交主体衍生到了更为广泛的民间组织、甚至于个体。图书馆搭建的是一个多层面的文化外交平台。政府对政府、政府对组织、组织对组织、组织对个人，乃至个人之间的国际交流无不因图书馆的存在而丰富化。上海图书馆“上海之窗”项目的创建与成长对于文化外交有着不可小觑的意义。

与其他任何项目一样，“上海之窗”未来的发展还需要建立在项目不断完善的基础上。我们需要读者的支持，同时也需要各大组织机构提供宝贵的意见，并支持我们共同走向成熟。

参考文献

[1] 吴建中：每个人都可以成为公共外交的使者，“建中读书”[EB/OL]. [2013-06-05]. http://www.wujianzhong.name/?p=2137.

[2] 潘拥军. 试论图书馆与公共外交[J]. 图书馆论坛，2012(7)：62—66.

[3] 吴建中. 上海之窗，公共外交的成功案例[J]. 上海文化，2013(8)：14—15.

[4] “上海之窗”概况[OL]. [2018-01-01]. http://windowofshanghai.library.sh.cn/Default.aspx?tabid=150&language=zh-CN.

[5] 第一本电子书的诞生：曾被视为灾难[OL]. [2014-03-31]. http://tech.qq.com/a/20140331/020711.htm.

[6] 城市图书馆的挑战、创新与未来[OL]. [2014-03-19]. http://wenku.baidu.com/link?url=zzo8rpTMpUEqT8N14yIGpkaPd4b6TeziigOPwO2TC8Qczh6eB82ZdUoRO_G5k3OPO9HE-K4nlLEvwywm-wzbjV7_ocdTPCw88S9DeHjesK.

[7] 吴建中. 转型与超越无所不在的图书馆[M]. 上海：上海大学出版社，2012：8.

共享的下一代图书馆集成系统及高校图书馆联盟：趋势、机会和挑战

Guoying Liu
（加拿大温莎大学）
Ping Fu
（美国中央华盛顿大学）

摘要 下一代图书馆集成系统(ILS)已经越来越成熟,并为越来越多的高校图书馆所采用。许多高校图书馆都加入了某个联盟,共同致力于转向共享方式的,可以维系更深层次合作的下一代图书馆集成系统。高校图书馆以联盟形式共享图书馆集成系统是否已经成为趋势？本文通过下一代图书馆集成系统中领先产品的采用情况以揭示其趋势。对一个早期共享 ILS 的图书馆联盟和针对下一代 ILS 而组建的新的联盟,进行了两项案例研究,以进一步调查新的共享系统对高校图书馆联盟及其成员的影响,可能引发的挑战以及所带来的机遇。

关键词 综合图书馆系统；新一代综合图书馆系统；图书馆服务平台；联盟；高校图书馆；合作

Shared Next Generation ILSs and Academic Library Consortia: Trends, Opportunities and Challenges

Guoying Liu
(University of Windsor)
Ping Fu
(Central Washington University)

Abstract Next generation Integrated Library Systems (ILSs) have been maturing and adopted by more and more academic libraries. Many academic libraries have joined a consortium to collaboratively move towards a shared next generation ILS that sustains a deeper collaboration. Has this been a trend for academic libraries to share the new system in consortia? This article examines the adoption of the leading products in next generation ILSs to reveal the trend. Two case studies are conducted on a pioneer consortial adopter and a newly formed partnership on shared next generation ILSs, for further investigations on the impact on consortial members, the challenges the new shared system may cause, and the opportunities it brings to academic library consortia and their members.

Keywords Integrated library systems; Next generation integrated library systems; Library services platforms; Consortia; Academic libraries; Collaboration

1 Introduction

1.1 Library Consortia

Library consortia are groups of two or more libraries that "partner to coordinate activities, share resources and combine expertise" (Rosa and Storey, 2016, p93). Partnership, or collaboration, is the main purpose of a consortium. Other names have been used for collaborating libraries in library literature as well, such as cooperatives, networks, collectives, and alliances. (Horton, 2015) In this article, we adopt the term consortium and/or consortia for libraries that collaborate with each other to achieve common goals.

Library consortia have existed for over a century. Their scope, type and size are varied. The collaboration of libraries can be at the local, regional, national or international level. Some consortia serve exclusively for one specific type of libraries, such as academic or public, while others include multiple types. Many of them started as academic only and later expanded to include public, special and other types of libraries. (Bostick, 2001; Horton, 2015). The size of a library consortium could be as huge as Online Computer Library Center (OCLC) which had over 22,000 members in 2012 (Horton, 2015), or be very small like Keio-Waseda Consortium which only consists of two members (ProQuest, 2018).

Library consortia's activities are varied as well. A 2006 - 2007 American Library Association (ALA) national survey on consortia revealed that the most common services and activities within consortia are communication, resource sharing, professional development, consulting and technical assistance and cooperative purchasing. Other less common activities include automation, networking and other technology services, etc. (Davis, 2007) A more recent examination by Rosa and Storey (2016) found that American libraries all face the challenges of funding, evolving role of the library, and the changing nature of scholarly communication. They are "more connected than they have ever been in the history of library and information science" (p85). Resource sharing, cooperative acquisitions and e-content licensing, as well as shared online catalog are among the most used serviced in library consortia.

1.2 Next Generation ILSs

Library automation has experienced several phases of development since its beginning in 1960s (Borgman, 1997). Earliest library systems were created to provide a specific function or resolve a particular issue, such as circulating materials or creating catalog cards. The following efforts are to integrate these separate pieces of software into one system, the Integrated Library System (ILS). A standard traditional ILS normally contains the modules of cataloging, circulation, serials management and open public access catalog (OPAC). This type of systems were designed for print resources management. With the advances of information technology, library automation products based on server/client emerged on the market around mid-1990s. In the meantime, electronic resources started to grow. However the main functional modules of ILSs remain unchanged. A number of add-on library systems were developed to address various library needs beyond a traditional ILS can meet, such as link resolvers, electronic resource management systems, digital asset management, institutional repositories and discovery interfaces. (Breeding, 2013; Liu, 2015)

The year of 2011 witnesses the start of a new cycle of library automation — the emerging of next generation ILS. Meanwhile, Breeding (2011b) proposed a concept of Library Services Platform (LSP) to differentiate the next generation ILS from the traditional ILS. In this paper, we use next generation ILSs for the new emerging systems to emphasize its integration feature and avoid any confusion it may cause because both LSPs and next generation ILSs have been used often in library literature and libraries. The next generation ILSs are able to manage all forms of library collections including print, electronic and digital resources. They can introduce pertinent workflows according to the type of resources (print or electronic), the call of services (local or remote) and the acquisitions models (purchasing or licensing) (Breeding, 2011b; Liu, 2015). The new systems shall also take advantage of cloud computing and other latest technologies and architectures (Grant, 2012).

Alma from Ex Libris and WorldShare Management Services (WMS) from OCLC are the two earliest products that have been developed from ground up in this area (Wilson, 2012). Since their launch in 2012, both products have been maturing. By the end of 2016, Alma has been adopted in over 800 libraries and WMS in over 400 libraries. Other two products active in current market are Sierra by Innovative Interfaces and FOLIO, an open source initiative supported by EBSCO (Breeding, 2016; Breeding, 2017b). Sierra took a different approach from Alma and WMS. It reused many Millennium system functions rather than create original innovations (Grant, 2012). Sierra has been installed in over 600 libraries since it was introduced in 2011. FOLIO entered the market in 2016 and is currently under development (Breeding, 2017b).

1.3 Academic Library Consortia and Library Automation

"The growth of information technology has increased the importance of consortia" (Kopp, 1998, p. 7). Library automation started around 1960s when most of the early academic library consortia were formed (Borgman, 1997; Kopp, 1998). Libraries were motivated to collaboratively develop systems and share automation techniques to computerize manual, labor-intensive operations to improve overall efficiency. Automating large-scale technical processing was the primary concern of large consortia at the time (Kopp, 1998; Bostick, 2001).

In 1970s and 1980s, computer hardware became less expensive and the automated library systems emerged. ILS was born combining automated back room operations. (Borgman, 1997) It became unnecessary for libraries to cooperate to acquire automated systems. Libraries tended to focus on the development and implementation of their local ILSs rather than consortial activities. As a result, the growth of consortia slowed down to some degree (Kopp, 1998).

By the late 1980s to 1990s, most libraries had "achieved certain levels of local systems and networking sophistication" (Kopp, 1998, p. 14). Combining with fiscal, political and other factors, academic library consortia re-flourished with an emphasis on acquiring and providing access to electronic resources via the Internet as well as sharing physical resources (Kopp, 1998; Potter, 1997).

From the 1990s into 2000s, many libraries had their own separate standalone ILSs in house. However, the development of cloud computing pushed libraries to reconsider the remotely hosted library systems supported by vendors and consortia (Machovec, 2014). Next generation ILSs were introduced. In his 2011 automation market report, Breeding (2011a) predicted that more libraries would consider adopting the cloud based, multitenant automation products as well as participating in shared automation systems in consortia to save cost. Libraries have become "willing to look at much more profound and fundamentally ground-breaking collaborations" and demand automation vendors to offer collaborative functionality to support library success (Horton, 2012a, p. 130). In 2011, Orbis Cascade Alliance (OCA) decided to create a "truly shared integrated library system" for all of its 37 member institutions (Horton, 2012b, para. 3.). This would allow for deeper collaboration among their members, including unified collections and shared technical services. According to an OCLC survey (2013), in response to what the most valuable aspect of joining a consortium is, 12% of U. S. library consortia leaders chose a shared ILS, which is on par with e-content purchasing and third to professional networking (30%) and cost savings (23%).

In his regular column in the *Collaborative Librarianship*, Ayre (2015) illustrated all compelling features for library consortia to collaborate deeper by adopting shared next generation ILSs. It was stated that all sharing activities and services would be streamlined and simplified, including users access and staff workflow. A shared system would save individual member libraries not only on hardware, software and licenses costs but also personnel for system administration, cataloging, collection development, and even selections and acquisitions.

Would it be a new direction for academic libraries to collaboratively select and manage shared next generation ILSs? This article aims to analyze the trends, impacts, opportunities and challenges for academic libraries in a shared next generation ILSs.

2 Literature Review

A great deal of research articles and presentations have addressed the topic of next generation ILSs and consortia in library literature. Although the concept of next generation ILSs is still relatively new in the profession.

OCA is a pioneer of library consortia in the adoption of shared next generation ILSs. It has served as a model for many other academic library consortia (Helmer, et al., 2012). From system selection and migration to its impact on the library operations and various functional areas, librarians and other researchers from OCA have contributed a number of papers sharing their experiences and insights of a shared next-generation ILS in a large academic library consortium.

Cornish, Jost and Arch (2013) detailed the process for selecting a shared next generation ILS for all 37 OCA members, including the foundational steps, Request for Information (RFI), teams and processes of Request for Proposal (RFP), and negotiation with suppliers.

Steve Shadle at the University of Washington Libraries presented the migration experience to the next generation ILS and a single shared catalog in OCA, including the motivation for the consortial migration, the implementation process and lessons they have learned (Shadle and Davis, 2016). Stewart and Morrison (2016) from the same institution further examined the consortial migration and its impact on acquisitions workflows and collection building in the shared system. Shared ILS migration is also investigated from a technical services perspective by the staff from another OCA library (Zhu and Spidal, 2015).

The consortially shared ILS have also changed the library operations in OCA (McKiel and Dooley, 2014). Librarians from pioneering libraries in the OCA looked at the acquisitions policies and workflows in the new system (Spring, Drake and Romaine, 2014). The challenges and opportunities for collaboration on acquisitions have also been discussed (Spring et al., 2015). Romaine and Wang (2017) analyzed the serials and electronic resources management (ERM) functionality and workflows in a shared ILS. The discovery end accompanied with a next generation ILS and its impact on library database usage is included in the literature as well (Evelhoch, 2016). In addition, Fu (2017) investigated the impact of next generation ILSs on the U. S. library consortia.

Literature sees newer articles coming from other consortia who have selected or are interested in a shared next generation ILS. Deng, Sotelo and Culbertson (2018) at the University of California, San Diego, conducted literature review and a survey on cataloging consortial collections in preparation for the upcoming migration to the next generation ILS in the consortium. Five trends have been identified, including the outlook that local library catalog is not dead yet, as well as several approaches for consortial cataloging.

Cote and Ostergaard (2017) from the Treasure State Academic and Information Services (TRAILS) Consortium examined the role of electronic resources librarians in the process of consortial migration to next generation ILSs. They concluded that the NASIG's Core Competencies for electronic resources librarians "provide a framework from which to approach" the next generation ILS implementation (p. 228).

Consortia from other regions or countries, such as Hong Kong, Canada and South Africa, are also interested in this topic. Eight universities in Hong Kong in the Joint University Librarians Advisory Committee (JULAC) started a new adventure in 2013 aiming to collaborate on a shared next generation ILS. After several years of planning, consultation and RFP process, JULAC selected Alma and Primo in 2016 and went live with the shared system in July 2017. Major challenges they encountered include merging bibliographic records, user account authentication, user-initiated borrowing, data migration, and multilingual authority control, etc. Opportunities are also presented to participating libraries, such as shared cataloging, shared collection development, shared workflow, expertise and training (Chan and Lam, 2016; Lam, 2017).

In 2016 Library Technology Conference, Anika Ervin-Ward and Amy Greenberg (2016a) presented the Ontario Council of University Libraries (OCUL) Collaborative Futures (CF) project. The OCUL CF project aims to collaboratively adopt a shared next generation ILS. The OCUL Case Study section in this article will detail its goals, approaches and status along with the discussion on challenges and opportunities of this provincial project in Canada.

In South Africa, Mfengu (2014) interviewed senior library management teams in four institutions of Cape Library Consortium and found that these institutions were willing to adopt the next generation ILS in the next five years. They were in a process of preparing for this move in terms of staff and infrastructure change. The member institutions would like to take advantage of consortial approach and still function individually.

Machovec (2014) listed the following challenges facing consortial solutions of next generation ILSs:

selecting a system, determining costs, defining levels of collaboration, security, scalability and performance of the solution, and the integration with other library applications. Although Alma is the dominating product selected by home institutions of the authors of the related literature, Machovec (2014) did name a couple of examples other than Alma, such as the Private Academic Libraries of Indiana (PALNI) who migrated to WMS and MOBIUS consortium who have upgraded to Sierra.

Rarely does research in the literature target the trend of academic library consortial adoption of the next generation ILSs. More investigations from various perspectives and environments would provide further expositions on the impacts, challenges and opportunities of such a substantial joint adventure for academic libraries around the world.

3 Methods

To identify the trend for academic libraries to adopt a shared ILS within a consortium, the authors of this article collected and analyzed the number of academic library consortia that have moved to a shared next generation ILS in the past few years.

Marshall Breeding's annual product reports are a good source for the adoption number of next generation ILSs. The library automation statistics tracked on the Library Technology Guides (https://librarytechnology.org/) are another source of data for this article.

However, these sources do not provide separate information on academic consortia. The press releases on individual products have been collected and reviewed for the analysis. In the next generation ILS market, only Alma, WMS and Sierra have sufficient installations in libraries to be meaningful for this study (Breeding, 2017a). Although WMS has gained sizable market in academic libraries, it "has had few selections by large academic libraries or consortia" (Breeding, 2017b, 2nd para. under Academic Libraries/OCLC) There is little information on academic libraries adoption of WMS either on library literature or on the Internet. It lacks literature on Sierra as well. The Press Center of Innovative Interfaces (https://www.iii.com/press-center/) contains news releases on the selection and migration of Sierra by libraries but the data are available only from 2016. It appears the number of press releases is not complete for all library adoptions of Sierra.

Good news is that it looks like all press releases on Alma adoption since 2011 are preserved and accessible via the News and Events on the Ex Libris website (http://www.exlibrisgroup.com/press-releases/). The number of total adoptions of Alma on the press releases also agrees with what has been presented in Marshall Breeding's reports and statistics (Breeding, 2018a; Breeding, 2018c). In addition, the number matches what is described in the internal document of the Ex libris' response OCUL CF RFP for a next generation ILS in January 2018 (one of the authors of this article sit on the OCUL CF RFP Requirements and Evaluation Working Group). Therefore, data collected via the press releases on Alma adoption on the Ex Libris website are quite reliable.

This article reviews all available data on the adoption of Sierra (from January 5, 2016 to April 9, 2018) and Alma (from January 6, 2011 to April 3, 2018) on the Internet. The analysis mainly relies on Alma's adoption data during 2011 - 2018 with a particular focus on the consortial adoption. All adoption numbers from the websites of Ex Libris, Innovative Interfaces, and Library Technology Guides are collected and verified during April 1 - 15, 2018.

In addition to the analysis on the adoption number, two cases, OCA and OCUL, under different stages of consortial adoption of a next generation ILS are studied to provide in-depth analysis on the impact of shared next generation ILSs on consortia and their members as well as the challenges and opportunities to them. OCA is the pioneer in this area in the world, who have gone live with Alma for a couple of year; whereas OCUL is among the first consortia in Canada aiming for a completely shared next generation ILS, and is currently selecting a shared system.

4 Adoption of Next-Gen ILSs in Academic Library Consortia

4.1 Data from Library Technology Guides by Marshall Breeding

Table 1 lists the number of consortia respondents and the total number of all respondents to the annual International Survey of Library Automation in 2012 - 2017. The respondents come from all types of libraries primarily in English speaking countries (Breeding, 2018d). The data include a variety of library automation products, such as traditional ILSs and next generation ILSs.

Some comments in the 2017 survey state they are part of a consortial shared system, but responded as individual libraries (Breeding, 2018b).

Table 1 shows that the number of consortia respondents from 2012 to 2017. Although it appears that during 2012 - 2017, the number of consortia respondents to the annual library automation perceptions survey goes up gradually (see Figure 1), the percentage of consortia respondents among the total number of respondents does not support such trend (see Figure 2).

Table 1 Number of Respondents (Consortia and Total)

Year	Consortia	Total	Year	Consortia	Total
2012	97	3,032	2015	127	3,459
2013	91	3,003	2016	116	4,042
2014	95	3,143	2017	142	3,992

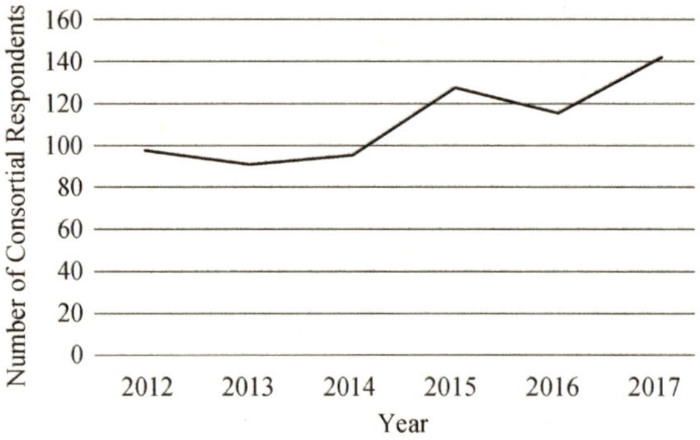

Figure 1 Number of Consortia Respondents (2012 - 2017)

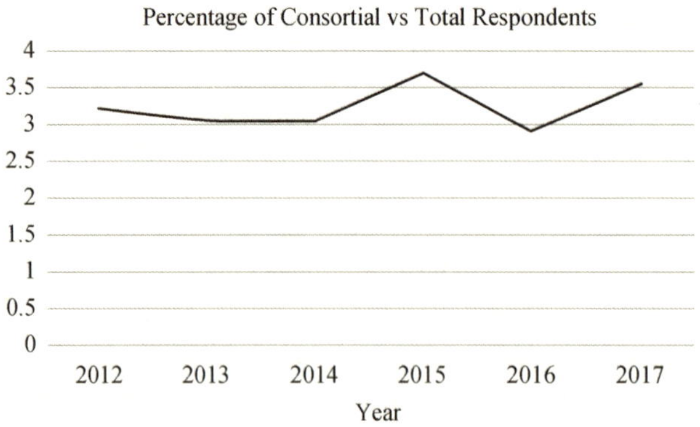

Figure 2 The Percentage of Consortial Respondents (2012 - 2017)

Based on the Integrated System Turnover maintained by Marshall Breeding (2018a), Figure 3 illustrates the number of academic libraries who have selected Alma, Sierra or WMS in 2010 – 2017. Alma has been leading the market after 2014.

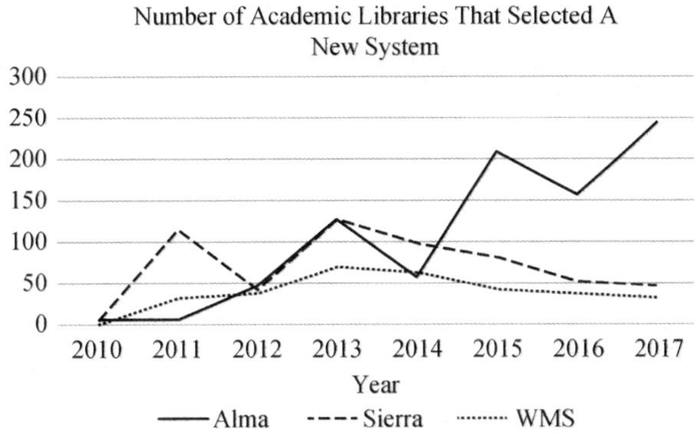

Figure 3 Number of Academic Libraries That Acquired a New ILS/LSP (2010 – 2017)

4.2 Press Releases for Alma Adoption

The Press Releases from News & Events on the website of Ex Libris (http://www.exlibrisgroup.com/press-releases/) were examined for the product Alma since its beginning, January 6, 2011 when the first announcement was released on Alma.

Table 2 displays the number of consortia who have selected Alma in 2011 – 2017.

Table 2 Number of Consortia Selected Alma

Year	Number of Consortia Selected Alma	Year	Number of Consortia Selected Alma
2011	2	2015	7
2012	2	2016	11
2013	3	2017	10
2014	7		

Figure 4 shows the continual growing number of consortia that have selected Alma as their shared next generation ILSs in the past few years. It indicates that academic libraries are more likely working together to select a shared next generation ILS.

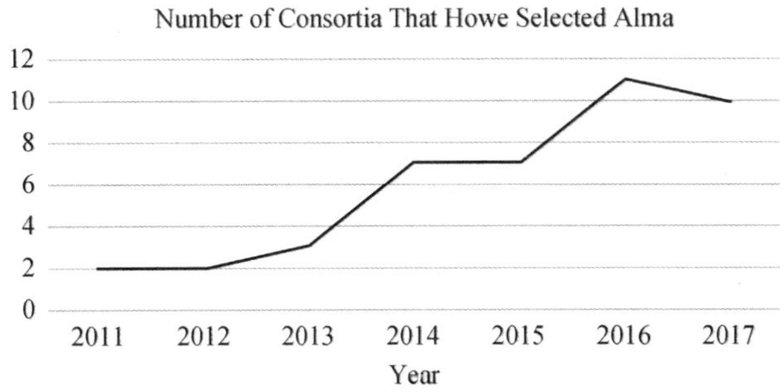

Figure 4 Number of Consortia That Have Selected Alma (2011 – 2017)

The press releases on the year of 2018 have also been reviewed carefully. Till April 3, 2018, five individual institutions and three consortia have selected Alma in the year of 2018. The three consortia include two Japanese universities, and seven university members of Michigan Shared System Alliance, and 64 campuses in the State University of New York. There are 78 academic libraries have selected Alma in total in

2018, and among them 73 are part of a consortium who selected the product together. That means about 94% academic libraries have joined a consortium for a shared next generation ILS in 2018 among Alma adopters.

4.3 Press Releases for Sierra Adoption

The Press Center of Innovative Interfaces (https://www.iii.com/press-center/) provides the press releases since 2016 about Innovative products, including Sierra. Table 3 lists the number of single institutions and consortia who have selected Sierra in 2016 - 2018.

Table 3 Sierra selection (2016 - 2018)

Year	Single Institutions	Consortia	Year	Single Institutions	Consortia
2016	3	4	2018	0	1
2017	7	0			

Although the data appears incomplete, it still shows a large percentage of academic libraries who have joined consortia for a shared new system.

5 Case Studies

5.1 Case Study 1 - OCA: Experience, Impacts, Opportunities and Challenges

OCA is a library consortium of 39 academic libraries in Oregon, Washington, and Idaho, serving faculty and the equivalent of more than 280,000 full-time students. From January 2013 to January 2015, the then 37 OCA libraries completed migration from three different locally hosted ILSs and four different discovery platforms to a shared next generation ILS, Alma, and a single discovery platform Primo. The Alliance and its member libraries took a multi-year process for exploring systems options, creating policies and standards for data cleaning, planning and organizing the migration, and creating collaborative programs and teams after migration. The Alliance created numerous working groups to perform collaborative tasks at each stage of the project.

Through analyzing the OCA programs, documents, reports published on the OCA websites, conference presentations authored by the OCA members and delivered at the Ex Libris Users of North America conferences, in-person interview, and journal articles authored and published by librarians and professionals of the OCA member libraries, we find the shared next generation ILS has made significant impacts and generated numerous opportunities and challenges on almost all aspects, particularly on the following areas of the OCA:

Resource Sharing

According to the OCA Alliance-Wide Summit Borrowing 2017 and Summit Lending 2017, there were a total of 312,874 borrowing requests and a total of 261,372 lending requests received among its 39 institutions in 2017. The fill rate was 80% and 93% respectively. Our study shows that the new shared system has greatly improved users' access to information through resources sharing in the OCA libraries. Compared to the previous OCA's resource sharing system called Summit, the new Summit seamlessly integrated consortial borrowing and lending systems and interlibrary loan system with the shared ILS Alma and front end system Primo. The new Summit allows patrons to easily search and request library materials owned by consortial members or other libraries outside the consortium through a single Primo user interface. Every member library can follow the same procedures and policies to achieve efficiency and predictability.

During an in-person interview, Erin Bledsoe, a senior circulation staff at Central Washington University, who participated in the OCA Alliance Resource Sharing Implementation Team, responded that the new shared ILS brought significant benefits to both patron and library staff. She emphasized that the new shared ILS "allows the user to access all of the library and consortial holdings; physical, electronic and digital, by searching in one search box." Patrons "no longer have to interface with third party vendor (i. e. WorldCat)." The new system provides "real-time availability, not requestability." The shared best practices also "allow for similar experiences throughout consortium." Erin Bledsoe added that "detailed audit trail can help staff troubleshoot problems. General messages and notes can be used to indicate damage, multiple parts." She recognized that shared creation of documentation and best practices are helpful for staff training and professional development.

Discovery and User Experience

Our study shows the new shared next generation ILS provides a single high-quality, web-based discovery and delivery platform for all consortium member institutions. It enables discovery of resources, regardless of format or resource type, in local or consortial collections and beyond. It enables member institutions to customize the search experience by controlling for preferred formats and locations and implementing individual institution's needs and brand components. The new Primo interface has become a central portal for access to unique local information resources, including digital collections from member libraries. It provides users with a web-based portal for assistance in conducting searches on the internet, evaluating the quality of information resources, learning how to use various databases and linking them to library resources throughout the consortium. It also provides users with the advantages of a union catalog, such as consistent query interpretation across multiple libraries with quick response time across a large number of library records. It supports efficient computerized library services, including up to the minute information about the availability of library materials, circulation information, journal collection status, and computerized checkout. It offers access to an array of online user-initiated services, such as the ability to review materials checked-out, renew books, and request books from other libraries.

However, Zebulin Evelhoch (2016), an e-resource librarian from Central Washington University, one OCA member, through his analysis, noted that "the first year post-migration (2015) compared to the two years pre-migration (2013 - 2014) saw a decline in web page views of database web pages, journal full-text article requests, and database record views and result clicks. The implementation of Primo thus had a noticeable negative impact on both direct database access and overall electronic resource usage during the first year post-migration."(p16). However, for the second year and third year after go-live, the access numbers were back to normal. Our study suggests that patrons need to be educated and trained to be familiar with a new discovery system during the transition of migration from a traditional OPAC.

Shared Content

Our study finds that the new shared ILS allows the consortium to continually assesse, manage, and develop initiatives that broaden access by providing cost-effective sharing, licensing, and description of such content. For example, for databases and e-journals acquisitions and subscriptions, member libraries can identify resources of interest and the Alliance works with the vendor, negotiating discounts, coordinating trials, licensing and invoicing. The OCA Electronic Resources Program is run on an opt-in/opt-out model. Subscriptions are started and purchases made when a sufficient number of libraries commit. The consortium launched its first consortial demand-driven acquisitions (DDA) e-book purchase program in 2011 facilitated by a partnership with YBP and ProQuest and funded by the consortium membership. The DDA program ended in 2017. Currently the consortium adopted the Evidence-Based Acquisitions model, partnered with Wiely and Taylor & Francis. Another shared content project is Oxford University Press Frontlist Purchase. Our study finds the new shared ILS increases leverage in negotiations with library vendors and other system service providers. It saves labor and overhead costs by centralizing management of contractual agreements.

Collaborative Technical Services

Our study finds that OCA's Alma implementation differs from a stand-alone institution's version. According to the OCA Strategic Agenda, the OCA wanted to "manage and build the combined collections of members as one collection"; however, the shared bibliographic database environment still allows OCA member institutions to retain some local control and to provide a place for local order and holdings records. In order to accomplish this, Ex Libris created a three-layer system. The first layer, called the Institution Zone (IZ), houses local institutional holdings, inventory, and order records. Each OCA member institution has its own IZ. The second layer, called the Network Zone (NZ), which houses the bibliographic records of OCA's member libraries, separate but linked to the local/institutional repository (IZ) for each OCA member. While the third layer, called Community Zone (CZ), composed of e-resource records, the Alma Knowledge Base (KB), are available to all Alma users, not only for OCA members. The three-layer system made it possible and easier for OCA member institutions to work closely on collaborative technical services such as the ebook, Chinese, Japanese, and Arabic cataloging pilots. These technical services were difficult when more than 30 local ILSs were in use and workflows varied across the consortium. Thus, the shared next generation ILS opened up new opportunities and made collaboration in acquisitions, cataloging, collection development, circulation, systems, and other areas easier to achieve. It allows libraries to streamline staff operations and realize cost savings through sharing standardized bibliographic and authority records.

As a result of this type of collaboration, since the implementation of the shared ILS, the consortium members have worked together and developed a number of biographic records polices and shared ILS operational policies, best practices, procedures & workflows, normalization rules, NZ account configuration & procedures and guidelines. The consortium member libraries also share a single normalization rules for converting source records in Alma and publishing to Primo.

Systems

The maintenance and upgrades of the OCA shared ILS are centrally managed by the vendor. The cloud shared ILS lessens the necessity for each library to maintain the full complement of experts and hardware to operate their own. Our study shows that systems staff at OCA member libraries have more time to develop local applications and support customizations. The shared ILS enables sharing customization and distributed testing of new release, central monitoring, deploying and publishing. The systems staff of the OCA member institutions also collaborated on user roles management, systems authentication, systems configuration, Alma/Primo API development, primo new UI customization, resource sharing configuration, integration with other systems, etc. It enables the OCA Systems Program Manager and the Alliance Systems Team to provide centralized library automation support and services to various types of libraries in the OCA.

Unique & Local Digital Content

Each OCA member institution has its own archival collection, institutional repository and other unique digital repositories. The new shared ILS enables the alliance to consider aggregating its member institutions' local and unique digital content. In order to achieve this goal, the OCA formed a few of working groups on archival collection, digital content metadata standards, preservation and aggregation. The OCA Council approved an AADC/DPLA proposal proposed by the Content Creation & dissemination Team in February 2016. AADC stands for Aggregate Alliance Digital Content and DPLA stands for the Digital Public Library of America, a national-level portal for digital content from libraries and other cultural heritage institutions with value-added search and browse features. The AADC/DPLA project allows all Alliance members to share digital objects in Primo and DPLA. The project adheres to national standards for library automation and digitization to ensure compatibility and transferability of records and links members to regional, state, and national library networks which increase the OCA member institutions' visibility and brand awareness by providing open access to their unique and local content via the DPLA.

5.2 Case Study 2-OCUL CF Project

OCUL is an academic library consortium of 21 university libraries in Ontario, the largest province in Canada. It has been existing for over 50 years for the collaboration and cooperation among Ontarian institutions to enhance services to students, faculty and researchers in Ontario and beyond. The collaboration activities in OCUL include group purchasing, shared digital information infrastructure, collaborative planning and professional development, etc. (Ervin-Ward and Greenberg, 2016a; OCUL, 2018a; OCUL, 2018b)

One example of shared systems is the SFX link resolver. Academic libraries in the OCUL consortium implemented a shared SFX 2004 (Cheung, Thomas and Patrick, 2010). Each institution has its own instance while Scholars Portal maintains the central instance. Institutions relied on SFX for e-resource managing and linking for many years since then. Other innovation or collaboration based on SFX have been developed, such as the integration of SFX with Evergreen open source ILS for the unified view of print and electronic serials created by a local member, the University of Windsor, and the OCUL Usage Rights Database implemented consortially for institutions to display licensing terms on various databases to users in library catalog, journal A-Z list or other search interfaces (Liu and Zheng, 2011; Scholars Portal, 2017).

With the emergence of discovery layers and next generation ILSs, libraries in OCUL started to adopt other link resolvers or knowledge bases. It became a big burden for libraries to maintain multiple knowledge bases and link resolvers. Libraries began questioning the future of SFX and some other services offered by the consortium (Ervin-Ward and Greenberg, 2016a). From 2012, the OCUL Technical Advisory Group initiated discussions on cloud computing and web scale library systems across the province. A Unified Resources Management (URM) Summit was held in Toronto in February 2013. As a result, the OCUL Collaborative Approaches Task Force was established to identify potential opportunities by the new type of systems (Ervin-Ward and Greenburg, 2016b). In the meantime, one OCUL member, the University of Windsor contracted with Alma as an early adopter. University of Windsor is the first university in Ontario that selected a next generation ILS. Alma replaced several separate systems at the University, including Evergreen open source ILS, SFX and Syrup, a homegrown course reserve system (Liu, 2015).

With the efforts of the OCUL Collaborative Approaches Task Force and consultations with OCUL members, the OCUL Collaborative Futures (CF) project was launched in 2014. The OCUL CF project "aims to maximize the existing expertise and resources of OCUL members while fostering a deeper and more comprehensive collaborative venture among Ontario's academic libraries" (Ervin-Ward and Greenberg, 2016b, p2). More specifically, the CF project intends to implement a shared next generation ILS where members can collaborate to effectively manage electronic and print resources as well as to have a sustainable system for the management and preservation of OCUL print resources. The project consists of the following three phases:

The first phase is the feasibility study. Steering committee and several working groups were formed collaboratively to develop shared vision and collaboration framework; conduct market research, financial analysis, and business process and workflow analysis; and develop communications plan. Models of collaboration for systems, workflow and collections are also investigated. An Request for Information (RFI) was created and sent to various vendors in the market as well as companies or organizations that support open source solutions, including OCLC (MWS), Innovative Interfaces (Sierra), ProQuest (Intota), SirsiDynix (Symphony), Ex Libris (Alma), Equinox Software (Evergreen) and Kuali (Kauli OLE), etc. The findings show that most solutions are incomplete, and few products are quite mature at that time. Many can be installed in consortial environments however the level of consortial support varies dramatically. This phase completed in July 2015 (Ervin-Ward and Greenberg, 2016a; OCUL, 2018c).

The second phase is in the period of August 2015 to fall 2016. It focuses on system requirements development and procurement preparations. There are 18 institutions opted-in to participate in this phase. Further investigation and planning have been conducted on the shared next generation ILSs and possible deeper collaboration among members. (OCUL, 2018b).

From Winter 2017, CF enters phase three, the procurement and implementation at libraries. Thirteen institutions agreed to move forward with the shared system and another three libraries indicated continual interest with their decision forthcoming. A governance structure has been established. Four working groups were formed including Communications, Memorandum of Understanding and Governance, Requirements and

Evaluation, and Shared Policy Work Group. An Expert Advisory Network was also developed to include individuals who are responsible for different areas of the OCUL CF project at local libraries. By end of 2017, an RFP has been issued for the shared system. The project team have been evaluating the responses to select a supplier. Data migration and system implementation will be followed the selection. Deeper collaboration based on the shared next generation ILS are expected among participating libraries in near future (OCUL, 2018b).

It is quite challenging for such a large scope collaboration project among Ontario's academic libraries. These libraries vary a lot in terms of Full Time Equivalent (FTE) student population, library collections size and existing local ILSs. For example, in the consortium, York University has over 52k FTE student population while Algoma University has only about 1.2k FTE students. York University Libraries hold near 3.4 million of bibliographic records, however Algoma University Library only contains about 137k bibliographic records. The current systems used in the participating members spread a wide range as well, including eight different ILS solutions, four discovery layers, and a variety of institution repositories, e-reserves, learning management systems, student information systems, and financial systems across the province. The priorities and preferred timelines to move to a shared new system are quite different among these campuses. In addition, there is a mini consortium within the participating libraries, the TriUniversity Group of Libraries (TUG) (https://www.tug-libraries.on.ca/). It is a big challenge for the OCUL CF consortium to determine the cost sharing and collaboration model, and agree on various policies and workflows. This newly formed partnership articulates a number of outcomes from the shared system as follows:

- *Shared records, cataloguing and electronic resource management*
- *Shared record loading (bibliographic records)*
- *Shared discovery*
- *Shared patron services and policies*
- *Fulfillment*
- *Shared analytics, acquisitions and collection management* (University of Ottawa, 2017, p42)

The shared system will foster the deeper collaboration among Ontarian academic libraries to leverage local resources and services for users to experience "a large, diverse Ontario-wide library collection" (Ervin-Ward and Greenberg, 2016a, slide 10).

6 Conclusions

The next generation ILSs have been getting mature since its inception around 2011. It's been adopted by many academic libraries in the world. Academic libraries have a long history of collaboration in various activities to provide information services to students, faculty and other researchers. Due to the advancements of information technology and the budget restriction, academic libraries tend to work together on collective purchasing, shared professional development, and many other activities.

The next generation ILSs allow for deeper collaboration among libraries. The adoption data of next generation ILSs, especially Alma, indicate that more and more academic libraries are joining together to collaboratively investigate, select and implement a shared next generation ILS. Academic consortia are under different stages in moving to next generation ILSs. The case study on OCA, the pioneer adopter of Alma, reveals that a shared next generation ILS has significant impact on all aspects of library operations and services in OCA, especially in the areas of resource sharing, discovery and user experience, shared content, collaborative technical services, systems, as well as unique and local digital content. It also poses both challenges and opportunities to individual members in all these areas. The study on the OCUL CF project shows the challenges and opportunities of a shared next generation ILS to the newly formed partnership within OCUL consortium. The participating libraries are significantly different in terms of sizes, resources, services, existing systems and priorities. It is challenging for such a heterogenous consortium to collaboratively move to a shared next generation ILS. However, the shared new system will foster deeper collaboration among the members to achieve their common goals.

In the future, a comprehensive investigation on all institutions who have adopted next generation ILSs would help provide a complete picture on the trends of the consortial adoption of next generation ILSs by academic libraries Surveys and interviews on library staff from various perspectives and environments would further the understanding on the impacts, challenges and opportunities of shared next generation systems.

References

[1] ROSA K, STOREY T. Creating Their Future by Connecting, Collaborating and Building Community [J]. American Libraries. 2016,42(2): 85-101.

[2] HORTON V, PRONEVITZ G. Library consortia: Models for Collaboration and Sustainability [M]. Chicago: American Library Association Editions, 2015.

[3] BOSTICK S. Academic Library Consortia in the United States: an Introduction [J/OL]. LIBER Quarterly. 2001,11(1): 6-13.

[4] PROQUEST. Alma and Primo Expand Regional Presence with Adoption by Two Leading Japanese Institutions, Keio University and Waseda University. TOKYO, JAPAN [EB/OL]. [2018-8-6]. http://www.proquest.com/about/news/2018/Alma-and-Primo-Expand-Regional-Presence-with-Leading-Japanese.html.

[5] DAVIS D M. Library Networks, Cooperatives and Consortia: A National Survey, ALA Report [R/OL]. Chicago: American Library Association. 2007: 5. [2018-8-6]. http://citeseerx.ist.psu.edu/viewdoc/download?doi=10.1.1.170.647&rep=rep1&type=pdf.

[6] BORGMAN C L. From Acting Locally to Thinking Globally: a Brief History of Library Automation [J]. The Library Quarterly: Information, Community, Policy. 1997,67(3): 215-249.

[7] BREEDIN M. Library Technology: the Next Generation [J]. Computers in Libraries. 2013,33(8): 16-18.

[8] LIU G. Library Resources Management System in the Age of Cloud Computing [J]. Journal of Baoshan University. 2015,34(3): 28-32.

[9] BREEDING M. Current and Future Trends in Information Technologies for Information Units [J]. El professional de la information. 2011,21(1): 9-15.

[10] GRANT C. The Future of Library Systems: Library Services Platforms. Information Standards Quarterly. 2012,24(4): 4-15.

[11] WILSON K. Introducing the Next Generation of Library Management Systems [J]. Serials Review. 2012,38: 110-123.

[12] BREEDIN M. Introducing FOLIO-A New Collaboration Bringing Libraries, Service Providers and Developers Together to Speed Innovation and Redefine the Future of Library Automation [EB/OL]. [2018-8-6]. https://librarytechnology.org/pr/21713.

[13] BREEDING M. Library Systems Report 2017: Competing Visions for Technology, Openness, and Workflow [EB/OL]. [2018-8-6]. https://americanlibrariesmagazine.org/2017/05/01/library-systems-report-2017/.

[14] KOPP J J. Library Consortia and Information Technology: the Past, the Present, the Promise [J]. Information Technology and Libraries. 1998,17(1): 7-18

[15] POTTER W G. Recent Trends in Statewide Academic Library Consortia [J]. Library Trends. 1997,45(3): 416-434.

[16] MACHOVEC G. Consortia and Next Generation Integrated Library Systems [J]. Journal of Library Administration. 2014,54(5): 435-443.

[17] BREEDING M. Automation Marketplace 2011: the New Frontier: the Battle Intensifies to Win Hearts, Minds, and Tech Dollars [EB/OL]. [2018-8-6]. https://librarytechnology.org/repository/item.pl?id=15557.

[18] HORTON V. The Collaborative Shift Has Happened [J]. Collaborative Librarianship. 2012,4(4): 130-131.

[19] HORTON V. Trends in Library Collaboration: Deeper, Wider, and Riskier [J]. Collaborative Librarianship. 2012,4(2): 38.

[20] OCLC. A Snapshot of Priorities & Perspectives: U.S. Library Consortia [EB/OL]. [2018-8-6]. https://www.

oclc. org/en/reports/us-consortia. html.

[21] AYRE L B. The Holy Grail of Library Automation: the Shared Library System [J]. Collaborative Librarianship. 2015,7(1): 42-43.

[22] HELMER J ET AL. Innovation Through Collaboration-the Orbis Cascade Alliance Experience: an Interview with John F. Helmer [J]. Collaborative Librarianship. 2012,4(4): 183-185.

[23] CORNISH A, JOST R, ARCH X. Selecting a Shared 21st Century Management System [J]. Collaborative Librarianship. 2013,5(1): 16-28.

[24] SHADLE S, DAVIS S. Wrangling Cats: A Case Study of a Library Consortium Migration [J]. The Serials Librarian. 2016,70(1-4): 116-120.

[25] STEWART M, MORRISON C A. Consortial Migration to a Next-generation ILS and its Impact on Acquisitions Workflows [J]. Library Research Technical Services. 2016,60(4): 259-269.

[26] ZHU L, SPIDAL D F. Shared Integrated Library System Migration from a Technical Services Perspective [J]. Technical Services Quarterly. 2015,32(3): 253-273.

[27] MCKIEL A, DOOLEY J. Changing Library Operations: The Orbis Cascade Alliance [J]. Against the Grain. 26(4): 54-56.

[28] SPRING K, CAMPLELL D, DROST C, ET AL. How is That Going to Work? Part II-Acquisitions Challenges and Opportunities in a Shared ILS [C]. Charleston Conference. 2014: 384-389.

[29] ROMAINE S, WANG J. When ERM Met Alma: The Intricacies of Content Management in a Shared Consortia Landscape [J]. Serials Review. 2017. 43(1): 17-27.

[30] EVELHOCH Z. Web-scale Discovery: Impact on Library Database Web Page Views and Usage [J]. Journal of Web Librarianship. 2016,10(3): 197-209.

[31] 傅平. 新一代图书馆集成管理系统对美国图书馆联盟影响[J]. 数字图书馆论坛. 2017,152(2): 36—40.

[32] DENG S, SOTELO A, CULBERTSON R. Cataloging for Consortial Collections: a Survey [J]. Cataloging & Classification Quarterly. 2018,56(2-3): 171-187.

[33] COTE C, OSTERGAARD K. Master of "Complex and Ambiguous Phenomena": the ERL's Role in a Library Service Platform Migration [J]. The Serials Librarian. 2017,72(1-4): 223-229.

[34] 陈丽霞,林纪达. 香港八高等院校迈向新一代图书馆集成管理系统[EB/OL]. [2018-8-6]. http://repository. ust. hk/ir/bitstream/1783. 1-76642/1/JULACSharedILS. pdf.

[35] ERVIN-WARD A, GREENBERG A. Collaborating for the Future: a Consortial Approach to Next Generation Library Systems [C]. St. Paul, MN: Library Technology Conference. 2016.

[36] MFENGU AY. Analysis of the Approaches of Senior Management Teams Towards Adoption of Next Generation Library Management Systems: Case Study of Cape library Consortium Institutions [EB/OL]. [2018-8-6]. https://open. uct. ac. za/handle/11427/13734.

[37] BREEDING M. Development Timeline for Library Services Platforms [EB/OL]. [2018-8-6]. https://librarytechnology. org/chron/libraryservicesplatforms. pl.

[38] BREEDING M. Integrated Library System Turnover in 2017 [EB/OL]. [2018-8-6]. https://librarytechnology. org/ils-turnover. pl? Type=Academic&Year=2017.

[39] BREEDING M. Product Installation Statistics [EB/OL]. [2018-8-6]. https://librarytechnology. org/product-installation-statistics. pl.

[40] BREEDING M. Survey Response Demographics for 2017 [EB/OL]. [2018-8-6]. https://librarytechnology. org/perceptions/2017/demographics. pl.

[41] BREEDING M. Perceptions 2017: An International Survey of Library Automation [EB/OL]. [2018-8-6]. https://librarytechnology. org/perceptions/2017/.

[42] Ontario Council of University Libraries (OCUL). About OCUL [EB/OL]. [2018-8-6]. https://ocul. on. ca/about.

[43] OCUL. A history of collaboration [EB/OL]. [2018-8-6]. https://ocul. on. ca/history.

[44] CHEUNG O, THOMAS D, PATRICK S. New Approaches to E-Reserve, Linking, Sharing and Streaming [M]. Chandos Publishing, Cambridge, 2010.

[45] LIU G, ZHENG H. Access to Serials: Integrating SFX with Evergreen Open Source ILS. Library Hi Tech. 2011,29(1): 137-148.

[46] SCHOLARS PORTAL. OUR-OCUL Usage Rights Database [EB/OL]. [2018 - 8 - 6]http://guides. scholarsportal. info/our

[47] ERVIN-WARD A, GREENBURG A. Fostering Radical Collaboration: the OCUL Collaborative Futures Project [J/OL]. Partnership. 2011, 11(1). [2018 - 8 - 6]. http://dx. doi. org/10. 21083/partnership. v11i1. 3633

[48] OCUL. OCUL Collaborative Futures [EB/OL]. [2018 - 8 - 6]. https://ocul. on. ca/projects/collaborative-futures.

[49] UNIVERSITY OF OTTAWA. Request for Proposals (RFP) Software as a Service (SaaS) Library Services Platform [EB/OL]. [2018 - 8 - 6]. https://ocul. on. ca/sites/default/files/2017052-RFP_for_LSP_28-Nov-2017_Final_0. pdf

图书馆中的设计思维

Design Ideas in the Iibrary

吸引读者　集聚读者　发展读者
——从“三个视角”看图书馆中的设计思维

王　韧
（上海浦东图书馆）

摘要　图书馆应该有怎样的设计理念来适应读者需求，甚至引领读者需求？设计既关乎大局，又关注细节，核心是围绕“人的需求”并持续满足这一需求。论文不涉及具体的图书馆设计方案，而是结合工作实际，从理念和理论上探讨如何通过各类设计，以图书馆整体空间构造、学习阅读设施及服务设置以及未来发展趋势三个视角，提出图书馆设计要体现人性化、舒适性、灵活性、现代化、便捷性、智能化和艺术美感，让读者舒服，让馆员工作有幸福感。

关键词　设计思维；以人为本；读者；环境和功能

Absorbing, Gathering and Developing the Readers: Viewing the Design Thinking of the Library from Three Perspectives

Wang Ren
(Shanghai Pudong Library)

Abstract　The library is for reader. So there should be how to adapt to the design thinking of library reader demand, and even lead the reader demand? Design is about the big picture, and pay attention to detail, the core is human needs and continue to meet this demand. Library Thinking scheme of this paper is not specific, but in combination with working practice, from the concept and theory to explore how to use all kinds of design, overall space structure, learning to read in library facilities and service Settings and future development trend of three perspectives, sense out of the library to humanized design, comfort, convenience, intelligence, flexibility and modernization, artistic aesthetic feeling, make readers comfortable, make librarians have happiness.

Keyword　Design thinking; Human-oriented; Reader; Environment and function

古人云，凡事预则立，不预则废；或者说，兵马未动，粮草先行，都是告诫我们，不打无准备之仗，不轻易出手，一旦出手就要有效果。设计作为图书馆发展中的“预”和“粮草”，一旦建成，对一个馆的外延和内涵都具有长期的决定性的意义。我们看到一些图书馆，楼层低矮，空间局促，外部环境一般，加上活动空间设计不够，导致活动无法举行，吸引不了人们前往；还有一些图书馆，缺少对办馆理念的深入思考，活动不成体系，东打一枪西放一炮，不成体系的活动没有品牌效应，没有影响力。如果没有精心的设计和背后的设计思维，脚踩西瓜皮，任意妄之，图书馆的命运堪忧了。本文提出，图书馆设计应秉持以人为本的设计理念，运用设计思维，做好建筑与环境的互融设计、内部空间与功能的设计，以及数字科普和体验阅读的设计，从而使图书馆不仅能够吸引读者、集聚读者，还能发展读者。

1　设计思维及理念

1.1　什么是设计

设计是把一种设想通过合理的规划、周密的计划和各种感觉形式传达出来的过程。根据工业设计师 Victor Papanek 的定义，设计(Design)是为构建有意义的秩序而付出的有意识的直觉上的努力。更详细的定义如下：第一步：理解用户的期望、需要、动机，并理解业务、技术和行业上的需求和限制。第二步：将这些所知道的东西转化为对产品的规划（或者产品本身），使得产品的形式、内容和行为变得有用、能用，令人向往，并且在经济和技术上可行。这是设计的意义和基本要求所在。

可见,套用这套理论,图书馆的设计思维,首要的是理解读者需要什么,其次是我们能做什么,提供什么样的产品服务,再次就是看读者的评价或认可度如何。有些人认为,设计主要是钱的问题,其实不仅仅如此。对于很多发达地区的图书馆而言,基本层面的资金投入没有大的问题,关键和重点在于,资金往哪里投,如何投?这就是需要设计思维的先导作用。

1.2　什么是设计思维?

设计背后的理念、设计的指导思想以及设计的运用,就是设计思维。可以简单地说,有什么样的思维,就会有什么样的设计;用什么样的设计思维来设计图书馆,就会有什么样的读者体验。

IDEO 是一家世界领先的美国创新机构。IDEO 的 CEO 蒂姆·布朗认为,设计思维是一种以人为本的创新方式,它提炼自设计师积累的方法和工具,将人的需求、技术可能性以及对商业成功的需求整合在一起。设计思维包含两种含义:一是根植于设计领域的设计师思维,指对设计师实践的学术构建和设计师能力的理论思考;二是广义的设计思维,指将设计方法用于设计之外的领域,并像设计师那样思考,这也可以理解为一种简化版的设计师思维。

在很多人的意识中,设计思维是一个网站或建筑设计层面的概念,实际上它在图书馆中有十分广泛的用途。美国《思维》杂志认为,设计思维能够帮助图书馆应对活动、空间、服务、系统等方面的问题和挑战。例如,帮助图书馆员策划一个促进儿童提高读写能力的活动,帮助图书馆员设计一项为老年人提供 IT 支持的服务,帮助图书馆员营造一个鼓励用户参与的友好空间,帮助图书馆管理者构建更具用户意义的图书馆评价指标体系。设计思维广泛的应用范围源自其所包含的以用户为中心、视"动手"为当然、奉"试验"为圭臬的设计方法以及不带成见、乐于接受新事物,无惧失败、懂得欣赏不完美,积极乐观、将挑战当作机遇的"设计师思考方式"。近年许多学者从不同的实践层面探讨设计思维在图书馆中的应用。比如,一个面向未来的图书馆,应该秉持什么样子的价值观?塑造什么样子的精神家园?如何将用户体验设计用于图书馆创新,如何用以读者为中心的思想来优化图书馆空间设计,如何借助参与式设计来改进图书馆服务。

设计涉及的问题很多,就本文而言,笔者拟从一个图书馆的建筑与环境互融、内部活动功能设计以及发展读者未来需求三个角度,看图书馆的设计及其思维。读者喜欢来一个图书馆,首先会是喜欢这里的环境和建筑,其次是喜欢这里的活动,最后是身在其中逐渐爱上图书馆,把在图书馆学习休闲当成一种生活方式,把图书馆作为终身的"朋友"。

2　建筑与环境的互融设计——吸引读者

近 30 年来,图书馆建筑及空间设计一直在发生改变。最显著的改变莫过于,图书馆从威严的知识殿堂转变为日益亲民的、人性化的读书、学习及交流的场所。促使这一转变的重要原因,一是信息技术的发展,让人们获取书本和知识更加容易,图书馆不再是高高在上的获取知识的重要渠道。图书馆界必须放下身架,迎合读者,才能不会被迅速信息化的时代发展抛在身后。二是图书馆以及其事业伙伴也逐渐把关注读者需求、关注人性化摆在设计新馆大馆前的重要议题。随着经济发展水平的提高,地方政府越来越有钱投入到公共文化设施建设上,我们看到图书馆越来越成为高大上的多元空间,各地雨后春笋般崛起的大馆,正向现代化、高科技和多元化发展,在建设设计之初越来越需要考虑环境与建筑的协调。

基于上述时代背景和现实需求,在图书馆设计上,如何体现出外部空间与建筑本体的设计感?我们看到图书馆新馆规划越来越重视选址,很多图书馆把馆址选在空间开阔、景色宜人的城市新区和交通便捷之处。以周边交通组织来说,良好的公共交通,是一个大型图书馆吸引和疏导人群的重要条件。从外部空间来看,图书馆一定要建在地域开阔地带,这样才会有好的视野和空间布局。例如上海浦东图书馆的设计,就是建设在一片预留规划的开阔的文化公园内,设计时力求达到这样一个建筑远观印象——在森林环抱中,在一个绿坡上漂浮的方盒子。事实上,通过绵延的草坪与文化公园里的绿色景观融为一体,建筑简洁的形体好像轻盈地漂浮在绿色大地上,这一设计为图书馆的外部空间带来了生机和延展性,不仅是一座馆,也是一处风景,自然吸引众多人前往。

笔者也见过一些不太合理的图书馆设计。有的设计外形上也许会给游客以视角上的冲击,但是对于长期在里面学习、工作的读者和馆员来说并不合适。笔者参观过一家大型公共图书馆,发现馆员进入办公室后都有玻璃窗,而且都是密封的,这就意味着,这个地方必须依赖空调设备才能实现空气流通;再就是,建设造型上的独特和变异(顶部像教堂塔尖似的直穿云霄),扭曲了整个建筑中馆员的工作区域,以至于馆员不得不倾斜着身子进入办公室,以防头部触碰到倾斜的立柱。

在笔者心目中,建筑基本造型应该为纯净、简约、大气、规则、高挑。具体来说,大厅要大气明亮通透,一进门没有拥挤感;简约就是不要眼花缭乱,现在许多图书馆大厅进去,感觉进入了品质一般的画廊,花花绿绿,“易拉宝”等横幅遍地,混乱了视觉;纯净就是干净,许多图书馆的问题是物业保洁不给力,地面污迹斑斑,让人不舒服;规则就是造型宜偏于传统风格为好,这样不会有太多异化;高挑的建筑设计,能让读者享受到有别于家庭环境的更加舒展的阅读空间。

3 内部空间与功能的设计——集聚读者

一个优美的外部环境和美好的建筑,可以吸引一部分读者,但是,就像一个美人一样,如果她没有内涵,只是简单的“皮囊”之美,就不能持续地吸引人。一个图书馆真正吸引人,还是要有内涵和内功,要走进去的读者说好才算好,这个主要依赖内部空间的功能设计了。

3.1 活动场地的设计

图书馆馆舍建设有大型化的趋势,因此需要更多的活动来支撑一个图书馆的人气。这样,对图书馆整体空间构造、学习阅读设施及服务功能设置提出了人性化、舒适性、灵活性、现代化、便捷性、智能化、有艺术美感等要求,因此活动场所设计的价值就更加凸显。主要体现于两方面:一是实体空间中设置能够提升用户人文艺术修养、激发创意的特别空间;二是设置适合举办讲座、展览、读书沙龙等不同文化活动的便于灵活调整的空间。一些新兴的图书馆已经意识到这个问题,专门设计出不同形式、不同规模的场馆以适应不同的文化活动,设计出适合少儿的活动室和适合残疾人活动的场馆,等等。例如,芝加哥公共图书馆系统4家分馆的联合设计思维团队认为,戏剧表演有助于儿童的学习和成长。那么,如何才能将戏剧融入芝加哥公共图书馆的核心儿童服务?如何使用不同的场地表达不同的情节?设计思维团队提出这些问题,同时也将对这些问题的思考融入他们的设计之中。

3.2 艺术与展览区域的设计

图书馆功能不断拓展,内涵不断延伸,已经成为文化的综合体,这就需要在设计时考虑展览空间的建设,运用人文景观及多元装饰营造浓郁的文化氛围。历史人文景观、雕像、浮雕和绘画作品等元素的和谐运用,可大大增强图书馆的历史文化意蕴。例如,美国国会图书馆大厅内耸立的大理石柱、表征历史文化含意的精美壁画、富于艺术美感的彩色玻璃窗共同构筑的文化空间之美令人叹为观止。在国内图书馆建筑中也越来越多地运用这些文化修饰品。

3.3 内部动与静的分区设计

图书馆区域空间设置既需要体现出文化理念层面功能全面、灵活多样的现代协调美感,同时又能直接体现出对于阅读及文化推广的支持。除了传统的阅览区域,展览区域、咖啡吧、多媒体制作与欣赏区、研讨交流区域的设置在图书馆已相当普及。这就要考虑到“动静”分区,既相互关联又互不干扰。一般而言,图书馆建筑低楼层区域,应该设计为“动”的区域,人们走进来会产生噪音,开车进来会有噪音,举办展览和讲座会有噪音,为读者提供用餐会有噪音。在设计时就要把阅读的静和阅读之外的动结合起来,让图书馆这一公共空间,不仅提供阅读服务,而且成为市民聚会、参观、休闲和开展各类文化交流活动的场所。

4 数字科普和体验阅读的设计——发展读者

在过去20余年信息通信技术迅猛发展的冲击下,特别是RFID技术的运用,图书馆在空间及功能设计方面强化了对于IT咨询服务及交互学习的支持,设置了馆员与IT合作的咨询台、多媒体制作和欣赏区域、群组研讨室、数字图书馆、个人网上学习区、24小时自助图书馆等功能空间。这些技术的运用,成功地使图书馆跟上时代的步伐。但是跟上时代并不意味着就能发展读者,图书馆还必须研究读者的新需求、新变化,发展数字阅读,从而才有可能引领读者需求。这里重点说一说数字体验阅读。

4.1 数字资源的挖掘和服务

提供优质高效的数字资源服务,是一个优秀图书馆应有的能力,这需要扎实的技术作为支撑。一般而言,馆内网络要达到千兆主干、百兆到桌面,还要配备较为充足的各类计算机,可供读者上网查询馆内外数据文献。还要发挥读者在数字资源采购上的“发言权”,积极扩大数字资源库的存储规模与容量。目前为配合24小时图书馆建设,各馆都在推进数字图书馆项目进展,数字图书馆投入与产出比要有计算,要考虑到数字图书馆如何推广等。

4.2 科技科普类阅读推广

科技和文化是一个民族腾飞的“两翼”。图书馆作为社会教育机构，重要任务之一是推动科普阅读，普及科学知识。但是和其他文化类讲座相比，科普类阅读推广活动操作难度大，所以出现人文历史等活动开展得比较多，而科技科学类推广比较少、互动型体验式阅读少的情况。图书馆可以加大对社会资源的整合，加强与商业机构的合作，引进机器人舞蹈秀、科技3D打印、VR产品演示等活动，丰富读者的数字阅读资源和体验。还可以联系专业老师开讲儿童绘画、音乐等艺术创作体验课程，培养孩子们的手脑协调能力。这些课程化的设计，让不同类群的读者看着“菜单”点餐，有助于提高数字阅读推广的针对性。

4.3 设计体验互动类阅读项目

与纸本阅读相比，数字阅读呈现出载体多样化、空间移动化和泛在化、媒体融合化、内容的可视化和丰富性等特征，因此，数字阅读越来越成为较之纸本阅读更为流行的全民阅读形态。2017是公共图书馆评估定级年，第六次全国县级以上公共图书馆评估定级工作正在开展，有关指标显示，考评对图书馆的数字资源建设和数字阅读服务提出了更高的要求。因此，越来越多的图书馆开始开展科技体验服务，许多图书馆设立“数字体验中心”，提供数字阅读体验服务。类似这种“数字体验中心”，其实是一个平台，是和社会各方协作分享的平台，许多设备不是靠购买，而是靠“借用”。例如在上海有很多教育技术公司和新阅读公司，如喜马拉雅、阅文集团等，图书馆可以通过与他们的合作，引进设备、技术和服务，为读者提供数字阅读、智能互动等方面的新体验，有效补充图书馆纸质阅读的单一和不足，增加读者阅读体验的丰富性和多样化。

5 结语

以上阐述的仅仅是几个大的块面的设计，其实，图书馆的每一个活动，每一个细节，都值得去设计，而且需要不断创新。而这些设计，背后的思维都应该是基于读者、为了读者的。几年前读到一篇读者写的文章，“坐在浦东图书馆就是坐在春天里”，印象深刻。作者最后说：我并没有认真考察这里的藏书情况，但私以为，作为一个公共图书馆，藏书并不是最重要的衡量指标。它所营造的环境，是否能满足读者的需求，是否能吸引更多的市民进入，是否能推广阅读这件事，这才是它义不容辞的使命。不得不承认，出色的硬件，是这使命达成的必要条件。坐在馆外宽大的木桌前，我第一次为浦东的一栋楼感到激动和骄傲。不是那日日变高的天际线，而是这样一个图书馆，让我觉得浦东帮助上海更接近Better City……

读者的心声，读者对图书馆转型的期待以及如何满足读者的这些期待，也许就是图书馆人应该始终秉持的设计理念吧。

参考文献

[1] ULLA JOHANSSON-SKLDBERG, JILL WOODILLA, Mehvesetinkaya. Design Thinking: Past, Present and Possible Futures [J]. Creativity and Innovation Management, 2013(2): 121-146.
[2] 陈林. 基于用户参与的图书馆服务和空间设计研究[J]. 图书馆建设，2015(3)：59—62，66.
[3] 盛卿. 设计思维在图书馆中的应用[J]. 图书馆论坛，2016(6)：63—70.
[4] 邱进友. 创空间：图书馆未来空间设置的方向[J]. 图书与情报，2015(5)：78—80.
[5] IDEO公司. 图书馆中的设计思维[M]. 广州图书馆，译. 广州：广州出版社，2016.
[6] 王正兴，徐红玉. 观念、形态、功能视阈下的图书馆空间重组[J/OL]. 图书馆论坛，2017(7)：61—62[2017-07-03]. http://kns.cnki.net/kcms/detail/44.1306.G2.20170703.1451.004.html.
[7] 黄海彬. 基于互联网思维的图书馆服务项目设计[J]. 农业图书情报学刊，2014(12)：164—166.
[8] 毛刚. 图书馆用户需求生态服务系统研究[D]. 吉林：吉林大学 2013.
[9] 樊亚非. 论我国图书馆管理创新[D]. 湘潭：湘潭大学，2002.

现代图书馆空间变革及改造

张潇雨
（南通市图书馆）

摘要 随着信息社会的发展，读者对图书馆空间需求的多样化，图书馆不断变化、改进自身空间的使用。本文从图书馆空间变革入手，探索现代图书馆空间改造的方式，以期为图书馆调整、完善现有空间功能提供参考。

关键词 图书馆空间；空间变革；空间改造

The Revolution and Reformation about the Library Space

Zhang Xiaoyu
(Nantong Library)

Abstract With development of information society and users'requirement of library space becoming diversified, the library continuously improves its own space function. This paper based on the revolution of the library space, searches for the reformation of the library and provides theoretical basis for perfecting space function.

Keywords Library space; Revolution; Reformation

在传统的认识中，图书馆空间是一个静止的、刻板的、被动的藏书"容器"。但这一陈旧的观念，随着科技社会的进步而发生了变革。2009年意大利都灵市召开的国际图联卫星会议提出了"作为场所与空间的图书馆"和"作为第三空间的图书馆"两个命题，体现了新思潮对图书馆空间利用发生了实质性影响，颠覆了传统"三段式"图书馆建筑理念，重构了图书馆空间的社会价值。图书馆空间变革和改造，是现代图书馆值得研究的课题。

1 图书馆的空间设置和发展

传统的图书馆空间布置主要基于纸质文献，以图书、报刊为主，主要考虑的是用与藏之间的关系。从《图书馆建筑求索》书中所列的馆内功能分区使用面积参考表中可以看出，借阅与藏书面积占整个图书馆面积的70%，由此可见传统图书馆是以收藏和保障馆藏为前提开展服务的，图书馆的空间布局，基本按照资源的需求来设计。

随着信息技术的广泛应用，图书馆的功能发生了巨大的变化。数字图书馆、移动图书馆改变了读者获取信息的方式，Web2.0拓展了图书馆的服务内容，RFID技术自主化信息服务设备让图书馆的空间越来越智能化。在王元忠所写的《高校图书馆建筑面积指标探讨》一文中，借阅与藏书面积已经降为58%。可见，在新的服务理念的驱动下，图书馆的空间使用发生了改变。并且，我们有理由相信，随着Web3.0"三广十三跨"(广域的、广语的、广博的、跨区域、跨语种、跨行业)模式的进一步推进，信息资源会高度整合和共享，必将孕育的新的图书馆形态。

2 图书馆的空间变革

近几年，图书馆的新馆建设的浪潮此起彼伏，馆舍面积扩大的同时，功能也在不断地拓展和丰富，不断挑战和突破传统图书馆的空间设置，催生图书馆空间变革。

2.1 贮藏借阅型空间向交互学习型空间转变

现代社会的图书馆已经是馆藏实体资源与网络信息资源集成的复合型图书馆。以数字资源为主要增长点的馆藏变化导致了部分纸本馆藏因利用率降低而呈现密集存放的趋势，从而对图书馆空间多元化利用提出了新的需求。

IC(信息共享空间)和LC(学习共享空间)的出现，让单一的藏阅空间发展为集用户教育、科研辅导、资源推送、学习空间多种功能的学习共享空间，改变了传统图书馆的空间结构划分方式，由资源划分转变为读者行为划分，如服务台、导读区、休闲区、交流区、培训室、视频室等。并且这种划分方式，以读者的体验为出发点，注重读者学习、科研过程的创新，关注读者之间的交流合作，让读者能充分发挥其个性，进行切磋式学习，项目探讨和主题研究。

2.2 单一独立型空间向开放共享型空间转变

传统图书馆采用"统一柱面、统一层高、统一荷载"的三统一原则进行空间结构设计，这种设计方式保证了图书馆的稳定性与独立性，但在用户需求越来越复杂的现状下，单一的空间设置模式会大大限制图书馆空间服务能力的提升。依据 Edward W. S. 第三空间理论，图书馆除了物理空间之外，还包括所营造的精神空间以及拓展服务的虚拟空间。基于此，现代化的图书馆将一些商业、艺术和生活元素注入图书馆空间的设计之中，体现图书馆服务的表现力，营造空间氛围，激发读者利用图书馆的兴趣。

2.3 读者导向与科技导向并重的空间设置

2016 年 6 月 ALA 发布的《图书馆公正性、多样性与包容性》专案报告中指出图书馆的空间需要包容性，需要提供多样化的服务，需要聆听社会各界的声音，让所有渴求知识的人都能在图书馆内来去自如。在空间设计的时候应当考虑到残疾人的需求，而不是仅仅只满足设置有盲人阅览室；考虑到学习交流人群的需求，设立小型可交流的自习室，而不是仅仅提供统一的无声阅览区；考虑到少数民族人员、外国人员的需求，设立一些特殊专供资源的空间。

同时，图书馆也应该抓住最新科技动态，将新技术运用于图书馆空间构建之中，比如说清洁能源的应用，智能化楼宇管理系统，VR 技术的虚拟空间拓展等。这就要求图书馆在设计时预留空间，来保证实现虚拟服务所需的物理空间以及相应的通信设备渠道。

3 图书馆空间的改造方式

3.1 空间延伸

现代社会是高节奏的社会，人们来去匆匆，忙碌的生活让人们难以切实地感受到图书馆的服务。总分馆建设通过图书馆人努力探索和实践，在各地的建设已经形成了一定规模。我们需要在此基础上让图书馆的服务布点更加密集、更加人性化。

图书馆可以学习苏州地区图书馆"网上借阅社区投递"的模式，它以各地区主要的公共图书馆平台为依托，利用 RFID 技术，并融合多种最新的数字技术，在每个实体馆所辐射区间内选择人口聚集处作为投递点，读者通过访问手机、平板或者电脑等智能软件系统，提出自己的资料信息需求，再反馈给馆内资源库进行匹配，匹配后的图书将通过物流送到指定的投递点。这种方式缩短了读者和图书馆的距离，节省了读者时间，营造书香氛围。每一个投递点都是图书馆空间的延伸，将图书馆的网络织得更加密集。

现代社会，人们的生活节奏越来越快，在高强度、高压力的生活状态下，人们需要通过阅读来舒缓自己的情绪，充实自己的内心生活，在快节奏中慢起来、静下来。由此，在很多大型的商场、街角巷道中出现书咖，一种以阅读为特色的主题咖啡店。图书馆可以通过与这些店主进行协作，为店内购置借阅设备，并为其提供图书流转，将其纳入自己的服务体系中，由此推广，如银行服务大厅的客户等待区、车站的乘客候车区等，都可以进行尝试，让人们感觉到图书馆处处都在，任何时间都可以阅读。目前成功案例有北京西城区第一图书馆与交通银行共同成立的"书香银行"——交通银行阅读空间；辽宁省图书馆与中国工行银行合作成立分馆；2017 年 10 月底，北京东区儿童医院内设立 24 小时图书馆等。

3.2 个性化空间定制

图书馆空间不仅要满足大众的审美要求和功能需求，也要根据不同用户的特点进行个性化空间定制。

3.2.1 学术型空间

建立学术型空间，是公共图书馆主动适应网络信息社会、开放科学互动的新型服务模式，这对图书馆信息资源整合和利用提出了更高的要求，并不是所有图书馆都能建设好这一空间。资源是构建学术型空间的基础，应将机构知识库、社会专家资源、馆藏特色资源有机整合以满足社会对信息乃至科研的需求。同时，注重用户参与，对用户所提出信息需求和服务方式进行交流，在本馆服务人员水平限制的情况下，可以利用图书馆的专家志愿者队伍或者信息沟通渠道联系有关的专家来为用户提供专业化服务。

我们应当明确此空间的使命和定位,充分发挥本馆特藏的资源优势,建立反应用户需求,又突出自身文献特色的学术空间,形成本土的地域文化。同时,还应针对不同的学习模式提供大小不等的学习空间,提供触摸屏、写字板等物品方便研究者进行脑力风暴、学术探讨。研究室不应该四面徒壁,这样的环境过于压抑,容易引发焦躁的情绪。有落地玻璃窗,开阔的视野、充足的光线会缓解研究者的疲劳,帮助他们产生灵感,更好思考。

3.2.2 休闲型空间

大多数读者都喜欢在有温度的环境中阅读,让人放松、舒适的环境会让读者用更长的时间停留于图书馆中。所以在传统的文献阅览室和参考咨询室之外,应当增加休闲服务,这既能体现图书馆以人为本的服务理念,又能营造书香人情味。场所功能的多样化为图书馆静态的馆设建筑增添了活性因子,开辟咖啡吧、影视娱乐厅、小型表演厅、创意空间、儿童娱乐区给读者提供更多的休闲感受。

大多数图书馆门前都会有平台或者门厅,充分利用这些空间,增加软座、沙发、资料架、自动阅读设备等自主服务设施,让读者能利用等待图书馆开门的时间舒服地进行阅读,为读者提供服务的同时,也增加了图书馆的亲和度。利用走廊、过道、扶梯等功能区过渡空间进行展览和科普宣传。南京图书馆在选用透明玻璃地板,地板下展示生物化石,融合博物馆展示的功能,让空间得到美化与装饰,让读者增加了信息获取的机会。重庆图书馆与科技馆在 2017 年签订战略合作协议,打造“共享”科技体验区,将科普图书与科普互动产品有机结合。图书馆可以利用阅读空间和开放空间的距离,建立低分贝的有声交流区,打破图书馆传统的无声阅读模式,以此作为读书沙龙和小型研讨交流的场所。

3.3 空间高效组配

虽然数字资源建设在图书馆领域风生水起,藏借阅服务空间的概念有所淡化,但也不能忽视传统书库的作用,馆藏图书依旧是图书馆发展过程中的重要财富。远程书库、密集型书库的出现大大减少了书库对空间的占用,应当合理利用这些资源。河北师范大学校内重点课题“空间功能与服务模式研究”研究成果表明:在 20%的馆藏能够满足 80%的需求分析基础上,将 20%的馆藏作为一线馆藏,剩余 80%作为二线密集馆藏,依据一线馆藏零增长、二线馆藏全部密集排列的原则,这样能够节省 40%的空间。此外,利用现有的信息技术、数字技术整合原来图书馆的各种空间,实现多空间的交叠和综合利用,在强化主流服务空间的同时保证文献的保存和利用。

空间高效组配还体现在空间的开放性和灵活性上,将图书馆的空间设计模块化,即在拟定基本使用功能的基础上,保留转化成其他空间的可能性,或者打造综合性空间,空间内的设施能满足多种需求。例如各空间使用平面布局为主,可以进行相互调整、转化,利用屏风、窗帘等隔断设施对区域大小进行调节,这既满足了图书馆当前的空间需求,也为将来图书馆空间的调整留有余地。

空间的高效组配不意味着空间拥挤,空间的整体布局要注重不同空间之间的衔接。热闹的动态区域与安静的阅览空间应当由充分的过渡空间,不能相互干扰;饮食用餐区域的位置需要合理把握,防止食品的气味影响读者的阅读体验;报告厅出入口前需要预留一定的空间,防止踩踏等不安全的事件发生。

4 结语

现代化科技的发展,催生了新的服务方式,促进了图书馆空间使用的变革,图书馆在保证纸本文献资源藏阅空间的基础上,应当用发展的眼光来重新审视现代图书馆的空间理念,以满足社会多样化的需求,将图书馆建设成兼具精神属性和文化属性的信息传承地。

参考文献

[1] 鲍家声,龚蓉芳. 图书馆建筑求索[M]. 北京:中国建筑工业出版社,2010.

[2] 刘绍荣. 基于学习空间的现代图书馆空间功能与布局探讨[J]. 图书情报工作,2013(6):171—174.

[3] 刘艳玲,李琛. 高校图书馆休闲功能的拓展与空间设计[J]. 安徽工程大学学报,2015(3):87—89.

[4] 黄勇,美国高校图书馆学术共享空间的规划与构建[J]. 图书馆学研究,2012(12):98—101.

[5] 王元衷. 高校图书馆建筑面积指标探讨[J]. 大学图书馆学报,2009(3):97—102.

[6] 李玉斌. 迪肯大学图书馆空间价值评估研究及启示[J]. 图书馆学研究,2014(11):45—48.

[7] 杨文建.现代图书馆空间设计的原理、理论与趋势[J].国家图书馆学刊,2015(5)：91—97.
[8] 段小虎.重构图书馆空间的认知体系[J].图书与情报,2013(5)：35—38.
[9] 孔文娜,马文哲,于伟.《图书馆公正性、多样性与包容性》专案报告解读与思考[J].图书馆建设,2016(10)：4—8.
[10] 胡浅予,彭雷.学习范式的变革对当代图书馆设计的影响[J].建筑实践,2016(3)：78—82.

融入功能分区思维的图书馆空间系统化设计

易盼盼　马丽丽　江　洪
（中国科学院武汉文献情报中心）

摘要　本文论述了图书馆空间系统化设计的三个核心内部系统、两个延伸外部系统和设计流程，探析了功能分区思维及对图书馆空间进行功能分区前的思考。在此基础上将功能分区思维与图书馆空间系统化设计中的核心环节整合并提出具体实施策略，形成融入功能分区思维的图书馆空间系统化设计方法。本文的研究内容以期为业界提供建设思路和参考依据。

关键词　图书馆空间；系统化设计；功能分区

The Library Space Systematic Design Integrated with Functional Partition Thought and Its Practice

Yi Panpan　Ma Lili　Jiang Hong
(Wuhan library of the Chinese Academy of Sciences)

Abstract　This paper discusses three core internal systems, two extended external systems and design process of library space systematic design, explores functional partition thought and cogitation before performs functional partitioning of library space. On this basis, we integrates functional partition thought with the core sections among the library space systematic design, and put forward specific implementation strategies, so as to form a systematic design method of library space that is integrated with functional partition thought. These research contents are expected to provide construction ideas and reference frame for the field of library design.

Keywords　Library space; Systematic design; Functional partition

1　引言

近年来，读者对图书馆空间和环境方面的要求不断提高，很多新馆的建设和旧馆的改造都加强了空间设计探索。空间是图书馆建筑中直接面向读者展现图书馆、引导读者使用和理解图书馆的核心元素，图书馆空间设计是改善读者服务、优化服务水平、提高图书馆核心价值的新途径和新趋势。本文研究的融入功能分区思维的图书馆空间系统化设计方法以期为业界提供建设思路和参考依据。

2　系统化设计概述

系统观念是人类历史上最古老的概念之一。近几十年来，在托马斯·马尔多纳多等大师的努力和坚持下，系统化设计理念不断发展和丰富，在国际设计领域已作为指导性设计方法论在工业设计、机械设计等方向被广泛运用和延伸。

系统是由一些彼此密切联系的要素组成的集合，这些要素通过某些联系达到某种目的，或者这些要素为达到某种目的而进行彼此联系并相互作用，通俗地说就是部分构成整体。系统化设计理念主要表现在解决设计问题的方法和过程上，就是要用联系和发展的哲学观，站在系统的高度上来研究整个设计对象，将相关的各个要素按照一定的标准集合成若干个子系统，并对各个子系统进行分析，确定它们的地位和相互之间的作用关系，力求总体目标最优化、实现过程中的方法最优化。过分地强调某一个方面或片面地研究某一个环节，如单纯地追求功能最全，必然使得设计链脱节，不能确保整体设计达到最优效果。所以，在系统论的观念里，整体大于部分之和。如果整体设计没有达成既定的总体目标，无论它的某个或某几个要素设计得多么完美，从系统论的观念上来看都是不成功的。

因此，从根本上来说，系统化设计是一种哲学观念，一种看待问题的方法、解决问题的过程，它所强调的不是事物本身，而是设计者如何认识和分析事物的各个方面，并使用全局观念掌握整体进程。

3 图书馆空间系统化设计方法

3.1 图书馆空间系统化设计子系统构成

图书馆空间设计是在图书馆馆体建筑已经存在或建设完成之后，对建筑内空间的二次创作。在进行图书馆空间设计时必须把整个图书馆空间的各个相关要素作为一个研究对象，着眼于整体空间的最优服务效果，而并非个别空间或各个子系统，各个子系统相互协调、相互作用才能达到整体系统的最优目标。

图书馆空间的设计包含空间规划、功能布局、家具设计、环境设计、陈设设计、色彩搭配、导视设置等若干项设计内容，每项设计内容又包含一系列设计要素，这些内容和要素联系紧密、互相作用，集合成为整个设计对象：图书馆空间系统。从系统的角度出发，按照各个设计要素的性质和相关性进行“归口管理”，可将图书馆空间系统化设计分为五个子系统：需求导向目标定位、空间规划功能分区、环境设计立体布局、专业服务能力提升、馆舍空间服务创新。

需求导向目标定位是指细分图书馆空间的使用人群并对其需求进行分析，按照他们的需求定位图书馆空间的类别、功能、风格，设定总体设计目标；空间规划功能分区是指依据图书馆建筑既有结构或可造结构，按照目标定位规划空间，合理划分和布局功能区域；环境设计立体布局是指对规划后各功能区内的环境进行设计，包括一系列设施、设备、物件的搭配和布局设计；专业服务能力提升和馆舍空间服务创新是指伴随新空间的使用，提升服务质量、加强服务能力，进行服务理念转型，创新图书馆空间的服务方式和使用方式。按照由整体到局部，由核心到延伸的思路，前三个子系统是空间的形成过程，可称为图书馆空间设计的“核心内部系统”；后两个子系统是在前三项的基础上进行延伸，是辅助新空间功能、服务圆满实现的过程，可称为图书馆空间设计的“延伸外部系统”。

3.2 图书馆空间系统化设计流程

图书馆空间系统化设计是针对图书馆空间功能和服务展开的一系列集合、联系、优化的方法和行为。上述五个子系统也是图书馆空间系统化设计的五个关键性阶段，呈现图书馆空间系统化设计流程。五个阶段层序分明，具有严格的秩序关系，按照该流程进行设计实施能够保证各子系统的平衡和整体进程的有序进行。

五个子系统在整个图书馆空间系统中均占据着不可替代的地位，五者之间的作用关系直接影响到最终目标的达成。需求导向目标定位是图书馆空间系统化设计的首要前提条件，根据图书馆性质和服务对象定位、定制目标功能，才能确保总体设计目标的准确性；空间规划功能分区在定位完成后依据图书馆建筑实况进行空间平面布局研究，是整个设计实施环节的总布置，指引着后续设计的方向和进程；环境设计立体布局对分区后的空间内部进行一系列立体规划设计，涉及多项具体设计要素，是设计的具体落实环节，同时也是

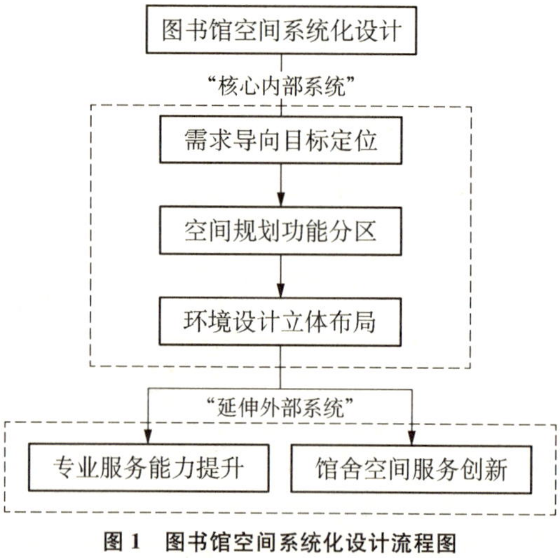

图 1 图书馆空间系统化设计流程图

设计效果展现的环节。三个核心阶段前后有序，逐渐深入，打造出人性化的新图书馆空间，为图书馆服务提供硬件支持。同时，伴随新空间的变化需要提升服务能力、创新空间服务，内外支撑图书馆服务转型，这是将新空间推送给读者，确保空间功能实现的必要环节。以下应用思维导图呈现图书馆空间系统化设计流程，以期达到更直观的思维引导效果。

4 融入功能分区思维的图书馆空间系统化设计

4.1 什么是功能分区？

本文所述的功能分区法是系统论运用于整体空间和内部设计的综合方法。功能分区法针对需求功能的性质和要求，结合建筑内空间的实际情况与特性，按照一定的标准分析空间系统的属性与层次关系，寻求功能与空间的最优匹配方式，以指导空间的有效分割和规划，其目的是合理布局功能空间，使服务效果达到最优。

所以，功能分区法的核心在于按照"最优服务效果"的原则进行空间分配。图书馆建筑空间体量大，服务距离、阅览效果、环境设施、服务方式等诸多因素在设计时都要考虑，这就要求现代图书馆的空间设计不但要遵循传统空间分配原则，也要融合服务观念转型后的新服务元素，以针对目标用户需求打造最优质的服务。

4.2 功能分区进行前的思考

4.2.1 需求导向，"量身定制"功能空间

图书馆作为公共文化机构，其功能越来越多元化地发展，除了传统的图书馆服务外，还扩展了诸如教育培训、免费上网、电影赏析、音乐品鉴、展览展示、文化交流、娱乐休闲等功能。但不同馆藏范围、不同管理体制、不同图书载体的图书馆其读者群的需求也不尽相同且各有倾向，不同用户群的图书馆应调研相应读者的实际需求，指导制定功能定位，而并非追求功能上面面俱到，这会导致图书馆人力、物力、财力等多项资源的浪费和部分功能空间的闲置。因此，以读者需求作为导向量体裁衣，"量身定制"功能空间，能够保证图书馆资源的合理配置，助力图书馆空间达到最优服务效果。

4.2.2 研究空间特性，打造开放式服务模式

功能分区的进行务必要依托既有建筑的内部空间，所以在进行图书馆空间功能分区之前，必须要研究图书馆建筑现有的空间结构特性和可改造结构情况，提供功能分区方案的重要前提条件，给予功能分区在基建实施方面强有力地支持，避免精心设计的功能分区方案因无法在实际中应用和完善而徒劳无功，为后期的空间设计工作排除障碍。

同时，功能分区不仅要遵守现实条件，还要符合现代发展方向。现代图书馆服务向藏、借、阅、询一体化发展，功能分区的布局要充分配合这种发展方向，打造开放式服务模式，统一读者动线。开放式服务模式一方面在空间使用上尽量避免了给读者设置障碍，使读者方便接触和利用图书馆资源；另一方面也可以灵活应对未来的发展变化。

4.3 功能分区思维在图书馆空间系统化设计中的实施

功能分区思维主要应用于图书馆空间系统化设计中的核心环节"空间规划功能分区"，合理的空间规划能保证图书馆项目面积的有效利用，在既定的面积内安排最完美的功能分区，才能合理构成读者动线，减少交通功能造成的建筑成本，打造最方便读者使用的图书馆空间。具体实施方法：第一，分析图书馆建筑内空间的结构特性与实际可改造情况，根据建筑环境特性将整体空间划分为若干个模块，并按照一定的标准细分需求功能，归纳、整合出待匹配的功能区；第二，针对各需求功能性质和要求的不同将其与各个模块空间的特点进行最优匹配，尽可能完美地实现功能并释放功能空间的优点，得出最佳的功能分区方式；第三，考虑功能空间过渡的表现形式。

功能分区的实施要在不违背基建实施条件的基础上进行，那么就要擅于将图书馆现有空间结构与可改造结构这些"限制条件"转化为功能分区设计的"基础元素"。图书馆建筑空间的结构与环境特性在很大程度上决定和影响着空间划分条件、陈列布设方式、流线组织方向、采光照明等设计要点，这些虽说对部分功能空间布局造成了限制，但无外乎也是一种促进，我们可以利用这些限制条件优先排除可行性差的提案，避免繁多的抉择，大大提高效率。比如，建筑的朝向结合窗户的位置决定了书架的陈列方向，两者匹配有助于保证空间内的自然采光和通风效果；利用承重的立柱和零碎的小空间恰好形成天然独立的功能空间……按照这样的思路可以事半功倍地进行整体空间的模块化划分。

同时，对需求功能的细分不能只采用单一的标准，必须把多项标准结合起来。比如，按照使用人群的标准可将图书馆需求空间划分为办公区和读者区，读者区按照空间属性的不同可分为无声区、有声区，按照空间功能类型的不同可分为自习区、阅读区、交流区等，而按照读者层次又可分为成人区、青少年区。以人群细分和空间细分相结合分析需求功能会发现部分功能空间的属性有所重叠，如青少年区和交流区必然是有声的，按照此分析方式对需求功能进行梳理可以裁切重复的需求信息，有效归纳和整合待匹配的功能空间。

在此基础上以各需求功能的具体要求为依据，将整合后的功能空间与各个模块空间进行匹配，打造最完美的功能分区效果，并考虑各功能区的过渡形式。空间过渡的表现形式可概括为独立型、集中型和折中型三种。集中型即各个功能区集中在一个开放的空间内或均为软隔断分隔；独立型即各个功能区由硬隔断分隔为一个个独立的空间；而折中型即为间于集中型和独立型中的一种空间布局形式，即功能区部分独立、部分集中的布局。独立型的过渡方式能够避免各功能区互相干扰，保证其内部行为的达成；集中型的过渡方式敞亮开阔、通透明快，可在空间允许范围内进行内部调整，能较好地适应后期的变化；空间的独立与集中是相辅相成的，两种过渡方式各有优劣，能够适用于不同的功能空间。合理的功能分区结合最佳的表现形式，才是完全实施了功能分区思维。功能分区思维的融入与实施丰富和优化了图书馆空间系统化设计，形成融入功能分区思维的图书馆空间系统化设计方法。

5　结语

伴随着时代的进步和社会的发展，读者对图书馆空间的需求会更加多元化，图书馆空间设计并非一劳永逸，必须以系统论思想为指导，以读者需求为导向，根据实际情况恰如其分地对空间进行设计与改造，利用好每一项资源，使图书馆顺利适应读者的要求和社会的变革，始终处于可持续发展的状态，为读者提供高质量的服务。

参考文献

[1] 顾文波. 工业设计中的系统设计思想与方法[J]. 艺术与设计(理论)，2011(12)：16—118.
[2] 赵博，戚彬. 系统设计[M]. 北京：电子工业出版社，2014.
[3] 李鹤松，熊伟. 当代公共图书馆流动空间再造与用户服务升级[J]. 图书馆论坛，2017(12)：12—19.
[4] 赵志光. 信息时代图书馆新型空间的变革和发展[J]. 图书馆界，2015(4)：4—7，21.
[5] 李风华，张晓宇. H大学图书馆功能区关系分析[J]. 内燃机与配件，2016(12)：96—97.

弥合与重生——论杨浦区图书馆新馆再生性改造项目的特点和意义

吕　莹

（上海市杨浦区图书馆）

摘要　图书馆作为一种重要的建筑类型，是城市文明的见证者和记录者。本文基于杨浦区图书馆新馆（旧上海市立图书馆）修缮和复建项目在“统筹规划公共文化服务设施、保护城市遗产和历史风貌、传承历史文脉和激发区域活力”等方面的实践，分析其间的设计思维、实施策略和运作机制，强调图书馆设计的创新、历史文脉的延续和时代的发展三者相融合的重要性，以期能为类似历史建筑遗产的再生性改造提供有益的启发与借鉴。

关键词　文化遗产保护；设计驱动；公共图书馆法；场所精神

Integration and Regeneration — Analysis of the Features and Connotations of the Regenerative Transformation of the New Library in Yangpu District

Lv Ying

(Shanghai Yangpu District Library)

Abstract　Library is an important type of construction that witnesses and records the urban civilization. Based on the practices of the repairing and regeneration project of the new library of Yangpu District (the former Shanghai Municipal Library) in the overall planning of public cultural service facilities, the protection of urban heritages and historical features, the inheritance of historical concepts and the stimulation of regional vitality, this thesis analyzes its design thinking, implementation strategies and operation mechanism and emphasizes the importance of the integration of innovative design, historical inheritance and the development of the times to provide inspirations and reference to the regenerative transformation of similar historical buildings.

Keywords　Protection of cultural heritages; Design-oriented; Public library Act; Spirit of place

1　杨浦区图书馆新馆修缮和复建项目概述

杨浦区图书馆新馆的主体部分前身为旧上海市立图书馆，是20世纪30年代上海城建发展史上重要里程碑“大上海计划”核心区域的主要建筑之一，与旧上海市政府大厦、博物馆等建筑一起，并列为当时上海市标志性的公共市政建筑。该建筑由著名建筑师董大酉设计，原建筑为一幢两层钢筋混凝土结构房屋。该建筑于1934年8月动工兴建，原设计拟按两期建成，实际仅完成一期施工即投入使用，开放未满一年又因抗战爆发被迫关闭，战后其主体建筑虽得以留存，但作为市立图书馆的功能已不复存在。该建筑列入上海市人民政府于1994年2月15日公布的上海市第二批优秀历史建筑，并于2004年被划入上海市历史文化风貌区江湾片区。

20世纪80年代，随着大规模的城市更新和改造运动伊始，旧上海市府大厦、图书馆、博物馆等重要的历史建筑遗产被当时的交通规划所分隔，形成各个“孤岛”散落在杨浦江湾片区内，建筑本身也另作他用。2002年，上海市人大颁布《上海市历史文化风貌区和优秀历史建筑保护条例》，将立法范围由单个建筑或建筑群扩展至历史文化风貌区。2005年，国务院发布《关于加强文化遗产保护的通知》，明确指出物质文化遗产保护要贯彻“保护为主、抢救第一、合理利用、加强管理”的方针。由此可见，城市是一个不断更新和发展的有机生命体，对待不同的城市遗产，不能仅按“木乃伊”的方式处理，适当开发利用的模式也许才是最好的保护。在这样的历史背景下，2012年杨浦区委区政府决定将旧上海市图书馆作为杨浦图书馆新馆（以下称“新馆”）进行修缮，并按原二期蓝图进行复建以恢复整体全貌，使其重获新生，续写公共图书馆的百年使命，同时进一步完善区域内公共文化服务设施的布局，满足杨浦百万市民的阅读需求。

2018 年底，这座尘封了八十载的老建筑即将重新回到市民的生活中，作为杨浦百年文明的灯塔之一，它将引领市民回眸杨浦近现代文明，共同展望"杨浦国家创新型试点城区"的宏伟蓝图。新馆将与区域内的旧市府大厦、博物馆等历史建筑遗产一并成为杨浦城区的历史名片，在自然环境、历史环境以及人工环境的融合中，为城市营造出深厚的文化底蕴，彰显城区特色与魅力。

2　杨浦区图书馆新馆修缮复建项目的特点

2.1　充分发挥设计驱动的作用，开展专业化修缮和复建工作

建筑是一个时代的产物，反映了特定历史时期的社会面貌及工程成就，是建筑历史研究以及建筑工艺、结构研究的重要素材。就该馆原建筑本体而言，系中国传统古典复兴式建筑，试图将现代建筑与中国固有的传统古典形式结合在一起(图 1)，体现了上海近代建筑成长期(1925—1937)的特有风格。本次修缮复建工程秉持着"向史而生，临湾而立一最大程度的保护和利用，最优方式的更新与再生"的设计理念，修复留存建筑，恢复最初的设计蓝图，完整展现其"中国复兴式"建筑的历史特征与建筑风貌。工程严格遵循文物修缮的三大原则，一是尊重历史性；二是最小的干预性；三是可塑性。设计方秉持新老建筑协调统一和具有可识别性的设计理念，例如：原建筑外立面混凝土挂板的修缮采用与原设计相同的材料和配方，中间部位整体使用原有工艺手法进行替换。扩建部分的外墙材料则改用现代手法干挂混凝土板，色调质感与主楼一致，但立面划分有所不同，使得新老建筑既在外表上统一协调，又充分体现了保护建筑的可识别性原则。

图 1　原图书馆主立面

修缮后的图书馆建筑外部得到了忠于原作的重建，内部亦根据时代需要进行了重新设计。工程在不改变历史建筑形制、装饰的基础上，采用新技术、新材料进行整体加固与更新，根据现代功能的需求重新划分内部空间，将一座"老建筑"打造成功能完备的现代化图书馆。内部改建的思路是根据不同功能需求设置专业的使用空间，包括展厅、开架阅览室、专题阅览室、团队工作室、科创空间和多媒体播放室等，旨在为来访者提供多元化的分享空间，以满足不同的受众群体的要求。

2.2　以公共利益为导向，构建公众参与和协调平台，多方联动推进项目

本次修缮复建工程是涉及文物保护、交通疏解、环境提升、配套建设的一项复杂的综合工程，项目以不破坏街巷体系、历史文脉、建筑群整体风貌为工作原则，在保护文物建筑本身的原真性和完整性的前提下，力求修旧如旧，再现历史地段的风貌。

新馆旧改区域位于居民通勤的必经之路上，工程需综合考虑复建后的新建筑与周边建筑的布局关系以及相关地块的建筑密度和容积率。为了确保核心公共诉求的实现以及多方利益的平衡，责任人在前期进行了大量社区调研和论证工作，对其周边建筑量的转移带来的人口、设施、交通的变化进行评估，及时按需调整施工方案，优化布局和完善相应公共配套设施。工程在市区规划部门、市交警部门及各级领导的鼎力支持下，落实好毗邻建筑容积率转移和安置工作，并及时按需调整建筑沿边交通主干道为超宽车行道口，完善辅路交通系统，营造市民最佳出行体验。

2.3 合理统筹区域内公共阅读文化设施，修缮复建新馆，保留平凉馆和少儿馆，提升杨浦三个区域的公共文化服务的能级

杨浦区图书馆现有平凉馆和少儿馆二处开放馆址，比照杨浦区“十三五”规划中提出“西部核心区＋中部提升区＋东部战略区”的战略格局，区域内公共文化服务设施的配给明显数量不充分、分布不均衡。鉴于此，项目规划新馆完工后将总馆的工作重心迁移到新馆，平凉路现有馆舍作为分馆继续履职。未来杨浦区图书馆的分布模式拟为一总两分制，共有馆址三处，分别为新馆(总馆)、平凉馆和少儿馆。新馆和少儿馆都位于杨浦北部地区，服务范围主要辐射西部核心区和中部提升区，平凉馆位于滨江南段区域，其服务范围主要辐射南部地区，配合滨江南段现有的三个街镇图书馆(平凉、大桥、定海)，可兼顾辐射中部提升区和东部战略区，以此有效同步提升杨浦三个区域的公共文化服务的能级(图 2)。启用新馆后保留平凉馆和少儿馆，积极探索公共图书馆总分馆制模式，以此让区域内分散的区、街镇图书馆形成一个组织体系，开放合作、优势互补、均衡发展，更好地促进市民读者享受公共图书馆服务。区域内现有平凉馆馆舍面积为 4 217 平方米，少儿馆 1 461 平方米，新馆现有面积 15 552 平方米(含一期和二期)，新馆建成投入使用后，全区公共文化服务设施配比将大幅提高，未来总馆舍面积可达 21230 平方米，达到《公共图书馆建设标准》(建标 108—2 008)的要求，满足了区级图书馆最低应配建筑面积的需要(详见表 1，以杨浦常住人口 132 万(2 014 数据)为参考，套用该标准区级图书馆最低应配建筑面积 17685 平方米)。

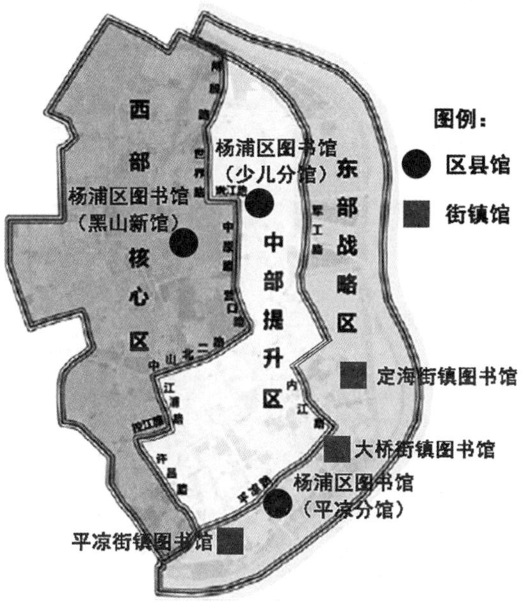

图 2 杨浦区公共图书馆区域分布图

表 1 公共图书馆建设标准(2008)

规模	服务人口(万)	建筑面积		藏书量		阅览座位	
		千人面积指标(m^2/千人)	建筑面积控制指标(m^2)	人均藏书(册、件/人)	总藏量(万册、万件)	千人阅览座位(座/千人)	总阅览座位(座)
大型	400～1 000	9.5～6	38 000～60 000	0.8～0.6	320～600	0.6～0.3	2 400～3 000
	150～400	13.3～9.5	20 000～38 000	0.9～0.8	135～320	0.8～0.6	1 200～2 400
中型	100～150	13.5～13.3	13 500～20 000	0.9	90～135	0.9～0.8	900～1 200
	50～100	15～13.5	7 500～13 500	0.9	45～90	0.9	450～900

3　杨浦区图书馆新馆涅槃重生的意义

3.1　有序传承建筑遗产的原有功能和属性，重视历史建筑原真性情境的表达

建筑遗产保护的主要目的，在于保存体现其价值的历史信息的“真实性”与“完整性”，应尊重保护本体在不同时期、不同文化背景下的形态特征与变迁过程，即使更新，也不是毁掉过去所有的痕迹，而应与时俱进将传统与现代有机结合。当前在建筑遗产再利用过程中，由于被随意赋予严重背离原生情境的新功能，某些建筑遗产虽外表无变化，但精神内核早已面目全非。如北京多个清王府被改造为私人会所，就严重背离了建筑遗产的原生情境。这种对建筑遗产场所精神的破坏，与破坏建筑遗产的实体形态同样严重。相较之下，新馆的修缮和复建有序传承了建筑遗产原有的功能和属性，并在原有的宝贵文化遗产中融入当代的设计思维，使新的设计与传统建筑元素之间进行充分对话，从而赋予这座具有民族独创性的建筑作品崭新的生命，使其得以有尊严地走向未来。

3.2　积极践行《中华人民共和国公共图书馆法》中的各项要求，为以后类似公共文化服务设施的规划和建设提供了有益的参考和借鉴

《中华人民共和国公共图书馆法》突出了“社会教育”功能，强化了公共图书馆以形式多样的社会教育方式提高公民素质的职能。新馆在规划中纳入了这一职能，它的修缮将唤起人们对传统建筑、历史文化的再认识，将市民的文化需求融汇到历史文化遗产的保护和利用之中。同时，项目在实施过程中充分体现了对中国传统建筑元素全新的提取和思考，探索出“中国传统建筑元素新构”的创新策略，顺应了图书馆可持续发展的时代需要。近些年，业界类似体现“中国传统建筑元素新构”的可持续建筑设计不在少数，诸如中国美院象山校区的图书馆设计以及清华大学图书馆新馆的设计，均在建筑空间的创新设计中汲取了中国传统建筑的营造思想和法则，充分提取传统建筑符号和地域文化元素，从而得到具有民族和地方特色的绿色、生态建筑作品。除此之外，本项目对公共图书馆法中提出的“因地制宜地建立区域性总分馆体系；加强开放合作与特色发展”等要求均予以有效的践行。

3.3　汇聚社会多方视角，场所功能多元发展，实现新馆社会效益和促进区域发展

杨浦区有着“三个百年”文明的深厚文化底蕴，当前我区正在加快推进集教育功能、服务功能与产业功能为一体的“国家创新型试点城区”的建设。本项目地处杨浦区五角场东北角，周边高校众多，科技企业聚集，创新文化方兴未艾(图3)，身处其中的新馆承载着揭示百年文明和推广公共阅读文化的双重使命，既有责任将公共阅读服务纳入创新型城区的整体规划中，也有义务激发和营造本地区的市民阅读活力和氛围。在本项目的实施过程中，图书馆充分利用其历史和地理环境上的特点，结合建筑空间和使用功能，挖掘、汇聚周边产学研优质资源，引入社会合作方和志愿者等伙伴，通过沉浸式文化活动、主题讲座展览和科创团队合作等形式，作为区域内文化、教育、科创、休闲等项目的有效载体来打造开放式的特色文化地标。新馆同时秉承“三区融合、联动发展”的核心理念，积极推进馆外延伸服务，走向社会、走进社区、高校和科研企业，完善图书配送机制，构造覆盖全区、层次化管理的服务网络，把阅读文化送到市民身边，实现提升图书馆社会效益和促进杨浦区域发展的双丰收。

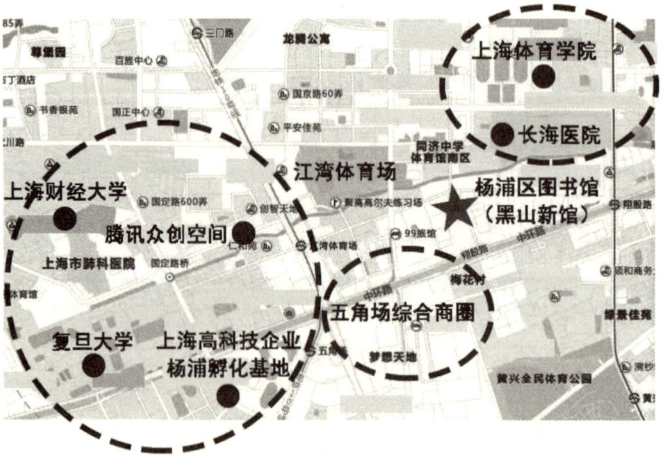

图3　项目地点及周边情况区位图

3.4 充分发挥建筑遗产的载体作用，弘扬地方文化和场所精神，增强市民的归属感

现代化进程加速了城市的新旧更迭，带来了繁荣的同时也湮没了历史的痕迹。正式投入使用后的杨浦区图书馆新馆，将以旧建筑改造为契机，延续场所精神和记忆，不断推出丰富、精彩的文娱活动，以文脉传承带动街区更新与活力复苏，发挥其场所与纽带的作用，增强市民的归属感和幸福感，进而提升区域公共形象。2017 年末至今，尚未完全对外开放的新馆已经为市民举办了多次大型文艺演出、非遗保护与传承等系列活动，并有条不紊地接待来自全国各地络绎不绝的参观团队。新馆配置专业的工作人员为参观者讲述历史建筑和城市发展的沿革，弘扬地方文化。来访者在工作人员的引导下有序参观，并观看微电影了解图书馆涅槃重生的辛路历程，感悟和思考历史建筑的价值以及它在城市变迁中的意义。虽然面临当前信息科技的巨大挑战，但新馆作为一座特殊的富有场所感的公共建筑，力争使市民们看到其新注入的公共服务所带来的显著变化，力求不断创新和融合多种文化活动，有效地联结过去与未来，以更主动的姿态参与城市生活的场所精神建构中，使市民在场所精神和"人本位"精神的互动中，体验到它被重新赋予的多元化活力。

4 结语

杨浦区图书馆新馆项目结合历史空间的保护和时代功能需求的更新，在塑造主题特色的同时，完善和提升各项公共文化要素，融入当代市民的文化生活之中。项目力求实现大雪无痕、细雨润无声的境界，以微创手术为城市缝合空间，尽可能确保其历史文脉、空间特色的留存，同时提升区域公共空间品质和城区整体活力，成为一个为市民服务的场所和舞台。

上海是座怀旧的城市，旧时光不经意间留下的许多印记，总提醒着我们去铭记一些过去。这座焕然一新的"旧"外壳容纳着崭新的功能，人们可以清楚地感受到新旧之间的张力，感受均衡、和谐的对峙。但是，这座历史建筑永远不会真正完工，因为在时代流变中它又被赋予了新的内容和使命，在杨浦创新城区建设的道路上，在历史文脉传承、建筑遗产保护和城市更新工作的不断推进中，杨浦区图书馆新馆所肩负的历史使命意义重大！

参考文献

[1] 郑时龄. 上海近代建筑风格[M]. 上海：上海教育出版社. 1999.
[2] 周琦. 原国民政府海军医院旧址保护与利用[J]. 建筑与文化，2018(1)：45—51.
[3] 李国新.《中华人民共和国公共图书馆法》的历史贡献[J]. 中国图书馆学报，2017，43(6)：4—15.
[4] 周坤，颜珂，王进. 场所精神重解：兼论建筑遗产的保护与再利用[J]. 四川师范大学学报(社会科学版). 2015(3)：67—72.
[5] 王晓红. 当代高校图书馆设计探析——以四川美术学院、苏州大学文正学院和中国美术学院为例[J]. 重庆建筑. 2016(6)：9—11.
[6] 成元一. 聚焦公共要素的城市更新机制探讨——以上海市杨浦区长白社区 228 街坊"两万户"项目为例[J]. 上海城市规划，2017(5)：51—56.

图书馆空间规划：斯里贾亚瓦德纳普拉科特大学的框架

Nayana Darshani Wijayasundara
（斯里贾亚瓦德纳普拉科特大学）

摘要 高校图书馆的空间规划与收藏和员工发展同样重要。信息呈指数增长，学生人数不断增加，学习和教学创新、技术和其他变化使得高校图书馆员开始更多地考虑图书馆的空间规划。本文的目的是根据从斯里贾亚瓦德纳普拉科特大学(以下简称 USJP)图书馆收集的经验提出一个关于图书馆空间规划的框架。USJP 作为斯里兰卡学生数量最多的大学，始终优先考虑学生的需求。因此，图书馆的空间规划是根据大学战略规划中的目标和活动完成的。USJP 图书馆空间规划框架包括四个主要方面：知识仓储、学习区、互动点和服务区。USJP 图书馆高度重视“图书馆作为场所”的观念，为我们的用户提供学习、社交和休闲的机会。对于学校当局而言，迫切需要使图书馆成为鼓励学生和学者获得令人兴奋和有益体验的场所。由于建筑物的大小、可用资金、用户数量和用户需求的差异，图书馆的空间规划可能因馆而异。在 2014 年开始的 USJP 图书馆现代化项目下，改造现有区域，使图书馆成为支持课程的有效平台。改建后的图书馆四个区域拥有不同的比例，知识仓储 38%、学习区 32%、交互点 18%以及服务区 12%。为了协助正在规划新建筑或重新设计老建筑的图书管理员，本文详细讨论了四个区域各自的组成部分以及划分不同比例的基本原理。

关键词 图书馆空间规划；斯里兰卡高校图书馆；现代化；重新设计

Space Planning in Libraries: Framework at University of Sri Jayewardenepura

Nayana Darshani Wijayasundara
(University of Sri Jayewardenepura)

Abstract Space planning in academic libraries is important as much as its development of collection and staff. Exponential growth of information, increase of student number, learning and teaching innovations, technology and other changes have made academic librarians to think more on space planning in libraries. The objective of this paper is to propose a framework on library space planning based on the experience gathered at the University of Sri Jayewardenepura (USJP) library. The USJP, being the largest university in Sri Lanka in terms of student number, always give priority to student needs. Therefore, space planning of the library was accomplished in accordance with goals and activities in the strategic plan of the university. The USJP framework on library space planning consisted of four main aspects; Knowledge Reservoirs, Learning Zones, Interactive Spots and Service Areas. USJP library highly values the concept of 'library as place', providing opportunities for our customers to learn, socialize and relax. The need of making the library a place that encourages students and academics to have exciting and rewarding experiences is of prime importance to the university authorities. Space planning in libraries may differ from library to library due to the size of the building, available funding, number of users and varied needs of users. Under the modernization project of USJP library which started in 2014, the existing area was transformed to make the library an effective platform to support curriculum. The modernized library has all four aspects in different proportions; 38% for Knowledge Reservoirs, 32% for Learning Zones, 18% for Interactive Spots and 12% for Service Areas of the whole floor area. The components in each aspect and the rationale for varied proportions are discussed in detail with the view of assisting other librarians who plan for new buildings or re-designing their libraries.

Keywords Library space planning; Academic libraries; Sri Lanka; Modernization; Re-designing

1. Introduction

Space planning in academic libraries is important as much as its development of collection and staff. Library client is the foremost factor in any library. The existence of libraries depends on maintenance of satisfied user community. Proper space planning by transforming existing spaces with innovative ideas is performed by many academic librarians across the globe at present. Teaching, learning and research are the three main pillars of a university. In supporting this, USJP library works towards its mission "to provide access to the services in an efficient, effective and useful manner to support teaching, learning and research activities of the intellectual community by making resources available, and by assisting users to be acquainted with skills locating information deemed necessary in the modern information age".

Academic libraries are shifting from the ways they provided and delivered information to new directions of facilitating users to acquire knowledge. Exponential growth of information, change in print to electronic formats and changes in technology have pushed libraries to a new paradigm. Technology and other changes, impact of new and future teaching methods, increase of student numbers recognition of need for social learning spaces, learning and teaching innovations and student expectations (Matthews & Walton, 2014) have made academic librarians to think more on space planning in libraries. Further, librarians need to emphasize more on finding places to accommodate new acquisitions by withdrawing old stocks, remote access, self-renewing, allocating space for learning commons, and adding security features to material as well.

Head (2016) has discussed several concepts in planning and designing academic library space. Through these concepts, architects and librarians have identified the functionality, environment, furniture and equipment for different spaces. Collaborative spaces are for users to work together and use technologies to access information whereas social concept describes mixed-use space where conversation and informal learning are encouraged. Warm, friendly and inviting spaces are considered as welcoming spaces in a library. Xia (2004) states that space changes in libraries are unavoidable after the construction of the library building and during normal operations.

2. Library at University of Sri Jayewardenepura

University of Sri Jayewardenepura is situated in close proximity to the capital city, Sri Jayewardenepura Kotte in the Colombo District, Western Province, Sri Lanka. It is the only state owned university located in the capital city. This university was started in 1873 as a *pirivena* where Buddhist monks were studying. With the conferring of university status in 1959, it became Vidyodaya University. In 1978 it was renamed as University of Sri Jayewardenepura. Being the largest university in Sri Lanka in terms of student number, it has now grown up to seven faculties; Humanities & Social Sciences, Applied Sciences, Management Studies & Commerce, Medical Sciences, Technology, Engineering and Graduate Studies.

The library at University of Sri Jayewardenepura is situated in the heart of the university providing quality services to its user community. With a print collection approaching two hundred and fifty thousand volumes in various disciplines, a significant online information service including electronic resources, and a total staff of 80, this large library system serves a population of 12,000 undergraduate students, 3,000 postgraduate students and nearly 1,000 academic, administrative and non-academic staff. USJP library is today in a phase of transition, largely brought on by the changing technological adaptations and ever increasing volume of information day by day. The main library extends its services to the whole population of the university together with 3 branch libraries; Medical, Technology and Engineering.

3. Planning space

Planning space, redesigning, renovation, remodeling, modernization and developing space are some of the terms used in the literature for library space planning. There are number of studies carried out globally on library space planning, but very little in Sri Lankan context. Nowadays, universities, across the campus need to create a more usable, efficient and user-friendly environment and the library is no exception. Planning spaces in libraries is not a simple task as it requires taking into consideration about different user groups, their different needs at different times and behaviour. The optimal use of the designed spaces could be gained by giving emphasis to all the major factors that affect the use of the designated space. Before designing, proper planning is important. The framework of redesigning spaces used at the USJP library is explained in this paper in view of assisting other libraries that plan spaces or redesign existing space.

USJP library highly value the concept of 'library as place'. This gives a broader meaning of providing library customers with opportunities not only for learning, but for socialization, relaxation and restoration. We need to serve as a one-stop location where students and academic staff can easily find the resources and enjoy the other library services and facilities they need. Functional design was given more weight than the architectural features. As King (2004) states, functionality, adaptability, accessibility, choice of learning spaces, interactivity of design between users and services, environmental suitability, safety and security, efficiency in space, staffing and running costs are need to be considered in library designing. F. D. Bluford Library's redesign project has focused on creating open, activity promoting, colorful spaces to attract students (Teleha, Sims, Spruill, Bowen, Russel & Exner, 2017). Certain places were arranged for students to work alone or in groups, with support of laptops or tablets.

Libraries need to play a major role in supporting user activities by providing a variety of services and programmes. Planning of physical spaces of the library needs to change as with the changes in the role of the library. Library space planning may differ from library to library and it should be unique to a particular library reflecting the purpose of the library to its user community (Bell & Cottrell, 2015). This fact is also stressed by Shill and Toner (2004) in reporting result of a survey of 354 academic libraries carried out between 1995 - 2002 to know the improvements which have been made and impact of those improvements on usage of libraries in USA.

Based on the experiences of space transformation of the HKUST library in Hong Kong, they visualize future library spaces with certain prominences by embracing the brand 'Let the Library be the Library'; learning space, research space, social space for collaborative learning, cultural space, innovative space, flexible space and open platform (Chan & Spodick, 2014). Further they state that the physical and virtual space cannot be separated as they complement each other through creative balance. NTU libraries in Singapore have developed a framework for library space planning. It gives emphasis to four areas; collaboration, sanctuary, interaction and community (Cheong Choy & Nee Goh, 2016).

4. Framework of Space Planning at USJP Library

Space planning of the USJP library was accomplished in accordance with goals and activities in the strategic plan of the university. Cottrell (2011) states that academic service units should not simply aim to support the academic mission of their university, but work with a meaningful connection of accountability and assessment. Under the goal of infrastructure, organizational structure, resource administration and development of the strategic plan of the USJP, several indicators were identified to give emphasis by the library. By 2021, it is planned to increase reading area, seating capacity, student centres/discussion areas, recreational facilities and Wi-Fi coverage (University of Sri Jayewardenepura, 2017).

In this study, only the main library of the University of Sri Jayewardenepura is considered, as Technology and Engineering branch libraries are at temporary locations and Medical Library is planning to shift to its new premises at the recently erected Medical Faculty building. USJP library studied the existing set up and future requirements according to user needs and emerging trends. We need to create spaces flexible enough to meet the current and future needs of our customers. Although no specific surveys were conducted with the administration, academic staff and students, usage data, valuable discussion input, professional reading and travel to see modern library space were main insights to the project and frequent site-visits showed that engaging stakeholders in the process of design. Changes and new features to be added were basically identified with the available floor space and the proposal was submitted to the university authorities. They were very supportive towards this, and the relevant divisions were given directions to work on this project. Under this visionary, Modernization Project was initiated. Renovation and space planning were sub themes of the main project. USJP library space planning framework consists of four main aspects; Knowledge Reservoirs, Learning Zones, Interactive Spots and Service Areas. Each and every square meter in the library comes under any of these aspects. Going into a mixture of these aspects, some spaces have collections and range of study spaces distributed with a mixed proportion. Leaning Zones, Interactive Spots and Knowledge Reservoirs can be considered as formal and informal learning spaces. Librarians need to focus on integrating the management of different spaces to make them more attractive and popular (Walton & Mathews, 2013) as in the case of Learning Zones and Knowledge Reservoirs in the USJP library space planning. In projecting these four aspects to the Modernization Project of the library, three basic steps were used; identifying strategic areas and services that would be changed or enhanced, planning and implementation.

In response to the changing nature of learning across the globe, the requirement of group study spaces is met in our library by combining few tables together to give a large table space for students to work in a group. Lobby area is equipped with limited furniture items, tea/coffee vending machine and Wi-Fi facility for those who prefer to be surrounded by other people and with noise. Individual study spaces are also provided reflecting the needs and user preferences. We use shelving as noise buffers to ensure that some quite space is also available for our customers. Natural foliage and reading promotion posters are used for the purpose of beautification of the premises. Library areas again can be categorized with two distinct concepts; quiet and dark versus noisy and light as in the case of NTU libraries (Anandasivam & Cheong Choy, 2008).

The framework developed for space planning of USJP library is shown in Figure 1. The four main aspects; Knowledge Reservoirs, Learning Zones, Interactive Spots and Service Areas are depicted as main pillars of the library. Knowledge reservoirs are the places where all information sources in print format are

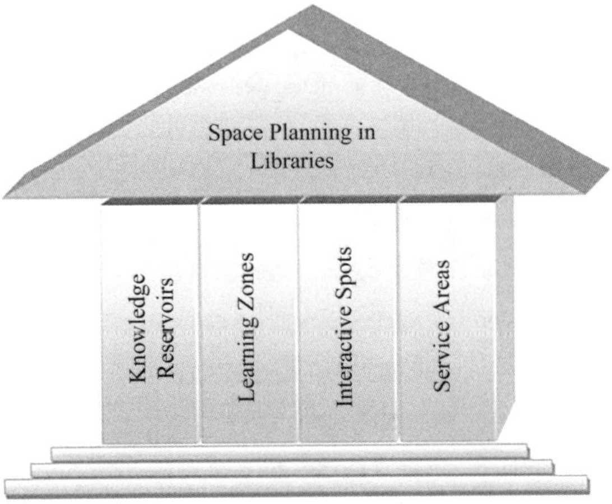

Figure 1 USJP Library Framework in space planning

stored. Learning Zones are the places where users do their own reading. The places where library customers used for socializing, relaxing and using their own or library hired technological gadgets are considered as Interactive Spots. All the areas where services are provided, mainly staff stations are categorized under Service Areas. Functionality of each and every corner of the library is taken into consideration in developing the USJP framework.

4.1 Knowledge Reservoirs

Prior to the invention of electronic information delivery modes, almost all the information sources acquired by a library are housed requiring more space in the library. Most of the printed materials are still found in university libraries and these are considered as Knowledge Reservoirs. Addition of online and electronic information sources and partnering with consortia collections do not require floor spaces to libraries to store them other than having few equipment like computers for use those information sources. USJP library is an active member of Consortium of Sri Lankan Academic Libraries (CONSAL) and obtains access to few electronic databases and provide document delivery services through the consortium. Further, the library maintains an institutional repository called Scholar Bank collecting and preserving publications and creative work of our own academics. Considering these facts, USJP library has allocated only 38% of total floor area for Knowledge Reservoirs mainly used for housing library material in print format. This percentage will decrease in future with acquiring more and more electronic databases and electronic books affirming the situation that every resource does not have to be physically in the library (Branin, 2007).

According to the framework, Knowledge Reservoirs mainly consist of Lending Collection, Permanent Reference (PR) Collection, Scheduled Reference (SR) Collection, Periodicals Collection, Ceylon Room (CR) Collection and Depository collection as shown in Figure 2. Ceylon Room (CR) has a special collection of rare books authored by Sri Lankan authors and materials written about matters related to Sri Lanka. A rare collection of palm leaves is also available in the CR. In addition, postgraduate theses and dissertations of the university are also housed in it. In the Depository collection, lesser used materials are housed and this is expected to advance into a compact shelving area. Compact shelving is one of the solutions for insufficient space in libraries. It allows libraries to store more materials in less space and material in compact shelving is immediately accessible (Peoples, 2014). Non-used books for the last 30 years period from the Lending and Scheduled Reference collections are taken out and re-processed as Depository items. This process is carried out annually as in the case of most libraries, shelf space is finite and shrinking (Payne, 2014). Establishing a Depository collection allows us to keep the useful, core and frequently used collections close to users in proper storage space and it brings a fresh look to the existing collections. All the above described Knowledge Reservoirs are spaces which support a range of interdisciplinary learning needs of the university from

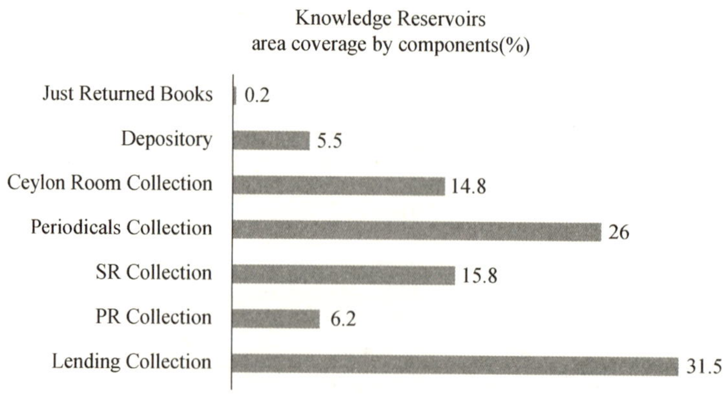

Figure 2 Components and areas in Knowledge Reservoirs

humanities and social science to applied sciences, management studies and commerce, medicine, technology and engineering.

READ shaped letter formation book rack was designed to house "Just-returned" books. Though it occupies a small area when compared to the other Knowledge Reservoirs, it gives an elegant look to the library. READ shaped rack is kept at the end of the lobby and it is visible to the far end of the main entrance. Since majority of "Just-returned" books are in high demand and frequently circulated, this area is crowded in most of the time as our library customers have a habit of browsing the books in this rack.

4.2 Learning Zones

Space allocated for users to do their own reading, that is where mostly students used to study are the Learning Zones. Library has a reading room with a separate entrance and this space is kept open on 24×7 basis. This is the largest Learning Zone in the library and the seating facilities are arranged in clusters as well as individual study carrels. While having another two Learning Zones separately; Periodicals Reading Floor and the CR Reading Hall, all other Learning Zones are blended with Knowledge Reservoirs; SR Learning Zone, PR Learning Zone, CR Learning Zone and Periodicals Learning Zone. Library has allotted 32% of the total floor area for Learning Zones and the distribution is given in Figure 3. All these Learning Zones provide various type of seating arrangements.

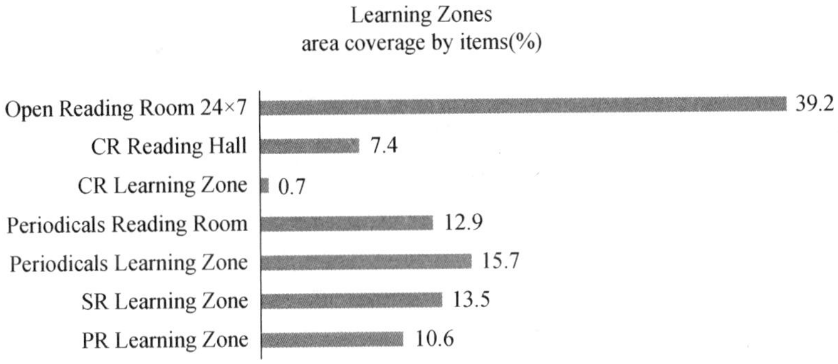

Figure 3 Components and areas of Learning Zones

Still the area allocated for Knowledge Reservoirs is slightly higher than that of Learning Zones. A balance is needed to be maintained between these two aspects. With the increase proportion of digital to print materials, there will be a time to reduce the area for Knowledge Reservoirs and the need to have more Learning Zones. This fact is affirmed by Anandasivam and Cheong (2008) when planning the NTU Art, Design and Media library design. We need to provide adequate Learning Zones proportional to the university population with room to accommodate future growth. Present libraries need to design to accommodate constant change, with book storage replaced by more and more interactive places where people gather and use for functions (Cohen, Cohen & Cohen, 2005).

4.3 Interactive Spots

Out of the total floor space of USJP library, 18% is occupied by Interactive Spots. The main Interactive Spots and relevant areas are depicted in Figure 4. Each of the main Interactive Spots sometimes contain many sub Interactive Spots like having Gadget Corners, Nescafe Corner, Kiosk in the lobby area. Due to rapid technological changes, heavy use of social media communications and various learning modes, a wide range of activities is available for university students to shape up their lives according to their needs and preferences. USJP library has provided different settings of computers where students can access whatever they require unlike most of the libraries where computers are usually set up in clusters. Types of settings of computers in our library include Interactive Study Area, Gadget Corners and Lobby benches with Wi-Fi coverage. Triangular shaped movable specially designed computer tables are used in the Interactive Study Area ensuring that collaborative spaces need configurable furnishing (Head, 2016) where users work together by sharing ideas, brainstorming and practicing presentations. These triangular shaped computer tables can be arranged in single unit, double units, and in multiple units forming different settings matching with the purpose.

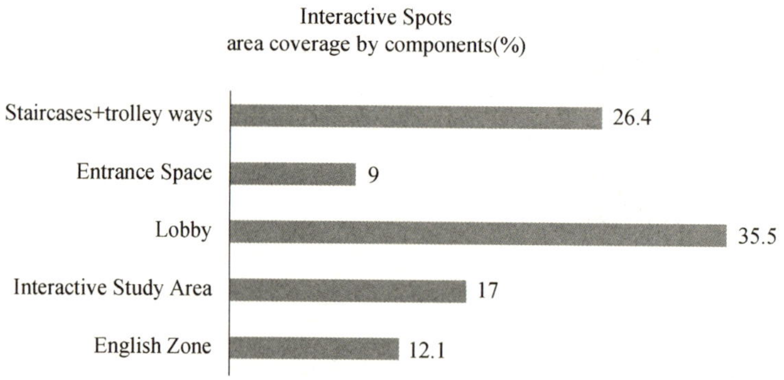

Figure 4 Components and areas in Interactive Spots

Newly renovated lobby area creates a dramatic change in the use of the library. It consists of movable bench type seating with cushion tops. Movable furnishing provides flexibility to customers to arrange according to their needs. During normal opening hours customers use to sit on these benches and use their laptops, tablets and mobile phones. The whole area is provided with Wi-Fi facility and power outlets ensuring that all Interactive Spots are technologically rich. Since there is a growing trend in bring-in-your-own-device to academic libraries (Libraries and Educational Technologies, 2016), we have provided the necessary infrastructure to use their own devices. Students who borrow laptops from the library also use this area comfortably. Those who want to browse Internet for quick tasks like checking email, use the gadget corners housed in the two ends of the lobby. Gadget corners are specially designed furniture item with a table top to keep two computers opposite to each other and each unit can be used by two users standing face to face. Since the windows near the two sides of the lobby are faced to an open space of the two quadrangles, it gives customers a comfortable environment with scenic beauty and natural breeze when someone uses the gadget corners.

Further, this spacious lobby provides a venue for different activities, such as religious ceremonies, book launches, exhibitions and receptions. The coffee/tea vending machine kept at the front end of the lobby supports in providing refreshment facilities for the activities organize in the premises. These activities were held in meeting rooms, lecture halls and offices scattered throughout the campus in the past. The university community likes to move their activities to the library now, where students and academics gather for their intellectual needs.

The growth of the ever-changing library user needs, including desires for more inspirational experiences, active and shared spaces and technologically connected features are the facts considered mostly in arranging Interactive Spots. Following up the popular and fast growing concept of 'fast-casual' in restaurants, library started a Nescafe Corner in the library. This Nescafe Corner offers patrons the natural light, natural ventilation, Wi-Fi and hot coffee and tea from the token operated vending machine. Multiple and varied seating arrangements and power outlets are also provided to cater the technology savvy students. Electronic information kiosk located behind the main counter requiring floor space, was not taken into consideration during the days before the emergence of computer technology. Touch screen facility in the kiosk helps to attract students to the library. In addition to Online Public Access Catalogue (OPAC) browsing and library floor guide facilities, important notices and announcement are also displayed in the kiosk screen. Staircases and trolley ways are considered as mobile tolerant zones without totally banning the use of mobile phones inside the library. Students use staircases and trolley ways for their mobile conversations without disturbing the other users in Learning Spaces or Knowledge Reservoirs.

Inviting and beautiful main entrance to the library has a wide opening with a huge wooden, decorative, sliding door creating a welcoming environment. Welcoming entrance helps to attract customers while making them proud (John 2016). Occasionally, half walls of the sides of the main entrance are used by students for relaxed seating and networking. Newspaper reading stands are available at both sides of the main entrance on the ways to the cloak room on one side and to the inquiry counter on the other side.

English Zone (EZ) is another Interactive Spot where students have sessions with librarians and lecturers from the Department of English Teaching. The aim of EZ is to facilitate learning English starting with very simple story books and leveled readers. Comfortable, eye-catching seating facilities and adjustable revolving racks are special furniture provided in this section. Students like variety of furniture types in libraries; adjustable and comfortable in varying heights, shapes and colours (Andrews, Wright & Raskin, 2016).

4.4 Service Areas

USJP Library has number of service points located in different sections in the library. Components and the relevant area for each component are shown in Figure 5. Main counter serves as a multipurpose service point. Inquiry counter handles inquiries from patrons, registration and de-registration of members. IT help desk is available at the Interactive Study Area and this desk also handles laptop lending service as well. Information counters are staffed at the Inquiry Counter, Ceylon Room, Periodicals Section and Permanent Reference Section. These Service Areas are adjusted to accommodate new workflows that support future modern libraries. Newly established Research Support Unit and User Education Unit are also vital Service Areas. Research Support Unit in the library supports towards enriching the research culture in the university while User Education Unit helps to streamline the information literacy sessions, awareness sessions and orientation sessions that are conducted by the library. According to Farmer (2016), book stack aisles, snack rooms and hallways are considered as serendipitous areas for research interaction. Though the area designated for the Research Support Unit is small, Lobby Area, Interactive Study Area and Nescafe Corner are ideal for that purpose in our environment in addition to the places that Farmer (2016) suggests.

Opening hours of the library were extended from both ends during examination periods starting from 5.00 a.m. in the morning till 10.00 p.m. in the night. This is in addition to the 24×7 open reading room facility. During extended opening hours, limited services are available. Accessibility is not extended to all public areas of the library and is restricted to specific parts to ensure safety and security of users as well as library properties.

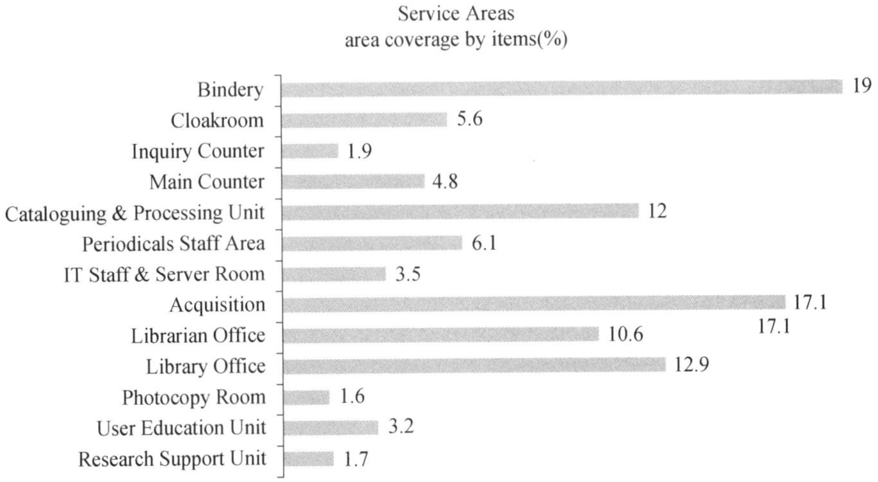

Figure 5 Components and areas of Service Areas

All the spaces allocated for in-house functions are also considered as Service Areas. IT, Acquisition, Cataloguing & Processing and Bindery units are not directly dealing with customers, but other Service Areas like Photocopy Centre, Cloakroom and all other office spaces are directly dealt with customers. IT staff is involved with all IT related matters including maintaining the open source integrated library management system, institutional repository-Scholar Bank, OPAC and consortium work. When summing up, the least amount of floor area is assigned to Service Areas, which is about 12% of the total floor area of the library.

5. Distribution of area in four aspects of the framework

At present, the distribution of floor area of the library for each aspect of the framework is shown in the Figure 6. The total floor area of the functioning library is approximately 3 757 m^2. The largest area is occupied by the Knowledge Reservoirs, which is mainly the stacks area. It is about 38% of the total area. Followed by Learning Zones, where students mainly use for studying, which covers on 32% of total library floor space.

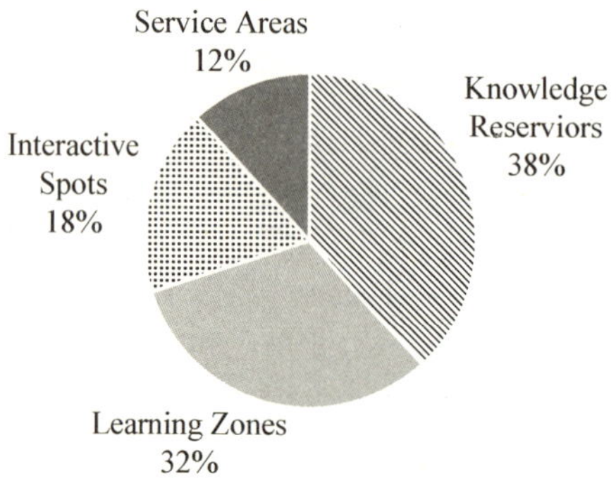

Figure 6. Distribution of total floor area in four aspects

Places where customers use for various activities and are crowded during most of the time of the day are Interactive Spots which spread over 18% of the total area. The least amount of floor area is allocated for Service Areas, which is about 12 % of total floor space. The components assigned as Service Areas are important for any library, but need not to be very spacious as the occupancy of library users in these areas is minimal. Users come to those places to get specific services, like borrowing of books, getting photocopies, inquiries, beverages and mobile phone usage etc.

6. Conclusion

This study provides a framework on library space planning which can be used as a practical starting point for librarians who plan to build new libraries or refurnish existing libraries. Libraries today can act as a transformative agent as universities that are focusing to promote the social dimension of learning. Renovation of USJP library according to the framework on space planning has brought together library resources and technologies while providing formal and informal learning spaces for students. Library will continue to provide better services to customers by making most of its space as Learning Zones and Interactive Spots by limiting the space for Knowledge Reservoirs. Space planning in university libraries can be as individual as snowflake. From the exterior no two libraries look similar in shape and size. Hence there are no hard and fast rules in planning library spaces. Therefore, it is expected that USJP framework may assist other librarians who plan for new buildings or re-designing their libraries.

References:

[1] ANANDASIVAM, K., & CHEONG CHOY, F. Designing a creative learning environment: NTU's new Art,

Design and Media Library [J]. The Electronic Library. 2008,26(5) : 650 – 661.
[2] ANDREWS, C. , WRIGHT, S. , & RASKIN, H. Library Learning Spaces: Investigating Libraries and Investing in Student Feedback [J]. Journal of Library Administration. 2016,56(6) : 647 – 672.
[3] BELL, B. , & COTTRELL, T. Library interior design, costs, and implications for the future [J]. The Bottom Line. 2015,28(4): 122 – 125.
[4] BRANIN, J. Shaping Our Space [J]. Journal of Library Administration. 2007,46(2) : 27 – 53.
[5] CHAN, D. , & SPODICK, E. Space development [J]. New Library World. 2014,115(5/6) : 250 – 262.
[6] CHEONG CHOY, F. , & NEE GOH, S. A framework for planning academic library spaces [J]. Library Management. 2016,37(1/2) : 13 – 28.
[7] COHEN, A. , COHEN, A. , & COHEN, E. The Visual Scan and the Design for Future-Oriented Libraries [J]. Public Library Quarterly. 2005,24(1) : 23 – 32.
[8] COTTRELL, J. What are we doing here, anyway?: Tying academic library goals to institutional mission [J]. College & Research Libraries News. 2011,72(9) : 516 – 520.
[9] FARMER, L. Library Space: Its Role in Research [J]. The Reference Librarian. 2016,57(2) : 87 – 99.
[10] HEAD, A. Planning and designing academic library learning spaces: Experts perspectives of architects, librarians and library consultants [EB/OL]. [2017 – 6 – 3]. http://DOI 10. 13140/RG. 2. 2. 14051. 35368
[11] Libraries and Educational Technologies, James Madison University. Reimagining the academic library: A case for the Carrier Library renovation and expansion [R]. 2016.
[12] JOHN, G. Designing libraries in 21st century: Lessons for the UK, Research Report [R]. British Council and Winston Churchill Memorial Trust, 2016
[13] KING, H. Current trends in library building design, A study visit report [R]. 2004.
[14] MATTHEWS, G, & WOLTON, G. Strategic development of university library space: Widening the influence [J]. New Library World. 2014,115(5/6) : 237 – 249, https://doi. org/10. 1108/NLW-05-2014-0062
[15] PAYNE, L. Winning the SPACE RACE [J]. American Libraries. 2014,45(9/10) : 50 – 53.
[16] PEOPLES, L. Placemaking in the Academic Law Library [J]. Legal Reference Services Quarterly. 2014,33(2) : 157 – 190.
[17] SHILL, H. , & TONNER, S. Does the Building Still Matter? Usage Patterns in New, Expanded, and Renovated Libraries, 1995 – 2002 [J]. College & Research Libraries. 2004,65(2): 123 – 150.
[18] TELEHA, J. , SIMS, I. , SPRUILL, O. , BOWEN, A. , RUSSELL, T. , &EXNER, N. Library Space Redesign and Student Computing [J]. Public Services Quarterly. 2017,13(3) : 139 – 151.
[19] University of Sri Jayewardenepura Strategic Plan [R]. Nugegoda: University of Sri Jayewardenepura, 2017
[20] WALTON, G. , & MATTHEWS, G. Evaluating University's Informal Learning Spaces: Role of the University Library? [J]. New Review of Academic Librarianship. 2013,19(1): 1 – 4.
[21] XIA, J. Library space management: a GIS proposal [J]. Library Hi Tech. 2004,22(4): 375 – 382.

建造未来的图书馆：当数字载体遇见真人与场所

Jane Wee
（新加坡国家图书馆）

摘要 为了满足新加坡居民不断变化的需求，新加坡公共图书馆改造并重新开放了5家公共图书馆（总共26家图书馆构成的网络），利用数字技术满足每个图书馆所在社区不断变化的需求。盛港图书馆提供了面向10～14岁读者的STEAM（科学，技术，工程，艺术和数学）研讨会，重新激发他们的阅读兴趣。武吉班让图书馆有一间沉浸式的故事室，通过沉浸式媒体将故事带入生活。勿洛图书馆为老年人设有专门的数字学习空间。淡滨尼区域图书馆设有数字实验室，培养革命性科技人才。义顺图书馆有专门的数字学习区，用户可以阅读电子书和电子杂志，并通过在线课程和培训视频获取新技能。

本文分享了对这些图书馆进行规划和开发的具体过程。这些项目基于人口学研究，以满足特定目标人群的信息需求。同时，通过空间设计，整合印刷与数字馆藏以及人力资源规划与工作重新设计，平衡了图书馆对社区更具普遍性的服务要求。

关键词 公共图书馆；新加坡；图书馆设计；图书馆再设计

Building Libraries of the Future: Where Digital Meets People and Places

Jane Wee
(National Library Board Singapore)

Abstract In order to meet the changing needs of Singaporeans, the Public Library Services in Singapore revamped and re-opened five public libraries (out of its network of 26 libraries) to harness digital technology to meet the changing needs of the community that each library is serving. The Seng Kang Public Library includes STEAM (Science, Technology, Engineering, Arts and Mathematics) workshops targeting at customers between 10 - 14 years old to reignite their interest in reading. The Bukit Panjang Public Library has an Immersive Storytelling Room which brings stories to life through immersive media. The Bedok Public Library has a dedicated digital learning space for seniors. The Tampines Regional Library housed a Digital Lab to nurture talent in revolutionary technology. The Yishun Public Library has a dedicated Digital Learning Zone where customers can read e-books and e-magazines and also pick up new skills via online course and training videos.

This paper shares the journey of planning and development of these revamped libraries for a specific target group based on demographic studies while balancing the needs of a more general community serviced by the public library through space design, integrating print and digital collections, and human resources planning with job redesign.

Keywords Public libraries; Singapore; Library design; Library re-design

1. Introduction

The National Library Board Singapore (NLB) manages a public library network of 26 public libraries across the island. Between March 2017 to February 2018, NLB re-opened five revamped libraries as part of its implementations of its *Libraries of the Future Masterplan*.

The *Libraries of the Future Masterplan* envisions public libraries of the future as a network of inspirational and creative spaces that promote reading and learning. It recognises that libraries are no longer just transaction points for borrowing books as people visit libraries to discover, learn, collaborate and create. Furthermore, technological advances of mobile devices have changed the way people consume information and knowledge. Physical library spaces need to be redesigned to integrate browsing and discovery of digital resources together with the use of existing physical resources to cater to different demographics, learning needs and learning styles of the customers who walk into the libraries. It is in this context that the five revamped public libraries have aim to extend the library's reach through the remaking of their spaces, so as to increase mindshare through an integrated digital-physical services and content.

Harrington, in his 2001 paper outlined these six trends in library design, based on the discussion of several new and renovated libraries in the United States then:

- Customise Your Library to the Local Community
- Self-Service and Operational Efficiency;
- Flexibility and Integration of Technology;
- Green/Sustainable Buildings;
- Collaboration between Public and School/College Libraries;
- A Renewed Interest in Aesthetics

All these trends are still very apparent in today's context and remained applicable when NLB revamp the five public libraries between 2017 - 2018. Just that in Singapore's context, instead of the School/College Libraries, the collaboration and integration are with other public institutions such as Community Clubs (run by People's Association), as well as Sports Hubs, and Heath Care Clinics, all of which are serving various needs of the residents for all age groups in Singapore.

2. Our Library Development Journey

While the overall strategy and funding are centralised, each library's development follows its own project timeline, with different project managers and design architects. The chart below outlines the development phases of each library revamp:

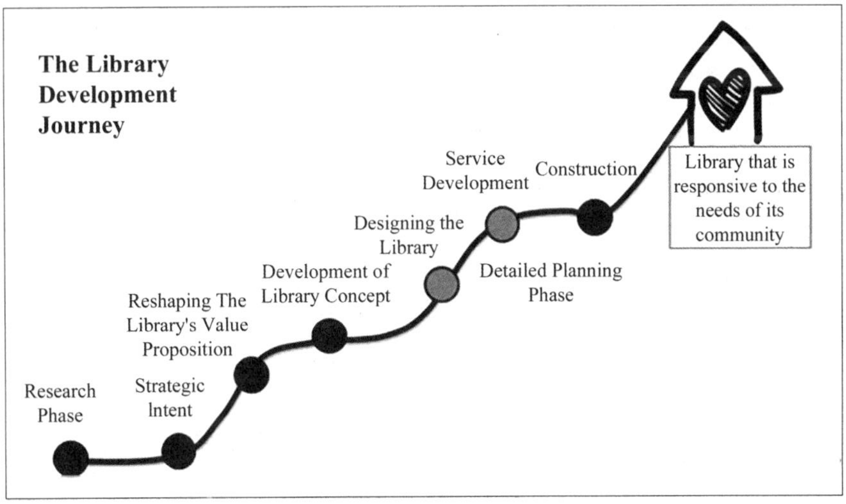

Chart 1 Development Phases of a Library Revamp

2.1 Research Phase

There are 3 key areas of work in this phase of the library development:

(1) Environmental Scanning: where information including heritage and unique traits of the individual

library and the places surrounding it are gathered;

(2) Data Analytics: this includes analysis of the demographic and customer profile, its primary and secondary catchment, loan trends, education level of and language spoken by its current and potential customers;

(3) On-site observations and focus groups interviews: this is to gather insights on how customers use the libraries and also what future needs the revamped library may work towards meeting.

2.2 Strategic Intent

This phase aims to establish focus for the library, collating and integrating inputs from key stakeholders including top management, staff and customers (current and potential).

2.3 Reshaping The Library's Value Proposition

This phase states the new value preposition, or the outcome(s)/purpose(s) that the revamped library is to deliver and how to achieve them. This also requires collating and integrating inputs from all key stakeholders. The results are the "What's New?" in each of the revamped libraries.

2.4 Development of Library Concept

The Library Concept comprises a Service Concept and a preliminary Design Concept. The Service Concept starts with stating the principle(s) governing the service offerings (e.g. discovery, leisure, community bonding) and then how these translate into services or facilities targeted at different customer segments. The preliminary Design Concept covers design inspiration and provide principles that the appointed Design Architect can subsequently build on.

2.5 Designing the Library

This phase involves bringing the various teams to work with the Design Architect on the schematic design and detailed design to ensure the matching of service and functional intent with infrastructure, operational, collection, and IT-related requirements.

2.6 Service Development

From the established focus for the library identified at the *Strategic Intent* and *The Library's Value Proposition* phases, special programmes and services with targeted audience in mind will be conceptualised and developed and ready to be launched at the reopening of the library. Some of these services may also be tested at the library or at other branches prior to the reopening, to gauge the responses and are further refined as required.

2.7 Construction Phase

This is the phase of actual installation and fabrication of the physical spaces.

3. Meeting Current and Future Needs

3.1 Overview of the revamped libraries (Library Type, Age and Floor Areas)

Table 1 Overview of NLB's revamped Libraries(2017 - 2018)

	Library Type:	Official Opening Date	Reopen Date	Floor Area before revamp(m^2)	Floor Area after revamp(m^2)
Seng Kang Public Library	Shopping Mall	30 November 2002	18 March 2017	1,809	2,136
Bukit Panjang Public Library	Shopping Mall	4 April 1998	1 July 2017	1,246	2,300
Tampines Regional Library	Regional Library	3 December 1994	5 August 2017	6,208	12,000
Bedok Public Library	Mid-size Library	28 September 1985	28 October 2017	5,088	4,150

续 表

	Library Type:	Official Opening Date	Reopen Date	Floor Area before revamp(m^2)	Floor Area after revamp(m^2)
Yishun Public Library	Shopping Mall	26 February 1998	3 February 2018	2,296	2,530

3.2 Seng Kang Public Library

Seng Kang Public Library is located in a busy shopping mall. It has been opened since 30 November 2002, at a time when new residential homes by the State was constructed in the brand new estate then. Residents who move in here include many newly wedded couples who are owning a housing property for the first time. Over the years, the residents had grown accustomed to include library visits as part of their weekday or weekend family activities, especially after the birth of their children. By 2016, the surrounding community served by the Seng Kang Public Library includes a population that is younger compared to the Singapore national average for groups who are less than 14 years old, and also those between 30 to 44 years old.

The service strategies for Seng Kang Public Library after rounds of refining the strategic intent of the library based on the research findings from environment scanning, data analytics, observations and insights drawn from customers' engagement are:

To be:

- "A Library for Everyone" that aims to change the perception that the library is meant only for the very young children (below 7 years old) and
- "A Library that Grows with You" that is to target specifically at the tweens aged 10 to 14 years old, a growing group of customer segment in the Seng Kang community, which is also at a critical turning point when reading and library usage falls dramatically.

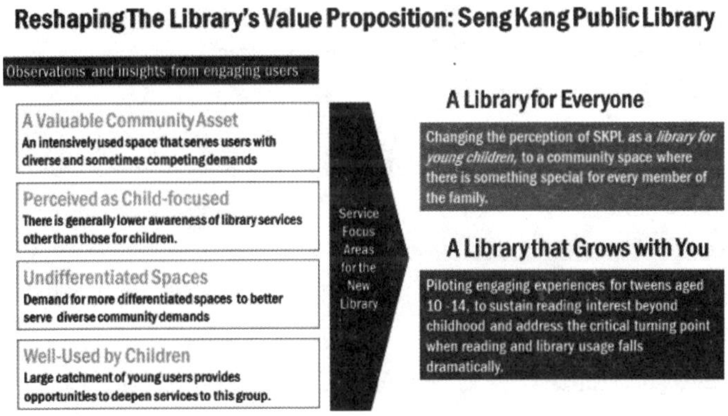

Chart 2 Seng Kang Public Library

The result of the revamp includes a larger space over two stories to include differentiated spaces for adults and a flexible programming space for activities for all age groups. Seng Kang Public Library is also the first library to include integrated shelfing to showcase physical and digital content of the same topics to walk-in customers for all age groups.

For the tween-focussed services aimed to reignite their interest in reading, curated collections based on their interest areas were carefully selected and placed in tweens dedicated spaces. Suite of tweens programmes based on experiential learning approach are conducted and includes STEAM (Science, Technology, Engineering, Arts and Mathematics) workshops. To enhance reach to this targeted group of customers, the library works very closely with the surrounding schools, where the cohort of students is increasing due to the growth of residential population here for this age group.

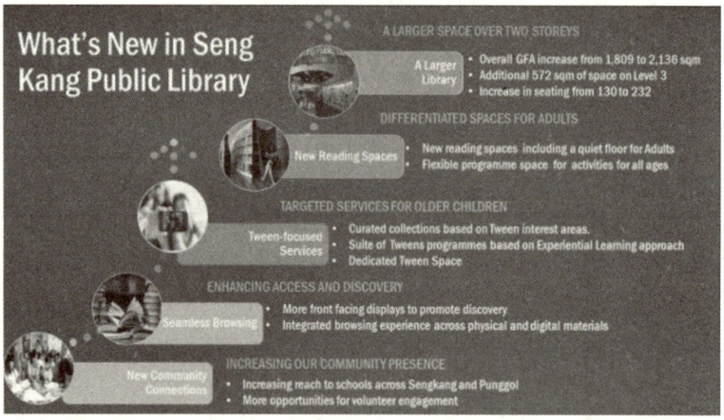

Chart 3　What's New in Seng Kang Public Library

3.3　Bukit Panjang Public Library

Bukit Panjang, first open its door on 4 April 1998, is a middle-aged town with an evenly distributed population demography with slightly more children and teens compared to the Singapore national average in 2017. It is however a growing town as new residents are moving into the estate, and it will also expect more children and seniors to be visiting as it is connected by a newly built Mass Rapid Transit service that connects the estate to other downtown areas since 2017.

Before revamp, the floor area of the library located at the Bukit Panjang shopping mall is only 1,246 square meter. Due to site constraints, adjacent spaces to the existing library could not be used as library premises for its expansion. An additional 1,054 square meter of space at the opposite end of the mall is offered instead. Although the separation of the sites poses challenges such as the need to duplicate some transactional areas; additional workload to move materials between the two sections; as well as a need to deploy staff at both locations during operational hours, the two separate sites provides an opportunity for the library as well. The Early Literacy Section that is set up at one end of the shopping Mall provides a toddler friendly space. It includes interactive learning aids for parents or caretakers to play for hours together with their children and an Immersive Storytelling Room which brings stories to life through immersive media and technology. Segregated at the other end is a quieter and more conducive reading environment for teenagers and adults, where there awaits an integrated browsing experience across physical and digital materials that are catered to their interests and needs.

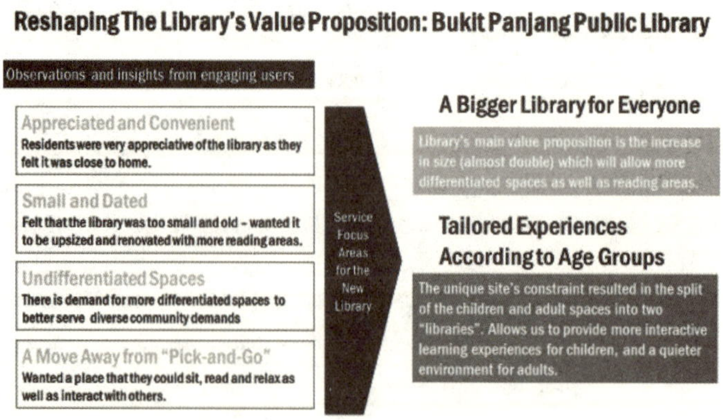

Chart 4　Bukit Panjang Public Library

Immersive Storytelling is a service that aims to provide librarians with easy to use digital tools and a special room equipped with visual and sound projection facilities that enhance immersive feel of the environment. Activities such as storytelling, class visits and other programming are held here through the use of technology to create a multi-sensory experience with added visual, lighting and sound effects to engage the audience.

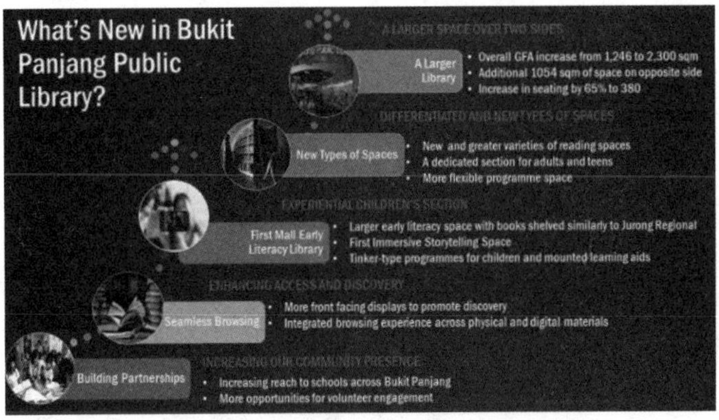

Chart 5 What's New in Bukit Panjang Public Library

3.4 Tampines Regional Library

Regional Libraries in Singapore provide a full suite of services for residents within a region, which includes a few estates, each served by a smaller public library. It is usually approximately 11,000 to 12,000 square meter in gross floor area and include facilities, programmes and services for all age groups that are of a bigger scale.

Tampines Regional library, which is located in the Eastern Region of Singapore serves a wider residential community compared to the other public libraries located in the East (for example, the Bedok Public Library). Within walking distance to the Tampines Regional Library is a regional commercial hub. Further down in this area are major employment hubs such as the Changi Business Parks and a cluster of tertiary institutions. Prior to the revamp, the space of the library at its original location (first open on 3 December 1994), is much smaller compared to other Regional Libraries in Singapore. It is relocated and upgraded to the "right" size when it reopens to the public on 5 August 2017. The new Tampines Regional Library is now part of an integrated building (known as *Our Tampines Hub*), which is a multi-agency construction that houses the library, sports stadium, swimming complex, community club and other public services organisations that has now come under one roof.

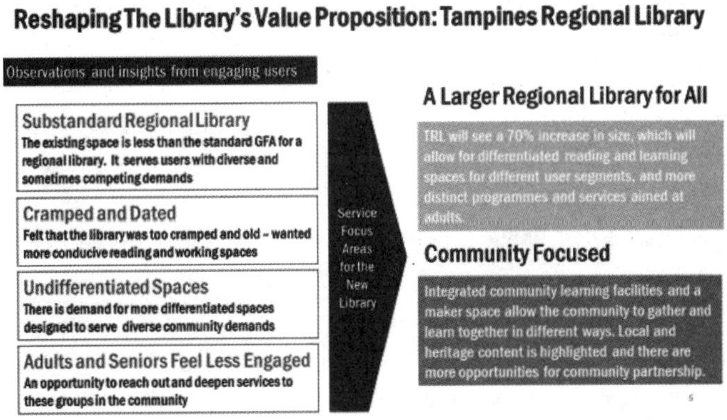

Chart 6 Tampines Regional Library

The new Tampines Regional Library spans over 5 floors and now includes a Digital Lab that aims to nurture talent in revolutionary technology such as Virtual Reality, Augmented Reality, Robotics, Data Analytics, Cybersecurity and other tech-enabled services, advanced manufacturing and urban solutions. Talks, workshops, tech-clinics targeted at all age groups are organised with various partners to promote awareness, to enhance digital literacy and also to encourage digital participation among the residents living in the region.

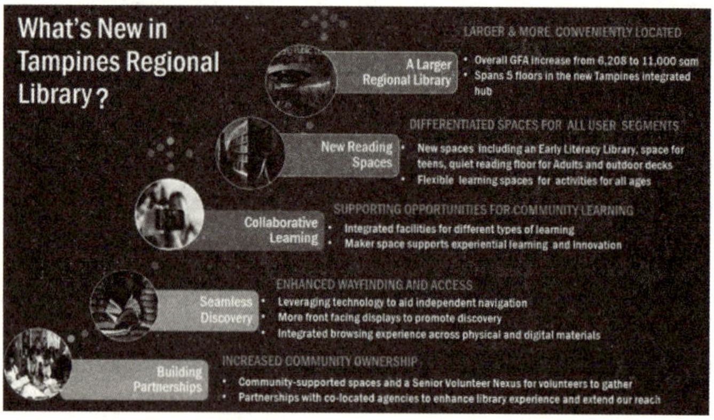

Chart 7 What's New in Tampines Regional Library

With a larger space, Tampines Regional Library includes facilities, programmes and services targeted at all age groups-early literacy, tweens, teens, working adults and seniors. To increase community ownership, the Library offers opportunities for volunteers to work closely with the staff to curate and conduct programmes in the library premises. Various self-run special interest groups such as those learning and teaching Digital Literacy/Digital Readiness, Language, Arts and Culture are set up in the libraries. Volunteers also help to manage and maintain the operations of selected sections of the Regional Library. The colocation with People's Association and National Heritage Centre includes integration of a Culinary Studio and a Heritage Exhibits Centre which are run by these two institutions, within the library premises. These enable closer collaboration where the library will cross promote related reading and learning materials, as the Association works on bringing in programmes such as cooking classes and culinary appreciation sessions, food tasting activities to strengthen community bonding; while the Heritage Centre puts up interactive exhibits on history, arts and culture that entices the residents to learn all about the nation and its people.

3.5 Bedok Public Library

Bedok is one of Singapore's older towns and a most populated district. As a matured estate, it has an older population with higher proportions of residents aged 60 and above, and conversely, there are fewer youth and children compared to the Singapore national average. With limited plans for new residential developments and an outflow of younger families to newer towns like Sengkang and Bukit Panjang, the proportion of elderly residents in Bedok will continue to increase.

Hence, the service strategies for Bedok Public Library include a value proposition to build a social space that will be engaging for seniors and older adults.

Targeting at the seniors, Bedok Public Library's physical layout is designed to accommodate customers with mobility issues. Dedicated digital learning space are set up for seniors, although such labels are avoided and do not appear in signage or directory in the library, nor described as such in any publicity collaterals about the library. Seniors preferred not to be known as "Seniors" here.

Through partnering external organisations and agencies, and supported by a pool of trained volunteers, programmes and activities designed for the adults aged 50 and above are conducted at Bedok Public Library.

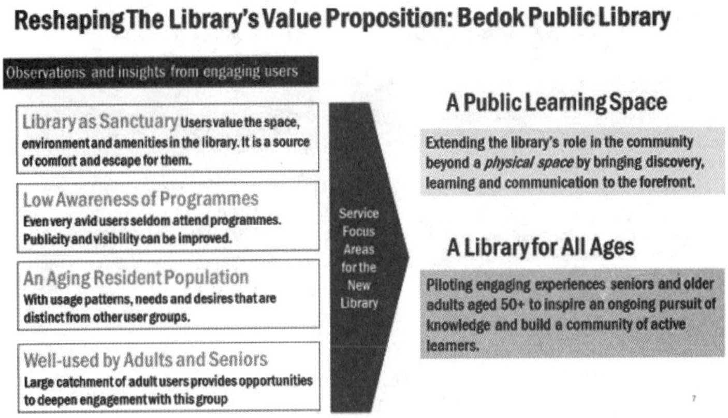

Chart 8 Bedok Public Library

These programmes and activities aim to bridge the digital divide and support the seniors in the digital economy, to change their mind-sets through skills upgrading if they wish to be re-employed; or to equip them for active ageing.

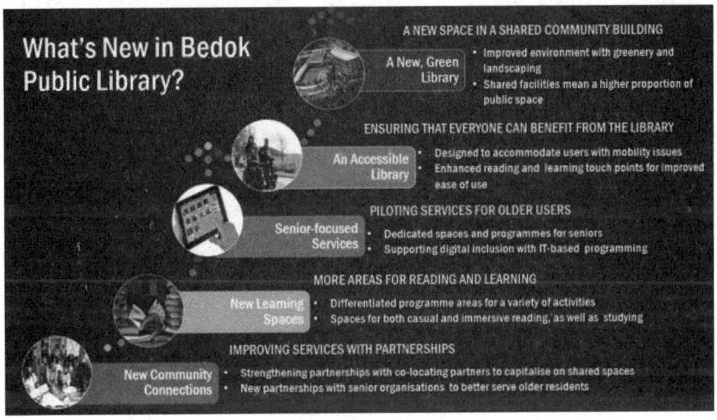

Chart 9 What's New in Bedok Public Library

3.6 Yishun Public Library

The two key target segments for Yishun Public Library are families with children and young working adults. The strategy to meet the needs of young working adults is to promote the library's digital content that include videos, virtual exhibitions, articles, e-books and audio content packaged in topics that support independent learning. The library also schedules signature monthly workshop sessions which are conducted by leading companies or agencies, and facilitate setting up of Learning Communities to match Community Content Creators with participants interested to learn more about an identified topic or about an industry, such as Healthcare, Financial Futures, Design Thinking, Data Visualisation, Social Media Marketing, etc.

The Yishun Public Library has a dedicated Digital Learning Zone. It serves to introduce the rich digital content to walk-in customers that may either not be aware of, or to bring attention to the newer content that are of interest to them. The curation of content to match the profile of the walk-in customers become key success factor for such services.

As the library introduces digital content to customers who walked into the physical spaces, there is also a separate marketing strategy that targets at the digital-only customers in the digital spaces, to promote the activities, facilities, collaboration and learning that are taking place in the physical library to bring them back again.

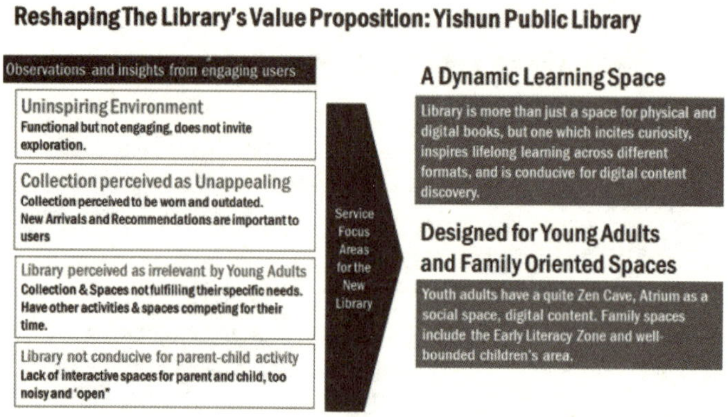

Chart 10　Yishun Public Library

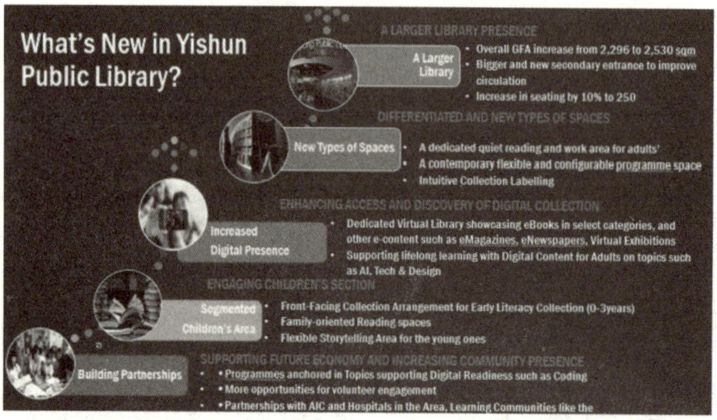

Chart 11　What's New in Yishun Public Library

4. Design Principles

4.1　Customise Your Library to the Local Community

The descriptions above for each of the revamped libraries in Singapore show a clear indication of how the planning, development and construction of these libraries are customised to the needs of local community each library is serving. The project teams consider the current and future needs of the library customers in every aspect of space design; library layout; selection of furniture and equipment; signage, messaging and wayfinding; collection mix according to the customer profile with a print-digital balance; as well as services and programming mix that match the different customer segments that the respective libraries are currently serving and targeting to serve in the next few years.

4.2　Self-Service

The use of self-service technology takes on to the next level when NLB launch its Mobile Check Out services in late 2014 that allows customers to borrow physical library materials using their hand phones, instead of the standard self-service borrowing machines in the library. The same Mobile library app now allows them to check out either e-books or physical materials. Library transactions including membership registration, collecting reserved physical items, signing up for programmes, paying library charges or overdue fines, are done through self-service technology, and even directional enquiries and locating a book within the library can be handled through digital services. Hence, with the operational activities moved over to be carried out by the customers themselves, the five new revamped libraries are all built without a customer service desk or counter.

4.3 Flexibility and Integration of Technology

The libraries in Singapore are well used and overcrowded. The revamped libraries have reconfigured spaces that accommodate more customers, and provide differentiated spaces to support the needs of each type of customers. Learning spaces are integrated with collection, learning tools, and digital services. Flexibility in space usage is achieved through the choice of moveable furniture and shelves, as well as spaces that can be converted from reading areas to programming areas easily.

Creating integrated library spaces embedded with new digital features such as Digital Learning Zones and Immersive Storytelling support the evolution of libraries into hubs of community learning in the digital age. There are also collaborative spaces equipped with information communication facilities to support sharing and co-creation.

4.4 Green/Sustainable Buildings

The longer term operation and maintenance costs are considerations during the detailed planning phase when designing the Library. But sustainable construction is being applied to any public building today anyway.

4.5 Collaboration between Public Libraries and other Agencies

Both Tampines Regional Library and Bedok Public Library involved a re-location and the new sites are co-located with the other public agencies including the Community Clubs, Sports Facilities, Health Care Clinics, and other public services organisations.

4.6 Interest in Aesthetics

The revamped libraries are definitely going in for physical attractiveness. Each library boosts an increase in visitors and loans of physical materials since its reopening and the customers are delighted with the new libraries look and design.

5. Human resources planning with job redesign

In Singapore, Library Officers (LO) are library support staff who runs the day-to-day operations in the branches. They are the faces of NLB in rendering services and one of their key tasks is to man the service counter. In fact, this takes up about 40% of the LO's working hours based on time log.

With the "removal" of the service counters at all the revamped libraries, a new way of engagement has been planned based on an hourly roving routine, with a shift of emphasis from helping customers with transactional enquiries to building relations with them. As part of the roving duties, these LO, equipped with a mobile device that links to digital content and a special library app, need to perform services including greeting customers, sharing of library etiquettes, providing book recommendations and programmes recommendations purpose.

The job redesign of LO involved an upskill of their job scope. In addition to the new roving routine, LO receive training to perform the following duties which are traditionally done by professional librarians:

- Storytelling
- Collection display and promotion
- Conduct tours and class/school visits

At Bedok Public Library and Tampines Regional Library, where there is an emphasis on seniors' services and programmes, training on engaging this customer segment is also carried out.

With the LO job redesign, the time spent on counter service is being reallocated to roving engagement and services. And with the LO taking on some children and senior services, librarians now have greater capacity to plan and implement new services for in-library programmes and outreaches that are supported by a strong digital strategy.

6. Conclusion

As part of streamlining operations and planning human resources for the library after the revamps, it is recognised that different skill sets are required to meet the increasing expectations for customer engagement and collection curation. The tapping of automation technology channel manpower from back-end operations to physical and digital customer engagement. New way of working is being introduced to manage the expanded library spaces and to attract more users. New competencies including stronger content knowledge, skills in curation, engagement, group facilitation, planning with data analytics are expected from the pool of staff working in the libraries. As a result, job functions of all library staff would need to be reviewed to better support the delivery of new services in the revamped libraries.

For each revamped library project, there has been many considerations and learning points. NLB plans to document the public libraries development journey implemented under its *Libraries of the Future Masterplan* in a publication targeted to be completed and published in early 2019.

References

[1] MINISTRY OF COMMUNICATIONS AND INFORMATION. Factsheet: National Library Board's Next-Generation Public Libraries. [EB/OL]. [2018-4-24]. https://mci.gov.sg/~/media/mcicorp/images/budget workplan/cos 202018/factsheets/factsheet national library boards next generation public libraries. pdf /

[2] D. HARRINGTON. Six trends in library design [J]. Library Journal. 2001,126(20): 12-14.

数字人文与图书馆服务

Digital Humanities and Library Services

新媒体环境下医学高校图书馆多元素养培养

许 丹 杨 颖 韩 爽 陈斯斯 邱宇红 王 聪 曹 姝 徐 爽
（中国医科大学图书馆）

摘要 随着时代不断发展进步，新时期第三代图书馆员们将新技术、新媒体在工作中发挥得淋漓尽致，让读者们体验着全新的阅读体验，品质服务。高校图书馆是信息文化的交流中心、文化传承的重要机构载体，理应采取多种形式提高学生综合素质，进行多元素养的培养。不仅包括了信息素养、人文素养、阅读素养，还包含新媒体素养，视觉素养等。本研究以医学高校图书馆为例，从第二课堂的角度出发，借助微信、微博等新媒体技术推送方式，线上线下多种形式互动，进行多元素养的培养，丰富医学生的课余文化生活，并进行国学、人文主题教育，弘扬中华民族五千多年文明历史所孕育的中华优秀传统文化。本课题研究主要分为时间轴和多元素养两条主线，将不同元素主题相关的培养内容根据时间延续顺势结合其中开展相关活动，二者相辅相成，从而完成医学高校图书馆作为第二课堂开展多元素养培养的具体施行方案，一并取得了不错的效果。

关键词 新媒体环境；多元素养；医学高校图书馆；信息素养；人文素养；阅读素养

Multivariate Literacy Cultivation of Medical University Library under the New Media Environment

Xu Dan Yang Ying Han Shuang Chen Sisi Qiu Yuhong Wang Cong Cao Shu Xu Shuang
(Library of China Medical University)

Abstract As time constant development and progress, a new era of librarians of the third generation will play in new technology, new media work of incisively and vividly, make readers experience with new reading experience, quality service. University library is the exchange center of information culture, the important organization carrier of cultural inheritance, should take various forms to improve the students' comprehensive quality, multivariate literacy training. Not only including the information literacy and humanistic literacy, reading literacy, also includes new media literacy, visual literacy, etc. This research in medical university library as an example, from the perspective of the second classroom, using WeChat, weibo push, new media technologies such as interactive online a variety of forms, multivariate literacy cultivation, rich of medical students after-class life, and national studies, humanities subject education, to carry forward the Chinese nation five thousand years of civilization history of the Chinese excellent traditional culture. This topic research mainly divided into two main timeline and multivariate literacy, training content relevant to the subject matter will different elements conveniently combined with which to carry out related activities, according to the time for the two complement each other, so as to complete medical university library as a second classroom to carry out the concrete implementation plan of training the multivariate quality, achieved good effect.

Keywords The new media environment; Multivariate literacy; Medical university library; Information literacy; Humanity literacy; Reading literacy

1 引言

在经历了一、二代图书馆的转型改革变迁，吴建中在《走向第三代图书馆》中提出了第三代图书馆在功能中则更加注重体现多元素养的培养。高校图书馆是信息文化的交流中心、文化传承的重要机构载体，有着丰富的馆藏文化底蕴和浓厚的学术氛围。拥有良好的信息环境和一批专业化的信息人才队伍,不但对于开展大学生信息素养教育具有得天独厚的优越条件,而且作为高校多元素养教育培养的重要支撑部门,是高校思想教育的第二课堂,理应采取多种形式提高学生综合素质。特别是在医学专业院校内,知识内容相对单调、枯燥,学生学业负担相比其他专业院校重,在这种环境下,对于多元化知识储备、多元素养培养则显得尤为重要。

2　多元素养

多元素养即指多元化的个人素养,不仅包含信息素养、人文素养、阅读素养,还包含新媒体素养、视觉素养等。

信息素养最早是由美国信息产业协会主席保罗·泽考斯基提出,不断完善变化发展至今。信息素养不单纯是指发现信息、理解信息的能力,还包括利用信息去创新知识、参与社群学习的能力,信息素养已经成为评价个人创新能力和社交能力的重要指标,是众多其他相关素养形成的基础和源泉,是其他素养的概念基石。

人文素养是建立在对一定人文知识拥有和内化基础上形成的学识和修养,反映了人格、气质、世界观、人生观、价值观等方面的个性品质。医学院校里人文气息的浓郁程度则反映了这个学校的文化水平和层次,在倡导人文精神的社会主义社会里更是极为宝贵。

阅读素养是阅读者为了达成个人目标、积累知识、开发个人潜力、参与社会等目的,理解、利用、反思和使用书面文章的能力。在全民阅读时代开启以来,阅读素养的培养成了图书馆多元素养培养中的一个重要部分。广泛阅读有营养的书籍对于他们综合素质的培养和人格的塑造非常有利。

新媒体素养和视觉素养主要是考察人们对于非传统媒介媒体的敏感度以及对于新媒体新技术的利用情况。媒介素养教育的目标从培养个人对媒体讯息的分辨与抵制能力延伸到在媒体环境中的释放与赋予能力。

3　我馆新媒体使用情况概述

随着时代不断发展进步,新媒体、新技术在各行各业中都起到了不可替代的重要作用。新时代的图书馆员们将新技术、新媒体在工作中发挥地淋漓尽致,让读者们体验着全新的阅读体验,品质服务。智能手机的开发应用,移动阅读的推广,微博、微信等自媒体时代的到来,微课堂、微视频开展,映客直播直接参与读者互动,实现面对面的沟通交流,语音、文字、图片、视频的互动模式,令读者体验到了与图书馆的零距离接触。

在新媒体已经逐渐成为大多数高校图书馆推广服务使用的最常用媒介手段的当下,我馆也在 2014 年 9 月 28 日正式开通了微信平台公众号,同时开通了腾讯 QQ 官网微博,在自测、内部运行半年后正式跟读者见面,运行至今,已发图文共计 1 100 余篇,同步转发微博广播 1 055 条。图书馆微信平台由图书馆各个科室、

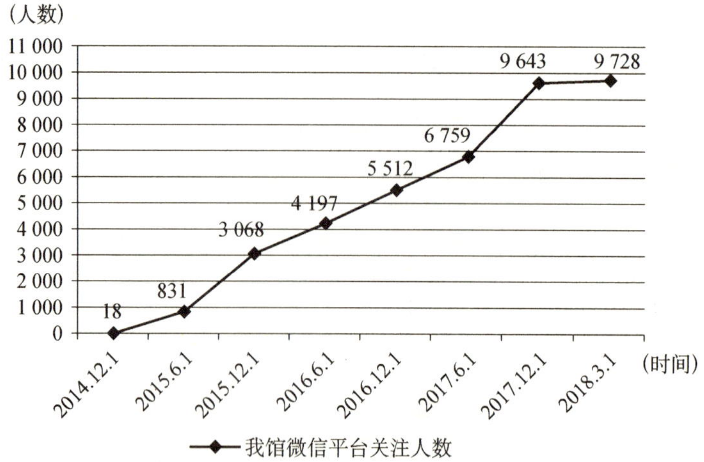

图 1　微信平台关注人数变化情况

学生自主投稿等方式进行图文内容的提供，党政办公室负责微信内容的排版编辑和审核继而发布，提供关键词检索、自定义菜单、好书推荐、数据库介绍、讲座预告、美文欣赏、图书馆新闻通知等多项服务。从 2014 年底最开始内部关注人数的 18 人，到 2015 年底关注人数已达 2 919 人，2016 年底 5 421 人，逐步到达 2017 年底的 9 543 人，时至今日实时关注人数已达 9 728 人。

在微信公众号运行的四年里，每一年度的图文发布情况以及 2017 年整理的图文阅读量、点赞量排名前 10 的图文如下所示。

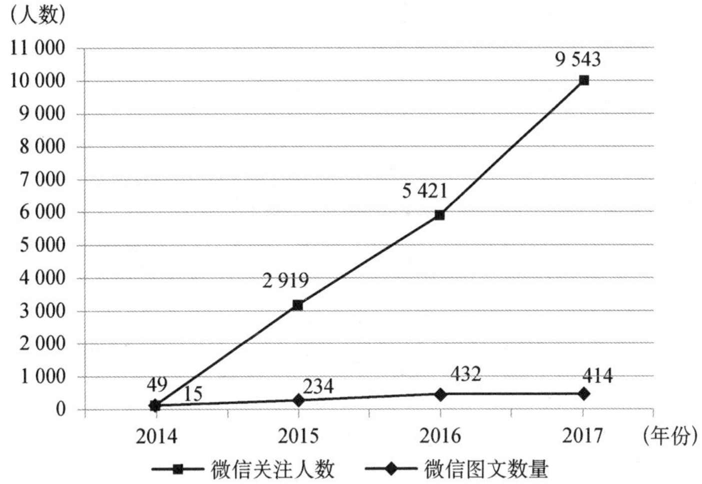

图 2 微信图文关注情况

表 1 图文阅读量前 10 名

序号	题　　目	阅读量	科室
1	【投票】“微拍—最美瞬间”摄影作品展	9 500	流通部
2	分享一本好书，讲述与 TA 的故事	3 800	图志
3	选出你的最爱，闭馆时放给你听！	1 478	流通部
4	【真人版】医大美女馆员教你借阅流程	1 456	流通部
5	闭馆音乐揭榜咯	1 416	流通部
6	大学生兼职	1 294	流通部(学生)
7	占座损人不利己，何苦期末为难自己	1 149	流通部
8	“陈年信件”，有你的名字吗？	1 083	办公室
9	图书馆进入期末开馆模式	1 064	办公室
10	期末复习好心情，这些习惯可不行(一)	1 029	办公室

表 2 图文点赞量前 10 名

序号	题　　目	点赞数	科室
1	分享一本好书，讲述与 TA 的故事	194	图志
2	读万卷书，也行万里路	152	流通部
3	【投票】“微拍—最美瞬间”摄影作品展	150	流通部
4	四季荐书之“春”	78	流通部(学生)

续　表

序号	题　　目	点赞数	科室
5	【真人版】医大美女馆员教你借阅流程	62	流通部
6	占座损人不利己，何苦期末为难自己	56	流通部
7	谷歌地球上的医大变迁	48	流通部(学生)
8	图书馆进入期末开馆模式	44	办公室
9	双十一的这组数据，你绝对没看过！	41	办公室
10	天津滨海这座“网红”图书馆刷屏了	33	办公室

新媒体在图书馆活动中推荐已发挥巨大作用，可以看到 2017 年阅读量和点赞量排名前三的都是图书馆阅读推广活动中的推广宣传发文，学生的参与度和重视度均极高。图书馆微博的开通、微信平台的建立是一个极好的信息推广平台，无论是文字、图片、视频资料都可以通过此方式运用到各项活动推广服务中去。每一期讲座预告，每一种活动的召集令、海报、文字、图片、视频，随时随地向读者朋友推送图书馆各项服务最新消息，与之互动。

医学高校图书馆从第二课堂的角度出发，借助微信、微博等新媒体技术推送方式，线上线下多种形式互动，进行多元素养的培养，丰富医学生的课余文化生活，并进行国学、人文主题教育，弘扬中华民族五千多年文明历史所孕育的中华优秀传统文化。

4. 新媒体在我馆多元素养培养过程的各项活动中应用

我馆对于多元素养培养过程主要分为两条主线，时间轴和多元素养轴。按时间轴发展的不同主题季培养方案，在年初至 3 月份开始筹备，4～6 月为阅读季，6～7 月为毕业季，9～10 月为迎新季，10～11 月为文化季，图书馆根据不同时间段的主题内容，紧扣当下热点时事，依托新媒体、新技术相结合，拟定开展多元素养培养方案。多元素养轴则包括了信息素养、人文素养、阅读素养、媒体素养、数据素养等，将不同元素主题相关的培养内容根据不同的时间点顺势结合其中，两者相辅相成，从而完成医学高校图书馆作为第二课堂开展多元素养培养的具体施行方案。

4.1　信息素养培养

信息素养是每一个在校大学生需要具备的最基本素养。图书馆对于此项培养的开展则启动了“每周一课”，即每周开展一期培训，分别贯穿在阅读季和文化季活动当中每周二中午举办，时间跨度为一学期，每学期作为一个循环，一年循环两次。

同时我们对于培养方式进行了转变——翻转课堂。与传统常规的一小时讲座培训不同，将需要讲解的内容通过 ppt、视频、音频等形式发布在微信等新媒体平台上，供学生先行预习，提出问题，现场培训时则主要负责答疑解惑，目的是培养学生实践操作及解决实际问题的能力。

近年来，翻转课堂在一线教师教学运用当中掀起了一个高潮，这种教学模式激发了大学生主动学习的欲望，满足了学生个性化需求，自主学习能力的培养也得到了提高。实践证明，这是一个行之有效的教学模式改革，不仅促进了教学效率的提高，还提升了学生的全面综合素质。

目前来看，翻转课堂的用户群体是专业课任课教师及其学生，而我们对于学生的培训采取此方式属于大胆的尝试。因为对于图书馆员来讲，课堂成员随机性非常大，对象水平参差不齐，需要对于课程设计实施流程的流畅性进行充分设计和考评。读者在课前需要观看视频、微信、微课等内容，完成针对性课前练习，课中提出问题，完成实践，课后通过服务平台进行咨询，形成反馈意见。馆员们需要在课前进行需求分析采集，进行内容组织、制作，完成信息平台推送，在课程中组织课堂，分享和答疑，并进行辅导，课后完事 FAQ，完善课件及视频，持续跟踪辅导。

4.2　人文素养培养

人文素养的培养则主要在阅读推广季和迎新季活动中体现。不仅包括线下同学们参与其中的娱乐互动式，亲自参与体验式的各种类型丰富的活动，也包括了在线的视频宣传以及微信等平台推广，弘扬传统文化，培养学生们的人文素养，人文情怀。

4.2.1 中华古籍推广宣讲——勤求古训,博采众方

现在的大学生对我们中华民族几千年的文化历史和传统思想缺乏了解,即使有所了解,也多是应试的知识点,没有形成知识系统,不知其精髓,更谈不上对祖国历史和传统文化的热爱和自豪之情。我们通过现场展出古籍真迹,欣赏古籍独具的版本价值、学术价值、艺术价值的特色,由古籍专业人身着汉服讲解古籍相关知识并揭示本馆特色古籍资源,邀请专家则在现场从古籍的历史由来及演变过程以及发展至今的流传故事来讲解(同步视频录制),一并宣传弘扬中华传统文化,令读者朋友们对祖国古代典籍的历史和传统文化越加深刻了解,从而激发对祖国历史和传统文化的热爱之情和身为中华民族子孙的自豪之感,提高读者对古籍资源的关注。随后将后期编辑制作活动视频发布在微信平台及视频网站,便于更多的学生来了解此次活动主题内容。

4.2.2 线下活动——亲自体验古籍线装书制作

通过专家现场讲解并手把手教学古籍线装书装订制作的步骤流程,指导学生自己亲手剪裁宣纸,裁纸、刷版、折页、齐栏、压平、订捻、裁切、打眼、上皮、缝线,读者通过线装书现场装订体验,感受修复书籍的辛苦与烦琐,提高古籍的保护意识。我们在活动全程录制活动现场视频,后期编辑后发布在微信平台,同时并记录同学们的活动体验感受,喊出口号"爱护古籍,传承文化"。

4.2.3 "赏中华诗词、寻文化根基、品生活之美"医大杯首届中华诗词大会

《中国诗词大会》犹如综艺届的一股清流,赢得了一众称赞,一夜之间成为一档全民性节目。本活动延续节目热情,策划举办首届《医大杯中华古诗词大会》,期望在医大校园内掀起阅读中国古诗词文化的热潮。活动以"赏中华诗词、寻文化根基、品生活之美"为基本宗旨,传播中华古典文化的博大精深,中华诗词文化的深藏底蕴,通过对诗词知识的比拼及赏析,带动全民重温经典诗词,继承和发扬中华优秀传统文化,分享诗词之美,感受诗词之趣,从古人的智慧和情怀中汲取营养,涵养心灵。

4.2.4 迎新季培训

将新生入馆培训、图书馆使用手册制作及相关视频发布在图书馆网站和微信平台,供新生了解使用图书馆的方法,以便大学期间更好地利用图书馆。自 2017 年 9 月秋学期始,我馆流通部老师利用每周一、三、五中午午休时分,将全部入馆新生按照院系、班级分成不同小组,来到图书馆进行入馆教育、宣传、讲解,使同学们了解图书馆的馆藏布局、借书流程、规章制度等等内容,同时关注我馆微信平台,随时了解图书馆举办的各项活动安排、积极踊跃参与图书馆活动。据统计,迎新季共组织培训 32 场次,培训本科生新生 1 950 人次、研究生 2 141 人次,共发放《图书馆使用手册》4 000 余份,同学们的积极参与令新生培训达到了预期效果。

4.3 *阅读素养培养*

响应李克强总理提出的全民阅读号召,全面推进校园文化建设,进一步丰富校园生活,从 2015 年起,在每年的世界读书日,我馆都会举办阅读推广月系列活动。2015 年活动主题为"杏林飘书香,阅读启智慧",2016 年主题则是"最美"悦"读季,书香沁满园",到了 2017 年则活动主题变为"腹有诗书气自华,心存阅读秀书香",在每年的读书月活动中都会开展一系列具有特色的活动来启发促进学生们开展阅读,提升学生们的阅读素养,引领书香校园新风尚。

4.3.1 视觉冲击与文字精华的较量——影视翻拍系列

对于经典图书、热门书籍大多会翻拍成电视、电影等影视作品。将经典图书和经典影视作品剪辑在一起一同推送给读者。不仅令读者在观看影视作品的同时细细回味体验书籍文字中的韵味,从而引导读者重新阅读经典图书,回顾书籍中的点点滴滴,再度与作者产生共鸣。

4.3.2 时事热点流行图书视频化推荐

紧抓当下热点问题,从时尚潮流的兴趣点所在出发,与时代接轨,制作紧跟潮流的视频、图片、图书推荐资料,同步微信推广,根据不同热点内容,贯穿于全年各个主题季活动当中。例如 2017 年热极一时的电视剧《三生三世十里桃花》,我们以电视剧为蓝本将各种最新热门图书按照人物个性分类,编辑制作成视频《三生三世好书推荐》进行推广,微信阅读量高达 600 次以上。六一儿童节时,面对教职工这一群体,借助小朋友稚嫩可爱的童声,制作合成视频进行"我最喜欢的童书"专辑推荐给初为人父人母的教职工"爸爸""妈妈"。近期推荐的是为纪念斯蒂芬·威廉·霍金先生推出了感恩生命伟大惊叹时间简史的电子资源系列。

4.3.3 聆听悦读

阅读经典,录制音频,尝试广播模式,将经典图书最美的章节推送给读者,与读者产生共鸣,心灵相通。

从听觉中体会读书的另一种感受,陶冶性情,消除焦虑,让你的心慢下来,还心灵一片净土。

4.3.4 专题书架展示

在 2017 年,为了庆祝建军 90 周年,香港回归 20 周年,举办了主题为“红色文化历史”的一系列图片展,书籍展以及影视作品展,来回顾中国人民解放军 1927 年以来至今的发展壮大,来了解香港回归祖国 20 年来的发展变化。2018 年 3 月陆续推出纪念周恩来总理诞辰 120 周年的相关图片、图书展,在 3 月 27 日则又推出“今天,我们缅怀矛盾”的好书推荐。

4.4 媒体素养/数据素养培养

4.4.1 数据库检索大赛

图书馆组织举办万方杯、知网杯数据库知识检索大赛,目的在于促进同学们更有效地利用中国知网发现知识、使用资源,从而助力于科研能力的提升,个人素养的提高。这项活动在吸引学生参与利用数据库的同时,不仅掌握了解检索技能,培养其信息素养,也获取了知识,收获了奖励。

4.4.2 微视频征集大赛

在图书馆培训当中,不仅给学生带来了“玩转数据库”“玩转论文写作”方面的系列讲座,同时也有关于玩转微视频系列课程介绍。在校园范围内征集与图书馆、图书、阅读相关的小故事拍成微视频,对于优秀作品在微信平台展播。内容可以是向大家介绍你读过的一本好书,你喜爱的一本书,你与一本书的奇遇故事,跟大家一起分享你读这本的感受、启迪、想法。也可以是你在图书馆里发生过哪些趣事、轶事,你在图书馆经历的那些让你难以忘记的瞬间故事。不仅是对于学生个人综合能力的展现,也是展示一个人/团队发现美,发现生活的探索能力。

4.4.3 “我的音乐我做主”——闭馆音乐征集

本着“我的闭馆音乐我做主”的原则,面向校内学生读者征集原创、改编、推荐喜欢的音乐作为每日闭馆音乐播放。活动共征集音乐作品 60 余件,经学生投票选举,最终选取 20 首学生们喜爱的音乐每月轮番播放。

4.4.4 年度数据阅读报告

在大数据环境下,统计出年度各种数字资源使用情况,图书借阅利用情况,读者借阅偏好、各个院系借阅排行榜等等数据的分析,为我馆下一年度订购数据库资源,图书的采购提供导向支持。同时,我们也将学生、教师的阅读数据进行分析,阅读偏好选取学生喜爱的图书给予推荐。

5 医学高校开展多元素养培养的价值意义

在文化生活相对欠缺,文化氛围不是特别浓郁而相对枯燥的医学院校里,图书馆承担着开展多元素养培养的责任和义务,丰富学生文化生活,助力学生成长,提升学生综合素质。

我校图书馆开展多元素养培养以时间轴为基础,借助新媒体、新技术,将不同素养培养的几个方向穿插进时间轴内的对应主题活动内,两者相辅相成,紧密结合,连贯完成全年度的多元素养培养方案。旨在丰富医学专业院校内的信息素养、人文素养等多元素养的培养,培养学生、职工等读者的阅读兴趣爱好,弘扬传统文化,阅读中华传统文化的精髓之美,开展文化,充分发挥图书馆在医学院校中承载文化、传承精神的重要作用。理解多元文化服务的内涵,使图书馆各项服务的内容和形式有所延伸,就要求具有开拓创新的理念,开展多元文化服务。

参考文献

[1] 吴建中. 走向第三代图书馆[J]. 图书馆杂志,2016(6): 4—9.

[2] 许丹. 高校图书馆信息素养教育的对象、方式与模式、建设与展望[J]. 中华医学图书情报杂志,2016,25(11): 77—80.

[3] 王婷. 浅谈高校图书馆与医学生人文素养的培养[J]. 科技视界,2014(31): 190.

[4] 邓玲斌,余玲. 美国信息素养新标准: 元素养解读及其启迪[J]. 情报理论与实践,2015,38(15): 130—133.

[5] 朱学梅. 新形势下高校图书馆提升学生阅读素养方法探析[J]. 教育教学论坛,2014(5): 189—191.

[6] 高晓晶,喻梦倩,杨家燕. 高校图书馆阅读推广课程的探索与实践——以电子科技大学公选课“大学生阅读素养”为例[J]. 图书情报工作,2017,增刊(1): 49—52.

[7] 罗文华,唐芬芬. 大学生阅读素养、媒介素养及信息素养教育融合性的可行性分析[J]. 图书馆理论与实践,2015(3): 80—83,112.

[8] 王聪,邱宇红.微信平台在医学院校图书馆阅读推广服务中的应用[J].中华医学图书情报杂志,2016,25(12):57—60.
[9] 缪静敏,汪琼.高校翻转课堂:现状、成效与挑战——基于实践一线教师的调查[J].2015,21(10):74—82.
[10] 张洁,王英,杨新涯.翻转课堂在信息素养教育中的实践研究[J].图书情报工作,2014,58(11):68—72.
[11] 徐爽,许丹,陈斯斯等.第三代图书馆对中医经典阅读推广创新模式的启发[J].中华医学图书情报杂志,2017,(10):41—45
[12] 时政赏中华诗词、寻文化根基、品生活之美"[EB/OL].[2018-03-28]https://wenku.baidu.com/view/4d02d572cbaedd3383c4bb4cf7ec4afe04a1b1c4.html.
[13] 黄云.多元文化服务视域下高校图书馆建设的理念与方略——以河南大学图书馆特色建设为例[J].农业图书情报学刊,2015,27(4):166—168.

浅谈“互联网+”时代下的图书馆服务理念——以静安区图书馆为例

朱　莹

（上海市静安区图书馆）

摘要　随着社会的发展、科技的进步，如何更好地实现图书馆的服务宗旨、提升服务技能是每一位图书管理员需要思考和学习的方向。公共图书馆既能适应数字化时代的发展，又能兼顾对传统书籍及思想文化的保存，是摆在我们面前的一个挑战。

关键词　服务能效；“互联网+”时代；第三代图书馆

The Library Service Concept of Internet plus Era — Taking the Jingan District library as an Example

Zhu Ying

(Shanghai Jing'an District Library)

Abstract　With the development of society and the progress of science and technology, how to better achieve the purpose of library service and improve service skills is the direction for every librarian to think about and learn. The public library can not only adapt to the development of the digital age, but also give consideration to the preservation of the traditional books and ideology and culture. It is a challenge facing us.

Keywords　Service efficiency; Internet plus age; Third generation library

随着社会的发展、科技的进步，公共图书馆在服务能效方面需进行不断地创新和完善。在拓宽新的服务群体、摸索新的服务方式的过程中，如何更好地实现图书馆的服务宗旨、提升服务技能是每一位图书管理员需要思考和学习的方向。

1　掌握当前环境下图书馆的服务现状

1.1　纸本阅读仍然是市民阅读的主要途径

随着社会经济的发展，人们对阅读的需求不断提升，静安区图书馆作为辖区重要的文化窗口之一，始终努力满足各类读者的文化需求。统计结果显示：2014—2017 年入藏总量总体呈上升状态，这说明纸本阅读仍然是市民阅读的主要途径。采编部配合外借部，陆续将流通量较少的图书更改为保存书状态，从而能有更多的空间来放置新书，让读者能够及时快捷地看到出版的新书、好书。

1.2　区域环境、文化需求对流通量有着重要的影响

静安区图书馆新闸路馆、闻喜路馆藏身于居民相对集中的社区，多年来图书馆的基础业务已经形成气候，流通量呈现逐步稳定状态。相反地，少年儿童图书馆的流通量在近几年大幅度提升，这源于越来越多的 80 后陆续步入婚姻生活，生儿育女。相较于 60、70 后，他们的文化程度更高，更注重培养子女从小养成良好的阅读习惯。在文化生活日渐需求的背景下，80 后作为新生代父母、新生代家庭，成为到访少年儿童图书馆的主要力量。

2016 年天目路馆周边的安庆路、华兴路地块动迁，大量居民搬迁至上海郊区，受动迁影响，天目路馆的借阅量和借阅人数骤减，因此，周边地区的环境和人流量直接影响着图书馆的流通量。

1.3　延伸服务半径，服务理念变被动为主动

根据数据统计，2014—2017 年静安区图书馆持证读者数量总体呈递增趋势，这还是离不开市民文化生活日益需求的大前提。同时，静安区图书馆在各楼层资料架放置宣传资料，推广公共图书馆的服务功能，并

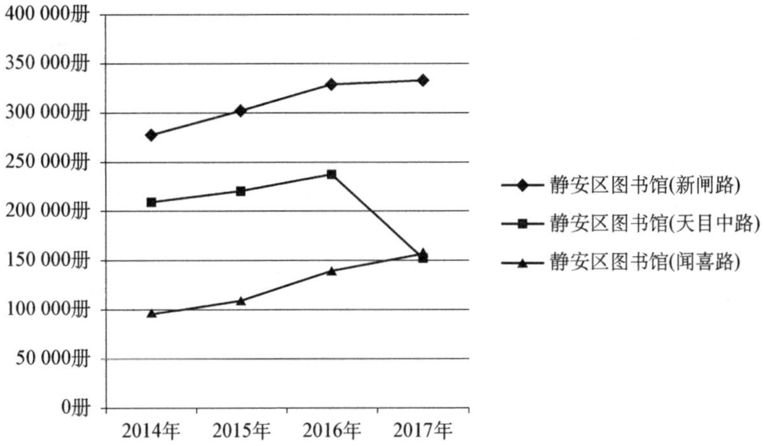

图 1　各馆点入藏总量统计表

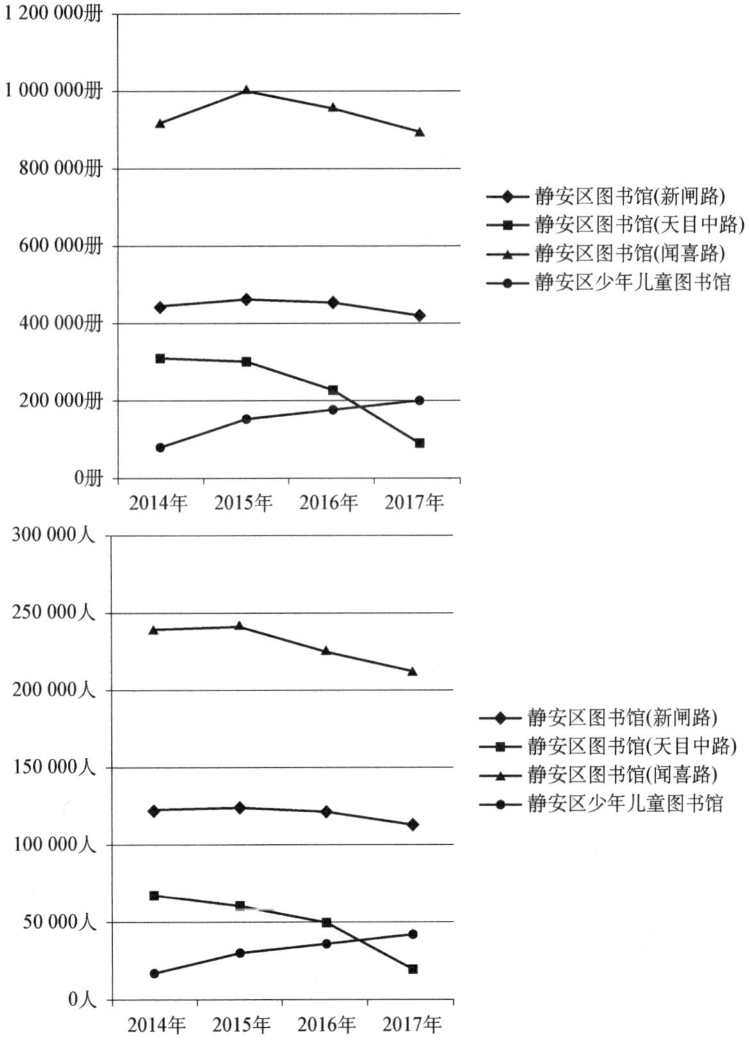

图 2　静安区图书馆文献流通情况统计表

结合学雷锋日、志愿者活动等主题走上街头为市民办卡，特别是近两年推出的诚信免押金办证活动，为增加读者持证数量做出不小的贡献。

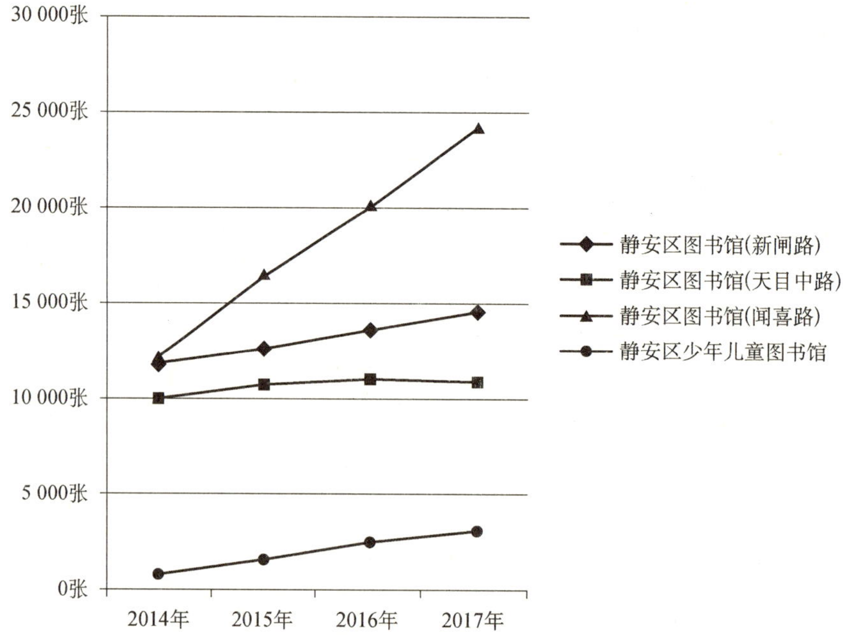

图 3　静安区图书馆持证读者数量统计表

1.4　*图书馆日渐成为市民学习的首选地*

统计显示：到访图书馆的读者群体主要以青年、中年、中老年为主。其中，学生和公司职员占比 51.2%，是读者群体的一半比重，其他读者据调查多为退休职工。大专及以上学历占读者群体的 47.7%，少儿读者以学龄前儿童和小学生为主。

结合年龄和职业分布层次不难看出，青年学生、中青年公司职员和退休老人是到访图书馆的主要成人读

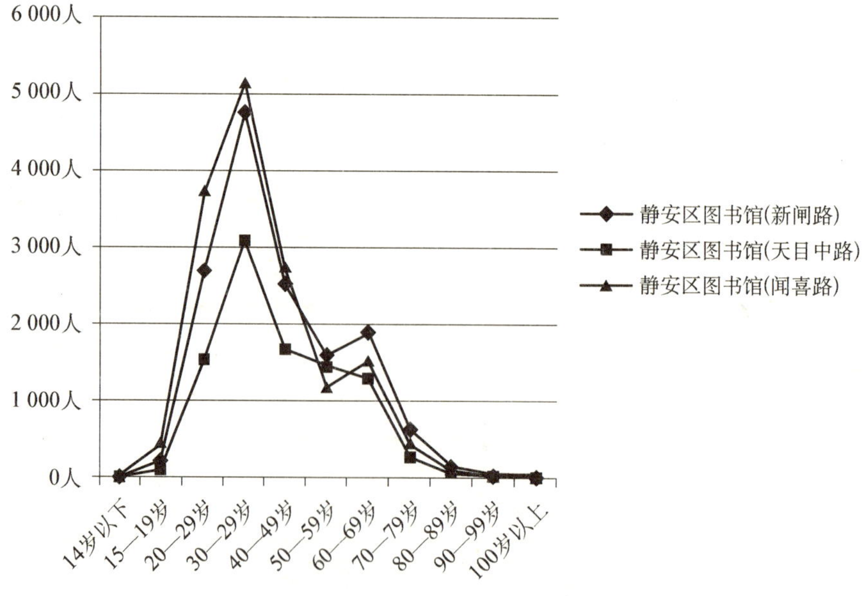

图 4　2017 年按年龄统计情况表

者。他们主要以学习、研究为目的出入公共图书馆。退休老人相比在职人员和学生有更多的闲暇时间,所以图书馆成为他们文化需求的首选地。此外,高学历人群也成为读者的主力军,这与城市高等教育的普及化分不开,学历越高文化需求越多,图书馆正是他们的好去处。

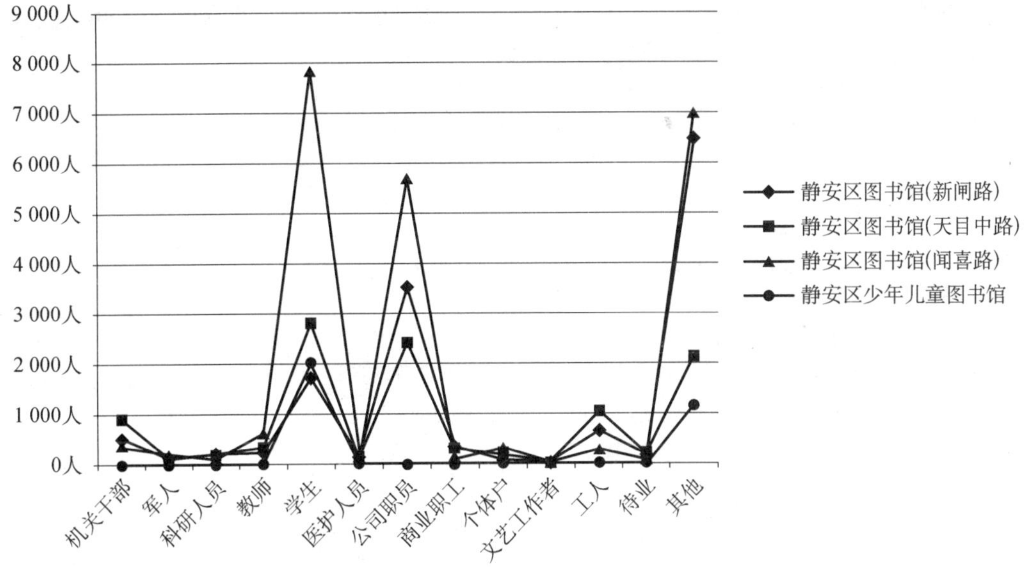

图 5 2017 年按职业统计情况表

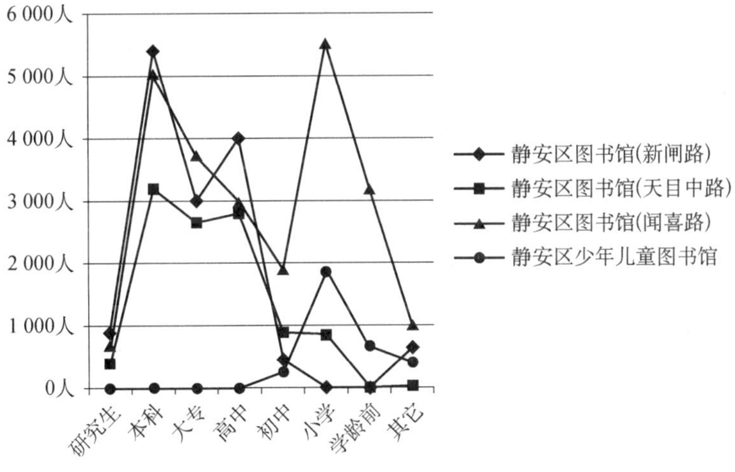

图 6 2017 年按学历统计情况表

2 探索现代图书馆的服务理念

2.1 引入数字载体,促进知识交流

过去,流通是图书馆的核心业务,但随着"互联网+"时代的到来,借阅量不再是衡量图书馆服务能效的唯一指标,大量电子书籍、新媒体的涌入逐步取代传统的借阅模式,图书馆在依托传统服务的同时,更应该通过多元化的数字载体丰富人们的精神生活,如购置电子图书、电子期刊等各类数字资源,自建数据库,开通微博、微信等新媒体服务方式,全方位促进知识的交流与共享。

2.2 拓宽服务模式,注重资源融合

过去图书馆给人的印象是一个藏书的空间,而现在人们对图书馆的需求已不仅仅是一个阅读空间,他们

更需要图书馆为其提供优质化资源,让图书馆成为可以互动交流的场所。这些年来,静安区图书馆一直探索形式多样的阅读推广活动,积极围绕静安读书周、上海市民文化节、世界读书日、图书馆服务宣传周等主题活动举办书香环游、名家讲座、文化展览、缤纷少儿等活动,为广大市民创造阅读与交流的空间。

2.3 增强馆员能力,培育创新服务

随着"互联网+"时代的到来,各类新媒体技术层出不穷。开展数字化图书馆业务培训、新媒体服务技术应用等相关教育培训变得尤为重要。图书馆员的创新服务能力直接关系着"互联网+"时代下图书馆转型与发展的成败。在信息化时代背景下,馆员职能也在不断地演化,基于传统的服务技能,将最新的信息技术充分应用于图书馆业务与服务中,加强数字图书馆与传统图书馆的业务整合,提升服务广度与深度,为现代图书馆服务提供支撑。

3 走向第三代图书馆

现代图书馆发展一共经历三个时期:第一代图书馆以藏书为中心,第二代图书馆以开架借阅为中心,第三代图书馆以人为本,注重人的需求。

3.1 注重多元素养,体现文化包容

当今社会,越来越多的市民把图书馆作为他们学习的首选地,因此,图书馆要在文化包容上开拓创新,让每个人都拥有平等获取信息的权利和机会。即使是农民工、残疾人士等弱势群体,也要为他们创造条件开展讲座、培训等服务,提升大众人文素养和学习能力。

3.2 汇聚多元信息,利于读者交互

图书馆作为公共文化场所,它不仅仅是一栋楼宇,还是区域文化的反映、社群精神的体现。"第三代图书馆"一定是一个布局完善、汇聚多元信息、利于读者交互的空间,为区域内各类读者群体提供优质服务,提升公共文化服务设施的密度和等级。

4 结束语

在现代社会,公共图书馆往往是一个城市的主要地标以及文化身份的标志。它在为公众提供知识的同时,也显示了这个城市的历史底蕴和文化软实力。公共图书馆既能适应数字化时代的发展,又能兼顾对传统书籍及思想文化的保存,是摆在我们面前的一个挑战。图书馆作为城市的第三空间,将更加注重开放性、体验性、舒适性,成为汇聚各类社群的信息中心、城市客厅与市民课堂。

参考文献

[1] 张洁.增强馆员能力,培育创新服务.图书馆杂志[J].2015(11):88—92.
[2] 吴建中.走向第三代图书馆.图书馆杂志[J].2016(6):4—9.
[3] 孙一钢.立足"互联网+"战略,推动我国数字图书馆协同创新.数字图书馆发展趋势研究报告[R].2016:002—017.

数字人文环境下公共图书馆包容性发展的契机

路泽武

（上海市宝山区图书馆）

摘要 网络数字化时代的来临，为中国公共图书馆的发展提供了全新的契机，数字人文的应用可以弥补各区域文化发展的短板，为实现所有公民公平获取知识服务提供了可实现的途径，为打破区域间的文化壁垒寻找到了可能的路径，也为促进全社会的共同进步与协同发展创造了文化条件。本文将在基于数字人文发展的大环境下，分析东西部公共图书馆发展的趋势，数字人文环境对各区域公共图书馆发展的联动以及数字人文情景下东西部公共图书馆包容发展策略。

关键词 数字人文；公共图书馆；包容

The Opportunity of Inclusive Development of Public Libraries in Digital Humanities Environment

Lu Zewu

(Shanghai Baoshan Llibrary)

Abstract With the coming of digital network era, it provides a new opportunity for the development of public libraries in China. The application of digital human culture can make up for the shortage of regional culture development so as to provide a realizable way for achieving that all citizens have access to knowledge service fair, for breaking the cultural barriers between different areas and to create the culture conditions for promoting the coordinated development and common progress of the whole society. In the background of digital humanities environment, this paper will analyze the development trend for public libraries, the interaction between digital cultural environment and the development of the regional public libraries as well as comprehensive development strategies for public libraries in east and west areas of China.

Keywords Digital humanities; Public library; Inclusion

数字人文(digital humanities)是伴随着数字化大潮的发展，信息科技与人文科学融合而成的知识类别，其本质特征是人文，表现形态为数字化。目前学界一般将数字人文的源起归之于20世纪40年代文学与语言学领域的“人文计算”，并由意大利学者罗伯特·布萨在其专著中率先将计算机技术引入人文研究。然而，真正掀起数字人文研究热潮的时间还是近二十年，伴随计算机的广泛使用、文献资料的大规模数字化、大数据分析能力的提升，人文学科日益跟数字技术产生更高的黏合，并逐步成长为一门交叉性的研究领域，目前研究的触角已经伸向各学科领域。

在全球的数字人文领域欧美发达国家已经取得了更多的成就，学者考察分析后认为文化遗产和历史档案的数字化保护与开发是数字人文研究的核心命题，同时数字化基础建设和图书馆服务是数字人文生态系统良好运行的保障机制。① 因全球化时代的机遇，中国图书馆的数字人文研究具有国际性、互联性的交流环境，在东部地区具有很好的起点基础，相关的理论研究与实践案例也不胜枚举。如何推动中国公共图书馆地区间差距的缩小，为建设共享包容的全民图书阅读环境，数字人文是目前的发展趋势。

1 中国各区域性公共图书馆发展的趋势

图书馆，尤其是公共图书馆是面向普罗大众的一扇知识窗口，图书馆负责采集知识、获取数据、处理信

---

① 周晨《国际数字人文研究特征与知识结构》，《图书馆论坛》，2017年第4期。

息，为人们提供知识服务。自20世纪80年代以来，中国公共图书馆整体上获得了新的发展机遇。在西部地区，无论公共图书馆的馆内设施、书籍资源、信息设备等硬件方面，还是图书馆的资源利用率、读者到馆率、数字信息的更新频次等方面，都取得了长足的进步。随着数字化阅读时代的来临，图书馆若仅依靠传统的服务方式，只为读者提供纸质阅读材料，已经越来越难以满足读者的阅读需求。

特别是自"十二五"以来，随着国家层面对公共文化服务体系的重视，中国以数字化为代表的图书馆建设进入快速发展期。数字资源基础设施和软件平台建设各区域间都取得了长足发展，网络服务和资源共享都有了显著提高，目前的发展为进一步的数字人文时代图书馆资源的共享、包容发展奠定了坚实的基础。公共图书馆的数字人文趋势是图书馆发展的方向，数字人文依靠网络数据的可扩散性，在时间和空间方面都为平衡各区域间图书馆发展的奠定了基础。

1.1 图书馆发展阶段的不平衡性在缩小

公共图书馆发展的阶段性特征也是区域社会发展的阶段性特征。若具体分析阶段性特征，一方面区域间的差异导致图书馆发展的阶段性。中国东西部社会经济发展的不平衡，导致了各区域公共图书馆建设数量、质量的不平衡。东部区域的图书馆无论是规模、数量，还是馆藏读物、服务读者的能力均已达到一定的水准，西部区域则由于经费匮乏、人才流失，生存与发展的矛盾极为突出。另一方面是社会发展阶段影响着图书馆所处的时代性，公共图书馆在网络化、数字化时代之前服务类型同质化，所提供的服务内容同类化，读者所需服务具有单一性，因此各区域之间的差别主要在于馆藏实体资源多少，因为社会资源的不均衡、经济发展的快慢，东部在图书资源方面明显优于西部。随着数字化时代的来临，西部公共图书馆在数字资源方面的具有了追赶东部的社会性契机。

1.2 图书馆信息的不对称性在逐步弥合

图书馆是全人类信息、知识的存储、传递与传播的重要机构。在前现代化各地区之间的馆藏是相对独立的，信息的传递与互动边际成本过高，每个单一的图书馆在某种意义上就是一座信息孤岛。这种表现在社会经济发展滞后的西部地区尤其突出，西部地区信息的更新落后于东部，知识的发展受到很大的掣肘。随着移动互联网的到来，特别是手机4G的大规模应用，全国乃至全球信息的共享已经成为事实，各区域之间的信息互通变得及时、高效。有效的信息将变成一种知识，管理学家德鲁克指出："个人、组织、产业或国家获取和应用知识的效率，将越来越成为关键的竞争力"。随着信息的凶猛增加，如何甄别各类信息，建设各区域具有特色的资源信息库，并利用本馆的特藏资源和文献信息，为读者提供具有丰富的数字化资源，实现区域间的资源及时高效共享是所有图书馆面临的挑战。

1.3 图书馆发展共识正在达成一致

公共图书馆面临着共同的发展危机与变革契机。近几年，面对信息技术发展的冲击，公共图书馆的读者到馆率在下降、图书借阅量在减少、文献的使用率在下滑，纸质阅读的时代在走下坡路，所有公共图书馆的发展都充满困惑。数年前的《英国国家图书馆2008—2011年战略规划》中就提到："在过去的5个年里，图书馆所发生的改变胜过之前百年的变化，而这些改变，与未来5年的变化相比较会显得九牛一毛"。美国于2011年发布的《21世纪公共图书馆战略愿景》认为，在颠覆性的变革中，很多企业和机构将会以创新的服务模式不断挑战图书馆传统的服务模式。① 发展事实在某种意义上证实了当初的预测，图书的数字化、信息的膨胀度、企业电纸书的大规模应用、手机阅读的占有率都达到前所未有的程度。中国公共图书馆的发展也面临着相似的挑战，面对图书馆信息服务功能的边缘化趋势，各区域图书馆逐步形成忧患意识，尽力应对时代变化。

2 数字人文情景下东西部公共图书馆协同发展策略

面对新的信息流通渠道和全网的知识获得方式，全国公共图书馆必须互相联动、协同发展。目前，中国各地区公共图书馆已经初步建成具有不同层次的数字化图书馆或数字化资料库，这就使得数字人文的研究具有了一定的起点。数字人文在图书馆的发展将对公共图书馆的后续发展带来深远影响，数字人文的发展将会影响图书馆资源整合、信息提供、知识服务的能力。中国东西部区域之间的差异带来的是图书馆发展阶段的不一致，信息化建设的差异性以及人才储备上的悬殊，都对未来的协同发展带来了许多限制性因素。

在发展数字人文的社会要求下，如何促进东西部公共图书馆在数字领域的协同发展，建设全网联通、各

---

① 程娟《图书馆核心竞争力研究》，国家图书馆出版社，2016年，第2页。

具特色的数据网络，进而推动数字人文研究领域的不断深化。需要借助于科技发展的力量、社会资源的鼎力支持、相关学科人才的培养，从基础的数字资源建设、大数据的积累、网络技术的建设到数字人文的研究，需要一系列有步骤的行动。

2.1 依托国家力量，建设海量数字资源

图书馆是国家文化软实力的表征，是国家发展战略的核心要素。国家的社会制度赋予图书馆使命，并为图书馆的发展提供制度性的支持。近40年中国社会的快速发展是中国公共图书馆的建设坚实后盾，正确的文化发展战略为公共图书馆的发展助添动力。国家在公共文化领域相关法律法规的制定为公共图书馆的发展提供了政策依据，2006年提出公共文化服务的概念，目前覆盖全国的公共文化服务网络基本形成。2017年11月，《中华人民共和国公共图书馆法》的颁布是公共图书馆规范化发展的新标志，其中第四十一条规定："国家构建标准统一、互联互通的公共图书馆数字服务网络，支持数字阅读产品开发和数字资源保存技术研究，推动公共图书馆利用数字化、网络化技术向社会公众提供便捷服务。政府设立的公共图书馆应当加强数字资源建设、配备相应的设施设备，建立线上线下相结合的文献信息共享平台，为社会公众提供优质服务。"

目前，中国各地的馆藏资源网络化、数字化已经取得了较大的进步，北京上海等发达地区已经建成大型数据库，已经将新时期生产的全国性文化资源数字化，大部分的古籍资源也实现了数字资源化，但是各地区之间信息的互通和互补并没有完全弥合，各地区之间硬件设备、软件技术之间的差异，资源占有的不均等，文化投资的多寡都影响东西部地区之间文化信息资源的共享。因此，有学者"十三五"期间数字人文建设将会搭建国家公共文化信息服务基础设施云、中国文化资源总库、国家公共文化信息综合服务网络，全力构建公共文化的线上线下一站式服务，努力打通文化惠民最后"一公里"。①

2.2 立足地方特色，构建特色数字资源

公共图书馆是文献信息存储中心、科学教育中心，也是展现国家文化、民族特色的公共空间。现代图书馆的快速发展带来了信息资源的空前丰富，但同时各地由于数字化建设独立完成，资源的重复、同质现象很突出，各地区资源高度雷同化，这同上层建筑的体制有关，但更主要的问题是在公共图书馆在发展过程中各地区简单模仿、缺少创新，对各区域的文化信息没有进行充分的认识和理解。有学者研究了中外公共图书馆门户网站对中国文化的馆藏和资源展示情况，发现中国的网站存在文化核心价值不够凝练、资源检索难度大、资源呈现单一、有价值信息少等问题，而国外则信息资源分类丰富、各有特色、获取便捷等特点。② 该研究中国样本选取为中国国家图书馆、广州图书馆和上海图书馆，代表了中国发展水平较好的公共图书馆，而这些图书馆的数字化建设也是国内走在前沿的，可目前呈现出来的事实是数字资源的类同化，资源的开放获取难度高，特色性数字资源流于表面形式，在数字人文研究方面相互之间的互补性较差。

文化乃天下公器，公共图书馆的建设应立足现实，积极探索，建成富有生机的公共场域，而不应是知识平庸化、意识形态化的场地。目前许多地方都在尝试将公共图书馆建设为"第三空间"，其中图书馆的知识和设计要素要有提升，馆藏资源特色化、数字资源互补性、空间设计新颖化、创新项目多元化等方面仍需拓展。

2.3 基于包容理念，发展泛在化数据服务

目前知识泛在、信息泛滥已成事实，地域间的信息流通实现快速便捷，读者的信息要求是如何以最高效的方式满足个性化的内容。公共图书馆将会利用自身优势，利用网络互通和数字人文的信息平台，构建无所不在的泛在图书馆体系，满足用户的需求，为全民提供信息，实现信息的公平获取、弥合各区域间的信息鸿沟，实现全社会的包容发展。泛在化的数字人文图书馆服务包含了线下的场馆硬件建设和线上的数字人文建设。线下要建成智慧场馆，如具有科技兼容的场馆建设、智能化设备的购置、处理使用数据的馆员储备，因此，在地的实体图书馆仍将是图书馆数字人文发展的基础构件。线上的服务应包括以物联网、云计算、大数据处理等在内的技术要素，在数据支持下，图书馆的数字人文服务将会同读者群体建立动态联系，根据读者的使用习惯，为读者推荐相关的文化图书信息资源。借助于多网融合的场景，读者可以使用移动通信工具不受时空限制来获取知识信息。

文化信息的泛在化发展将会实现中国区域公共图书馆间均衡、公平、包容发展。各区域间发展的不平衡也是信息资源分布的不平衡。中国的贫困人群、弱势人群主要分布在西部地区和乡村地区，这些区域经济发

---

① 魏大威《数字图书馆推广工程"十三五"规划思考》，《图书馆杂志》2015年第6期。

② 徐文哲等《文化自信视角下我国公共数字文化资源国际交流及认同度研究》，《图书馆学研究》，2018年第4期。

展滞后，文化场所较少，文化资源相对缺乏，社会发展的文化储蓄不足，借助于网络化、大数据的数字人文图书馆建设，未来会有更大的发展机遇。

3　小结

公共图书馆的本质在于对知识数据进行采集、分析、处理和传播，而借助于数字化的工具，图书馆的文献服务工作外沿将会跨时空的传递，极大提升图书馆信息传播、共享能力。图书馆作为文献信息的集聚地，也是数字人文研究的合适平台，通过对馆藏重要文献的数字化，为后续的数据处理、文本分析及大数据使用准备条件，也对推进全国图书馆数字人文信息资源的公开、共享奠定基础。

参考文献

[1] 程娟. 图书馆核心竞争力[M]. 国家图书馆出版社. 2016.
[2] 李晓明. 我国数字图书馆发展研究[M]. 国家图书馆出版社. 2014.
[3] 李永钢　等. 图书馆管理与阅读服务创新[M]. 中国纺织出版社. 2017.
[4] 肖珑. 数字图书馆资源建设与服务[M]. 国家图书馆出版社. 2015.
[5] 黄长著　等. 网络环境下图书情报学科与实践的发展趋势[M]. 社会科学文献出版社. 2010.
[6] 吴建中. 21 世纪图书馆新论[M]. 上海科学技术文献出版社. 2016.
[7] 鞠树成，马运来. 我国公共图书馆资源的区域差异分析[J]. 图书馆工作研究. 2010，54(11)：84—87.
[8] 刘梅. 我国公共图书馆建设的区域差异研究[J]. 图书馆工作研究. 2009，19(25)：3—5.
[9] 刘金亚，张文亮. 我国公共图书馆移动数字资源建设现状及对策研究(J). 图书馆研究. 2018，48(1)：51—55.

从人文到数字人文,公共图书馆脚下路在何方

王天琪
(国家图书馆)

摘要 从纸质资料到数字资料,从质性研究到多角度立体化研究,人文研究走到数字人文研究改变的不仅仅是文献资料的形式和体裁,还有研究方法、角度和视野等等。同时公共图书馆由传统图书馆过渡到数字图书馆的这一历程与之似乎也有些不谋而合。本文从现阶段公共图书馆在数字人文研究的方面的优势与不足、可开发的数字人文服务的类型及在数字人文研究中扮演的角色等几方面,分析探讨在数字人文的大潮中公共图书馆如何进行高效资源配置,在服务科研工作的同时提升研究水平。

关键词 数字人文;公共图书馆;资源配置;服务开发

From Humanities to Digital Humanities, Where is the Road of Public Libraries

Wang Tianqi
(National Library of China)

Abstract From paper material to digital data, from qualitative research to multi angle stereoscopic research, the course form Humanities to Digital humanities has a lot of changes such as the form and genre of information, the methods, analytical angles and horizons of the research. Also the course of the transition from the traditional library to the digital library is partly the same as that of the Digital Humanities. This paper explore the advantages and disadvantages of the public library in the research of Digital Humanities, the types of digital humanistic services that can be developed by public libraries and the roles played in the study of Digital Humanities. And then analyzes and discusses how the public library to efficiently distribute resources in the tide of digital humanism, and how to Improving Scientific research level at the same time in service.

Keywords Digital Humanities; Public library; Resource allocation; Service development

1 数字人文与图书馆

1.1 数字人文与人文学科的发展

传统的人文学科历来以质性研究为主要特点,数字科技的注入让人文学科研究有了新的工具和视角。如何定义数字人文目前尚有不同呼声。再者,数字人文是否应该包含人文社科领域也有待商定。目前从发表的现有观点上看,笔者更倾向于美国伊利诺伊州立大学教授 John Unsworth 的观点①,即"数字人文的主要范畴是改变人文知识的发现、标注、比较、引用、取样、阐释与呈现,实现人文研究与教学的升级和创新发展。"从 20 世纪 40 年代末数字人文的前身人文计算机的出现,时至今日大量数字人文研究中心兴起、项目的层出不穷,数字人文显然已经成为科技研究领域的新兴议题。虽然目前国内对于数字人文的研究还仅限于部分高校及科研机构对于地理、历史学等几方面的尝试与应用,但欧美等地区已经开始了丰富的实践,并建立了上百个数字人文相关的机构、项目及团队。国内也逐步将目光投向了数字人文领域并累积举办了几千场研讨及工作交流会。研究机构的兴起、研究领域的发展、新科技手段的应用将人文学科研究推向了一个拥有新方法、拓展新视角及创建新的研究与展示方式的新局面。

---

① 朱本军,聂华. 跨界与融合:全球视野下的数字人文[J]. 大学图书馆学报. 2016(5)

1.2 数字公共图书馆与数字人文

数字科技改变推动的不仅仅是学术研究的领域更多的是大众的生活方式，随着碎片化阅读时代的来临，公共图书馆或主动或被动的纷纷加入到了向数字图书馆转型或打造数字图书馆的浪潮之中。与人文学科研究领域相似，数字科技改变了公共图书馆的文献资源建设方式和大众阅读需求与体验。无论是从资源载体还是文献保留，抑或是信息揭示和传播方式，数字科技都丰富了公共图书馆的内涵。

数字公共图书馆与数字人文研究的碰撞与交融并非偶然。数字人文研究相对于传统的人文研究提出了更多的需求，而公共图书馆向数字图书馆的过渡中很多工作恰恰与这些需求不谋而合。目前关于公共图书馆与数字人文碰撞交融关系接受最广泛的理论是 Sula 基于文化信息学框架绘制的数字人文/图书馆合作关系模型。简单地说，以数字人文最基础的两个点作为竖向划分的两端，以第一、二级内容作为横向坐标轴划分的两端，将交融碰撞的需求和可实践范围划分，包含了资源的数字化、特色馆藏发展、文本分析挖掘、元数据整合及专业技术咨询等诸多活动，下文中会对此有相关阐述，在此不一一分析。

2 数字人文研究浪潮与公共图书馆

2.1 数字人文与公共图书馆的三轴

人文学科研究＋数字科学技术方法将人文学科由一条研究的主线变成了一张铺开数字人文的网面；人文学科研究＋图书馆(机构)则让人文研究更加立体发展形成相应的项目团队、机构中心等等；图书馆(机构)＋数字科学技术方法则形成了数字图书馆、数字机构中心等数字信息资源中心。当人文学科遇上数字科学并加入了图书馆(机构)的参与，则形成了一个立体的有机可持续延伸的三维发展研究框架。

如果以数字(科技)、人文学科(研究)和图书馆(机构)分别为轴，将图书馆、人文学科和数字科技有机结合，我们可以更加立体全面的分析图书馆与数字人文的关系，如图 1。

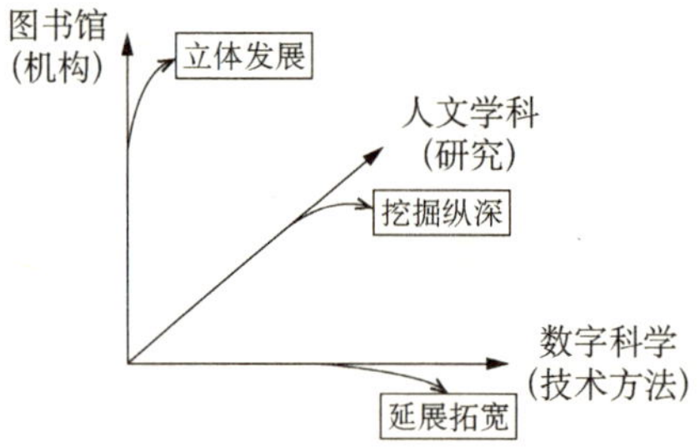

图 1　图书馆、人文科学、数字科学立体延展图

在由这三个立体轴构成的三维立体空间里，每个轴线上的任意一点链接都会形成不同侧重风格的数字人文研究意向。通常情况下数字科学技术方法占比多少一定程度上决定可延展拓宽的领域、方法或视角等；人文学科占比则在整个机结合的中代表着在人文专业方向上的挖掘深度；图书馆(机构)的参与程度则决定着数字人文研究的多方位立体发展的趋势。随着数字人文研究在三个方面不同程度的侧重和取点，与之相对应的则将会形成风格特色鲜明的个性化数字人文立体研究领域。

在实践过程中同样可以用这三个轴线来划分，可以清晰地看到每两个轴线组成的区域均有可共享或共同推动的实践内容。具体内容见图 2。

以人文研究和图书馆为特点的共建共享区域范围内包含着：特色馆藏建设、专题资料、标引分类、参考咨询、开放获取等；在以数字和图书馆为特点的共建共享区域范围则包含：数据库、数字化资料、元数据、大数据分析、数据挖掘/分析等；在以数字和人文为特点的共建共享区域范围内包含着：数字化手段专题研究、多维尺度方法、文本分析及立体结果呈现等。上述这些共建共享范畴将会随着人文领域的挖掘、数字技术发展和图书馆等机构的参与而不断地增加扩展。

2.2 公共图书馆在数字人文浪潮中的定位

根据公共图书馆本身的情况和特色，在参与数字人文研究中可以根据自身规划扮演不同角色，笔者认为可大致划分为以下三个层级。

图书馆的第三层级定位为：①社会关系及资源的链接桥梁；②大众参与、交流共享和开放获取的平台。第

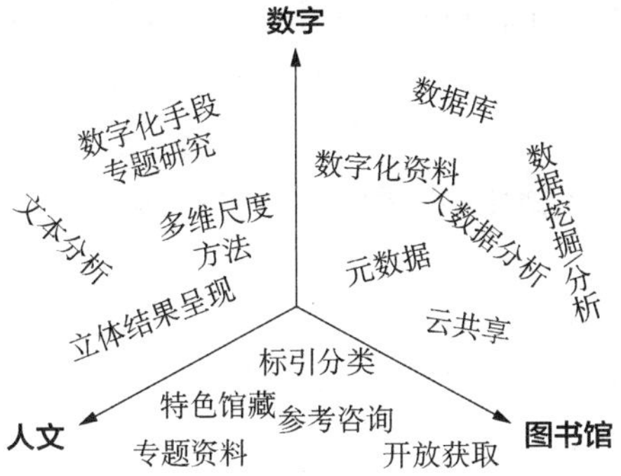

图 2　图书馆、人文、数字领域共建共享图

二层级定位为：①数字人文研究领域的直接的资源库；②数字人文研究参与的合作伙伴。第一层级定位为：①打造数字人文领域特色、创新研究；②组织引导，宣传推动数字人文研究并规范合理的数字人文研究框架。

具体实践中，图书馆第三层级定位的主要任务为：①识别具体数字人文研究过程项目研究方的主要需求，并且能够与相关的社会资源（包括图书馆内部本身）进行有效沟通，成为研究方与资源方进行有效交流的桥梁；②相关数字人文研究及提供交流共享的机会和平台；为大众参与了解数字人文研究提供参与机会。要求为：①具有可获得的资源及平台；能够准确识别理解具体研究需求；可进行有效的交流沟通及资源配置。②对数字人文研究有一定的了解，与众多数字人文研究团体和项目建立互动与联系，适度把握保存项目资料及开放获取的程度。

图书馆的第二层级定位主要任务为：建设并拥有丰富的研究数据及资源，加深对数字人文研究领域有的专业知识，有意向并积极地参与数字人文领域项目研究。要求为：拥有或积极建立成熟科学的数据框架和资源库，能够提供部分专题数据分类，能够提供数字人文研究领域的参考咨询服务，有数字人文领域相关专业人才。

图书馆的第一层级定位的主要任务为：主持、主导或开创特色鲜明的数字人文研究范畴；组织、引导、宣传数字人文研究，承担部分人文数字研究领域的推动的责任，倡导建立规范合理的数字人文研究框架及标准。要求为：拥有专业或独立的数字人文研究机构、团队或相关组织；有丰富的资源储备、人才储备及资金支持，在数字人文研究领域有丰富的理论及实践经验，对数字人文研究有独到的见解。

2.3　公共图书馆在发展数字人文研究中扮演的角色

赞同者（适应者）：对数字人文研究发展趋势在表示认同的基础上，有偿/无偿共享部分数字人文研究所需的数据及研究资料，建立良好的科研环境提供能力范围内的科研服务。

参与者（追随者）：主动寻求与相关机构/项目积极合作，参与数字人文课题、项目及相关科研研究并承担部分科研任务。

服务者（专业辅佐者）：为数字人文项目或机构提供、培养、输送专业人才，提供初级数据的分类筛选等服务，参与服务科研并能够提供部分建议。

创新者（开拓者）：根据图书馆特点及综合能力，主持或开发人文数字领域研究，并进行合理的开拓创新，设立数字人文研究的相关岗位及机构。

在数字人文发展过程中，对于图书馆，自身综合能力和定位决定了其在这场科研浪潮中扮演什么样的角色，定位和角色又进一步决定了图书馆在数字人文研究领域将要努力和前进的方向。在既定的大方向下面对不同的项目研究，赞同者、参与者、服务者及创新者的角色并非单一固定，图书馆会根据自身情况会有所选择侧重或者同时承担多重角色。

2.4　公共图书馆在数字研究领域的优劣势

用 SWOT 分析法划分一下公共图书馆在数字浪潮中的优劣势，可以简要归纳如下。优势：①海量数据及资源，包括大量规范的元数据建设和储备；②大量人才队伍和社会资源，包括学科馆员、数据挖掘、信息分析等。劣势：①缺乏数字人文领域相关经验；②数字人文领域专业知识及研究素质有待进一步提高。机会：①国内数字人文研究领域刚刚起步，包容接纳程度高；②数字人文领域研究在国内持续受到关注与支持。威胁：①来自社会及研究机构的质疑与竞争；②无成熟的研究范式及经验带来的各种后果与影响。

对于公共图书馆在数字研究领域中的优劣势分析并非仅为展示,而是为其策略决策提供现实依据。对于图书馆来说,是扬长避短、强调优势资源成为专长某一领域的特色服务及研究,还是弥补现有不足、规避风险,制定平稳综合的数字人文研究发展策略,均需结合分析结果和当下情况,综合考量,规划分析,思而后定。

3 公共图书馆可开发的数字人文服务类型

3.1 数据资源参考咨询服务意向

数据资源是公共图书馆最丰富的财产也是参与到数字人文研究和服务中重要的优势。按照可提供的数据资源参考咨询情况可简单划分为以下几个层级,详见图 3。

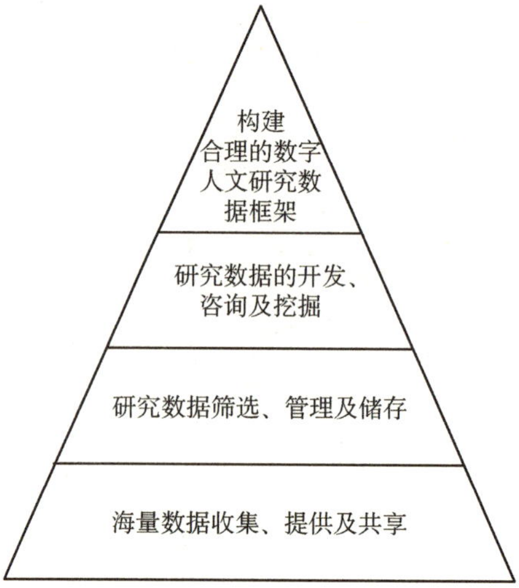

图 3 数据资源服务分类层级图

数据资源参考咨询服务意向的第四层:为数字人文研究提供数据收集、提供及共享服务;第三层:根据数字人文研究需求提供初步的数据筛选分类,为数字人文研究提供数据管理及存储服务;第二层:有效识别数字人文项目研究需求,有针对性地提供研究数据的开发、咨询建议及根据需求进行进一步数据挖掘;最顶层图书馆可为数字人文研究领域提供的数据参考咨询服务为:构建合理的数字人文研究的数据框架。面对不同的研究需求结合图书馆本身的综合数据素质可酌情选择提供某一或几个层级的服务。

3.2 人力资源服务意向

图书馆在数字人文研究领域可提供的最大的人力资源优势可主要分为以下几个意向:一是提供信息分析及数据挖掘方向的专业人才;二是提供培训,为数字人文研究培训定向专业人才;三是根据馆内的专业人才发展情况为数字人文研究输入部分人力(如相关专业的学科馆员、资源协调者等)及提供劳务服务。

3.3 研究成果保存交流服务意向

根据 Stewart Varner 等① 2016 年对 339 家图书馆的调研结果显示,约 97%的图书馆认为数字人文材料和项目成果应该保存在图书馆。这与图书馆天然的收藏保存职能相关。虽然部分数字研究机构和项目团队等拥有不同的意见,但是相对于生命周期可能较短的其他机构,从有利于数字人文研究领域长久的发展和学术交流等方面来看,图书馆能够提供更加安全、长久的研究结果及资料保存,便于后续交流和发展。

3.4 辅助数字人文研究项目结果验收服务及展示

图书馆可根据自身特点及能力,适当为数字人文研究领域提供辅助结果验收及展示服务。一方面图书馆拥有众多社会资源和专业人才,可以为成功验收提供相关的专业服务,另一方面图书馆拥有众多读者资源和广泛的社会关注度,因此作为数字人文研究成果展示分享机构是十分利于推动数字人文领域的宣传发展,

① Stewart Varner, Patricia Hswe. Specail Report: Digital Humanities in libraries [R/OL]. [2016 - 05 - 20]. http://americ anlibraiesmagazine. org/2016/01/04/special-report-digital-humanities-libraries/

拓宽数字人文的认知程度及受众接触面。

4 公共图书馆基于自身情况对数字人文研究的探索

面对数字人文席卷而来的科研浪潮，公共图书馆或主动参与或提供第三方服务或者静观其变，不同态度下衍生的结果亦不相同。笔者认为，数字人文研究浪潮对于新时代公共图书馆发展来说既是一个拓宽专业服务、提升特色科研业务能力的好机会，又是一个考验图书馆资源开发利用和自身科研应变能力的挑战。

图书馆一方面可以在探索参与数字人文研究的过程中寻找在科研过程中高效的资源配置及服务模式，另一方面亦可在服务研究过程中吸取经验，探索合理规范的研究框架，并逐步提升馆员的科研水平。

参考文献

[1] 肖奕. 图书馆支持数字人文研究进展[J]. 图书馆论坛. 2018(4)：25—30.
[2] 朱娜. 数字人文的兴起及图书馆的角色[J]. 图书馆. 2016(12)：17—22.
[3] 黄钰新，王远智. 嵌入数字人文过程的图书馆科研数据服务研究[J]. 信息服务. 2017(6)：84—89.
[4] 冯晴，陈惠兰. 国外图书馆参与数字人文研究评述[J]. 图书馆杂志. 2016(2)：14—19.
[5] 熊莉君，张福阳，张灿. 图书馆在数字人文领域的传播功能与服务研究[J]. 图书馆. 2016(2)：88—93.
[6] 刘琼等. 大数据时代：人文研究前沿与探索[J]. 图书馆论坛. 2018(3)：37—45.
[7] 朱本军，聂华. 跨界与融合：全球视野下的数字人文[J]. 大学图书馆学报. 2016(5)：16—21
[8] STEWART VARNER, PATRICIAHSWE. SpecailReport：DigitalHumanities in libraries [R/OL]. [2016 - 05 - 20]. http://americanlibraiesmagazine. org/2016/01/04/special-report-digital-humanities-libraries/

公共图书馆流通架位利用的线性回归分析
——以上海图书馆为例

郑贤琳
（上海图书馆）

摘要 本文分析了上海图书馆120多万条中文图书外借数据，根据中图法22个大类图书的流通架位情况将它们分成"小众大类"和"大众大类"。同时，分别对其采用相关分析和线性回归分析方法研究单位架位的理论容纳量和外借人数对单位架位外借量的影响显著情况，分析造成差异的主要原因，为合理配置公共图书馆流通架位，提高其利用率，有效降低拒借率提供有效方法。

关键词 流通；公共图书馆；架位；相关分析；线性回归

Linear Regression Analysis on the Utilization of Bookshelves in Public Library
——Taking Shanghai Library as an Example

Zheng Xianlin
(Shanghai Library)

Abstract This paper analyzed about 1 200 000 lending data of Chinese books in Shanghai Library. Based on the bookshelves data, 22 categories have been divided into two types: niche category and mass category. Meanwhile, with the help of correlation analysis and regression analysis, this paper studied the impact of the unit bookshelf capacity and the unit bookshelves readership on the unit bookshelf circulation. The results will help to better distribute the book shelves, improve the utilization rate of the bookshelves and reduce the percentage of book refusing.

Keywords Library lending; Public library; Bookshelves; Correlation analysis; Linear regression

随着电子阅读的日益发展，公共图书馆的纸质图书借阅量受到了一定程度的影响，以上海图书馆中文书刊外借室的成人中文图书为例，2017年年外借量（含到馆续借和网上续借）约为139万，比2016年下降了5%左右。外借量下降了，馆藏量仍随着新书采购在上升，因此在流通架位数量不变的情况下，书架容易出现涨架、滞架的情况，需要及时进行调整。

1 流通架位基本情况

上海图书馆中文书刊外借室对外提供中图法22个大类的文献资料开架借阅服务，内有架位4196格（文献的占用架位量以占用格数来表示，室内有两种规格书架，一种为1列6格，另一种为1列7格）。本文统计了外借室所有大类的馆藏、外借、读者和流通架位数据，分别计算了各大类的外借量占比（简称"外借比"）、馆藏量占比（简称"馆藏比"）、架位量占比（简称"架位比"）和外借人数占比（简称"人数比"），具体数据见表1。

表1 各大类架位相关数据统计

大类	A	B	C	D	E	F	G	H
架位比（%）	0.26	7.24	2.17	7.01	1.00	14.85	5.82	3.00
外借比（%）	0.15	5.43	1.68	2.39	0.72	11.09	4.42	4.79
馆藏比（%）	0.24	6.54	2.17	4.79	0.90	13.07	5.05	4.12

续 表

大类	A	B	C	D	E	F	G	H
人数比(%)	0.29	7.81	3.25	2.99	0.97	10.59	5.60	6.41
大类	I	J	K	N	O	P	Q	R
架位比(%)	23.52	3.38	9.58	0.26	0.60	0.41	0.45	7.15
外借比(%)	31.05	4.89	11.51	0.20	1.01	0.35	0.45	4.86
馆藏比(%)	25.73	4.10	9.67	0.23	0.84	0.39	0.45	5.97
人数比(%)	21.69	5.64	12.40	0.44	1.38	0.80	0.82	4.71
大类	S	T	U	V	X	Z		
架位比(%)	0.57	11.11	0.55	0.12	0.29	0.67		
外借比(%)	0.48	13.49	0.31	0.08	0.11	0.55		
馆藏比(%)	0.60	13.71	0.52	0.09	0.26	0.56		
人数比(%)	0.66	11.57	0.46	0.13	0.23	1.15		

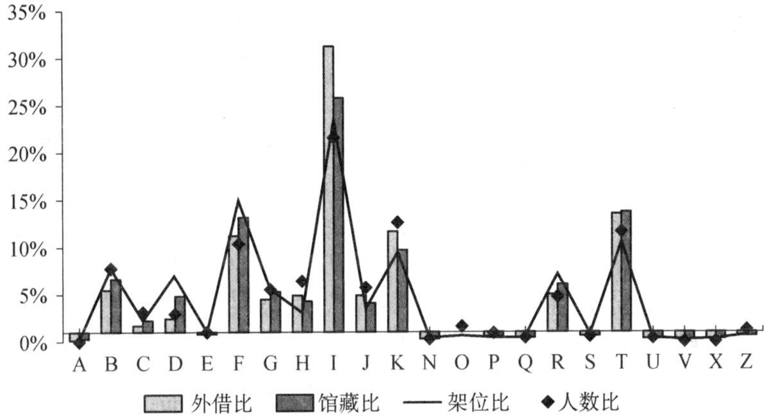

图 1　各大类外借比、馆藏比、架位比和人数比

从图 1 可知，A、E、N、O、P、Q、S、U、V、X、Z 这 11 个大类的架位比、外借比、馆藏比和人数比基本上都在 1%以下，表明这些大类的架位量、外借量、馆藏量和外借人数都较少，本文将这些大类称为“小众大类”；而 B、C、D、F、G、H、I、J、K、R、T 这 11 个大类的架位比、外借比、馆藏比和人数比都远大于 1%，表明这些大类的架位量、外借量、馆藏量和外借人数都较多，本文将这些大类称为“大众大类”。

2　架位利用线性回归分析

2.1　回归变量与数学模型

不同大类图书的馆藏量受新书采购比例以及出版量的影响比较大，在倒架时通常根据当前馆藏量的数据来测算各类图书所需要的架位量，因此在分析各自架位的利用状况时，单位架位的外借量、馆藏量和外借人数数据相对更为合理客观。本文选择单位架位外借量作为衡量指标，以各大类的单位架位的理论容纳量和外借人数为自变量，选择 Pearson 相关系数来揭示变量两两之间的相关程度，通过它们之间的最优线性组合对因变量单位架位外借量进行预测或估计，建立如下单位架位外借量的二元回归模型：$Y_i = \beta_0 + \beta_1 X_{i1} + \beta_2 X_{i2}$，其中自变量 X_1 表示单位架位理论容纳量，X_1 = 馆藏文献量/所占架位数量；X_2 表示单位架位外借人数，X_2 = 年外借文献人数/文献所占架位数量；因变量 Y 表示单位架位外借量，Y = 年文献外借量/所占架位数量。

利用 SPSS 统计软件分别对“小众大类”和“大众大类”单位架位相关数据进行相关分析和线性回归

分析。

2.2 “小众大类”单位架位外借量的回归分析

(1) 建立回归方程

“小众大类”的单位架位外借量、单位架位理论容纳量和单位架位外借人数的数据见表 2。其变量间的 Pearson 相关分析结果见表 3。

表 2 “小众大类”单位架位相关数据统计

小众大类	单位架位外借量(册)	单位架位理论容纳量(册)	单位架位外借人数(人)
V	196.6	58.0	50.6
A	173.0	71.1	50.2
N	233.5	68.5	75.6
X	118.8	70.3	36.2
P	262.2	72.6	88.8
Q	301.5	75.7	81.6
U	169.7	72.9	37.4
S	250.7	79.7	51.9
O	508.9	107.3	103.6
Z	248.7	63.8	77.1
E	216.6	68.8	43.6

表 3 相关分析结果

		单位架位外借量	单位架位理论容纳量	单位架位外借人数
单位架位外借量	Pearson 相关性	1	.828**	.839**
	显著性(双侧)		.002	.001
	N	11	11	11
单位架位理论容纳量	Pearson 相关性	.828**	1	.535
	显著性(双侧)	.002		.090
	N	11	11	11
单位架位外借人数	Pearson 相关性	.839**	.535	1
	显著性(双侧)	.001	.090	
	N	11	11	11

**. 在 0.01 水平(双侧)上显著相关

从表 3 可知,“小众大类”的单位架位理论容纳量和单位架位外借人数均与单位架位外借量呈显著正相关,相关系数都约为 0.8。对以上三个变量做线性回归分析,得到方程的系数矩阵表,见表 4。

表 4 各参数估计及检验结果

变量名称	参数估计	标准误差	t-统计量	p-值
截距项	−227.957	65.555	−3.477	0.008
理论容纳量(X_1)	4.294	1.040	4.129	0.003
外借人数(X_2)	2.463	0.574	4.292	0.003

自变量 X_1 的 p-值小于显著性水平 0.01,说明其与因变量 Y 之间存在显著的线性关系,其系数估计为 4.294,即在单位架位外借人数不变的情况下,单位架位理论容纳量每增加一个单位,其外借量增加 4.294 个单位;自变量 X_2 的 p-值小于显著性水平 0.01,说明其与因变量 Y 之间也存在显著的线性关系,其系数估计为 2.463,即在单位架位理论容纳量不变的情况下,单位架位外借人数每增加一个单位,其外借量增加 2.463 个单位;截距项的 p-值小于显著性水平 0.01,也保留在回归方程中,因此回归方程为: $Y = -227.957 + 4.294X_1 + 2.463X_2$

(2) 结果分析

将相关数值代入方程,可以得出各大类图书单位架位外借量的预测值,将实际数值与预测值进行比较,计算出偏差率,见表 5。

表 5 单位架位外借量的预测与比较

大类	实际单位架位外借量(册)	预测单位架位外借量(册)	偏差率(%)
X	118.8	162.8	−37.1
A	173.0	200.9	−16.1
P	262.2	302.6	−15.4
N	233.5	252.3	−8.1
U	169.7	177.0	−4.4
Q	301.5	298.1	1.1
S	250.7	241.9	3.5
O	508.9	488.0	4.1
Z	248.7	235.8	5.2
E	216.6	174.8	19.3
V	196.6	145.7	25.9

X、A 和 P 大类的负偏差率的绝对值大于 10%,说明目前实际的架位利用状况较为不理想。其中,X 和 A 大类图书的馆藏比要远大于外借比,尤其是 X 大类的馆藏比是外借比的 2.33 倍,这说明其中有近一半的图书在过去的一年中没有被外借过,建议对这两类图书中的零借阅图书进行下架;结合 X 和 A 大类架位比和馆藏比几乎持平的情况,建议在减少馆藏量的同时减少其架位量。P 大类图书的馆藏比和外借比接近 1∶1,而人数比是外借比的 2.27 倍,说明架位利用状况不理想的原因是虽然外借人数较多但每个人对 P 大类图书的平均外借量要远少于其他大类图书,这表明 P 大类的读者群缺乏持续性或大类本身的馆藏结构无法满足读者需求,建议调整 P 大类图书馆藏结构,增加热门书复本。

E 和 V 大类的正偏差率大于 10%,说明目前实际的架位利用状况超出预期,建议同时增加馆藏和架位量,以更好满足读者的借阅需求。其余大类的偏差率绝对值在 10%以内,可以维持目前的架位分配。

2.3 "大众大类"单位架位外借量的回归分析

(1) 建立回归方程

"大众大类"的单位架位外借量、单位架位理论容纳量和单位架位外借人数的数据见表 6。其变量间的 Pearson 相关分析结果见表 7。

表 6 "大众大类"单位架位相关数据统计

大众大类	单位架位外借量(册)	单位架位理论容纳量(册)	单位架位外借人数(人)
C	233.9	76.5	67.3
H	480.4	104.8	95.8
J	435.5	92.6	74.9

续　表

大众大类	单位架位外借量(册)	单位架位理论容纳量(册)	单位架位外借人数(人)
G	229.0	66.3	43.3
D	102.9	52.3	19.1
R	204.8	63.9	29.5
B	225.7	69.0	48.4
K	362.0	77.2	58.1
T	366.2	94.4	46.8
F	225.2	67.3	32.0
I	397.8	83.6	41.4

表 7　相关分析结果

		单位架位外借量	单位架位理论容纳量	单位架位外借人数
单位架位外借量	Pearson 相关性	1	.944**	.769**
	显著性(双侧)		.000	.006
	N	11	11	11
单位架位理论容纳量	Pearson 相关性	.944**	1	.822**
	显著性(双侧)	.000		.002
	N	11	11	11
单位架位外借人数	Pearson 相关性	.769**	.822**	1
	显著性(双侧)	.006	.002	
	N	11	11	11

* *. 在 0.01 水平(双侧)上显著相关

从表 6 可知，“大众大类”的单位架位理论容纳量和单位架位外借人数均与单位架位外借量呈显著正相关，且单位架位理论容纳量和单位架位外借人数也有正相关关系，相关系数为 0.822。对以上三个变量做线性回归分析，得到方程的系数矩阵表，见表 8。

表 8　参数估计及检验结果

变量名称	参数估计	标准误差	t-统计量	p-值
截距项	−255.034	81.531	−3.128	0.014
理论容纳量(X_1)	7.234	1.549	4.671	0.002
外借人数(X_2)	−0.116	1.088	−0.107	0.917

自变量 X_2 的 p-值大于显著性水平 0.05，即 X_2 的回归系数检验不显著，结合多重共线性诊断结果：特征根约为 0(为 0.008)且条件指数大于 10(为 19)，可能存在多重共线性，故将自变量 X_2 从回归方程中剔除，重新对 Y 和 X_1 做线性回归分析，结果见表 9。

表 9　参数估计及检验结果

变量名称	参数估计	标准误差	t-统计量	p-值
截距项	−250.418	65.273	−3.836	0.004
理论容纳量(X_1)	7.098	0.832	8.535	<0.001

自变量 X_1 的 p-值小于显著性水平 0.001,说明其与因变量 Y 之间存在显著的线性关系,其系数估计为 7.098,即在单位架位外借人数不变的情况下,单位架位理论容纳量每增加一个单位,其外借量增加 7.098 个单位;截距项的 p-值小于显著性水平 0.01,也保留在回归方程中,因此回归方程为: $Y = -250.418 + 7.098X_1$

(2) 结果分析

将相关数值代入方程,可以得出各大类图书单位架位外借量的预测值,将实际数值与预测值进行比较,计算出偏差率,见表 10。

表 10 单位架位外借量的预测与比较

大类	实际单位架位外借量(册)	预测单位架位外借量(册)	偏差率(%)
C	233.9	292.696	−25.1
D	102.9	120.512 9	−17.1
T	366.2	419.627 1	−14.6
B	225.7	239.577 5	−6.1
H	480.4	493.632 7	−2.8
F	225.2	227.176	−0.9
R	204.8	202.789 3	1.0
G	229.0	220.406 3	3.7
J	435.5	406.596 9	6.6
I	397.8	343.030 9	13.8
K	362.0	297.487 6	17.8

C、D 和 T 大类的负偏差率的绝对值大于 10%,说明目前实际的架位利用状况较为不理想。"大众大类"的单位架位外借量预测仅和馆藏量有关,实际单位架位外借量远小于预测值,表明该些大类单位架位上平均每册图书外借次数低于"大众大类"的平均水平。其中,C 和 D 大类图书的馆藏比就大于外借比,尤其是 D 大类图书馆藏比是外借比的 2 倍,这说明该大类图书中低借阅或零借阅图书占比较大,建议对这两类图书中的零借阅图书进行下架,结合 C 和 D 大类架位比和馆藏比几乎持平的情况,建议在减少馆藏量的同时减少其架位量。T 大类中,占 T 大类近 50%的 TP 计算机技术相关图书更新速度较快,软件或硬件的更新换代直接影响到之前出版物的借阅情况,结合其架位比小于馆藏比的情况,建议在下架出版年份较早的图书的同时,适当根据新书量增加架位量。

I 和 K 大类的正偏差率大于 10%,说明目前实际的架位利用状况超出预期,可以适当地增加架位或设立主题专架,以更好满足读者的借阅需求。其余大类的偏差率绝对值在 10%以内,可以维持目前的架位分配。

3 结语

本文针对公共图书馆流通架位利用问题,运用相关分析和回归分析,找出不同类型大类单位架位流通和馆藏数据之间的线性回归模型,以便直观反映影响因素对架位利用的影响程度,为较合理地分配架位、提升流通量献计献策。同时,也期望本文能够为提高书刊流通部门的科学管理和促进采访部门对流通图书配置的研究提供借鉴。

参考文献

[1] 周德明,林琳,唐良铁.公共图书馆转型发展的思考与实践:以上海图书馆为例[J].图书馆杂志,2014(10):4—12.
[2] 严永康.馆藏文献架位测算中的统计应用策略[J].图书馆建设,2008(9):111—112.

基于公费定向师范生信息需求的图书馆信息化服务

徐　琳

（湖南城市学院）

摘要　调查公费定向师范生的信息环境、信息素养和信息需求等情况，目的在于了解他们的信息获取利用情况和信息行为特征，从而有针对性的采取措施为其提供信息服务。选取湖南城市学院2017届319名公费定向师范生作为调查对象，通过调查问卷对其信息需求和信息行为进行调查分析。通过对调查结果进行分析，建议从优化信息环境、加强信息素质教育、引导信息行为、提供个性化信息服务等方面着手培养公费定向师范生的信息意识、提升其信息能力，提高他们的信息素养。

关键词　公费定向师范生；信息需求；图书馆；信息服务

Information Service of Library Based on the Information Demand of Public Oriented Normal Students

Xu Lin

(Hunan City University)

Abstract　The purpose to investigate the information environment, information literacy and information needs of public oriented normal students is to understand their information acquisition and utilization and information behavior characteristics, so as to take targeted measures to provide information services for them. 319 public oriented normal students in Hunan City University were selected to investigate their information needs and information behaviors through questionnaires. Through the analysis of the results of the survey, it is suggested that information awareness, information ability and information literacy of public oriented normal university students should be trained from optimizing information environment, strengthening information literacy education, guiding information behavior, and providing personalized information services.

Keywords　Public oriented normal students; Information demand; Library; Information service

1　引言

2017年益阳市初中起点本科层次农村小学教师定向培养项目首批招生计划320名，招生专业4个：汉语言文学、数学与应用数学、英语、计算机科学与技术。实际招录319名，新生已于9月9日全部在湖南城市学院教师教育学院报到入学，目前招收的公费定向师范生正处于中职教育阶段。跟普通大学生比较，公费定向师范生是高校的特殊群体，他们是未来的教师，担负着未来的教育任务。信息技术的发展与人类文明进程的日益加快，迫切需要这些学生有丰富的信息知识、较强的信息意识和信息技能。图书馆作为公费定向师范生的信息中心，只有充分研究和了解公费定向师范生的信息需求和信息行为特点，才能积极引导、开发公费定向师范生的信息需求，才能全方位了解其信息需求满足的方式，才能为公费定向师范生提供及时、动态、多元化、开放的信息服务，最大限度地满足其对信息的需求。

2　调查对象与调查指标

2.1　调查对象

要培养公费定向师范生的信息素养，提高其获取知识信息的能力，就必须对他们的信息需求有所了解。2017年11月1日—2017年11月5日，笔者选取了湖南城市学院教师教育学院的六个公费定向师范生班级，在每个班级中随机挑选 50 个学生进行问卷调查，共发放问卷 300 份，回收问卷 280 份，问卷回收率为 93%。本次调查对象都是 2017 届公费定向师范生，因此调查对象具有一定的代表性。

2.2 调查指标

笔者结合公费定向师范生师范教育的特点，设计了以“公费定向师范生信息需求调查”为名的调查问卷。问卷共分为四个部分，第一部分着重于调查公费定向师范生的基本信息，主要包括公费定向师范生的年龄、性别情况。第二部分着重于调查公费定向师范生的信息素养，主要包括其信息意识、信息知识、信息技能方面的情况。第三部分着重于调查公费定向师范生所处的信息环境。第四部分着重于调查公费定向师范生的信息需求，主要包括信息需求的内容、信息需求的目的和信息需求的满足程度。

在设计调查问卷的过程中，笔者参考了相关调查研究的调查问卷，同时还咨询了湖南城市学院教师教育学院师范教育专业的老师以及湖南城市学院逸夫图书馆馆长等专家。

3 调查结果与分析

3.1 被调查公费定向师范生基本信息情况

目前，处于中职教育阶段的公费定向师范生大多是 15 周岁，较小的 14 周岁，较大的 16 周岁，这些学生虽然同处同一个年级，但是还是存在一定的年龄差距。如表 1 所示，公费定向师范生年龄以 15 岁为主，占 62%，其他的 14 岁和 16 岁的学生也占了共 21%和 17%。通过调查统计发现，处于不同年龄阶段的学生有不同的信息需求和信息行为，后续部分将对此进行进一步说明。

表 1 被调查公费定向师范生年龄、性别情况

项目	类别	样本数	百分比(%)
年龄	14 周岁	63	21%
	15 周岁	185	62%
	16 周岁	52	17%
性别	男	145	48%
	女	155	52%

2017 年益阳市初中起点本科层次农村小学教师定向培养项目招收的 319 名学生当中，有 145 名男生，174 名女生，由于性别差异，男生和女生的信息需求和信息行为存在一定的差异。通过统计公费定向师范生的性别和对相关问题进行分析有利于有针对性的对其实施信息素质教育。由表 1 可知，所选择的公费定向师范生男生女生比例基本持平，这样有助于分析男女生之间的信息需求与信息行为区别。

3.2 被调查公费定向师范生信息素养情况

1974 年，信息产业协会主席保罗·泽考斯在美国提出了信息素养的概念。1989 年，美国图书馆学会提出信息素养包括信息知识、信息意识和信息技能三个层面。

信息知识又被称为信息文化素养，具体是指与信息有关的一切理论和方法。公费定向师范生的信息文化素养主要包括信息文化基本知识、信息法律法规知识、信息工具使用知识等。作为信息素养的基础，信息知识对于教师来说非常重要，只有具备一定的信息理论和方法，才能更好地提升自己的信息能力，开展现代教育教学实践活动。调查显示，18%的公费定向师范生认为自己信息理论和信息方法掌握情况好，46%的公费定向师范生认为自己信息理论和信息方法掌握情况一般，36%的公费定向师范生认为自己信息理论和信息方法掌握情况差。

作为信息素养的重要组成部分，信息意识是个体对客观存在的信息和信息活动能动的反映，主要表现为对信息积极的内在需求和对信息敏锐的感受力、观察力以及创造力。公费定向师范生的信息意识是指学生能捕捉到有用的信息、辨别其真伪、发现其隐含的价值意义，并将其应用到学生实际生活和工作中。通过问卷调查发现，8%的公费定向师范生认为信息知识和信息技术非常重要，76%的公费定向师范生认为信息意识和信息技术一般重要。这说明公费定向师范生的信息整体较强，其中男生的信息意识明显高于女生。

信息技能是信息素养的核心，具体是指个体获取、处理、利用信息的能力和信息创新的能力。信息获取是指通过书籍、网络等方式和方法采集、查找、提取信息；信息处理是指在获取信息的基础上对其进行识别、筛选和储存等；信息利用是指针对性的、有目的地将信息用显示学习、工作和生活当中；信息创新是指通过已知的信息挖掘其潜在价值和意义并加以运用创造新知识的能力。通过表2可以看出，只有21%的公费定向师范生认为自己获取、处理、利用和创新信息的能力强，60%的公费定向师范生认为自己只具备一般的信息获取、处理、利用和创新的能力，19%的公费定向师范生认为自己信息获取、处理、利用和创新的能力弱。这说明，公费定向师范生的信息能力还有待加强，特别要加强年龄稍微小的、女生的信息技能。

表2　被调查公费定向师范生信息素养情况

项目	类别	样本数/百分比		样本数/百分比				样本数/百分比					
				男生(145)		女生(155)		14周岁(63)		15周岁(185)		16周岁(52)	
信息知识	掌握情况好	55	18%	38	26%	17	11%	12	19%	32	17%	11	21%
	掌握情况一般	138	46%	57	39%	81	52%	26	41%	82	44%	30	58%
	掌握情况差	107	36%	50	35%	57	37%	25	40%	71	38%	11	21%
信息意识	强	23	8%	11	8%	12	8%	6	10%	15	8%	2	4%
	一般	230	76%	119	82%	111	72%	44	70%	146	79%	40	77%
	弱	47	16%	15	10%	32	20%	13	21%	24	13%	10	19%
信息技能	强	64	21%	51	35%	13	8%	18	29%	31	17%	15	29%
	一般	179	60%	72	50%	107	69%	29	46%	126	68%	24	46%
	弱	57	19%	22	15%	35	23%	16	25%	28	15%	13	25%

3.3　被调查公费定向师范生所处信息环境情况

从社会层面来说，信息环境是指与社会信息交流活动有关的社会因素的集合。于个体来讲，信息环境是由个人在社会活动中可能接触到的信息资源和特定信息交流活动的影响因素共同构成的环境。对于公费定向师范生来说，学校图书馆、电子阅览室是学生所处信息环境中的信息中心。通过调查公费定向师范生对信息中心的认识，能更好地了解学生对信息环境的认识，从而有针对性地开展信息服务。

表3　被调查公费定向师范生所处信息环境情况

项目	类别	样本数/百分比		样本数/百分比				样本数/百分比					
				男生(145)		女生(155)		14周岁(63)		15周岁(185)		16周岁(52)	
平均每周去图书馆次数	0次	37	12%	30	21%	7	5%	8	13%	23	12%	6	12%
	1—3次	160	54%	89	61%	71	46%	33	52%	99	54%	28	54%
	4—7次	55	18%	20	14%	35	23%	10	16%	37	20%	8	15%
	7次以上	48	16%	6	4%	42	27%	12	19%	26	14%	10	19%
对电子阅览室的利用情况	无了解	14	5%	5	3%	9	6%	4	6%	7	4%	3	6%
	从未去过	58	19%	31	21%	27	17%	18	29%	28	15%	12	23%
	学习	128	43%	38	26%	90	58%	12	19%	100	54%	16	31%
	上网娱乐	100	33%	71	49%	29	19%	29	46%	50	27%	21	40%
对图书馆服务的满意程度	非常满意	24	8%	9	6%	15	10%	7	11%	12	6%	5	10%
	满意	90	30%	32	22%	58	37%	22	35%	59	32%	9	17%
	一般	118	39%	64	44%	54	35%	14	22%	84	45%	20	38%
	不满意	68	23%	40	28%	28	18%	20	32%	30	16%	18	35%

从表3可以看出，平均每周去图书馆7次以上的学生仅有16%，每周去4—7次的学生也只有18%，超

过半数的学生平均每周去图书馆1—3次，还有12%的公费定向师范生几乎不会去图书馆。性别差异表现在女生去图书馆的次数明显多于男生，这说明，女生对图书馆的使用率高。

如表3所示，有14%的公费定向师范生对图书馆电子阅览室并无了解；19%的学生知道电子阅览室的存在，但他们从未去过；43%的被调查学生对使用电子阅览室主要用于学习，还要33%的公费定向师范生表示去电子阅览室主要为了上网娱乐，选择去电子阅览上网娱乐的大多是男生，而且是年龄稍微偏大的男生。

通过调查可以得知，对图书馆服务表示非常满意和满意的公费定向师范生占38%，有39%的学生对图书馆的服务表示一般满意，23%的学生不满意图书馆服务。其中，女生对图书馆的满意度明显高于男生，公费定向师范生对图书馆服务的满意程度无明显性别上的差异。

3.4 被调查公费定向师范生信息需求分析

如表4所示，公费定向师范生信息需求的内容主要涉及学习、休闲娱乐、日常生活、个人兴趣爱好等。公费定向师范生信息需求是多样的，对于他们来说关注的重点是与学习和休闲娱乐有关的信息，同时，有关日常生活和个人兴趣爱好的信息也是他们所关注的信息。从性别上来看，男生更关注休闲娱乐以及日常爱好的信息，女生则侧重于与学业和日常生活有关的信息。从年龄上看，公费定向师范生信息需求的内容差别较小。

公费定向师范生获取信息的主要项目涵盖了学习需要、休闲娱乐需要、生活需要等等，由表4可知，44%的公费定向师范生获取信息主要是为了个人学习的需要，43%的公费定向师范生获取信息用于休闲娱乐，11%的公费定向师范生获取信息主要是为了解决个人生活中遇到的问题，剩余的公费定向师范生获取信息在于其他用途。调查显示，14、15周岁的公费定向师范生获取信息用于休闲娱乐的比例要高于年龄稍微大的学生，这说明一部分的被调查公费定向师范生有通过网络学习的意识，但他们的自制力和使用信息效果有待考察。

表4 被调查公费定向师范生信息需求情况

项目	类别	样本数/百分比		样本数/百分比				样本数/百分比					
				男生(145)		女生(155)		14周岁(63)		15周岁(185)		16周岁(52)	
信息需求内容	学习相关信息	130	43%	56	39%	74	48%	11	17%	102	55%	17	33%
	休闲娱乐信息	85	28%	52	36%	33	21%	21	33%	48	26%	16	31%
	日常生活信息	45	15%	20	14%	25	16%	14	22%	20	11%	11	21%
	个人兴趣爱好	28	10%	11	8%	17	11%	12	18%	10	5%	6	12%
	其他	12	4%	6	4%	6	4%	5	8%	5	3%	2	4%
获取信息目的	学习需要	131	44%	51	35%	80	52%	30	48%	72	39%	29	56%
	休闲娱乐需要	129	43%	80	55%	49	32%	24	38%	89	48%	16	31%
	生活需要	33	11%	12	8%	21	14%	7	11%	20	11%	6	12%
	其他	7	2%	2	1%	5	3%	2	3%	4	2%	1	2%
信息需求满足程度	满意	65	22%	31	21%	34	22%	4	6%	55	30%	6	12%
	中等	99	33%	49	34%	50	32%	23	37%	60	32%	16	31%
	一般	81	27%	42	29%	39	25%	21	33%	42	23%	18	35%
	差	55	18%	23	16%	32	21%	15	24%	28	15%	12	23%

调查结果显示，公费定向师范生的信息需求日益多元化，现有的信息量和信息获取方式并不能完全满足他们日益增长的信息需求。调查还发现，年龄稍大的公费定向师范生信息需求满足程度低于年龄较小的，这说明，随着其视野的开阔、阅历的增长，公费定向师范生对信息的需求不仅有数量的增加，更有质量的提高。

3.5　个性化知识服务需求情况

调查问卷中“您是否需要图书馆为您个人发展提供个性化服务”一题中，82%的公费定向师范生选择希望图书馆为其提供个性化服务。在开放式问答题“您希望图书馆提供什么类型的个性化服务”一题中，30%的公费定向师范生提出了信息检索方面的个性化服务，22%的公费定向师范生表示对专业图书推送有特殊需求，24%的公费定向师范生对于信息推送提出了特殊要求，11%的学生在教师教育方面提出了个性化服务要求，另外还有一部分公费定向师范生提出希望图书馆能为其实习实训、毕业设计、课题跟踪等项目提供个性化服务。

4　图书馆信息化服务对策

通过对调查结果进行分析，我们发现公费定向师范生是学校非常重要的一类信息用户，他们的信息需求具有全面性、多样性和个性化的特点。调查结果表明，公费定向师范生对图书馆的信息化服务需求旺盛，但是图书馆的资源未能得到充分的利用，目前要针对公费定向师范生的信息需求开展信息素质教育，图书馆还任重道远。

4.1　优化公费定向师范生的信息环境

针对公费定向师范生的信息需求，应该从以下几个方面对信息环境进行优化。一、加强图书馆信息资源建设。一方面图书馆要深入公费定向师范生群体展开深入调查和分析，根据读者的需求对图书馆纸质藏书进行采购和并及时更新。与此同时，要适当地提供一些辅助的信息提供方式，积极创造条件，因地制宜，将纸质书报刊流通服务点向教室、走廊、门厅等延伸拓展。二、加强图书馆的日常管理。对于图书馆的纸质藏书和电子资源不能无为而治，而是应该积极管理，充分发挥其作用。三、优化图书馆的服务。要针对公费定向师范生生长环境和身心发展的特点服务育人，激发其学习的积极性和能动性。

4.2　加强公费定向师范生的信息素质教育

要加强公费定向师范生的信息素质教育，要在激发学生的信息意识、提高学生的信息能力和提升学生的信息道德水平上下功夫。首先，图书馆要在公费定向师范生进校时加强入馆教育，入馆教育不能流于形式，要认真组织学生参观学校图书馆、电子阅览室，发放相关宣传资料，普及图书馆利用基础知识，定期通过讲座、经验交流会等方式积极开展信息教育，培养学生的信息意识。其次，图书馆应该重视培养公费定向师范生合理获取和利用信息的能力。信息检索、信息技术等课程应该被列为学生的必修课程，用于传授信息检索知识、信息检索技能和计算机应用技术，提升学生的信息检索能力。最后，要对公费定向师范生广泛宣传信息道德规范，对学生进行信息道德教育，提升其信息道德素养，形成正确的信息道德观。

4.3　引导公费定向师范生的信息行为

目前，公费定向师范生正处于中职教育阶段，世界观和价值观相对来说不太成熟。根据前文的调查，我们可以得知公费定向师范生的信息需求具有被动型、多元性、盲从性和从众性等特点，同时他们对新兴事物又极具兴趣，求知欲强。针对公费定向师范生的这一特殊群体和他们的信息偏好，图书馆应该作为他们的信息启蒙和信息能力强化场所，有针对性地给予帮助与引导，引导和帮助学生培育良好的信息意识、调整信息结构、提升信息技能，成为社会的有用之才。

4.4　提供公费定向师范生个性化信息服务

作为信息服务的提供者，图书馆有义务根据公费定向师范生的信息需求为其提供个性化信息服务：一、建立公费定向师范生知识库，制作适合师范生的知识产品，其内容要突出学生的求知欲和探究精神，激发其学习兴趣。二、重点打造公费定向师范生合作学习和研究性学习平台，及时发布各种电子资源，如学习课件、考试试题等。三、为公费定向师范生定制化信息服务，比如为其撰写毕业论文、参与社会实践等项目量身定制，以更丰富的专业知识，更积极的工作态度，满足公费定向师范生的个性化需求。

5　结束语

在现代中国教育制度和现代社会背景下，公费定向师范生的培养关系到未来教育事业的发展。公费定向师范生作为湖南城市学院一个特殊的群体，研究这个群体的信息需求和信息行为，培养和提升其信息素质具有深远的意义。图书馆不仅要为学校教师和科研人员提供知识服务，同时应该重视公费定向师范生信息知识的普及、信息意识的培养、信息能力的提高，为其提供个性化知识服务，充分发挥图书馆的作用。

参考文献

[1] 郑文晖.青少年信息需求与利用的调查与分析—基于广东省茂名地区7所中学的调查[J].图书情报工作,2015,59(19):68—74.

[2] 龙净林,张国慧.师范院校大学生信息需求与图书馆知识服务策略—以海南师范大学为例[J].图书馆研究,2014(2):106—108.

[3] 何昭青,卢琦,赵晋琴.六年制免费师范生信息素养的培养[J].湖南第一师范学院学报,2013,13(1):12—15.

[4] 文杰.数字图书馆为青少年读者提供个性化信息服务初探[J].科技情报开发与经济,2011,21(35):97—99.

使用图像搜索进行信息发现：谷歌与品趣思的对比研究

Paul Nieuwenhuysen
（比利时布鲁塞尔自由大学）

摘要 文章首先概述了图像在信息发现中的作用、重要性和价值。之后，对两个在许多国家的互联网上可以免费使用的知名系统的性能进行了比较，一个是谷歌提供的功能强大的反向图像搜索服务，另一个品趣思（Pinterest）则允许任何用户创建图像集，还允许搜索与所选图像相似并相关的图像。互联网上的"按图搜索"或被称为"反向图像搜索"是一种相对较新的方法，其中查询条件不是由文本组成，而是由图像文件组成。搜索结果也会返回相关图像，并进一步引导至网上相关文档。这种搜索方法可以应用于处理许多传统搜索方法无法执行或执行效率低下的几类信息需求。谷歌搜索系统甚至允许包含文字和图片的混合查询，这可以产生比更简单的文本查询更高精度的结果。谷歌照片系统已开始提供照片的自动语义分类，这是一种很有前途的方法。我们最近对谷歌与品趣思的比较表明，后者已经成为谷歌的又一个竞争对手。品趣思允许我们从选定的源图像开始寻找相关图像，此外，这些找到的相关图像中又可以链接至与所选源图像相关的信息。

关键词 谷歌；信息发现；信息检索；品趣思；精确度；反向图像搜索；图像搜索；搜索服务；搜索系统；语义鸿沟；TinEye

Information Discovery Using Search by Image: A Comparison of Google and Pinterest

Paul Nieuwenhuysen
(Vrije Universiteit Brussel)

Abstract This contribution starts with a brief overview of the growing role, importance and value of images in information discovery. Then follows a report on a comparison of the performance of two well-known systems that are available free of charge on the Internet in many countries, namely on the one hand the powerful, leading system for reverse image search, which is offered by Google, and on the other hand Pinterest, a system that allows any user to create collections of images and that recently also allows to search and find images that are similar and related to a selected image.

'Search by image' or 'reverse image searching' on the WWW is a relatively new method, in which a search query consists not of text, but of an image file. The search results lead to related images and further also to related documents on the WWW. This method of searching can be applied to cope with several types of information needs for which more classical search methods fail or perform less efficiently. The Google search system even allows a query that includes both text and an image; this can yield results with a higher precision than more simple queries. The system Google Photos has started to offer automatic semantic classification of photos, which is a promising method.

Our recent comparison of Google with Pinterest shows that Pinterest has become an additional and competing system that allows us to start from a selected source image to find related, relevant images; furthermore, any of these found relevant images may lead to information that is related to the selected source image.

Keywords Google; Information discovery; Information retrieval; Pinterest; Precision;

Reverse image searching; Search by image; Search services; Search systems; Semantic gap; TinEye

Introduction

Images besides text in information sources

Most tools and methods in information management deal with words and texts. More concretely, most retrieval systems rely on a user who makes a choice from some text-based classification/categorization system (if that is made available for the considered information resource), or who formulates a query that consists of words (freely chosen or picked from a controlled vocabulary or thesaurus or ontology). However, we see an increasing number of efforts to exploit the value of images that are included besides text in various types of information resources. In this Introduction, a brief overview is presented of the possibilities and progress that I have observed and investigated during recent years, as an enthusiastic end-user of online digital information systems and as an information scientist and digital librarian.

Creating and publishing or sharing of images has become easier as scanners and digital cameras have become more affordable; nowadays most mobile phones even include a camera. On the other hand, increasing the efficiency of discovery actions by manual, intellectual organization and annotation/tagging of images is still tedious, time-consuming and thus expensive; therefore this is often neglected. As a consequence, automated systems to find/retrieve images efficiently are welcomed by managers of digital collections/libraries (from small, personal to large, institutional collections) and many efforts are made by the academic community, as well as by companies, to improve the combination of databases with search systems.

The state of the art in visual information retrieval has been sketched briefly by Marques (2016) with an emphasis on content-based information retrieval (CBIR).

Searching for images and related information, using a text query

Several systems on the WWW allow searching with a classical query that consists of a word or of a combination of a few words, while they do not return summaries of texts as result, but small versions of images found on the WWW instead. This search method is fast and efficient. In most cases the results lead to the complete images that may be relevant, while they link also to the context of each found image; this may yield relevant information.

A quantitative investigation has given a more quantitative view on the advantages of this search method, and has also demonstrated that the results can contain misinformation; for instance searching for information on art objects can lead to images and text, related to objects that have been derived from original art work and that can give the user of the search system wrong ideas about the object(s) under investigation (Nieuwenhuysen, 2010).

Systems for search by image

In this relatively new method for information retrieval, a query does not consist of text, but of an image file. The search results lead to images on the WWW and also to related documents. Other names for this method are

- Backwards image search(ing)
- Content-based information retrieval=CBIR
- Inside search(ing)
- Reverse image lookup=RIL
- Reverse image search(ing)
- Search(ing) by example

A pioneering system that still offers search by image through the WWW, free of charge, is named TinEye. Nowadays several online services are available free of charge to search by image. Differences among these services are substantial. In comparison with TinEye that is dedicated to search by image, the service to search by image that is offered by the bigger and more general search system Google performed relatively well in tests (Nieuwenhuysen, 2013).

Search results can belong to various types, as clarified in Figure 1 (Nieuwenhuysen, 2014).

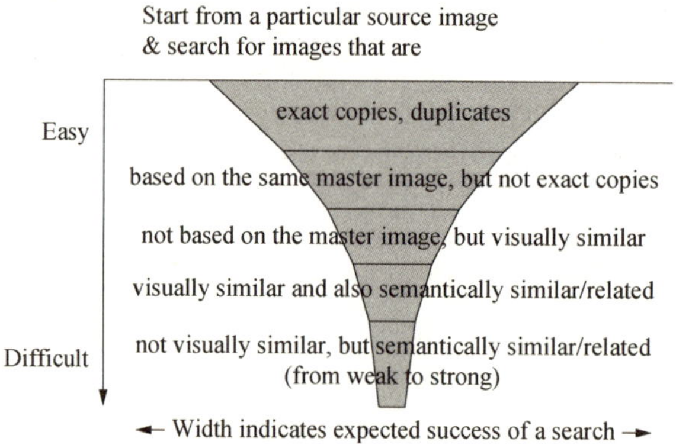

Figure 1 Searching by image can yield various types of results

Search by image to find 'copies' of an image

A relatively simple type of search by image aims to reveal duplicates and so-called 'copies' of a known source image. Google can reveal images present on the Internet, which are duplicates of the query/source image; however, the success is quite variable from case to case. This recall performance is strongly correlated with the performance of a more classical Google search with a text query to find copies of the query/source image file on the Internet.

Even images that are modified versions of the query/source image can be revealed by Google (Nieuwenhuysen, 2013).

This search technology allows various applications:

- First we consider search by image with a query/source image that you have created or that is affiliated with your organization. Then you may find copies/duplicates or even modified/edited versions on the WWW. This can reveal copyright infringements. In a more positive view, this allows assessing the impact of such images on a worldwide audience; this "impact" is of course related to the intellectual value and usefulness of the images that you have created or have made available (Nieuwenhuysen, 2013; Thompson and Reilly, 2017).
- Next, we consider search by image starting from some query/source image that you have not created, but that you consider as interesting, and that is perhaps not the original version and for which the creator/author is not indicated and known. In this way you may find other and better versions of your query/source image, which are more suitable for your application and need; also, you may find the author(s) on the WWW, which can be useful to obtain more information or to discuss possible copyright linked to the image. Furthermore, you may also find related text information.

  Searching by image with a source/query image that illustrates and supports claims in a document, may also allow you to discover that this image is NOT real/authentic, but that is has been copied from another site, from another context and perhaps that it has even been modified/changed/doctored, to support the text, the claims of the author of the document.

Search by image to find information on the semantic content of the image

It is a desirable goal to develop an effective general, generic system for search by image through a large and diverse/heterogeneous collection of images, which will deliver as search results images that are not necessarily visually similar to the image in the query, but that will deliver even images that are related to the contents of the image in the query. However, such a development is quite challenging. Indeed, it is difficult or impossible for a computer system to make a match between

- on the one side (in the images) all the possible high-level, semantic contents/concepts that can be seen/detected/observed in an image by a normal, average real person,
- on the other side (in the computer system) the more basic/low-level/essential visual features/primitives of each image, such as the quantifiable attributes/features of colour, texture, shape and the spatial distribution or regions, which can be automatically detected within the pixel domain of the digitized image and which can be automatically extracted and indexed in the database of the search system.

In general, links between those high-level concepts and those low-level features are weak or even absent. This causes poor performance of semantic search systems, as reflected by a low recall and precision of the search results. This is particularly true in the case of big image collections with a broad content. In other words:

- Semantically similar images may have dissimilar low-level features such as colours, textures, forms... ; this causes a low recall in the search results.
- Semantically dissimilar/different images may contain similar low-level features; this causes a low precision in the search results.

This difficulty is a particular form of the more general problem in information retrieval, which is known as the "semantic gap".

However, the WWW search systems do not work with a database that consists purely and only of images. Indeed they can exploit all kinds of contents from the WWW, harvested, analysed and indexed into their huge database(s). This includes the texts in documents, images placed in a webpage or images that live more on their own in the WWW, and even the texts in links from one webpage to another. So a 'search by image' does not rely on images only, but for each image also on the texts that are probably related with that image.

After the retrieval process, the service then offers ideally

- a correct description of the source image, which is not only vague/general and not informative, but that is even specific and clarifying,
- semantically similar images and
- links to the WWW pages in which these images occur.

This elaborated procedure for information retrieval is a relatively recent and successful example of the general view that exploiting text as well as images in a single, hybrid search action can be more fruitful than exploiting only one kind of retrieval. In other words, text retrieval and image retrieval can complement each other.

In practice and reality, tests have demonstrated that since 2014 search by image as offered by Google, can not only find images that are visually similar to the query/source image, but can even retrieve images that are semantically similar/related to the query/source image. Visual similarity as mentioned above in the section on finding 'copies' can still show up, but is not even required in such cases; in other words, semantically related images may be found even when their visual similarity is not obvious. The search results may also include a description of the subject on the image; this can be interesting if the user has not yet much knowledge about the subject; based on the retrieved description of the query image, the user can formulate a specific text query in a subsequent, more classical query that consists of one or a few words. Furthermore, other information related to the image and relevant links may also be included in the search results. Clearly, the performance of search by image to find images that are semantically similar to the query/source image is improving (Nieuwenhuysen, 2014).

This progress observed/investigated is based on

- exploiting an increasing number of images plus their textual context, which have been harvested/copied from the WWW and have been structured in databases by the growing and improving search systems, in combination with

- the fast improvement of artificial intelligence to "understand" all these data to improve retrieval/discovery actions.

Searching with a query that combines words with an image

Above we dealt with relatively simple, pure searches in which a query consists of words or of a source image. Besides such relatively simple search actions, Google offers also the possibility to search with a query that consists of a combination of an image with text/words. This approach makes it possible to combine the strengths of more classical text retrieval on the one hand, with the more recent search by image on the other hand. Tests have shown that this allows us to obtain search results with a precision that is higher than when only one of both search methods is used.

This allows various applications:

- Starting from some interesting source image, you may find semantically related images; in other words, you may discover images with a subject that is related to the subject of that source image, as seen above. Furthermore, including besides an image also some words in a query may increase the precision of the results, even when only limited information knowledge related to the image is available in advance, so that only one or a few unspecific search words can be used.
- In another scenario you have already sufficient information/knowledge in advance to formulate and submit a specific, focused search query. Even then, including an image to the search query can be useful to increase the precision of the results.

For more details, see Nieuwenhuysen (2016 a, b).

All the findings mentioned above have been summarized (Nieuwenhuysen, 2017).

Semantic classification of images by Google Photos

The progress described above in automatic analysis of images to determine some of their contents/meaning/semantics is also reflected by the improvements in automatic categorization/classification of images based on their contents. A popular example of such a system that is freely accessible and usable in many countries is Google Photos at https://photos.google.com/This is a recent service that allows uploading, storing and viewing photos on the Internet/WWW/'cloud'. The users can order/classify their photos in so-called "Albums". Afterwards the service also orders/classifies the photos automatically in a few broad collections/groups/classes/categories that are named "Albums" of "Things". This additional ordering is not purely based on relatively simple detection of visual similarity (colors, size, structure, textures...) but on the more complicated and challenging detection of semantical similarity. Recently I have made a case study and this has demonstrated that this process offers indeed some limited but real added value (Nieuwenhuysen, 2018b). A broader conclusion is that automatic, semantic classification is evolving fast, so that digital librarians should keep an eye on this technology and its potential for the automatic organization of images in their digital collections and libraries; such an automatic organization can then improve the quality of information discovery by their users, or can offer an additional ordering besides the manual, intellectual and expensive ordering that is implemented by librarians.

All the findings mentioned above have been summarized in Nieuwenhuysen (2018a).

Problem statement and purpose of this research

Besides the services developed and applied by TinEye, Google and similar companies that are specialized in search, related technology is also developed and applied by other companies that are active on the Internet/WWW and that offer services in which images are important. An example is Pinterest that allows users to build digital pin boards of images, in such a way that each pin board covers some topic, while each image points either to a larger version of the image stored on the computers of Pinterest or to the website that included the image at the time that the image was include in the pin board; furthermore most of these Pinterest boards and images can be browsed and searched by all users; besides classical text search, Pinterest steadily offers more powerful visual search services that can offer visually and semantically related images that can lead to further relevant related information (see for instance the paper written by the system developers Zhai et al. , 2017). Therefore it was interesting to assess the power and applicability of the methods that are offered by Pinterest these days to find similar, related images and their context.

Method

The capacity/power/performance of the Pinterest system, to find information related to a selected source image, was evaluated/assessed by executing tests in the way that a user would apply the system. Furthermore comparisons were made with the similar system Google Images for reverse image search, by using the same source image in each test.

The tests were performed using a microcomputer connected to the Internet and the popular browser software named Chrome.

The aim of each test was finding visually similar images and even semantically related images to collect/obtain information about the object that is displayed in each source image; examples of information type are function, origin, and market value. A comparison of the object that is shown in the source image with the found images of related objects allows of course also to detect variations in size, shape, style, artistic quality and so on.

For each test, the source images used for either Pinterest or Google were identical. For each system, a procedure was followed that is followed by most users and that is briefly described in the following:

- In the case of Pinterest, image files were submitted from a web page to a pin board in Pinterest; for each test, one of these pinned images was selected as source image to find related, similar images.
- In the case of Google, for each test, a duplicate of that source image was submitted from the hard disk of the computer to Google Images reverse image search, to find related images.

Findings

Test named "chiwara"

In this test, the source image shows a wooden figure inspired by a mythical animal, which was worn on the head of a dancer in traditional ceremonies by the Bamana/Bambara people in Mali, West Africa; one of the names given to this type of figures is "chiwara". To assess/consider a resulting similar image as relevant, the following criteria have been applied:

- The object shown should belong to the class of figures in which horns are horizontal to the body.
- Both male and female figures are quite similar in this class and both have therefore been considered as relevant.
- If the resulting, similar, small thumbnail image leads to a larger image, then that related larger image is considered as relevant, even when this does not further link to a working web page/website.
- Images that show figures with two heads or bodies and objects with a human figure added on top of the basic figure have not been considered as relevant.
- The artistic quality or degree of authenticity or market price has not been taken into account in assigning relevance, because the aim is here to find related objects and to collect information on the existing variety in these aspects.

Pinterest gave results as shown in the screenshot in Fig. 2.

We observed the following:

- The tags make no sense.
- Two of the resulting, relevant images lead to an image and information concerning the same object and are therefore considered as only one relevant result. The first 20 resulting images include 13 relevant ones. This is clearly satisfactory and useful.

Google gave results as shown in the screenshot in Fig. 3.

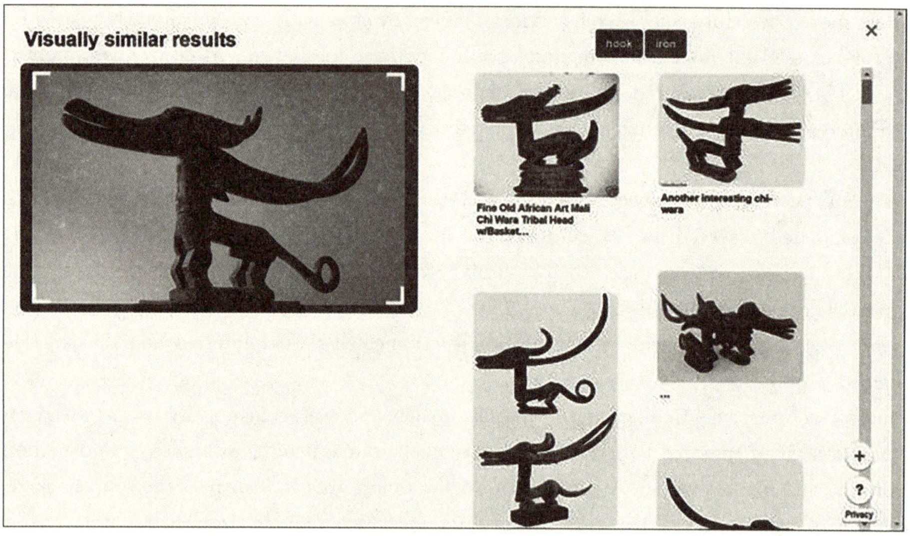

Figure 2 Starting from the selected source image, Pinterest yields a few tags and numerous similar images

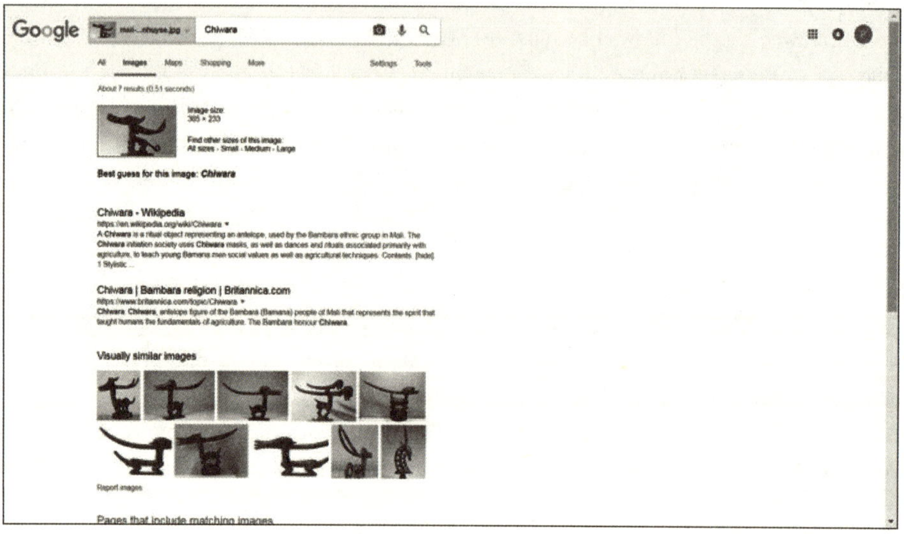

Figure 3 Starting from the source image, Google gives a "best guess for this image" and numerous "visually similar images"

We observed the following:

- Google's "best guess" was Chiwara. This is a correct and specific name. Based on this guess, Google even shows links to a few websites related to this kind of objects and rituals.

  If we compare the tags given by Pinterest with the "best guess" given by Google, then Google clearly performed better.

- Among the first 20 resulting "visually similar images", two times, a couple of images lead to images of the same object on the same website; therefore each of these couples has been counted as only one relevant result. Google revealed the copy of the source image that is present on Pinterest; that is nice.

  The first 20 resulting images included 7 relevant ones. So Pinterest scored better and therefore formed a useful addition to Google.

Test named "door lock"

In view of the success of the first test, a more obscure image of a less specific, simple object was selected as source image in the next test, to investigate a more difficult case. The source image was a photo of a door lock made of wood, which is typical for old, traditional door locks used in West Africa, and in particular in the country Mali, by the peoples named Dogon and Bamana/Bambara.

Pinterest:

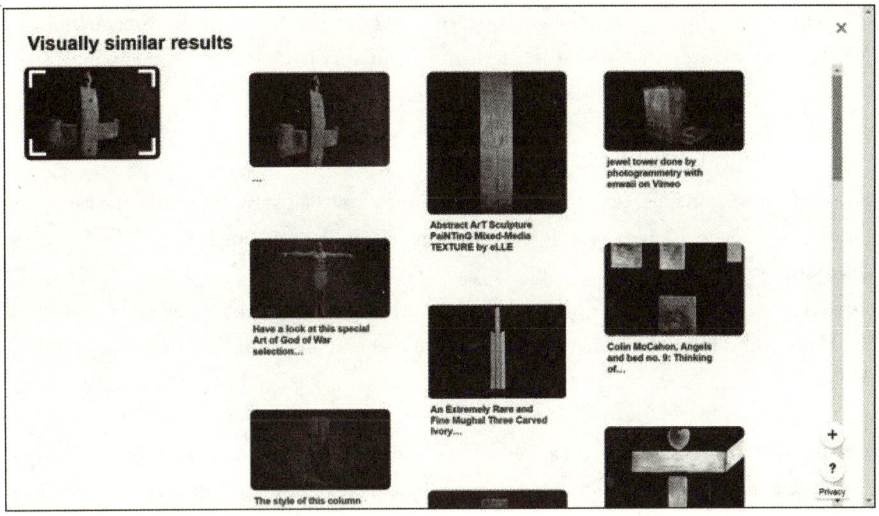

Figure 4　Starting from the selected source image, Pinterest gave numerous "visually similar images"

We observed the following:

- No tags were given (see Fig. 4).
- Inspecting the first 20 resulting images (like in the previous test) revealed no relevant ones. Therefore we inspected many more of the resulting images. Result 23 showed a similar door lock that was sold on auction by a well-known auction house in Germany, which is specialized in tribal art. Around result 200 an image shows another, similar door lock that was sold by that same auction house. The first 300 resulting images included only two relevant ones.

Google:

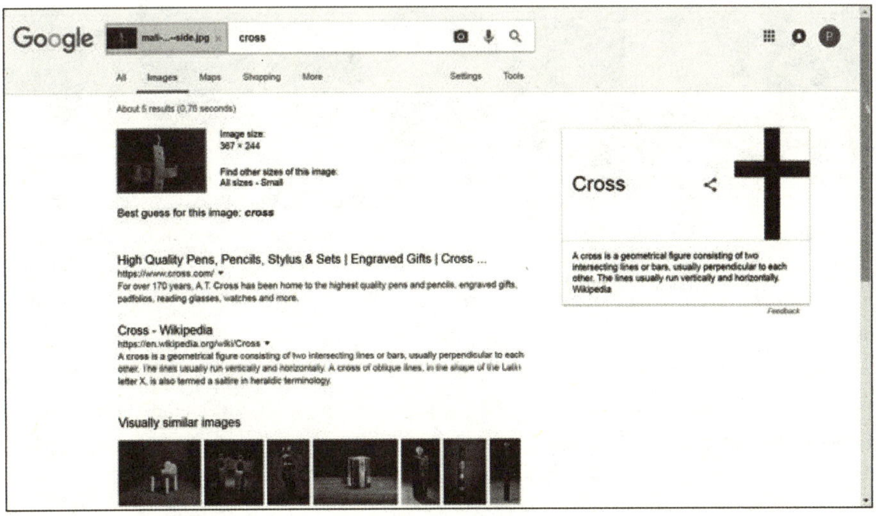

Figure 5　Starting from the source image, Google gives a "best guess for this image" and numerous "visually similar images"

We observed the following:

- "Best guess" by Google was "Cross" (see Fig. 5). That can be considered as correct, but very general, not specific, and therefore not informative.
- The copy of the source image on Pinterest was revealed; that is nice.
- The first 300 "visually similar images" did not include any relevant images. That is not informative at all and thus disappointing, This is unexpected, because the name of the image file that has been uploaded includes words that reveal the semantic contents of the image, namely
    - the name of two countries, "Mali" and "Burkina Faso",
    - the type of object "door lock", and
    - the material, "wood".

This shows like the previous test that Pinterest forms now a useful, additional system to search by image, besides Google reverse image search and less popular similar systems.

Test named "Bwoom":

The source image shows the profile of a helmet mask of the type that is created and used in Central Africa, in the Democratic Republic Congo, by the people named Kuba; the most common name for this type of mask is Bwoom.

Pinterest:

Selecting an image from a pin board (a collection of images) gives always a larger version of that image. Even before selecting that larger version for a search by image, Pinterest already gives images under the heading "More like this".

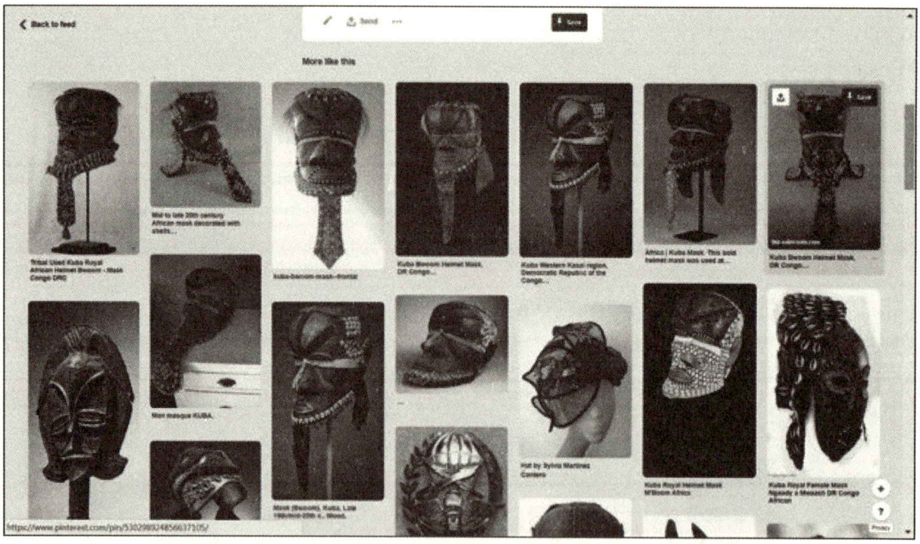

Figure 6 Starting from a selected image, Pinterest gave numerous images "more like this"

Explicitly executing a search by image, starting from the selected source image yields other images, under the heading "Visually similar results" (Fig. 7).

We observed the following:

- For the user, it is not clear what is the difference between on the one hand the images presented by Pinterest immediately when selecting an image from a pin board under the heading "More like this" and on the other hand the images resulting from an explicit search by image to retrieve "visually similar images". It is also not clear if any difference between the two sets of images should be expected. In practice, it turns out that the two sets are quite different, as can be seen in the screen

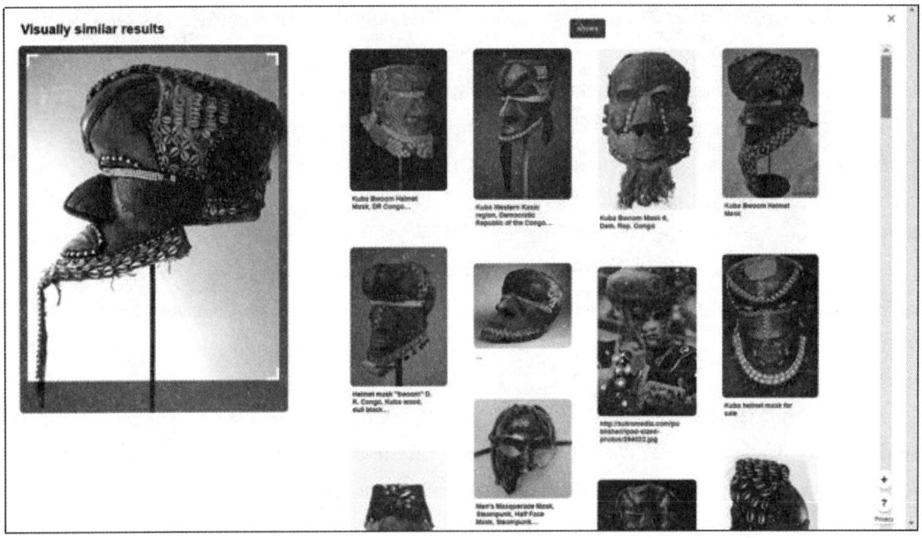

Figure 7 Starting from the selected source image, Pinterest gave a tag and numerous "visually similar images"

shots of the two sets of images (see Fig. 6 and Fig. 7). Closer and quantitative inspection showed that the set of "More like this" gave 12 relevant images among the first 20 images, while the set of "visually similar images" yielded 9 relevant images among the first 20 images. Thus the two methods starting from the same image lead to different results. Both methods can yield useful, relevant results.

- The tag given by Pinterest was "shoes" (see Fig. 7). This makes no sense, as far as we understand Google:

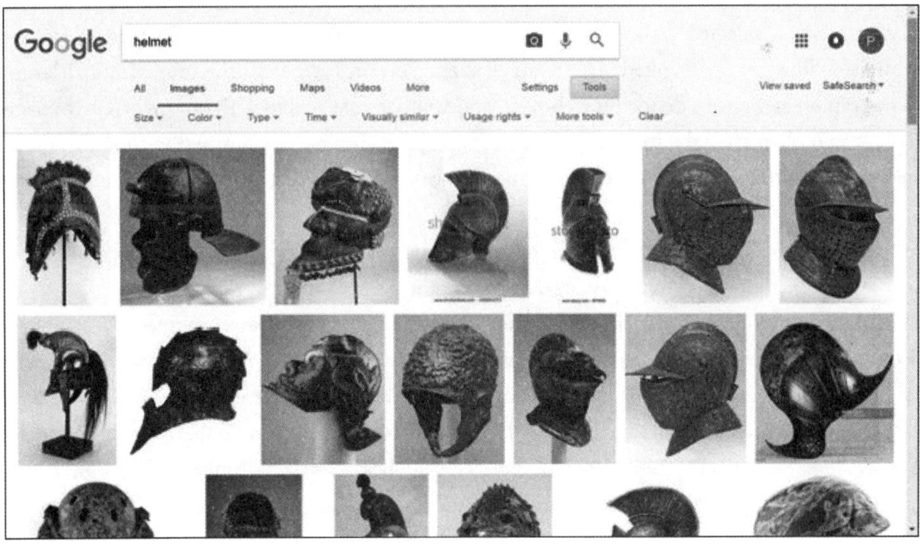

Figure 8 Starting from the source image, Google gives a "best guess for this image" and numerous "visually similar images"

We observed the following:

- "Best guess" by Google for the source image was "helmet" (see Fig. 8). This is reasonable and correct, but general, not specific.

- The source image and that "best guess" lead to "Visually similar images". As the "best guess" was correct and reasonable but not specific, the first 20 resulting images include only 1 relevant image. This poor, low precision is unexpected and disappointing (like in the previous test) because the image file submitted to Google Images has a file name that includes
  — the name of the people who make and use this kind of helmet masks, namely the "Kuba", and
  — the name of this type of mask "Bwoom",
  while numerous images can be found on the WWW, by applying one of the freely available WWW search systems and using these words as a classical, simple query in a search for images.

So again, like the previous tests, this illustrates that Pinterest may be useful to find information using search by image.

Discussion

Image search is not rigid and stable; the technology is maturing while there is the ongoing growth of the size of the dynamic corpus, the WWW, plus the growth of the derived database(s) that are managed by the companies that offer the search systems. As a consequence, reproduction of results and tests of performance is complicated.

Conclusions

Information discovery is enhanced by recent methods that involve images:

- In general, search by image is evolving to a powerful, additional method to tackle information needs that are difficult to handle with more classical methods. Furthermore, using a combination of text with an image in a search query can increase the precision of the search results, in comparison with a more classical pure text search or with a pure search by image. Automatic classification of photos is a promising method to enhance information discovery.
- More specifically, the comparison reported here has demonstrated that Google and similar search systems that allow search by image are now joined by the system to create collections of images named Pinterest. This offers now also an additional and significant system to search by image; applying this may lead from a selected image first to visually as well as semantically similar images in a version of small size; Pinterest has linked such a small image version further to the more original larger version on the Pinterest website or to the web page and website that includes the more original image (unless the link is broken after the image on the page on the web has been submitted to Pinterest) and the web page and website may yield more information concerning the selected image found on Pinterest.
  An additional difference to be noted is that Google searches through many pages of the WWW, while Pinterest search is limited to pins made by users; a consequence may be a higher recall with a search in Google than in Pinterest, but most users are more interested in high precision.
- From the point of view of managers of a website, optimization for search engines (often abbreviated as SEO) is important. Combining this with the progress in visual search leads to the conclusion that SEO should take into account visual/image search actions also, as I have recommended earlier (see for instance Nieuwenhuysen, 2016a, 2017, 2018a); this has recently also come up in the professional area of SEO (Jones, 2018). As Pinterest restricts searches to images uploaded to Pinterest, website managers should also consider uploading their important images to Pinterest.

Notes

JONES, Kristopher (2018) What the development of visual search will mean for SEO. [online]https://searchengineland.com/development-visual-search-seo-288832

MARQUES, Oge (2016)
Visual Information Retrieval: The State of the Art.
IT Professional, Volume: 18, Issue: 4, DOI: 10.1109/MITP.2016.70.

NIEUWENHUYSEN, Paul (2010)
WWW image searching delivers high precision and no misinformation: reality or ideal?
Issues in Informing Science and Information Technology, Vol. 7, pp. 109 - 131. ISSN: On-line 1547 - 5867; CD 1547 - 5859; Print 1547 - 5840, peer reviewed journal, available online free of charge from http://iisit.org/Vol7/IISITv7p109-131Nieuwenhuysen770.pdf
NIEUWENHUYSEN, Paul (2013)
Search by Image through the WWW: an Additional Tool for Information Retrieval.
Full text published in proceedings of the international conference on Asia-Pacific Library and Information Education and Practices=A-LIEP 2013 "Issues and challenges of the information professions in the digital age" held at Pullman Khon Kaen Raja Orchid Hotel, in Khon Kaen City, Isan, Thailand, 10 - 12 July 2013 [online]
http://aliep2013.com/index.php/table-of-contents
http://aliep2013.com/images/download/pdfs1/PaperNo41.pdf
NIEUWENHUYSEN, Paul (2014)
Search by image through the Internet: applications and limitations.
In Libraries in the Transition Era: New Space-New Services-New Experience. The Proceedings of the Seventh Shanghai International Library Forum, organized by the Shanghai Library, in Shanghai Library, China, 9 - 11 July 2014
http://www.libnet.sh.cn/silf2014/english/index.htm
Shanghai : Shanghai Scientific and Technological Literature Press, http://www.sstlp.com, 476 pp, ISBN 978 - 7 - 5439 - 6289 - 7. pp. 145 - 155.
NIEUWENHUYSEN, Paul (2016a)
Information discovery on the Internet, using a search query that consists of text and an image.
in "Libraries: Enabling Progress", Proceedings of the 8th Shanghai International Library Forum, organized by the Shanghai Library, in Shanghai Library=SILF 2016, China, 6 - 8 July 2016 〈http://www.libnet.sh.cn/silf2016/English/index.htm〉 Shanghai : Shanghai Scientific and Technological Literature Press, http://www.sstlp.com, ISBN 978 - 7 - 5439 - 7063 - 2,442 pp. , pp. 153 - 162.
NIEUWENHUYSEN, Paul (2016b)
Information discovery on the Internet, using a search query that consists of text & an image.
in A-LIEP 2016, proceedings of the 7th Asia-pacific Conference on Library and Information Education and Practice, in University of Nanjing, Nanjing=Nanking, Jiangsu province, China, Edited by Jianjun Sun, Qinghua Zhu, Christopher Khoo Shiyan Ou.
NIEUWENHUYSEN, Paul (2017)
Information discovery: A picture is worth a thousand words?
Invited lecture published in the proceedings of the International Conference on the Future of Libraries (ICFL), From Promises to Practice, Editor-in-chief M. Krishna Murthy, Editors B. Ramesha, B. Subhash Reddy, organized by DRTC=Documentation Research and Training Centre, Indian Statistical Institute, Bangalore, @ ISI=Indian Statistical Institute in Bangalore=Bengaluru, Karnataka, India, 15 - 17 November 2017, Published by DRTC, Indian Statistical Institute, 2017,602 pp. , ISBN 978 - 81 - 92179 - 79 - 7, pp. 313 - 324. The version submitted for publication (preprint) is available online from https://www.researchgate.net/publication/323665807_Information_discovery_A_picture_is_worth_a_thousand_words
NIEUWENHUYSEN, Paul (2018a)
Information discovery based on the emerging technology to analyse digital images.
Invited lecture published in Reshaping libraries: emerging global technologies and trends. ICRL - 2018. Papers of the First International Conference on Reshaping Libraries: Emerging Global Technologies and Trends organized jointly by DELNET-Developing Library Network, Ambedkar University Delhi in Association with the Society for Library Professionals (SLP) and Special Libraries Association (SLA, USA) Asian Chapter, February 1 - 3 at Jaipur, India. Chief Editor: H. K. Kaul, Editors P. K. Jain, Debal C. Kar, Sangeeta Kaul. Published by DELNET, New Delhi. ISBN 978 - 93 - 82735 - 13 - 7. 230 pp. , pp. 1 - 14. The version submitted for publication (preprint) is available online from https://www.researchgate.net/publication/323665607_Information_discovery_based_on_the_emerging_technology_to_analyse_digital_images
NIEUWENHUYSEN, Paul (2018b)

Information discovery AND images: a case study of Google Photos.

Accepted for publication in the proceedings of the ETTLIS 2018 conference, at Bennett University, Greater Noida, India, February 2018, published by IEEE. https://www.bennett.edu.in/ettlis2018/images/downloads/Accepted_papers_updated1_ettlis_2018.pdf

THOMPSON, S. and Reilly, M. (2017)

"A picture is worth a thousand words": Reverse image lookup and digital library assessment.

Journal of the Association for Information Science and Technology, 68, pp. 2264 - 2266. doi: 10.1002/asi.23847

ZHAI, Andrew, Dmitry Kislyuk, Yushi Jing, Michael Feng, Eric Tzeng, Jeff Donahue, Yue Li Du, Trevor Darrell (2017)

Visual Discovery at Pinterest.

WWW'17 Companion, April 3 - 7, 2017, Perth, Australia. Available from https://arxiv.org/pdf/1702.04680.pdf

从特藏资源看早期加拿大华人的生存状态

乔晓勤
(加拿大多伦多大学郑裕彤东亚图书馆)

摘要 加拿大各地的学术图书馆、公共图书馆和档案馆多年来致力华人移民的资料收集、整理和研究,为海外华人的研究积累了丰富的第一手资料。本文从多伦多各收藏单位的华人移民档案材料及其他特藏资源入手,结合其他地区的相关资料,分析加拿大早期华人的生存状态、文化适应、与其他族群的互动。本文还会以多伦多大学图书馆为例,讨论涉及特藏资源的收集、整理、开发使用中所遇到的各种问题和挑战以及相关的解决方案。将数字人文及其他新的方法引入到华人华侨的研究之中也是本文希望讨论的议题。

关键词 特藏;海外华人;加拿大

A View of Early Chinese Diaspora's Life through Special Collections

Stephen Qiao
(Cheng Yu Tung East Asian Library, University of Toronto)

Abstract Many Canadian libraries and archives have engaged establishment and processing of special collections on Chinese diaspora studies for decades. Through the first-hand materials, researchers can explore various topics related Chinese Canadians' life in Canada. The current paper will focus on the Chinese Canadian special collections in University of Toronto Libraries and other institutions to discuss the aspects of cultural adaptation, social life and interaction with other communities of early Chinese immigrants. The issues of how to collecting, processing and offering the resources to the users in the libraries and archives will be discussed. Using the methods of digital humanities and other new research tools and skills to conduct research on Canadian Chinese will be touched in this paper as well.

Keywords Special collection; Chinese Canadian

特藏在图书馆资源建设方面的地位和价值毋庸置疑。曾几何时,特藏、善本和档案文献被视为图书馆的宝藏,深藏不露。仅在有限的场合下,如特藏展览等,宝藏中的极少部分才得以与读者见面。这种情况正在逐渐改变之中。不容否认,对于珍贵特藏资源的全力保护,过去和现在都是图书馆员的神圣使命。但对读者的开放使用也绝对不能忽视,且越来越成为我们服务的重要趋势。随着图书馆员观念的转变及信息科技的迅速发展,21 世纪在学术图书馆和其他类型的图书馆中,关于特藏建设的内涵和外延都处在变化之中。跨学科研究、数字人文研究等新方法的出现,要求图书馆为研究者提供大量的原始资料,这其中就包括原形态的及数字化的特藏资源的收集、整理、加工开发及合理使用。本文以加拿大多伦多的学术图书馆及其他类型的图书馆、档案馆为例,探讨有关加拿大华人的特藏的收集、分析及使用的情况及所面临的问题。

创立于 20 世纪 30 年代的郑裕彤东亚图书馆是加拿大规模最大的东亚研究的专业性学术图书馆之一,也是北美地区较大型的东亚图书馆。本馆现有超过 60 万种以中日韩文字为主的各类东亚研究资源。馆藏的特色资源主要有:中文古籍善本特藏、西藏研究藏文资源特藏及加拿大东亚移民资源特藏等。在东亚移民特藏中包含有中文报纸、杂志、华人社区的印刷品、历史照片、个人文献档案资料等。属于多伦多大学图书馆系统的利铭泽典宬亦收藏有大量关于加拿大香港移民的各类文献资源。多伦多大学西文善本图书馆(Thomas Fisher Rare Book Library)及档案馆中还有来华加拿大传教士的档案、在多伦多大学的中国学生档案等特藏。属于多伦多大学系统 44 个分馆中的士嘉堡分校图书馆(UTSC Library)有北美地区最大的中餐馆资料特藏,多伦多公共图书馆的最大型参考综合图书馆(The Reference Library, TPL)及多伦多市立档案馆(City of Toronto Archive)有多伦多华人移民及唐人街历史的档案收藏。

有记录的华人进入加拿大最早的时间是1788年，当年有一批契约华工由华南地区到达不列颠哥伦比亚省的温哥华岛从事与造船有关的劳作。1850年前后，随着美国加州淘金热的兴起，主要来自于广东沿海地带的华人开始较大规模的由旧金山进入北美西海岸北部的不列颠哥伦比亚省的菲沙河(Fraser River)下游，从事与淘金有关的采矿业。1860年前后在加拿大BC省的维多利亚(域多利)、温哥华等地出现了华人聚居的“唐人街”。在1880—1887年期间多达近2万名华工参与了加拿大太平洋铁路的修筑工程。当华人人口沿美加边境逐步向东移动时，多伦多在1890年出现了唐人街①。在连接加拿大东西海岸的太平洋铁路建成通车后，加拿大政府就推出了一系列旨在歧视限制华人的政策，其中最臭名昭著的是1885年通过的中国人人头税(Chinese Head Tax)法案和1923年开始实施的排华法案(An Act Respecting Chinese Immigration)，规定除外交人员、加拿大出生的华裔儿童、移民部部长批准入境的商人及在加拿大大学就读的学生外，任何华人不得入境加拿大。前者一直实施到1923年，后者则持续到1947年，由此带来的后果是20世纪前半叶在加拿大华人人口增长的长期停滞不前。从20世纪80年代开始，随着歧视政策的逐渐废除及中国大陆、香港地区、台湾地区形势的变化才有较多的新移民进入加拿大。今天，华人移民群体是仅次于南亚移民群体的加拿大的第二大移民群体。根据2016年的人口统计资料，加拿大全国共有华人移民130余万人。

在加拿大的华人移民特藏中，本地出版发行的中文报章占有重要地位。加拿大最早出现的华文报纸是1907年在温哥华创办的《大汉公报》及1922年于多伦多创刊的《醒华日报》，这两份报纸是加拿大最早的及最重要的华文报纸。其他比较重要的华文报纸包括：《新国民报》(1912—1984)、《洪钟报》(1928年创刊)、《太平洋星期刊》(1936年创刊)等。到20世纪70年代基于台湾和香港的商业日报先后出现在多伦多，1976年《世界日报》在加拿大首发，1993年《明报》《星岛日报》相继在加拿大发行，并逐渐扩增出“加东版”和“加西版”。自90年代开始，社区性的各类免费中文报纸相继出现在美加各地，成为中文媒体的另一种的重要形式。以《醒华日报》为例，这份20世纪初就在多伦多出版发行的中文报纸的独特性表现在：它是受国民党加东支部的完全控制，具有稳定的出版商和财务状况保障的中文日报，对本地华人社区的影响颇为深远。加拿大不列颠哥伦比亚省的西门菲莎大学(Simon Fraser University)的数字化项目——“加拿大的多元文化”(Multicultural Canada)，包含了该报的数字化扫描版本，多伦多大学郑裕彤东亚图书馆藏有该报的印刷版本，涵盖时间是20世纪70年代至90年代。

在1985年新年贺词中，《醒华日报》的主编陈以令提出了对海外华人的三个祝愿：第一，站在民族主义的立场，祝愿海外扩大华文教学成果，中华青年们都能接受我们中华文化的熏陶……不有“数典忘祖”的言行……第二，站在民权主义的立场，祝愿海外华人加强团结，善为运用选票，或投身参加当地政治活动，以求成功的当选公职人员……第三，站在民生主义的立场，祝愿海外华人在工商业经营上采行新方法、新企业出现，在科学技术上有新发明、新成就，人人发财富足，提高华族的社会地位。② 从上述言论可以看出，当时华人社区意识形态上的转变：从暂时居住在定居国的外人心态到融入主流社会，作为加拿大多元文化的族群中的一分子，更积极地参与到当地的政治经济活动当中。长期发行的《醒华日报》还在多伦多和加拿大东部华人的日常生活中扮演着重要角色。即使在20世纪50年代早期加拿大刚刚解除对排华法案的时期，在多伦多的华人已经开始经营不同的生意，包括杂货店、洗衣房、饭店、旅行社、药店、贸易公司和书店。一些受过教育的华人开始在银行工作(加拿大丰业银行、道明银行、加拿大帝国银行和皇家银行)，在保险公司和律师事务所工作。一些人还取得了家庭医生和牙医的行医执照(参见1954—1955间《醒华日报》的商业广告)。到20世纪80年代，虽然多伦多的华人人口数量仍旧很小(在1980年将近8万人)，华人所从事的商业服务范围之广还是给人留下深刻印象。尽管华人所从事的行业与20世纪60年代初期在本质上没有发生巨大变化，但从报纸中刊登的分类广告仍能反映出饭店、杂货店、家庭装修业等的持续性蓬勃发展。一些关于在蒙特利尔的商业机会的广告也刊登于《醒华日报》上，显示出这两个城市的华人之间密切的联系。华人剧院、印刷厂、超市、保险经纪和诊所也被加进华人经营的服务范畴之内③。

信息科技的进步与数字人文研究方法的出现，改变着海外华人研究者收集和分析相关资料的方法。使用包括数字人文研究方法之内的研究手段，对于在宏观与微观层面上掌握分析研究资料提供了更多的可能

① 黎全恩、丁果、贾葆蘅：《加拿大华侨移民史(1858—1966)》，人民出版社，2013
② 《醒华日报》，1985年1月2日，第1版。
③ 乔晓勤：《〈醒华日报〉所见证的加拿大华人社区的变化》，《天禄论丛》2015年，第5卷，第102—111页。

性。数字化的人文学科第一首资料和研究成果使得研究者能够更自如地在更广阔的时空框架下把握所分析的材料。对于中文报纸等大量当地华人社区的文本材料和其他材料的深入分析,有可能归纳出由这些材料所反映出的加拿大华人社会所经历的社会文化变化。从图 1 的《明报》词频分析的图表可以看出,在社区新闻栏目内的文章中,“加拿大”“共同”“主席”“政治”“投票”“投身”等高频出现的词语反映出加拿大华人社区政治参与的热情,而在参与的形式中选举投票是重要的形式。加拿大政府所奉行的多元文化政策反映在“多元”这样的词语的高出现率,反映加拿大华人的生存状况和社会文化生活的词语包括“捐助”“筹款”“身份”“苦主”“夜市”等等。更广泛内容的媒体报道中出现的高频词语也显示出身在加拿大的华人始终需要将关注的重点集中在所在国自己的生存状态上。中国大陆、香港地区、台湾地区的新闻和发展亦是本地华人关注的另一焦点所在。社区组织、政治活动、权益维护、文化活动的参与也非常重要。“一带一路”“新移民”“政府”等是反映这些关注方向的热词。

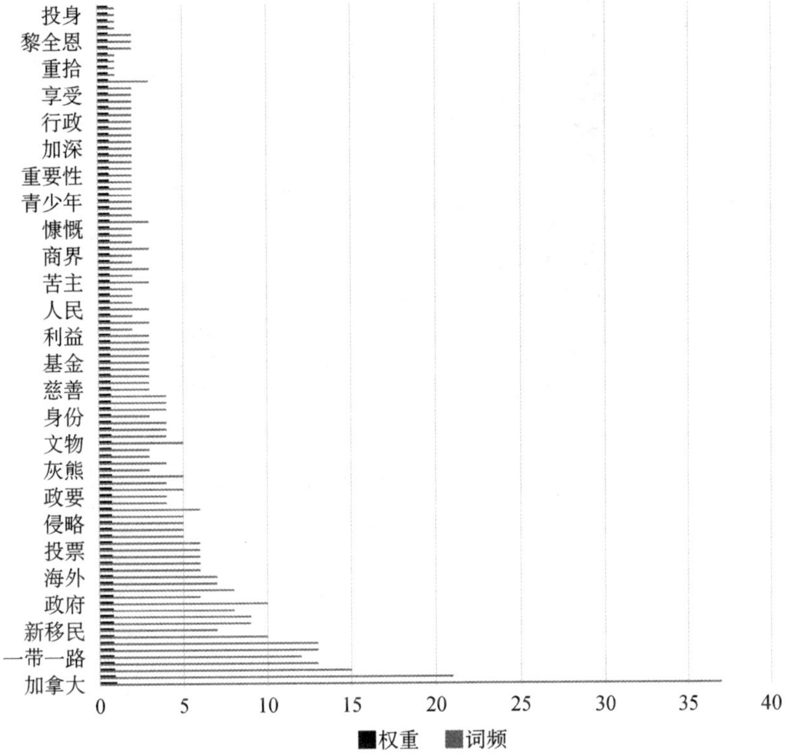

图 1 《明报》加西版社区新闻文本的词频分析

多伦多大学士嘉堡分校图书馆藏有号称北美最大规模的中餐馆资料特藏——史毕乐特藏(The Harley J. Spiller collection),其中包括超过 10 000 种北美各地中餐馆的菜单及参观宣传品、火柴盒及其他物品。收藏者史毕乐毕业于美国西北大学并长期在纽约的犹太人博物馆工作,他的餐馆菜单收藏的爱好始于 20 世纪 80 年代,他所收集的菜单范围除了不同地方菜系的中餐馆外,还包括南亚、东南亚、欧洲各国、韩国、日本、拉丁美洲、墨西哥及北美当地主流饮食餐馆的菜单,其中时间最早的可以追溯到 1896 年(图 2)。菜单所涉及参观的所在地以纽约市及纽约州最多,并遍及北美各地及世界各地,中国大陆、香港地区、台湾地区各大城市的餐馆菜单也在他的收罗之列。士嘉堡分校图书馆将其视为档案材料来进行处理,并拟通过数字化将此特藏中的一部分作为公开存取的资源。在档案资料的整理工作完成后,各类餐馆菜单可以根据餐馆的所在地及字母顺序进行检索。图 3 是元数据加工后的档案索取协助文档。此特藏的收购和系统档案整理及开放使用为研究者研究遍布世界的中餐馆及背后的华人移民的一种主要生计模式提供了第一手的研究资料,华人餐馆在 20 世纪 30～40 年代开始遍及加拿大城乡各地。从 1931 年加拿大政府所进行的第 7 次人口普查的数字来看,从事厨师职业的华人共有 6 327 人,在华人所从事的各项职业中占第 1 位。成为酒楼、饭店店主的华人有 3 574 人，在各项职业中占第 3 位。厨师当时的月收入为 30～40 加元，侍应生与洗碗工的月收入为 20～30 元。与之相对应，中餐馆菜品的价位也在 1～4 元之间。史毕乐特藏中所收藏的中餐馆菜单遍及加拿大各省。

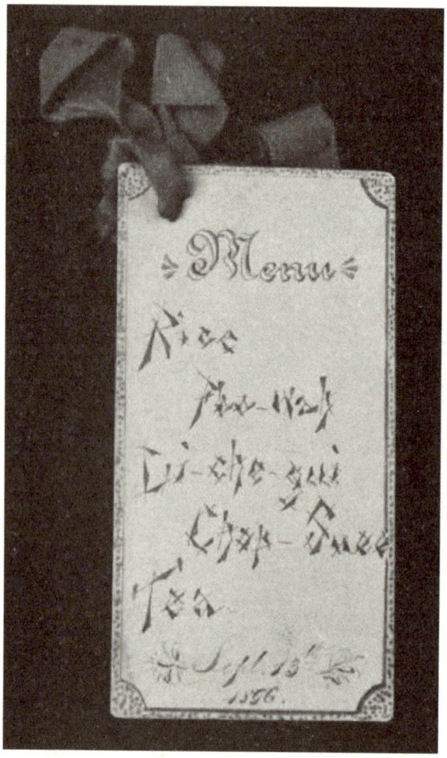

图 2　1896 年北美中餐馆的菜单(地点不详)

多伦多公共图书馆在其 2016—2019 年的战略计划中，将设立加拿大华人档案收藏作为他们的战略目标之一。这一特藏将包括大多伦多华人从 1878 年到现在的各类档案文献，从个人到团体的文字记录、历史老照片、文件、日记、回忆录到反映他们日常生活、社区发展、社会地位及对加拿大的贡献的第一手资料。在已收集的档案文献中，有 1885～1903 年间各个阶段的华人人头税票的原件。在此期间，歧视性的人头税从 1885 年的 50 加元，涨至 1900 年的 100 元，再涨至 1903 年的 500 加元。档案中还有记载本地华人生活经历的各种证件、文件及票据、老照片等，生动的记述了华人求生存，反歧视的艰辛历程。该计划的值得称道之处是，图书馆不遗余力地向社区宣传此档案收藏的重要性，鼓励本地华人踊跃捐献家里流传下来的记述华人历史的档案文献资料。结合多伦多市立档案馆和安大略省档案馆所藏的早期华人历史照片和其他文献，能够为研究者提供的加拿大华人研究的资料势必更加丰富。

综合以上的介绍和分析，我们可以看出特藏在海外华人研究中的重要地位。没有第一手的具体资料很难对华人社区的发展演变进行深入研究，然而，在收集、加工处理、将资料提供给使用者的各个环节上，我们都面临着一系列的困难和挑战。以多伦多大学东亚图书馆为例，本馆的采购经费要定向使用于购买用于学校师生教学和研究的中文人文社科文献资源，馆内并没有可用于收集特藏资源的专项经费。利用募捐和申请专项基金是购入特藏资源的渠道之一，但有相当的局限性。在获取资源的渠道方面也有诸多制约因素。虽然华人已经在多伦多落地生根一百多年，但是正规记述本地华人和唐人街的文献资料少之又少，向社区机构团体及个人寻求捐赠也是困难重重。一方面从人口的构成方面，在很长一段时间内蓝领劳动者占华人人口的大多数，在他们手中并没有太多反映本地华人生存状况和发展史的可供图书馆及档案馆收藏的档案文献资料。另一方面，出于隐私保护和团体内部资料的保密等诸多因素的考虑，拥有有价值的档案资料的团体和个人并不愿意将这些资料捐献给收藏机构。即便捐出的资料中，捐赠者也时也会设定条件，希望这些资料在相当长一段时间内不能对大众开放。在档案资料的加工处理方面,也面临着一些挑战。多伦多大学虽然有自己的档案馆,但没有懂中文的档案管理员。而与海外华人相关的资料多数情况下要按照档案资料的方式进行分类编目处理,而不能够按东亚图书馆编目员所熟知的图书文献的编目方法进行技术处理。考虑到版权和隐私保护,对档案文献的数字化加工也必须是一个慎重处理的过程。校内的有限使用可以是阶段性的处理办法,但此举会使特藏资料的价值无法充分发挥。在数字人文等研究方法开始大行其道的今天,数字资源的量与覆盖率是至关重要的。

反映当代学术发展趋势的跨学科研究、利用数字人文方法进行的研究等,要求研究资源的提供者能够提供更多样化的各类资源来满足研究的需要,特藏建设也不例外。从资料收集的范围来看,除了传统的特色档案资源,用音频和视频记录的口述历史资料,社交媒体无时无刻不在大量产生出的原始记录,与其他特藏资源密切相关的3D物品等都应该纳入我们收藏的范围。文本和数据的发掘,个人和群体历史性社会关系及活动空间在地理信息系统下的构建,无一不需要大量的、跨越相当长时空阶段的原始文本材料和数据的积累。资料来源的多样性也势必要求资料收集者之间的互相协调、通力合作。图书馆、档案馆、博物馆在收藏特藏资源时彼此分割,各行其是并不能使特藏资源的价值最大化。相反,在资料收集、整理、发布等所有环节上模糊彼此界限的协调配合,方可以产生出最佳效果,应该成为资源提供者努力的方向。

参与特藏合作，推进数字人文：达特茅斯学院丁家立档案项目

Nien Lin Xie
（美国达特茅斯学院图书馆）

摘要 本文讨论了达特茅斯学院的丁家立档案项目，用以考察在促进数字人文建设的同时参与特藏合作的价值。项目主要解决罕见和独特的一手资料的发现、数字化、出版并用于辅助课堂教学和研究。该项目作为案例，说明了图书馆员如何通过与教师和同事项目合作以创造知识，丰富学术研究内容，更好地为研究合作伙伴提供学术社区服务，而不仅仅作为内容提供者出现。

关键词 丁家立；中国教育；数字人文；特殊馆藏

Partnering with Special Collections in Promoting Digital Humanities: Papers of Charles Daniel Tenney at Dartmouth College

Nien Lin Xie
(Dartmouth College Library)

Abstract This paper discusses a project relating to the papers of Charles Tenney at Dartmouth College in order to examine the value of partnering with special collections while promoting digital humanities. It treats the discovery, digitization, publication and utilization of rare and unique primary resources in assisting classroom teaching and research. This project provides a case study that illustrates how, by creating collaborative projects with faculty and colleagues, librarians can create knowledge, enrich scholarship, and better serve academic communities as research partners instead of being mere content providers.

Keywords Charles Daniel Tenney; Education in China; Digital humanities; Special collections

In today's academic library world, special collections are playing a larger role than ever before. While both print and electronic resources can be purchased, subscribed to and often shared among libraries, unique and rare materials can only be found in special collections at individual institutions. Until recently, the only means to access materials in such special collections was to travel to the locations and use them on site. Implementation of open access policies and development of digitization technology have paved the way for the discovery and utilization of a great number of these resources in recent years. The project of Charles Tenney's papers that I conducted at Dartmouth College Library in 2012 is a case in point.

Charles Tenney was an American educator and diplomat. He played a pivotal role in pioneering China's modern educational system and was a well-known person in the history of US-China relations during the 19th century. In this paper, I introduce Tenney's papers' project from the initial discovery to its digitization and transcription, online publication, and to a further collaborative project of translation and scholarship that finally led to the making of the book *Ding Jiali dang an = The Papers of Charles Daniel Tenney*（丁家立档案）. I also explain how we integrated the resource with classroom teaching and standardized it as a paper assignment for a history class at Dartmouth, "History of Modern China since 1800" taught by Professor Pamela Crossley in the History Department. This instance demonstrates that by exploring hidden treasures at special collections and making them available to classrooms and the wider world, we can increase the value and extend the impact of rare resources, "using the past to serve the present" as a Chinese saying goes. We can also create new knowledge and scholarship by adding new contents through publication. I would further argue that librarians can better serve our academic institutions by being research partners rather than merely being content providers.

Nestled in the picturesque New England town of Hanover where Dartmouth College is situated, Rauner Specials Collections Library has been a treasure house of extraordinary rare books, manuscripts and archival materials. It houses the first of edition of *The Book of Mormon*, William Shakespeare's First Folio, the original version of Dickens' *David Copperfield*, The Robert Frost Papers, one of the largest and most important collections of Robert Frost works and Collection of George Washington's Papers, just to name a few. One largely unknown item in the collection is the first edition of *Quotations from Chairman Mao Tse-tung* published in 1964 in two volumes, one for the cadres and one for the rank and files. The head of Rauner Library, Jay Satterfield, once said that he bought the little red book for Dartmouth students to gain a glimpse to the most sold book in the world. To best assist campus teachings, Rauner Library is equipped with classrooms, scanners and cameras. Professors and students have direct access to all the materials which they can touch, flip through and examine with bare hands. I have personally taught classes there using books and artifacts in the collection.

Among Rauner Library's treasured items is, one particularly interesting folder, *the Papers of Charles Daniel Tenney*. Graduated from Dartmouth in 1878, Tenney went to China as a missionary in 1882, and moved to Tianjin after three years to focus on elite education. In 1886, Tenney organized the Anglo-Chinese school, and shortly after, his insight in modern education caught the attention of Viceroy Li Hongzhang, the most powerful man in China at the time. Li invited him to be a tutor for his own children at home.

In 1895, Tenney was appointed by Sheng Xuanhuai, Li Hongzhang's chief economic deputy and the Minister of Transportation of the Qing Dynasty, to be the President of Beiyang University, the first comprehensive Western style university in China and the predecessor of Tianjin University. He held that position for eleven years. Education at Beiyang University was interrupted as a result of the Boxer Rebellion of 1900, and Tianjin was occupied by foreign troops and a provisional government for the district was set up. From 1900 to 1902, Tenney served as Chinese Secretary of the Tianjin Provisional Government.

In 1902 Tenney made a trip to Berlin to take up with the German Government the question of compensation for the incorporation in the German Concession at Tientsin (Tianjin) of the original site of Peiyang (Beiyang) University. He was successful in obtaining an indemnity for the seized property, thereby enabling the University to erect new buildings at Hsiku in the north suburbs.

In 1906 Dr. Tenney retired as President of Peiyang (Beiyang) University and was appointed Director of Chinese Government students in the United States, in which capacity he remained until 1908, making his headquarters at Cambridge, Massachusetts. He brought with him to the United States for further study about thirty members of the Senior Class of Peiyang (Beiyang) University. On March 2, 1907 Tenney returned to Dartmouth as the director of Chinese government students. He had trained over fifty percent of the more than one hundred Chinese students who had enrolled in graduate programs at Ivy League institutions and MIT between 1901 and 1907. Many notable alumni from his university eventually took leading positions in various fields in China and played important roles in modern Chinese history.

Tenney's papers contain seven essays and a speech, consisting of partially typed texts and a partially handwritten manuscript. The essays are believed to be written between 1907 to 1925, after his career as the president of Beiyang University. Biographical in nature, they touch on China's educational reform, cultural values, religious history, the Republic of China, the modernization of Chinese language, and Viceroy Li Hongzhang. The folder also includes Tenney's English translation of two Kaifeng temple stones, as well as a chapter on Kaifeng Synagogue and Kaifeng Jews community. It is worth mentioning that Kaifeng Synagogue in the City of Kaifeng in Henan Province was the home of the only Jewish synagogue in China before it was burned down in 1860s. Tenney's vivid travel account to the site and his detailed description of the two stele monuments are valuable first-hand eyewitness to the history of Jewish community in Kaifeng. All in all, the papers were so eloquently written that they do not only acutely reflect Tenney's keen interests in China affairs, but also reveal his passion and longing to China's success.

The papers first came to Professor Crossley's attention when a visiting researcher from Princeton University came to Dartmouth to use them. Later, she introduced them to Niu Guanjie, a history professor from Renmin University of China and a visiting scholar at Dartmouth in 2007, whose research interest was in US-China relations in late 19th century. In 2010, the year after I became the East Asian Librarian at Dartmouth, I began to think how wonderful it would be to have the papers digitally available as online primary sources, accessible to classrooms on campus and all. My recognition was partly in response to the library call to propose digitization projects at that moment and partly a result of conversations with Professor Crossley. By then, Tenney's papers had been lying at Rauner Library for over 70 years.

As I glanced through the two chapters on Li Hongzhang, I was struck with a feeling of awe. We all knew who Li Hongzhang was but seeing a 100-year-old intimate personal account in handwritten letter form left me spellbound. Reading a bit further at other chapters, I couldn't shake off a sense of togetherness. Tenney wrote: "I have a profound respect for the good qualities of the Chinese". He looked at the Chinese ancestral rites from the perspective of a Chinese, and against expectation, permitted the monthly ceremonies to honor Confucius in his university. He believed in mutual learning and mutual benefit in establishing relations between East and West. Contrary to what I had learned earlier in my life, Tenney's views indicate that not all Westerners at that time thought themselves as superior to their Eastern contemporaries, and not that all missionaries tried to impose their own religious beliefs on others. Tenney was a globalist and ahead of his time as a thinker. He harbored a deep understanding of Chinese culture; he believed in the power of science and technology but with a twist, that they would only have a positive impact if applied to suit the Chinese social and economic environment.

What impressed me most as I read was that although China was going through much social turbulence and many failures at the beginning of the Republic, Tenney held an unwavering faith in the country: "I am confident that, if only China can be let alone; no other people interferes to keep up strife by intimidation and corrupt methods the good sense of the Chinese people will certainly bring about a solution of their difficulties, and the military bullies will be crowded out." One cannot help realizing the fact that Tenney wasn't only observing and studying China as a subject of his interest; he put himself in the shoes of the Chinese and considered himself as one of them.

In the spring of 2012, I proposed to the library administration to have the papers digitized. The immediate driving force at the time was to have them published on the college website for Crossley's history class in the fall term. The proposal was accepted almost instantly, and a project team was formed. Some torn pages were repaired by the preservation department; the papers were scanned by the digital production team and converted to machine-readable text using optical character recognition. TEI markup was applied in the cataloging department, encoding the texts and making them keyword-searchable. In October 2012, the papers came alive as an open access online resource, just in time for the class. Since then, they have become a standard class paper assignment. Professor Crossley requires her students to use the papers as the basis of a research exercise, exploring topics as various as the family attitudes of Li Hongzhang, the origins of the modern transliteration system for Chinese, and the Jewish monuments in Kaifeng. In evaluating the project, Crossley said: "Digitization of the materials has added an important new dimension to historical study for Dartmouth students. Understanding the origins of information and the context in which historical documents are created is essential to historical study. In fields outside American history, students are often limited to published collections of documents, often translated from foreign languages. For undergraduates generally, digitization of the Tenney archives and easy availability via the Dartmouth website has made possible student access to original documents showing the emergence of an influential American view of China at a critical historical moment, from 1882 to 1920, a period in which the empire fell, and a new republic struggled to emerge."

Inspired by the compelling richness of the papers, my colleague at Binghamton University, Julie Wang and I explored the possibility of further scholarship with Tenney's project. We asked ourselves: Wouldn't a translation into Chinese be useful to scholars of history at Tianjin University? To those who can only read Chinese? Wouldn't further research be meaningful to this scarcely studied yet influential historical figure in contemporary Chinese education?

In 2013, at the annual meeting of the Society of Chinese studies librarians, Julie and I presented Tenney's project. The head of Guangxi Normal University Press, He Linxia, approached us to express his interest in publishing a translated volume accompanied by scans of the original documents. Ding Ye, our colleague from Georgetown University, agreed to join us in the translation. We invited Professor Crossley to write an essay "Charles Tenney's Remnants of a Foreign Life in China" which served as the introduction of the book. We incorporated an address that Tenney delivered to Dartmouth students in 1907: "Educational reform in China". We added a chronology and a bibliography of Tenney that Julie Wang compiled. We also included an academic article by Professor Niu Guanjie. Our book was published in 2015.

Based upon my experience of the Tenney's papers project, I offer the following in closing:

(1) Develop projects aligned with libraries' strategic planning. As librarianship embraces rapid transformation and development with new modes of teaching, researching and publishing, it is central to librarians to stay adaptive and focused to adjust to ebb and flow. By following this principle, one can obtain a library administration's support, which is the first step towards any successful projects. When I became the East Asian librarian nine years ago, my primary responsibility was still largely based on physical collection, although it was already shifting towards licensed electronic resources. We then evolved into the era of internet when vast amount of information became easily available with everything connected by network. As digital humanities gradually gained momentum, we have embarked on projects of digitization, open access publishing and cross border collaborations while advancing into computerized data manipulation.

(2) Collaboration, collaboration and collaboration. As many East Asian librarians in American academic institutions are solo librarians responsible for Chinese, Japanese and Korean collections, it is imperative to keep the team work spirit alive. In Tenney's papers project, for content, I had the moral and intellectual support from our faculty on campus and librarian colleagues from other institutions; For technological support, a steady work flow between preservation, cataloging, digital production team and Rauner Special Collections Library enabled a smooth advancement from stage to stage; for the publication, the book would not have come out in time to be used for Crossley's history class had it not been to the diligent, excellent proof reading and editing skills demonstrated by our editor at Guangxi Normal University Press.

(3) Dare to enter uncharted waters. The expansion of digital technology in academic libraries lead to exploration of innovative ideas and new design possibilities unknown before. By actively engaging in these explorations, librarians can stretch their imagination, develop their potentials and create collections of originality that combines ideas with technology. Since the completion of the Tenney's project, I have undertaken a new collection on the "Up to the Mountains and down to the Countryside Movement" in the 60s and 70s. So far, I have collected over 1,500 pages of diaries, manuscripts, photos and artifacts for the library. At the same time, we have also conducted over twenty hours of oral history video recordings. I envision that the library will produce a multifaceted online resource that incorporates an image collection, an interactive searchable text collection, and an oral history video collection, all presented on a single platform. Although Dartmouth College Library hasn't yet experimented with a production of this nature, the initial scanning and metadata of the materials have been completed and related departments have shown an increased curiosity and interest in working on this ongoing project towards our goal.

Moving forward, opportunities for digital humanities are abundant with positions of digital humanities librarians and digital humanities centers created at many institutions accompanied by new tools and technologies. Librarians will continue to play a key role in the future development. We will work collaboratively to increase our specialized digital collections, promote scholarly online publication, create projects of web archiving on topics of common interest, engage in text mining and analytics to assist scholars, and we will further explore for the best model of digital humanities.

Notes

i Dartmouth College Library Guide to the Papers of Charles D. Tenney, circa 1919 - 1986. Retrieved April 23,2018, from http://ead.dartmouth.edu/html/ms794_fullguide.html

ii Dartmouth College Library Guide to the Papers of Charles D. Tenney, circa 1919 - 1986. Retrieved April 23,2018, from http://ead.dartmouth.edu/html/ms794_fullguide.html

iii Xie, Nianlin, Wang, Xiaoyan, Ye, Ding. *Ding Jiali dang an = The Papers of Charles Daniel Tenney*. Guilin: Guangxi Normal University Press, 2015. p. 16.

iv Xie, Nianlin, Wang, Xiaoyan, Ye, Ding. *Ding Jiali dang an = The Papers of Charles Daniel Tenney*. Guilin: Guangxi Normal University Press, 2015. p. 41 - 42.

v Crossley, Pamela Kyle. Personal correspondence, December 18,2013.

新时代图书馆学教育与学科建设

Library Science Education and Disciplinary Construction

MOOCs时代公共图书馆应对策略研究

田沈艳
（辽宁省图书馆）

摘要 图书馆界对MOOCs今后产生的影响早就进行了积极的探索并主动参与MOOCs建设中。本文阐述了，MOOCs的特殊性与图书馆互动、教学参考资源的形态和服务方式的改变，MOOCs环境下图书馆面临的挑战等。“一场数字海啸”将公共图书馆融入全新科技领域，图书馆将尝试探索跨专业的合作模式；构建跨地域、跨行业的资源与系统集成平台。

关键词 MOOCs服务；课程建设；图书馆员

Challenges and Strategies of Public Libraries in the MOOCs Era

Tian Shenyan
(Liaoning Library)

Abstract The influence of the library circle on the MOOCs in the future has been actively explored and actively participated in the construction of the MOOCs. This paper expounds, The particularity of MOOCs and the change of the form and service mode of the interaction of the library and the teaching reference resources, Under the MOOCs environment the library faces the challenge and so on。 “A digital tsunami” The public library into the new science and technology, Library will try to explore the mode of cross-professional cooperation; Build a cross regional、 cross industry resources and system integration platform。

Keywords MOOCs services; Course construction; Librarian

慕课，简称“MOOC”，也称“MOOCs”，是新近涌现出来的一种在线课程开发模式，它发端于过去的学习管理系统与更多的开放网络资源综合起来的课程开发模式。2014年5月，中国教育部受课程网和网易合作推出了拥有中国自主知识产权的MOOCs平台中国大学MOOCs。作为图书馆馆员在这场MOOCs浪潮中又能扮演什么样的角色、起到怎样的作用值得我们探讨。

1 MOOCs的兴起

所谓“慕课”（MOOCs），顾名思义，“M”代表Massive（大规模）慕课，与传统课程只有几十个或几百个学生不同，一门MOOCs课程动辄上万人，最多达16万人；第二个字母“O”代表Open（开放），以兴趣导向，凡是想学习的，都可以进来学，不分国籍，只需一个邮箱，就可注册参与；第三个字母“O”代表Online（在线），学习在网上完成，不受时空限制；第四个字母“C”代表Course，就是课程的意思。由于大学在校费用不断攀升，加上在线学习模式的兴起，成为催生开放式网络教育的两大主因。

MOOCs发展趋势必将走上传统教育舞台，开辟一种全新“颠覆课堂”的教学模式。约翰米切尔是斯坦福大学新任副教务长，负责网络教学，他赞成用MOOCs替代传统课程，这样在校时间可主要用于交流和讨论而不是上课；麻省大学罗威尔分校的教授Fred Martin在论文“大规模开放网络课程如何改变我们的教学”中也持类似观点。其他的学术政策观察家还包括《高等教育编年史》的主编Jeff Salingo，他预测大学将通过MOOCs评估高中毕业生的能力，确定录取到真正优秀的应试者。图书馆界必须关注到这些变化及发展趋势，随着MOOCs逐渐融入大学及各类教育体系，图书馆为网络学员提供哪种服务、方法更适合MOOCs平台的途径？图书馆员将如何应对MOOCs全新任务领域？

2 公共图书馆如何适应MOOCs大环境

2.1 MOOCs的特殊性与图书馆面临的问题

2.1.1 如果学员数量远远超过那些学位授予单位主办的常规网络教育。这种情况下图书馆员若将网络学习整合进图书馆业务，仅凭借以往的经验等方式就难以开展工作。

2.1.2 MOOCs 它是由第三方企业主办的，这就涉及大量的技术和产权问题。由于学位授予单位提供的多数网课都使用了 Blackboard 之类的课程管理系统，用它来发送作业、讲座和其他教学内容。因此，如果图书馆与这些网络课程进行了整合，图书馆员就必须在技术和工作方式上做出调整以适应网络系统学习的需求。但遗憾的是，由于 MOOCs 使用的是自带的平台支持教学内容，图书馆原管理系统很难与外部的 MOOC 平台完成衔接。也就是说，图书馆若想参与 MOOCs 教育，并达到校内网课一样的规模，就需要两套网络环境同时运作。

2.1.3 图书馆如何为那些数量远超传统大学注册量的学员们提供服务以及如何克服技术难题，将图书馆资源嵌入到第三方平台之中。

3 图书馆如何解决在 MOOCs 环境出现的问题

3.1 如何解决资源运用与衔接问题

首先：最需要的是作为图书馆员要担当起 MOOCs 授课与教学任务。利用馆藏丰富资源，通过列表、图片、详细资源反馈等方式，让学员了解都有哪些资源；其次：图书馆员必须检查教程和研究指南的内容和适用范围，因为有的数据库学习资源都会有版权限制，MOOCs 学员将无法利用它们。美国图书馆面临此类问题解决方式是下载免费的同行评议研究教程，而在中国同样在网络多媒体教学资源网也有类似项目，下载运用可以满足学员学习需求。最后，图书馆就可以在网络平台上向学员提供指向教程和研究指南部分的链接。

3.2 如何解决学员各类学习群体

对于那种规定人数的限制型网络课程则采用“嵌入式图书馆员”的方法。例如：在纽约州立大学奥斯威哥分校，图书馆员与学院人士，将研究任务与教程纳入网络教学平台的课程管理系统之中。诺瓦东南大学的 Dominguez-Flores 通过在图书馆网络学习社区的互动，成功地对一群本科生进行了读写技能培训。对于可以容纳广大学员的网络学习课程平台，可以按学科、人数、进度等进行筛选、划分，使该平台不仅检测学员的学习成绩，也可以利用相关软件用来检验学员在平台学习之中的表现及讨论时参与程度和平台所提供的工具和学习资源利用情况。

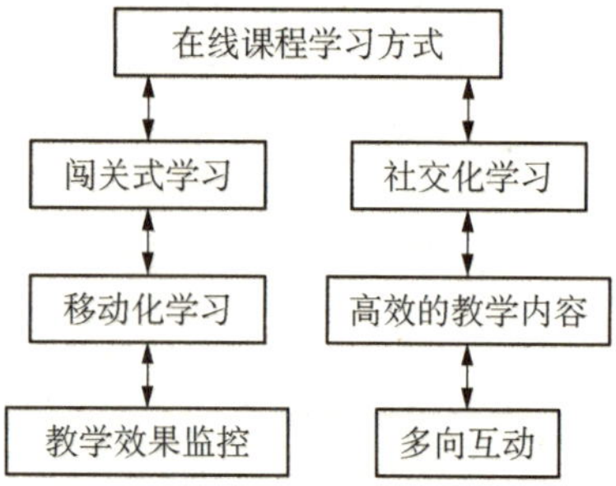

图 1 MOOCs 课程平台功能框架设计

4 图书馆开展 MOOCs 服务试行方案

MOOCs 课程平台功能框架设计包括①闯关式学习：学习者进入每一个学科前闯关条件，学习时长或测试等；②社交化学习：参与学习的人员在所学学科内容进行互动讨论；③移动化学习：学习者可以利用电子移动设备；④高效的教学内容：随时更新学科内容，提供灵活有效的课程制作工具；⑤教学效果监控：随时掌控学生学习进度、实时访问、成绩分析等。⑥多向互动：提供师生互动、生生互动、线上线下互动等模式

5 图书馆在 MOOCs 模式下创新服务

5.1 图书馆嵌入式 MOOCs 服务流程

MOOCs 服务流程：学科选题→学科规划→知识点设计→课程安排→课程全程拍摄→后期整理制作→整合辅助资料→课程上线。MOOCs 根据网络学习的特点，由优秀专业教师和图书馆资深团队共同为在线学习者设计全新课堂，每科核心内容全部按知识点进行组合，丢掉传统课堂的授课模式与内容，重组并开发全新的授课内容。在此，图书馆深度学科馆员的任务尤其重要。

图书馆的服务可以通过学科馆员的身份，直接加入到课程团队，全程提供背景材料的检索、筛选、推荐、萃取、链接和相应版权顾问服务，为了保证课程开发的进度和质量，减轻馆员繁杂的工作负担，方便各层次学员随时可以吸取、归纳、提高所属学科的进度及质量。图书馆学科馆员根据每门课程的特点和教学要求，经过筛选的系统的专业的信息资源，提供给所需要的学员。这正是 MOOCs 馆员团队打破时间和空间的限制深度创新服务一大特点。

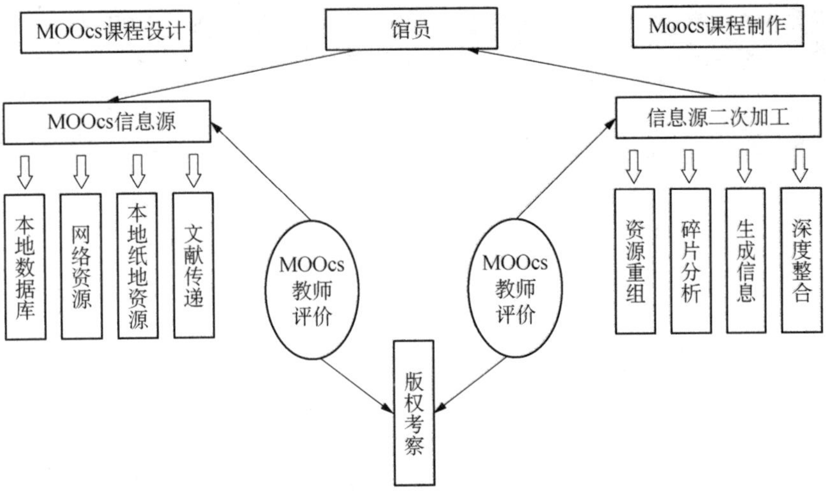

图 2 嵌入式 MOOCs 服务流程

5.2 图书馆创建 MOOCs 学习帮助枢纽

MOOCs 学习帮助枢纽可以将学习者集中在一起。同时,学习者彼此可以探讨学习内容、分享学科笔记、资料和学习体会。通过答疑、互相督促等方式促进学习增强学习动力,这种 MOOCs 学习枢纽帮助中心将更适合在校学生。学科馆员充分利用图书馆馆藏资源和良好学习环境这一优势,建立 MOOCs 学习枢纽中心,凭借海量文献和方便快捷获取文献的技术条件,为 MOOCs 学习者提供包括电子馆藏、电子讲义、在线培训、数字研究资料以及 MOOCs 讨论等线上或线下服务。总之,图书馆学科馆员的作用是支持 MOOCs 学习者评估、筛选自己所需要的信息,提高在线学习环境中综合使用信息的技能。

5.3 图书馆馆员参与 MOOCs 学习

图书馆员的职业是一个需要终生学习的职业。在社会发展中,图书馆员信息素养的提升十分重要。在信息素养的要素中,信息知识(信息文化知识、计算机网络技能、检索工具的使用和检索方法的掌握等)和信息能力(信息技术应用能力、信息获取能力和信息整合能力等)尤为重要。MOOCs 教育模式的出现对图书馆人的信息素养提出了新的挑战,所以,为了具备嵌入 MOOCs 服务的能力,深度学科馆员必须了解 MOOCs 发展的基本概况以及与 MOOCs 课程需求之间的差距。对于学习者,图书馆的服务不仅可以通过馆员身份,帮助 MOOCs 教师为学生提供精准、完整、无缝、高效、丰富的课程学习资源,还可加入一门门课程的学习社区,与助教团队一起提供在线信息参考咨询服务。适合图书馆员参与的课程很多,尤其依托 www.topu.com 平台由中国科学技术大学罗昭锋讲授的《文献管理与信息分析》课程对图书馆员及从事信息检索人员有一定借鉴意义,是一门非常适合图书馆员参与学习,提升自身学识的 MOOCs 经典课程。课程包括信息获取、信息管理、信息分析及信息利用 4 个方面,介绍信息时代人们如何追踪最新研究前沿,如何处理科学文献和碎片化信息,对图书馆员借助现代网络工具高效利用信息转化知识、提升适应新环境的信息采集技能有很大帮助。

6 结语

MOOCs 正在改变着人们在线学习的学习方式与创新的网络教育方式,不仅对在线教育和高等教育产生影响,而且也会给整个互联网产业引起巨大反响。公共图书馆特别是图书馆员在这全新 MOOCs 变革中应采取主动参与、主动接纳、积极配合、快速提升自身竞争力,全身心融入慕课的建设中。MOOCs 建设将与图书馆相互促进发展并对馆藏资源、数字资源、信息素养教育等服务起到进一步推动与深化的作用。

参考文献

[1] Forrest Wright. 图书馆员需如何应对 MOOCs [J]. 数字图书馆杂志,2013(3—4): 19.
[2] 傅天珍. 高校图书馆应对 MOOC 挑战的策略探讨[J]. 大学图书馆学报,2014(1): 20—24.

[3] 张文娟. 基于 MOOCs 教育模式的深度学科馆员服务创新[J]. 图书馆工作与研究，2008(2)：86.
[4] 罗博. 大规模在线开放课程(MOOCs)与高校图书馆角色研究综述[J]. 图书情报工作，2014(3)：130—135.
[5] 秦虹. MOOCs 的兴起及图书馆的角色[J]. 中国图书馆学报，2014(2)：19—24.

高校图书馆面向附属医院的教学、科研、诊疗、管理四合一的嵌入式服务模式构建

杨　颖

（中国医科大学图书馆）

摘要　探索医学高等院校面向附属临床学院开展嵌入式服务的可行性及模式构建。本文通过网络调研和文献检索关于图书馆嵌入式学科服务的相关内容并进行文献计量分析。结合相关文献，本文提出医学高等院校图书馆为附属临床学院提供嵌入科研、教学、诊疗及管理四合一的服务模式，有助于医学高校图书馆影响力的提升和品牌形象的建立，而且助力医学生的培养教育，促进医务工作者的科研进展，提升临床诊疗准确性，辅助管理决策层打造学科核心竞争力，完善学科建设。

关键词　医学高等院校；图书馆；嵌入式服务；临床学院

Model Construction of Library Service for the Affiliated Clinical College with Embedded Scientific Research, Teaching, Diagnosis and Management

Yang Ying

(Library of China Medical University)

Abstract　To expound the feasibility of the medical university library to provide the embedded service for the affiliated clinical college of the university, and to explore the mode of the embedded subject service. Retrieve and analyze literature database about embedded subject service comprehensively. We propose the mode of the subject service for the affiliated clinical college embedded research and teaching, diagnosis and management. The embedded subject service for the affiliated clinical college helps to enhance the influence of medical university lbrary and establish brand image. It will help the medical students training and promote the scientific research progress of medical workers, improve the accuracy of clinical diagnosis and treatment, and help management decision-makers to make the core competitiveness of subjects, and improve the discipline construction.

Keywords　Medical university; Library; Embedded subject service; Clinical college

1　引言

作为知识和信息传播的机构，医学高校图书馆在医学教育工作中发挥着重要的支柱作用。当今，在大数据及“互联网＋”发展的大潮中，医学领域受到海量分布的、异构的数据的冲击，对医务工作者面对医学知识的筛选困难重重。因此，医务工作者对能够满足其个性化的、整合的学科知识服务需求日益增加。知识的复杂性、多样性与领域工作者对个性化知识的需求间的矛盾不仅要求图书馆情报技术（如多元统计、数据挖掘方法等）不断发展，以研制智能化、语义化的搜索引擎，更需要图书馆情报工作者发展全新的服务方式，提供两者间的无缝连接。嵌入式的学科服务已经渗透入各个学科领域，对数字空间建设与信息架构、项目的数据管理、外语教学、医学实践等等都带来巨大影响。

本文主要探索医学高校图书馆面向附属临床学院开展嵌入式的学科服务模式，从嵌入教学、科研、临床诊疗及管理四合一的方式，不仅辅助医学生的培养教育，促进医务工作者的科研进展，提升临床诊疗准确性，还能从宏观上帮助行业进步，辅助管理决策层打造学科核心竞争力，完善学科建设。

2　医学高校图书馆嵌入式学科服务现状

2.1　国外嵌入式图书馆学科服务研究现状

关于医学图书馆嵌入教学的学科服务研究国外比较成熟。美国爱荷华大学 Hardin 医学图书馆、瑞典医学图书馆、悉尼大学医学图书馆、纽约市立大学史泰登岛学院图书馆等在其信息素质教育中实行了嵌入式教学。美国新墨西哥大学学院运用问题导向式(PBL-Problem Based Learning)的教学方法，由专业课教师和图书馆员共同设计该教学模式。美弗吉尼亚联邦大学医学院在教学当中将电脑化知识应用于计算机实验室中，并以此调整信息课程。

关于医学图书馆嵌入科研的学科服务，研究已经进入了实践阶段。威尔士医学图书馆的专业馆员们通过跟踪课题，探索用户的需求并紧跟课题进展，同时将服务对象分成基础医学服务和临床—护理服务两部分。他们的服务对象不仅仅是科研人员，还包括领导决策层。关于医学图书馆嵌入临床诊疗的学科服务，美国医院图书馆实施了临床医学图书馆员 CML 计划，Wining 等人提出 CML 的内涵等同于信息专家和医疗团队的结合体，提供筛选过的高质量信息并且加强了临床医生对图书馆的馆藏，知识的利用。Welch 医学图书馆的学科信息专员已经从院系信息联络员到院系嵌入式信息专员转变，为用户提供门户网站，参与系统审议小组，参与科研项目。印第安纳州的“手肩中心”的图书管理员嵌入到外科手术和治疗实践中，通过前沿的技术对教育和科学研究带来许多影响。美国学者莱姆伯界定了临床医学图书馆员的工作范围，即与临床医生一同查房并进行医学讨论，以期能够获得医学研究相关方面的第一手资料。医学领域最新的研究和文献来源于世界各地浩如烟海的科研机构，其中的内容分工不同，方向各异，甚至在语言上也为临床医生设置了一层藩篱，此时临床医学图书馆员在情报学上的知识和技能就能够为临床医生节省了耗费在自己不熟悉的信息领域上的精力和能量，甚至能够为临床医生普及一些相关密切联系的知识。

2.2　国内嵌入式图书馆学科服务研究现状

国内的嵌入式临床知识服务主要强调理论的探索，而国外医学领域的嵌入式知识服务强调实践。但现在国内相继也有一些研究人员开始探索嵌入式知识服务在医学领域实践的可行性，挖掘图书馆员在临床当中的作用。

通过检索中文全文数据库 CNKI 中关于“嵌入式图书馆学科服务”的相关文献，策略选取主题字段“(嵌入服务 or 嵌入式服务 or 嵌入学科服务 or 嵌入式学科服务 or 嵌入式知识服务)and 图书馆”共检索到 536 篇文献，总体时间分布趋势见图 1：该类文献始于 2007 年，开始呈现缓慢上升趋势，从 2011 年以后呈现出迅速增长趋势；学科以图书馆情报与数字图书馆为主，其次是教育理论与教育管理，学科分布见图 2；研究层次分布图 3 显示基础性研究最多，占全部发文的 79.68%，行业指导及职业指导实践类的报道较少。综述上述研究，在实践中，北京大学医学部从 2004 年开始，进行 PBL 教学改革，馆员在专业课的教学中为学生提供信息查询和授课指导以及专题研究可以利用的信息资源，并创建了 PBL 教学改革网站。中南大学湘雅医学院开设的医学专业文献检索课程，真正嵌入到临床医学专业教学中，要求学生结合自己所学医学专业选题，写一份专题文献检索综述报告，收到了良好的教学效果。嵌入式教学正以崭新的生命力在信息服务中发挥日益重要作用。清华大学图书馆，与对口院系联系为教授提供有针对性的综合信息服务、参与多层次的用户教育活动、学科网络资源导航、为科研发展尽一己之力。

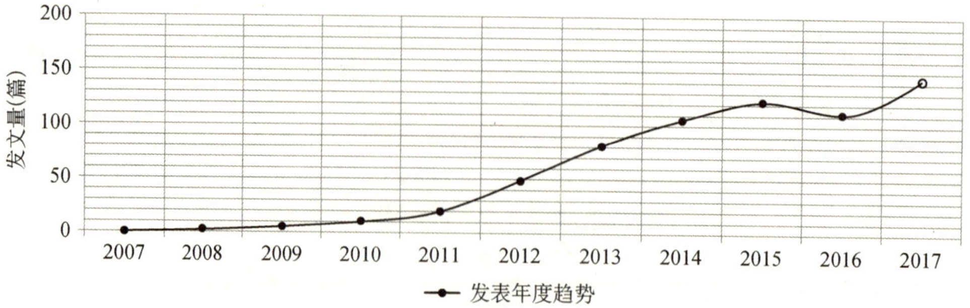

图 1　“图书馆嵌入式学科服务”发文总体趋势分析

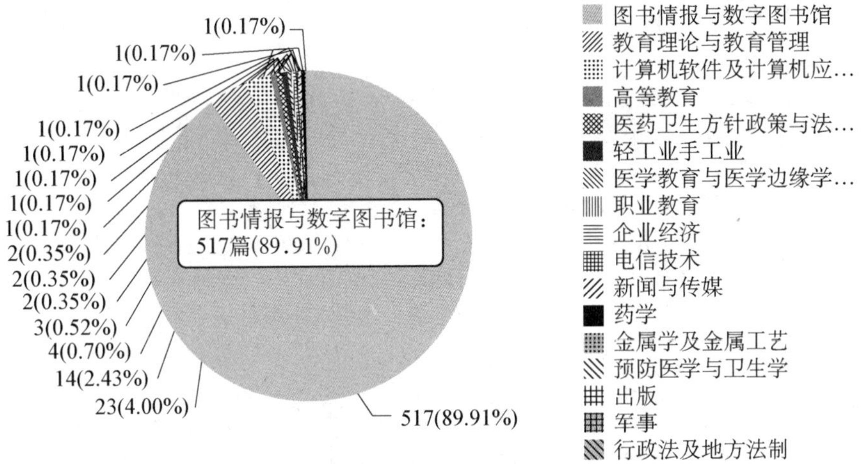

图 2 “图书馆嵌入式学科服务”的学科分布

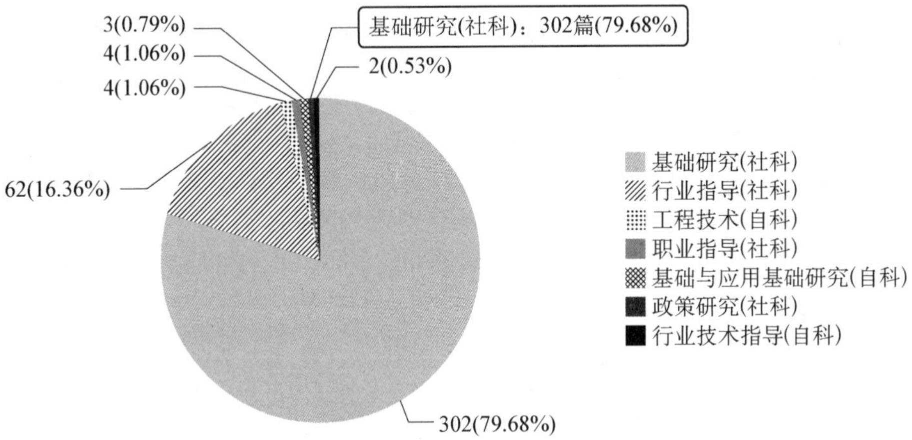

图 3 “图书馆嵌入式学科服务”的研究层次分布

3 可行性及必要性分析

3.1 医生的迫切需求

随着信息量的爆炸性增加、科学技术的不断进步和网络资源剧增，医务人员获取医学信息的途径、方式不断发生着变化，这就增加了医务人员获取医学信息的难度，而对基层医生，此种情形更为突出。在信息庞杂的背景下，工作繁忙的临床医生对于学科动态的了解是一种基本要求。医生在诊疗中不仅借助临床经验，同时也需要学术知识的储备。嵌入式馆员可以为临床医生普及相关领域的学术动态及研究成果，且能够通过图情技术和信息检索为其解决当前所面临的难题和困境。

3.2 医疗机构的诉求

医疗机构担任着协调院内医疗资源的分配，决策学科发展，协调全局的完整和协调发展。嵌入式馆员可以发挥自身优势，建立起临床医生与医疗机构各个部门之间的桥梁，起到良好的沟通效果。对于决策领导层，把握医院各学科发展命脉，调整学科布局，完善学科建设，嵌入式馆员可以提供相应的学科竞争力分析报告，助其一臂之力。

3.3 丰富馆藏资源与个性化需求

信息资源密集医学高等院校图书馆，与综合高校图书馆具有共同之处，都有着丰富密集的信息资源，不同之处在于医学专业的特殊性，馆藏及数据服务中医学专业文献资料丰富全面且更新快速。医学高校图书馆是专业文献信息中心，是信息化和社会化的重要基地。然而，附属临床学院的医生工作繁忙，到馆受限，无法充分利用物理资源，对于文献资源库和信息网站，需要有专门人员培训使用，急需与科研过程相融合的个性化、专业化、知识化的一站式服务。

3.4 专业的馆员队伍及服务理念

医学高校图书馆馆员所学专业涵盖医学信息学、图书情报学、医学、外国语以及计算机等，硕士及以上高学历人员组成比例较高，学科结构以及学历层次都具备优势。由于医学高校图书馆馆员具有专业医学知识背景，这一优势为图书馆员加入临床的教学、科研及实践中奠定良好基石。

泛在化的学科服务下，图书馆的服务理念会进一步转化提升。医学高校图书馆馆员具有专业的图书馆知识与技能，保证数据检索、信息筛选以及查新工作的高效、准确地完成，同时还可承担临床学院科研人员导读或提供科研数据、竞争情报的挖掘指引等服务，进而推广图书馆品牌服务。

4 嵌入教学、科研与临床实践的学科服务模式构建

大数据及“互联网+”信息爆炸时代，嵌入式学科服务模式的构建是面向教学、科研、临床诊疗与管理四合一全方位，结合循证医学与转化医学进行的综合性的服务模式。

4.1 嵌入临床教学的学科服务

对于附属医院及科室开展的嵌入教学的学科服务，即学科馆员嵌入到课堂或网络教学平台，对临床人员的信息素养能力的培养与临床专业课对接。其方式和手段多元化，可以借助开发多媒体课件，供应数字图像教学设备，录像支持、教学评估、馆员走进院系整合课程教学资源等。对于嵌入课堂的方式，馆员与教师共同讨论教学大纲，分析教学案例，配合图书馆资源，使学生增强自学能力，提高教学质量。比如，利用图书馆数据库资源 primal 为解剖课教师提供人体解剖动态视频，便于医学生理解记忆；利用资源 clinical key 帮助提高在线学习能力及教学水平；借助医学教学素材库中的手术过程视频模拟身临其境的手术技巧。对于嵌入到网络教学平台方式，创建以能够融入临床课程的在线学习模块，配合专门针对课程为教师定制专题培训资料及课程指南。真正实现在线课堂的辅助教学模式和基于社交网站的课后引导模式。

4.2 嵌入科研的学科服务模式

4.2.1 构建资源共享平台

采用网络技术，搭建资源共享平台，完善学科导航，借助自身优势，发布学科发展动态、科研进展以及成果公布等信息，实现动态更新的知识数据库，为学科发展提供依据。馆员融入临床工作者的科研中，辅助临床学院的学科建设，为学科建设提供信息资源支撑。

4.2.2 科研统计分析

可以利用 SCIE 等数据库帮助临床科研人员分析科研合作开展情况，识别出高效合作伙伴；分析某研究领域的高产出研究人员，可选择小同行审稿专家及潜在的合作者；分析综述研究，提供该项研究达到什么水平、存在哪些不足以及发展方向等；分析高发文来源期刊，提供选择相关的学术期刊进行投稿；确定高水平期刊、投稿方向；能够帮助其查找学科大咖，攻读学位继续深造等等。通过文献、情报及信息等专业技能的学习，可有效帮助临床一线医护人员论文写作，提高科研效率。

4.2.3 数据挖掘学科前沿热点

借助大数据环境及数据挖掘技术，利用文献数据库、网络资源等为附属医院科研人员提供深层次的信息及情报服务。对临床重点学科进行综合情报服务，包括前沿热点领域的战略情报研究，通过科学计量学的方法，如共词分析、共引分析、合作分析等方法结合可视化展示出学科的前沿热点领域与发展历史脉络或是该领域重要人物合作情况，为学科决策者提供某领域的全面分析，以便掌握该领域的研究热点和大局。同时，为临床医生提供三维打印机、智能手机应用程序和非传统的在线访问等发展技术，外科医生可以将更多的时间用于临床和研究活动。

4.2.4 双向培训

实施双向培训与学术交流会，可更直观、快捷的服务临床学院医护人员。一方面，馆员可参与到临床工作者的科研小组，长期课题跟踪，锁定目标，及时发布小组课题内容的科研进展及相关动态；同时，定期开展针对医务工作者的信息素养培训及专题性较强的培训活动。另一方面，邀请课题负责人或熟悉课题的参与者对馆员进行该课题的培训，听取课题专家讲解课题热点和难点，提升馆员的专业知识能力，并了解该课题

组的当前信息需求。

4.2.5 科研成果转化

对附属医院的服务，成果转化服务不可或缺。图书馆员真正参与到基础实验的科研活动中，并利用数据挖掘技术从海量文献等相关信息中抽取一定的知识，提供给医生，与临床相结合，为科技成果转移转化提供全方位的知识产权分析支持。将医学理论知识和基础实验结果转化成临床成果，可弥补基础实验研发与临床和公共卫生应用之间的鸿沟，为开发新药品、研究新的治疗方法开辟新途径，助推“从实验室到临床应用”的一个连续、双向、开放的研究过程。

4.3 嵌入临床实践的学科服务模式

嵌入临床实践的学科服务需在医务工作者的临床实践过程中提供服务，这对嵌入临床实践的馆员提出更高的要求，也是难度最大的。他们必须掌握复杂的临床诊疗过程，且提供的服务应符合临床实践要求，做到对医务工作者、患者和社会负责，全方位保障服务的准确性、可靠性和时效性。开展初期，可以针对某一个学科为试点，学科馆员抽出半年或一年的时间参与该学科的基础理论学习与临床实践实习，并参与到该学科的某课题中，掌握最新的动态。在专业知识武装的背景下，医学高校图书馆可通过直接参与临床诊疗当中，如门诊的望闻问切、检查室的各项检查、病房的管床与查房、手术室的手术过程，并结合医院管理制度及相关临床专业知识来支撑其服务。

在临床诊疗过程中，嵌入式学科服务的关键是将学科服务真正嵌入到医务工作者的工作环境和知识环境，即决策循环和知识循环中。第一，嵌入诊疗过程，提供相关医疗数据采集、诊疗方案查询、疾病鉴别诊断及预后评估等知识服务，增强医务工作者诊疗决策能力、帮助其诊疗错误最小化，促进临床决策与诊疗过程中各种医疗信息流动，加速决策循环并提高决策准确率；第二，嵌入学科的知识循环的学科服务是在整个诊疗基础之上，提供各种信息资源、数据挖掘与知识发现等服务，完善临床知识体系，构建医务工作者知识环境，提升嵌入式学科服务价值。这种嵌入知识循环的学科服务通过搜集各种有价值的信息，利用统计学及数据挖掘等技术，归纳积累成知识体系，如临床案例的积累、电子病历数据的挖掘、循证医学数据库的构建等，供卫生技术人员学习和使用，促进知识的循环与利用。

4.4 嵌入管理的学科服务模式

4.4.1 智库服务辅助管理

医院领导的决策，离不开智库服务的支撑。智库发挥作用的关键点，包括医院战略、重大投资和重要项目等。从提出问题，收集信息，分析问题，拟出方案，选择方案，组织实施，系统反馈，智库可以提供更多的技术及智慧支持。馆员可以利用文献、咨询、信息等综合系统，也可以借助技术支持，提供智库服务，为决策层提供参考。

4.4.2 学科战略情报提供决策支持

嵌入学科的馆员可以提供学科战略情报服务。战略情报研究特别注意学科领域内科学技术的生长点。可有效地开展学科情报预测与决策、科研成果评价与分析服务，协助管理人员迅速获取学科前沿情报、拓展研究思路。学科战略情报研究日益成为学科创新发展的重要支撑和不可缺少的保障系统。

4.4.3 学科竞争力分析

借助 ESI、INCITES 及 SCIE 等数据资源整理分析获得 ESI 临床医学各学科的竞争力分析报告，对于学校、临床学院管理层人员来说，该报告可以用来跟踪和评估机构的科研绩效，与同行类别机构开展对比分析，了解本机构学术实力的全球定位；能够定位重点学科和优势学科，发展潜力学科，进行学科的优化布局，有助于完善重点学科建设；同时也可以帮助管理层人员挖掘高影响力和高潜力的研究人员，吸引外部优秀人才，作为人才引进的决策支持。

5 结语

医学高等院校图书馆具有自身资源优势和人才技能储备，具有多学科背景及图情专业知识，且掌握数学和统计学分析工具，具备数据采集、数据处理以及统计分析能力，服务范围应突破学校内部，扩充其服务范围，为附属临床学院开展全方位、深层次的嵌入式学科服务。一方面有助于图书馆资源的有效利用，提高嵌入馆员专业技能水平，形成图书馆品牌特色，提升图书馆在学校及临床学院的认可度；另一方面，嵌入式的学科服务为医务工作者提供的教学、科研、临床及管理四合一的服务，为附属临床学院提供政策理论支持，学科发展方向指导。其中,嵌入教学和科研的学科服务方式国内外已有部分医学院校实施且比较成熟。但嵌入临床实践和管理的学科服务国内相对滞后,对馆员来说也是巨大挑战,要求掌握临床专业知识背景的馆员走入临床科室,检索并提供疑难病例,结合循证医学,促进临床流程的高效率运转,循序渐进地进行人本化的改进,最终在临床诊疗和管理过程当中大放异彩。

参考文献

[1] 黄丽丽,牟冬梅,张然等. 面向临床诊疗的嵌入式知识服务需求分析. 数字图书馆论坛,2017,(1): 2—7.

[2] Liu, BB. Digital space construction and application of the embedded discipline service of library. AGRO FOOD INDUSTRY HI-TECH. 2017,28(1): 2714—2718

[3] Brown D, Leith D. Integration of the research library service into the editorial process "Embedding" the librarian into the media. ASLIB PROCEEDINGS. 2007,59(6): 539—549

[4] Chen CM, Lin ST. Assessing effects of information architecture of digital libraries on supporting E-learning: A case study on the Digital Library of Nature & Culture. COMPUTERS & EDUCATION. 2014,75: 92—102

[5] Hiom D, Fripp D, Gray S, et al. Research data management at the University of Bristol Charting a course from project to service. PROGRAM-ELECTRONIC LIBRARY AND INFORMATION SYSTEMS. 2015, 49 (4): 475—493

[6] Shi YH. Research on Construction of Foreign Language Teaching's Modes in Universities from Perspective of Digital Literacy. AGRO FOOD INDUSTRY HI-TECH. 2017,28(1): 160—163

[7] Brahmi FA, Kaplan FTD. Embedded Librarian as Research Team Member. JOURNAL OF HAND SURGERY-AMERICAN VOLUME. 2017,42(3): 210—212

[8] Hardin Library for the Health Science [OL]. [2010-09-16]. http://www. lib. uiowa. edu/hardin/

[9] 龚芙蓉. 国外高校信息素质教育之"嵌入式教学模式"的思考与启示[J]. 图书馆论坛,2010(03): 147—149.

[10] 曾果果. 悉尼大学图书馆信息素养教育特色[J]. 中华医学图书情报杂志,2013,04: 65—68.

[11] 谢守美,赵文军. 美国嵌入式学科服务实践及其启示[J]. 图书馆建设,2011(05): 60—62.

[12] 刘佳. 高校图书馆学科知识服务模式研究[D]. 导师: 徐恺英. 吉林大学,2007.

[13] 王保成. Welch 医学图书馆的嵌入式服务及启示[J]. 图书情报工作网刊,2010(10): 33—36.

[14] 郝继英,刘铭,张利,等. 从临床医学馆员到信息专家: 医学学科馆员的发展与启示[J]. 中华医学图书情报杂志,2010,05: 24—27.

[15] Vinning MA, Beverley CA. Clinical librarianship: A systematic review of the literature [J]. Health Information & Libraries Journal, 2003,20(S1): 10-21

[16] 于春萍,李艺纹. 关于嵌入式信息素养教学本土化的思考[J]. 现代情报,2013(03): 17—23.

[17] 施燕斌,敬丹榕. 嵌入式学科服务: 泛在知识环境下学科服务创新的新高地. 图书馆,2017(6): 118—119

[18] 邵敏. 清华大学图书馆学科服务架构与学科馆员队伍建设[J]. 图书情报工作,2008(02): 11—14.

[19] 戴文浩,牟冬梅,王萍,等. 面向临床诊疗的嵌入式知识服务理论研究. 数字图书馆论坛,2017,1(152): 16—22

[20] 文丽,医学图书馆嵌入式服务研究[D]. 吉林大学,2016

十大高校联盟(BTAA)图书馆的馆长们：对领导力开发与获得的探索性研究

Binh P. Le
（美国宾夕法尼亚州立大学）

摘要 十大高校联盟(BTAA)是美国最大的学术和体育联盟之一，由15所公立和私立大学组成，包括芝加哥大学、密歇根大学、宾夕法尼亚州立大学、威斯康星大学和西北大学等，其中许多大学长期位列世界一流大学之列。联盟早期的主要任务是促进运动合作，然而近几十年来，学术合作也已成为联盟使命的重要组成部分之一。例如，在图书馆协作领域，联盟高校的成员(学生和教职员工)可以访问成员高校图书馆超过1.14亿册的馆藏。BTAA图书馆在北美最佳大学和研究图书馆中也位列前茅。单独而言，每所成员馆都拥有数百万册馆藏，数百名专业人员和辅助人员，每年花费数百万美元用于薪资、资源和设施，不仅为其主要成员提供服务，而且在许多情况下还为全球的研究人员提供服务。对于成员馆的馆长们而言，在接受现有职位之前，他们往往担任过多种领导角色，以获得大量的图书馆领导经验。他们管理大量馆藏、大额预算、大量员工和重要的物理设施，他们在同行评议的期刊上发表了许多重要的议题，他们担任并领导全球专业协会，极其重要的是，他们似乎有远见和能力，可以在职业生涯的早期阶段开始冒险，这些举措帮助他们实现目前的工作目标并成功领导BTAA图书馆，这对创建、获取、组织、保存和传播信息的方式产生了深远的影响。

The Big Ten Academic Alliance Library Directors: An Exploratory Study of Leadership Development and Attainment

Binh P. Le
(The Pennsylvania State University)

1. Introduction

The Big Ten Academic Alliance (BTAA) is one of the largest academic and athletic consortia in the United States. It comprises 15 public and private universities, including the University of Chicago, the University of Michigan, the Pennsylvania State University, the University of Wisconsin, and Northwestern University, many of which have been consistently ranked among the top universities in the world. Originally, the consortium's main mission was to promote athletic collaboration. However, in recent decades, academic collaboration has become one of the two vital components of consortium's mission. In the area of library collaboration, for example, members (students, faculty, and staff) of these institutions have access to the consortium's combined library collections of over 114 million volumes. The BTAA libraries have also been ranked among the top academic and research libraries in North America. Individually, each of these libraries holds millions of volumes; employs hundreds of professionals and paraprofessionals; spends millions of dollars annually on salaries, resources, and facilities; and serves not only their primary constituents (faculty, students, and staff), but also, in many cases, researchers worldwide.

Effectively managing and leading libraries such as these, especially in an era in which the public resources devoted to higher education are diminishing and the digital revolution, which has brought profound and disruptive changes, is still raging, poses tremendous challenges for library leaders. Although the effectiveness of organizations such as libraries requires excellent contributions from their members, the role played by leaders cannot be overlooked. In fact, great leaders provide vision, formulate strategic directions, execute established plans, embrace bold initiatives, and motivate their employees to buy into their organizations' mission, all of which are essential to the success of organizations. Simply put, without these leadership abilities, organizations are unlikely to succeed and thrive, especially in challenging environments.

But effective leaders in every field are products of years of hard work and higher leadership aspirations. In fact, in order to be chosen to lead libraries, such as the BTAA libraries, they must possess a significant amount of demonstrated leadership, managerial, and technical abilities; they must have attained notable accomplishments; and they must have a willingness to assume positions of power and to take on positions with enormous responsibilities. In the case of the Academic Alliance Library Directors (AALDs) of the BTAA libraries, it was the prior leadership experience and accomplishments that enabled these librarians to attain their current positions. This study attempts to examine the distinctive leadership characteristics and notable accomplishments of the 15 AALDs of the BTAA libraries prior to being appointed to their current positions. Besides contributing to the literature on library leadership, the study hopes to provide library leaders whose aspirations are to lead large academic and research libraries with some library leadership development patterns that they might want to seriously contemplate. Additionally, the AALDs have been playing a critical role not only in supporting the instructional and research missions of their respective institutions, but also in shaping many aspects of the library profession nationally and internationally (e. g. , serving on the boards of many professional organizations and journals, developing innovative models of library services, and taking on bold initiatives). Also many of them have garnered some of the profession's highest awards for themselves, such as the Hugh C. Atkinson Award and the National Medal for Museum and Library Services Award, and for their institutions, such as the American Library Association's John Cotton Dana Award and the Association of College and Research Libraries' Excellence in Academic Libraries Award. Simply put, the careers of the AALDs deserve careful study.

2. Literature Review

The literature on leadership is extensive. Early research on leadership focused on the political and military realms (e. g. , Sun Tzu's *The Art of War*; Niccolo Machiavelli's *The Prince*; and Carl von Clausewitz's *On War*). The foundations of leadership expounded in these areas include character, courage and fearlessness, integrity and honesty, self-discipline and self-confidence, loyalty to colleagues, ability to lead by example, ability to build teams and delegate, etc. There has also been a substantial body of work on leadership theories (e. g. , great-man theory; trait theory; behavioral theory; role theory; contingency theory, transactional leadership theory; transformational leadership theory, etc.) and leadership styles (e. g. , autocratic leadership style; democratic/participative leadership style; bureaucratic leadership style; charismatic leadership style; and laissez-faire leadership style).

In recent decades, the literature on leadership has grown exponentially. The most influential authors include Peter Drucker, James MacGregor Burns, Warren Bennis, Jim Collins, John C. Maxell, Daniel Goleman, Marshall Goldsmith, Tom Peters, Stephen R. Covey, and John Kotter. In general, most of these works (e. g. , Warren Bennis' *On Becoming a Leader*; Goleman's *Primal Leadership*: *Realizing the Power of Emotional Intelligence*; John C. Maxwell's, *Developing the Leader Within You*; and Kevin Cashman's *Leading from the Inside Out*: *Becoming a Leader for Life*) deal with the characteristics that make great leaders in the contemporary world.

The literature on leadership in the library profession, on the other hand, is far less extensive. In fact, most of the studies on leadership in the library profession have been published in the past couple of decades. Notable works on library leadership include, e. g. , Riggs, 1998; Riggs, 2001; Hernon, Powell, and Young, 2003; Schreiber and Shannon, 2008; Sears, 2014; and Spies, 2000. Interestingly, a fair amount of scholarly articles on academic library leadership has been published since 2000. These include the works of Dewey, 2005; Fagan, 2012; Gailbraith, Smith, and Walker, 2001; Hernon, Powell & Young, 2003; Kreitz, 2009; Martin, 2016; and Moropa, 2010. In general, these studies focused on (a) the leadership challenges facing the various types of libraries, especially academic libraries; (b) the strategies for developing future library leaders (e. g. , mentoring, succession plan, and library leadership development programs), and (c) the key leadership attributes and competencies.

The present study will cover some aspects of these leadership issues. However, the main focus will be on the leadership preparation of the AALDs, specifically on the leadership attributes and accomplishments they attained prior to undertaking their current positions. It also pays particular attention to the leadership abilities that the decision-makers (e. g. , university presidents or provosts) expected these AALDs to possess before hiring them. In other words, it looks at the leadership attributes that distinguished them from the other candidates in the view of the decision-makers. It is an important factor, yet it has not been critically explored.

3. Methodology

This study examines the leadership attributes of the 15 AALDs who held the position of library director of the libraries of the BTAA to the end of 2017. The AALDs include eight men and seven women. One of the AALDs is an interim library director, who has been in his current position since July 2015. The majority of the AALDs have been in their current positions between 5 to 7 years. Broadly speaking, the study hopes to examine (1) the leadership preparation of those who aspire to lead large academic and research libraries in North America and (2) the leadership attributes that higher education leaders (e. g. , university presidents, provosts, chairs of search committees, and boards of trustees) consider to be of vital importance when they make the decision to hire their library directors.

This study relied on information sources available in the public domain. In collecting data for this study, the author, using Google, conducted a number of searches for information sources published on the websites of the universities and libraries of the BTAA, the BTAA, the American Library Association (ALA), the Association of College and Research Libraries (ACRL), the Association of Research Libraries (ARL), and LinkedIn.

The searches on these websites yielded a reasonable amount of information about the career of the AALDs. Significantly, a large amount of information about the AALDs has been made available by the AALDs themselves, the BTAA universities' and libraries' media outlets, such as, newsletters (e. g. , http://news. uchicago. edu/source; http://newsinfo. iu. edu/news/page; http://www. libraries. rutgers. edu. news/libraries; http://libraries. psu. edu/about/leadership/dean; http://www. libraries. northwestern. edu/about/conact; http://news. psu. edu; http://www. purdue. edu/newsroom/purduetoday; http://news. illinois. edu/view; and http://newsroom. unl. edu/releases), and library and other professional organizations. It is worth noting that, despite numerous efforts, the researcher was able to retrieve only a small amount of information on a couple of the AALDs.

The BTAA libraries use the title "library director" for positions such as university librarian, dean of libraries, or vice president for information services and university librarian. The title "library director" will be used when appropriate. Additionally, instead of using the names of the AALDs, he, him, she, and her, which will be placed in square brackets, will be used when suitable.

4. Results

4.1 Educational Backgrounds

The educational background the 15 AALDs shows the following characteristics. Thirteen of the AALDs hold master's degrees in library science. Among these 13, six hold multiple master's degrees, and three hold doctoral degrees in library science. Two of the AALDs do not hold either master's degrees or doctoral degrees in library science. One of these two holds a Ph. D. in computer science; the other holds a Ph. D. in psychology. In addition to the AALDs' formal education, a small number of AALDs attended some of the very highly selective leadership development programs, such as the Frye Institute (now the Leading Change Institute), the Association of Research Libraries' Leadership Fellows Program, and Harvard's Leadership Institute for Academic Librarians.

4.2 Recent Leadership Positions

This section identifies the most recent leadership positions held prior to being appointed or promoted to the current positions. The majority of the AALDs have held the position of associate dean of library (e. g., associate dean for public services, associate dean for library administration, or associate dean for technology). Some have held the position of associate dean in multiple areas of library services at different times. Additionally, the majority of the AALDs have served as either assistant dean or department head or both before moving up to the associate rank. Five AALDs have served as dean of library before taking on their current positions. In general, they moved from slightly smaller to larger or more prestigious libraries. Similarly, six of the AALDs have served as interim or acting dean of library. Interestingly, the majority of the AALDs came from outside the BTAA institutions.

4.3 Scholarly and Professional Service

A significant number of the AALDs have published monographs, scholarly articles in peer-reviewed journals, and conference proceedings. Similarly, many of the AALDs have also presented papers at national and international conferences. Virtually all of the AALDs possess extensive records of professional service. They have served and held leadership positions on the editorial boards of journals and the boards and the committees of many library organizations. In addition, they have also served on the senior administrative teams or groups at their institutions. Following are some excerpts documenting their scholarly and professional service involvement.

- She is active in the national and international library community through service and leadership on a variety of executive boards and committees, such as the board of governors of HathiTrust, the board of directors of CLOCKS (digital repository for web-based scholarly publications), the Committee on Institutional Cooperation Library Directors Groups, the board of directors of Kuali OLE (Open Library Environment, a community source software package developed by and for academic libraries to manage and provide access to library collections and licensed and local digital content), and the Association of Research Libraries' Scholarly Communication Steering Committee. She has become a national and internationally recognized voice on topics such as the rapid pace of change in information discovery and dissemination, the development of multi-institution "collective collections," and research and learning environments that foster scholarly engagement and support.
- She has held numerous offices in professional library associations and consortia and has served four terms on the Council of the American Library Association. She has published 70 articles and reviews and was on the founding board of *portal: Libraries and the Academy*, and its editor for six years. She has lectured and consulted internationally on library management, women's studies, digital systems, collection development and other professional issues.
- He has been active in national and international professional associations. He is a published author and has been recognized as a leader in advancing research libraries and their roles in data management, scholarly communication (with emphasis on the role of the university press, library publishing and open access), and redefining the use of space within libraries, along with rethinking the role of a librarian and how it must change and evolve within the research university environment.
- [She] has served on the board of directors of the Research Libraries Group, the Council on Library and Information Sources, the Digital Library Federation (president 2009), the National Information Standards Organization, the Association of Research Libraries (president 2012 - 2013), and the HathiTrust. Her research and publications have focused on digital library development, information economics, and the assessment of research behavior, virtual organizations, and e-research.

- [He] has served on numerous committees and task forces for the American Library Association, the Association of College and Research Libraries, the Association of Research Libraries, and the Taiga Forum, among others. His work has been published in peer-reviewed journals and conference proceedings. … His national editorial service includes board membership for *portal: Libraries & the Academy*; co-editorship of a special issue of *Evidence Based Library and Information Practice* and a stint as editor-in-chief of the *Journal of Library Administration*.
- [He] remains engaged with the library community at the national level, currently leading the creation of the Digital Preservation Network (DPN), an archival backbone designed to catch and preserve discoveries for future generations. The DPN, together with 56 institutions in the Association of American Universities, is building a preservation structure owned by and for universities to connect and leverage a variety of large-scale preservation and access initiatives, such as the HathiTrust, the Texas Digital Library, and the Academic Preservation Trust.

4.4 Core Leadership Credentials

This section provides some of the core leadership credentials or experiences the AALDs gained before they assumed their current positions. The focus is on their distinctive accomplishments and areas of responsibilities, e. g. , the innovative and/or significant projects; the size of the budgets; the size of the collections; the size of the staff; and the size of the institutions.

- Directed library services, collections, digital resources, capital projects, fundraising, and consortial initiatives. ... Oversaw collections of several million items in four locations, a staff of 175 FTE, and a budget of about $16 million.
- Directed four libraries, archives and special collections, and media services. Managed collections of 1.4 million items, a budget of $5 million and a staff of 65. Led library and technology programs of Five Colleges, Inc. , and regional networks. Expanded digital resources, and oversaw personnel reorganization, collection assessment, facilities planning, and fund management.
- Provides operational management for the 15 libraries within the General Library System. Serves as Associate Director for Public Services. Oversees the Library Coordinating Council and the Library Management Group. Leads strategic partnerships with the Google Books Project, the HathiTrust Digital Repository, and directs the Library's Services for Teaching and Learning.
- Dean of Libraries at the University of Tennessee since 2000, [she] garnered significant experience at several Big Ten universities.
- [His] character and abilities stood out, particularly his collaborations across the UW system and advancement of the libraries' national profile.
- The system is operated by a staff of 219 professional, support, and student workers with an annual budget of $11.3 million.
- As executive associate dean, [her] key achievements have included launching IU's participation as the first library selected for the Google Books Project; providing oversight and support for the expansion of the IU Libraries Auxiliary Library Facility, which added space for its 3.5 million library volumes; and developing effective partnerships between the IU Libraries, IUTS and academic units, such as the Office of the Vice Provost for Undergraduate Education and the College of Arts and Sciences.
- During [her] tenure as interim Ruth Lilly Dean of University Libraries from 2009 to 2010, the IU Libraries, along with IUTS, received a $2.3 million grant awarded to seven academic institutions by the Andrew W. Mellon Foundation to develop Kuali OLE, a community source software package developed by and for academic libraries to manage and provide access to library collections and licensed and local digital content. At that time, the IU Libraries were also selected as the recipient of the 2010 Association of College and Research Libraries' Excellence in Academic Libraries Award.
- The Indiana University Bloomington community has truly benefitted from [her] forward-thinking

leadership. During her time at IU, she has provided strategic direction on the Media Digitalization and Preservation Initiative, a five-year, $15 million university-wide project that aims to preserve the university's vital media assets. She has overseen updates to the Herman B. Wells Library workspaces that have created modern spaces for scholarly research discovery and introduced a new model for library service delivery on campus.

- At Virginia [he] has been responsible for planning and coordinating academic and administrative information technology, voice communications and networked operations across the university.
- [Her] responsibilities as associate dean included budget and personnel management and supervision of staff development and the diversity of personnel. She served as deputy director of the Nebraska Library Commission from 1989 to 2003. [She] has also directed the Panhandle Library System in Nebraska, served as Gila County, Ariz., Library System Director.
- He previously served as interim vice provost and university librarian at Columbia University and has significant successful leadership experience supporting the evolving academic enterprise in the libraries both at Columbia and another top-tier research-intensive university, the University of Texas (UT) at Austin. His extensive administrative work has included service planning, collection development and management, facilities planning and design, budgetary management, and human resources. In addition, he has deep experience building and managing distinctive and unique collections. Further, he has substantive experience developing and managing information technology infrastructures within research libraries and broad experience with service quality assessment.
- Previously, he served as Executive Director of the HathiTrust; Associate University Librarian for Publishing and Technology; Interim Co-University Librarian; Associate University Librarian for Library Information Technology and Technical Services and Access Services; and head of the Humanities Text Initiative.
- In 2012, [he] assumed responsibility for the Michigan Publishing (MPublishing) division, including the University of Michigan Press, electronic journal publishing activities, Open Access monograph publishing activities, digital projects, Deep Blue (Michigan's institutional repository), the Copyright Office, and the Text Creation Partnership.
- Coordinated all phases of Michigan's large-scale digitalization effort with Google, including negotiation of contract terms and Michigan's portion of the implementation. The resulting effort was intended to convert the entire 8 million volume collection (now approximately 10 million volumes) from the University of Michigan libraries.
- [He has] administrative responsibility for the central public services, including Information, Reference, Interlibrary Loan, Audio/Visual, Lifelong Education, and Circulation. [He is also a] member of Senior Administrative Group.

4.5 Decision-makers' Decisions

The following statements were made by the leaders of the universities of the BTAA (e.g., presidents, provosts, university spokespersons, or other senior administrators). The statements contained the rationales as to why they decided to hire these AALDs.

- After a thorough national search, we are very pleased to have found someone with the vision and the practical experience to continue to lead Purdue to the next level of excellence. [He] has the administrative experience and expertise with university libraries to accomplish that task.
- [He] is an excellent advocate for the university libraries at Iowa. His collaborative leadership style, a strong vision for the future of the libraries, and a deep appreciation for and commitment to maintain our unique, exceptional strengths make him a great fit for the position.
- The search committee worked hard to identify candidates with a demonstrated commitment to scholarship and research, and serving students and faculty. [His] on campus interviews confirmed

how strongly he holds those commitments, and also showed his ability to connect well with a wide range of internal and external constituents.

- Her work in launching and developing a premier digital library program at Michigan was recognized with the American Library Association's Hugh Atkinson Award (2003), Computerworld Honors Program Laureate (2002), and Michigan's Walter H. Kaiser Award (2001).
- The remarkable expansion of digital content and patrons' growing expectation of online access to scholarly publications have made university libraries an exceptionally complex and integral part of today's intellectual endeavors. I (Penn State University's President) welcome [her] leadership as the Penn State University Libraries continues to evolve to serve the academic and research pursuits of our students, faculty and staff.
- [She] brings great depth and breadth of experience to the position, and an outstanding record of vision and leadership that will keep Penn State in the forefront of information of information resources.
- In his time at the University of Maryland, [he] has started several new programs and initiatives ... He has provided technical infrastructure and support to the 16 campuses of the University System of Maryland and Affiliated Institutions' library consortium, and has been an active member of the consortium's Council of Library Directors.
- A noted researcher, librarian, and educator, [she] comes to Rutgers from the University of Texas at San Antonio (UTSA), where she has served as the dean of libraries since 2009.
- At UTSA, [she] led a five-year, multimillion dollar renovation of the John Peace Library, oversaw the development of the university's first Faculty Center, fostered partnerships with key stakeholders throughout the university, and expanded usage of and access to library collections and services. Under her leadership, the UTSA libraries received wider recognition both locally and nationally, most notably winning the American Library Association's prestigious John Cotton Dana Award for library public relations in 2004.
- With [her] the Libraries will have an innovative and energetic leader with a demonstrated ability to engage successfully with the challenges facing a 21st century library.
- Over the course of her decades-long career with the IU Libraries, Ruth Lilly Dean of University Libraries [she] has overseen day to day operations at the IU Libraries, managing Tech Services, Collection Development, Public Services, and Archives. She was involved with faculty projects like the construction of the Information Commons, Auxiliary Library Facility (ALF) Module 2, the move of the Archives to Wells Library and the collection of ALF, and the renovation of the Business/SPEA Library, among others. She was instrumental in expanding the IU Libraries' partnership with University Information Technology Services.
- [She] is a deeply respected authority on academic libraries who brings exceptional experience, commitment and vision to her role as Ruth Lilly Dean of University Libraries. Having worked closely with her as executive director of the Office of Scholarly Publishing and in a number of other areas during her service to the libraries, I recognize the depth of her knowledge and understanding. I am (IU's Provost and Executive President) especially pleased that that she will be providing leadership for a resource as vital as the IU Libraries are to the life of the university and the community more broadly.
- As executive associate dean, [her] key achievements have included launching IU's participation as the first library selected for the Google Books Project; providing oversight and support for the expansion of the IU Libraries Auxiliary Library Facility, which added space for its 3.5 million library volumes; and developing effective partnerships between the IU Libraries, UITS and academic units, such as the Office of the Vice Provost for Undergraduate Education and the College of Arts and Sciences.
- The Library plays a key role in the life of faculty and students at the University of Chicago. [Her]

expertise in supporting both physical collections and the proliferation of digital resources, along with her history of collaboration and innovative thinking, make her an outstanding leader for this important enterprise.

- [She] is an experienced library director and well-respected leader in the international academic library community. She will bring to the University of Chicago a deep understanding of collections, public and technical services and new technologies. We have an outstanding collection and staff here, but like all universities libraries, face challenging decisions in the next few years about our physical and digital collections. The search committee felt confident that [she] had the experience, insight and vision to lead our library to an even higher level of excellence.
- [He], a professor and higher education administrator nationally recognized as an advocate for collaboration between academics and technology, will return to the campus where he began his academic career as U-M's dean of libraries and university librarian.
- [He] is one of the very best leaders in information resources for higher education and scholarship. He has been a transformative innovator, first at Michigan and then at Virginia. We are thrilled that he is returning to U-M. My colleagues and I could not be happier that he is joining the School of Information faculty, and we look forward to working together to keep Michigan at the forefront of scholarship and education in the new digital world.
- [She] also currently serves as co-administrative director and chair of the internal evaluation team for UNL's National Science Foundation Institutional Transformation Project, which is working to integrate the necessary structures to increase the number of women applicants for faculty positions in science, technology, engineering and mathematics. She was appointed in August 2003 as interim dean and became dean in July 2013.
- [He] is associate university librarian at the University of Michigan, where he also leads Michigan's library information technology and publishing divisions, including the University of Michigan Press. He also is the executive director of the HathiTrust Digital Library, an online repository established in 2008 to unite the digitized collections of more than 60 research libraries, including the U. of I. 's, in an effort to preserve the published cultural record.
- [He] began his academic career with a degree in literature, and he has been involved in the digital preservation of library collections since the mid-1990s. He has a proven track record of developing and implementing a clear vision for the library of the 21st century.
- [His] involvement in mass digitalization as a means of preserving library books predates the well-known book-scanning project headed by Google. In 1997, [he] received a National Endowment for the Humanities grant to digitize the "Middle English Dictionary" and make it accessible online. In 1999, he received an Andrew W. Mellon Foundation grant for the digitalization of 7,500 19th century monographs published in the U. S. This work poised [him] to lead HathiTrust when it began about a decade later. In his role as executive director, he successfully guided HathiTrust's defense when the Authors Guild sued HathiTrust and a handful of its partner libraries.

5. Analysis

A number of initial conclusions can be drawn from these preliminary findings. First, the majority of the AALDs have served as associate deans. Additionally, seven have also served as interim or acting deans. Interestingly, while the majority of the AALDs came from outside the institutions, three of the BTAA interim library directors were (internally) promoted to the position of library director of the BTAA libraries. It appears that serving as associate deans and acting deans enabled these AALDs to attain not only the practical and vital leadership skills and the opportunities to demonstrate their leadership abilities, but also the higher leadership positions.

Second, the majority of the AALDs have spent most of their professional careers in large academic and research institutions (e. g. , the BTAA, the University of California System, the Ivy League, and the Library of Congress). It is worth noting that four of the 15 AALDs have held senior positions in the libraries at the University of Michigan. Together, seven of the 15 AALDs have worked in and held senior-level leadership positions in the libraries of the BTAA universities prior to their current positions.

Third, they gained extensive experience in managing large collections, budgets, staff, and facilities before becoming AALDs. For example, the duties of the associate director of the libraries of Michigan State University (MSU), who subsequently became the library director at MSU, included "administrative responsibility for library-wide budget development and execution, personnel, facilities and other Main Office functions." Similarly, the responsibilities of the senior associate dean of the libraries of the University of Colorado, who later became the library director at the University of Iowa, included providing "administrative and budgetary leadership for libraries that have an annual budget of $20. 9 million and staff in six physical locations." Another relevant example regarding the broad responsibilities that many of the AALDs had in their previous positions is that of the current library director of Northwestern University. She "oversaw collections of several million items in four locations, a staff of 175 FTE and a budget of about $16 million" at her previous institution.

Fourth, during their tenure as associate deans many managed sizable projects. For example, before arriving at Rutgers University, [she] "led a five-year, multi-million dollar renovation of the John Peace Library, oversaw the development of the university's first Faculty Center, fostered partnerships with key stakeholders throughout the university." Similarly, [he] "played a key role in the design and construction of a 16,000 square foot learning commons that opened in CU-Boulder's Norlin Library in 2009" before becoming the Director of Libraries at the University of Iowa.

Fifth, many of the AALDs initiated numerous projects, including ground breaking ones, while they were in positions such as associate deans, assistant deans, or department heads. Significantly, most of the "projects" were designed to meet the unprecedented challenges of and to leverage the unbounded opportunities offered by the digital revolution, which was still in the early stages then. Take the career of the library director of the University of Illinois as an example. He began his career as the Data Services Librarian and English Selector, then became the Digital Library Production Service, and then Associate University Librarian for Library Information Technology at the University of Michigan, where he (1) developed a service (UMLibText) that made SGML-encoded text available to the campus through pre-web technologies; (2) established the Humanities Text Initiative, (3) led the development of online text and journal initiatives, including supporting the creation of Making in America, and led Michigan in its creation of and participation in the Google Books Library Project.

Similarly, [he], while serving as Director of the Repository Development at the Library of Congress, "led a team and a data center that developed and deployed large-scale digital archives and libraries." When he became the associate dean of libraries at the University of Maryland, he started "several new programs and initiatives, such as Research Data Services, Digital Scholarship and Publishing, Digital Stewardship, Digital Preservation, and Teaching and Research Software Development Services."

While many focused on the development and application of the new information technologies, many others experimented with new models of library services. The current library director of Indiana University is another example of the creativity and far-sightedness of the future leaders of libraries of the BTAA. For example, as the head of Undergraduate Library Services, she worked with other units in the university to "develop and plan the groundbreaking Information Commons, a model for university libraries across the country. The commons offer pervasive wireless technology, ample computer workstations and onsite technology and library experts in a 24/7 environment."

6. Conclusion

Prior to undertaking their current positions, the library directors in this study had attained a significant amount of library leadership experience through serving in a multiplicity of leadership roles. They managed big collections, substantial budgets, large staff, and significant physical facilities. They published on important topics and issues in peer-reviewed journals. They served on and led professional associations worldwide. Critically important, it seems that they had the vision and ability to embark on and embrace risk-taking, ground breaking initiatives in the early stages of their professional careers. As shown, many of their initiatives, which helped them to attain their current jobs and to successfully lead the libraries of the BTAA, have had a profound impact on the ways in which information is created, acquired, organized, preserved, and disseminated.

Notes

[1] Committee on Institutional Cooperation. *2013 -2045 Annual Report*. Committee on Institutional Cooperation, 2015.

[2] Ibid.

[3] See, e.g., Sun, Tzu. *The Art of War*. Fifth Century B.C.; Machiavelli, Niccolo. *The Prince*, Invino Academic Publishing, 2014 and Clausewitz, Carl V. *On War*, Project Guttenberg, 1990.

[4] Cronin, Thomas E. and Michael A. Genovese. *Leadership Matters: Unleashing the Power of Paradox*. Paradigm Publishers, 2012.

[5] Amanchukwu, Rose Ngozi; Stanley, Gloria Jones, Olo, Nwachukwu. "A Review of Leadership Theories, Principles and Styles and Their Relevance to Educational Management," *Management*, vol. 5, no. 1, 2015, pp. 6 - 14.

[6] See, e.g., Drucker, Peter F. *What Makes an Effective Executive?* Harvard Business Review Press, 2005; Drucker, Peter F. *The Changing World of Executive*. Harvard Business Review Press, 2005; Burns, James MacGregor. *Leadership*. Harper & Row, 1978; Burns, James MacGregor. *Transforming Leadership*. Atlantic Monthly Press, 2003; Bennis, Warren. *On Becoming a Leader*. Publisher, 1989; Collin, James. *Good to Great*. Harper Collins, 2001; Maxwell, John C. Developing *the Leader within You*. Thomas Nelson, 2005; Maxwell, John C. *21 Irrefutable Laws of Leadership*, Thomas Nelson, 2007; Maxwell, John C. *The* 5 *Level of Leadership: Proven Steps to Maximize Your Potential*. Center Street, 2011; Goleman, Daniel. *Primal Leadership: Realizing the Power of Emotional Intelligence*. Harvard Business Review Press, 2002; Goleman, Daniel. *What Makes a Leader?* Harvard Business Review Press, 2017; Goldsmith, Marshall. *Learn Like A Leader: Today's Top Leaders Share Their Learning Journeys*. Nicholas Brealey Pub., 2010; Peters, Thomas and Waterman, Robert. H. *In Search of Excellence: Lessons from America's best-run Companies*. G.K. Hall & Co., 1997; Covey, Stephen R. *Principle-centered Leadership: Teaching Timeless Principles of Effectiveness*. The Institute of Principle-Centered Leadership, 1990; Kotter, John P. "Change Leadership," *Leadership Excellence*, vol. 30, no. 1, 2013, pp. 6 - 7; and Kotter, John P. *Leading Change*. Harvard Business School Press, 1996.

[7] See, e.g., Bennis, Warren. *On Becoming a Leader*. Publisher, 1989; Goleman, Daniel. *Primal Leadership: Realizing the Power of Emotional Intelligence*. Harvard Business Review Press, 2002; Maxwell, John C. Developing *the Leader within You*. Thomas Nelson, 2005; and Cashman, Kevin. *Leadership from the Inside Out: Becoming a Leader for Life*. Berret-Koehler Publishers, 2008.

[8] See., e.g., Riggs, Donald E. "The Crisis and opportunities in Library Leadership," *Journal of Library Administration*, vol. 32, nos. 3/4, 2001, pp. 5 - 17; Riggs, D. R. "Visionary Leadership," *Leadership and Academic Librarians*, edited by F. M. Terrence, B. Gerard and M. McCabe, Greenwood Press, 1998; Hernon, P, Powell, E. R., and Young, A. P. "University Library Directors in the Association of Research Libraries: The Next Generation, Part Two," *College and Research Libraries*, vol. 63, no. 1, 2002, pp. 73 - 90; Hernon, P. and Rossiter, N. "Emotional Intelligence: Which Traits Are Most Prized?" College and Research Libraries, vol. 67, no. 3, 2006, pp. 260 - 275; Schreiber, B. and Shannon, J. "Developing Library Leaders for the 21st Century," *Journal of Library Administration*, vol. 32, nos. 3/4, 2008, pp. 37 - 60; Sears, S. "Mentoring to Grow Library Leaders," *Journal of Library Administration*, vol. 54, no. 2, 2014, pp. 127 - 134; and Spies, P. B. "Libraries, Leadership, and the Future," *Library Management*, vol. 21, no. 3, 2000, pp. 123 - 127.

[9] Dewey, Barbara I. "Leadership and University Libraries," *Journal of Library Administration*, vol. 42, no. 1,2005, pp. 41 - 50; Fagan, J. C. "The Effectiveness of Library Deans and Directors," *Library Leadership and Management*, vol. 26, no. 1,2012, pp. 1 - 19; Galbraith, Q. , Smith, S. D. and Walker, B. "A Case for Succession Planning: How Academic Libraries Are Responding to the Need to Prepare Future Leaders," *Library Administration*, vol. 34, nos. 4/5, pp. 221 - 240; Kreitz, Patricia A. "Leadership and Emotional Intelligence: A Study of University Library Directors and Their Senior Management Team," *College and Research Libraries*, vol. 70, no. 6,2009, pp. 531 - 554; Martin, Jason. "Perceptions of Transformational Leadership in Academic Libraries," *Journal of Library Administration*, vol. 56, no. 3,2016, pp. 266 - 284; and Moropa, R. "Academic Libraries in Transition: Some Leadership Issues-A Viewpoint," *Library Management*, vol. 31, no. 6,2010, pp. 381 - 390.

[10] Allen, Susie. (10/16/2014). Brenda Johnson Named Library Director and University Librarian. Retrieved from https://new. uchicago. edu/article/2014/10/16/brenda-johnson-named-l.

[11] Sarah Pritchard. (2018). Retrieved from http://www. libraries. northwestern. edu/about/contact/sarah-pritchard. html.

[12] James Mullins. (2018). Retrieved from https://sparopen. org/people/james-mullins/.

[13] University Librarian and Dean of Libraries, McKnight Presidential Professor. (2017). Retrieved from https://lib. umn. edu.

[14] Biography of Damon Jaggars (full version). (2018). Retrieved from http://library. osu. edu.

[15] James L. Hilton Returns to U-M as Dean. (May 16,2013). Retrieved from https://www. lib. umich. edu/news/james-hilton-returns-u-m-dean-libraries.

[16] Ibid. , Sarah Pritchard.

[17] Ibid. , Pritchard.

[18] Edward V. Van Gemert. (2017). Retrieved from https://news. wisc. edu.

[19] Shockey, Jill. (March 18, 2010). Dewey Named Dean of University Libraries and Scholarly Communications. Retrieved from http://news. psu. edu/story/169283/2010/03/18/dewey-named-dean-uni.

[20] Ibid. , Edward V. Gemert.

[21] Dewey New UT Libraries Dean. (May 30,2000). Retrieved from https://news. utk. edu/2000/05/30/dewey-new-ut-libraries-dean.

[22] Wood, Becky. (1/9/2015). Carolyn Walters Named New Ruth Lilly Dean of University Libraries. Retrieved from http://archive. news. indiana. edu/releases/iu/2015/01/iu-libraries-dean.

[23] Ibid. , Wood.

[24] Piurek, Ryan. (10/16/2014). IU Libraries Dean Brenda Johnson Named Director of University of Chicago Library. Retrieved from http://archive. news. indiana. edu/releases/iu/2014/libraries-dean-bre.

[25] James L. Hilton Returns to U-M as Dean. (May 16,2013). Retrieved from https://www. lib. umich. edu/news/james-hilton-returns-u-m-dean-libraries.

[26] Nancy Busch. (2018). Retrieved from https://www. unl. edu/chancellor/topadmin/deans_directors/nbusch. shtml.

[27] Damon E. Jaggars: Vice Provost and Director of University Libraries. (2016). Retrieved from https://oaa. osu. edu/jaggars-damon.

[28] John Wilkin: Dean of Libraries and University Librarian. (2018). Retrieved from https://www. library. illinois. edu/geninfo/librarydean.

[29] About John Wilkin. (2016). Retrieved from http://library. illinois. edu/administration/librarian/aboutme. html.

[30] Ibid. , Wilkin.

[31] Resume of Clifford H. Haka. (2018). Retrieved from http://staff. lib. msu. edu/hakac.

[32] Winter, Reni. (4/13/2004). MIT Administrator Named Purdue's New Dean of Libraries. Retrieved from http://www. purdue. edu/uns/html3moth/2004/040413. Mason. library. html.

[33] Yows, Kris. (March 6, 2013). Culshaw Named University Librarian. Retrieved from https://now. uiowa. edu/2013/06/culshaw-named-university-librarian.

[34] Ibid. , Yows.

[35] Ibid. , University Librarian and Dean of Libraries.

[36] Ibid. , Shockey.

[37] Ibid. , Shockey.

[38] Brown, Crystal. (5/20/15). UMD Names Dr. Babak Hamidzaded Interim Dean of Libraries. Retrieved from http://umdrightnow. umd. edu.

[39] Libraries Welcome New Vice President for Information Services and University Librarian. (June 9,2015). Retrieved from https://www. libraries. rutgers. edu/news/libraries-welcome-new-vice-pr.

[40] Ibid. , Libraries Welcome.

[41] Ibid. , Libraries Welcome.

[42] Carolyn Walters: Ruth Lilly Dean of University Libraries-Associate Librarian. (2018). Retrieved from http://libraries. indiana. edu/carolyn-walters.

[43] Ibid. , Wood.

[44] Ibid. , Wood.

[45] Ibid. , Allen.

[46] Ibid. , Allen.

[47] Ibid. , James L. Hilton.

[48] Ibid. , James L. Hilton.

[49] Ibid. , Nancy Busch.

[50] Rhodes, Dusty. (June 10,2003). University of Michigan Associate Librarian to Lead U. of I. Libraries. Retrieved from https://news. illinois. edu/view/6367/204794.

[51] Ibid. , Rhodes.

[52] Ibid. , Rhodes.

[53] Ibid. , Resume.

[54] Ibid. , Yows.

[55] Ibid. , Pritchard.

[56] Ibid. , Libraries Welcome

[57] Ibid. , Yows.

[58] Ibid. , Wilkin.

[59] Ibid. , Brown.

[60] Ibid. , Brown.

[61] Ibid. , Wood.

远程教育学生的泛在学习：通过移动技术开展实时在线图书馆教学课程的经验

Leo F. H. Ma
（香港中文大学）
Ling Ling Yu
（香港大学）

摘要　为香港本地学习信息研究远程课程的学生开设的图书馆服务，由澳大利亚查尔斯特大学(CSU)与香港大学职业与继续教育学院(HKUSPACE)合作提供，得到了香港大学图书馆多年来面对面的支持。随着互联网技术、新的学习软件的发展以及电子资源的不断增长，CSU 和 HKUSPACE 课程管理人员认为，在线图书馆指导课程可由澳方图书馆员向香港学生远程提供。自 2013 年年底以来，已启动了多项实时在线指导课程。该课程的成功启动标志着不仅可以通过个人电脑，还可以通过移动设备提供在线指导课程。本文在定性分析的基础上得到结论：利用互联网和移动技术随时随地向远程教育学生提供图书馆指导课程不仅是可行的，通过利用这一成功经验还可以规划更多的图书馆服务。

Ubiquitous Learning for Distance Education Students: The Experience of Conducting Real-time Online Library Instruction Programmes through Mobile Technology

Leo F. H. Ma
(The Chinese University of Hong Kong)
Ling Ling Yu
(University of Hong Kong)

Abstract　Library services for Hong Kong based students studying distance learning programmes on information studies, offered by the Charles Sturt University (CSU), Australia in collaboration with the School of Professional and Continuing Education of the University of Hong Kong (HKUSPACE), were supported by the University of Hong Kong Libraries face to face for many years. With the advancement of internet technology, new e-learning software, mobile technology and ever-growing online resources, CSU and HKUSPACE course administrators considered that online library instruction programmes could be supported and delivered by the librarians of CSU at Australia remotely to Hong Kong students. Several real-time online instruction programmes were initiated since late 2013. The successful launching of the programmes can be served as an evidence to support the provision of online library instructions through not only personal computers but also mobile devices. Based on qualitative analysis, it is concluded that delivering library instruction programmes by internet and mobile technology to distance learning students in higher education anytime and anywhere is achievable and more library services can be planned by making use of this successful experience.

Introduction

Library services for Hong Kong based students studying distance learning programmes on information studies, offered by the Charles Sturt University (CSU), Australia in collaboration with the School of

Professional and Continuing Education of the University of Hong Kong (HKUSPACE), were supported by the University of Hong Kong Libraries face to face for many years. With the advancement of internet technology, new e-learning software, mobile technology and ever-growing online resources, CSU and HKUSPACE course administrators considered that online library instruction programmes could be supported and delivered by the librarians of CSU at Australia remotely to Hong Kong students. Several real-time online library instruction programmes were initiated since late 2013. A practical approach was adopted in designing these online instructions in order to investigate the feasibility of providing library user education programmes for distance learning students in Hong Kong. Students were asked to access to the pre-set hyperlink or to download the Adobe Connect Apps in order to connect to the online instructions by their smart phones. Each online instruction session was observed by the authors through participation real-time and examination of the recorded session.

Ubiquitous Learning: An Overview

In traditional learning environments such as the "sage on the stage" inside the classroom, learning process is often confined by spatial and temporal constraints. With the fast development of educational technology during the last decades, learning model has been rapidly evolving from electronic learning (e-learning) to mobile learning (m-learning) as well as to ubiquitous learning (u-learning). (Yang et al. 2008; Liu and Hwang 2009; Virtanen 2017) There is no doubt that the proliferation of ubiquitous learning has completely changed the landscape of learning activities in higher education. In Kinshuk's definition, "[a] ubiquitous learning system supports learners through embedded and invisible computers in everyday life. Such environments allow students to learn at any time and any place, encouraging them to more experiential learning such as learning by doing, interacting and sharing, and facilitate on-demand learning, hands-on or minds-on learning and authentic learning." (Kinshuk 2008) Through ubiquitous technology, students can engage themselves in learning activities whenever and wherever they like. (Sakamura and Koshizuka 2005; Hwang et al. 2008). There are a number of unique advantages adopting ubiquitous learning:

- **Permanency**: Learners never lose their work unless it is purposefully deleted. In addition, all the learning processes are recorded continuously everyday.
- **Accessibility**: Learners have access to their documents, data, or videos from anywhere. That information is provided based on their requests. Therefore, the learning involved is self-directed.
- **Immediacy**: Wherever learners are, they can get any information immediately. Thus, learners can solve problems quickly. Otherwise, the learner can record the questions and look for the answer later.
- **Interactivity**: Learners can interact with experts, teachers, or peers in the form of synchronies or asynchronous communication. Hence, the experts are more reachable and the knowledge becomes more available.
- **Situating of instructional activities**: The learning could be embedded in our daily life. The problems encountered as well as the knowledge required are all presented in their natural and authentic forms. This helps learners notice the features of problem situations that make particular actions relevant.
- **Adaptability**: Learners can get the right information at the right place with the right way. (Bomsdorf 2005)

It has been widely accepted in the literature that ubiquitous learning environment can enhance student's engagement in the learning process through personalization and customization to student needs. (Jones and Jo 2004; Jung 2014).

BYOD for Distance Learing

As Norris & Soloway rightly put it in their 2011 article, "we live in an Age of Mobilism, in which users want to be connected all of the time, everywhere, on devices that are affordable and globally adopted."

(Norris & Soloway 2011) Even though Norris and Soloway wrote their article focusing on K - 12 education, their observation about the needs of individual to be digitally connected anytime anywhere is also applicable to higher education. With the trend of personal technology ownership among students, universities worldwide have been adopting BYOD (Bring Your Own Device) programme for teaching and learning activities. The BYOD programme encourages faculty staff and especially students to use their own personal devices such as smart phones, laptops, tablets, e-readers, etc. to facilitate the access to licensed information and applications, and to engage in academic discussion. These mobile devices are desirable educational tools for new teaching pedagogy by conducting such as exponential and active learning activities. Bristow et al. points out there are three main reasons for implementing BYOD programme: "1) mobile devices are ubiquitous amongst college/university students; 2) BYOD provides an effective teaching pedagogy which will enhance student learning; and 3) if implemented correctly and with strategic planning, such programes can allow institutions of higher education to reduce costs related to computer labs and technical support." (Bristow et. al 2017) Thus the BYOD programme is beneficial to the key players in higher education, namely student, faculty staff and institution.

It is more than ever that Information and Communication Technologies (ICT) has a vital role to play in distance education. Firat states it very clearly "[t] here is a tendency to use cutting edge and new communication technologies in distance education." (Firat 2017) With the emerging mobile technologies over the past two decades, there is a demand for designing and integrating mobile technologies in distance education. How to make best use of the flexibility, portability and connectivity of mobile technologies is the major concern in designing new teaching pedagogy for distance education. In practical terms, mobile learning can be incorporated into teaching activities such as:

- Can be used for independent and collaborative learning experiences
- Helps learners to overcome the digital divide
- Helps to make learning informal
- Helps learners to be more focused for longer periods
- The provision of course content to off-campus students
- The provision of feedback to off-campus students
- The provision of student support services to off-campus students
- Student-to-student interactivity
- Student to tutor and institution interactivity (Yousuf, 2007).

In this paper, the authors use the library and information science programmes offered jointly by Charles Stuart University and HKUSPACE to illustrate how to conduct real-time online library instruction programmes through mobile technology.

Information Studies Offered by Charles Stuart University and Collaborated with HKUSPACE

HKUSPACE has been collaborating with CSU in offering library and information science courses since 1990s. CSU is one of the Australia's leading providers of online and distance education at Bachelor and Post-Graduate level as well as the Single Subject Study program. (Charles Sturt University 2016).

Currently CSU offers two library and information science degree programmes jointly with HKUSPACE to Hong Kong students, namely Bachelor of Information Studies (BIS) and Master of Information Studies (MIS). Students will be awarded a BIS degree when they complete 192 credits. BIS graduates can pursue a MIS degree if they take additional 48 credits. However, MIS students can also choose to graduate with the award of the Graduate Diploma of Information Studies upon completion of the MIS core modules, a total of 64 credits. The total enrollment of both BIS and MIS programmes every year is around 80 students. As an experienced distance learning university, CSU has been applying all kinds of e-learning technology to their teaching pedagogy to facilitate student learning. In the past, all learning materials in print and other formats were delivered to Hong Kong students by post. But now all these learning materials and resources are consolidated together on their e-learning platform, Interact 2. 0, for easy access anytime and anywhere. In the following sections, the authors discuss in more details about the real-time online library instruction programmes supported and delivered by the librarians of CSU remotely in Australia to students in Hong Kong since 2013.

Real-Time Online Library Instruction Programmes

In the past few years when e-learning technology for setting up online class is mature in the commercial market, CSU and HKUSPACE considered it was a suitable time to offer online library instructions in order to connect students and instructors through the use of online meeting technology (Charles Sturt University 2018)

Fig. 1 Real-time Online Library Instruction Programmes by CSU

Therefore CSU librarians made use of e-leaning technology to conduct online library instruction programmes since Dec 2013. The pilot programmes were conducted on 5 Dec 2013 HKT 6:00pm (96:00pm OZ) and subsequently on 17 Mar 2014 HKT 66:30pm (96:30 pm OZ) and 27 Oct 2014 HKT 66:00 pm (96:00pm OZ). The online library instruction sessions were hosted in New South Wales of Australian and delivered to Hong Kong students who could use mobile devices to connect to the instruction programmes real-time. The hardware requirements for students to participate in the online library instruction programmes are:

- ☐ A tablet computer or a smartphone
- ☐ Wireless network/mobile data network (either 3G or 4G)
- ☐ A headphone and a microphone (optional)

CSU adopted Adobe Connect as the connection software. For mobile devices using Android IOS, Adobe Connect Mobile App applies to Version Connect 9 c2012 has to be downloaded on smart phone. Logistically, CSU had to firstly set up the online meeting room and then notified the Hong Kong students the link for accessing the online meeting room (http://connect. csu. edu. au/r5wokaxeoqz/). After clicking this link, the students could then join the online instruction session real-time.

Similar to the face-to face library instruction offered by CSU librarians, the students attending this online instruction programme could also:

a. experience different types of online information services offered by CSU Library, e. g. Live Chats, Web Forms;

b. engage in exploring the characteristics and functions of Primo Search, Google Scholar and selected

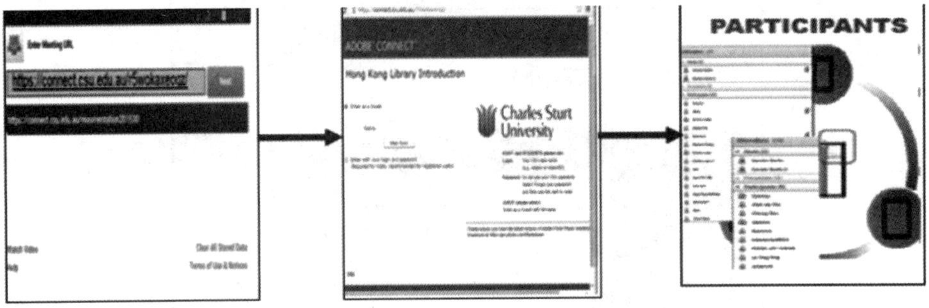

Fig. 2 Joining the Online Meeting Room

subscribed databases;

c. be aware of the availability of scanned e-books, subscribed and/or purchased e-books; and

d. find out how to identify information resources using the Subject Study Guides prepared by the subject librarians of CSU.

Fig. 3 Online Library Services Offered by CSU Library

The interaction between the librarian and the participants in the online instruction session is almost the same as on-site instruction class:

a. students can interact with the librarian real-time;

b. individual student can be recognized on screen;

c. students can listen and read the librarian's notes on screen;

d. students can raise question verbally during the instruction session; and

e. students can communicate with other participants together with the librarian.

There are other advantages for conducting this online instruction session. Firstly, students can choose to text their questions or comments which can be shown immediately on screen during the session. Secondly, the online class can be recorded and archived so that the students can access this instruction session again anytime anywhere they want.

Major Challenges and Findings

Before the pilot programmes, both CSU and HKUSPACE identified the following possible concerns over

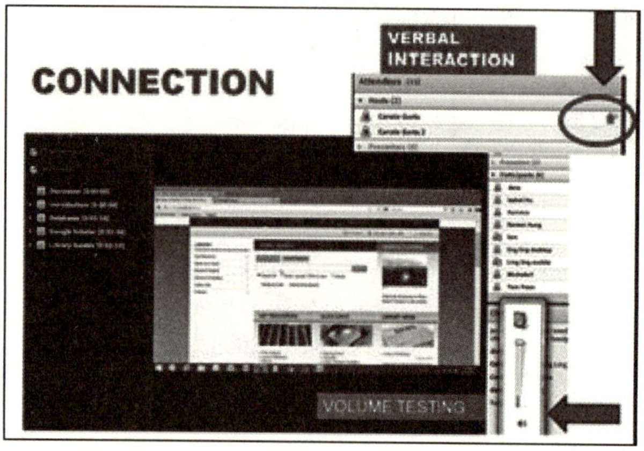

Fig. 4　Verbal Interaction during Real-time Online Library Instrucation Session

the adoption and adaptation to new e-learning technology by students:

(1) Students taking BIS and MIS courses came from different backgrounds and age groups. As pointed out by Sharples, the students' IT literacy could be quite different when learning through mobile technology. (Sharples 2006) Apparently straight-forward tasks such as connecting to the online instruction session could be quite difficult to some students because:

a. they might not know how to download the Adobe Connect App on their mobile phone;

b. they might not know how to set the audio-in and audio-out to make the verbal communication work;

c. they might not want to use GUEST login and prefer to set userid and passward instead; and

d. the link that they receive might be re-formatted and the access could not be as simple as just clicking the link to the online meeting room.

(2) Students use different brands and products of smart phones and tablet computers might also be a problem when participating in the online instruction (Osang, Ngole and Tsuma 2013).

a. Mobile devices with different screen sizes might not have the same screen display during the instruction session. The screen size of standard smartphone is comparatively small for instruction information.

b. The keyboard is usually too small and might have typos in their text message.

(3) There are concerns on the speed, cost and security of data transmission of mobile network. Whilst we appreciate the mobility of retrieving data from WiFi, the data transmission speed of mobile network might vary according to the data plan and location of individual user. It is therefore difficult to ensure effective data transfer rate of each student. If free WiFi is not available, there might be a communication cost when using third party network. Also, there is no guarantee on the network security if public network is used.

(4) Students might not necessary choose a good learning environment to participate in the online library instruction section. They might choose a convenient location but not necessary a suitable place for learning purpose.

After the pilot programmes, it was found that both the BIS and MIS students had no problem in adopting this new instruction format using mobile devices. And the following major findings are:

- All participants found the setting and connection to the online instruction programmes user friendly.
- All participants did not have any problem in using different kinds of mobile products and devices.
- The data transmission of the entire network including wifi and mobile network was smooth.
- There are sufficient Wifi spots freely available in Hong Kong.
- Students did not have any problem in using smart phone with small screen display.
- Students did not have any typo when texting their messages.

- Though there was no guarantee on quality learning environment, it was at least students' favorable choice on the location to access the online instruction session.
- Time zone difference between Hong Kong and Australia would limit the time schedule of the instruction session.

Apart from the above findings, we also collected qualitative responses from the participating students by questionnaires through email to make sure that their comments could be reflected in the pilot study:

- They enjoyed this online learning mode and agreed that mobile technology could facilitate learning at their favorable place without transporting to a fixed location.
- They preferred to participate interactively by texting their message in the text box more than by online chat using voice accessories.
- They found the recorded library instruction session useful for later review anytime.
- They appreciated this interactive and global learning opportunity with the CSU librarians and students from different background.
- They agreed that this online library instruction session could substitute the traditional face-to-face library instruction programmes

Concluding Remarks

The successful launching of the above real-time online library instruction programme can be served as an evidence to support the provision of online library user education programmes not only through personal computer but also mobile devices. Based on the qualitative result of the pilot study, it can also be concluded that the delivering library instruction programmes by internet and mobile technology to distance learning students in higher education anytime and anywhere is achievable. As indicated in our experience, the critical factor for the successful pilot programmes is that both BIS and MIS students could adapt to ubiquitous learning through mobile technology very easily. Looking ahead, more real-time online library services can be offered to distance learning students of higher education in Hong Kong.

References

[1] YANG S. J. H., OKAMOTO T. & TSENG S. S. Context-aware and Ubiquitous Learning. Educational Technology and Society [EB/OL]. [2018-2-16]. http://www.jstor.org/stable/jeductechsoci.11.2.1.

[2] LIU G. Z. & HWANG G. J. A Key Step to Understanding Paradigm Shifts in E-learning. British Journal of Education Technology [EB/OL]. [2018-2-16]. doi: 10.1111/j.1467-8535.2009.00976.x

[3] VIRTANEN M. A., KAARIAINEN M., LIIKANEN E. ET AL. The Comparison of Students' Satisfaction between Ubiquitous and Web-based Learning Environments [J]. Education and Information Technologies. 2017, 22(5): 2565-2581.

[4] KINSHUK G. S. Adaptivity and Personalization in Ubiquitous Learning Systems, in Holzinger A. (eds) HCI and Usability for Education and Work. Lecture Notes in Computer Science, Vol 5298 [M]. Berlin, Heidelberg: Springer, 2008.

[5] SAKAMURA K. & KOSHIZUKA N. Ubiquitous Computing Technologies for Ubiquitous Learning [C]// Proceedings of the 2005 I. E. International Workshop on Wireless and Mobile Technologies in Education, 2005.

[6] HWANG G. J., TSAI C. C. & YANG S. J. H. Criteria, Strategies and Research Issues of Context-Aware Ubiquitous Learning. Educational Technology & Society [EB/OL]. [2018-2-16]. http://www.jstor.org/stable/jeductechsoci.11.2.81.

[7] BOMSDORF B. Adaptation of Learning Spaces: Supporting Ubiquitous Learning in Higher Distance Education [C]// Proceedings of Mobile Computing and Ambient Intelligence: The Challenge of Multimedia, 2005.

[8] JONES V. & JO J. H. Ubiquitous Learning Environment: An Adaptive Teaching System Using Ubiquitous Technology [C]// Beyond the Comfort Zone: Proceedings of the 21st ASCILITE Conference, 2004: 468-474.

[9] JUNG H. Ubiquitous Learning: Determinants Impacting Learners' Satisfaction and Performance with Smartphones [J]. Language Learning & Technology. 2014, 18(3): 97-119.

[10] NORRIS C. A. & SOLOWAY E. Learning and Schooling in the Age of Mobilism [J]. Educational Technology. 2011,11/12: 3 - 10.

[11] BRISTOW D. ET AL. The Marketing Concept and BYOD in the University Classroom: Are We Practicing What We Teach? [J]. Atlantic Marketing Journal. 2017,6(1): 93 - 110.

[12] FIRAT M. E-learning Tools and ICT Usage of Open and Distance Education Students [J]. Journal of Technology and Information Education. 2017,9(1): 99 - 108.

[13] YOUSUF M. I. Effectiveness of Mobile Learning in Distance Education [J]. The Turkish Online Journal of Distance Education. 2007,8(4): 114 - 124.

[14] Charles Sturt University. Online and Distance Education [EB/OL]. [2018 - 2 - 16]. http://futurestudents. csu. edu. au/international/csu-in-your-country/csu-canada/online.

[15] Charles Sturt University. Adobe Connect (Online Meeting) [EB/OL]. [2018 - 2 - 16]. Retrieved from http://www. csu. edu. au/division/dit/staff/training/self-help/sc/adobe-connect-online-meeting.

[16] SHARPLES M. (ED.) Big Issues in Mobile Learning. Report of a Workshop by the Kaleidoscope Network of Excellence Mobile Learning Initiative, University of Nottingham, UK [EB/OL]. [2018 - 2 - 16]. http://matchsz. inf. elte. hu/tt/docs/Sharples-20062. pdf.

[17] OSANG F. B, NGOLE J. & TSUMA C. Prospects and Challenges of Mobile Learning Implementation in Nigeria. Case Study National Open University of Nigeria (NOUN)[C]// International Conference on ICT for Africa, 2013.

摘要选登

Abstracts of Other Papers

浅谈智慧图书馆如何为群众提供更高品质的服务

周中涵
（上海市静安区图书馆）

Talking about the Intelligent Library How to Provide Higher Quality Services

Zhou Zhonghan
(Shanghai Jing'an District Library)

随着网络与技术的发展与应用，智慧化的建设模式逐渐在城市建设中体现出来，其中，智慧图书馆的建设，是根据物联网的运用找到图书馆新的发展模式，并为读者提供高质量的服务。

1. 智慧图书馆

智慧图书馆是指把智能技术运用到图书馆建设中而形成的一种智能化建筑，是智能建筑与高度自动化管理的数字图书馆的有机结合和创新，是融合了图书馆、物联网、云计算与相应的设备，是运用多个信息技术的知识，突显出自身互联、高效、便捷的特征，同时，把惠民作为服务追求的本质，实现现代图书馆的科学发展。

2. 智慧图书馆的运营方式

智慧图书馆建设的目标，是实现资源共享，把所有信息集成并为用户提供服务，我国智慧图书馆的建设还处于初始阶段，主要运行三种服务模式，分别是决策支撑型、科学研究型与产品研发型。

3. 智慧图书馆提供高品质服务的方式

智慧图书馆是使用先进的技术，并使用最新的服务理念，构建智能系统，为用户提供主动服务，增加服务的内容，实现智能化管理。它能全面感知图书馆内的数字资源实现文献借阅。它是把多个部门联合，实现物物相连以及多方的人机互联，在信息深度共享的前提下，做到深度协同。

未来智慧图书馆还能加入情境感知，自动了解读者的需求以及所在环境，分析后提供所需的服务与资源，利用大数据分析技术，依靠特定模式完成分析，了解读者对馆藏资源的需求或者对所在环境的基本要求，提前做出预测并选择相应的服务方式，增加图书馆服务内容的前瞻性。同时，也可从馆员、馆内信息等方面入手，提升服务品质。例如组建高水平、高素质的员工队伍，通过馆内各种资源，从普通馆员成长为学习型馆员。当下，科技的发展速度加快，图书馆也初步实现了智慧图书馆的建设，而为深化建设的水平，未来可以依靠学习型馆员，充分挖掘馆藏资源，提取出有效信息并重新组合，完成信息重组，最后把高品质的信息推送给读者，用自己的知识和智慧增加服务的价值，实现知识的高效使用。

智慧图书馆的服务与传统服务的不同点是，它关注的是知识的本质，并明确所有知识的内在联系，保证所有知识传递的有序，并通过知识的重构，以各种方式推出“知识精品”。

图书馆移动自助流通服务探究
——以上海图书馆为例

严　霞
（上海图书馆）

On the Library Mobile Self-service Circulation Service
— A Case Study of Shanghai Library

Yan Xia
(Shanghai Library)

通过智慧图书馆手机移动借阅书刊的研究，探索在没有自助借还设备的情况下图书馆书刊流通服务管理。提出在智慧图书馆不断深化的当下再造流通服务管理的新模式。

1　移动技术在公共图书馆流通自助服务中的实践

进入21世纪图书馆开始探索书刊流通读者自助服务，通过引进RFID技术图书馆实现了书刊外借自助服务。移动技术应用到书刊流通自助服务产生了二维码读者证借书。进一步激化读者手机替代书刊外借设备，真正实现手机扫描图书馆书刊馆藏条码并完成自助流通服务，是新技术时代带给图书馆变革的新命题。为此我们做了读者问卷调查，结果99.78%的人群使用智能手机，知晓二维码读者证的受访者中愿意使用的为241人，占95.26%，86.28%的读者希望将来推出移动自助流通服务平台能在上海图书馆微信公众服务号上实现。

2　图书馆管理移动自助流通服务的思考

从问卷调研和图书馆移动流通自助服务的现状，感觉到移动技术、图书馆传统流通业务和自助服务有机的结合需要图书馆具备更多的服务元素，其中包括馆员的移动服务素养的提高、多元服务平台的搭建和服务。未来移动流通自助服务推出同样需要馆员将新情况下从读者的需求、一线服务的特点和流通服务管理等方面提出需求并参与了开发、试运行和服务实践。同时需要馆员具备相关服务的软硬件知识以及将移动自助服务技能在各层次读者中的普及的能力和耐心。帮助IT开发团队将项目快速顺利地落地，并产生效益，让读者在技术升级中享受自助服务的便利和愉悦。

3　结语

读者手机扫条码自助借书是能被读者接受的新服务模式，但根据目前图书馆的现状还有很多路要走。手机品种繁多，操作系统也不经相同。同样的Android系统但因手机不同它们的系统都经过不同程度的个性化，在一些应用中需要根据不同的系统做不同的处理。实现读者手机扫描条码借书的技术转移后，RFID标签如何消磁，如何确保国有资产安全运行，又保证一线服务可行性。建议在方便读者的前提下建设多个移动流通自助服务平台，但不同的平台一定要分步实施，成熟一个推出一个，在做好宣传培训工作基础上，加强一线员工的培训，同时以滚动的形式培训读者，确保移动技术在图书馆流通自助服务中生根开花结果。

公共图书馆阅读启迪城市公民智慧——一个中产知识社群图书馆阅读的田野调查与分析

谭楚子　朱　军

（徐州图书馆）

Public Library Reading Enlighten City Citizen Wisdom — A Field Survey and Analysis of Reading in a Middle-class Knowledge Community Library

Tan Chuzi　Zhu Jun

(Xuzhou Library)

一座城市中的公共图书馆，作为一处荟萃都市人文精神的"文化的第三空间"，其功能和效力，早已远远超越传统思维想象中的信息与文献收藏及借阅中心的定位，而是随着城市时代环境的发展变迁，不断适应和配合这种变迁，自身永恒地处在变化与吸纳更新之中。读书沙龙这一公共图书馆全民阅读文化实践，陶冶人们情操与审美情趣，启迪城市公民智慧，提升公共空间公民社会伦理建构与养成，其意义善莫大焉。

由人文阅读及圆桌讨论引发出时代需要高扬科学精神的相关话题

《西方哲学史》是人文学科学者的必读书目，参加读书沙龙的读者对阅读此书都表现出了极大的兴趣。然而爆出冷门的不是围绕这本书的相关讨论，而是一位青年教师即席朗诵罗素《自传》导言中的几段文字：

三种单纯但却极为强烈的激情曾支配着我的生活：渴望爱情，探求知识和对人类苦难不能忍受的同情……

伴随罗素激情洋溢的文字，登时聆听者面前展示出一个充满理性主义、科学主义和乐观主义理想的恢宏的精神世界。读书沙龙与会知识分子情不自禁抒发己见，未能充分经历现代化洗礼的当下中国确实太需要一种理性精神、科学精神了！通过阅读和讨论，大家感到身处其间的社会生态环境理性正在悄然成长，科学精神似乎越来越深入人心，生活隐约有了奔头，前途充满希望！

关于超越功利的经典阅读经典建构与当下有无经典的讨论与文化联想

就我个人体验感悟总体而言，经典作品总是蕴含着某种充满崇高感和震撼力的经久不衰的文学意象，阅读经典使人心灵荡涤，灵魂净化……然而伴随消费时代的到来，精神性的时代已然终结。作家亦不再具备呈现伟大时代的情怀，根本不再可能出现荡涤灵魂激情震撼的经典。一如卡尔维诺所言，当今的文学因为在一个缺乏历史重量的情景下生存，其质地之单薄自然不言而喻。另一方面，阅读介质革命性巨变带来阅读取向某种意义上的颠覆和操作层面上的芜杂，以至今天已然进入一个阅读过剩的时代。

由此大伙一致认为：既然经典诉诸心灵而与功利无缘，那么阅读经典就应该摒除功利式阅读，倡导有质量保证的心灵阅读、深度阅读，以达涵养精神、启迪并拓展心灵享受之效果。美妙时刻享有确实与此时实用与否无关，文学欣赏即是如此，它仅仅与你此刻的情绪与心境有关。经典文学欣赏品读离现实很远，但恰恰离你的理想最近。假如看不到这一点，不言而喻，你是一个多么庸俗的人啊！

通过中外热播影视讨论比较，凸显独立思考、批判思辨之理性意识与公民参与

伴随公共图书馆阅读的数字化和全媒体化，影视欣赏赏析评论自然也属全民阅读读书沙龙文化讨论题中应有之义。一位朋友发言认为：《敦刻尔克》片中人物承受着巨大的战争压力，但他们默默咬紧牙关，在自

己的岗位上尽职尽责，恪尽职守。电影真实而自然地展示了在国家危难时刻人性的美丽光辉和力量。

另一朋友站起发言认为：热映电影《战狼 2》剧情存在三处硬伤。

还有师友提到了新近上映的国产军事题材电影《红海行动》，指出同为海外撤侨战争片，《红海行动》无论是主旨立意，还是电影元素成功运用，皆比《战狼 2》高出了一个量级，比之欧美同类题材优秀影片丝毫也不逊色。影片军事元素运用专业而贴切，战争画面真实而富有身临其境的现场感，没有《战狼 2》那样虚夸的独杆英雄，而是在一系列特种战争行动中塑造出了一组群体英雄雕像，个个栩栩如生鲜活逼真，全部立得起来，令人感到真实可信。

通过中外影视赏析和讨论，文学经典朗诵沙龙中的师友们一致感到应当高扬理性批判怀疑精神，对于当下当红文化现象不跟风不趋时，牢固树立公民主体意识，冷静观察，理性评判，客观评估，准确定位。在此实践过程当中，同时也建构起了自身的公民素养和伦理规范。

结语　从"找不到生活目标"到"自我关爱"再到"智慧人生重新设计"

米歇尔·福柯(Michel Foucault)指出："一个人需要他人以成就自我，换句话说一个人的社会关系是他的灵魂实践所需要的支持力量。"而公共图书馆读书沙龙纸本典藏经典的阅读，其价值定位恰恰即在于"生命的体悟与人生的省察"——当都市中一些通常指向自我精神完善目的的多种中产文化社群自发汇聚这一第三空间，如果我们能够善加引领，吸纳善用包括馆藏文献、馆员学识在内的各种文化资源，乘"全民阅读"之东风，藉经典阅读为梁津，以旨在培养个体自我健全人格和精神健康为切入，陶冶公民情操，启迪公民智慧，最终达成个体公民人格独立之养成，公共空间公共事务公民讨论之参与，乃至公民社会基础之构建，则幸莫甚矣！

参考文献

[1] 朱东润. 中国历代文学作品选(上编第二册)[M]. 北京：中华书局，1955：32—34.
[2] 伍蠡甫. 西方文论选(上卷)[M]. 上海：上海文艺出版社，1957：321.
[3] [英]伯特兰·罗素. 罗素文集(第一卷)[M]. 王佐良译. 北京：商务印书馆，1984：5—6.
[4] [美]费正清. 中国历史新论(*China: A New History* John King Fairbank)[M]. 哈佛大学出版社，1978：502.
[5] 陈晓明. 也来说说"死活读不下去的十大中外文学经典"[J]. 名作欣赏，2014(10)：12—19.
[6] 米歇尔·福柯. 规则与惩罚[M]. 柳鸣九译. 北京：生活·读书·新知三联书店，1999：262.

公共图书馆图书捐赠工作的“互联网+”思维

崔　玥
（国家图书馆）

The “Internet+” Thinking of Public Library Book Donation Works

Cui Yue
(National library of China)

目前多数公共图书馆已经利用“互联网+”实现了图书借阅、信息展示、查询、发布等功能。然而作为图书馆服务和资源建设重要工作之一的图书捐赠工作仍停留在传统线下服务阶段。图书馆可应用“互联网+思维”搭建公共图书馆在线图书捐赠平台，为读者提供更加便捷的社会服务，推进图书捐赠工作规范化、有序化进行。

1　传统图书捐赠服务的困惑

首先，捐赠过程中存在沟通不畅的问题。图书馆没有设立专门接收图书捐赠的部门，捐赠者与图书馆之间不能进行及时有效的沟通，增加了捐赠工作的时间成本，降低了捐赠服务体验。其次，捐赠图书的资源不均问题。由于图书馆采集定位不同，文献入藏标准也不尽相同，而捐赠者受地域限制无法进行逐一了解，这就导致捐赠过程中图书资源的短缺或过剩。再次，捐赠管理产生的数据统计问题。捐赠信息录入到电子表格中不能实现数据实时更新，不利于信息的存储、核对、统计和分析。

2　图书馆捐赠工作“互联网+”思维的产生和设计

图书捐赠过程中产生的实际问题在一定程度上阻碍了图书馆业务和服务的发展。在互联网如此发达的今天，“互联网+”思维运用多种媒介和载体渗透到人民生活的方方面面。图书馆捐赠工作“互联网+”思维不是单纯的捐赠工作互联网化，而是实现图书捐赠工作的在线化和数据化。捐赠者通过互联网平台可以实现图书捐赠信息在线提交、查询、追踪等功能，使图书捐赠更加便捷、透明。图书管理员通过互联网平台可以实现图书捐赠信息的确认、整理、统计、维护等功能，使捐赠工作规范化、有序化进行，有效控制图书数量和质量。

3　图书馆捐赠工作“互联网+”思维的创新性

本文构想的图书馆捐赠工作“互联网+”思维，在技术和服务上均有所创新。首先，“互联网+”图书捐赠平台不仅实现信息的单向传输，还可实现用户与图书馆之间的交互体验。捐赠者可通过向导式信息录入添加捐赠信息，也可通过ISBN号直接导入图书信息，通过图书馆馆藏数据库匹配可及时反馈入藏情况。系统可操作性强，响应及时。其次，系统自带ISBN核验功能，通过书名、ISBN、CIP三方信息精准判断图书的正式性，提升捐赠者对图书出版信息的准确认知，发挥图书馆社会教育职能。最后，“互联网+”图书馆捐赠工作平台具备可复制性和可推广性，在泛在信息环境下，读者可以通过任何终端访问图书馆捐赠工作平台建立图书捐赠清单，并可及时收到图书馆的反馈，提升了捐赠者的体验，实现知识与图书的共建共享。

文化强区背景下虹口区图书馆文化专题文献资源建设与服务刍议

罗西亚
（上海市虹口区图书馆）

On the Construction and Service of the Culture Subject Document Resources of Hongkou Library under the Background of Strong Culture Area

Luo Xiya
(Shanghai Hongkou District Library)

1　虹口区图书馆文化专题文献资源建设与服务概述

《中华人民共和国公共图书馆法》的颁布实施，为公共图书馆的发展提供了新的契机。如何从图书馆的阵地与资源出发，依法加强知识组织、统筹规划、重新定位、创新服务？虹口区图书馆总馆"采虹书房"的设立做出了新的探索。"采虹书房"取博采和虹口字意，首先设计先行，打造小而美的阅览空间，涵盖阅览自修区、阅读专座区、读者讨论室、专业咨询室，集馆藏、阅览、活动、咨询为一体，为读者提供不同层次的阅读体验和专业咨询服务。其次以大文化文献资源配置为重点，根据《中国图书分类法》第 5 版的主要分类，主要收录了文学艺术(I\J)、哲学历史(B\K)、文化产业(G)等 5 大类图书约 3 000 册，收录了欧美、大陆、港澳台等国家和地区的期刊近百种，为读者提供具有一定深度和广度的阅读内容。再次注重与读者的双向互动，配备了服务导航型、学科专业型、策划推广型的馆员，负责信息导引、专业咨询、活动策划及宣传推广等工作，为读者提供优质高效的阅读服务。

2　文化强区背景下虹口区图书馆文化专题文献资源建设与服务的构想

2018 年初，虹口区正式下发《中共虹口区委、虹口区人民政府关于推进文化强区建设的决定》，明确了虹口文化强区建设的主要目标和主要任务等 27 条内容。"27 条"中的一大亮点是虹口将全力打造"两轴多圈"，优化虹口文化发展空间布局。在文化强区战略背景下，虹口区图书馆如何通过整合多种资源，探索内容建设，加快构建现代公共图书馆服务体系呢？笔者认为可依托区级公共文化服务设施，围绕"两轴多圈"，统筹规划以"采虹书房"为品牌的文化专题文献资源建设，服务文化强区战略。

据统计，截至 2017 年底，虹口已初步实现了覆盖全区的公共文化服务三级网络体系。其中，区级公共文化服务设施占据主导，主要包括"一个中心""八个馆"，它们分布于"两轴多圈"，大都隶属于虹口区文化局。虹口区图书馆可在区文化局的支持下，依托上海犹太难民纪念馆设立"采虹书房"——犹太文化专题文献室、依托海派文化中心设立"采虹书房"——航运文化专题文献室、依托中共四大纪念馆设立"采虹书房"——红色文化专题文献室、依托上海音乐谷设立"采虹书房"——音乐产业专题文献室、依托上海影视文献图书馆设立"采虹书房"——影视创制专题文献室，加之业已设立的虹口区图书馆总馆"采虹书房"——中国文化发展相关政策文件全文数据库，借力"互联网＋"新动能，线上线下相结合，纸电一体化，以馆配创新为抓手，走进虹口文化专题文献资源建设新时代。

3　结论

统筹规划以"采虹书房"为品牌的文化专题文献资源建设，可打破围墙的限制，使区图书馆组织架构具有动态化和协同性，有利于形成"文化虹口"独特的馆藏资源体系，达成图书馆文献资源服务于社会的最终价值。

以“图书馆＋”模式为契机，加快公共图书馆阅读推广的转型与定位——以大连图书馆为例

吕　健　张　雪　刘　姣

（大连图书馆）

Taking “Library＋” Mode as an Opportunity to Speed up the Transformation and Orientation of Public Library’s Reading Promotion — Taking Dalian library as an Example

Lv Jian　Zhang Xue　Liu Jiao

(Dalian Library)

以“图书馆＋”模式为契机，与时俱进，尽快实现公共图书馆传统阅读推广的改造、转型与定位。

1. “图书馆＋”的内涵、缘起及案例

所谓“图书馆＋”就是利用图书馆的创新成果，高度融合社会各行业的一种表现形式，它尤其强调新兴信息技术，如互联网、物联网、智联网等在图书馆的应用，从而产生一种超生产力的新的服务模式。它源于2015年1月国务院《关于加快构建现代公共文化服务体系的意见》。其经典案例为：图书馆＋书店、图书馆＋科技、图书馆＋互联网。

2. 大连图书馆的创新举措

①图书馆＋科技。通过“图书馆＋新技术”，开展“数字图书馆”“手机图书馆”“音乐图书馆”等服务，丰富了服务手段和读者的阅读体验，提高了信息与文献的服务效率。②图书馆＋书院。通过创建“白云书院”等系列文化品牌，延续中华文脉，完善社会教育职能，探索出“图书馆＋书院”的中国图书馆发展新模式，业已成为图书馆界广泛复制与推广之圭臬。③图书馆＋音乐图书馆。为了提升大连市民的音乐艺术修养，开展音乐专业图书的细分服务，打造馆中馆特色，2015年，大连图书馆重构了“多媒体阅览区・音乐图书馆”空间。

3. 阅读推广的转型与定位

以图书馆＋为引领，对传统阅读推广服务进行全方位的改造、转型与定位。转型：①转变职能。图书馆＋时代，图书馆必须由学习、交流等综合需求的提供者取代传统单一的图书、信息的提供者。②转变理念。用跨业态的多元化模式取代传统单一的阅读推广模式。③转变手段。扩大文献推广的范围、深度融合科创成果、积极推行数字化服务。定位：①做“图书馆＋”的引领者。数字化阅读的兴起令传统阅读很难满足读者的阅读需求，阅读推广服务必须主动适应“图书馆＋”的发展趋势，努力适应新时代的要求，与时俱进，努力成为“图书馆＋”的引领者。②做阅读推广的促进者。利用图书馆＋，努力打造特色品牌服务，创造优美的阅读氛围和环境，让机会和路径对每位读者皆能均等，提高阅读推广活动的参与度。③做经典阅读的推广者。通过图书馆＋的各种新颖的阅读推广服务模式，引导公众对名著经典的阅读或研读，让阅读不仅作为娱乐消遣的方式，而且成为塑造人类灵魂和民族复兴的精神力量。

图书馆创办阅读推广类内刊的问题和对策

方　晨
（上海市青浦图书馆）

Problems and Countermeasures of Launching an Internal Magazine of Reading Promotion in Libraries

Fang Chen
(Shanghai Qingpu Library)

随着全民阅读推广日渐受到重视，阅读推广类内刊（以下简称内刊）的发展和成长呈现欣欣向荣之势，正在成为图书馆阅读推广工作的重要载体和有效手段。

1　图书馆阅读推广类内刊概述

2007 年以来，以我国东部沿海地区居多的一些公共图书馆掀起创办内刊之热，这些自编自印的非正式出版物，以阅读推广服务为核心，涉及阅读理念、阅读行为、阅读心理、阅读方法、阅读素养等，以传播阅读文化，分享阅读经验，抒发阅读感想为主要内容，具有浓郁的书香特色和人文内涵。

2　图书馆创办阅读推广类内刊存在的问题

笔者通过对数十种在全民阅读推广中较常见的内刊的调查分析，发现图书馆创办内刊虽然具有天然的优势，但也存在不少问题，如时效性差、定位模糊、缺乏特色、同质化严重、优质稿源匮乏、原创性稿件较少、馆读互动不足、宣传渠道单一、受众面狭窄、编辑人员业余化等。

3　图书馆创办阅读推广类内刊的对策

图书馆应重视内刊的编辑出版工作，落实办刊经费，设立专岗专项，鼓励拥有学科专业知识，熟悉编辑业务的优秀人才加入内刊编辑团队，提升内刊编制的效率和质量。

内刊的定位不能偏离“阅读”。在此基础上，明确内刊面向的对象，了解受众的阅读需求和阅读方式，选定办刊方向和栏目设置。应以本馆资源为依托，结合本馆馆情，突出刊物的个性化特点，并在地域文化、阅读专题、专家专访、馆员书评等特色栏目中得以体现。

应适当控制转载或引用类稿件的比例，尽量多的选用原创类稿件。除了向专家、学者约稿以外，更应努力挖掘图书馆读者的潜力，可通过建立读书会，在网络平台开设书评专栏，开展时事征文等方式向读者组稿。

电子内刊是纸质版的有益补充，可尝试添加动画效果、微电影或搭配背景音乐等利用新技术多角度展现内容，并与龙源期刊网、博看网、读览天下等数字期刊发行平台合作，拓展内刊宣传渠道。内刊的建设可与馆内举办的阅读推广活动相结合，有效联动、互为补充。图书馆也可以考虑与其他文化机构、民间社团合作建刊，资源共享，优势互补。

内刊编辑应具备“三新”，即观念和措施的创新、选题和策划的出新、知识和学问的更新。对于缺乏编辑出版专业知识和技能的人员，可以邀请资深刊物编辑等专业人士开展业务培训和技术指导。

4　结语

内刊的创办，虽然超出了图书馆必要的工作范畴，但它作为传播阅读文化的媒介，具有其他阅读活动无可比拟的影响力和宣传效果。